财经系列经典教材
智能会计系列

James R. Evans

商务数据分析

方法、模型和决策 第三版

Business Analytics

Methods, Models, and Decisions Third Edition

[美] 詹姆斯·R.埃文斯 ◉ 著

陈建林 胡伊 等 ◉ 译

东北财经大学出版社
Dongbei University of Finance & Economics Press

大连

辽宁省版权局著作权合同登记号：图字06-2022-39号

图书在版编目（CIP）数据

商务数据分析：方法、模型和决策 /（美）詹姆斯·R.埃文斯著；陈建林，胡伊等译. 一大连：东北财经大学出版社，2025.5. —（财经系列经典教材）. —ISBN 978-7-5654-5557-5

Ⅰ.F712.3

中国国家版本馆CIP数据核字第2025506WW4号

商务数据分析：方法、模型和决策

SHANGWU SHUJU FENXI：FANGFA、MOXING HE JUECE

东北财经大学出版社出版发行

大连市黑石礁尖山街217号　邮政编码　116025

网　　　址：http：//www.dufep.cn

读者信箱：dufep@dufe.edu.cn

大连天骄彩色印刷有限公司印刷

幅面尺寸：200mm×270mm　字数：792千字　印张：33.75

2025年5月第1版　　　　　　　2025年5月第1次印刷

责任编辑：刘东威　　　　　　　责任校对：那　欣

封面设计：原　皓　　　　　　　版式设计：原　皓

书号：ISBN 978-7-5654-5557-5　　　定价：116.00元

教学支持　售后服务　　联系电话：（0411）84710309

版权所有　侵权必究　　举报电话：（0411）84710523

如有印装质量问题，请联系营销部：（0411）84710711

  本书是一本关于企业商务分析方法、模型和决策研究的专业教科书，通过创新应用商务分析模型来开展具体的商务研究工作。本书作者埃文斯博士是辛辛那提大学商学院运营、商务分析与信息系统系的荣誉退休教授，拥有佐治亚理工学院的工业与系统工程博士学位。埃文斯博士出版了多部教科书，内容涵盖统计学、决策模型和分析、模拟和风险分析、网络优化、运营管理、质量管理和创造性思维等。本书将为新商科本科生和研究生商务分析入门提供必要的基本概念和工具，以便学生能理解现代商务分析在企业组织中的作用。本书通过将电子表格作为基础商务分析的工具，培养企业管理者与专业分析人员的沟通技巧，使其能够有效地使用并解释分析模型的结果，以便作出更好的商务决策。

  党的二十大报告强调，加快发展数字经济，促进数字经济和实体经济深度融合，打造具有国际竞争力的数字产业集群。数字化正在给企业组织的商务模式以及商务内容带来巨大的冲击和变革，为适应这种变化、充分发挥商务分析的应用价值，需要客观地提升商务分析对信息技术安全性、可靠性、经济性的关注力，加快企业数字化转型发展的建设，并加强商务分析专业人才队伍的建设。本书汇集了数据科学、统计信息技术和商务分析实践方面的最新创新成果，为企业在当前数字化发展条件下所开展的商务分析提供可靠的参考基础。本书内容丰富，专业性非常强。从翻译初稿到终稿，翻译组经过一年多的辛勤工作，终于完成本书的翻译。

  本书的翻译是在集体成员共同努力下完成的，其中，陈建林负责本项目及统稿；尹华负责翻译第1章、第2章、第7章至第9章；孔荫莹负责翻译第3章至第6章；胡伊负责翻译第10章至第16章。

  感谢翻译组全体成员，每一位译者都花费了大量时间精推细敲，反复斟酌原文和译文，几经修改才使本书得以呈现在读者面前。感谢东北财经大学出版社的精心编校，没有大家精益求精的团队合作与努力，本书的中文版本不可能如此顺利与读者见面。在数字技术迅猛发展的时代，市场竞争愈发激烈，我们衷心地期望本书的出版能够推动数字化发展背景下商务分析的教学与实践。

胡伊

2024年冬

前 言

    2007年，托马斯·H.达文波特和珍妮·G.哈里斯写了一本开创性的著作《竞争分析：获胜的新科学》（波士顿：哈佛商学院出版社）。书中指出有许多企业正在战略性地使用分析方法来作出更好的决策，提高客户和股东的价值。在过去的几年里，我们看到所有不同类型的企业在商务分析的能力方面都有了显著的提升。美国运筹学与管理学研究协会（INFORMS）指出，分析软件作为一项服务，预计其增长速度在未来几年的细分市场上将是其他业务的3倍。[①]此外，麻省理工学院《斯隆管理评论》与IBM商业价值研究所联合做的一项研究调查了近3 000名高管、经理和分析师。[②]这项研究得出的结论是，表现最好的组织使用分析的次数是表现较差的组织的5倍，改进信息和分析技术是这些组织的首要任务，许多组织感到它们面临着采用先进信息和分析方法的巨大压力。自从这些报告发表以来，人们对分析的兴趣和使用都在急剧增长。

    事实上，商务分析已经存在了半个多世纪。商科学校长期以来一直在讲授商务分析的许多核心主题——统计、数据分析、信息和决策支持系统以及管理科学。然而，这些主题传统上都是在独立课程中分别讲授，并由缺乏主题整合的教材作为支撑。本书采用独特的设计理念，以符合商务分析领域当代定义的统一方式来呈现这门新兴学科。

关于本书

    本书旨在帮助商科本科生和低年级研究生掌握核心概念与工具，使其能够：理解现代商务分析在组织中的重要作用；在电子表格环境中运用基础商务分析工具；与数据分析专业人员高效沟通，从而正确运用和解读分析模型及结果，最终作出更优的商务决策。我们采用均衡、全局的视角，从定义本学科的三大维度——描述性分析、预测性分析和规范性分析——来系统阐述商务分析体系。

    （1）商务分析基础

    本书提供了理解商务所需的基本基础分析方法并使用微软Excel软件来操作数据。第1章提供了商务分析及其关键概念和术语的介绍，并包括一个附录，回顾基本的Excel技能。第2章数据库分析是独特的一章，涵盖了中级Excel操作技能、Excel模板设计和数据透视表。

    （2）描述性分析

    第3章到第6章涵盖了数据分析的基本工具和方法统计数据。这些章节侧重于数据可视化、描述性统计方法措施、概率分布和数据建模、抽样和估计以及统计推断。我们赞同美国统计协会（American Statistical Association）关于统计学入门教学的建议，其中包括着重培养统计素养和发展统计思维，强调概念理解，而不仅仅是机械记忆操作流程，并借助技术手段深化概念认知和辅助数据分析。

---

    ① Anne Robinson, Jack Levis, and Gary Bennett, INFORMS News: INFORMS to Officially Join Analytics Movement. http://www. informs. org/ORMS-Today/Public-Articles/October-Volume-37-Number-5/INFORMS-News-INFORMS-to-Officially-Join-Analytics-Movement.

    ② "Analytics: The New Path to Value," *MIT Sloan Management Review* Research Report, Fall 2010.

（3）预测性分析

在这一部分，即第7章到第9章，介绍了应用趋势线的方法进行回归分析，并介绍了数据挖掘技术。

（4）规范性分析

第10章和第11章探讨线性、整数和非线性优化模型和应用程序。第12章，优化分析，着重于模型优化中的敏感性分析，以及求解器（Solver）报告的可视化。

（5）决策的制定

第13章侧重于决策分析的哲学、工具和技术。

本书新版本的变化在于：第三版是一个全面的修订，包括许多重要的变化。这本书现在依赖于电子表格软件Excel，并且灵活运用于不同的平台系统，可以让学生通过PC或Mac电脑轻松学习。这些技能学习能够提高学生的Excel操作技能和对商务分析基本概念的理解。随着新软件的更新升级，文中的部分求解不再直接体现在书中，而是以在线补充的方式提供，以便后续修订。这些补充以及有关如何访问商务软件Analytic Solver的信息，可以访问以下网址进行查询：http：//pearsonhighered.com/evans。

软件支持

每章中的技术帮助部分能够为学生使用Excel函数和工具提供额外的支持。Tableau和StatCrunch在线补充并提供了使用 *Analytic Solver Basic* 的详细信息和示例。而 *Analytic Solver Basic* 为数据挖掘、蒙特卡罗模拟、商务优化和决策分析提供了更强大的工具。这些可以由用户自行决定是否使用，但对于学习使用Excel实现基本商务分析操作及概念是不必要的。获取 *Analytic Solver Basic* 许可证的说明可以在本书的网站查询。

致读者

为了从这本书中获得最大的收获，你需要做的远不止是简单地阅读！许多示例详细描述了如何使用和应用各种Excel工具或专业软件及插件。我们建议你在计算机上完成这些示例的操作，以便能够得到书中显示的输出和结果。你还应该将数学公式与电子表格公式进行比较，并手工完成基本操作及数值计算。只有这样才能学会如何有效地使用工具和技术，更好地理解商务分析的基本概念，并提高熟练使用微软Excel及专业分析软件的技能，这对未来的职业生涯大有帮助。

访问配套网站（www.pearsonhighered.com/evans）以获取：

■在线文件：数据集与Excel模型（对应书中编号案例及章末习题，相关文件名在示例中以斜体标出）

■*Analytic Solver Basic* 的在线补充材料：在线补充材料描述你的老师可能会在选定的章节中使用的 *Analytic Solver* （分析求解器）。

致谢

我首先要感谢培生教育的工作人员，他们的专业精神和奉献精神使这本书成为现实。其次要感谢安吉拉·蒙托亚、凯瑟琳·曼利、凯伦·温霍姆、凯莉·卡尔森、吉恩·周、鲍勃·卡罗尔和帕特里克·巴贝拉。我还要感谢SPI的戈维·杜莱斯瓦米，以及准确性和解决方案检查员詹妮弗·布鲁对这本书的杰出贡献。我也想感谢丹尼尔·费尔斯特拉和他在Frontline Systems的员工与我的密切合作，我很高兴能将 *Analytic Solver Basic* 作为本书的补充材料。如果你有任何建议或意见，请通过电子邮件james.evans@uc.edu与我联系。

目录

第一部分　商务分析基础

第二部分　描述性分析

第三部分 预测性分析

第四部分 规范性分析

第五部分　决策

第一部分　商务分析基础

商务分析介绍

学习目标

在学习完本章后，你将能够：
- 了解商务分析的定义。
- 了解商务分析在当今的商业环境中的重要性。
- 列举一些商务分析发挥作用的经典例子。
- 梳理商务分析的演变过程，并解释商务智能、运营研究与管理科学以及决策支持系统的不同概念。
- 解释描述性分析、预测性分析和规范性分析之间的区别。
- 列举一些在商务中使用数据的例子。
- 解释模型的概念以及常用模型的各种方法。
- 定义并列举一些决策模型的不同影响因素。
- 举例说明描述性模型、预测性模型和规范性模型的应用场景。
- 解释不确定性与风险之间的区别。
- 定义以下术语：最优化、目标函数和最优解。
- 解释确定性决策模型与随机决策模型之间的区别。

  本书旨在对商务分析的概念、方法和模型做一个基本的介绍，使读者不仅具备基本的商务决策能力，而且具备在工作中运用商务分析的能力。在本章中，我们将介绍商务分析的相关领域，并为后续学习概念和技术奠定基础。让我们从一个颇具创意的例子开始吧。

  大部分人可能都去过动物园参观动物，在景区内会有餐饮消费并购买纪念品的经历。你可能不会认为管理一个动物园是很困难的，毕竟管理动物园就是给动物喂食和照顾动物，对吗？动物园可能是你所想到的应用商务分析的一个场景，但是事实却不尽如此。辛辛那提动物园是商务分析应用的"先驱者"，也是应用商务分析技术的第一批企业之一。[1]

  尽管动物园有超过 2/3 的预算资金是通过筹款活动获得的，但其仍计划通过提升游客量、增加会员数量及餐饮零售等衍生收入，进一步降低对地方税收补贴的依赖。动物园的管理者们推测，从每一次参观中获得更多价值的最好方式就是给游客一个真正转化为顾客的体验。动物园期望通过使用商务分析获得对游客行为更深入的了解，进而针对他们的偏好制定经营策略，增加客流量、增加会员数量并使销售额达到最大化。

  商务分析项目团队由 IBM 的顾问和 Brightstar 的合作伙伴、辛辛那提动物园的高级主

---

[1] IBM Software Business Analtyics，"Cincinnati Zoo transforms customer experience and boosts profits，" © IBM Corporation 2012.

管组成。他们开始将组织目标转化为技术解决方案。动物园致力于创建一个商务分析平台，通过整合来自园区票务系统、销售终端系统的数据，以及会员信息和通过游客邮政编码收集的地理数据，来实现既定目标。这一平台能够生成各类报表和可视化看板，使从高层管理者到一线员工都能获取实时信息，从而优化运营管理并提升顾客体验。

通过整合天气预报信息，动物园能够将当前预测与历史的客流量、销售数据进行对比，从而为工作人员调度以及库存规划的决策提供更好的支持。这份解决方案能够提供新见解的另一个领域是食品服务业务，通过分析一天中需求最高的特定时间从而决定餐饮店的营业时间（例如，在闭园前最后一小时仍然在售卖冰激凌），动物园可以显著提高销售额。此外，动物园的客流量和收入大幅增加，使得年投资回报率高达411%。该商务分析项目在3个月内收回成本，平均每年有738 212美元的收益，具体如下：

• 通过向居住在特定邮政编码地区的潜在游客开展定向推销，该动物园的门票销售额增长了4.2%。

• 通过优化销售产品组合、调整销售方式以配合（适应）高峰购买时段，食品收入增加了25%。

• 通过淘汰滞销商品并针对游客开展精准促销活动，使得动物园商品销售额实现了18%的大幅增长。

• 通过淘汰低效营销活动并实施客户细分精准投放，该动物园首年即节省营销开支4万美元，广告投放成本更是实现了43%的大幅削减。

由于辛辛那提动物园的成功，其他组织也已经开始了类似的行动，比如华盛顿州塔科马的Point Defiance动物园和水族馆、丹佛的科罗拉多历史中心博物馆等。

1.1 什么是商务分析？

每个人都要做决策，个人也经常面临诸多重大选择。例如，选择大学或研究生项目、购买商品、选择房贷方案以及用退休金投资金融产品等。商业组织中的管理者每天要作出大量的决策，包括生产什么产品和如何定价、在哪里放置设备、雇用多少员工、如何分配广告预算、是否要外包业务或进行资本投资、如何规划生产等，其中许多决策都关系到重大的经济后果。此外，由于不确定的数据以及有关未来的信息不完全，这些都很难进行决策选择。

当今的管理者不再单纯基于判断和经验做决策，他们依靠事实数据，通过运用以及分析数据的能力来弥补自己的直觉和经验的不足，并佐证他们的决策是正确的。如今商务决策变得复杂多变，因为存在海量的可用数据和信息选择及使用问题。支持商务决策的数据——既包括那些专门从公司收集来的数据，也包括从互联网和社交媒体收集来的数据——正在呈指数级增长，并且变得难以理解和使用。因此，许多公司最近成立了数据分析部门。例如，IBM重组了其咨询业务，并且建立了一个约4 000人的新组织，专注于分析。公司逐渐开始招聘那些具备理解和运用分析技术能力的商科毕业生。因为对具有专业分析技术的专业人员的需求与日俱增，所以许多大学现在都开设了分析专业课程。[①]

商务分析，或简称**分析**，使用数据、信息技术、统计分析、量化方法和数学或基于计

---

① Matthew J. Liberatore and Wenhong Luo，"The Analytics Movement：Implications for Operations Research，" *Interfaces*，40，4（July–August 2010）：313–324.

算机模型，帮助管理者更好地了解其业务运营状况，并且作出更好的、基于事实的决策。商务分析是"在组织决策和解决问题的背景下，通过数据分析和洞察将数据转化为行动方案的过程"[①]。该学科依托多种工具实现，既包括微软 Excel 及其各种插件等基础工具，也涵盖专业统计软件包（如 SAS 或 Minitab），更涉及能整合数据与分析功能的复杂商业智能套件。

1.1.1　运用商务分析

商务分析工具和技术被广泛应用于大量组织的各个领域中，以改善客户关系、金融与市场活动、人力资本、供应链以及其他领域的管理。大银行利用商务分析来预测和防止信用欺诈。投资公司使用商务分析来选择最佳的客户投资组合，管理风险和优化回报。制造商使用商务分析进行生产规划、采购和库存管理。零售商使用商务分析向客户推荐产品并优化营销促销策略。医药公司通过商务分析让那些挽救生命的药物更快地流向市场。休闲度假行业运用商务分析技术来分析历史销售数据、了解客户行为、改进网站设计、优化日程安排和预订系统。航空公司和酒店使用商务分析，根据时间动态地调整价格以获取最大利润。甚至连运动队也使用商务分析来制定门票定价策略、优化球员交易与招募方案、评估最佳球员阵容组合，并针对不同比赛形势进行战术部署。

众多行业领军企业已将数据分析深度融入战略决策与日常运营，包括凯撒娱乐公司、克利夫兰印第安人棒球队、菲尼克斯太阳队（篮球）和新英格兰爱国者队（橄榄球）、亚马逊（Amazon.com）、宝洁（Procter & Gamble）、联合包裹服务（UPS）以及第一资本银行等，这些组织使用商务分析来做战略决策和管理日常运营。据报道，几乎所有收入超过 1 亿美元的公司都在使用某种形式的商务分析。

运用数据分析可优化的常见商业决策类型包括：

- 定价（例如，为消费品和工业品、政府合同和维修合同定价）
- 客户细分（例如，识别和定位零售、保险和信用卡行业中的重要客户群）
- 商品管理（例如，决定要购买的商品品牌、数量及划拨款项）
- 定位（例如，为银行分行、自动取款机寻找最佳放置点，或者决定在哪里维修工业设备）
- 供应链设计（例如，确定采购和运输的最佳方案，找到最佳运输路线）
- 人员配备（例如，确保人员和能力适配、雇用最适合的人，有时也称为"人员分析"）
- 医疗服务（例如，优化手术室调度以提高其使用率、优化患者就诊流程并缩短候诊时间、医疗物资采购智能管理、健康风险因素预测）

以及运营管理、财务、市场营销、人力资源等诸多领域——事实上，几乎涵盖商业活动的所有专业范畴。[②]

各种研究发现，公司在盈利能力、收入和股东回报方面的表现与其商务分析的使用之间存在着密切的关系。表现最好的组织（那些表现优于竞争对手的组织）在使用分析方面

[①]　Liberatore and Luo，"The Analytics Movement"．
[②]　Thomas H. Davenport，"How Organizations Make Better Decisions，" edited excerpt of an article distributed by the International Institute for Analytics published in "Brain Trust—Enabling the Confident Enterprise with Business Analytics，" (Cary，NC：SAS Institute，Inc.，2010)：8-11. www.sas.com/bareport.

比表现较差的组织成熟 3 倍，并且更有可能表明，它们使用分析将自己与竞争对手区分开来。[①]然而，研究还表明，组织被海量数据淹没，并且难以掌握如何使用数据去获得商业效果，并且大部分组织根本不了解如何运用商务分析来改善它们的业务。因此，在当今的商业环境中，理解商务分析的能力和技术对于管理而言是至关重要的。

所以，无论你现在或未来将担任什么职务，商务分析的学习对你将来的成功至关重要。你可能会在日常工作中发现通过本书了解了许多 Excel 工具的新用途。你可能并不精通商务分析和应用软件的所有细节性技术，但至少你将成为商务分析的用户，并且和专业的分析家一起合作，以支持你的分析与决策。例如，你可能会发现，你所在的项目团队中有对商务分析所知甚少的管理者，也有商务分析专家，比如统计学家、程序员和经济学家。你的角色可能是确保商务分析被适当地用于解决重要的商务问题。

1.1.2 影响和挑战

运用商业数据分析可带来显著效益。企业反馈显示，其不仅能有效降低成本、优化风险管理、加速决策流程、提升运营效率，更能显著改善盈利水平与客户满意度等关键绩效指标。例如，1-800-Fowers.com 网站使用商务分析软件可更准确地定位印刷品在线促销活动；更新网站上的产品和价格（有时是每小时一次）；并且优化其营销、运输、分销和生产业务，从而在一年内节省 5 000 万美元的成本。[②]

商务分析正在改变着管理者的决策方式。[③]为了在当今的商业世界中蓬勃发展，组织必须不断创新，以从激烈的竞争中脱颖而出，寻求增加收入和市场份额的方法，降低成本，留住现有客户和获取新客户，并变得更快和更精简。IBM 指出，在当今数据驱动的环境中，传统管理方法正在发生变革，主要体现在三个方面：决策依据从依赖判断与直觉转向更多基于事实进行决策；决策导向从被动应对转为主动预测；决策主体由依赖咨询团队的专业分析师转变为让所有决策者在业务场景中直接运用数据分析工具。[④]然而，企业在构建数据分析能力时仍面临诸多挑战，包括对分析方法缺乏认知、业务优先级冲突、分析技能储备不足、数据获取与信息共享存在障碍，以及未能准确评估分析研究的收益与预期成本等。商务分析技术的成功应用不仅需要掌握相关工具，更需要从战略高度理解分析能力如何支持企业的竞争策略，并实现跨学科、跨管理层级的有效执行。

2011 年，《彭博商业周刊》研究服务公司和 SAS 公司的一项调查指出，商务分析仍处于"萌芽阶段"，当前分析手段仅在业务部门内部使用，而非贯穿于整个组织。该研究还指出，许多组织缺乏分析能力，即使是那些拥有分析能力的组织，也很少知道如何去合理地运用分析结果。虽然分析在许多组织中被视为决策过程的一部分，但大多数的商务决策仍基于直觉。[⑤]如今，商务分析在许多组织中已初有成效，但仍然存在许多机会。这些机会反映在商务分析专业人员，或者所谓的"数据科学家"的就业市场中。麦肯锡公司就曾

---

① Thomas H. Davenport and Jeanne G. Harris, *Competing on Analytics* (Boston: Harvard Business School Press, 2007): 46; Michael S. Hopkins, Steve LaValle, Fred Balboni, Nina Kruschwitz, and Rebecca Shockley, "10 Data Points: Information and Analytics at Work," *MIT Sloan Management Review*, 52, 1 (Fall 2010): 27-31.
② Jim Goodnight, "The Impact of Business Analytics on Performance and Profitability," in "Brain Trust— Enabling the Confident Enterprise with Business Analytics" (Cary, NC: SAS Institute, Inc., 2010): 4-7. www.sas.com/bareport.
③ *Analytics: The New Path to Value*, a joint MIT Sloan Management Review and IBM Institute for Business Value study.
④ "Business Analytics and Optimization for the Intelligent Enterprise" (April 2009). www.ibm.com/qbs/ intelligent-enterprise.
⑤ Bloomberg Businessweek Research Services and SAS, "The Current State of Business Analytics: Where Do We Go From Here?" (2011).

表示合格的数据科学家极度短缺。①

检验你的学习成果

（1）解释为何在当今商业环境下商务分析非常重要。

（2）定义商务分析。

（3）举出三个关于商务分析如何被用于企业的例子。

（4）使用商务分析的主要好处是什么？

（5）组织在运用商务分析时面临着哪些挑战？

1.2 商务分析的演化

分析方法以多种形式运用于商业中已经有一个多世纪了。商务分析的核心包括三个学科的内容：商务智能和信息系统、统计学，以及建模与优化。

1.2.1 分析基础

分析学的现代发展始于20世纪40年代末计算机的引入，并在进入20世纪60年代以后得到发展。早期计算机提供了一种极其困难甚至根本不可能手动完成的存储与分析数据的方式。这促进了数据的收集、管理、分析和报告，这些也经常被统称为**商务智能**（business intelligence，BI），该术语由IBM的研究员汉斯·彼得·卢恩（Hans Peter Luhn）在1958年提出。②商务智能软件可以回答一些基础问题。比如，"上个月销售了多少产品？""消费者购买了哪些产品，花了多少钱？""昨日总共进行了多少笔信用卡交易？"利用商务智能，我们得以建立简单的规则来自动标记异常。例如，在美国，银行可以轻松识别金额超过10 000美元的交易并向国家税务局报告。③商务智能已经发展成为我们所称的**信息系统**的现代学科。

统计学具有悠久且丰富的历史，但直到最近才被认为是商业行为的重要组成部分，这主要源于全球数据量的爆发式增长。Google的首席经济学家曾指出，统计学家肯定是最好的工作之一。④统计方法不仅能够简洁地汇总数据，更能发现数据间未知而有趣的关联，从而使我们对数据的理解超越传统商业智能报告的局限。这些方法既包含描述、探索、估计和推断等基础工具，也涵盖了回归分析、预测建模和数据挖掘等高级技术。

现代商务分析多源于运用数学与计算机模型解决复杂决策问题的领域，即我们熟知的运筹学或管理科学。运筹学发源于第二次世界大战时期，起初是为了筹划军事行动任务的优先级，提高作战效率。战后科学家意识到数学工具和科学技术不仅可以运用于军事方面，也可以运用于商业与工业发展方面。在20世纪40年代后期和50年代期间，社会或私人智囊团都开展了大量的研究。随着大家对商务应用越来越重视，*管理科学*逐渐流行了起来。由于许多人交替使用运筹学和管理科学，因此这个领域被称为**运筹学/管理科学**（Operations Research/ Management Science，OR/MS）。许多OR/MS应用程序使用**建模和优化技术**将实际问题转化为数学、电子表格或各种计算机语言，并使用它们找到最佳（"最

① Andrew Jennings，"What Makes a Good Data Scientist？" *Analytics Magazine* （July-August 2013）：8-13. www.analytics-magazine.org.
② H. P. Luhn，"A Business Intelligence System." *IBM Journal* （October 1958）．
③ Jim Davis，"Business Analytics：Helping You Put an Informed Foot Forward，" in "Brain Trust—Enabling the Confident Enterprise with Business Analytics，" （Cary，NC：SAS Institute，Inc.，2010）：4-7. www.sas.com/bareport.
④ James J. Swain，"Statistical Software in the Age of the Geek，" *Analytics Magazine* （March—April 2013）：48-55.

优”）解决方案和决策。INFORMS，即运筹学与管理学研究协会（the Institute for Operations Research and the Management Sciences），是致力于运筹管理科学与分析研究的领先专业学会，并创立了一本名为"分析学"（Analytics）的双月刊杂志，可以在其网站上免费订阅（http：//analytics-magazine.org）。

1.2.2 现代商务分析

现代商务分析可以被视为商务智能与信息系统、统计学、建模和优化方法的集成，如图1-1所示。虽然这些核心领域已存在并被人们使用了几十年，但各学科间的交叉应用研究却是十分新颖的方向。例如，**数据挖掘**侧重于使用各种统计和分析工具更好地理解大型数据库中变量之间的特征和模式。许多基础统计工具以及更高级的工具广泛应用于数据挖掘中。**模拟和风险分析**依赖于电子数据表模型与统计分析技术，以检查估计中的不确定性及它们之间的潜在相互作用对感兴趣的输出变量的影响。

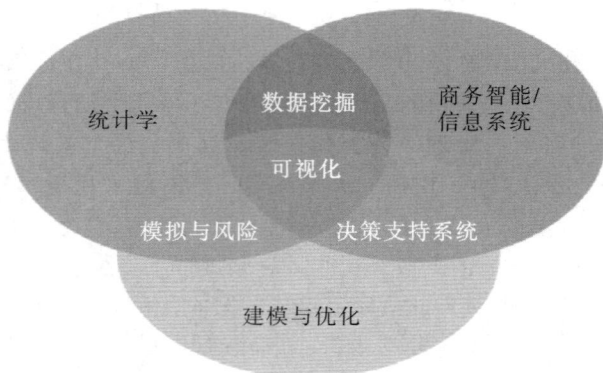

图1-1 透视商务分析

决策支持系统（decision support systems，DSSs）自20世纪60年代开始发展，并将商务智能的概念与运筹学/管理科学模型相结合，创造了基于分析的计算机系统来支持决策。决策支持系统包括以下三个部分：

（1）*数据管理*。数据管理组件包括用于存储数据的数据库，并允许用户输入、检索、更新、操作数据。

（2）*模型管理*。模型管理组件由多种统计工具和管理科学模型构成，支持用户轻松地构建、操作、分析和求解模型。

（3）*通信系统*。通信系统组件提供了用户与数据管理组件和模型管理组件交互所需的接口。[1]

决策支持系统已经被投入许多应用中，包括养老基金管理、投资组合管理、轮班安排、全球制造和设施选址、广告预算分配、媒体规划、配送路线规划、航空公司运营规划、库存控制、图书馆管理、科室设置、护士排班、血液配送、水污染控制、滑雪场设计、警察巡逻路线设计和能源规划。[2]

---

[1] William E. Leigh and Michael E. Doherty, *Decision Support and Expert Systems* (Cincinnati, OH: South-Western Publishing Co., 1986).

[2] H. B. Eom and S. M. Lee, "A Survey of Decision Support System Applications (1971-April 1988)," Interfaces, 20, 3 (May-June 1990): 65-79.

决策支持系统的一个关键特征是它能够执行**假设分析**（what-if analysis），即反映关键假设的特定输入组合将如何影响模型的输出结果。假设分析还被用于评估优化模型对于输入数据变化的敏感性，并且为作出正确决策提供了更可靠的参考（更好的洞察力）。

也许商务分析中最有用的、独一无二的元素是图 1-1 中间的**可视化**。可视化数据和分析结果提供了一种在所有业务层面可以轻松交流数据的方式，可以揭示令人称奇的模式和关系。软件（如 IBM 的 Cognos 系统等）利用数据可视化可进行查询和报告、数据分析、仪表板展示以及将策略与运营联系起来进行计分卡制作。例如，辛辛那提动物园已经在 iPad 上使用它来显示每小时、每天和每月的出勤报告、餐饮和零售点的收入与销售额，以及其他可用于预测和制定营销策略的指标。UPS 利用远程信息技术来捕捉车辆数据，并将其显示出来，以帮助其作出决策、提高效率和业绩。你可能已经看过**标签云**，它是一种文本的可视化操作（即形成词云图），将出现频率更高的单词用较大的字体凸显出来。

1.2.3　软件支持和电子表格技术

许多公司，如 IBM、SAS、Tableau Software，都开发了各种软件和硬件解决方案来支持商务分析。例如，IBM 公司的 Cognos Express 是一款集成的商务智能和规划解决方案，旨在满足中等规模公司的需求，提供报告、分析、商业智能仪表板、计分卡、规划、预算和预测功能。它由多个模块组成，包括用于自助报告及特殊查询的 Cognos Express Reporter、用于分析和可视化的 Cognos Express Advisor、基于 Excel 用于规划和商务分析的 Cognos Express Xcelerator。通过该软件信息以易于理解的语境呈现给用户，通过便捷的界面，用户可以从数据中快速地获取所需的信息以作出更好的决策，然后采取行动以实现切实且高效的业务优化和成果。SAS 公司提供了多种集成了数据管理、商务智能和分析工具的软件。SAS Analytics 提供了广泛的功能，包括预测建模和数据挖掘、可视化、预测、优化和模型管理、统计分析、文本分析等。Tableau Software 提供了简单的拖放工具用于电子表格和其他数据库的数据可视化。我们鼓励读者在学习本书商务分析基本原理的时候尽可能地去接触这些产品。

一般来说，虽然商业软件具有强大的功能和特性，但它们价格昂贵，并且需要经过专业培训才能使用，还可能只在特定的计算机平台上才能运行；而电子表格软件广泛应用于所有商业领域，几乎每个人都在使用。电子表格作为高效的数据处理平台，既能实现数据深度挖掘，又能支持模型的构建与求解。电子表格提供了灵活的建模环境，在最终用户不是模型的设计者时尤其有用。团队可以轻松地使用电子表格进行协作并理解它们所构建模型的逻辑思想。电子表格中的信息可以轻松地被复制到其他文档和演示文稿中。最近的一项调查确定了超过 180 种支持分析工作的商业电子表格产品，包括数据管理和报告、数据和模型驱动的分析技术以及具体实施。[1]许多组织非常有效地使用了电子表格来支持其营销、财务和运营方面的决策。另外一些相关应用如下：[2]

- 分析供应链（惠普公司）
- 确定最佳库存水平以满足服务客户的目标（宝洁公司）

---

[1]　Thomas A. Grossman, "Resources for Spreadsheet Analysts," *Analytics Magazine* (May/June 2010): 8. www.analytics-magazine.org.

[2]　Larry J. LeBlanc and Thomas A. Grossman, "Introduction: The Use of Spreadsheet Software in the Application of Management Science and Operations Research," *Interfaces*, 38, 4 (July-August 2008): 225-227.

- 内部项目选择（洛克希德·马丁航天系统公司）
- 应对突发流行病或生物恐怖主义袭击的急诊室规划（疾病控制中心）
- 分析房地产贷款组合的违约风险（海波国际公司）
- 指派住院医师应答呼叫，以及急诊换班（佛蒙特大学医学院）
- 绩效衡量和评估（美国红十字会）

你的老师可能会使用的一些统计学应用程序软件包有 SAS、Minitab、XLSTAT 和 Stat-Crunch。这些软件提供了许多强大的程序作为 Excel 的替代品或补充。

电子表格技术在提高商务分析使用率和接受度方面产生了重要影响。电子表格提供了一种便利的方法去同步地管理数据、计算并提供可视化图形，使用了直观的表示而非抽象的数学符号。电子表格的早期应用主要是在会计和金融领域，但如今电子表格已经发展成为商务分析应用技术中强大的通用管理工具。几十年前，管理咨询大师迈克尔·哈默（Michael Hammer）和詹姆斯·钱皮（James Champy）就注意到了在个人计算环境中数据分析的重要性，他们表示："当可访问的数据与易使用的分析建模工具相结合时，一线工作人员在经过适当培训后可以快速地具备复杂的业务决策能力。"[1]

实 践 分 析 ： 社 交 媒 体 分 析

分析的新兴应用之一是帮助企业从社交媒体中学习并利用媒体数据以获取战略优势。[2]通过分析，公司可以将社交媒体数据和从传统数据源所获取的数据（如客户调查、焦点小组和销售数据等）相结合；了解市场趋势及客户对其产品的看法；协助营销经理和产品设计师撰写有价值的报告。

社交媒体分析在许多商业领域的决策制定中都非常有用，可以通过它来了解用户生成的内容是如何传播并影响用户交互的，以及信息如何传输并影响决策。社交媒体分析中发表的研究综述提供了许多例子。[3]

- 诸如 2010 年海地地震和 2012 年纽约市桑迪飓风等灾害，对灾害发生前、发生时、发生后公众的反应进行分析可完善灾难应急场景处理和灾难管理实践的相关工作。
- 社交媒体平台使得公民能与政治家、政府部门以及其他公民交流接触。该研究调查了选民在选举期间如何评价候选人、候选人如何利用 Twitter 进行竞选活动并对公众发表具有影响力的讲话，以及美国总统候选人如何利用 Twitter 吸引民众并且在竞选期间创建相关话题。其他人则利用在线热度分析、监测和跟踪人们的政治偏好。
- 在娱乐行业，一项研究通过分析观众收视率来预测即将上映的电影的票房收益。另一个项目开发网络智能应用程序来收集流行电视剧的相关新闻报道并识别新剧情线索。
- 零售组织监控并分析了与它们自身及其竞争对手的产品与服务等相关的社交媒体数据，以保持竞争力。例如，某项研究根据用户在线评分分析了不同产品的特征。
- 社交媒体应用程序和医疗保健的整合可以带来更好的患者管理与授权。一位研究人员根据 WebMD.com 的帖子将各类在线健康社区进行了分类，对糖尿病患者社区等各类在线健康社群进行了分类研究；另一位学者则通过分析健身相关推文，深入解析人们的运动

[1] Michael Hammer and James Champy, *Reengineering the Corporation* (New York: HarperBusiness, 1993): 96.
[2] Jim Davis, "Convergence—Taking Social Media from Talk to Action," SASCOM (First Quarter 2011): 17.
[3] Ashish K. Rathore, Arpan K. Kar, and P. Vigneswara Ilavarasana, "Social Media Analytics: Literature Review and Directions for Future Research," *Decision Analysis*, 14, 4 (December 2017): 229–249.

行为特征；更有研究者创新性地采用流感主题推文构建预测模型，以实现流感传播趋势的精准预判。

在本书中，我们将微软Excel作为主要工具进行分析。在第1章附录中，我们回顾了在继续阅读本书前读者应该具备的一些Excel技能。

*本书的主要章节是根据Windows版Excel 2016或Mac版Excel 2016设计的。*早期版本的Excel不具备我们在本书中使用的所有功能。此外，我们会指出Windows版本和Mac版本之间存在的一些主要差异。因此，本书各章附录中介绍的某些Excel工具仅支持Windows版Excel、Office 365或Google Sheets平台（不兼容Mac版Excel），这些工具属于选学内容，所有案例与习题均不强制要求使用。授课教师或会选用以下扩展软件：出版方培生集团提供的XLSTAT与StatCrunch，或本书在线资源所述的Analytic Solver分析工具。

检验你的学习成果

（1）列举商务智能可以处理的两个问题。

（2）统计学方法是如何支撑商务智能报告的？

（3）什么是运筹学/管理科学？

（4）现代商务分析是如何整合商务智能传统学科、统计学和建模优化学科的？

（5）决策支持系统由哪些部分构成？

1.3 描述性、预测性和规范性分析

商务分析从数据的收集、组织和操作开始，并有三个主要组成部分[1]：

（1）*描述性分析*。大部分商业活动都从**描述性分析**开始，从数据中了解历史与当前的业务绩效并制定合理的决策。描述性分析是最常用和最容易理解的分析类型。这些技术对数据进行分类、表征描述、整合和界定，以便将它们转换为有用的信息用于理解和分析业务绩效。描述性分析将数据归纳为有用的图表和报告，如关于预算、营销、收入或花费等的图表和报告。这个过程使得管理人员能够获取标准的与定制的报告，然后深入了解数据并实现查询，以了解广告活动所造成的影响。例如，审查业务绩效以发现可能存在的问题或者发现蕴藏商机的领域，以及从数据中识别商务的运行模式与发展趋势。描述性分析有助于回答的典型问题是："在每个地区的产品销量是多少？""上个季度的营收和利润是多少？""解决了多少客户投诉？投诉的内容是什么？""哪家工厂的生产率最低？"描述性分析还可以帮助公司划分客户类型，从而实现精准营销并制定对应的广告策略。

（2）*预测性分析*。**预测性分析**旨在通过查阅历史数据、检测这些数据中的模式或关系，然后及时推断这些关系以预测未来。例如，营销人员可能希望预测不同客户群对广告活动的反应，商品贸易商可能希望预测商品价格的短期变动，或者滑雪服制造商可能希望预测下一季的滑雪服消费者对具体颜色和尺寸的需求。预测性分析可以预测风险并找到传统分析不易发现的数据关系。使用先进的技术，预测性分析可以帮助检测大量数据中的隐藏模式，并将被分割和分组的数据有条理地整合，以预测行为和检测趋势。例如，银行经理可能想要确定最有利可图的客户，预测贷款申请人违约的概率，或提醒信用卡客户注意

---

① Parts of this section are adapted from Irv Lustig, Brenda Dietric, Christer Johnson, and Christopher Dziekan, "The Analytics Journey," Analytics (November/December 2010). http://analytics-magazine.org/novemberdecember-2010-table-of-contents/.

潜在的欺诈性收费。预测性分析有助于回答诸如"如果需求下降10%或供应商价格上涨5%会发生什么""在接下来的几个月里,我们预计要为燃料支付多少费用""在新企业中亏损的风险是什么"等问题。

(3) *规范性分析*。有许多问题,如航班或员工调度和供应链设计,只因为涉及太多的选择或替代方案,导致决策者无法有效地抉择。**规范性分析**利用优化来确定最佳替代方案,以此来最小化或最大化某些目标。规范性分析用于许多业务领域,包括运营、营销和财务。例如,我们可以通过分析确定以下最优策略:实现收益最大化的定价与广告组合方案、ATM 机的最佳现金储备量,或是退休投资组合中用于风险管控的最优资产配置比例。规范性分析解决了诸如"我们应该生产多少才能使利润最大化""从我们的工厂运送货物以争取成本最低的最佳方式是什么""如果因为一场自然灾害关闭了一个供应商工厂,我们是否应该改变我们的计划?如果是,那么需要如何改变"等问题。预测性分析的数学和统计学技术也可以与规范性分析相结合,以制定充分考虑到数据不确定性的决策。

各种各样的工具被用于支持商务分析。这些工具包括:
- 数据库查询与分析。
- 报告关键绩效指标的"商务智能仪表板"。
- 数据可视化。
- 统计方法。
- 电子表格和预测模型。
- 场景和假设分析。
- 模拟。
- 预测。
- 数据和文本挖掘。
- 优化。
- 社交媒体、网络和文本分析。

实践分析:房屋贷款和抵押贷款行业分析[①]

大多数美国人在他们一生中的某个时候将为其房屋或公寓抵押贷款。该过程从一个申请开始,该申请包含贷款人需要的有关借款人的所有相关信息。然后,银行或抵押贷款公司启动一个产生贷款决定的过程。在这个过程中,有关借款人的关键信息由第三方提供商提供。这些信息包括信用报告、收入证明、资产证明、就业证明和一份财产评估报告。随后,处理功能的结果是一个完整的贷款文件,其包含承保贷款所需的所有信息和文件。承保机构能评估贷款申请的风险。承保机构评估借款人是否能够按时还款,是否有能力偿还贷款,以及是否有足够的财产抵押品来支持还款。如果借款人拖欠还款,贷款方可以出售房产以收回贷款金额。但如果贷款金额大于房产价值,那么贷款人就无法收回出借的款项。如果承保过程表明借款人信誉良好并有偿还贷款的能力,且相关财产的价值大于贷款金额,则贷款获得批准并进入收尾阶段。收尾意味着借款人签署所有相关文件,同意贷款条款。

---

① Contributed by Craig Zielazny, BlueNote Analytics, LLC.

　　实际上，贷款人还有很多其他工作要做。首先，他们必须对贷款文件的样本进行质量控制审查，包括对收集到的所有文件和信息进行人工检查，此过程旨在识别贷款文件中可能出现的任何错误或遗漏的信息。因为贷款人没有无穷无尽的钱借给借款人，他们还需要把贷款借给第三方，这样他们才会有新的资金借给其他人。这种事情会发在二级市场。房地美（Freddie Mac）和房利美（Fannie Mae）是二级市场上抵押贷款的两大买家企业，包括为贷款客户提供相关服务的所有活动，如处理付款、管理托管房产的财产税，以及回答有关贷款的问题。

　　此外，该机构会收集贷款流程中的各类运营数据以监测绩效，包括申请数量、贷款类型与金额、审批周期（从申请到放款的时间）、流程瓶颈点等指标。这些数据可通过多种分析模型进行挖掘：

　　描述性分析——侧重于历史报道。例如：

- 在过去的12个月里，每个月有多少贷款申请？
- 从办理手续开始到还款结束的总贷款周期是多长时间？
- 根据信用评分和贷款价值比（LTV），贷款利润的分布是怎样的？

　　预测性分析——预测建模使用数学、电子表格和统计模型，并能解决以下问题：

- 一个特定的营销计划对贷款额有什么影响？
- 对于既定的贷款额，需要经过多少手续和多少个承销商？
- 更改既定的流程是否会缩短周期？

　　规范性分析——这涉及使用模拟或优化的方法来驱动决策。典型的问题包括：

- 在一个固定的周期内，如何最佳地分配人员以达到最大利润？
- 在固定人员的约束条件下，为实现最大化利润的最优产品组合是什么？

　　由于房屋价值的上升、利率的下降、新的贷款产品的出现，以及房主越来越希望利用他们的房屋净值作为财务资源这一现象，抵押贷款的市场在最近几年变得更加活跃。这增加了抵押贷款流程的复杂性和可变性，并为贷款人创造了主动使用可用数据作为管理业务工具的机会。为了确保流程是高效的、有质量的，我们每天都使用数据和分析来跟踪谁花了多长时间做了什么。

　　尽管在描述性、预测性和规范性分析中使用的方法不同，但许多事件都涉及这三个方面。接下来是零售业的一个典型示例。

示例1.1　　　　　　　　　　　　零售降价决策[①]

　　你可能从自身的购物经历中了解到，大多数百货公司和时装零售商都会通过降价来清理其季节性库存商品。这些企业面临的关键问题是应该设定什么价格——以及应该在什么时候设定合适的价格——以满足库存目标和收入最大化要求？例如，假设一家商店有100件某种款式的泳衣，于4月1日开始销售，并希望在6月底之前将它们全部售出。在为期12周的销售旺季的每一周，该商店都可以作出折扣价格的决定。该商店经理面临两个决定：什么时候降价，降多少。对于可能有数千种产品的大型全国连锁店来说，这很容易迫使商店经理作出数百万个决策。描述性分析可用于查看类似产品的历史数据，如售出的单位数量、每个销售点的价格、开始和结束库存以及特价促销、报纸广告、直销广告等，以

了解历史决策的结果是什么。预测性分析可根据定价决策来预测销售额，而规范性分析可以被用于找到最优定价决策集，以最大限度地提高总收入。

检验你的学习成果

（1）定义描述性分析并给出两个案例。

（2）定义预测性分析并给出两个案例。

（3）定义规范性分析并给出两个案例。

1.4 商务分析数据

随着电子时代的来临和互联网的普及，个人和组织都接触到大量的数据和信息。大多数数据是通过某种类型的度量过程收集的，这些数据由数字（如销售收入）或文本数据（如性别等客户人口统计资料）组成。其他数据可能是从社交媒体、在线评论甚至音频和视频文件中提取的。信息来自对数据的分析，也就是从数据中抽取内涵，以支持评估和决策。

数据几乎被应用于每一项主要商务工作中。现代组织——无论是营利性还是非营利性组织——都需要优质的数据来支持多样化的公司目标，如规划、评估公司绩效、改进运营、将公司绩效与竞争对手或最佳基准进行比较。以下是如何在商务中使用数据的一些例子。

•年度报告以数字和图表形式总结了公司的盈利能力和市场份额数据，以便呈报给股东。

•会计师通过查看诸如应收账款等会计数据样本（子集），来审计确定公司的资产负债表是否真实地披露了数据。

•金融（财务）分析师收集和分析各种数据，以了解企业为其股东作出的贡献。这些通常包括盈利能力、收入增长、投资回报、资产利用、营业利润率、每股收益、经济附加值（EVA）、股东价值和其他相关指标。

•经济学家使用数据帮助企业了解和预测人口趋势、利率、行业表现、消费者支出和国际贸易。这些数据通常来自外部，如标准数据集、行业协会或政府数据库。

•市场研究人员收集并分析大量的客户数据。这些数据通常包括人口统计、偏好和意见、交易和支付历史、购物行为等数据。这些数据可以通过调查、个人访谈、焦点小组或购物会员卡收集。

•运营经理使用生产绩效、制造质量、交货时间、订单准确度、供应商绩效、生产力、成本和环保合规等数据来管理他们的运营。

•人力资源经理衡量员工满意度、培训成本、流动率、市场创新、培训有效性和技能发展。

数据可以从主要来源（如内部公司记录和商业交易、自动数据采集设备和客户市场调查）收集，也可以从次要来源（如政府和商业数据来源、定制研究提供者和在线研究）收集。

当今最重要的数据来源莫过于网络数据。依托现代技术，营销人员能够采集广泛的网络行为信息，包括页面浏览量、访问者所在国家/地区、到访时间及时长、跳转路径、搜索浏览过的商品、实际购买的商品以及所阅读的评论等。通过数据分析，营销人员可以掌据以下关键信息：高频浏览内容、广告点击情况、核心访客群体特征，以及"只浏览不购买"的访客类型。这不仅有助于理解消费者的历史行为，更能精准预测其未来意向。例如，当银行发现客户正在查询房贷利率和房屋保险时，便可针对性地推送住房贷款产品，而非信用卡或汽车贷款方案。如今，传统的网络数据正与来自 Facebook、移动设备乃至联网游戏终端等渠道的社交媒体数据深度融合，形成更全面的用户画像。

以某家居零售商为例，该企业希望提升网站浏览者的购买转化率。为此，它构建了一个覆盖 7 000 多项属性的客户数据库，包括人口统计特征、网络行为、目录浏览及线下消费行为等维度。通过运用预测分析技术，企业能精准评估每位客户对不同邮件营销方案的反应，从而实施个性化促销策略。这一举措不仅优化了营销资源配置效率，更使活动响应率较以往翻倍，预计将带来数百万美元的销售额增长。[①]

1.4.1 大数据

如今，几乎所有的数据都是以数字化方式收集的。数据正以惊人的速度增长，以 TB（10^{12} 字节）、PB（10^{15} 字节）、EB（10^{18} 字节），甚至更高量级的单位来度量（想想 Facebook、Twitter 或亚马逊服务器上存储的数据量，或者像克罗格（Kroger）这样的全国性连锁超市及其分支机构每天扫描商品产生的庞大数据流）。例如，沃尔玛每小时有超过 100 万笔交易，产生超过 2.5PB 的数据。专业分析人士提出了"**大数据**"这个词，意指海量的、实时可用的、有着各种来源的商业数据。IBM 将这些特征归纳为*海量化、多样性*和*时效性*。在大多数情况下，大数据围绕客户行为和客户体验进行分析。大数据为企业提供了获得竞争优势的机会——前提是数据可以被有效地理解和分析，从而帮助人们作出更好的商务决策。

数据量不断增加；现在被认为是"大"的数据，将来会变得更"大"。在 2010 年对信息技术（IT）专业人士的一项研究中，近一半的受访者将数据增长列为他们面临的三大挑战之一。大数据是通过传感器（比如超市扫描仪）、网络点击量、客户交易、电子邮件、推特和社交媒体等方式获取的。大数据集是非结构化的并且是杂乱的，需要复杂的分析技术来整合和处理数据并理解其中所蕴含的信息。由于许多大数据都是实时捕获的，因此必须以更快的速度将它们纳入商务决策中，必须对欺诈检测等流程进行快速分析才能实现价值。除了*海量化、多样性*和*时效性*之外，IBM 还提出了第四个维度：*真实性*——与数据相关的可靠性水平。拥有高质量的数据并理解数据中的不确定性对于作出明智的决策至关重要。数据的真实性在统计方法中有着重要地位。

大数据可以帮助组织更好地理解和预测客户行为、改善客户服务。麦肯锡全球研究所（McKinsey Global Institute）的一项研究指出："有效利用大数据有望实现经济改革，带来新一轮的生产率增长和消费者浪潮。大数据的使用将成为现有公司间竞争的一个关键基础，并将催生新的竞争对手，这些竞争对手能够吸引拥有大数据领域相关的关键技能的员工。"[②]然而，理解大数据需要先进的分析工具，如数据挖掘、文本分析，以及新技术

---

① Based on a presentation by Bill Franks of Teradata，"Optimizing Customer Analytics：How Customer Level Web Data Can Help，" INFORMS Conference on Business Analytics and Operations Research，April 10–12，2011.
② James Manyika，Michael Chui，Brad Brown，Jacques Bughin，Richard Dobbs，Charles Roxburgh，and Angela Hung Byers，"Big Data：The Next Frontier for Innovation，Competition，and Productivity，" McKinsey & Company May 2011.

（如云计算、更快的多核处理器、大内存空间和硬盘存储）的支持。

1.4.2　数据的可靠性和有效性

糟糕的数据会导致糟糕的决策。例如，配送系统设计模型依赖于从公司财务部门获得的数据，而运输成本是根据工厂和客户所在地的经纬度来计算的。但是，当该解决方案呈现在地理信息系统（GIS）绘图程序中时，却显示其中一个客户位于大西洋上。

因此，用于商务决策的数据必须是可靠且有效的。**可靠性**意味着数据是准确的、一致的，**有效性**意味着数据度量了它们应该度量的东西。例如，始终读取低于真实值几磅压力的轮胎压力表是不可靠的，尽管它是有效的，因为它确实测量了轮胎压力。每天打给客户服务台的电话数量可能会被正确计算（因此是一个可靠的度量标准），但如果将其用于评估客户的不满意程度则是无效的，因为许多电话可能只是简单的问询。要求顾客评价餐厅食物质量的调查问题可能既不可靠（因为不同的顾客可能有不同的看法），也非有效（如果目的是调查顾客满意度，因为满意度通常还包括除了食物之外的其他服务要素）。

检验你的学习成果

（1）举出三个例子，说明如何在不同的商务分析功能中使用数据。

（2）从网上获得的数据如何用于营销和商务分析？

（3）定义大数据，并列出大数据的四个特征。

（4）解释数据的可靠性和有效性的概念。

1.5　商务分析模型

为了作出明智的决策，我们必须明确界定以下两个核心要素：一是代表可选方案的决策备选项，二是用于评估方案的决策标准。决策备选项的设定可能非常简单（例如从三种企业健康保险方案中择一），也可能极为复杂（如新建物流中心的选址可能涉及全美乃至全球范围内的无限可能）。决策标准可能是毛利润、客户满意度或社会效益等收益最大化类标准，或总成本最小化、环境影响最小化、损失度量最小化等成本控制类标准。

许多决策问题可以用一个模型来量化分析。**模型**是对真实系统、思想或对象的抽象或表示。模型抓住问题中最重要的特征，并以易于解释的形式呈现它们。模型可以简单到对某些现象进行书面或口头描述、以图形或流程图等可视化来表示，或者用数学函数或电子表格来表示。示例1.2展示了三种不同的模型表达方法。

决策模型是对问题或业务情况的逻辑或数学表示，可用于理解、分析或促进决策的制定。决策模型可以以各种方式表示，最典型的是使用数学函数和电子表格。电子表格是建立决策模型的理想工具，因为它们在管理数据、评估不同场景和以有意义的方式显示结果方面具有通用性。我们将从第9章开始关注电子表格模型。

示例1.2　　　　　　　　　　　　　　**模型的三种表达方法**

模型往往根据理论和观察来构建，建立了决策制定者可能采取的行为与其预期之间的关系，从而使得决策制定者去评估方案或预测将发生什么。例如，一件新产品的销售，像是第一代iPad、安卓手机或3D电视机，往往遵循一种通用的模式。我们将以下面三种方式阐述：

（1）销售的一种简单口头描述可能是：当早期应用者开始评估新产品时，销售速度很慢。然后随着积极的客户反馈意见的传播，销售速度随时间以递增速度加快。但最终，由于市场变得饱和，销售速度开始下降。

（2）如图1-2所示，随着时间的推移，一个S形曲线的销售草图就是一个传达这种现象的视觉模型。

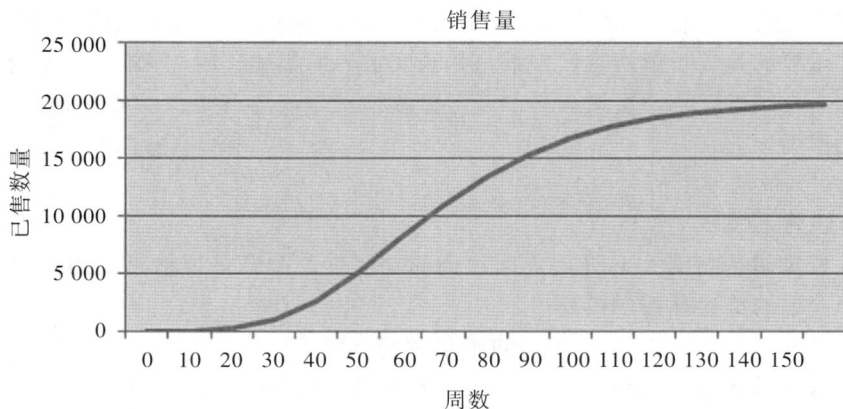

图1-2　新产品销售量

（3）最后，分析师可能会确定表征该曲线的数学模型。一些不同的数学方法可以做到这一点：其中一种方法称为Gompertz曲线，公式为：$S = ae^{be^{ct}}$，S为销售量，t为时间，e是自然对数的底，a、b和c是常数。当然，你不会想知道这些，这就是专业分析人员所做的。

决策模型通常包括以下三种类型的输入：

（1）*数据*。为了符合模型的假设，它们被设置为常数，如成本、机器性能和城际距离。

（2）*不可控输入*，即可以改变但不能由决策者直接控制的量，如客户需求、通货膨胀率和投资回报。通常这些变量是不确定的。

（3）*决策选项*。这是可控的，可由决策者自行选择，如生产数量、人员配备水平和投资分配。决策选项通常也被称为**决策变量**。

决策模型描述了这些输入和决策者感兴趣的输出之间的关系（如图1-3所示）。通过这种方式，用户可以操纵决策选项并了解它们是如何影响输出的，从而对未来进行预测，或使用分析工具找到最优决策。因此，决策模型可以是描述性的、预测性的或规范性的，可用于各种商务分析应用程序。

图1-3　决策模型的本质

决策模型弥补了决策者直觉的主观性不足，往往能够提供直觉所欠缺的洞察力。例如，分析在营销中的一项早期应用涉及对销售运营的研究。销售代表面临着在大客户和小客户之间以及在获取新客户和留住老客户之间分配工作时间的问题，并要决定如何最优地分配时间。直觉建议他们应该专注于大客户，获得一个新客户比留住一个老客户要困难得多。然而，直觉无法判断他们是应该专注于100位大客户还是1 000位大客户，或者在获取新客户上花费多少精力。销售团队效率模型和客户响应模式提供了作出这些决策的见解。然而，重要的是要了解所有模型都只是现实世界的描述，因此无法捕捉决策者在现实中面临的每一个细微差别。决策者必须经常修改模型建议的策略，以考虑他们可能无法纳入模型的无形因素。

1.5.1 描述性模型

描述性模型解释行为并允许用户通过询问"假设"问题来评估可能的决策。示例1.3说明了一个简单的描述性数学模型。

示例1.3   汽油使用模式

汽车具有不同的燃油经济率（每加仑行驶英里数），通勤开车上班或上学的行驶距离也各不相同。假设州交通部门（DOT）希望统计某城市通勤者每月平均燃油消耗量，DOT可能会对一组通勤者进行抽样，并收集每天行驶里程数、每月行驶天数、车辆燃油经济率、每月休闲和家庭活动等额外行驶的里程数等信息。我们可以开发一个简单的描述性模型来计算消耗的汽油量，使用以下数据符号：

G：每月消耗的燃油加仑数

m：每日通勤去工作或上学的行驶里程数

d：每月驾驶天数

f：每加仑燃油经济率

a：每月休闲和家庭活动等的行驶里程数

在开发数学模型时，使用变量的维度来保证逻辑一致性是非常重要的。在这个例子中，我们得出：

（m 英里/天）×（d 天/月）= $m \times d$（英里/月）

因此，每月行驶里程数为 $m \times d + a$。如果汽车的燃油经济率为 f 英里/加仑，则每月燃油加仑数共计

$$G = （m \times d + a \text{ 英里/月}）/（f \text{ 英里/加仑}）$$
$$\quad = （m \times d + a）/ f \text{（加仑/月）} \tag{1.1}$$

假设一名通勤者每月开车往返30英里上班20天，并且每个月额外行驶250英里，汽车的燃油经济率为34英里/加仑。由公式（1.1）可得消耗的加仑数为：

$$G = （30 \times 20 + 250）/ 34 = 25.0 \text{（加仑/月）}$$

在上述例子中，我们没有加入决策选项；模型单纯是描述性的，但是允许我们估计"假设"问题，例如，"假设我们购买燃油经济率为45英里/加仑的混合动力汽车会怎样？""如果休闲和家庭活动等额外行驶里程数增加到400英里/月会怎样？"我们将使用的大多数模型是包括决策选项的。例如，假设制造商可以选择在公司内部生产零件或选择供应商外包生产（决策选项），则公司应该选择内部生产零件还是外包？该决策取决于内部生产和外包的成本，以及预期的需求量（不可控的输入）。通过开发一个模型来评估两种替代

方案（输出）的总成本，可以制定最优决策。

示例1.4   **外包决策模型**

假设某制造商能够以125美元/件的价格生产一种零件，固定成本为50 000美元。另一种方法是以175美元/件的价格将零件生产外包给供应商。总共的生产成本与外包成本可以用简单的数学公式表示，其中 Q 是产量：

$$TC（制造商）=50\ 000\ 美元 + 125\ 美元×Q \tag{1.2}$$

$$TC（外包商）=175\ 美元×Q \tag{1.3}$$

这些公式构成了决策模型，它简单地描述了任何产量水平的生产成本与外包成本。因此，如果预期产量为1 500件，生产成本为：50 000美元+125美元×1 500=237 500美元，外包成本为：175美元×1 500=262 500美元；因此，制造商内部生产将是更好的决策。但倘若预期产量为800件，则生产成本为：50 000美元+125美元×800=150 000美元，外包成本为：175美元×800=140 000美元；可见，应该选择外包生产零件。如果我们绘制两个总成本公式，我们可以很容易地发现成本在不同的 Q 值下的比较情况。在图1-4中，生产成本与外包成本相等的点称为盈亏平衡量。这可以通过使 TC（制造商）= TC （外包商）并求解 Q 来轻松找到：

50 000美元+125美元× Q =175美元× Q

50 000美元=50× Q

Q =1 000

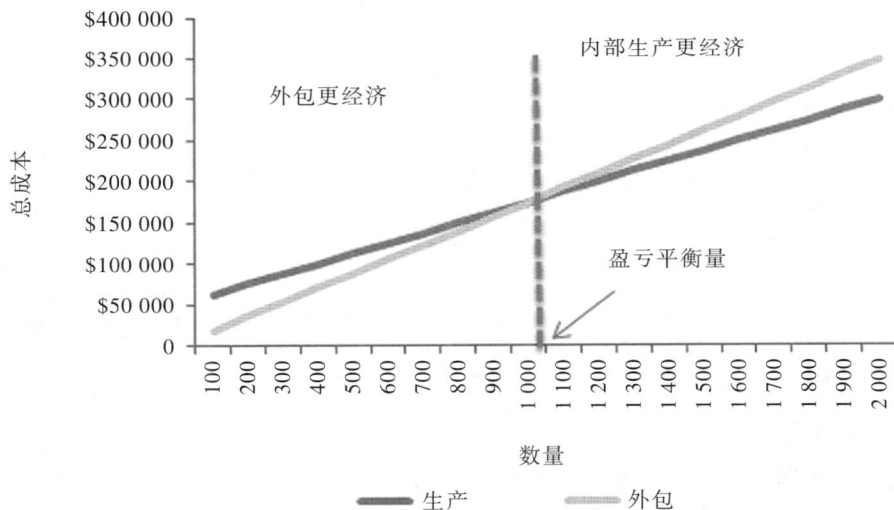

图1-4 盈亏平衡分析的图示

1.5.2 预测性模型

预测性模型关注未来会发生什么。许多预测性模型是通过分析历史数据并假设过去代表未来而开发的。示例1.5展示了如何使用历史数据来开发一个模型，该模型可用于预测食品杂货行业的定价和促销策略的影响。[①]

---

① Roger J. Calantone，Cornelia Droge，David S. Litvack，and C. Anthony di Benedetto. "Flanking in a Price War," *Interfaces*，19，2（1989）：1-12.

示例1.5 　　　　　　　　　　　预测性销售−促销模型

在杂货行业，经理们通常需要知道如何最好地使用定价、优惠券和广告策略来影响销售。杂货商经常通过进行对照实验来研究销量与这些策略的关系。也就是说，他们实施不同的定价、优惠券和广告支出组合，观察不同条件下的销量，并根据这些决策策略使用分析工具来开发销售预测模型。例如，假设在一个小城市经营3家商店的杂货商通过改变定价、使用优惠券（是＝1，否＝0）与广告支出，观察各商店的销量情况：

星期	定价 （美元）	优惠券 （0，1）	广告支出 （美元）	1店销量 （单位）	2店销量 （单位）	3店销量 （单位）
1	6.99	0	0	501	510	481
2	6.99	0	150	772	748	775
3	6.99	1	0	554	528	506
4	6.99	1	150	838	785	834
5	6.49	0	0	521	519	500
6	6.49	0	150	723	790	723
7	6.49	1	0	510	556	520
8	6.49	1	150	818	773	800
9	7.59	0	0	479	491	486
10	7.59	0	150	825	822	757
11	7.59	1	0	533	513	540
12	7.59	1	150	839	791	832
13	5.49	0	0	484	480	508
14	5.49	0	150	686	683	708
15	5.49	1	0	543	531	530
16	5.49	1	150	767	743	779

为了更好地理解价格、优惠券和广告支出之间的关系，分析师可能已经使用商务分析工具开发了以下模型（我们将在第7章中看到如何做到这一点）：

$$总销售额 = 1\,105.55 + 56.18 \times 定价 + 123.88 \times 优惠券 + 5.24 \times 广告支出 \qquad (1.4)$$

在这个示例中，不可控的输入是每家商店的销量。决策选项是定价、优惠券和广告支出。模型中的数值是根据实验获得的数据估计的。它们反映了更改决策选项对销售的影响。例如，定价上涨1美元将导致56.18个单位的周销量增长；使用优惠券（即在模型中设置优惠券＝1）将导致123.88个单位的周销量增长。模型的输出是产品的预计总销量。例如，如果价格是6.99美元，不提供优惠券，也不做广告（对应于第1周的实验），模型估计总销量为：

总销量 = 1 105.55 + 56.18 × 6.99 + 123.88 × 0 + 5.24 × 0 = 1498.25　（单位）

我们可以发现第 1 周这 3 家商店的实际总销量为 1 498 单位。因此，该模型似乎可以使用历史数据为销量提供较为准确的估计。我们希望这个模型同时能够对未来销量提供准确的预测。因此，如果杂货商决定将价格定为 5.99 美元，不使用优惠券，并在广告支出上花费 100 美元，该模型预测的总销量为：

总销量 = 1 105.55 + 56.18 × 5.99 + 123.88 × 0 + 5.24 × 100 = 1 966.07　（单位）

1.5.3　规范性模型

规范性决策模型可帮助决策者确定决策问题的最优解。**最优化**是为决策选项找到一组值的过程，这些值最小化或最大化某些利益量——利润、收入、成本、时间等，称为**目标函数**。任何优化目标函数的决策选项集都称为**最优解**。在竞争激烈的世界中，一个百分点可能意味着数十万美元或更大的差异，了解最优解可能意味着企业成功与失败的区别。

示例 1.6　　　　　　　　　　　**定价的规范性模型**

假设一家公司希望为其一款产品确定最优定价，以最大限度地提高下一年的收入。一项市场调查研究收集了数据用于估计不同定价水平的预期年销量。分析师确定销量可以用以下模型表示：

销量 = −2.9485 × 定价 + 3 240.9　　　　　　　　　　　　　　　　　　　　（1.5）

因为收入等于定价 × 销量，所以总收入模型为：

总收入 = 定价 × 销量

　　　　= 定价 × （−2.9485 × 定价 + 3 240.9）

　　　　= − 2.9485 × 定价^2 + 3 240.9 × 定价　　　　　　　　　　　　　　（1.6）

公司想确定能使总收入最大化的定价。一种方法是尝试不同的定价并找到使总收入最高的定价，人工计算甚至使用计算器都会非常枯燥；然而，正如我们将在后面的章节中看到的，电子表格模型将使这个问题变得更加容易解决。

尽管定价模型没有，但大多数优化模型都有**约束条件**——限制、要求或其他强加给每个解决方案的限制，如“不要超过允许的预算”或“确保满足所有需求”。例如，消费品公司经理可能希望通过重新设计分销系统来确保达到指定的客户服务水平。约束的存在使得建模和解决优化问题更具挑战性。我们将在本书后面的第 10 章开始讨论约束优化问题。

对于一些规范模型、解析解——闭合形式的数学表达式或简单的公式——可以使用微积分或其他类型的数学分析等技术获得。然而在大多数情况下，需要某种基于计算机的程序来找到最优解。**算法**是找到问题解决方案的系统过程。研究人员已经开发出有效的算法来解决多种类型的优化问题。例如，微软 Excel 软件有一个名为规划求解器（Solver）的内置插件，可针对电子表格模型构建的优化问题提供最优解。我们会在后面的章节中使用“Solver”。但是，我们不会深究这些算法的具体实现机制，而是着重探讨如何运用算法来求解和分析所构建的模型。

如果可能，我们希望能够使用诸如“Solver”的算法来找到最优解。但是某些模型非常复杂，以至于无法在合理的计算机时间内对它们进行求解，因为可能需要进行大量计算，或者因为它们非常复杂以至无法保证能找到最优解。在这些情况下，分析师使用**搜索算法**——通常会找到较好的解决方案，但不能保证找到最优解。通过强大的搜索算法能够获得对极其困难的优化问题的良好解决方案。这些将在后面的第11章中讨论。

1.5.4 模型假设

所有模型都基于反映建模者对"现实世界"的看法的假设。一些假设是为了简化模型并使其更易于处理，即易于分析或求解。也可能会有其他一些假设，以更好地表征历史数据或过去的观察结果。建模者的任务是选择或构建最能代表真实行为的合适模型。例如，经济学理论告诉我们，产品的需求与其价格呈负相关。因此，随着价格的上涨，需求将下降，反之亦然（你可能将这种现象称为价格弹性——需求变化百分比与价格变化百分比之比）。不同的数学模型可以表征这种现象。在下面的示例中，我们举例说明了其中两个。

示例1.7   **线性需求预测模型**

预测需求与价格关系的简单模型可采用线性模型，其表达式为：

$$D = a - bP \tag{1.7}$$

其中，D是需求，P是单位价格，a是常量（当价格为0时，估计了需求量），b是需求函数的斜率。

当我们想要预测围绕当前价格的微小变化的影响时，此模型最为适用。例如，假设我们知道当价格为100美元时，需求为19 000个单位，价格每上涨1美元，需求就会下降10个单位。使用简单的代数计算，我们能够确定a=20 000以及b=10。因此，如果价格为80美元，则需求预测模型为：

D=20 000-10×80=19 200 （单位）

如果价格上涨到90美元，需求预测模型为：

D=20 000-10×90=19 100 （单位）

如果价格上涨到100美元，需求预测模型为：

D=20 000-10×100=19 000 （单位）

以此类推。当价格在80美元到120美元之间变化时，则基于价格函数的需求量如图1-5所示。我们看到，价格每上涨10美元，需求会持续恒定递减，这是线性模型的一个特征。

$$D = 20\,000 - 10P$$

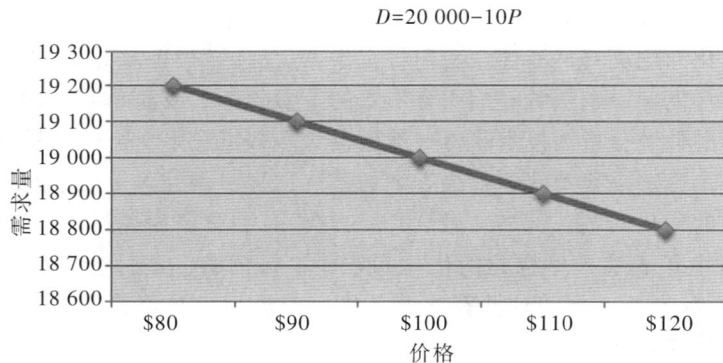

图1-5 线性需求模型

示例1.8   **非线性需求预测模型**

另一种模型假设价格弹性是恒定的。在这种情况下，合适的模型是：

$$D=cP^{-d} \tag{1.8}$$

其中，c 是当价格为 0 并且 $d > 0$（价格弹性）时的需求。为了与示例 1.7 一致，我们假定当价格为 0 时，需求量是 20 000 个单位。因此，c=20 000。还假定当价格为 100 美元时，$D = 19\,000$。

根据公式（1.8），我们可以确定 d 值为 0.0111382（可以使用对数计算，我们将在第 9章中看到如何使用 Excel 轻松完成此操作）。因此，如果价格为 80 美元，则预测需求模型为：

$$D=20\,000\times80^{-0.0111382} = 19\,047$$

如果价格上涨到 90 美元，需求预测模型为：

$$D=20\,000\times90^{-0.0111382} = 19\,022$$

如果价格上涨到 100 美元，需求预测模型为：

$$D=20\,000\times100^{-0.0111382} = 19\,000$$

基于价格函数的需求如图 1-6 所示。随着价格的上涨，预测的需求量以非线性方式下降。例如，当价格从 80 美元增长到 90 美元时，需求减少 25 个单位，但当价格从 90 美元增加到 100 美元时，需求减少 22 个单位。如果价格上涨至 110 美元，你会看到需求下降幅度较小。因此，与示例 1.7 对照，我们可以看到一个非纯线性关系。

$$D=20\,000-10P^{-0.0111382}$$

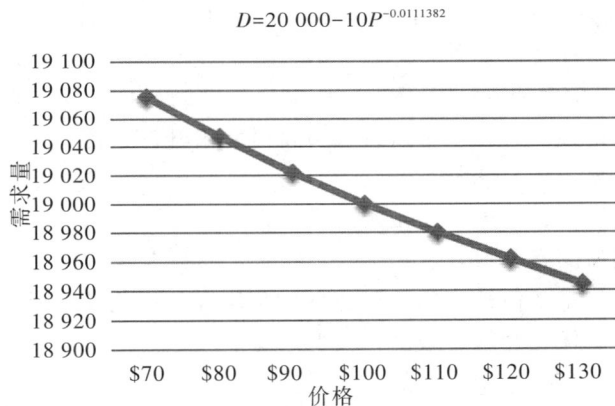

图1-6 非线性需求模型 $D = cP^{-d}$

示例 1.7 和示例 1.8 中的两个模型对不同价格（90 美元除外）的需求作出了不同的预测。哪个模型更好？答案可能都不是。首先，真实模型的开发需要在精心设计的实验中进行多次价格点变化。其次，它还应该包括竞争和客户可支配收入的数据，这两者都很难确定。尽管如此，还是有可能开发出价格范围有限且客户群狭窄的价格弹性模型的。一个好的起点是创建一个包含所有有过去定价行为的详细信息的历史数据库。但不幸的是，从业者观察到此类模型并未广泛用于零售营销，这表明商业分析的应用有足够的机会。[①]

1.5.5 不确定性和风险

众所周知，未来总是不确定的。因此，许多预测性模型包含了不确定因素以帮助决策制定者分析其决策相关的风险。**不确定性**是对将要发生的事情的不完全了解；**风险**与后

---

① Zhang, Clay Duan, and Arun Muthupalaniappan, "Analytics Applications in Consumer Credit and Retail Marketing," *Analytics Magazine* (November – December 2011): 27–33.

果、事件未来发生的概率息息相关。例如，苹果公司的股价在下一个交易日的变化是不确定的。如果你持有苹果公司的股票，那么若股价下跌，你将面临亏损的风险。如果你没有任何股票，尽管价格仍然不确定，但你不会有任何风险。风险是通过后果的严重程度和它们发生的概率来评估的。例如，如果你持有价值100万美元的股票，股价下跌10%会比你只持有价值1 000美元的股票带来更高的风险。同样，如果股价下跌10%的概率为1/5，则风险的概率将高于1/100。

风险在业务中的重要性早已被大家认识到。著名管理学作家彼得·德鲁克在1974年指出：

试图消除企业中的风险是徒劳的。只要将现有资源投入未来预期，风险便如影随形。事实上，经济进步可以定义为有承担更大风险的能力。试图消除风险，甚至试图将风险最小化，只会使风险变得不合理和难以承受。它只会导致最大的风险：僵化。[①]

考虑风险是进行决策的一个重要因素。例如，你可能不会仅仅根据你期望的回报来选择投资，因为在通常情况下，较高的回报与较高的风险息息相关。因此你必须在更大回报和潜在损失风险间作出权衡。分析模型可以帮助评估风险。某些输入不确定信息的模型通常被称为**随机（概率）模型**。与之相反，**确定性模型**是那些输入信息均为已知的或假设为确定的模型。例如，假设客户需求是某些模型中的重要元素之一。我们可以设定确定性前提假设：如需求量固定为每月5 000单位。在这种情形下，我们构建的是一个确定性模型。反之，若有证据表明需求量存在不确定性——月均值为5 000单位，但实际波动范围通常在3 200~6 800单位之间——此时我们构建的便是随机模型。随机模型能有效解析现实商业环境中的不确定性因素，本书后续章节将对此展开深入探讨。

检验你的学习成果
（1）定义什么是模型，并列举模型的三种普遍形式。
（2）阐述决策模型的各要素。
（3）解释决策模型是如何被应用于描述性、预测性和规范性分析的。
（4）定义什么是最优化并阐述最优化模型的特点。
（5）解释在构建决策模型中假设的重要性。
（6）不确定性和风险之间的区别是什么？

1.6 用分析技术解决问题

商务分析的根本目的是帮助管理者解决问题并作出决策。分析技术仅代表问题求解和决策过程的一部分。问题求解是与定义、分析和解决问题以及选择一个合适的解决方案相关的活动。

问题求解包括几个阶段：
（1）识别问题
（2）定义问题
（3）构建问题
（4）分析问题

① P. F. Drucker, *The Manager and the Management Sciences in Management: Tasks, Responsibilities, Practices* (London: Harper and Row, 1974).

（5）解释结果并选择决策

（6）实施解决方案

1.6.1　识别问题

不同组织层级的管理者面临不同类型的问题。例如，在一家制造公司，高层管理者面临有关分配财务资源、建设或扩充设施、决定产品组合和战略性采购等的决策。中层管理者制订分销计划、生产与库存计划以及人员配备计划。财务经理分析风险、决定投资策略并作出定价决策。营销经理制订广告计划并作出销售人员配置决策。在制造企业中，问题涉及日常生产运营的规模、单个机器的调度计划和工人调度分配。不管是什么问题，第一步是要先意识到它的存在。

如何识别问题？当正在发生的事情与我们认为应该发生的事情之间存在差距时，就说明存在问题。例如，消费类产品经理可能会觉得分销成本太高。这种认知可能来自与竞争者的绩效对比，或者观察到与前几年相比的增长趋势。

1.6.2　定义问题

问题求解过程的第二步是明确地定义问题。找到真正的问题并将其与观察到的表象区分是一个重要的步骤。例如，高配送成本可能源于卡车路线效率低下、配送中心位置不佳或燃料成本增加等外部因素。问题可能被定义为改进路线流程、重新设计整个配送系统或优化燃料采购对冲策略。

定义问题并不是一项无关紧要的任务。当出现以下情况时，问题的复杂性会增加：

• 潜在的行动方案数量很大。

• 问题存在于一个群体而非一个人。

• 问题解决者有一些相互冲突的目标。

• 外部团体或个人受到问题的影响。

• 问题解决者和问题的真正所有者——负责解决问题的人和经历问题的人——不是同一人。

• 时间约束很重要。

这些因素使得制定有意义的目标和描述潜在决策的范围变得困难。在定义问题时，重要的是让所有作出决定的人或可能受其影响的人都参与进来。

1.6.3　构建问题

这通常涉及陈述目标和目的，描述可能的决策，并确定任何约束或限制。例如，如果问题是重新设计一个配送系统，决策可能包括制造工厂和仓库的新位置（在哪里）、将产品重新分配给（哪些）工厂以及从不同仓库运送给客户的每种产品数量（是多少）。降低成本的目标可能通过产品的总交付成本来衡量。管理者可能想通过重新设计确保达到一定水平的客户服务——例如，能够在48小时内交付订单。这是一个有关约束的例子。构建问题常常包括开发一个正式模型。

1.6.4 分析问题

在这里商务分析扮演了重要的角色。分析包括一些实验或解决过程，比如评估不同的场景、分析各种可选决策相关的风险、找到满足特定目标的解决方案或确定一个最优方案。分析专家花费了数十年时间开发和改进各种方法来解决不同类型的问题。本书的大部分内容都致力于帮助你理解这些技术并获得使用它们的基本能力。

1.6.5 解释结果并选择决策

解释分析阶段的结果对于作出正确的决策至关重要。模型无法捕捉实际问题的每一个细节，管理者必须了解模型的局限性及潜在假设，并经常将判断纳入决策制定过程。例如，在确定设施位置时，我们可能会使用分析程序来找到"中心"位置；但是，决策中还必须考虑许多其他因素，高速公路、劳动力供应和设施成本。因此，分析解决方案指定的位置可能并不是公司实际选择的确切位置。

1.6.6 实施解决方案

这只是意味着使解决方案在组织中真正起作用，或者说将模型的结果用于现实世界。这通常需要提供足够的资源、激励员工、消除变革阻力、变更组织政策和建立信任。问题及其解决方案会影响的人包括客户、供应商和雇员。所有这些无疑都是解决问题过程中的重要部分。对政策和组织问题具有敏感性，是管理人员和分析专业人员在解决问题时必须具备的一项重要技能。

在每个步骤中，良好的沟通是至关重要的。分析专业人员需要与经理和客户沟通，以了解问题的商业背景，并能够清楚有效地解释结果。构建易于理解的良好可视化图表和电子表格等技能对于分析用户来说至关重要。我们在整本书中都强调这些技能。

实践分析：在惠普公司开发有效的分析工具[①]

惠普（Hewlett-Packard，HP）广泛使用分析手段。许多应用提供给仅具备少量知识的管理者使用。这意味着所使用的分析工具必须易于使用与理解。根据多年的经验，惠普分析师总结了一些核心问题。在开发分析决策工具前，HP提出如下三个问题：

（1）*分析是否能解决问题？* 这个工具是否能够提供一个更好的解决方案？是否应该使用其他非分析解决方案？是否存在必须解决的组织问题或其他问题？通常，看似是一个分析问题，但也许事实上问题源于诸如利益分配、所有权和责任不明或商务战略等。

（2）*我们是否能够利用现有的解决方案？* 在认为开发分析决策工具是"多此一举"之前，确定现有的解决方案能否解决问题，其成本和收益都是多少。

（3）*真的需要决策模型吗？* 单单的决策指导能否取代一个正式的决策工具？

HP一旦决定开发分析工具，就会制定一些指南来确保开发成功实施：

· *使用原型设计，* 一种可快速完成构建并运行的版本，旨在测试其基本功能并获得反馈。

[①] Based on Thomas Olavson and Chris Fry, "Spreadsheet Decision-Support Tools: Lessons Learned at Hewlett-Packard," *Interfaces*, 38, 4, July–August 2008: 300–310.

•解释机理，而不是"黑匣子"。黑匣子工具是一种可以生成答案的工具，但无法提供解释，无法为用户提供置信度。交互式工具可以解释决策过程的机理，以支持更好地为决策者提供信息。

•消除不必要的复杂性。越简单越好。一个好的工具可以在没有专家指导的情况下使用。

•在探索和设计时期与最终用户合作。实际使用该工具的决策者应参与开发。

•培养分析专家。那些了解解决方案或与方案制定相关的人（理想状况，即决策制定者本人）必须支持开发过程。

检验你的学习成果

（1）列举解决问题的各个主要阶段并解释它们。

（2）惠普关于使用分析工具总结了哪些经验？

关键术语

算法	信息系统	可靠性
大数据	模型	风险
商务分析（分析）	建模与优化	搜索算法
商务智能	目标函数	模拟和风险分析
约束	运筹学/管理科学	统计学
数据挖掘	最优解	随机（概率）模型
决策模型	最优化	标签云
决策变量	预测性分析	不确定性
决策支持系统	规范性分析	有效性
描述性分析	价格弹性	可视化
确定性模型	问题求解	假设分析

第1章技术帮助

实用的 Excel 函数（见附录 A1）

MIN（*range*）查找指定单元格范围内的最小值。

MAX（*range*）查找指定单元格范围内的最大值。

SUM（*range*）计算指定单元格范围内数值的总和。

AVERAGE（*range*）计算指定单元格范围内数值的平均值。

COUNT（*range*）统计指定单元格范围内包含数字的单元格数量。

COUNTIF（*range*，*criteria*）统计指定范围内满足特定条件的单元格数量。

NPV（*rate*，*value1*，*value2*…）通过贴现率计算一系列未来支出（负值）和收入（正值）的净现值。

DATEDIF（*startdate*，*enddate*，*time unit*）计算两个日期之间的整年数、整月数或整天数。

问题和练习

什么是商务分析？

1. 讨论你如何在个人生活中使用商务分析。例如，在商品采购、汽车维修、预算或运动中。请发挥你的创造力发掘那些机会！

2. 在下述情况中，分析能够发挥什么作用？

a. 制造及销售一个新产品

b. 决定在何处建厂

c. 明确个人投资计划

3. 超市在一天中的高峰时段会排长队，这个问题在一周中的某几天尤其严重。此外，每天的高峰时段也各不相同。大多数时间超市有足够的员工在收银台工作。超市经理所面临的问题是何时该调度一些货架工人去收银台工作以匹配高峰的客流量。商务分析将如何帮助超市经理作出决策？需要哪些数据来助力决策的制定？

描述性分析、预测性分析和规范性分析

4. 在下列场景中，阐述将最有可能使用描述性分析工具、预测性分析工具还是规范性分析工具来解决问题。

a. 一家小型制造公司的首席财务官想估计该公司在未来三年内可以赚取多少净利润

b. 人力资源经理需要了解公司当前的员工配置是否具备实现新战略计划制定的目标所需的技术和能力

c. 财务顾问希望为客户推荐最佳的股票、债券和其他投资组合，以达到适中的风险水平

d. 一家大型服务公司希望确定如何将从金融产品中赚取的钱用于投资，以获得最优回报

e. 一家物流公司希望更好地了解过去三年其众多客户的相对盈利情况

f. 救灾机构需要在各种救灾工作和计划中分配下一年的预算

g. 一家汽车公司希望根据提出的价格确定明年可以销售的汽车数量

h. 一支棒球队希望根据体育场内的不同位置设定不同的票价，以在整个赛季吸引最多的球迷

商务分析模型

5. 假设制造商能够以10.00美元的价格生产一个零件，固定成本为5 000美元。另外，制造商也可以选择与亚洲的供应商签订合同，以12.00美元的价格购买零件，其中已包括运输费用。

a. 如果预计产量达1 200件，分别计算制造商自产和将生产外包的总花费

b. 最佳方案是什么

6. 使用示例1.5中提出的模型来预测第2周到第16周的总销量，并将结果与实际的销量进行比较。使用优惠券和不使用优惠券时，模型估计的准确性是否会变化？在什么情况下该投入广告支出？

7. 某银行开发了一个模型来预测支票和储蓄账户的平均余额。模型为：

余额 $= -17\,732 + 367 \times$ 年龄 $+ 1\,300 \times$ 受教育年限 $+ 0.116 \times$ 家庭财富

a. 解释模型中的数值

b. 假设客户32岁，大学毕业（受教育16年），有150 000美元的家庭财富。那么预计其银行储蓄为多少

8. 四个关键的营销决策选项是价格（P）、广告投入（A）、运输费用（T）和产品质量（Q）。消费者需求（D）受到上述变量影响。根据这些变量最简单的描述性需求模型可以表示为：

$$D = k - pP + aA + tT + qQ$$

其中，k，p，a，t 和 q 均为正常数。

a. 每个变量的变化将如何影响需求

b. 变量之间将如何相互影响

c. 这个模型会有哪些约束条件？你能想出办法使这个模型更现实吗

9. 总营销努力是一个用来描述影响需求的那些关键决策因素（价格、广告、运输和产品质量）的术语。变量 x 代表总营销努力。用于预测需求的典型总营销努力的函数模型是：

$$D = ax^b$$

假设 a 是一个正常数。改变 b 的值得到不同的模型。为 $b = 0$，$b = 1$，$0 < b < 1$，$b < 0$ 以及 $b > 1$ 绘制图表。其中每个模型分别展现了需求与营销努力的哪些关系？进行了哪些假设？它们合理吗？你会如何选择适当的模型？

10. 一个耳机制造商准备为新产品定价。需求被认为取决于价格，由模型表示为：

$$D = 2\ 500 - 3P$$

会计部门估计总成本可以表示为：

$$C = 5\ 000 + 5D$$

开发一个以价格（P）表示的总利润模型。

用分析技术解决问题

11. 在本章中，我们提出了在尝试找到解决方案时先定义、分析问题的重要性。例如：在第二次世界大战期间，最早的一个运筹学研究小组进行了一项关于在英国战役期间如何最优化利用喷火式战斗机和飓风式战斗机的研究。每当这些飞机在战斗结束返航后，研究小组就会仔细记录每一架飞机上弹孔的位置。随着时间的推移他们反复记录这些数据，并通过研究这些汇总数据，能够估计最有可能被敌方炮火击中的飞机部位，目的是用特殊装甲加固这些部位。你认为其中有哪些难点？

12. John Toczek 是一名有经验的分析专家，他在 www.puzzlor.com 上维护着一个名为 "PuzzlOR" 的网站（这里的 OR 代表 "运营研究"）。每个月他都会发布一个新的谜题，并按照问题解决的过程进行，重点关注第二步到第四步。一个不错的起点是 2010 年 6 月的 "SurvivOR"。

案例：高性能草坪设备公司

在本书的每一章中，我们会以一个虚构的公司——高性能草坪设备公司（Performance Lawn Equipment，PLE）——为例，应用本章介绍的工具和技术。①为了仔细剖析案例，我们首先介绍一些关于该公司的背景知识，以使得商务分析工具的应用更有意义。

PLE的总部位于密苏里州圣路易斯，是一家私人所有的家用传统割草机设计和生产商。近十年来，PLE新推出了一款重磅产品——中型柴油动力草坪拖拉机，配备前后动力输出装置、I类三点悬挂系统、四轮驱动、动力转向和全液压系统。该设备主要用于由大型地产组成的利基市场，包括高尔夫和乡村俱乐部、度假村、私人地产、城市公园、大型商业综合体、草坪护理服务提供商、5英亩及以上的私人房主和政府（联邦、州和地方）的公园、建筑群和军事基地。PLE向经销商提供了大部分产品，经销商则直接向最终客户出售。PLE在全球拥有1 660名员工，约一半的劳动力位于圣路易斯，其余的分派到各个制造工厂。

在美国，销售市场主要位于东海岸、加利福尼亚、东南部和中南部各州，这些都是客户最集中的地区。除美国本土以外，PLE的销售范围包括欧洲市场、不断增长的南美洲市场以及正在发展中的环太平洋地区市场和中国市场。

最终客户和经销商都已是PLE的重要客户。对最终客户数据的收集和分析表明，客户对产品的满意度取决于质量高低、是否易于安装/拆卸、维护费用、性价比和服务。对于经销商而言，对产品的满意度取决于质量高低、部件和功能的可用性、货源是否充足、折扣以及产品支持的可靠性。

PLE有几个主要供应商：Mitsitsiu公司，柴油发动机的唯一供应商；LANTO Axles，提供拖拉机轮轴；Schorst Fabrication公司，提供组件；Cuberillo公司，变速器供应商；Specialty Machining公司，精密机械零件供应商。

为了更好地管理公司，PLE的经理开发了一个衡量绩效指标的"平衡计分卡"。这些数据（简要概述）以本书随附的微软 Excel 工作簿（PLE）的形式存储。该数据库包含每月或每季度收集的各种指标，并被管理人员用于评估业务绩效。每个关键度量数据都存储在单独的工作表中。这些工作表的摘要如下：

• 经销商满意度：按1~5级衡量（1=差，2=低于平均水平，3=平均水平，4=高于平均水平，5=优秀）。每个地区的经销商每年都会接受满意度调查，以了解他们对PLE的总体满意度。该工作表包含过去5年的调查汇总数据。

• 最终客户满意度：衡量标准同经销商。每年从各地区随机抽取100名客户进行满意度调查回访。该工作表包含过去5年的调查汇总数据。

• 客户调查：客户对PLE拖拉机具体产品的评级调查结果包括质量、易用性、价格以及与之前相同的1~5级服务满意度评价。该工作表包含200条客户评级调查记录。

• 投诉：显示PLE 5个市场地区（北美、南美、欧洲、太平洋和中国）各月所有客户登记的投诉数量。

• 割草机单位销售和拖拉机单位销售：这些数据按月提供各区域各产品的销售情况。每个区域的单位销售数据会被汇总，以获得全球销售数据。

• 工业割草机总销量和工业拖拉机总销量：按地区列出所有生产商销售的产品数量。

• 单位生产成本：提供过去5年制造拖拉机和割草机的每单位可变成本的月度估计。

---

① 案例场景是基于 Gateway Estate Lawn Equipmen: 公司的案例研究，用于1997年的马尔科姆·波多里奇国家质量奖考官培训课程。该材料已公开。不过，该数据库是由作者开发的。

- 运营和利息支出：提供公司层面的每月管理、折旧和利息支出。
- 准时交货：提供PLE各主要供应商每月准时交货的数量与百分比。
- 交付后缺陷：显示在从供应商处收到的所有货物中发现的供应商所提供材料中的缺陷货物数量。
- 支付供应商时间：提供从收到发票到付款的天数。
- 响应时间：提供过去2年中各季度PLE客户服务人员响应服务电话所用的时间。
- 员工满意度：提供过去4年员工内部调查的数据，以确定员工对工作的整体满意度，使用与客户相同的量表。每季度对员工进行一次调查，结果按员工岗位类别分为：设计和生产、管理和销售/行政支持。

除了上述这些业务衡量标准，PLE数据库中包含特别研究的数据：

- 发动机：其中列出了使用新技术生产割草机刀片所需时间的50个样本。
- 变速器成本：提供了当前用于拖拉机变速器生产的30个流程中的样本和2个新提出的流程。
- 刀片重量：提供割草机刀片重量样本以评估生产流程的一致性。
- 割草机测试：列出组装后割草机性能测试结果，共计样品30份，每份样品含100台割草机。
- 员工留任率：PLE对员工任职时间（聘用时长）的研究数据。数据中的这40名对象是通过审查10年前的聘用人员记录及在这10年间某个时间担任了管理职位（受聘为管理人员或晋升为管理人员）来确定的。
- 运输成本：提供了现有和拟建工厂的割草机和拖拉机的单位运输成本，用于供应链设计研究。
- 固定成本：列出了扩建现有工厂或建造新设施的固定成本，也是供应链设计研究的一部分。
- 采购调查：该调查提供了从第三方调查中获取的数据，调查对象是Performance Lawn Care客户的采购经理。

伊丽莎白·伯克最近加入了PLE管理团队，负责监督生产运营。她审查了公司收集的数据类型，并指定你在未来几周内担任她的首席分析师。她让你对公司的数据做一些初步的分析。

1. 首先，她希望你分析经销商满意度和最终用户满意度工作表，显示每年所有地区对调查量表的每个级别的响应总数。

2. 其次，她希望了解割草机测试（Mower Test）工作表中测试失败的数量。

3. 再次，她提供了PLE产品过去5年的价格：

单位：美元

年份	割草机价格	拖拉机价格
2014	150	3 250
2015	175	3 400
2016	180	3 600
2017	185	3 700
2018	190	3 800

创建一个新的工作表计算割草机单元销售额（*Mower Unit Sales*）和拖拉机单元销售额（*Tractor Unit Sales*）工作表中各月各地区的收入以及全球范围的总收入。

4.最后，她想根据PLE和行业销售数据按月了解每个产品和地区的市场份额，以及5年内各地区的平均市场份额。

汇总你的所有数据和结论并汇报给伯克女士。

附录A1　Excel基本技巧

为了让你能够应用从本书中所学的程序和技术，你需要相对熟练地掌握Excel，我们假设你熟悉最基础的电子表格概念和操作过程，例如：

- 打开、保存和打印文件；
- 使用工作簿和工作表；
- 在工作表中上下移动；
- 选中单元格及范围；
- 插入/删除行和列；
- 输入和编辑文本、数值数据以及公式；
- 对数据进行格式化（数值、货币、小数位等）；
- 使用文本字符串；
- 格式化数据和文本；
- 修改工作表样式，如粗体、阴影等。

Excel中的菜单和命令位于"功能区"，如图A1-1所示。本书所提及的所有Excel内容都是根据Windows版Excel 2016所写；如果你使用的是Mac版Excel 2016，可能会存在一些差异，我们会适时指出这些不同之处。菜单和命令按逻辑分组排列在不同的*选项卡*（主页、插入、公式等）下；向下的小三角形图标表示包含更多选项的菜单。我们经常会提到某些命令或选项及其在功能区中的位置。例如，在Mac版本中，功能区的分组名称不会明确显示。

Excel提供了一个名为"*Analysis Toolpak*"的插件，其中包括了许多统计计算工具以及用于优化的*Solver*。这些都可以在*Data*选项卡中被找到，你应该确保这些功能是被激活的。要在Windows中激活它们，请单击*File*选项卡，然后单击左栏中的*Options*。从左栏中选择*Add-Ins*。在对话框底部，确保在*Manage*项中选中了*Excel Add-Ins*，然后单击*Go*。在*Add-Ins*对话框中，如果*Analysis Toolpak*、*Analysis Toolpak VBA*和*Solver*插件未被选中，则只需勾选它们后单击*OK*即可。在未来的使用中，你将无须每次都重复这一系列操作。在Mac版Excel 2016中，前往*Tools > ExcelAdd-Ins*，并选中*Analysis Toolpak*和*Solver*。

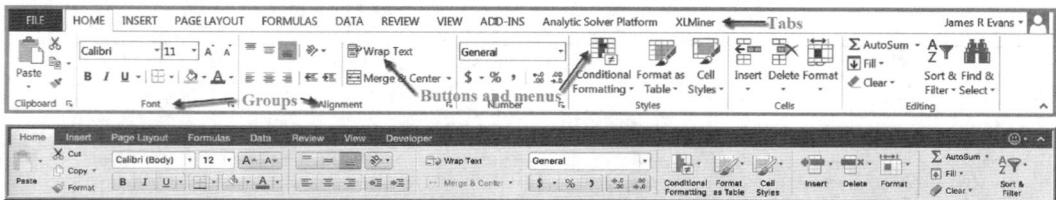

图A1-1　Windows版和Mac版的Excel功能区

A1.1 Excel公式和寻址

Excel 中的公式使用常见的数学运算符：

- 加法（+）
- 减法（–）
- 乘法（*）
- 除法（/）

指数应用"^"符号。例如，2^5 在 Excel 公式中写作 2^5。

公式中的单元格引用可以应用 *relative addresses* 或 *absolute addresses* 来编写。*relative address*（相对地址）仅使用行和列标签（如 A4 或 C21）；*absolute address*（绝对地址）在行标签或列标签或两者之前使用美元符号（如 $A2、C$21 或 $B$15）。如果你复制单元格格式，选择不同的地址编写方式将会有重大的区别。如果只是使用了相对地址，则将公式复制到另一个单元格中后，单元格引用会根据行数或列数及复制方向相应进行改变。例如，如果我们在单元格 B8 中输入公式 =B4–B5*A8，然后将其复制到 C9 的位置（右移 1 列，下移 1 行），所有的单元格引用位置将加 1，变为=C5–C6*B9。

在行标签之前使用$符号（如 B$4），将引用固定在第 4 行，但如果将公式复制到另一个单元格，则允许更改列引用。类似地，在列标签之前使用$符号（如$B4），则对 B 列的引用保持不变，但允许更改行引用。最后，若在行标签和列标签前都使用$符号（如$B$4）则保证公式固定作用于 B4 单元格，无论公式复制到哪个单元格。在你的模型中，你应该重视如何恰当地使用相对地址和绝对地址，尤其是在公式复制的过程中。

A1.1.1 复制公式

Excel 提供了许多方法将公式复制到不同的单元格中。这对构建决策模型十分重要，因为许多模型需要在不同的时期、为相似的产品等执行公式复制的操作。最简单的复制公式的操作就是选中目标单元格后在 Windows 中按下"Ctrl-C"或在 Mac 中按下"Command-C"，然后单击你想要复制到的"目标"单元格位置，在 Windows 中按下"Ctrl-V"或在 Mac 中按下"Command-V"。你也可以直接在单元格区域中输入公式，而无须复制和粘贴，方法是选择区域，键入公式，然后在 Windows 中按"Ctrl-Enter"或在 Mac 中按"Command-Enter"。

若要从单个单元格或单元格区域中复制公式，请先选择单元格或单元格区域，然后单击单元格右下角的小方块并按住鼠标（"填充处理"），然后将公式拖到要复制的"目标"单元格中。

示例A1.1   **在Excel中应用价格–需求模型**

在第 1 章中，我们描述了两个利用价格函数来预测需求的模型：

$D=a-bP$

和

$D=cP^{-d}$

图 A1–2 展示了用于需求预测的电子表格（Excel 文件 *Demand Prediction Models*），该表格可通过这些模型分别计算不同定价下的需求量。例如，为了根据线性模型去计算单元格 B8 中的需求，我们利用公式：

=$B$4 − $B$5*A8

为了根据非线性模型去计算单元格E8中的需求，我们利用公式：

=$E$4*D8^ − $E$5

请注意如何使用绝对地址，以便在复制这些公式后，需求依旧被正确地计算。

	A	B	C	D	E
1	Demand Prediction Models				
2					
3	Linear Model			Nonlinear Model	
4	a	20,000		c	20,000
5	b	10		d	0.0111382
6					
7	Price	Demand		Price	Demand
8	$80.00	$19,200		$70.00	$19,075.63
9	$90.00	$19,100		$80.00	$19,047.28
10	$100.00	$19,000		$90.00	$19,022.31
11	$110.00	$18,900		$100.00	$19,000.00
12	$120.00	$18,800		$110.00	$18,979.84
13				$120.00	$18,961.45
14				$130.00	$18,944.56

图A1-2　Excel需求预测模型

A1.2　实用的 Excel 小贴士

•**分屏**。你可以将工作表在水平方向和/或垂直方向进行拆分以便于同时看到工作表的不同部分。垂直分隔条就位于底部滚动条的右侧，而水平分隔条位于右侧滚动条的上方。将光标放在其上，直到它改变形状，随后点击并将分隔条向左或向下拖动。

•**列宽与行宽**。在很多情况下，一个单元格中可能会包含过长的数字以至于无法适当地显示。我们可以通过改变列宽以适应更长的数据和文本字符串，方法是将光标定位到列标签的右侧，使其变为带有水平箭头的十字，然后双击。你也可以向左或向右移动箭头以手动更改列宽。同样，你可以通过将光标移动到行号标签下方以类似的方式更改行高。如果你要显示一个很长的公式，这项功能将特别有用。若要在单元格中中断公式，请将光标放在公式栏中的断点处，然后按下"Alt-Enter"。

•**在工作表中显示公式**。在 *Formulas* 选项卡中选择 *Show Formulas*。你也可以在 Windows 或 Mac 中按下"Ctrl~"来切换公式。你通常需要更改列宽以正确显示公式。

•**打印时显示网格线以及行和列标题**。在 *Page Layout* 选项卡的 *Sheet Options* 组中勾选 *gridlines* 和 *headings* 的 *Print* 框。请注意可以通过单击 Windows 中的 *Office* 按钮或 Mac 菜单中的 *File* 找到打印命令。

•**数字序列填充**。假设你要构建1个用于输入100个数据的工作表。依次输入从1到100的数字是十分烦琐的。只需填写数字序列中的前几个值并选中它们，然后单击并向下拖动右下角的小方块（填充处理，Excel 会显示一个小的弹出窗口，告诉你该范围内的最后一个值），直到你将列填充到100，然后松开鼠标即可。

A1.3　Excel方法

函数被用于在单元格中执行特殊计算，并广泛应用于商务分析应用程序。所有 Excel 函数都需要一个等号和一个函数名，后面跟着圆括号，你可以在括号中指定函数的参数。

A1.3.1　Excel基础函数

我们将在后续应用中涉及的常用函数如下：

MIN（*range*）——查找一组单元格中的最小值

MAX（*range*）——查找一组单元格中的最大值

SUM（*range*）——计算一组单元格中数值的总和

AVERAGE（*range*）——计算一组单元格中数值的平均值

COUNT（*range*）——统计一组单元格中包含数字的单元格数量

COUNTIF（*range*，*criteria*）——统计目标单元格中满足指定条件的单元格数量

逻辑函数，如IF、AND、OR和VLOOKUP将会在第2章中再行讨论。

COUNTIF函数用于统计范围内满足指定条件的单元格数量。例如，可以统计以特定字母开头的所有单元格，或统计包含大于/小于指定数值的所有单元格。COUNTIF函数的示例如100，"大于100"，单元格引用（如A4），以及"Facebook"等文本字符串。请注意，文本和逻辑公式必须用引号括起来，更多示例请参阅Excel帮助文档。

Excel还有其他有用的COUNT类型函数。COUNTA计算区域中非空白单元格的数量，COUNTBLANK计算区域中空白单元格的数量。此外，用COUNTIFS（*range1*，*criteria1*，*range2*，*criteria2*，…，*range_n*，*criteria_n*）求解多个范围内满足每个范围特定条件的单元格数。

我们使用示例A1.2中的*Purchase Orders*数据集来说明这些函数。

示例A1.2　　　　　　　　　　　使用Excel基础函数

在*Purchase Orders*数据集中，我们将获知下列信息：

- 单件物品的最小/最大订购量
- 订单总成本
- 应付账款平均账期（月）
- 下达的采购订单总数
- O形圈的订购数量
- A/P（应付账款）期限小于30个月的订单数量
- Spacetime Technologies的O形圈订购数量
- 所有机身紧固件的总成本
- 从Alum Sheeting购买的机身紧固件的总成本

结果如图A1-3所示。在图中，我们使用Excel中的分屏功能来减少电子表格中显示的行数。为了求解单件物品的最小/最大订购量，我们对F列中的数据使用MIN和MAX函数。因此，单元格B99中的公式为=MIN（F4：F97），单元格B100中的公式为=MAX（F4：F97）。为了求解总订单成本，我们使用SUM函数对G列中的数据求和：单元格B101中的公式为=SUM（G4：G97）。为了求解A/P平均账期，我们对H列中的数据使用AVERAGE函数。单元格B102中的公式为=AVERAGE（H4：H97）。为求解下达的采购订单总数，请使用COUNT函数。请注意，COUNT函数仅计算包含数字的区域中的单元格数，因此我们不能在A、B或D列中使用它，而其他列都是可以的。使用C列中的项目编号，单元格B103中的公式为=COUNT（C4：C97）。要求解O形圈的订购数量，我们使用COUNTIF函数。对于此示例，单元格B104中使用的公式为=COUNTIF（D4：D97，"O-Ring"）。我们

还可以将单元格引用用于包含文本"O-Ring"的任何单元格，如=COUNTIF（D4：D97，D12）。要求解应付账款期限小于30个月的订单数量，我们在单元格B105中使用公式=COUNTIF（H4：H97，"<30"）。最后，为了计算Spacetime Technologies公司的O形圈订购数量，我们使用=COUNTIFS（D4：D97，"O-Ring"，A4：A97，"Spacetime Technologies"）。

	A	B	C	D	E	F	G	H	I	J
1	Purchase Orders									
2										
3	Supplier	Order No.	Item No.	Item Description	Item Cost	Quantity	Cost per order	A/P Terms (Months)	Order Date	Arrival Date
4	Hulkey Fasteners	Aug11001	1122	Airframe fasteners	$ 4.25	19,500	$ 82,875.00	30	08/05/11	08/13/11
5	Alum Sheeting	Aug11002	1243	Airframe fasteners	$ 4.25	10,000	$ 42,500.00	30	08/08/11	08/14/11
6	Fast-Tie Aerospace	Aug11003	5462	Shielded Cable/ft.	$ 1.05	23,000	$ 24,150.00	30	08/10/11	08/15/11
7	Fast-Tie Aerospace	Aug11004	5462	Shielded Cable/ft.	$ 1.05	21,500	$ 22,575.00	30	08/15/11	08/22/11
8	Steelpin Inc.	Aug11005	5319	Shielded Cable/ft.	$ 1.10	17,500	$ 19,250.00	30	08/20/11	08/31/11
9	Fast-Tie Aerospace	Aug11006	5462	Shielded Cable/ft.	$ 1.05	22,500	$ 23,625.00	30	08/20/11	08/26/11
10	Steelpin Inc.	Aug11007	4312	Bolt-nut package	$ 3.75	4,250	$ 15,937.50	30	08/25/11	09/01/11
11	Durrable Products	Aug11008	7258	Pressure Gauge	$ 90.00	100	$ 9,000.00	45	08/25/11	08/28/11
12	Fast-Tie Aerospace	Aug11009	6321	O-Ring	$ 2.45	1,300	$ 3,185.00	30	08/25/11	09/04/11
96	Steelpin Inc.	Nov11009	5677	Side Panel	$ 195.00	110	$ 21,450.00	30	11/05/11	11/17/11
97	Manley Valve	Nov11010	9955	Door Decal	$ 0.55	125	$ 68.75	30	11/05/11	11/10/11
98										
99	Minimum Quantity	90								
100	Maximum Quantity	25,000								
101	Total Order Costs	$ 2,471,760.00								
102	Average Number of A/P Months	30.63829787								
103	Number of Purchase Orders	94								
104	Number of O-ring Orders	12								
105	Number of A/P Terms < 30	17								
106	Number of O-ring Orders Spacetime	3								

图A1-3　Excel基础函数在采购订单数据中的应用

IF类型的函数也可用于其他计算。例如，函数SUMIF、AVERAGEIF、SUMIFS和AVERAGEIFS可用于在数学函数中嵌入IF逻辑。例如，SUMIF的语法是SUMIF（*range*，*criteria*，[*sum range*]），*sum range*是一个可选参数，允许你在不同的范围内添加单元格。因此，在采购订单数据库中，要求解所有机身紧固件的总成本，我们将使用：

=SUMIF（D4：D97，"Airframe fasteners"，G4：G97）

此函数在D4：D97范围内查找机身紧固件，然后将G列中的相关值相加（每个订单的成本）。SUMIFS和AVERAGEIFS的参数是（*sumrange*，*range1*，*criteria1*，*range2*，*criteria2*···*rangeN*，*criterionN*）。例如，函数：

=SUMIFS（F4：F97，A4：A97，"Alum Sheeting"，D4：D97，"Airframe fasteners"）

将找到从Alum Sheeting购买的所有机身紧固件的总数量（来自F列的总和）。

A1.3.2　特定应用的函数

Excel还包括大量其他用于统计、金融以及其他应用的函数，我们将在教材中介绍并使用它们。例如，我们提出的一些金融模型需要进行大量净现值（net present value，NPV）的计算。净现值（又称现金流量贴现值）衡量了在考虑时间价值尺度的情况下现金流的价值。也就是说，在未来t个时期的F美元现金流，现在的价值为$F/(1 + i)^t$。其中，i代表贴现率。贴现率反映了当下花费资金所能获得的机会成本相较于通过另一种投资手段（当然这包括未来才能盈利而带来的相关风险）所获得的回报。给定时间范围内所有现金流的现值之和就是净现值：

$$\text{NPV} = \sum_{t=0}^{n} \frac{F_t}{(1 + i)^t} \tag{A1.1}$$

其中，F_t为在未来t个时期的现金流。NPV为正值，则意味着投资将提供附加值，因为预计回报超过贴现率。

Excel函数NPV（*rate*，*value1*，*value2*，...）通过贴现率和一系列未来支付（负值）

与收入（正值）来计算投资的净现值。参数 *rate* 是贴现率 *i* 在一个时期内的值，*value 1*、*value 2* 等是第 1 至第 29 个代表各时期支付与收入的参数。这些值必须在时间上等距分布，并假定发生在每期期末。NPV 计算的投资期从 *value 1* 现金流日期的前一期间开始算起，到列表中最后一笔现金流结束。NPV 的计算基于未来的现金流。如果首笔现金流（如初始投资或固定成本）发生在第一期期初，则必须将其加到 NPV 结果中，而不应包含在函数参数内。

示例 A1.3　　　　　　　　　　**使用 NPV 函数**

某公司推出了一项新产品。营销和分销的固定成本为 25 000 美元，并且这些在产品发布前就已经支出了。对前 6 个月的产品净现值收入预测如图 A1-4 所示。单元格 B8 中的公式 NPV（B6，C4：H4）－B5 计算了这些现金流的净现值。请注意，固定成本不计入未来的现金流，并且不包括在 NPV 函数的参数中。

	A	B	C	D	E	F	G	H
1	Net Present Value							
2								
3		Month	January	February	March	April	May	June
4		Sales Revenue Forecast	$2,500	$4,000	$5,000	$8,000	$10,000	$12,500
5	Fixed Cost	$25,000.00						
6	Discount Rate	3%						
7								
8	NPV	$11,975.81						

图A1-4　净现值的计算

A1.3.3　插入函数

找到特定函数最简单的方法是选中单元格后，点击 *Insert Function* 按钮 [f_x]。你可以在编辑栏旁边的功能区中，也可以在 *Formulas* 选项卡的 *Function Library* 组中找到该按钮。你还可以在搜索中输入描述，如 *net present value*（净现值），或者从下拉框中选择一个类别，如 *financial*（财务）。

这项功能非常实用。例如，当你知道自己需要调用哪个函数但并不确定需要提供哪些参数时，它可以指导你正确输入恰当的参数。图 A1-5 显示了当你选中想要调用的函数后可能弹出的对话框。例如，如果我们想要选择 COUNTIF 函数，如图 A1-6 所示的对话框将会出现。当你点击输入单元格时，会显示该参数的说明。因此，如果你不确定要输入什么范围，图 A1-6 中的解释将帮助你。如需更多信息，你可以点击左下角的 *Help* 按钮。

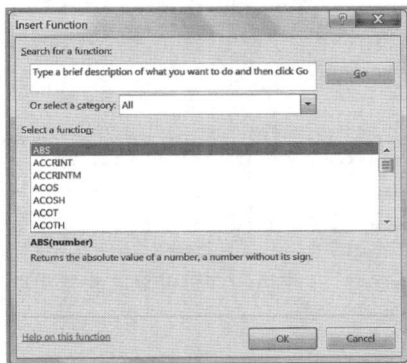

图A1-5　*Insert Function* 对话框

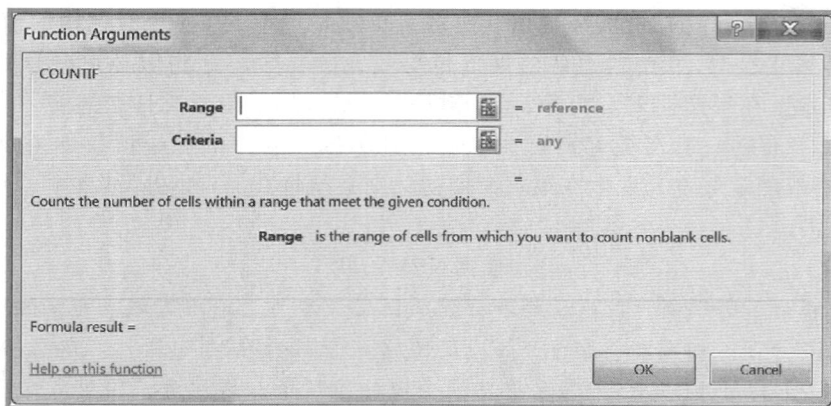

图A1-6　COUNTIF函数参数对话框

A1.3.4　日期和时间函数

在许多分析应用中，数据库中很有可能包含日期，如下订单的时间、员工被雇用的时间等。Excel能够以许多格式显示日期，如2/14/17或14-Feb-17等。你可以通过在 *Number formatting* 框中选择 *Date* 来设置标准日期格式（如2/14/17），或选择 *Custom* 来设置特定格式。Excel以序列格式存储日期，其中1900年1月1日为第1天，后续日期按顺序编号。计算时包含当前日期和1900年1月1日。因此，2/14/17在此格式下表示为42 780天，这意味着从1900年1月1日到2017年2月14日（含首尾两天）共有42 780天。要计算两个日期之间的天数，只需将它们相减即可。

另外一个实用的日期函数为DATEDIF（令人意外的是，它并未列入在 *Insert Function* 列表中！），它可以计算两个日期间的年数、月数或者天数。DATEDIF用符号表示为：

DATEDIF（*startdate*，*enddate*，*time unit*）

时间单位可以是"y"、"m"或"d"。例如，DATEDIF（4/26/89，2/14/17，"y"）将返回27（年），DATEDIF（4/26/89，2/14/17，"m"）将返回333（月）。

示例A1.4　　　　　　　　　　　计算交货时间

在 *Purchase Orders*（采购订单）数据库中，我们将计算每件货物的交货时间，即下订单日期至到货日期之间的天数。DATEDIF函数的使用方式如图A1-7所示，或者我们可以简单地将日期相减，如在K4单元格中使用= J4 - I4。

K4			f_x	=DATEDIF(I4,J4,"d")						
	A	B	C	D	E	F	G	H	I	J	K
1	Purchase Orders										
2											
3	Supplier	Order No.	Item No.	Item Description	Item Cost	Quantity	Cost per order	A/P Terms (Months)	Order Date	Arrival Date	Lead Time
4	Hulkey Fasteners	Aug11001	1122	Airframe fasteners	$ 4.25	19,500	$ 82,875.00	30	08/05/11	08/13/11	8
5	Alum Sheeting	Aug11002	1243	Airframe fasteners	$ 4.25	10,000	$ 42,500.00	30	08/08/11	08/14/11	6
6	Fast-Tie Aerospace	Aug11003	5462	Shielded Cable/ft.	$ 1.05	23,000	$ 24,150.00	30	08/10/11	08/15/11	5
7	Fast-Tie Aerospace	Aug11004	5462	Shielded Cable/ft.	$ 1.05	21,500	$ 22,575.00	30	08/15/11	08/22/11	7
8	Steelpin Inc.	Aug11005	5319	Shielded Cable/ft.	$ 1.10	17,500	$ 19,250.00	30	08/20/11	08/31/11	11
9	Fast-Tie Aerospace	Aug11006	5462	Shielded Cable/ft.	$ 1.05	22,500	$ 23,625.00	30	08/20/11	08/26/11	6

图A1-7　使用DATEDIF计算交货周期

另外一些实用的日期函数是：

- YEAR（date）
- MONTH（date）

- DAY（date）

这些函数可提取日期或含日期的单元格中的年、月、日数据。TODAY（）函数则显示当前日期。

与日期函数类似，时间可以多种方式格式化，如"下午 12：26"、"小时：分钟：秒"或军用时间（24 小时制）。NOW（）函数显示当前时间和日期。

A1.4　其他 Excel 函数和工具

在本节中，我们将说明一些支持分析应用程序的各种 Excel 函数和工具。

A1.4.1　范围名称

范围名称是分配给单元格或单元格范围的描述性标签。范围名称有助于在电子表格上构建模型并理解模型所依据的公式。有几种方法可以在 Excel 中创建范围名称。

示例 A1.5　　　　　　　　　　使用 *Name* 框去创建范围名称

假设我们创建一个简单的电子表格来计算总成本（固定成本加上单位可变成本乘以产量），如图 A1-8 所示。我们将为与左侧标签对应的每个数字单元格定义范围名称。也就是说，我们将单元格 B3 命名为 Fixed_cost，将单元格 B4 命名为 Unit variable cost，以此类推。点击单元格 B3，在 *Name* 框中输入名称 Fixed_cost（注意下划线），然后按下"Enter"键。图 A1-8 中单元格 B3 的名称显示在 *Name* 框中。对其他每个数字单元格重复此过程。

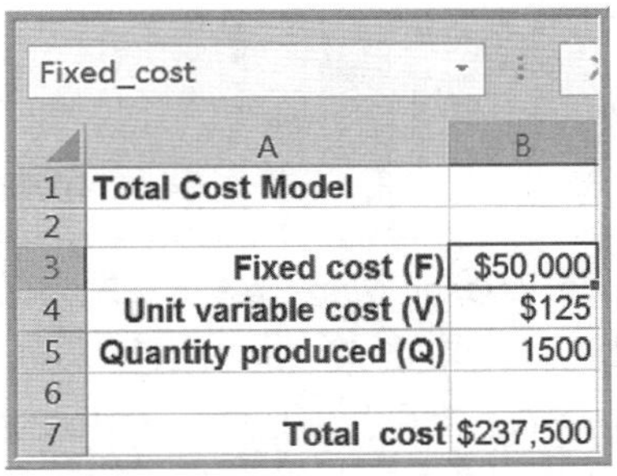

图A1-8　使用 *Name* 框为单元格B3定义范围名称

（1）使用 *Name* 框。名称（name）框位于功能区和列标题之间的电子表格的左上角。通常，它会显示选定的单元格引用。若要命名区域，请先选择一个单元格或区域，然后在 *Name* 框中输入范围名称。范围名称不能包含任何空格，因此在单词之间使用下划线是很常见的。

（2）使用 *Create from Selection*。当要使用的名称列在单元格右侧或左侧，或列在单元格或区域上方或下方时，这个选项特别有用。下一个例子说明了这个过程。

示例 A1.6　　　　　　　　　　使用 *Create from Selection* 定义范围名称

在 *Total Cost Model*（总成本模型）电子表格中，我们将使用数值输入框左侧的文本标签作为范围名称。首先，选中 A3：B5 单元格范围。然后，在 *Formulas* 选项卡上选择 *Create from Selection*。系统将自动勾选 *Left column* 的框，点击确认。如果你选中了任何数值单元格，你将在 *Name* 框中看到范围名称，如图 A1-9 所示。

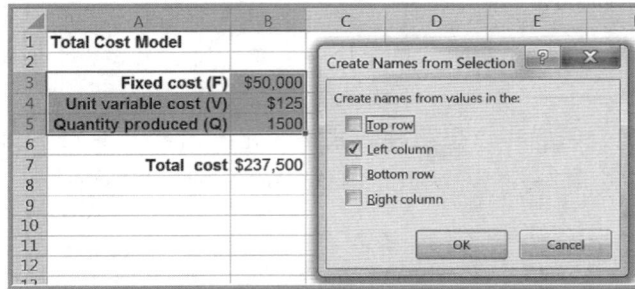

图A1-9　使用*Create from Selection* 为单元格B4定义范围名称

（3）使用*Define Name*。该功能不仅支持输入名称，还提供选项可将名称限定在当前
工作表使用，或允许在整个工作簿的所有工作表中通用。

示例A1.7　　　　　　　　　**使用*Define Name*创建范围名称**

在*Total Cost Model*电子表格中，选择单元格B3。单击*Formulas*选项卡上的*Define Name*。
随后将弹出一个对话框，允许你输入范围名称，如图A1-10所示。最后点击OK即可。

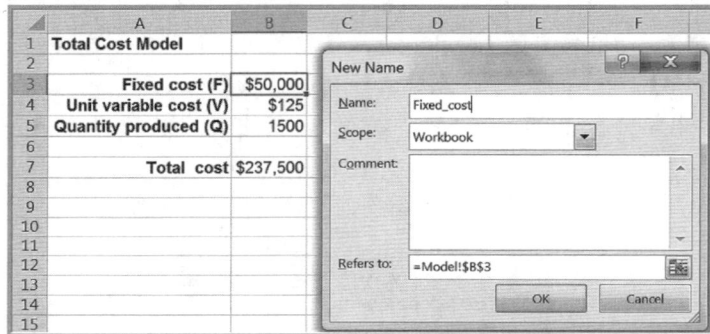

图A1-10　　使用*Define Name* 为单元格B3定义范围名称

定义范围名称后，我们可以通过单击*Formulas*选项卡中的*Name Manager*来显示摘要，
如图A1-11所示。（注意：*Formulas*选项卡中的*Name Manager*按钮仅在Windows中可用。
在Mac中，你可以单击*Define Name*并查看范围名称列表，然后修改、添加或删除它们。）
这使你能够轻松地添加、编辑或删除范围名称。

最后，可以将范围名称应用于电子表格的公式中。用名称替换单元格引用，使公式更
容易理解。要执行此操作，请单击*Define Name*旁边的下拉箭头然后选择*Apply Names…*。
在对话框中，选择所有要使用的名称，然后单击确定。图A1-12显示了总成本单元格B7
的结果。现在我们看到该单元格原来的公式=B3+B4*B5显示了名称。

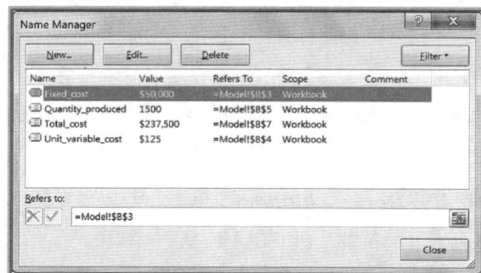

图A1-11　*Name Manager* 对话框（Windows）

图A1-12 在公式中使用范围名称

A1.4.2 价值函数

从网上下载看似是数字但实际上以文本形式表示的数据并不罕见，美国政府网站上的数据通常更是如此。其中一种判断方法是，文本通常是左齐的，而数值是右齐的。函数 VALUE（*text*）可用于将表示数字的文本字符串转换为数值类型。

A1.4.3 选择性粘贴

如果要剪切和粘贴单元格或区域，Excel将复制单元格或区域中包含的任何公式（使用适当的相对或绝对处理）。在某些情况下，你可能只想粘贴数值，而不是公式。这时可以使用 *Paste Special* 命令来完成。在 *Edit* 组中，单击 *Paste* 图标上的向下箭头以显示选项并选择 *Paste Special*。

图A1-13显示了Excel的 *Paste Special* 对话框。其中有许多的选项，但我们只需要关注3个。首先，复制感兴趣的单元格范围，然后单击要粘贴结果的单元格。

• 仅粘贴单元格中的值（而不是公式），请选择"*Values*"，然后单击"OK"。

• 要将列中的数据转置为行，请选中 *Transpose* 框，然后单击"OK"，反之亦然。（请确保你不会覆盖任何现有数据！）

"*Operation*"选项允许你通过将范围中的每个数字与常数相加、相减、相除或相乘来变换一系列数字。我们在下面的例子中说明了这一点。

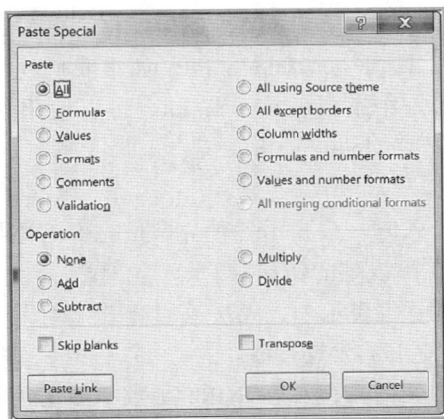

图A1-13 *Paste Special* 对话框

示例A1.8　　　　　　　　　　使用 *Paste Special* 进行货币换算

如图A1-14所示，B列显示的是以欧元表示的销售数据。假设当前美元换算系数为：

1 欧元=1.117 美元。要将数据转换为美元，首先将原始数据复制到 C 列中（如果你不这样做，程序会将 B 列中的数据转换为美元，但你将失去原始数据）。然后，选中与换算系数对应的单元格 C3。接下来，选择 C 列中的数据范围并打开 *Paste Special* 对话框。选择 *Multiply*，然后点击 "OK"。以欧元为单位的原始数据将转换为美元，如图 A1-14 所示（你需要将数据重新格式化为美元）。

	A	B	C
1	European Sales		
2			
3	Euro-Dollar conversion factor		1.117
4			
5			
6	Month	Sales (Euros)	Sales (Dollars)
7	January	€24,169.00	$26,996.77
8	February	€30,472.00	$34,037.22
9	March	€29,547.00	$33,004.00
10	April	€25,695.00	$28,701.32
11	May	€27,580.00	$30,806.86
12	June	€27,963.00	$31,234.67
13	July	€29,647.00	$33,115.70
14	August	€32,513.00	$36,317.02
15	September	€35,176.00	$39,291.59
16	October	€31,468.00	$35,149.76
17	November	€30,274.00	$33,816.06
18	December	€27,486.00	$30,701.86

图A1-14　将销售数据从欧元换算为美元

A1.4.4　连接

连接意味着指将不同内容合并。在实际应用中，常需将不同列中的文本数据合并（如姓氏与名字）。Excel 函数 CONCATENATE（*text*1，*text*2，…，*text*30）可将最多 30 个文本字符串合并为单个字符串。例如，假设姓名数据库中，A 列存姓氏（如 A1 单元格为 "Smith"），B 列存名字（如 B1 单元格为 "John"）。使用 CONCATENATE（B1，" "，A1）将得到 "John Smith" 的完整姓名。注意：参数间需用引号包含空格（" "）作为分隔字段，否则将直接拼接为 "JohnSmith"。

我们还可以使用 Excel 公式和运算符 & 执行连接操作。例如，要连接单元格 B1 和 A1 中的文本，输入公式 =B1&A1，即可生成 JohnSmith。如果我们使用公式 =B1&" "&A1，那么我们只是在名称之间插入一个空格：John Smith。可以使用任何文本字符串。例如，= "Dr."&B1&" "&A1 将生成 Dr. John Smith。

A1.4.5　异常值

当 Excel 无法计算一个公式时，会显示各种异常信息。这些异常信息如下：

- #DIV/0!——公式存在除以零的错误。
- #N/A——"数值不可用"，表示公式无法返回有效结果。
- #NAME?——公式中使用了无效名称。
- #NUM!—— 函数参数无效（例如在 SQRT 函数中使用负数）。
- #REF!—— 公式中包含无效单元格引用。
- #VALUE!——因参数无效导致 Excel 无法执行计算。

有时这些并非用户错误，而是数据本身的特性。例如，当公式分母引用的列中存在缺失数据（或缺省）时，就会出现 #DIV/0! 错误。此时可使用 Excel 的 IFERROR（*value*，

value_if_error）函数指定错误显示内容：若计算 A1/B1 时 B1 为零或空白，则函数 =IFERROR（A1/B1，" "）会显示空白单元格而非 #DIV/0!；而 =IFERROR（A1/B1，"Check the data in cell B1（检查 B1 单元格中的数据)!"）则能提供更明确的提示。

A1.5　附录 A1 的问题和练习

Excel 公式和处理

1. 开发一个电子表格，用于计算本章示例 1.7 中线性需求模型和示例 1.8 中非线性需求预测模型中任意输入变量组合对应的需求量。

2. Excel 文件 *Science and Engineering Jobs*（科学和工程岗位）显示了 2000 年数千个工作岗位的数量，以及政府研究对 2010 年的预测。请使用该 Excel 文件计算各职业类别相对于 2000 年基线的预测增长量及增长百分比。

3. 一名应届毕业生找到了一份年薪为 60 000 美元的工作。她预计她的薪水在前 5 年每年会上涨 2.5%。她的起薪存储在 Excel 工作表的单元格 A4 中，加薪率存储在单元格 B4 中。构建一个表格，单元格 A6：A10 为第 1 年到第 5 年，单元格 B6：B10 为她每年的薪水。写出她在第 2 年的工资公式（在单元格 B7 中），可以复制并正确粘贴到单元格 B8 到 B10 中。

4. 本章中的示例 1.2 描述了一个新产品销售场景，可以用一个被称为 Gompertz 曲线的公式来描述：

$$S = ae^{be^{ct}}$$

当 $a = 15\,000$，$b = -8$，$c = -0.05$ 时，根据此公式开发一个计算销售额的电子表格，$t = 0$ 到 160，增量为 10。

5. 投资回报率（ROI）是利润除以投资额。在市场营销中，投资回报率是由增量销售乘以毛利减去市场营销投资，再除以市场营销投资。假设一家公司计划花费 300 万美元来投放搜索引擎广告，预计销售额将增加 1 500 万美元。其毛利率估计为 45%。

a. 开发一个电子表格来计算市场营销 ROI

b. 使用电子表格预测如果增量销售估计错误，ROI 将如何变化（考虑高于和低于预期销售的一系列值）

Excel 函数

6. 在 *Accounting Professionals*（会计专业人员）数据库中，使用 Excel 函数求解：

a. 最长服务年限

b. 平均服务年限

c. 数据库中男性员工的数量

d. 拥有 CPA（注册会计师）的女性员工人数

7. 一家公司预测其未来 3 年的净收入为 172 800 美元、213 580 美元和 293 985 美元。假设贴现率为 4.2%，求这些现金流的净现值。

8. 一家制药商预测了一种新药在未来 5 年内投放市场的净利润：

年份	净利润（美元）
1	（300 000 000）
2	（145 000 000）

续表

年份	净利润（美元）
3	50 000 000
4	125 000 000
5	530 000 000

研究和开发的固定成本为 80 000 000 美元（第 0 年），使用电子表格计算贴现率为 3% 时这些现金流的净现值。

9. Excel 文件 *Credit Risk Data*（信用风险数据）中的工作表 *Base Data*（基础数据）提供了 425 名申请贷款的银行客户的信息。这些数据包括贷款用途、支票和储蓄账户余额、作为银行客户的月数、就业月数、性别、婚姻状况、年龄、住房状况和当前居住年数、工作类型以及银行的信用风险分类。[①] 使用 COUNTIF 函数确定：（1）有多少客户申请了新车、二手车、商业、教育、小家电、家具贷款；（2）支票账户余额低于 500 美元的客户数量。

10. Excel 文件 *Store and Regional Sales Database*（门店和区域销售数据库）提供计算机和外围设备的销售数据，显示去年（2010 年）第四季度的门店编号、销售区域、商品编号、商品描述、单价、销售单位和销售月份。[②] 修改电子表格来计算 8 个门店中每个门店以及 3 个销售区域中每个区域的总销售收入。

其他 Excel 函数和工具

11. 为 *Break-Even Decision Model*（盈亏平衡决策模型）电子表格中的所有数据和模型实体定义范围名称，并将它们应用于模型的公式中。

12. 为 *Crebo Manufacturing Model*（Crebo 制造模型）电子表格中的所有实体定义范围名称，并将它们应用于模型的公式中。

13. 为 *Hotel Overbooking Model*（酒店超额预订模型）电子表格中的所有实体定义范围名称，并将它们应用于模型的公式中。

[①] Based on Efraim Turban, Ranesh Sharda, Dursun Delen, and David King, *Business Intelligence: A Managerial Approach*, 2nd ed. (Upper Saddle River NJ: Prentice Hall, 2011).
[②] Based on Kenneth C. Laudon and Jane P. Laudon, *Essentials of Management Information Systems*, 9th ed. (Upper Saddle River, NJ: Prentice Hall, 2011).

数据库分析

学习目标

在学习完本章后，你将能够：

- 解释数据集与数据库之间的区别并在数据文件中应用 Excel 范围名称。
- 构建 Excel 表格并能够排序和筛选数据。
- 应用帕累托原则进行数据分析。
- 使用数据库函数来提取记录。
- 在 Excel 公式中运用逻辑函数。
- 使用 Excel 查找功能进行数据库查询。
- 为描述性分析设计简单的 Excel 模板。
- 使用数据透视表来分析并从数据中获得见解。

大多数组织使用描述性分析工具开始它们的数据分析以便了解该企业过去和当前的表现，包括客户服务代表、技术支持、制造和其他需求的表现。这通常涉及数据库分析——查询数据库和"向下钻取"以更好地理解数据中的关系、生成汇总报告、对数据排序和创建图表以使数据可视化（下章讨论），一般是与商业智能/信息系统相关的技术。这些技术提供了一种将数据转化为具有意义的信息的方法。数据是原始的数字和事实，如关于客户、销售、成本、收入等的信息。当以某种方式对数据进行操作、汇总或处理以提供洞察力和理解时，会产生信息结果，从而使管理人员能够作出明智的决策。在你的职业生涯中，你可能需要从数据库中提取或操作信息。你可能需要解决或被要求确定的典型问题如下：

- 上个季度我们每家门店卖了多少件？
- 上个月的材料总成本是多少？
- 我们上个月赚了多少利润？
- 客户表示"极有可能"推荐我们公司的百分比是多少？
- 每个工厂有多少件残次品？
- 有多少订单按时交付？
- 员工满意度因工作分类和地区或工厂而有何不同？

你也可以在个人生活中使用数据库分析。例如：

- 今年我的投资组合与去年相比表现如何？
- 我应该投资哪些股票或共同基金？
- 我喜爱的体育运动员中哪一个排名在前 10%？

• 与预算相比，我们去年的资金使用情况如何？

• 如何对比我求职面试的各城市的生活成本？

• 我应该吃什么食物来满足我的健康目标或营养需求？

类似的例子还可以举很多！你所需要的是数据，而数据无处不在。

许多复杂先进的工具，如微软数据库的 Access、SQL（结构化查询语言）和 OLAP（联机分析处理）软件，可以组织和查询数据以解决日常业务问题，并分析数据以产生有意义的信息。

然而，在这本书中，我们不会深入研究数据库或数据库管理系统，而是使用单个数据库文件或简单的数据集。因为电子表格是存储和操作数据集、数据库文件的便捷工具，所以我们将使用它们来解决所有的示例和问题。因此，在本章中，我们只关注可以使用 Excel 轻松实现的基本概念和方法。我们将介绍 Excel 中许多有用的高级函数，并说明如何将它们用于描述性分析。这些函数在电子表格建模中也很有用，我们将在本书的后面进行研究。

2.1 数据集和数据库

数据集只是数据的集合。市场调查反馈、历史股票价格表和制造项目尺寸测量集合都是数据集的应用例子。当我们在后面的章节中开始统计分析程序时，我们将看到许多**实证数据**的例子——来自实验和观察的数据。

客户经理们所使用的大多数数据都存储在数据库中。**数据库**是一个包含关于人物、地点或事件的记录的相关文件集合。数据库为数据提供了结构。我们把存储和维护信息的人、地方或事物称为*实体*。[①]数据库通常被组织并存储在一个二维表中，其中，列对应于数据的每个单独元素（称为*字段*或*属性*），行表示对相关的数据元素的记录。

实证数据，如从问卷和调查中获得的数据，通常被组织为数据库，我们将学习的所有数据库工具都可以使用。本章末尾的杜鲁特（Drout）广告案例是你可以将数据库工具应用于实证数据的一个示例。尽管我们将在本书中使用的数据库是"干净的"，但你必须意识到，在实践中遇到的许多数据库都存在拼写错误、缺失值或其他错误，必须加以纠正才能有效地使用它们。

在数据库中使用范围名称

我们在第 1 章的附录中介绍了电子表格中范围名称的概念。对数据数组（即行、列或矩形矩阵数组）使用范围名称可以大大简化许多数据库的计算。以下示例显示了如何执行此操作。

Excel 还提供了一种方便的方法，可以令函数包含行或列中的所有数据。例如，列 B 的范围表示为 B：B，第 4 行的范围表示为 4：4，以此类推。因此，=SUM（B：B）将计算 B 列中所有数据的总和；而在图 2-2 中，B 列则是 A 产品的销量汇总。函数=SUM（4：4）将计算第 4 行中所有数据的总和；而在图 2-2 中，则是所有产品 1 月份销量数据的汇总。如果你在电子表格中添加新数据，使用这些范围是特别有用的，你不必调整任何已定义的

① Kenneth C. Laudon and Jane P. Laudon, *Essentials of Management Information Systems*, 9th ed. (Upper Saddle River, NJ: Prentice Hall, 2011): 159.

范围名称。

示例2.1　　　　　　　　　　　　一个采购订单数据库①

图 2-1 显示了 Excel 文件 *Purchase Orders* 的部分内容，该文件显示了飞机所用部件的订单列表。这些字段列示在数据库的第 3 行中，由供应商名称、订单号、成本、数量、A/P（应付账款）条款等组成。从第 4 行开始，每条记录为一个订单的每个字段提供数据。

	A	B	C	D	E	F	G	H	I	J
1	Purchase Orders									
2										
3	Supplier	Order No.	Item No.	Item Description	Item Cost	Quantity	Cost per order	A/P Terms (Months)	Order Date	Arrival Date
4	Hulkey Fasteners	Aug11001	1122	Airframe fasteners	$ 4.25	19,500	$ 82,875.00	30	08/05/11	08/13/11
5	Alum Sheeting	Aug11002	1243	Airframe fasteners	$ 4.25	10,000	$ 42,500.00	30	08/08/11	08/14/11
6	Fast-Tie Aerospace	Aug11003	5462	Shielded Cable/ft.	$ 1.05	23,000	$ 24,150.00	30	08/10/11	08/15/11
7	Fast-Tie Aerospace	Aug11004	5462	Shielded Cable/ft.	$ 1.05	21,500	$ 22,575.00	30	08/15/11	08/22/11
8	Steelpin Inc.	Aug11005	5319	Shielded Cable/ft.	$ 1.10	17,500	$ 19,250.00	30	08/20/11	08/31/11
9	Fast-Tie Aerospace	Aug11006	5462	Shielded Cable/ft.	$ 1.05	22,500	$ 23,625.00	30	08/20/11	08/26/11
10	Steelpin Inc.	Aug11007	4312	Bolt-nut package	$ 3.75	4,250	$ 15,937.50	30	08/25/11	09/01/11

图2-1　Excel文件*Purchase Orders*的部分内容

示例2.2　　　　　　　　　定义和使用数据库的范围名称

图 2-2 显示了一个简单的数据库，记录了 5 种产品一年中每月的销量（Excel 文件 *Monthly Product Sales*，月产品销量）。我们将为数据的每一行（月）和每一列（产品名）定义名称。第 1 章附录中描述的任何技巧都可以使用（我们建议你先复习一下这个附录）。例如，选中 B4：B15 单元格区域，即表明选中产品 A12 个月的销量数据范围。在 *Name* 框中输入"Product_A"并按"Enter"。或者，你可以使用定义名称来实现这一点。最后，你可以选择包括产品名称在内的整个数据范围，并使用 *Create from Selection* 选项来同时定义所有产品的范围名称。

你可以使用范围名称来简化计算。例如，要求解总销量，可以使用函数=SUM（Product_A）而不是=SUM（B4：B15）。

	A	B	C	D	E	F
1	Sales Units					
2						
3	Month	Product A	Product B	Product C	Product D	Product E
4	January	7792	5554	3105	3168	10350
5	February	7268	3024	3228	3751	8965
6	March	7049	5543	2147	3319	6827
7	April	7560	5232	2636	4057	8544
8	May	8233	5450	2726	3837	7535
9	June	8629	3943	2705	4664	9070
10	July	8702	5991	2891	5418	8389
11	August	9215	3920	2782	4085	7367
12	September	8986	4753	2524	5575	5377
13	October	8654	4746	3258	5333	7645
14	November	8315	3566	2144	4924	8173
15	December	7978	5670	3071	6563	6088

图2-2　月度产品销量

检验你的学习成果

（1）解释数据集和数据库之间的区别。

（2）对于 Excel 文件 *Monthly Product Sales*，使用 *Create from Selection* 选项来定义所有产品（列数据）和所有月份（行数据）的范围名称。

（3）对于 Excel 文件 *Monthly Product Sales*，使用函数 SUM（B：B）来计算产品 A 的总销量。如果在 B 列输入这个函数会发生什么？

---

① Based on Kenneth C. Laudon and Jane P. Laudon，*Essentials of Management Information Systems*，9th ed.（Upper Saddle River，NJ：Prentice Hall，2011）：159.

实践分析：利用大数据监测北卡罗来纳州卡里镇的用水情况[①]

当卡里镇在 2010 年为 6 万名用户安装无线电表时，它就知道这项新技术不仅可以通过取消月度（每月）人工抄表来节省开支，还将提供更准确、更及时的用水量数据。Aquastar 无线系统每小时读一次电表，即针对每位用户每年读取 8 760 个数据点，而不是每月读取 12 个数据点。这些数据具有巨大的潜力，如果它能够被轻松地使用的话。卡里镇面临的挑战在于：既要分析逾 5 亿个用水量数据点并将其可视化呈现给所有用户，又要通过宏观用水全景图来优化未来水厂扩建规划，并推动精准节水措施。

卡里镇采用 SAS 研究所的高级分析软件后，实现了按住户/商业用户、按小时维度的数据可视化分析，这项能力催生了多项实用应用：

- 卡里镇可以在几天内通知用户潜在的泄漏。
- 用户可设置用水量骤增提醒（数小时内触发）。
- 在线用水追踪功能帮助用户主动节水。

据估算，仅取消人工抄表需求这一项，Aquastar 系统除了可覆盖项目成本，还可节省超 1 000 万美元。而数据分析功能带来的节水效益更为可观——通过早期漏水检测，市政与居民已实现双重降本。精准的用水数据不仅助力卡里镇科学规划未来基建投资时机与规模，更能为干旱等灾害应对提供决策支持。

2.2 数据查询：表、排序和筛选

管理人员经常需要对数据进行多种查询。例如，图 2-3 展示了 Excel 文件 *Credit Risk Data* 的部分内容，该文件汇总了贷款申请数据及信用风险评估。该数据库包含贷款用途、活期与储蓄账户余额、客户存续时间与受雇时长等人口统计信息，以及信用风险评级。管理人员可能关注：财务资产金额与受雇月数的关联度、特定类型贷款的筛选，或低信用风险人群中房产持有者的比例等问题。为处理这类查询，我们需要对数据进行排序。提取具有特定特征的记录集被称为数据筛选。Excel 提供了一种称为"*Tables*"（表）的便捷数据库格式化功能，可有效支持此类分析。

Excel 表允许你使用表引用来执行基本计算，如下面的示例 2.3 所示。

	A	B	C	D	E	F	G	H	I	J	K	L
1	Credit Risk Data											
2												
3	Loan Purpose	Checking	Savings	Months Customer	Months Employed	Gender	Marital Status	Age	Housing	Years	Job	Credit Risk
4	Small Appliance	$0	$739	13	12	M	Single	23	Own	3	Unskilled	Low
5	Furniture	$0	$1,230	25	0	M	Divorced	32	Own	1	Skilled	High
6	New Car	$0	$389	19	119	M	Single	38	Own	4	Management	High
7	Furniture	$638	$347	13	14	M	Single	36	Own	2	Unskilled	High
8	Education	$963	$4,754	40	45	M	Single	31	Rent	3	Skilled	Low
9	Furniture	$2,827	$0	11	13	M	Married	25	Own	1	Skilled	Low
10	New Car	$0	$229	13	16	M	Married	26	Own	3	Unskilled	Low

图2-3 Excel文件*Credit Risk Data*的部分内容

资料来源：Based on Kenneth C. Laudon and Jane P. Laudon，*Essentials of Management Information Systems*，9th ed. Upper Saddle River，NJ：Prentice Hall，2011.

如果你在表的末尾添加额外的记录，它们将被自动收录并格式化；如果你根据数据创

---

① "Municipality puts wireless water meter-reading data to work，" Copyright 2016 SAS Institute Inc. Carey，NC USA. https：//www.sas.com/en_us/customers/townofcary-aquastar.html.

建图表，当你添加新记录时，图表将自动更新。

示例 2.3 　　　　　　　　　　**创建 Excel 表格**

我们将使用 *Credit Risk Data* 文件来说明 **Excel 表格**。首先，选择数据的范围，包括标题（一个有用的快捷方式是选择左上角的第一个单元格，单击 "Ctrl+Shift+ 向下箭头"，然后单击 "Ctrl+Shift+ 向右箭头"；而 Mac 系统则使用 "Command" 键而不是 "Ctrl" 键）。接下来，从 "*Insert*" 选项卡上的 "*Tables*" 组中单击 "*Table*"，并确保选中 "*My Table Has Headers*" 框。（你也可以在表格中选择一个单元格，然后从 "*Insert*" 菜单中单击 "*Table*"。Excel 将选择表格范围供你核对。）表格范围现在将被格式化，并在输入新数据时自动继续。图 2-4 显示了部分结果。请注意，行是带阴影的，并且每个列标题都有一个下拉箭头来筛选数据（我们将在稍后讨论）。如果在表格内单击，表格工具设计选项卡将出现在功能区中，允许你执行各种操作，如更改配色方案、删除重复项和更改格式。

	A	B	C	D	E	F	G	H	I	J	K	L
1	Credit Risk Data											
2												
3	Loan Purpo	Checki	Savin	Months Customer	Months Employ	Gend	Marital Stat	Age	Hous	Years	J	Credit Ri
4	Small Appliance	$0	$739	13	12	M	Single	23	Own	3	Unskilled	Low
5	Furniture	$0	$1,230	25	0	M	Divorced	32	Own	1	Skilled	High
6	New Car	$0	$389	19	119	M	Single	38	Own	4	Management	High
7	Furniture	$638	$347	13	14	M	Single	36	Own	1	Unskilled	High
8	Education	$963	$4,754	40	45	M	Single	31	Rent	3	Skilled	Low
9	Furniture	$2,827	$0	11	13	M	Married	25	Own	1	Skilled	Low
10	New Car	$0	$229	13	16	M	Married	26	Own	3	Skilled	Low
11	Business	$0	$533	14	2	M	Single	27	Own	1	Unskilled	Low
12	Small Appliance	$6,509	$493	37	9	M	Single	25	Own	2	Skilled	High
13	Small Appliance	$986	$0	25	4	F	Divorced	43	Own	1	Skilled	High
14	Business	$0	$989	49	0	M	Single	32	Rent	2	Management	High

图 2-4　部分信用风险数据（格式化为 Excel 表格）

"Design" 选项卡中的一个有用的选项是添加总行。在 "*Table Style Options*" 组中，选中 "*Total Row*" 复选框，Excel 将在表格底部添加一个新行。如果单击总计行中的任何单元格，则可以从下拉框中选择所需的计算类型，这包括 SUM、AVERAGE、COUNT、MAX 和 MIN。

示例 2.4 　　　　　　　　　　**表格计算**

假设在 *Credit Risk Data* 表中，我们希望计算 C 列中的储蓄总额。当然，我们可以简单地使用函数 =SUM（C4：C428）。但是对于表格，我们可以使用公式 =SUM（Table1 [Savings]）。可以在 Windows 版的 "*Table Tools Design*" 选项卡的 "*Properties*" 组或 Mac 版的 "*Table*" 选项卡中找到（并更改）表格名称 "Table1"。请注意，"Savings" 是 C 列中表头的名称。这样做的好处之一是，如果我们向表中添加新记录，计算将自动更新，我们不必更改公式的范围，也不会因为忘记更改而得到错误的结果。再比如，我们可以使用函数 =COUNTIF（Table1 [Housing]，"Own"）找到房主的数量。

2.2.1　Excel 中的数据排序

Excel 提供了许多方法来按行（列）或升序（降序）对列表进行排序，并使用自定义排序方案。Excel 中的排序按钮可以在 *Data* 选项卡下找到（参见图 2-5；Mac 版中 *Data* 选项卡功能区与其类似）。在要排序的列中选择一个单元格，然后单击 "AZ 向下箭头" 按钮表示从最小到最大排序，或单击 "AZ 向上箭头" 按钮表示从最大到最小排序。你还可以单击 "*排序*" 按钮来指定更高级排序功能的标准。

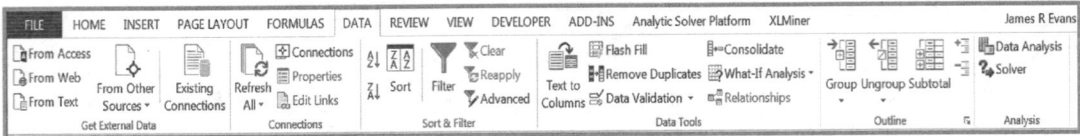

图2-5　Excel数据标签带

示例2.5　　　　　　　　　　**在采购订单数据库中对数据进行排序**

　　在 *Purchase Order* 数据库中，假设我们希望按供应商对数据进行排序。单击数据 A 列中的任何单元格（但不是标题单元格 A3），然后单击"*Data*"选项卡中的"AZ down"按钮。Excel 将选择整个数据范围，并在 A 列中按供应商名称排序，其中一部分如图 2-6 所示。这样你可以轻松识别与来自特定供应商的所有订单相对应的记录。

	A	B	C	D	E	F	G	H	I	J
1	Purchase Orders									
2										
3	Supplier	Order No.	Item No.	Item Description	Item Cost	Quantity	Cost per order	A/P Terms (Months)	Order Date	Arrival Date
4	Alum Sheeting	Aug11002	1243	Airframe fasteners	$ 4.25	10,000	$ 42,500.00	30	08/08/11	08/14/11
5	Alum Sheeting	Sep11002	5417	Control Panel	$ 255.00	406	$ 103,530.00	30	09/01/11	09/10/11
6	Alum Sheeting	Sep11008	1243	Airframe fasteners	$ 4.25	9,000	$ 38,250.00	30	09/05/11	09/12/11
7	Alum Sheeting	Oct11016	1243	Airframe fasteners	$ 4.25	10,500	$ 44,625.00	30	10/10/11	10/17/11
8	Alum Sheeting	Oct11022	4224	Bolt-nut package	$ 3.95	4,500	$ 17,775.00	30	10/15/11	10/20/11
9	Alum Sheeting	Oct11026	5417	Control Panel	$ 255.00	500	$ 127,500.00	30	10/20/11	10/27/11
10	Alum Sheeting	Oct11028	5634	Side Panel	$ 185.00	150	$ 27,750.00	30	10/25/11	11/03/11
11	Alum Sheeting	Oct11036	5634	Side Panel	$ 185.00	140	$ 25,900.00	30	10/29/11	11/04/11
12	Durrable Products	Aug11008	7258	Pressure Gauge	$ 90.00	100	$ 9,000.00	45	08/25/11	08/28/11
13	Durrable Products	Sep11009	7258	Pressure Gauge	$ 90.00	120	$ 10,800.00	45	09/05/11	09/09/11
14	Durrable Products	Sep11027	1369	Airframe fasteners	$ 4.20	15,000	$ 63,000.00	45	09/25/11	09/30/11
15	Durrable Products	Sep11031	1369	Airframe fasteners	$ 4.20	14,000	$ 58,800.00	45	09/27/11	10/03/11

图2-6　部分 *Purchase Order* 数据库按供应商名称排序

2.2.2　帕累托分析

　　帕累托分析是一个以意大利经济学家维尔弗雷多·帕累托（Vilfredo Pareto）命名的术语，他在 1906 年观察发现，意大利大部分财富由相对较小的一部分人拥有。帕累托原则经常出现在许多业务情形中。例如，大部分销售额通常来自一小部分客户，大部分质量缺陷仅来自几个来源，或者大部分库存价值对应于一小部分项目。因此，帕累托原则也常被称为"80-20 法则"，指的是在一般情况下，80% 的产出源自 20% 的投入。帕累托分析依赖于对数据进行分类，并计算目标特征的累积百分比。

示例2.6　　　　　　　　　　**运用帕累托原理**

　　Excel 文件 *Bicycle Inventory*（自行车库存）列出了体育用品商店中自行车型号的库存。[①]为了进行帕累托分析，我们首先通过将现有库存数量乘以采购成本来计算每个型号自行车的库存价值，即当前库存的投资金额。然后我们对库存价值数据按降序进行排序，并计算每个型号自行车占总库存价值的百分比和累计百分比。请参见图 2-7 中的 G 到 I 列。我们看到，大约 75% 的库存价值被不到 40%（24 辆自行车中的 9 辆）的商品所占据。如果这些库存中高价值的自行车卖得不好，商店经理可能要减少其库存。

---

　　① Based on Kenneth C. Laudon and Jane P. Laudon, *Essentials of Management Information Systems*, 9th ed.（Upper Saddle River, NJ: Prentice Hall, 2011）.

Product Category	Product Name	Purchase Cost	Selling Price	Supplier	Quantity on Hand	Inventory Value	Percentage	Cumulative %
Bicycle Inventory								
Road	Runroad 5000	$450.95	$599.99	Run-Up Bikes	5	$ 2,254.75	11.2%	11.2%
Road	Runroad 1000	$250.95	$350.99	Run-Up Bikes	8	$ 2,007.60	10.0%	21.1%
Road	Elegant 210	$281.52	$394.13	Bicyclist's Choice	7	$ 1,970.64	9.8%	30.9%
Road	Runroad 4000	$390.95	$495.99	Run-Up Bikes	5	$ 1,954.75	9.7%	40.6%
Mtn.	Eagle 3	$350.52	$490.73	Bike-One	5	$ 1,752.60	8.7%	49.3%
Road	Classic 109	$207.49	$290.49	Bicyclist's Choice	7	$ 1,452.43	7.2%	56.5%
Hybrid	Eagle 7	$150.89	$211.46	Bike-One	9	$ 1,358.01	6.7%	63.3%
Hybrid	Tea for Two	$429.02	$609.00	Simpson's Bike Supply	3	$ 1,287.06	6.4%	69.7%
Mtn.	Bluff Breaker	$375.00	$495.00	The Bluff Path	3	$ 1,125.00	5.6%	75.2%
Mtn.	Eagle 2	$401.11	$561.54	Bike-One	2	$ 802.22	4.0%	79.2%
Leisure	Breeze LE	$109.95	$149.95	The Bike Path	5	$ 549.75	2.7%	81.9%
Children	Runkidder 100	$50.95	$75.99	Run-Up Bikes	10	$ 509.50	2.5%	84.5%
Mtn.	Jetty Breaker	$455.95	$649.95	The Bike Path	1	$ 455.95	2.3%	86.7%
Leisure	Runcool 3000	$85.95	$135.99	Run-Up Bikes	5	$ 429.75	2.1%	88.9%
Children	Coolest 100	$69.99	$97.98	Bicyclist's Choice	6	$ 419.94	2.1%	91.0%
Mtn.	Eagle 1	$410.01	$574.01	Bike-One	1	$ 410.01	2.0%	93.0%
Children	Green Rider	$95.47	$133.66	Simpson's Bike Supply	4	$ 381.88	1.9%	94.9%
Leisure	Breeze	$89.95	$130.95	The Bike Path	4	$ 359.80	1.8%	96.7%
Leisure	Blue Moon	$75.29	$105.41	Simpson's Bike Supply	4	$ 301.16	1.5%	98.2%
Leisure	Supreme 350	$50.00	$70.00	Bicyclist's Choice	3	$ 150.00	0.7%	98.9%
Children	Red Rider	$15.00	$25.50	Simpson's Bike Supply	8	$ 120.00	0.6%	99.5%
Leisure	Starlight	$100.47	$140.66	Simpson's Bike Supply	1	$ 100.47	0.5%	100.0%
Hybrid	Runblend 2000	$180.95	$255.99	Run-Up Bikes	0	$ -	0.0%	100.0%
Road	Twist & Shout	$490.50	$635.70	Simpson's Bike Supply	0	$ -	0.0%	100.0%
					Total	$ 20,153.27		

图2-7 *Bicycle Inventory* 的帕累托分析

2.2.3 筛选数据

对于大型数据文件，通过排序来查找满足某些特征的特定记录子集可能会很乏味。**筛选**简化了这个过程。Excel 提供了两种筛选工具：简单条件下的 *Auto Filter*（自动筛选）和复杂条件下的 *Advanced Filter*（高级筛选）。通过一些示例可以更好地理解这些工具。

示例 2.7   **按项目描述筛选记录**

在 *Purchase Orders* 数据库中，假设我们有兴趣提取与项目螺栓螺母套件对应的所有记录。首先，选择数据库中的任何单元格。接着，从 Excel 数据选项卡中单击 *Filter*，每个标题列的右侧会显示一个下拉箭头。点击任意箭头将弹出下拉框，其中包含对该列数据的筛选选项。单击 *Item Description*（项目描述）标题旁边的那个箭头，取消勾选 "*Sellect All*"（全选）框，然后选中 *Bolt-nut package*（螺栓螺母套件）对应的复选框，如图 2-8 所示。单击 *OK* 按钮，*Filter* 工具将仅显示该项目的那些订单（图 2-9）。要恢复原始数据文件，请再次单击下拉箭头，然后单击 *Clear filter from "Item Description"*。

图2-8 选择螺栓螺母套件的记录

	A	B	C	D	E	F	G	H	I	J
1	Purchase Orders									
2										
3	Supplier	Order N	Item N	Item Description	Item Co	Quanti	Cost per ord	A/P Terms (Months	Order Da	Arrival Da
10	Steelpin Inc.	Aug11007	4312	Bolt-nut package	$3.75	4,250	$15,937.50	30	08/25/11	09/01/11
18	Steelpin Inc.	Sep11001	4312	Bolt-nut package	$3.75	4,200	$15,750.00	30	09/01/11	09/10/11
22	Steelpin Inc.	Sep11005	4312	Bolt-nut package	$3.75	4,150	$15,562.50	30	09/03/11	09/11/11
24	Spacetime Technologies	Sep11007	4111	Bolt-nut package	$3.55	4,800	$17,040.00	25	09/05/11	09/20/11
32	Spacetime Technologies	Sep11015	4111	Bolt-nut package	$3.55	4,585	$16,276.75	25	09/10/11	09/30/11
36	Spacetime Technologies	Sep11019	4111	Bolt-nut package	$3.55	4,200	$14,910.00	25	09/15/11	10/15/11
39	Spacetime Technologies	Sep11022	4111	Bolt-nut package	$3.55	4,250	$15,087.50	25	09/20/11	10/10/11
43	Spacetime Technologies	Sep11026	4111	Bolt-nut package	$3.55	4,200	$14,910.00	25	09/25/11	10/25/11
61	Spacetime Technologies	Oct11010	4111	Bolt-nut package	$3.55	4,600	$16,330.00	25	10/05/11	10/19/11
62	Durrable Products	Oct11011	4569	Bolt-nut package	$3.50	3,900	$13,650.00	45	10/05/11	10/10/11
73	Alum Sheeting	Oct11022	4224	Bolt-nut package	$3.95	4,500	$17,775.00	30	10/15/11	10/20/11

图2-9 螺栓螺母套件的筛选结果

示例2.8 按项目成本筛选记录

在此示例中，假设我们希望识别 *Purchase Orders* 数据库中项目成本至少为 200 美元的所有记录。首先，单击 *Item Cost* 列中的下拉箭头，并将光标置于 *Numbers Filter* 上。这时将显示一个选项列表，如图 2-10 所示。从列表中选择 *Greater Than Or Equal To…*。（Mac界面略有不同，但具有相同的功能。）这时会弹出一个 *Custom Auto Filter* 对话框（如图 2-11所示），允许你使用"和"和"或"逻辑指定最多两个特定条件。在图 2-11 的框中输入"200"，然后单击"OK"。该工具将显示项目成本 ≥ 200 美元的所有记录。

图2-10 按项目成本筛选记录

图2-11 自定义自动筛选对话框

Auto Filter 根据被筛选的数据类型创建筛选条件。例如，在图 2-10 中，我们看到 Number Filters 菜单列表包括诸如 "等于" "不等于" 等数字标准。如果你选择按订单日期或到货日期进行筛选，Auto Filter 工具将显示不同的日期筛选菜单列表以供筛选，包括 "明天" "下周" "年初至今" 等。

可以连续使用自动筛选器来 "向下钻取" 数据。例如，在图 2-9 中按螺栓螺母套件筛选出结果后，我们可以按订单日期筛选并选择 9 月份处理的所有订单。

警告！筛选工具不提取记录，它只是隐藏不符合条件的记录。这意味着，如果你突出显示一系列筛选数据以计算总和或平均值，你将获得所有记录的结果，包括那些隐藏在视图中的记录。但是，你可以将筛选后的数据复制并粘贴到另一个区域或 Excel 工作表，然后它只使用筛选后的记录，并获得正确的结果。

Advanced Filter（高级筛选器）提供了一种明确定义筛选数据库的标准方法。为此，首先将数据库的标题行复制到工作表的空白区域。在标题下方输入需要筛选的条件。同一行中的多个条件由关键词 "和" 连接，而行中的条件由 "或" 连接。通常，数值标准可以包括 =、>、<、<>（不等于）、>= 或 <=。

示例2.9 　　　　　　　　　　使用高级筛选器

我们将使用 Purchase Orders 数据库。图 2-12 显示了我们筛选记录的标准。这些条件将求解订单数量超过 5 000 件且订单日期在 2011 年 9 月 1 日之前的 Hulkey Fasteners 的所有记录，以及订单数量少于 5 000 件且订单日期在 2011 年 9 月 1 日之前的 Steelpin Inc. 的所有记录。你不需要包含没有条件的列。在这种情况下，我们可以简单地列出供应商、数量和订单日期列以及指定的标准。

图2-12　采购订单数据库使用高级筛选器的标准

要使用 Advanced Filter，请选择数据选项卡中 Filter 旁边的 Advanced。在对话框中，输入数据库的列表范围和条件范围（见图 2-13）。图 2-14 显示了结果，请注意，仅显示符合条件的记录。

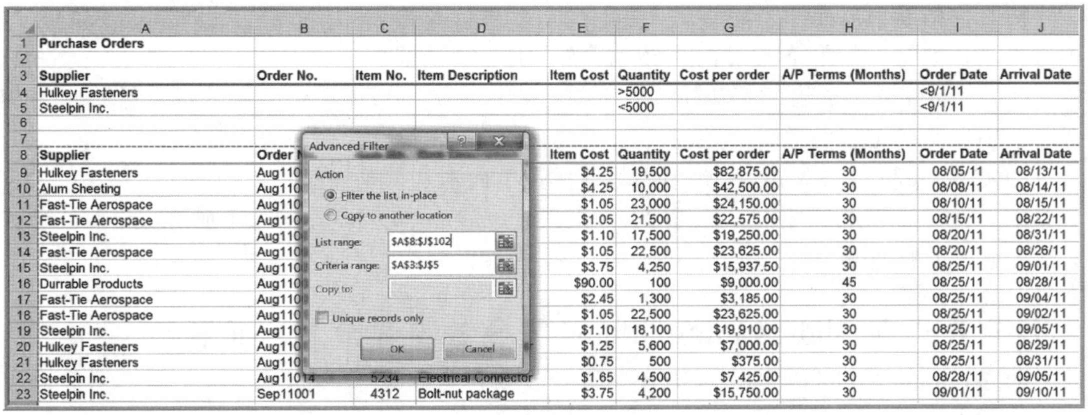

图2-13　高级筛选器对话框

	A	B	C	D	E	F	G	H	I	J
1	Purchase Orders									
2										
3	Supplier	Order No.	Item No.	Item Description	Item Cost	Quantity	Cost per order	A/P Terms (Months)	Order Date	Arrival Date
4	Hulkey Fasteners					>5000			<9/1/11	
5	Steelpin Inc.					<5000			<9/1/11	
6										
7										
8	Supplier	Order No.	Item No.	Item Description	Item Cost	Quantity	Cost per order	A/P Terms (Months)	Order Date	Arrival Date
9	Hulkey Fasteners	Aug11001	1122	Airframe fasteners	$4.25	19,500	$82,875.00	30	08/05/11	08/13/11
15	Steelpin Inc.	Aug11007	4312	Bolt-nut package	$3.75	4,250	$15,937.50	30	08/25/11	09/01/11
20	Hulkey Fasteners	Aug11012	3166	Electrical Connector	$1.25	5,600	$7,000.00	30	08/25/11	08/29/11
22	Steelpin Inc.	Aug11014	5234	Electrical Connector	$1.65	4,500	$7,425.00	30	08/28/11	09/05/11

图2-14　*Purchase Orders* 数据库使用高级筛选器的结果

2.2.4　数据库函数

你已经熟悉基本的 Excel 函数，如 SUM、AVERAGE、COUNT 等。**数据库函数**（Database functions）以"D"开头（例如，DSUM、DAVERAGE、DCOUNT），并且数据库函数允许你通过指定条件（格式与 *Advanced Filter* 相同）将计算限定在数据库记录的特定子集内。你可以通过在 *Insert Function* 对话框中选择 *Database* 类别查看所有数据库函数。例如，DSUM 函数的语法是 DSUM（*database*，*field*，*criteria*）。*Database* 包含列标签的单元格范围；*field*（字段）为包含求和值的列名称（需加引号）或对该列名称的引用；*criteria*（条件）指定求和记录的条件范围（格式如图 2-12 所示）。

示例 2.10 　　　　　　　　　　**使用数据库函数**

在 *Purchase Orders* 数据库中，假设我们希望获取满足图 2-12 中指定标准的所有订单的总成本。图 2-15 显示了 DSUM 函数的应用。在此函数中，条件是与工作表中的条件范围 A3：J5 对应的范围名称。请注意，该函数引用单元格 G3 的字段，这对应于每个订单的成本（我们可能还会为整个数据库创建一个范围名称）。或者，我们可以使用函数 =DSUM（A8：J102，"Cost per order"，A3：J5）。

G6		▾	× ✓ fx	=DSUM(A8:J102,G3,Criteria)						
	A	B	C	D	E	F	G	H	I	J
1	Purchase Orders									
2										
3	Supplier	Order No.	Item No.	Item Description	Item Cost	Quantity	Cost per order	A/P Terms (Months)	Order Date	Arrival Date
4	Hulkey Fasteners					>5000			<9/1/11	
5	Steelpin Inc.					<5000			<9/1/11	
6							Total Cost	$113,237.50		

图2-15　DSUM函数的使用

检验你的学习成果

（1）在数据库的上下文中，术语"筛选"是什么意思？

（2）将 *Credit Risk* 数据库转换为 Excel 表格，并使用基于表格的函数计算被指定为具有高信用风险的记录的数量。

（3）将 *Purchase Order* 数据库中的数据按订单成本从低到高排序。

（4）使用 *AutoFilter* 和 *Advanced Filter* 来识别 *Purchase Order* 数据库中所有在 9 月份处理的螺栓螺母套件订单。

实践分析：在 Allders International 发现数据库分析的价值[①]

Allders International 专门从事免税业务，在欧洲拥有 82 家免税零售店，包括机场和海

[①]　Based on Stephen Pass，"Discovering Value in a Mountain of Data," *OR/MS Today*，24，5（December 1997）：24-28.（*OR/MS Today* was the predecessor of *Analytics* magazine.）

港的商店以及跨海峡渡轮上的商店。与大多数零售店一样，Allders International 必须跟踪大量销售点数据，以协助作出库存和产品组合决策。在其每个网点存储哪些商品会对公司的盈利能力产生重大影响？要解答此问题，Allders International 实施了一个基于计算机的数据仓库来维护数据。在此之前，Allders International 必须分析大量的纸质数据。这个人工过程非常费时费力，以至于分析通常为时已晚，无法为其决策提供有用的信息。数据仓库使公司能够进行简单的查询，如快速轻松地求解所有零售店中特定商品的销量或特定店铺的财务业绩。这使 Allders International 能够确定哪些库存商品或网点表现不佳。例如，对其产品线（类似项目组）的帕累托分析发现，大约 20% 的产品线产生了 80% 的利润。这使 Allders International 能够有选择地从其他 80% 的产品线中剔除一些商品，从而为更有利可图的商品腾出货架空间并降低库存和供应商成本。

2.3　逻辑函数

逻辑函数取决于一个或多个条件是真还是假。条件是关于单元格（数值或文本）值的语句。以下是商业分析应用程序中三个有用的逻辑函数：

- IF（*condition*，*value if true*，*value if false*）——一个逻辑函数，在条件为真时返回一个值，在条件为假时返回另一个值。
- AND（*condition 1*，*condition 2*，…）——一个逻辑函数，如果所有条件为真则返回 TRUE，否则返回 FALSE。
- OR（*condition 1*，*condition 2*，…）——一个逻辑函数，如果条件为真则返回 TRUE，否则返回 FALSE。

IF 函数，IF（*condition*，*value if true*，*value if false*）允许你选择两个值之一输入单元格。如果指定的 *condition*（条件）为真，则真值将被放入单元格中。如果条件为假，则假值被放入单元格中。真值和假值可以是数字或引号包裹的文本字符串。例如，如果单元格 C2 包含函数 =IF（A8 = 2，7，12），则表示当单元格 A8 中的值为 2 时，C2 单元格赋值为 7；若 A8 值不为 2，则 C2 赋值为 12。条件表达式可包含以下运算符：

= 等于

> 大于

< 小于

>= 大于或等于

<= 小于或等于

<> 不等于

注意，如果在引号 " " 之间是空白的，那么结果将只是一个空白单元格。这通常对于创建一个干净的电子表格很有用。

AND 和 OR 函数仅在满足所有或至少一个条件时返回 *true* 值或 *false* 值。你可以使用 AND 和 OR 函数作为 IF 函数中的条件。例如，IF（AND（B1=3，C1=5）12，22）。这里，如果单元格 B1=3，单元格 C1=5，那么函数值是 12；否则就是 22。

示例 2.11　　　　　　　　　　使用 IF 函数

在 *Purchase Order* 数据库中，假设飞机部件制造商认为任何大于 10 000 件的订单都是大订单，而任何低于 10 000 件的订单都是小订单，则我们可以使用 IF 函数对订单进行分类。首先，在电子表格中为订单大小创建一个新列，如 K 列。在单元格 K4 中，使用公式：

=IF（F4 >= 10 000，"Large"，"Small"）

若单元格 F4 中的订单量达到或超过 10 000，该函数将在单元格 K4 中返回值 "Large"；否则返回 "Small"。进一步假设：总成本不低于 25 000 美元的大订单将被视为重要订单。我们可通过在单元格 L4 中使用以下函数来标记这些重要订单：

=IF（AND（K4 = "Large"，G4 7= 25000），"Critical"，" "）

请注意，如果订单不重要，我们使用开放引号返回空白单元格。将这些公式复制到各列之后，图 2-16 显示了部分结果。

	A	B	C	D	E	F	G	H	I	J	K	L
1	Purchase Orders											
2												
3	Supplier	Order No.	Item No.	Item Description	Item Cost	Quantity	Cost per order	A/P Terms (Months)	Order Date	Arrival Date	Order Size	Type
4	Hulkey Fasteners	Aug11001	1122	Airframe fasteners	$ 4.25	19,500	$ 82,875.00	30	08/05/11	08/13/11	Large	Critical
5	Alum Sheeting	Aug11002	1243	Airframe fasteners	$ 4.25	10,000	$ 42,500.00	30	08/08/11	08/14/11	Large	Critical
6	Fast-Tie Aerospace	Aug11003	5462	Shielded Cable/ft.	$ 1.05	23,000	$ 24,150.00	30	08/10/11	08/15/11	Large	
7	Fast-Tie Aerospace	Aug11004	5462	Shielded Cable/ft.	$ 1.05	21,500	$ 22,575.00	30	08/15/11	08/22/11	Large	
8	Steelpin Inc.	Aug11005	5319	Shielded Cable/ft.	$ 1.10	17,500	$ 19,250.00	30	08/20/11	08/31/11	Large	
9	Fast-Tie Aerospace	Aug11006	5462	Shielded Cable/ft.	$ 1.05	22,500	$ 23,625.00	30	08/20/11	08/26/11	Large	
10	Steelpin Inc.	Aug11007	4312	Bolt-nut package	$ 3.75	4,250	$ 15,937.50	30	08/25/11	09/01/11	Small	
11	Durrable Products	Aug11008	7258	Pressure Gauge	$ 90.00	100	$ 9,000.00	45	08/25/11	08/28/11	Small	
12	Fast-Tie Aerospace	Aug11009	6321	O-Ring	$ 2.45	1,300	$ 3,185.00	30	08/25/11	09/04/11	Small	
13	Fast-Tie Aerospace	Aug11010	5462	Shielded Cable/ft.	$ 1.05	22,500	$ 23,625.00	30	08/25/11	09/01/11	Large	
14	Steelpin Inc.	Aug11011	5319	Shielded Cable/ft.	$ 1.10	18,100	$ 19,910.00	30	08/25/11	09/05/11	Large	
15	Hulkey Fasteners	Aug11012	3166	Electrical Connector	$ 1.25	5,600	$ 7,000.00	30	08/25/11	08/29/11	Small	

图2-16　使用IF函数按订单量进行分类

你可以通过将 IF 函数中的 *value if true* 或 *value if false* 替换为另一个 IF 函数来 "嵌套" 最多 7 个 IF 函数：

=IF（A8=2，（IF（B3=5，"YES"，" "）），15）

这表示如果单元格 A8 等于 2，则检查单元格 B3 的内容。如果单元格 B3 为 5，则函数的值为文本字符串 YES；如果不是，它是一个空格。但是，如果单元格 A8 不是 2，那么无论单元格 B3 是什么，函数的值都是 15。轻松做到这一点的一个技巧是先写出每个 IF 公式，然后依次将它们嵌入一个公式中。

示例2.12　　　　　　　　　　计算数量折扣的价格

假设一家公司提供采购数量折扣。购买数量不超过 1 000 件时，单价是 10 美元；数量 1 001 ~ 5 000 件，单价为 9.00 美元；数量超过 5 000 件时，单价是 7.5 美元。我们可以使用嵌套 IF 函数来计算任意采购数量的总成本。逻辑是这样的：以 Q 表示采购数量。如果 Q<=1 000，价格是 $10 × Q；如果不满足该条件，那么我们需要判断：Q <=5 000，若成立则价格将是 $9.00 × Q；若不成立，则数量必然超过 5 000 件，价格将是 $7.50 × Q。将第一个 IF 语句写为：

IF（Q <= 1 000，Q*10，*value if false*）

如果这是假的，我们将有以下 IF 语句：

IF（Q <= 5 000，Q*9，*value if false*）

如果这是假的，值必须是 Q 乘以 7.5。

现在进行替代：

IF（Q = 1 000，Q*10，*value if false*）

IF（Q = 1 000，Q*10，IF（Q =< 5 000，Q*9，*value if false*））

IF（Q = 1 000，Q*10，IF（Q = 5 000，Q*9，Q*7.5））

图2–17显示了在电子表格中使用的公式。

B7 =IF(B6<=1000,B6*B2,IF(B6<=5000,B6*B3,B6*B4))

	A	B	C	D	E	F	G	H	I
1	Quantity purchased	Price							
2	1-1000	$10.00							
3	1001-5000	$9.00							
4	> 5000	$7.50							
5									
6	Quantity	10000							
7	Total Cost	$75,000							

图2–17 按数量折扣计算的电子表格执行结果

检验你的学习成果

（1）编写一个IF函数，如果单元格B16的值大于或等于0，则返回单词“Valid”，否则返回单词“Invalid”。

（2）解释AND和OR函数之间的区别。

（3）编写一个执行以下操作的IF函数并解释它应该如何实现：如果单元格D10的内容是文本字符串“Invoice received”，并且单元格E10的内容是“Paid”，则将F10单元格设为“Order Completed”；否则，将单元格F10的内容设为“Order Open”。

2.4 数据库查询中的查找函数

Excel提供了一些有用的**查找函数**（lookup functions）来查找电子表格中的特定数据。这些函数包括：

VLOOKUP（*lookup_value*，*table_array*，*col_index_num*，［*range lookup*］）查找表中最左边的列（由*table_array*指定）中的值，并从指定的列（col_index_num）返回同一行中的一个值。

HLOOKUP（*lookup_value*，*table_array*，*row_index_num*，［*range lookup*］）在表的顶部行查找一个值，并从指定的行返回同一列中的一个值。

INDEX（*array*，*row_num*，*col_num*）返回给定范围内特定行和列的交集处的单元格的值或引用。

MATCH（*lookup_value*，*lookup_array*，*match_type*）返回数组中与指定值以指定顺序匹配的项的相对位置。

CHOOSE（*index_num*，*value1*，*value2*，…）根据列表中的位置（由*index_num*指定）从列表中返回一个值。

在VLOOKUP和HLOOKUP函数中，*range lookup*（范围查找）是可选的。如果省略或设置为*True*，则表的第一列必须按升序排列。如果在第一列中找到与*lookup_value*完全匹配的值，则Excel将返回该行*col_index_num*对应的值。若未找到精确匹配项，Excel将选择首列中值小于*lookup_value*的最大数值所在行。如果*range lookup*为*False*，则Excel将在表格范围的首列中寻找精确匹配项，若未找到则返回#N/A（不可用）。我们建议你明确指定范围查找参数以避免错误。

HLOOKUP函数以类似的方式工作。对于大多数电子表格数据库，我们通常需要使用VLOOKUP函数。但是，在某些建模的情况下，如果数据是逐列而不是逐行排列的，则

HLOOKUP 函数会很有用。

INDEX 函数通过返回数组中特定行和列的值来实现查找功能。例如，在销售交易数据库中，=INDEX（$A$4：$H$475，7，4）将检索数据数组第 7 行第 4 列的交易代码 80103311（见图 2-18），这与示例 2.13 中 VLOOKUP 函数的功能相同。不同之处在于它依赖于行号而非客户 ID 的实际值。

	A	B	C	D	E	F	G	H
1	Sales Transactions: July 14							
2								
3	Cust ID	Region	Payment	Transaction Code	Source	Amount	Product	Time Of Day
4	10001	East	Paypal	93816545	Web	$20.19	DVD	22:19
5	10002	West	Credit	74083490	Web	$17.85	DVD	13:27
6	10003	North	Credit	64942368	Web	$23.98	DVD	14:27
7	10004	West	Paypal	70560957	Email	$23.51	Book	15:38
8	10005	South	Credit	35208817	Web	$15.33	Book	15:21
9	10006	West	Paypal	20978903	Email	$17.30	DVD	13:11
10	10007	East	Credit	80103311	Web	$177.72	Book	21:59
11	10008	West	Credit	14132683	Web	$21.76	Book	4:04
12	10009	West	Paypal	40128225	Web	$15.92	DVD	19:35
13	10010	South	Paypal	49073721	Web	$23.39	DVD	13:26

图2-18　按客户ID排序的部分销售交易数据

示例 2.13　　　　　　　　使用 VLOOKUP 函数

Excel 文件 *Sales Transactions* 中提供了某健身教学书籍和 DVD 销售公司的交易数据库。该数据库按客户 ID 排序，部分数据如图 2-18 所示。假设有客户致电客服代表咨询付款问题，代表在找到客户 ID（例如 10007）后，需查询其付款类型和交易代码。此时可使用 VLOOKUP 函数实现该查询功能。在函数 =VLOOKUP（*lookup_value*，*table_array*，*col_index_num*）中，*lookup_value* 代表客户 ID。*table_array* 是电子表格中数据的范围。在这种情况下，它是范围 A4：H475。*col_index_num* 代表我们想要获取的表格列号。付款类型对应第 3 列；交易代码对应第 4 列。请注意，第一列已经按数字升序排序，因此我们可以省略 *range lookup* 参数或将其设置为 *True*。因此，如果我们在电子表格的任何空白单元格中输入以下公式（我们建议对数组使用绝对引用）：

=VLOOKUP（10007，$A$4：$H$475，3）

它返回支付类型 *Credit*。

如果我们使用下面的公式：

=VLOOKUP（10007，$A$4：$H$475，4）

该函数返回交易代码 80103311。

现在假设数据库按交易代码排序，因此客户 ID 列不再按数字升序排列，如图 2-19 所示。如果我们使用函数 =VLOOKUP（10007，$A$4：$H$475，4，True），Excel 将返回 #N/A。但是，如果我们将 *range lookup* 参数更改为 False，则该函数可正确返回交易代码值。

在 MATCH 函数中，*lookup_value* 表示你要在 *lookup_array*（即被搜索的单元格范围）中匹配的值。*match_type* 参数可选-1、0 或 1，默认为 1。当 *match_type*=1 时，函数会查找小于或等于 *lookup_value* 的最大值，但要求 *lookup_array* 中的值必须按升序排列；当 *match_type* = 0 时，MATCH 会查找第一个完全等于 *lookup_value* 的值，此时 *lookup_array*

中的值可任意排序；当 $match\_type = -1$ 时，函数会查找大于或等于 $lookup\_value$ 的最小值，此时要求 $lookup\_array$ 中的值必须按降序排列。示例 2.14 展示了如何结合使用 INDEX 和 MATCH 函数。

　　如果你想在指定范围的左侧查找某些内容，则 VLOOKUP 函数将不起作用（因为它使用范围的第一列来查找值）。然而，我们可以很容易地使用 INDEX 和 MATCH 函数来做到这一点，如示例 2.14 所示。

	A	B	C	D	E	F	G	H
1	Sales Transactions: July 14							
2								
3	Cust ID	Region	Payment	Transaction Code	Source	Amount	Product	Time Of Day
4	10391	West	Credit	10325805	Web	$22.79	Book	0:00
5	10231	North	Paypal	10400774	Web	$216.20	Book	10:33
6	10267	West	Paypal	10754185	Web	$23.01	DVD	17:44
7	10228	West	Credit	10779898	Web	$15.33	DVD	5:05
8	10037	South	Paypal	11165609	Web	$217	Book	0:00
9	10297	North	Credit	11175481	Web	$22.65	Book	6:06
10	10294	West	Paypal	11427628	Web	$15.40	Book	17:16
11	10081	North	Credit	11673210	Web	$16.14	DVD	4:04
12	10129	West	Credit	11739665	Web	$22.03	DVD	14:49
13	10406	East	Credit	12075708	Web	$22.99	Book	9:09
14	10344	East	Credit	12222505	Web	$15.55	DVD	6:06

图2-19　按交易代码排序的部分销售交易数据

示例2.14　　　　　　　　使用 INDEX 和 MATCH 函数进行数据库查询

　　图 2-20 显示了 Excel 文件 *Monthly Product Sales Queries*（每月产品销量查询）中的数据。假设我们希望设计一个简单的查询应用程序来输入月份和产品名称，并检索相应的销量。工作簿中的三个附加工作表显示了如何以三种不同的方式执行此操作。Query1 工作表（参见图 2-21）使用带有嵌入式 IF 语句的 VLOOKUP 函数。单元格 I8 中的公式是：

　　= VLOOKUP（I5，A4：F15，IF（I6 = "A"，2，IF（I6 = "B"，3，

　　IF（I6 = "C"，4，IF（I6 = "D"，5，IF（I6 = "E"，6）））），FALSE）

　　IF 函数被用于确定查找表中要使用的列，如你所见，它有些复杂，尤其是在表大得多的情况下。

	A	B	C	D	E	F	G	H	I
1	Sales Units							Using VLOOKUP + IF	
2				Product					
3	Month	A	B	C	D	E		Sales Lookup	
4	January	7,792	5,554	3,105	3,168	10,350			
5	February	7,268	3,024	3,228	3,751	8,965		Month	April
6	March	7,049	5,543	2,147	3,319	6,827		Product	E
7	April	7,560	5,232	2,636	4,057	8,544			
8	May	8,233	5,450	2,726	3,837	7,535		Sales	8,544
9	June	8,629	3,943	2,705	4,664	9,070			
10	July	8,702	5,991	2,891	5,418	8,389			
11	August	9,215	3,920	2,782	4,085	7,367			
12	September	8,986	4,753	2,524	5,575	5,377			
13	October	8,654	4,746	3,258	5,333	7,645			
14	November	8,315	3,566	2,144	4,924	8,173			
15	December	7,978	5,670	3,071	6,563	6,088			

Data　Query1　Query2　Query3

图2-21　查询工作簿中Query1工作表的每月产品销量

Query2 工作表（此处未显示，请参阅 Excel 工作簿）在单元格 I8 中使用 VLOOKUP 和 MATCH 函数。单元格 I8 中的公式是：

=VLOOKUP（I5，A4：F15，MATCH（I6，B3：F3，0）+1，FALSE）

在这种情况下，MATCH 函数用于识别表中与单元格 I6 中的产品名称相对应的列。请注意使用 "+1" 将产品的相对列号移动到查找表中的正确列号。

最后，Query3 工作表（这里也没有显示）仅在单元格 I8 中使用 INDEX 和 MATCH 函数。单元格 I8 的公式为：

=INDEX（A4：F15，MATCH（I5，A4：A15，0），MATCH（I6，A3：F3，0））

MATCH 函数用作 INDEX 函数中的参数，以根据月份和产品名称识别表中的行号和列号。然后，INDEX 函数检索相应行和列中的值。这可能是三者中最干净的公式。通过仔细研究这些示例，你将更好地了解如何在其他应用程序中使用这些函数。

为了说明 CHOOSE 函数，假设在每月的产品销售数据（见图 2-20）中，我们要选择产品 B 的 1 月份销售数据。我们可以使用 =CHOOSE（2，B4，C4，D4，E4，F4），它将返回值 5，554。我们还可以指定一个文本名称列表，例如 =CHOOSE（2，"A"，"B"，"C"，"D"，"E"），它将返回 B。

	A	B	C	D	E	F
1	Sales Units					
2				Product		
3	Month	A	B	C	D	E
4	January	7,792	5,554	3,105	3,168	10,350
5	February	7,268	3,024	3,228	3,751	8,965
6	March	7,049	5,543	2,147	3,319	6,827
7	April	7,560	5,232	2,636	4,057	8,544
8	May	8,233	5,450	2,726	3,837	7,535
9	June	8,629	3,943	2,705	4,664	9,070
10	July	8,702	5,991	2,891	5,418	8,389
11	August	9,215	3,920	2,782	4,085	7,367
12	September	8,986	4,753	2,524	5,575	5,377
13	October	8,654	4,746	3,258	5,333	7,645
14	November	8,315	3,566	2,144	4,924	8,173
15	December	7,978	5,670	3,071	6,563	6,088

Data　Query1　Query2　Query3

图2-20　查询工作簿中每月产品销量

示例2.15　　　　　　　使用索引和匹配函数进行数据库查询

假设在 *Sales Transactions* 数据库中，我们希望找到与特定交易代码关联的客户 ID。返回图 2-18 或 Excel 工作簿。假设我们在单元格 K2 中输入交易代码，并希望在单元格 K4 中显示客户 ID。在单元格 K4 中使用以下公式：

=INDEX（A4：A475，MATCH（K2，D4：D475，0），1）

这里，MATCH 函数用于识别表范围中与交易代码完全匹配的行号，INDEX 函数使用此行号和第 1 列来识别关联的客户 ID。

检验你的学习成果

（1）解释 VLOOKUP、INDEX 和 MATCH 函数的用途。

（2）在 *Purchase Orders* 数据库中，=VLOOKUP（4111，C4：J97，5，TRUE）和 =VLOOKUP（4111，C4：J97，5，FALSE）分别是什么函数？解释这一差别。

（3）编写一个 Excel 函数，将其输入到单元格 J2 中，该函数将仅使用：①VLOOKUP，以及②INDEX 和 MATCH 函数来查找 *Sales Transactions* 数据库中任何客户 ID 的订单金额。

2.5　Excel模板设计

许多数据库查询是重复的，而客户服务代表必须查找订单信息、价格等。我们可以使用我们在上一节中研究的逻辑和查找功能来创建用户友好的 Excel 模板，用于对数据库的反复查询。我们在示例 2.14 中这样做是为了查找特定月份和产品的销量。在本节中，我们将讨论一些设计方法和 Excel 工具。

Excel 模板通常包括输入单元格、结果单元格和可能的中间计算。模板应该"干净"、组织良好且易于使用。应使用验证工具来确保用户不会无意中在输入数据时出错。可视化，如图表，将在下一章讨论，以获得深入的见解。

示例2.16　　　　　　　　　　**税级计算器**

下表显示了 2016 年 4 种不同申报状态下的美国联邦所得税税率。

1. 单身	2. 已婚共同申报或符合条件的鳏夫	3. 已婚分开申报	4. 户主	税率（%）
9 275 美元及以下	18 550 美元及以下	9 275 美元及以下	13 250 美元及以下	10
9 276~37 650 美元	18 551~75 300 美元	9 276~37 650 美元	13 251~50 400 美元	15
37 651~91 150 美元	75 301~151 900 美元	37 651~75 950 美元	50 401~130 150 美元	25
91 151~190 150 美元	151 901~231 450 美元	75 951~115 725 美元	130 151~210 800 美元	28
190 151~413 350 美元	231 451~413 350 美元	115 726~206 675 美元	210 801~413 350 美元	33
413 351~415 050 美元	413 351~466 950 美元	206 676~233 475 美元	413 351~441 000 美元	35
415 051 美元及以上	466 951 美元及以上	233 476 美元及以上	441 001 美元及以上	39.60

我们将创建一个简单的模板（参见 Excel 文件 *Tax Bracket*），允许个人输入其申报状态和应税收入，然后返回相应的税级，如图 2-22 所示。我们可以使用查询表来确定税率。首先，请注意主工作表不包括用于保持模板清洁的查询表。输入单元格和结果单元格采用颜色编码，以将输入与结果分开。我们使用嵌套的 IF 语句根据归档状态代码选择适当的查找范围。

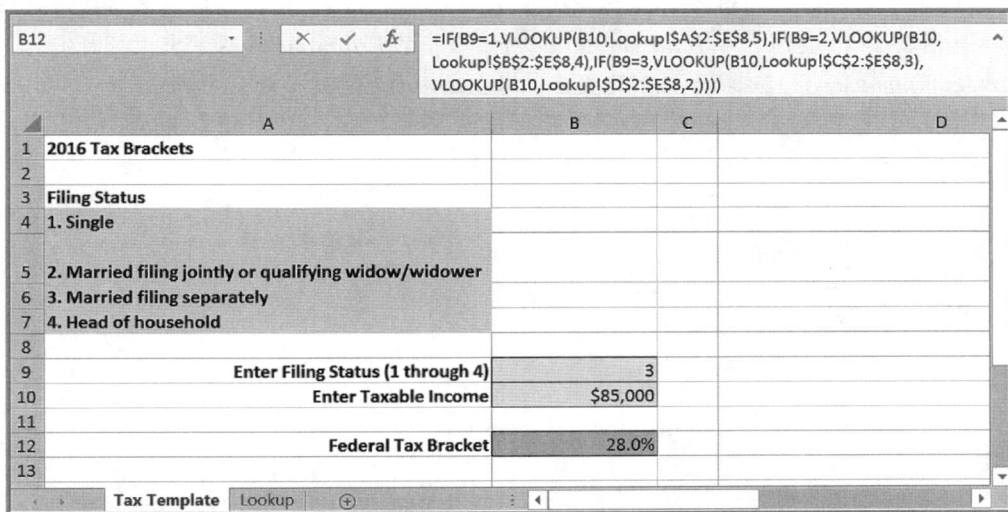

（a）

(b)

图2-22 识别税级的Excel模板

另一种方法是使用 CHOOSE 函数，如下所示（"Lookup"是包含查询表的工作表的名称）：

=CHOOSE$B$9，VLOOKUP（$B$10，Lookup!$A$2：$E$8，5），VLOOKUP（$B$10，Lookup!$B$2：$E$8，4），VLOOKUP（$B$10，Lookup!$C$2：$E$8，3），VLOOKUP（$B$10，Lookup!$D$2：$E$8，2））

2.5.1 数据验证工具

Excel 提供了各种**数据验证**工具，以减少用户出错的机会。首先，选择要应用数据验证的单元格区域，然后从 Excel 2016 数据选项卡上的 *Data Tools* 组中选择 *Data Validation*（数据验证），或从 Mac 版的 *Data* 菜单中选择 *Validation*。

对数字输入应用数据验证的另一种方法是使用 ISNUMBER 函数。如果单元格或区域包含数字，则此函数返回 TRUE；否则，它返回 FALSE。这有助于避免因无意中按下字母或符号键而导致的任何打字错误。

示例2.17   **应用数据验证**

对于税级模板，选择单元格 B9（申报状态）。在 *Data Validation* 对话框中，指定该值必须是1到4之间的整数，如图 2-23 所示。如果输入值不符合这些标准，则会弹出默认错误警报（参见图 2-24）。这可以在 *Data Validation* 对话框中的 *Error Alert* 选项卡中进行自定义。你还可以使用 *Input Message* 选项卡来创建提示，以在选择输入单元格时引导用户。

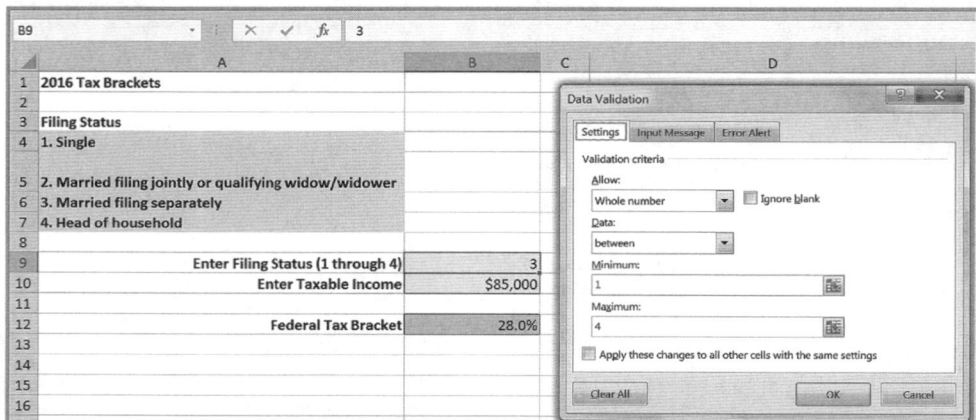

图2-23 *Data Validation* 对话框

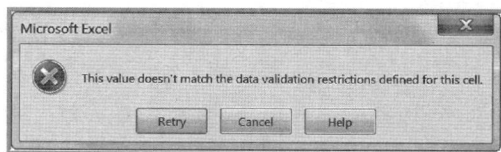

图2-24 *Data Validation* 错误警报

示例2.18 使用ISNUMBER函数进行数据验证

在税收模板中，我们将使用ISNUMBER来确保单元格B10中的应税收入是数字。在 *Data Validation* 对话框中，选择 *Custom*，在 *Formula* 框中输入公式 =ISNUMBER（B10），如图 2-25 所示。如果输入无效，则会弹出错误警报消息。

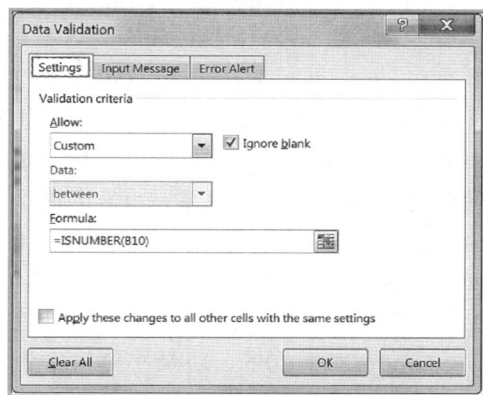

图2-25 ISNUMBER数据验证

2.5.2 表单控件

表单控件是用于在电子表格上轻松输入或更改数据的按钮、框和其他机制，可用于设计用户友好的电子表格。它们允许用户更轻松地与模型交互以输入或更改数据，而不会在无意中将错误引入公式中。要使用表单控件，你必须首先激活功能区上的 *Developer* 选项卡，单击 *File* 选项卡，接着单击 *Options*，然后单击 *Customize Ribbon*。在 *Customize Ribbon* 下，确保 *Main Tabs* 显示在下拉框中，然后单击 *Developer* 旁边的复选框（通常在标准 Excel 安装中未选中）。你将在 Excel 功能区中看到新选项卡，如图 2-26 所示。如果单击 *Controls* 组中的 *Insert* 按钮，你将看到可用的表单控件（不要将它们与同一菜单中的 *Active X* 控件混淆）。在 Mac 版中，选择 *Excel > Preferences > View* 并点击 *Developer* 选项卡。Mac 版功能区有所不同，它显示表单控件的图形化图标。

最常见的表单控件是：

- *Spin button*（数值调节按钮）——用来增加或减少数值的按钮
- *Scroll bar*（滚动条）——用来改变数值的滑动控件
- *Check box*（复选框）——用于启用/禁用方案的勾选框
- *Option button*（单选按钮）——用于选择选项的圆形按钮
- *List box*（列表框）——提供选项列表的方框
- *Combo box*（组合框）——提供可展开选项列表的方框
- *Group box*（组框）——可以容纳一组控件的方框

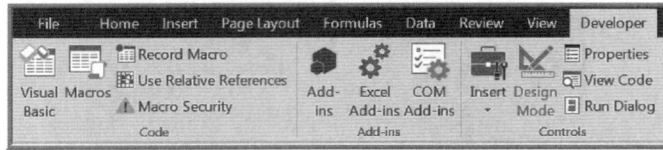

a）Windows版

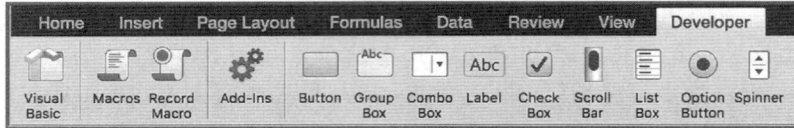

b）Mac版

图2-26　Excel 2016 *Developer* 选项卡

　　要插入表单控件，请单击 *Developer* 菜单下 *Controls* 选项卡中的 *Insert* 按钮，单击要使用的控件，然后在工作表中单击。下面的示例演示如何在税级模板中同时使用旋转按钮和滚动条。

　　表单控件仅允许整数增量，因此你还必须缩放值以将数字更改为小数值。例如，假设我们要使用数值调节按钮将单元格 B8 中的利率从 0% 更改为 10%，增量为 0.1%（即 0.001）。选择某个空单元格，如 C8，在其中输入一个介于 0 和 100 之间的值。然后在单元格 B8 中输入公式 =C8/1 000。请注意，例如，如果 C8 中的值 =40，单元格 B8 中的值将是 40/1 000=0.04，或 4%。然后，随着单元格 C8 中的值变化 1，单元格 B8 中的值也将变化 1/1 000，即 0.1%。在 *Format Control* 对话框中，将最小值指定为 0，将最大值指定为 100，并将按钮链接到单元格 C8。现在，当你单击数值调节按钮上的向上或向下箭头时，单元格 C8 中的值会变化 1，而单元格 B8 中的值会变化 0.1%。

　　也可以使用其他表单控件。例如，在"税级"模板中，你可以使用一个列表框来选择归档状态。我们鼓励你尝试并找出创造性的方法来使用它们。下一个示例展示了组合框的使用。

示例2.19　　　　　　　　在税级模板中使用表单控件

　　在税级模板中，我们将使用一个旋转按钮来表示申报状态，使用一个滚动条来表示应税收入（单位增量为 100 美元，从 0 到 500 000 美元）。完成的电子表格如图 2-27 所示。

	A	B	C	D	E
1	2016 Tax Brackets				
2					
3	Filing Status				
4	1. Single		Filing Status	Taxable Income	
5	2. Married filing jointly or qualifying widow/widower				
6	3. Married filing separately		▲	◀ ▶	
7	4. Head of household				
8			▼		
9	Enter Filing Status (1 through 4)	2		1451	
10	Enter Taxable Income	$145,100			
11					
12	Federal Tax Bracket	25.0%			

图2-27　带有表单控件的税级模板

　　首先，单击 *Developer* 选项卡的 *Controls* 组中 *Insert* 按钮，选择数值调节钮并单击，然后在工作表任意位置点击放置。数值调节钮（及所有表单控件）可以通过拖拽边缘手柄调整数值大小，或在工作表内移动位置。将其移至合适的位置后，在其邻近单元格输入控件名称（如申报状态）。接下来，右键单击数值调节按钮并选择 *Format Control*。你将看到如图

2-28 所示的对话框。输入指定参数后单击 *OK*。现在，如果你点击向上或向下按钮，单元格 B9 中的数值将在设定范围内变化。

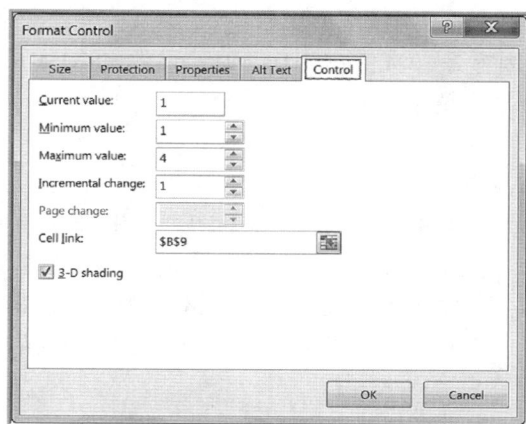

图2-28 格式控制对话框

接下来，通过在应税收入单元格旁边插入滚动条来重复此过程。右键单击滚动条并选择 *Format Control*。对于滚动条，最大值限制为 30 000，因此我们需要缩放参数，以便应税收入可以变化到 500 000 美元。将对话框中的参数设置为最小值 0 和最大值 5 000，增量更改为 1。为单元格链接选择一个空白单元格（如 D9）。然后，在 B10 单元格中输入公式 =D9*100。现在，当滚动条移动时，收入将从 0 变为 500 000 美元。你也可以单击滚动条末端的箭头来微调该值。使用这些控件，你可以轻松更改模板中的输入值。

示例2.20 **使用组合框**

图 2-29 展示了组合框在 *Monthly Product Sales* 数据库中的应用，用于计算任意月份的总销售量。我们将单元格链接设置为 H1，该单元格提供数据数组中月份的行号，以便在 INDEX 函数中计算总销量。单元格 H7 中的公式为 =SUM（INDEX（B4：F15，H1，0））——将列号设为 0 可引用整行数据，因此该函数会对 H1 单元格指定行中的所有列进行求和。在"设置控件格式"对话框中，将"下拉显示行数"设为 12，这样点击箭头按钮时将显示全部 12 个月（若设置较小数值，则需要滚动查看完整月份列表）的数据。

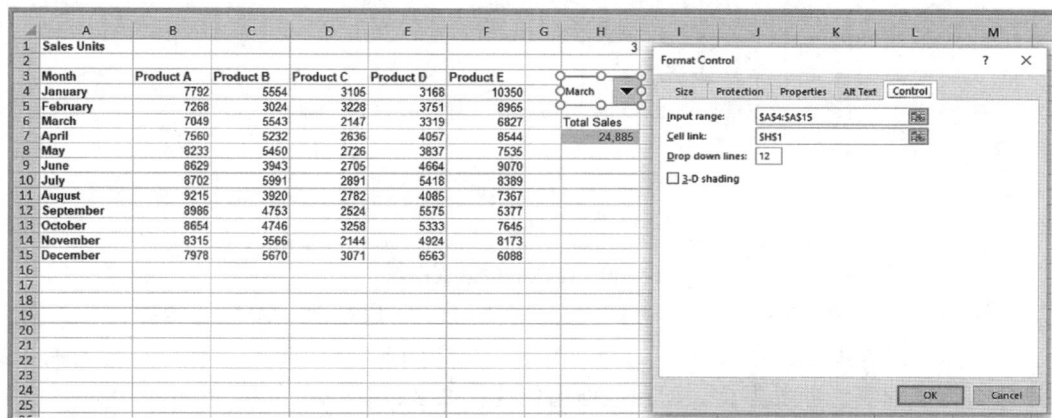

图2-29 组合框应用程序

检验你的学习成果

（1）说明 Excel 模板的用途和它应该具有的关键属性。

（2）Excel*数据验证*的目的是什么？

（3）当单元格 A1 的内容是 10 或文本"10"时，函数=ISNUMBER（A1）将返回什么？

（4）解释 Excel 模板中表单控件的意义。

2.6 数据透视表

Excel 提供了一个强大的工具，可以将复杂的数据库提炼成有意义的信息：**数据透视表**（PivotTables，是的，这是一个词！）数据透视表允许你创建自定义摘要和数据中关键信息的图表，并以多种方式深入到大量数据集。在本节中，我们将介绍数据库环境下的数据透视表；然而，我们也将在其他章节中使用它们来促进数据可视化和数据集的统计分析。

要应用数据透视表，首先，选择数据库中的任意单元格，并在 *Insert* 选项卡下选择 *PivotTable*，然后按照向导的步骤操作。我们将使用 *Sales Transactions* 数据库（参见图 2-18）。Excel 首先要求你选择一个表或数据范围；如果在插入数据透视表之前单击数据库中的任何单元格，Excel 将默认为你选择了数据的全部范围。你可以将数据透视表放入新的工作表或现有工作表的空白区域。然后，Excel 会创建一个空白的数据透视表，如图 2-30 所示。

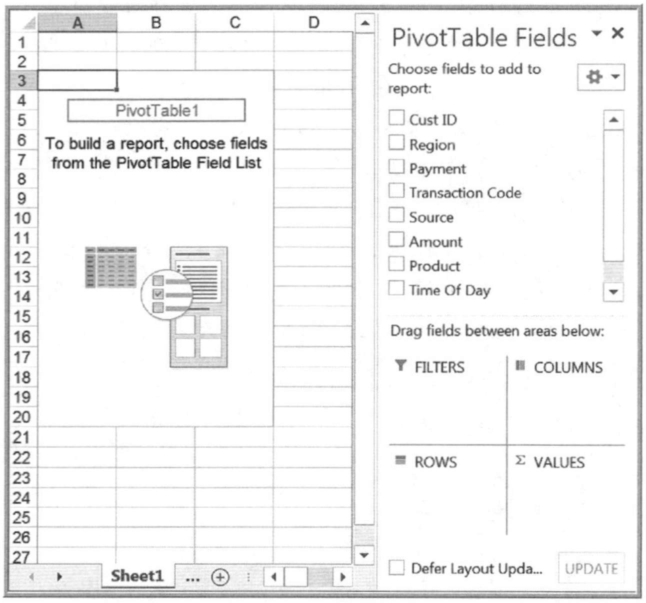

图2-30　空白的数据透视表

在图 2-30 右侧的 *PivotTable Fields* 窗口中，有一个字段列表，对应于数据库中的表头信息。你可以选择要包括的 ROWS、COLUMNS、VALUES 或 FILTERS。你应该首先决定要创建什么类型的表，即要为行、列和数据值创建什么字段。

示例2.21　　　　　　　　　　　　**创建一个数据透视表**

我们将使用 *Sales Transactions* 数据库的数据透视表来查找每个地区的总收入，以及每个地区每种产品的总收入。如果你将字段 *Region* 从图 2-30 中的"数据透视表"字段列表中拖到 *Rows* 区域，将字段 *Amount* 拖到 ∑VALUES 区域中，你将创建如图 2-31 所示的数据透视表。B 列数值显示各区域销售额的汇总结果。你可点击右键选中数值区域，将单元格格式设置为货币类型以增强可读性，同时可修改标题名称（例如将行标签改为"Region"，求和项：Amount 改为"Revenue"）。行标签旁的下拉箭头支持按区域筛选数据，相关修改效果如图 2-32 所示。

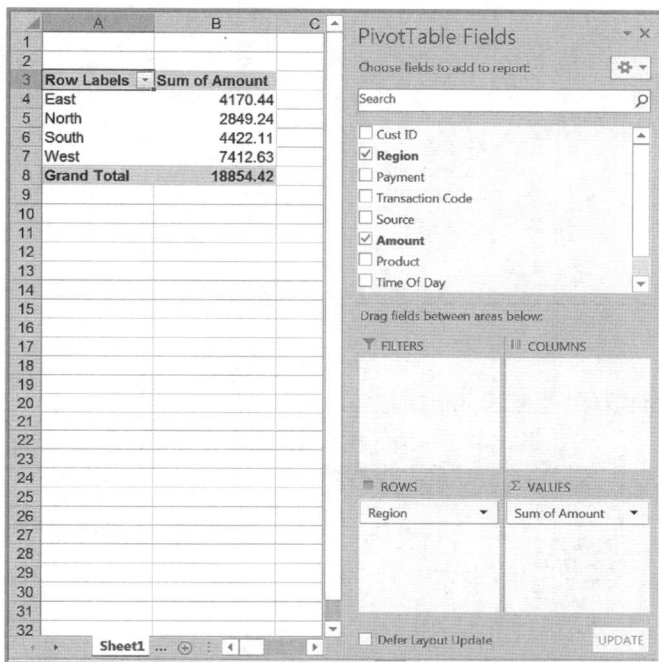

图2-31　各地区总收入数据透视表

图2-32　按地区重新格式化的总收入数据透视表

　　数据透视表的巧妙之处在于，如果你想改变分析，你可以简单地将字段名拖出字段区域（或者只是取消选中"数据透视表"字段列表中的复选框），或者将它们拖到不同的区域。例如，如果你将 *Product* 字段拖到 COLUMNS 区域，你将创建如图 2-33 所示的数据透视表，显示每个区域按产品划分的收入。另一个选项是将 *Product* 拖到 ROWS 区域，如图 2-34 所示。列出字段的顺序也会改变视图（尝试将 *Region* 移动到 *Product* 之后）。了解数据透视表最好的方法就是简单地使用它们。

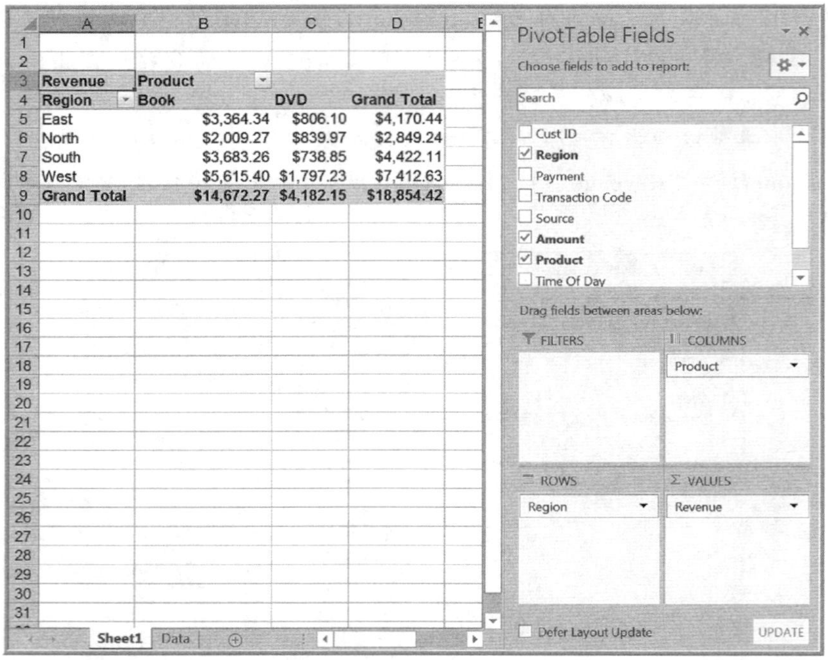

图2-33 按地区和产品划分的收入明细

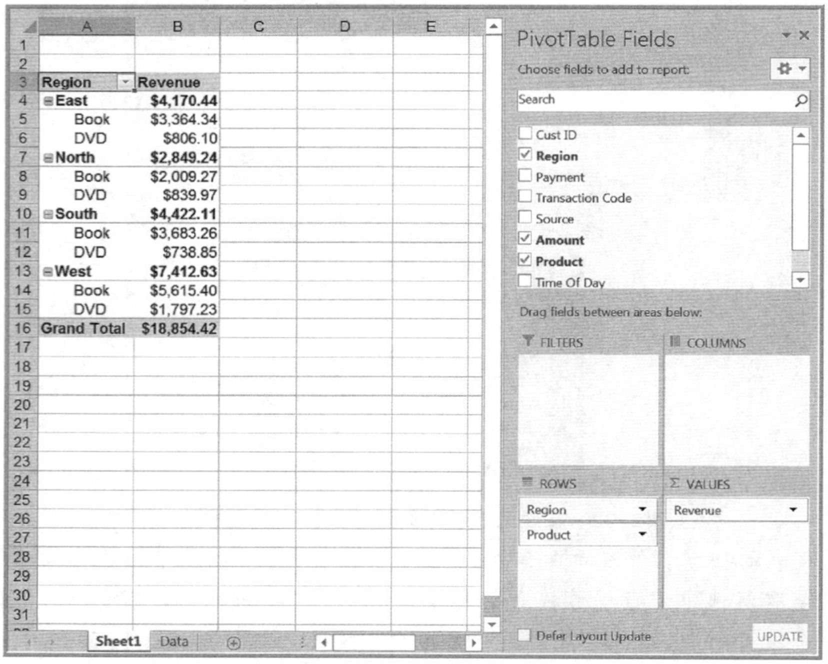

图2-34 区域和产品收入的替代数据透视表视图

将字段拖拽到数据透视表字段列表的筛选区域允许你为分析添加第三个维度。例如，将*Payment*移动到*FILTERS*区域允许你通过PayPal或信用来筛选收入，如图2-35所示。

图2-35　按信用付款筛选的数据透视表

2.6.1　自定义数据透视表

当你将一个字段拖到 ∑ Values 区域时，数据透视表默认为该字段值的和。通常，这不是你想看到的，但可以很容易地改变。例如，假设你想看到每个区域和产品的交易数量。在图 2-31 中，点击 ∑ Values 区域收入旁边的下拉箭头，选择 Value Field Settings。在图 2-36 所示的对话框中，选择 Count（有许多其他选项可以执行统计计算，我们将在第 4 章使用它们）。这就产生了图 2-37 所示的数据透视表（在将值重新格式化为数字而不是货币后）。现在我们可以看到每个地区卖出了多少书和 DVDs。

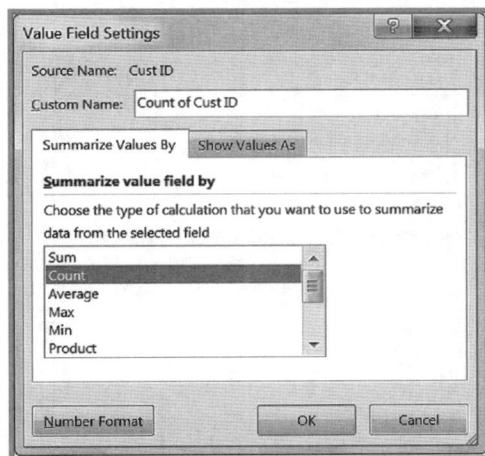

图2-36　*Value Field Settings* 对话框

在数据透视表中重新格式化数据的一种更简单的方法是选择任意单元格，单击右键，并选择 *Value Field Settings*。注意图 2-36 左下角的数字格式（Number Format）按钮。如果你点击这个按钮，你将能够为数据透视表中的所有数据选择一种格式。

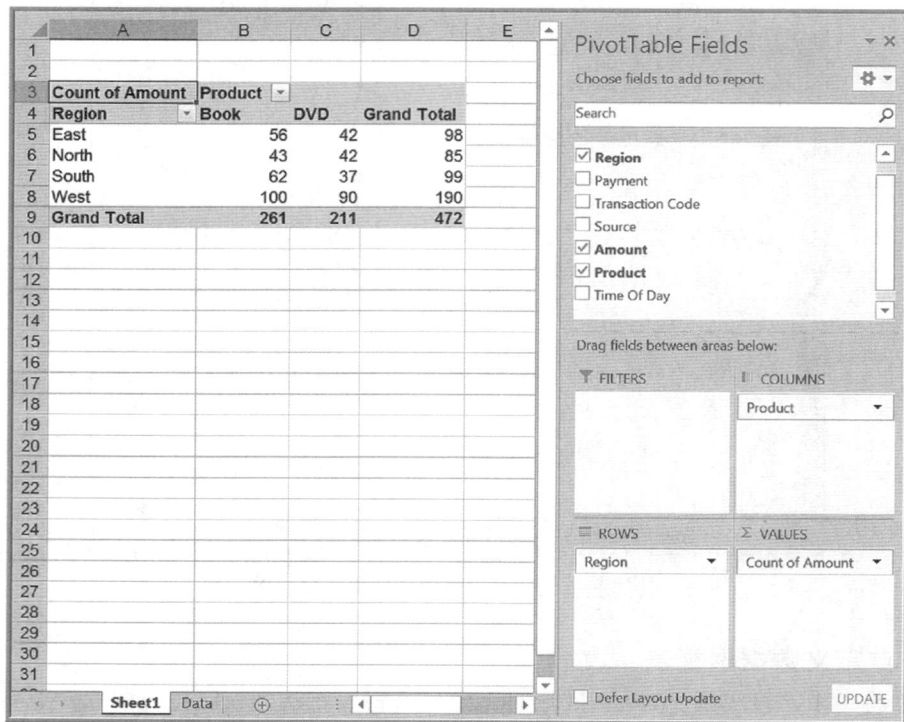

图2-37　按产品划分的区域销售统计数据透视表

你可以用不同的百分比视图来表示数据透视表中的数据，如总百分比、行总数百分比、列总数百分比和其他选项。在 *Value Field Settings* 对话框中，单击 *Show Values As* 选项卡。在下拉框中选择该选项。图 2-38 显示了 *% of Row Total* 的选择。结果如图 2-39 所示。现在我们可以看到每个地区的产品销售百分比。

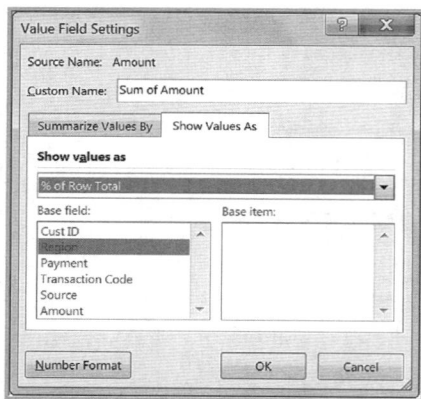

图2-38　在 *Value Field Settings* 中显示 *Show Values* 选项卡

自定义数据透视表的其他选项可以在 *ProvotTable Tools Design* 选项卡中找到。我们再次希望你去尝试它们。

	A	B	C	D
1				
2				
3	Sum of Amount	Product		
4	Region	Book	DVD	Grand Total
5	East	80.67%	19.33%	100.00%
6	North	70.52%	29.48%	100.00%
7	South	83.29%	16.71%	100.00%
8	West	75.75%	24.25%	100.00%
9	Grand Total	77.82%	22.18%	100.00%

图2-39 各地区产品销售占比

2.6.2 切片器

Excel有一个称为**切片器**（slicers）的工具——用于向下钻取“切片”数据透视表并显示数据子集。切片器简化了过滤数据透视表的过程，并且在演示文稿中非常有用，可以快速显示备用数据透视表视图。要为数据库中的任何列创建切片器，请单击数据透视表，然后从Windows版的*PivotTable Tools*功能区的*Analyze*选项卡中选择*Insert Slicer*，或者从Mac版的*PivotTable Analyze*选项卡中选择*Insert Slicer*。

示例2.22　　使用切片器

对于我们在图2-33中创建的按地区和产品划分收入的数据透视表，让我们插入一个切片器来表示交易的来源，如图2-40所示。在*Insert Slicer*对话框中，选中*Source*框。这将产生如图2-40所示的切片器窗口。如果你点击源按钮之一——电子邮件或网络，数据透视表只反映那些与源对应的记录。在图2-40中，我们只查看了通过网络销售产生的总收入。如果你点击切片器右上方筛选器的红色小“x”，你将清除筛选器，数据透视表将显示所有来源的收入，如图2-33所示。

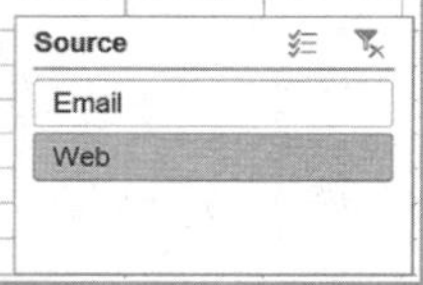

	A	B	C	D
1				
2				
3	Sum of Amount	Product		
4	Region	Book	DVD	Grand Total
5	East	$2,429.41	$684.38	$3,113.79
6	North	$1,777.94	$587.56	$2,365.50
7	South	$2,468.54	$533.33	$3,001.87
8	West	$3,380.14	$1,373.96	$4,754.10
9	Grand Total	$10,056.03	$3,179.23	$13,235.26

图2-40 按网络销售划分的营收

检验你的学习成果

（1）数据透视表的用途是什么？

（2）解释如何为*Sales Transactions*数据库构建数据透视表，以便显示每个地区使用PayPal和信用卡的交易量。

（3）什么是切片器？如何简化数据透视表的使用？

关键术语

数据集	实证数据	表单控件
数据验证	Excel表格	逻辑函数
数据库	Excel模板	查找函数
数据库函数	筛选	帕累托分析

数据透视表 　　　　　　　　　切片器

第2章技术帮助

有用的 Excel 函数

IF（*condition*，*value if true*，*value if false*）：一个逻辑函数，当条件为真时返回一个值，当条件为假时返回另一个值。

AND（*condition 1*，*condition 2*，…）：一个逻辑函数，如果所有条件都为真则返回 TRUE，否则返回 FALSE。

OR（*condition 1*，*condition 2*，…）：一个逻辑函数，如果任何条件为真则返回 TRUE，否则返回 FALSE。

VLOOKUP（*lookup_value*，*table_array*，*col_index_num*，［*range lookup*］）：在表中最左边的列中查找一个值（由 *table_array* 指定），并从指定的列（*col_index_num*）中返回同一行中的一个值。

HLOOKUP（*lookup_value*，*table_array*，*row_index_num*，［*range lookup*］）：在表的顶部行中查找一个值，并从指定的行返回同一列中的一个值。

INDEX（*array*，*row_num*，*col_num*）：返回给定范围内特定行和列交集处的单元格的值或引用。

MATCH（*lookup_value*，*lookup_array*，*match_type*）：返回数组中与指定值以指定顺序匹配的项的相对位置。

CHOOSE（*index_num*，*value1*，*value2*，…）：根据 *index_num* 指定的列表中的位置从列表中返回一个值。

DSUM（*database*，*field*，*criteria*）：使用与高级筛选相同的格式指定要汇总的记录的条件范围，对指定数据库中包含列标签的字段列中的值进行求和。其他有用的数据库函数包括 DAVERAGE 和 DCOUNT。

Excel 技术

创建范围名称（示例2.2）：

有三种选择。

1. 选择一个单元格，在 *Name* 框中，输入名称并按 *Enter* 键。

2. 选择一个单元格，单击 *Formulas* 选项卡上的 *Define Name*，完成对话框。

3. 在单元格或范围的右侧或左侧，或在单元格或范围的上方或下方，高亮显示带有文本标签的范围。在 *Formulas* 选项卡上，选择 *Create from Selection* 并完成对话框。

创建一个 Excel 表格（示例2.3）：

选择数据的范围，包括标题。单击 *Insert* 选项卡上的 *Tables* 组中的 *Table*，确保选中了 *My Table Has Headers* 框。

对数据排序（示例2.5）：

在要排序的列中选择一个单元格，然后在 *Data* 选项卡中，单击 *AZ down arrow* 按钮从小到大排序，或单击 *AZ up arrow* 按钮从大到小排序。单击 *Sort* 按钮以指定更高级的排序功能的标准。

筛选数据（示例2.7）：

选择数据库中的任意单元格。然后，从 Excel *Data* 选项卡中，单击 *Filter*。选择筛选条件。

使用高级筛选器（示例2.9）：

将表头从数据库复制到工作表中打开的位置。在标题下，指定要用于筛选数据的标准。同一行中的多个条件在逻辑上由 "and" 连接，而行中的条件则由 "or" 连接。通常，数值的标准可以包括=、>、<、< >（不等于）、> =或< =。在 *Data* 选项卡的 *Filter* 旁边选择 *Advanced*。在对话框中，输入数据库的列表范围和标准范围。

应用数据验证（示例2.17）：

选择要应用数据验证的单元格范围，然后在 Excel 2016 的 *Data* 选项卡上的 *Data Tools* 中选择 *Data Validation*，或者在 Mac 版的数据菜单中选择 *Validation*。完成对话框。

使用表单控件（示例2.19和示例2.20）：

激活功能区的 *Developer* 选项卡。要插入表单控件，请单击 *Developer* 菜单下 *Controls* 选项卡中的 *Insert* 按钮，单击要使用的控件，然后在工作表中单击。右键单击 *form control* 并选择 *Format Control* 以指定参数。

创建数据透视表（示例2.21）：

选择数据库中的任意单元格，并从 *Insert* 选项卡下的 *Tables* 组中选择 *PivotTable*，然后按照向导的步骤操作。

在数据透视表中插入切片器（示例2.22）：

单击数据透视表，在 Windows 的 *PivotTable Tools* 栏的 *Analyze* 选项卡或 Mac 版的 *Pivot-Table Analyze* 选项卡中选择 *Insert Slicer*。

StatCrunch

StatCrunch 提供了轻松创建用于收集数据的调查的能力。这对于为课堂作业创建自己的数据集和数据库很有用。你可以在网址 https：//www.statcrunch.com/5.0/example.php 中找到视频教程和带有示例的分步程序。我们建议你首先查看基础部分中的教程 *StatCrunch* 入门和使用 *StatCrunch* 会话。向下滚动到调查部分，然后单击 *Administering surveys and analyzing the results* 选项。

问题和练习

数据集和数据库

1. Excel 文件 *MBA Motivation and Salary Expectations* （MBA动机和薪资期望）提供了学生在攻读MBA前和攻读MBA后的薪资期望数据。为每个范围定义范围名称，然后在公式中使用范围名称来找到每个受访者的预期工资增长。

2. Excel 文件 *Syringe Samples*（注射器样本）提供了 15 个样品的数据，这些样品是医用注射器制造过程中的一项重要测量数据。为每个样本定义范围名称，然后在公式中使用这些范围名称来求解每个样本的平均值。

3. *Budget Forecasting*（预算预测）数据库显示未来一年最后9个月的估计费用。为每个月和费用类型定义范围名称，并使用公式中的范围名称来求解每个月和费用类型的总计。

数据查询：表、排序和过滤

4. 将 *Store and Regional Sales*（商店和区域销售）数据库转换为 Excel 表。使用示例 2.4 中描述的技术来求解：

a. 售出的总数量

b. 南方地区销售的总数量

c. 12 月份销售的总数量

5. 将 *Purchase Orders* 数据库转换为 Excel 表。使用示例 2.4 中描述的技术来求解：

a. 所有订单的总成本

b. 机身紧固件采购的总数量

c. 曼利（Manley）阀门所有订单的总成本

6. Excel 文件 *Economic Poll*（经济民意）调查提供了一些人口统计和意见数据，显示经济是否正朝着正确的方向发展。将这些数据转换成 Excel 表格，并筛选那些认为经济没有朝着正确方向发展的有房者？他们的政党派别是如何分布的？

7. Excel 文件 *Corporate Default Database*（公司违约数据库）总结了 32 家公司的财务信息和它们的违约风险预测。将这些数据转换为 Excel 表格。使用基于表格的计算，可以找到有违约风险的公司和没有违约风险的公司的平均信用评分、平均债务和平均股本。有违约风险和没有违约风险的公司之间是否存在差异？

8. 打开 Excel 文件 *Store and Regional Sales Data base*（商店和区域销售数据库）。按售出的数量，从高到低对数据进行排序。

9. 在 Excel 文件 *Automobile Quality*（汽车品质）中，搜索每个品牌的原产国并添加新的一列。然后使用 Excel 中的排序功能，按每 100 辆车有问题的数量从低到高对数据进行排序。你能得出什么结论？

10. 在 *Purchase Orders* 数据库中，对每个订单的成本数据进行帕累托分析。你能得出什么结论？

11. 对 Excel 文件 *Atlanta Airline Data*（亚特兰大航空数据）中的航班延误分钟数进行帕累托分析，并解释结果。

12. 使用 Excel 的筛选功能在采购订单数据库提取：

a. 所有控制面板的订单

b. 所有数量少于 500 件的订单

c. 所有数量小于 500 件的控制面板订单

13. 在 *Sales Transactions* 数据库中，使用 Excel 的筛选功能提取：

a. 所有使用 PayPal 的订单

b. 所有 100 美元以下的订单

c. 所有超过 100 美元并使用信用卡的订单

14. 筛选 *Bicycle Inventory* 数据库中的数据，只获取休闲类自行车的记录。这些自行车的平均售价和库存总量是多少？

15. 使用本章介绍的 Excel 文件 *Credit Risk Data* 执行以下活动：

a. 计算基础数据工作表中每条记录的支票账户和储蓄账户的合计余额。然后按作为银行客户的月数对记录进行排序。从数据来看，与银行联系时间越长的客户是否拥有更多的

资产

b. 应用帕累托分析得出支票账户和储蓄账户的合计金额

c. 使用 Excel 的筛选功能提取所有新车贷款记录。有多少申请新车贷款的个人是单身、已婚和离异的

d. 使用 Excel 的筛选功能提取所有雇用时间少于 12 个月的个人记录。你能得出与这些人有关的信用风险的结论吗

16. 对 *Credit Risk Data*（*Base Data*（基础数据）工作表）应用高级筛选功能，以找到以下内容：

a. 所有单身女性的新车贷款

b. 所有个人租赁家具贷款

c. 所有非技术工人获得的教育贷款

d. 就业不满 12 个月的个人申请的二手车贷款

e. 受雇满 36 个月的男性所申请的所有汽车贷款（新车或二手车）

17. 在 *Credit Risk Data* 文件中，使用数据库函数求解问题 16 中列出的每种情况的平均节省金额。

18. 对于 *Bicycle Inventory* 数据库，使用数据库功能求解以下内容：

a. 现有休闲自行车的总数

b. 公路自行车的平均购买成本和销售价格

逻辑函数

19. 使用 IF 函数修改 Excel 文件 *Credit Risk Data* 中的 *Base Data* 工作表中的数据，以包括新加入的列，将支票和储蓄账户余额分类为低（如果余额小于 250 美元）、中等（如果余额至少为 250 美元但小于 2 000 美元），以及高。

20. Excel 文件 *President's Inn Guest Database*（总裁酒店客人数据库）提供了一个小型民宿在一个月内的客人名单、他们入住的房间、到达和离开日期、入住人数以及每日房价。[①]房费包含早餐，并且对于一位或两位客人的价格是相同的；但是，任何额外的客人都必须每人每天额外支付 20 美元的早餐费用。入住 7 天或 7 天以上的团队可以享受 10% 的房费折扣以及额外的早餐费用。修改电子表格以计算每个团队在酒店停留的天数和逗留期间的总收入。

21. 图 2-41 显示了四种不同类型申报状态的 2016 年美国联邦所得税税率。假设某个人是单身状态。编写一个逻辑 IF 函数，为电子表格单元格 B3 中输入的任何收入确定正确的税率。在电子表格上实现此功能并验证其正确性。

22. 对于 *Bicycle Inventory* 数据库，写一个逻辑 IF 函数，如果购买成本小于 100 美元，销售价格至少为 125 美元，则在 H 列输入 "Markdown"；如果不是，则输入一个空格。

23. 管理者有一个根据项目 ID 排序的项目列表，其中有些是复制品。她希望向数据库中添加一个代码，如果项目是唯一的，则为该项目赋值 1；如果存在重复项，则为重复项赋值编号。下面展示了一个示例。前两项是唯一的，所以重复编码是 1。但是，项目 ID 37692 被列示了 6 次，因此编码从 1 变为到 6，以此类推。解释如何使用 IF 语句分配正确的

---

① Based on Kenneth C. Laudon and Jane P. Laudon, *Essentials of Management Information Systems*, 9th ed. （Upper Saddle River, NJ: Prentice Hall, 2011）.

代码。

	A	B
1	项目 ID	重复编码
2	35078	1
3	35088	1
4	37692	1
5	37692	2
6	37692	3
7	37692	4
8	37692	5
9	37692	6
10	37712	1
11	37713	1
12	37737	1
13	37737	2

1.单身	2. 已婚共同申报或符合条件的鳏夫	3.已婚分报	4.户主	税率（%）
低于 9 275 美元	低于 18 550 美元	低于 9 275 美元	低于 13 250 美元	10
9 276~37 650 美元	18 551~75 300 美元	9 276~37 650 美元	13 251~50 400 美元	15
37 651~91 150 美元	75 301~51 900 美元	37 651~75 950 美元	50 401~130 150 美元	25
91 151~190 150 美元	151 901~231 450 美元	75 951~115 725 美元	130 151~210 800 美元	28
190 151~413 350 美元	231 451~413 350 美元	115 726~206 675 美元	210 801~413 350 美元	33
413 351~415 050 美元	413 351~466 950 美元	206 676~233 475 美元	413 351~441 000 美元	35
415 051 美元或以上	466 951 美元或以上	233 476 美元或以上	441 001 美元或以上	39.60

图2-41　第21题2016年的联邦所得税税率

数据库查询的查找函数

24. 经理需要从 *Purchase Orders* 数据库中识别一些信息，但只有订单号。修改 Excel 文件，使用 VLOOKUP 函数查找订单编号为：Aug11008、Sep11023 和 Oct11020 的项目说明和每个订单的成本。

25. Excel 文件 *S&P 500* 提供标准普尔 500 指数在一段时间内的开盘价、最高价、最低价和收盘价。

a. 在单元格 G2 的数据范围内输入任何日期（使用格式月/日/年）。在单元格 G3 中使用 MATCH 函数来查找数据库中与该日期对应的行

b. 在单元格 G4 中编写一个 INDEX 函数，使用 a 部分的答案找到该日期的收盘价

c. 将 a 和 b 部分中的 MATCH 和 INDEX 函数组合成一个函数，在单元格 G5 中显示收盘价

26. 升级 *Sales Transactions* 数据库文件的功能，以执行数据库查询，查找与任何输入客户 ID 相关联的交易代码和金额。将你的结果应用于客户 ID 10029。

27. 升级 *Treasury Yield Rates*（国债收益率）数据库文件的功能，以执行数据库查询，查找与任何日期和期限关联的收益率。（这是一个具有挑战性的问题，因为你将不能在

MATCH函数中使用术语标头（headers）。提示：添加一行，为每个术语分配从1到11的代码。然后使用代码作为输入值。你还可以使用查找函数将代码转换回实际的术语作为输出的一部分）

28. 对于本练习，请使用 *Purchase Orders* 数据库。使用 MATCH 和/或 INDEX 函数查找以下内容：

a. 对应于C列中项目编号1369的第一个和最后一个实例的行号（确保C列按项目编号排序）

b. 与你在a中确定的1369项目的第一个实例相关的订单成本

c. 1369项目所有订单的总成本。用a和b部分的答案和SUM函数来计算。换句话说，你应该在SUM函数中使用适当的INDEX和MATCH函数来查找答案。通过直接对G列中的数据应用SUM函数来验证结果

29. 使用 INDEX 和 MATCH 函数在 Excel 文件 *General Appliance Corporation*（通用家电公司）中填写一个表，该表提取了每对城市之间的运输量，该表显示了一个优化模型的解决方案。该优化模型找到了从两个工厂到四个配送中心的最小成本和运输量。你的表格应该设置如下，出货量列的公式应该引用From列和To列中的名称：

From	To	出货量
Marietta	Cleveland	
Marietta	Baltimore	
Marietta	Chicago	
Marietta	Phoenix	
Minneapolis	Cleveland	
Minneapolis	Baltimore	
Minneapolis	Chicago	
Minneapolis	Phoenix	

30. 在 *Purchase Orders* 数据库中，我们需要找到订单号和进行了总计9 045美元采购的供应商。为左表查找编写函数来回复这些查询。

31. 一名审计师发现了一张179.24美元的开支收据，上面没有名字。编写一个左表查找函数，用于在 *Travel Expenses* 数据库中识别销售代表。

32. 使用 CHOOSE 函数开发每月产品销量数据的数据库查询，该查询将完成左上角指定的任何月份的下表：

月份	产品A	产品B	产品C	产品D	产品E
销量					

每个空单元格应该只包含一个CHOOSE函数。提示：使用其他适当的函数来确定与指定月份相关联的行。

Excel模板设计

33. 假设一家公司提供数量折扣。如果购买1 000件商品，单价是10美元；如果购买1 000~5 000件商品，单价为9美元；如果超过5 000件商品，单价是7.5美元。使用VLOOKUP函数开发一个 Excel 模板，以查找与任何订单数量相关的单价并计算订单的总成本。

34. 开发一个 Excel 模板来计算一个人每天需要多少卡路里来维持他或她的体重。使用下面的公式。

对于男性来说，所需的热量是：

66.47+13.75×体重/2.2+5×身高×2.54−6.75×年龄

对于女性来说，所需的热量是：

665.09+9.56×体重/2.2+1.84×身高×2.54−6.75×年龄

使用表单控件输入身高（英寸）、年龄、体重（磅）和性别。

35. 住在辛辛那提的大学毕业生期望年薪为 5.5 万美元。Excel 文件 *Cost of Living Adjustments*（生活成本调整）显示了辛辛那提与其他城市相比较的工资和生活费用的百分比调整。开发一个 Excel 模板，允许用户输入食品、住房、公用事业、交通和医疗保健的当前年度支出（在辛辛那提），并计算任何选定城市的相应费用以及辛辛那提和选定城市的净工资盈余。下面提供了一个输出的示例：

	辛辛那提（美元）	亚特兰大（美元）
工资	55 000.00	60 482.00
年度支出		
日用品	7 800.00	8 970.00
住房	14 400.00	18 000.00
水电	3 000.00	2 700.00
交通	1 020.00	1 081.20
医疗保险	4 200.00	4 410.00
共计	30 420.00	35 161.20
工资剩余	24 580.00	25 320.80

使用列表框表单控件选择城市，并利用滑动条控件输入当前年度支出。

36. Excel 文件 *Payroll Data* 提供了一组员工的每小时工资数据。创建一个 Excel 模板，允许用户根据员工 ID 选择员工，输入正常工作时间和加班时间，并显示包含员工姓名、总工资、联邦税、州税、社会保障、医疗保险扣除额和净工资的工资汇总情况。假设联邦税率为 11%，州税率为 2.385%，社会保险预扣税为 6.2%，医疗保险预扣税为 1.45%。使用表单控件选择员工 ID。（提示：使用 CONCATENATE 函数连接模板中的姓和名。关于这个函数的讨论，请参阅第 1 章附录 A1）

数据透视表

37. 在 Excel 文件 *Cell Phone Survey*（手机调查）中构建数据透视表，显示性别与运营商、类型与使用情况。你可以从这个分析中得出什么结论？

38. 使用数据透视表，在 Excel 文件 *Credit Risk Data*（Base Data 工作表）中根据不同的目的、婚姻状况和信用风险求出贷款额。

39. 使用数据透视表在 *Sales Transactions* 数据库中求出按产品和地区划分的销售交易数

量，按地区划分的总收入，以及按地区和产品划分的总收入。

40. Excel文件 *Retail Survey* 提供了关于顾客对牛仔裤偏好的数据。使用数据透视表和切片器得出不同性别和年龄群体偏好的结论，并在简短的备忘录中总结结果。

案例：人民选择银行

人民选择银行（People's Choice Bank）是一家小型社区银行，在当地有三家分行，分别位于蓝灰市、德里和安德森山。Excel文件 *Peoples Choice* 是8月份主要账户交易的数据库。

1. 请注意，如果没有其他列的信息，很难确定金额列中的每笔交易是代表正现金流入还是负现金流出。酌情修改数据库，以便更轻松地分析数据。

2. 假设你被要求准备一份对银行行长来说清晰且有意义的交易摘要。使用数据透视表（设计良好且格式正确）提供行长及其直接下属想要了解的关键信息的摘要。证明并解释你的推理。

案例：杜鲁特广告研究项目[①]

杰米·杜鲁特对美容产品广告中的不同性别的产品印象深刻，这些产品包括肥皂、除臭剂、洗发水、护发素、乳液、香水、其他化妆品、化学染发剂、剃须刀、皮肤护理、女性护理和沙龙服务。此外，还有由授权广告带来的收益。性别刻板印象特别利用了文化观念来理解什么是有吸引力的、可接受的和令人满意的男人或女人，经常将特定的性别角色广泛用于美容产品的广告中。女性被描绘成精致的女性，有着独特的、姣好的面容和完美无瑕的身体，通常占用少量的物理空间；男性被描绘成强壮和阳刚的，有着轮廓分明的身体，用大量的物理空间来保持他们的男子气概和权力。相比之下，授权广告策略否定了性别刻板印象，并在视觉上传达了每个人的独特差异。在授权广告中，男性和女性展示出美丽、完美的体型以及多样的女性气质和男性气质。杰米的项目专注于了解消费者对这些广告策略的看法。杰米用以下问卷进行了调查：

（1）你的性别是什么？

男

女

（2）你的年龄有多大？

（3）你的最高学历是什么？

高中肄业

高中文凭

本科肄业

副学士学位

学士学位

硕士学位

法学博士

[①]　作者感谢杰米·杜鲁特（Jamie Drout）提供了她在课堂项目中采用的原始材料作为本案的基础。

医学博士

博士学位

（4）你的年收入是多少？

0~10 000 美元

10 000～20 000 美元

20 000～30 000 美元

30 000～40 000 美元

40 000～50 000 美元

50 000～60 000 美元

60 000～70 000 美元

70 000～80 000 美元

80 000～90 000 美元

90 000～110 000 美元

110 000～130 000 美元

130 000～150 000 美元

150 000 美元以上

（5）平均来说，你每年在美容和卫生产品或服务上花多少钱？包括（参考）以下产品：肥皂、除臭剂、洗发水、护发素、乳液、香水、其他化妆品、化学染发剂、剃须刀、皮肤护理、女性护理和沙龙服务。

（6）平均而言，你每天会看到或听到多少美容和卫生产品广告（如果有的话）？包括（参考）以下广告：电视广告、广告牌、互联网广告、广播广告、报纸广告、杂志广告和直邮广告。

（7）平均而言，这些广告（如果有的话）有多少是专门针对性别角色和刻板印象的？

（8）在以下尺度上，如果有的话，这些广告在强化特定性别刻板印象方面有什么作用？

强烈的

有影响力的

有限的

微不足道的

一点也没有

（9）你在多大程度上认同授权广告？它明确地传达了每个个体的独特差异，将有助于改变文化上的性别刻板印象。

强烈同意

同意

有些同意

中立

有点不同意

不同意

强烈反对

（10）平均而言，你每天看到或听到的广告中有多少百分比使用授权广告？

作业：杰米收到了 105 份回复，这些回复被组织成 Excel 文件 *Drout Advertising Survey* 中的数据库。

（1）解释使用商务分析技术得到的数据和后续分析如何更好地理解刻板印象与授权广告。具体来说，陈述一些你希望通过分析数据来回答的重要见解。

（2）创建一些数据透视表，从数据中获得一些初步的见解。

商务分析的一个重要方面是良好的沟通。请以咨询顾问的身份，将本案例的解决方案撰写成一份结构严谨的正式报告提交给杜鲁特女士。这个案例将在第 3、4、6 章中继续研究，你将被要求使用各种描述性分析工具来分析数据并解释结果。你的导师可能会要求你在报告中加入个人的见解，最终形成一份完整的项目报告，充分分析数据并得出适当的结论。

第二部分　描述性分析

数据可视化

学习目标

在学习完本章后，你将能够：

• 创建微软 Excel 图表。

• 确定适合的图表以可视化不同类型的数据。

• 应用数据栏、颜色比例、图标集和迷你线以产生其他类型的可视化效果。

• 开发用于交流数据和信息的有用仪表板。

　　获取并分析不同数据的价值，不仅是当今商业环境中获得竞争优势的必要条件，也是企业生存与发展的必要条件。将数据转换为信息以理解过去和当前的情况是描述性分析的核心，对作出良好的业务决策至关重要。"一图胜千言"这句谚语在信息量丰富的今天似乎更加正确。**数据可视化**是以一种有意义的方式展示数据（通常是大量数据）的过程，以提供见解，从而支持更好的决策。研究人员发现，数据可视化改善了决策的制定，为管理人员提供了更好的分析能力，减少了对 IT 专业人员的依赖，并促进了协作和信息共享。在个人职业生涯中，你很可能会广泛使用数据可视化，并将其作为一种分析工具，与他人交流数据和信息。例如，如果在金融行业工作，你可以使用数据可视化来跟踪收入、成本和利润；比较不同年份或不同部门之间的业绩；跟踪预算执行情况。在市场营销中，你可以使用数据可视化来显示客户满意度的趋势，比较不同地区的销售，说明广告策略产生的影响。在操作中，你可以说明不同设施的性能、产品质量、技术支持部门的呼叫量，或供应链指标，如延迟交货。

　　在本章中，我们将演示如何构建和使用 Excel 图表和其他 Excel 可视化工具，以及如何构建仪表板，以可视化方式汇总和交流关键信息。

3.1　数据可视化的价值

　　原始数据非常重要，尤其是当需要确定准确值或比较单个数字时。然而，很难确定趋势和模式、找出例外情况或以表格形式比较数据组。如果以有效的方式呈现视觉信息，人脑在处理视觉信息方面的表现令人惊讶的出色。可视化数据提供了一种在业务的各个层面交流数据的方法，可以揭示令人惊讶的模式和关系，从而为决策提供重要的见解。它还帮助用户更快地理解和解释数据，并帮助分析师选择最合适的数据分析工具。要了解许多独特而有趣的数据可视化示例，请访问美国人口普查局网站上的数据可视化长廊，网址为：www.census.gov/dataviz。

　　除了描述性分析外，数据可视化对于预测性分析和规范性分析也很重要。例如，回想一下预测新产品销售的图表，如第1章图1-2所示。这个图比口头描述或数学模型更容易表达这个概念。可视化模式也有助于分析人员选择最合适的数学函数来为这种现象建模。复杂的规范模型通常会产生复杂的结果。可视化结果通常有助于理解和获得关于模型输出和解决方案的见解。

示例3.1   **表格与可视化数据分析**

图3-1显示Excel文件 *Monthly Product Sales* 的数据。我们可以使用这些数据来确切地获取某一产品在特定月份的销售量，或者将一个月与另一个月进行比较。例如，我们看到产品A的销售额在2月份下降了6.7%（由Excel公式计算=1－B3/B2）。然而，除了这些计算，很难得出总体结论。图3-2显示了每种产品的月度销售图。我们可以很容易地比较不同产品的总体销售情况（例如，产品C销量最少）并确定趋势（产品D的销量在增加）、其他模式（产品C的销量相对稳定，而产品B的销量随时间波动较大）和例外情况（产品E的9月份销量大幅下降）。

	A	B	C	D	E	F
1	Month	Product A	Product B	Product C	Product D	Product E
2	January	7792	5554	3105	3168	10350
3	February	7268	3024	3228	3751	8965
4	March	7049	5543	2147	3319	6827
5	April	7560	5232	2636	4057	8544
6	May	8233	5450	2726	3837	7535
7	June	8629	3943	2705	4664	9070
8	July	8702	5991	2891	5418	8389
9	August	9215	3920	2782	4085	7367
10	September	8986	4753	2524	5575	5377
11	October	8654	4746	3258	5333	7645
12	November	8315	3566	2144	4924	8173
13	December	7978	5670	3071	6563	6088

图3-1 *Monthly Product Sales* 数据

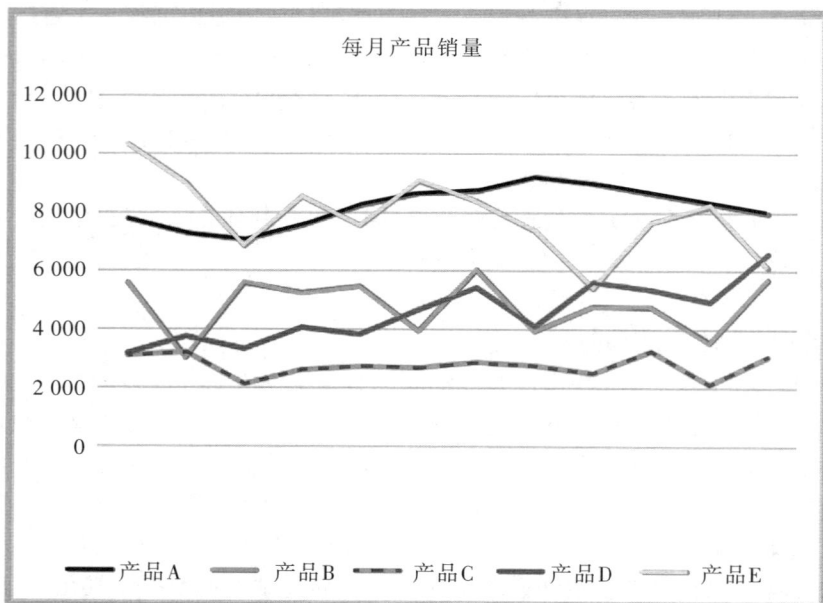

图3-2 可视化 *Monthly Product Sales* 数据

实践分析：纽约市警察局区域感知系统的数据可视化[1]

纽约市警察局（NYPD）是美国最大的州或地方警察部队，负责保护纽约市免受犯罪和恐怖主义袭击。该部门积累了大量的信息，但在其官员之间分享这些信息的手段有限。大部分信息只能由辖区内有权使用独立软件应用程序的警官获得，几乎没有分析或数据可视化技术可以让警官了解情况。

2008年，纽约警察局开始开发一个新的系统，区域感知系统（domain awareness system, DAS），这是一个全市范围内的传感器、数据库、设备、软件和基础设施网络，通过向警官的智能手机和警局电脑桌面提供分析和定制信息来支持决策制定。纽约市警察局利用该系统进行了分析和信息技术的独特组合。

该系统的一个关键特性是数据可视化。在部署DAS之前，报告只是用数字表格的形式列出数据。唯一的分析可能是每年的百分比变化。用它来挑选地理集群或潜在模式几乎是不可能的。今天，信息以交互的形式呈现。如果用户单击某个数字，DAS将显示该数字中包含的所有记录，并将它们标记在地图上。纽约市警察局还构建了一个数据可视化引擎，使用户能够探索统计数据中的趋势和模式。按下一个按钮，就可以获得分类数据的条形图和饼状图，以及时间数据的折线图。DAS通过提高纽约市警察局职员的工作效率，每年预计可节省5 000万美元。最重要的是，纽约市警察局用它来打击恐怖主义，提高打击犯罪的效率。自2013年DAS在整个部门部署以来，该市的总体犯罪指数下降了6%。

3.2　数据可视化的工具和软件

从简单的Excel图表到更高级的交互工具和软件，数据可视化允许用户轻松地查看和操作数据，不只是在电脑上，也可在iPad和其他设备上。在本章中，我们将讨论Excel中可用的基本工具。商业软件包，如Tableau、QlikView和SAS Visual Analytics提供了更强大的工具，尤其是在涉及大数据的应用中。另外，我们建议你查看Tableau（www.tableau.com）的功能，我们在本章的附录中对其进行了描述。Tableau很容易使用，可以免费试用。

检验你的学习成果

（1）解释表格与可视化数据分析的优缺点。

（2）如何在描述性分析、预测性分析和规范性分析中使用数据可视化工具？

3.2.1　在微软Excel中创建图表

微软Excel提供了具有许多功能的综合图表。通过一些实验，你可以创建用于商务分析和演示的专业图表。这些图表包括垂直和水平条形图、折线图、饼图、面积图、散点图和许多其他特殊类型的图表。我们不会指导你完成每项应用，但会根据需要为新程序提供一些指导。

某些图表适用于特定类型的数据，使用错误的图表可能会使用户难以解释和理解数据。虽然Excel提供了许多使图表变得独特和花哨的方法，但初学者往往更关注图表吸引眼球的方面，而不是它们在显示信息方面的有效性。因此，我们建议保持图表的简单性，并避免使用诸如三维条形图、柱形图、锥形图等花哨的东西。我们推荐斯蒂芬·费尤

(Stephen Few) 所写的书，如 *Show Me the Numbers* （Oakland，CA：Analytics Press，2004），作为开发有效数据可视化的指导用书。

要在 Excel 中创建图表，最好先选中需要图表化的数据区域。Excel 帮助文件提供了针对特定图表类型的数据格式指导。单击 Excel 功能区中的 *Insert* 选项卡（如图 3-3 所示；Mac 版的功能区也是类似的）。单击图表类型，然后单击要使用的图表子类型。一旦创建了一个基本图表，你就可以使用 *Design*（Mac 中的 *Chart Design*）和 *Format* 选项卡来定制你的图表（图 3-4）。在 *Design* 选项卡中，你可以更改图表的类型、图表中包含的数据、图表布局和样式。*Format* 选项卡提供了各种格式选项。你还可以通过右键单击图表的元素或使用 *Design* 选项卡中的 *Quick Layout* 选项轻松地自定义图表。

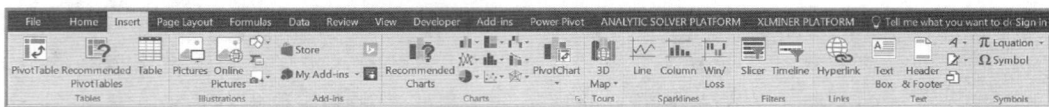

图3-3　Excel Windows版的 *Insert* 功能区选项卡

图3-4　Excel Windows版的 *Chart Design* 功能区选项卡

需要注意的是，约 10% 的男性患有色盲症，这会导致他们难以分辨不同颜色之间的差异。虽然我们通常使用 Excel 默认配色方案（其中常包含红色系图表），但专家建议改用蓝橙色系配色方案。我们建议你在专业及商业应用场景中特别注意这一点。

3.2.2　柱形图

Excel 区分垂直条形图和水平条形图，称前者为**柱形图**，后者为**条形图**。*clustered column chart*（聚集柱形图）通过垂直矩形比较各类别的数值；*stacked column chart*（堆叠柱形图）通过堆叠矩形显示每个值对总值的贡献；而百分比堆叠柱形图比较的是每个值占总值的百分比。柱形图和条形图适用于比较分类或有序数据，以说明不同数值组之间的差异，以及显示整体中各部分的比例或百分比。

示例 3.2　　　　　　　　　　　　　　　**创建柱形图**

EEO Employment Report（《平等就业机会就业报告》）以 Excel 文件的形式，按种族/民族及性别划分，提供不同类别雇员人数的数据（图 3-5）。我们将为所有雇员的不同就业类别构造一个简单的柱形图。首先，突出显示范围 C3：K6，其中包括每个类别的标题和数据。单击 *Insert* 选项卡中的 *Column Chart* 按钮，然后单击列表中的第一个图表类型（聚集柱形图）。要添加标题，请单击 *Design* 选项卡中的 *Add Chart Elements* 按钮。单击图表中的 *Chart Title* 并将其更改为 *Alabama Employment*。通过单击 *Design* 选项卡数据组中 *Select Data* 按钮，可以更改数据系列的名称。在 *Select Data Source* 对话框（见图 3-6）中，单击 "Series1"，然后单击编辑按钮。输入数据系列的名称，在本例中为 "All Employees"。以类似方式将其他数据系列的名称更改为 "Men" 和 "Women"。你还可以使用向上和向下按钮更改数据系列在图表上的显示顺序。最终图表如图 3-7 所示。

	A	B	C	D	E	F	G	H	I	J	K
1	Equal Employment Opportunity Commission Report - Number Employed in State of Alabama, 2006										
2											
3	Racial/Ethnic Group and Gender	Total Employment	Officials &	Professionals	Technicians	Sales Workers	Office & Clerical	Craft Workers	Operatives	Laborers	Service Workers
4	ALL EMPLOYEES	632,329	60,258	80,733	39,868	62,019	67,014	61,322	120,810	68,752	71,553
5	Men	349,353	41,777	39,792	19,848	23,727	11,293	55,853	84,724	44,736	27,603
6	Women	282,976	18,481	40,941	20,020	38,292	55,721	5,469	36,086	24,016	43,950
7											
8	WHITE	407,545	51,252	67,622	28,830	41,091	44,565	45,742	67,555	26,712	34,176
9	Men	237,516	36,536	34,842	16,004	17,756	7,656	42,699	50,537	17,802	13,684
10	Women	170,029	14,716	32,780	12,826	23,335	36,909	3,043	17,018	8,910	20,492
11											
12	MINORITY	224,784	9,006	13,111	11,038	20,928	22,449	15,580	53,255	42,040	37,377
13	Men	111,837	5,241	4,950	3,844	5,971	3,637	13,154	34,187	26,934	13,919
14	Women	112,947	3,765	8,161	7,194	14,957	18,812	2,426	19,068	15,106	23,458

图3-5 *EEO Employment Report* 部分数据

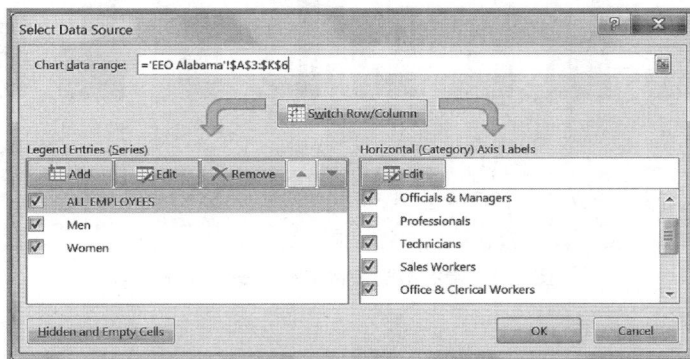

图3-6 *Select Data Source* 对话框

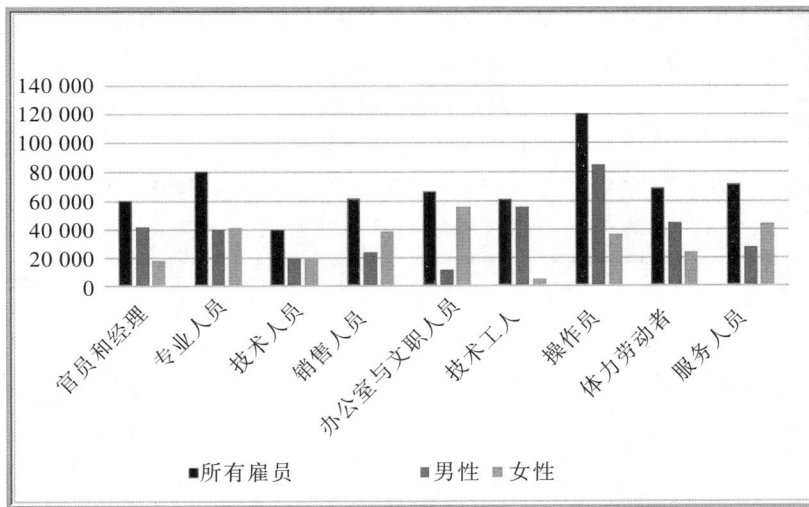

图3-7 阿拉巴马州就业数据柱形图

更改数值轴的刻度时要小心。只有当轴从0开始时，条形图的高度或长度才能准确地反映数据值。否则，相对刻度可能会对数据的真实相对值造成误导。

3.2.3 数据标签和数据表图表选项

Excel提供了将图表所基于的数值数据直接包含在图表中的选项。可以为图表元素添加数据标签，以显示柱形图的实际数值。此外，也可以添加数据表，这通常比数据标签更

清晰，因为过多的标签可能导致图表杂乱。这两种功能都可以通过 *Chart Tools Design* 选项卡中的 *Add Chart Element* 按钮或提供标准设计选项的 *Quick Layout* 按钮来实现。图 3-8 显示了在"阿拉巴马州就业情况"图表中添加数据表的效果。你可以看到，数据表提供了额外的有用信息，从而增强了图表的可视化效果。

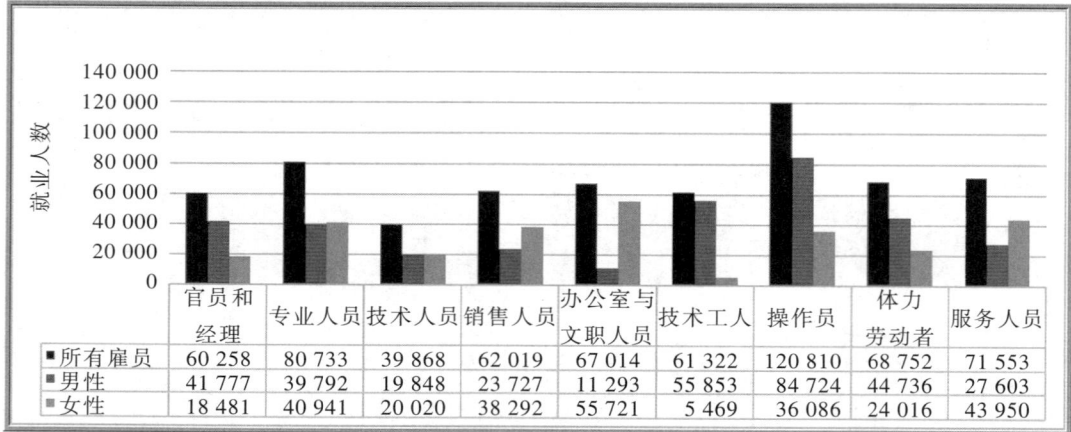

	官员和经理	专业人员	技术人员	销售人员	办公室与文职人员	技术工人	操作员	体力劳动者	服务人员
所有雇员	60 258	80 733	39 868	62 019	67 014	61 322	120 810	68 752	71 553
男性	41 777	39 792	19 848	23 727	11 293	55 853	84 724	44 736	27 603
女性	18 481	40 941	20 020	38 292	55 721	5 469	36 086	24 016	43 950

图3-8 带有数据表的替代柱形图格式

3.2.4 折线图

折线图为用户提供了一种有用的方法来显示随时间变化的数据，见示例 3.3。你可以在折线图中绘制多个数据系列；但是，如果数据值的大小差异很大，则很难对其进行解释。在这种情况下，最好为每个数据系列创建单独的图表。

示例3.3　　　　　　　　**中国出口数据折线图**

图 3-9 显示了自 2000 年开始的中国对美国出口额的折线图（以 10 亿美元为单位），数据来自 *China Trade Data*（中国贸易数据）。图表清楚地显示从 2000 年开始中国对美国出口呈显著增长，在 2008 年左右开始趋于平稳，然后在随后的几年里急剧增长。

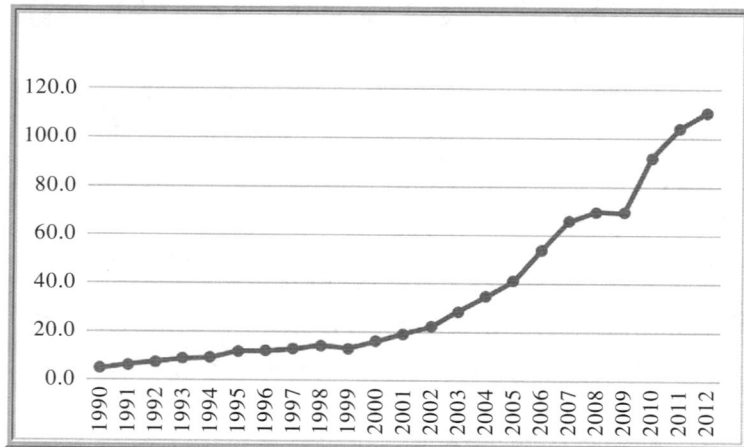

图3-9 *China Trade Data* 折线图

3.2.5　饼图

从不同类型的数据来看，如果我们想了解的是每个数据所占总数的相对比例，饼图是一种较好的选择。**饼图**通过将一个圆划分为显示相对比例的饼形区域来说明这一点。下面的示例 3.4 将提供一个饼图的应用。

示例 3.4　　　　　　　　　　　　**普查数据的饼图**

在 Excel 文件 *Census Education Data*（人口普查教育数据）中考虑美国人口中个人的婚姻状况，其中一部分如图 3-10 所示。为了显示每个类别的相对比例，我们可以使用饼图，如图 3-11 所示。该图表采用的布局选项同时显示了数据标签及其对应的实际百分比。用户也可选择其他布局样式，以展示具体数值和/或比例信息。

	A	B	C	D	E	F	G
1	Census Education Data						
2		Not a High School Grad	High School Graduate	Some College No Degree	Associate's Degree	Bachelor's Degree	Advanced Degree
18	**Marital Status**						
19	Never Married	4,120,320	7,777,104	4,789,872	1,828,392	5,124,648	2,137,416
20	Married, spouse present	15,516,160	36,382,720	18,084,352	8,346,624	19,154,432	9,523,712
21	Married, spouse absent	1,847,880	2,368,024	1,184,012	465,392	670,712	301,136
22	Separated	1,188,090	1,667,010	842,715	336,165	405,240	165,780
23	Widowed	5,145,683	4,670,488	1,765,010	556,657	977,544	475,195
24	Divorced	2,968,680	7,003,040	3,806,000	1,674,640	2,340,690	1,217,920

图3-10　*Census Education Data* 部分内容

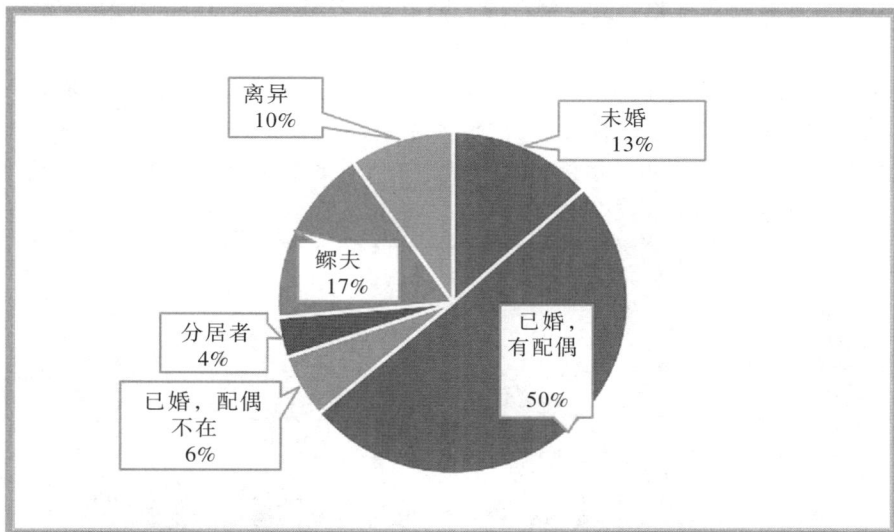

图3-11　婚姻状况饼图：非高中毕业生

数据可视化专业人士不推荐使用饼状图。例如，对比图 3-11 中的饼状图和图 3-12 中的柱形图，可以得到相同的数据。在饼状图中，很难比较区域的相对大小；然而，柱形图中的条形可以很容易地进行比较，以确定数据的相对比率。如果你确实需要使用饼状图，那么将其限制为类别少的项目，始终确保这些数字相加为 100%，并清晰标注类别名称及具体百分比。避免使用三维（3D）饼图——尤其是旋转视角的变体，保持图表简洁易读。

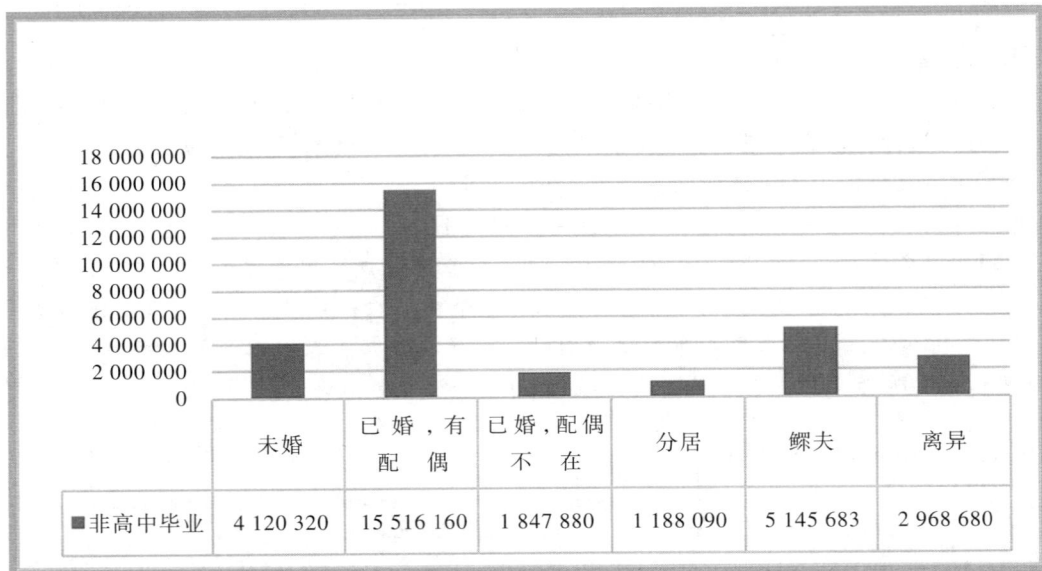

■非高中毕业	未婚	已婚，有配偶	已婚，配偶不在	分居	鳏夫	离异
■非高中毕业	4 120 320	15 516 160	1 847 880	1 188 090	5 145 683	2 968 680

图3-12 婚姻状况替代柱形图：非高中毕业生

3.2.6 面积图

面积图结合了饼图和折线图的特征。面积图提供的信息比饼图或折线图更多，但如果使用了太多的数据系列，可能会使观察者的头脑中充斥着太多的细节，因此，应谨慎使用。

示例3.5 能耗面积图

图3-13显示了Excel文件 *Energy Production & Consumption*（能源生产与消耗）中的总能源消耗（10亿Btu①）和化石燃料消耗。该图显示，尽管自1949年以来能源消耗总量有所增长，但化石燃料消耗的相对比例大体上保持不变，约占总消耗量的一半，这表明替代能源并未对化石燃料消耗形成显著替代。

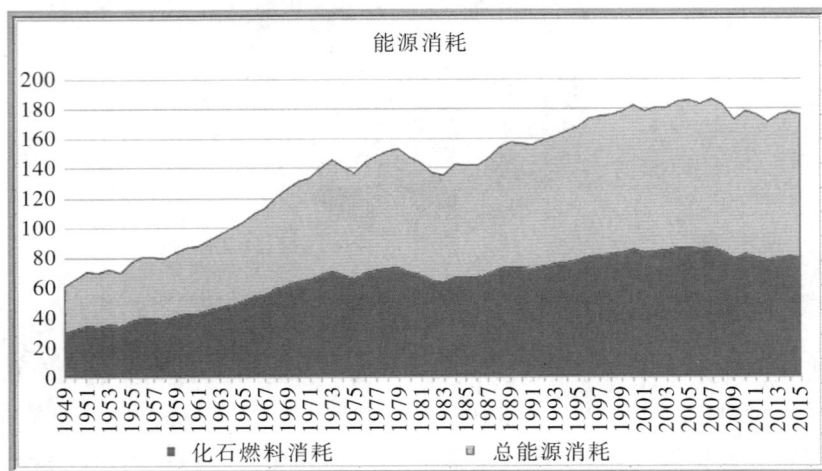

图3-13 能源消耗面积图

---

① Btu为英、美等国采用的一种计算热量的单位——编辑注。

3.2.7　散点图和轨道图

散点图显示两个变量之间的关系。为了构建散点图，我们需要由成对变量组成的观测值。例如，某班级学生的期中与期末考试成绩可通过散点图呈现——若期中高分（或低分）学生期末同样倾向于高分（或低分），则显示强相关性；反之若分数分布无规律，则表明两者关联性弱或不存在关联。

示例3.6　　　　　　　　　　　　**房地产数据散点图**

图 3-14 显示了房屋面积（平方英尺）与房屋市场价值的散点图。数据清楚地表明，更高的市场价值与更大的房屋面积有关。

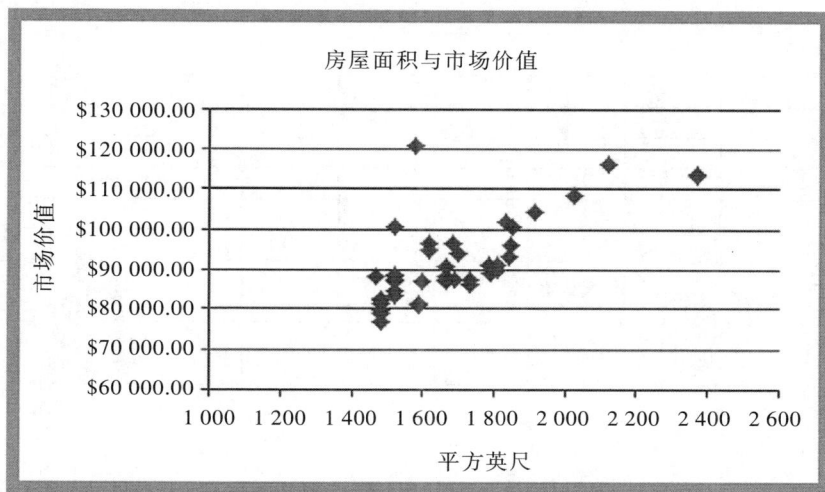

图3-14　房屋面积与市场价值的散点图

轨道图用于展示数据随时间变化的"路径"，常能揭示特殊模式，从而提供独特的洞见。其绘制方法为：在散点图选项中选用带平滑线和数据标记的散点图。图 3-15 以 Excel 文件中 *Gasoline Sales*（汽油销量）前10周数据为例进行了演示。

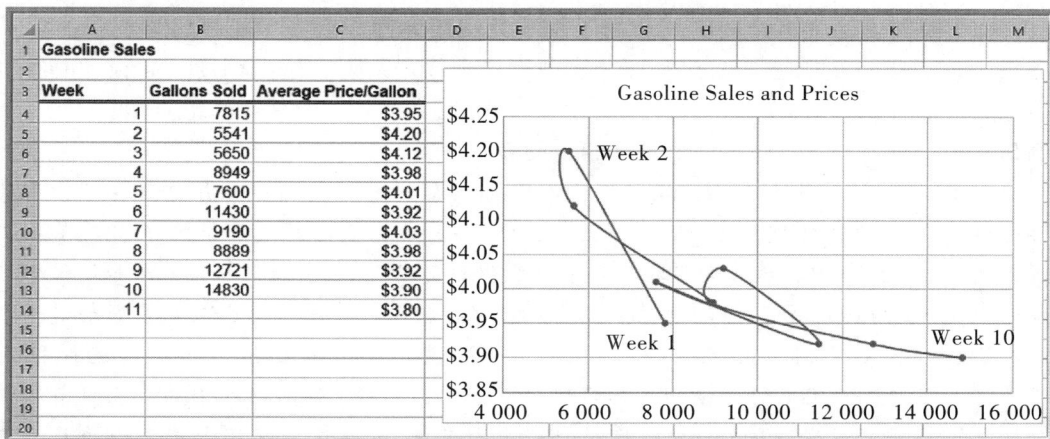

图3-15　轨道图

3.2.8　气泡图

气泡图是一种散点图，其中数据标记的大小对应于第三个变量的值，因此，这是一种在二维空间中绘制三个变量的方法。

示例3.7　　　　　　　　　　　**用于比较股票特征的气泡图**

图 3–16 展示了一个气泡图，用于呈现 Excel 文件 *Stock Comparisons*（股票比较）中某日 5 只不同股票的价格、市盈率（P/E）和市值数据。坐标位置反映股价与市盈率，气泡大小代表市值（单位为 10 亿美元）。

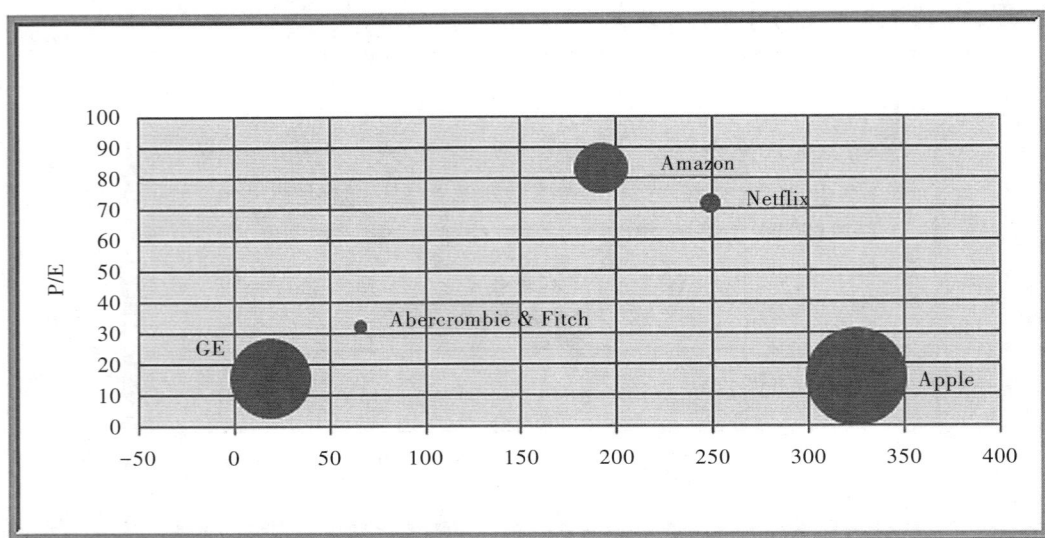

图 3–16　*Stock Comparisons* 的气泡图

3.2.9　组合图表

通常，我们希望在同一图表上使用不同的图表类型显示多个数据系列。Windows 版的 Excel 2016 提供了一个组合图选项，用于构建此类**组合图**；而在 Mac 版的 Excel 2016 中，则必须手动完成。我们还可以在次轴上绘制第二个数据系列，这在刻度差异很大时特别有用。

示例3.8　　　　　　　　　　　**创建组合图表和次轴**

图 3–17 显示了已添加到 *Monthly Product Sales* 的数据——包括产品 E 的销售目标及其实际完成率。我们将首先构建一个图表，显示产品 E 的销量与月度目标的对比。在 Windows 版的 Excel 2016 中，选择列 G 和列 H 中的数据，并从 *Insert* 功能区中的 *Charts* 选项中选择 *Insert Combo Chart*。图 3–18 即为生成效果。在 Mac 版中，使用这两个数据系列创建一个标准柱形图。然后右键单击产品 E 目标数据系列，选择 *Change Chart Type*，并选择 *Line*。接下来，为了绘制产品 E 的销量和目标实现的百分比，选择 F 列和 H 列中的数据（首先选择 F 列中的数据，然后按住 Ctrl 键并选择 H 列中的数据）。再次选择组合图。因为目标达成率数据系列与产品销量相比非常小，折线图看起来与 x 轴重合。小心地用右键单击该数据系列，并选择 *Format Data Series > Axis > Plot series on secondary axis*。%Goal 的比例尺将

被添加到图表右侧的次轴上，如图3-19所示。

	A	B	C	D	E	F	G	H
1	Sales Units							
2								
3	Month	Product A	Product B	Product C	Product D	Product E	Product E Goal	% Goal
4	January	7792	5554	3105	3168	10350	10000	104%
5	February	7268	3024	3228	3751	8965	9000	100%
6	March	7049	5543	2147	3319	6827	8000	85%
7	April	7560	5232	2636	4057	8544	7000	122%
8	May	8233	5450	2726	3837	7535	7000	108%
9	June	8629	3943	2705	4664	9070	8000	113%
10	July	8702	5991	2891	5418	8389	8000	105%
11	August	9215	3920	2782	4085	7367	7000	105%
12	September	8986	4753	2524	5575	5377	6000	90%
13	October	8654	4746	3258	5333	7645	7000	109%
14	November	8315	3566	2144	4924	8173	8000	102%
15	December	7978	5670	3071	6563	6088	9000	68%

图3-17　每月产品销量及附加数据

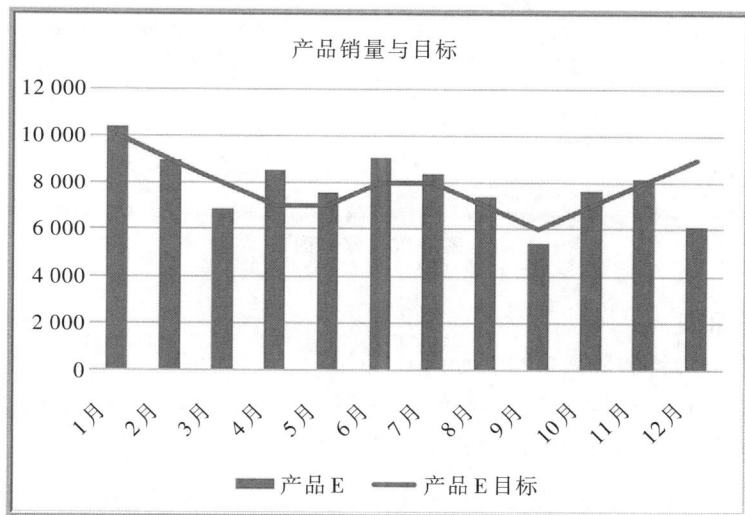

图3-18　组合图

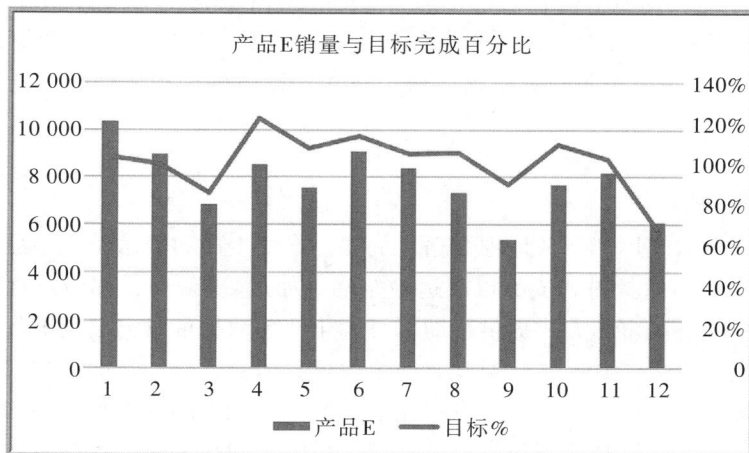

图3-19　带次轴的组合图

3.2.10 雷达图

雷达图在蛛网上显示多个指标。这是一个有用的图表，用于比较不同时间段的调查数据，或使用相同标准比较不同实体（如工厂、公司等）的绩效。

示例3.9　　　　　　　　　雷达图在调查反馈分析中的应用

图3-20显示了客户满意度调查中6个问题的平均回答结果。该雷达图对比了第一季度与第二季度的平均调查反馈值，可直观识别各维度评分的升降变化。

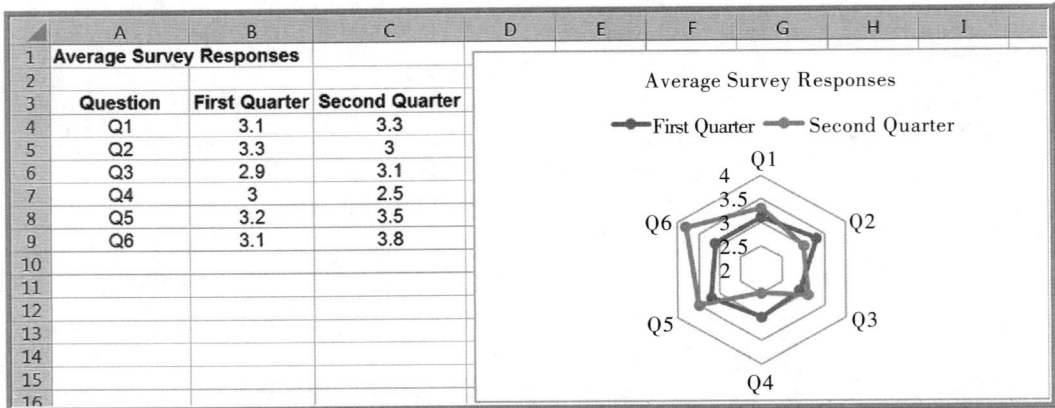

图3-20　雷达图

3.2.11 股票图表

股票图表允许你绘制股票价格，如每日高点、低点和收盘价。它还可用于温度变化等科学数据。我们将在第6章中解释如何创建股票图表，以可视化一些统计结果，并在第12章中再次解释如何创建股票图表以可视化优化结果。

3.2.12 数据透视表中的图表

如果在数据透视表中单击，可以很容易地插入一个图表，以显示数据透视表中的数据。在 Windows 版的 Excel 中，这被称为数据透视图（有关数据透视图的更多信息，请参阅本章附录）。你也可以在 Mac 版中这么做，然而，以数据透视表创建的图表将没有附录中描述的 Filter 按钮。

3.2.13 地理数据

许多商业分析的应用都涉及地理数据。例如，寻找生产和配送设施的最佳位置、分析区域销售业绩、运输原材料和成品以及运输车辆（如运输卡车），都涉及地理数据。在这类问题中，数据映射以多种方式提供帮助。可视化地理数据可以突出关键数据关系，识别趋势，并发现业务机会。此外，它通常有助于发现数据错误，并帮助终端用户了解解决方案，从而增加接受决策模型的概率。像耐克这样的公司就使用地理数据和信息系统来可视化产品的分布，并了解产品分布与人口统计和销售信息的相关性。这些信息对营销策略至关重要。规范性分析模型与数据映射相结合的使用有助于宝洁公司北美供应链研究的成

第 3 章 数据可视化 97

功，该研究每年为该公司节省超过2亿美元。我们将在第11章讨论这个应用。

Windows 版的 Excel 2016 包含一个名为三维地图的地理可视化工具。我们鼓励你对此进行探索。另一个很好的选择是 *Tableau*，它在本章的附录中有描述，我们将在附录中说明它的地理可视化功能。

检验你的学习成果

（1）总结 Excel 中最有用的图表以及使用它们的应用程序类型。

（2）条形图和柱形图的区别是什么？

（3）为什么数据可视化专业人士不推荐使用饼图？

（4）如何在 Excel 中创建组合图表？

3.3　其他 Excel 数据可视化工具

微软 Excel 提供了许多其他工具来促进可视化数据。这包括数据栏、颜色比例、图标集和亮线。这些选项是 Excel *Conditional Formatting*（条件格式）规则的一部分，它允许你通过使用颜色和符号来可视化不同的数值。Excel 有多种标准模板可供使用，但你也可以使用 *New Formatting Rule*（新格式规则）选项自定义规则以满足自己的条件和样式。通过此功能，你可以对仅包含特定数值、高于或低于平均值的单元格，以及其他规则条件下的单元格进行格式化设置。我们鼓励你尝试使用这些工具。

3.3.1　数据条

数据条显示按数据值大小缩放的彩色条（类似于条形图），但直接放置在一定范围的单元格内。

示例 3.10　　　　　　　　　　带有数据条的数据可视化

图 3-21 显示了应用于 *Monthly Product Sales* 工作表中的数据条。高亮显示每列中的数据，单击 *Home* 选项卡中 *Styles* 组中的 *Conditional Formatting* 按钮，选择 *Data Bars*，然后选择填充选项和颜色。

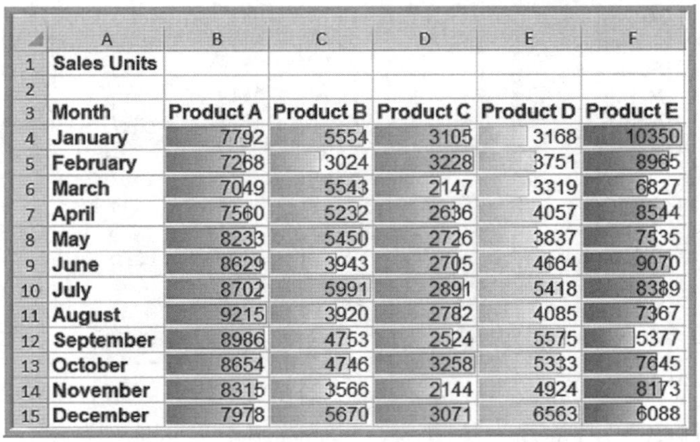

图3-21　数据条示例

你也可以在单元格中不显示数据的情况下显示数据条。一个有用的技巧是复制原始数据旁边的数据，以便与原始数据一起显示数据条。图 3-22 显示了每月总销量。我们首先在 G 列中汇总月度销量，然后将其复制到 H 列。接着突出显示 H 列中的数据范围，单击

Conditional Formatting，选择 *Data Bars*，然后选择 *More Rules*。在 *Edit Formatting Rule* 对话框中，选中 *Show Bar Only* 框。如果某些数据为负值，则数据条将在垂直轴的左侧显示这些数据，从而使你可以清楚地看到正值和负值。

	A	B	C	D	E	F	G	H
1	Sales Units							
2								
3	Month	Product A	Product B	Product C	Product D	Product E	Total	
4	January	7792	5554	3105	3168	10350	29969	
5	February	7268	3024	3228	3751	8965	26236	
6	March	7049	5543	2147	3319	6827	24885	
7	April	7560	5232	2636	4057	8544	28029	
8	May	8233	5450	2726	3837	7535	27781	
9	June	8629	3943	2705	4664	9070	29011	
10	July	8702	5991	2891	5418	8389	31391	
11	August	9215	3920	2782	4085	7367	27369	
12	September	8986	4753	2524	5575	5377	27215	
13	October	8654	4746	3258	5333	7645	29636	
14	November	8315	3566	2144	4924	8173	27122	
15	December	7978	5670	3071	6563	6088	29370	

图3-22　在数据单元格以外区域显示数据条

3.3.2　色阶

　　色阶使用调色板根据数值对单元格进行着色。这是 *Conditional Formatting* 菜单中的另一个选项。

示例3.11　　　　　　　　　带有色标的数据可视化

　　图 3-23 显示了对月度产品销量使用绿–黄–红颜色比例（本书因是单色，显示由浅到深），它突出显示了包含绿色大值、红色小值和黄色中值的单元格。绿色越深，价值越大；红色越深，数值越小。对于中间值，你可以看到两种颜色混合在一起。这提供了一种快速识别最大和最小产品月销量的方法。

	A	B	C	D	E	F
1	Sales Units					
2						
3	Month	Product A	Product B	Product C	Product D	Product E
4	January	7792	5554	3105	3168	10350
5	February	7268	3024	3228	3751	8965
6	March	7049	5543	2147	3319	6827
7	April	7560	5232	2636	4057	8544
8	May	8233	5450	2726	3837	7535
9	June	8629	3943	2705	4664	9070
10	July	8702	5991	2891	5418	8389
11	August	9215	3920	2782	4085	7367
12	September	8986	4753	2524	5575	5377
13	October	8654	4746	3258	5333	7645
14	November	8315	3566	2144	4924	8173
15	December	7978	5670	3071	6563	6088

图3-23　色阶示例

　　定量数据的颜色编码通常称为**热图**。热图通常用于显示地理数据，如人口密度，或按国家、州、县等划分的其他社会经济指标。

3.3.3 图标集

图标集通过箭头（见图 3-24）或红/黄/绿交通灯等符号，提供与色阶类似的视觉信息呈现方式。许多公司使用绿色、黄色和红色交通灯符号分别在业务仪表板中表示良好、一般和较差的业绩。示例 3.12 说明了这一点，并说明了如何自定义条件格式规则。

	A	B	C	D	E	F
1	Sales Units					
2						
3	Month	Product A	Product B	Product C	Product D	Product E
4	January	⬆ 7792	➡ 5554	⬇ 3105	⬇ 3168	⬆ 10350
5	February	⬆ 7268	⬇ 3024	➡ 3228	⬇ 3751	⬆ 8965
6	March	➡ 7049	➡ 5543	⬇ 2147	⬇ 3319	➡ 6827
7	April	➡ 7560	➡ 5232	⬇ 2636	⬇ 4057	⬆ 8544
8	May	⬆ 8233	➡ 5450	⬇ 2726	⬇ 3837	➡ 7535
9	June	⬆ 8629	⬇ 3943	⬇ 2705	⬇ 4664	⬆ 9070
10	July	⬆ 8702	➡ 5991	⬇ 2891	➡ 5418	⬆ 8389
11	August	⬆ 9215	⬇ 3920	⬇ 2782	⬇ 4085	➡ 7367
12	September	⬆ 8986	➡ 4753	⬇ 2524	➡ 5575	➡ 5377
13	October	⬆ 8654	➡ 4746	➡ 3258	⬇ 5333	⬆ 7645
14	November	⬆ 8315	⬇ 3566	⬇ 2144	➡ 4924	⬆ 8173
15	December	⬆ 7978	➡ 5670	⬇ 3071	➡ 6563	➡ 6088

图3-24 图标集示例

示例 3.12   **自定义图标集的数据可视化**

图 3-25 显示了一组红绿灯图标，如果每个产品的月度产品销量在数据范围的前20%，则将其编码为绿色；如果在数据范围的后20%，则将其编码为红色；如果介于两者之间，则将其编码为黄色。请注意，由于产品之间的销量大小存在相对差异，我们为每列数据创建了一个新规则。突出显示列中的数据，单击 *Conditional Formatting*，选择 *Icon Sets*，然后选择 *More Rules*。在 *Edit Formatting Rule* 对话框中，将默认值67%和33%更改为80%和20%，如图 3-25 所示。要了解这是如何实现的，我们来看看产品 B。其最小值是 3 024，最大值是 5 991。所以80%是 3 024+0.8×（5 991-3 024）=5 397.6。因此，高于此值的任何单元格值都被编码为绿色。类似地，20%为 3 024+0.2×（5 991-3 024）=3 617.4，低于此值的任何单元格值都被编码为红色。在 *Edit Formatting Rule* 对话框中，你还可以通过从下拉框中将 *Percent* 修改为 *Number* 来更改规则，以基于单元格的实际值对单元格进行编码。例如，你可以将大于或等于 5 000 的产品 B 的所有值编码为绿色，将低于 4 000 的所有值编码为红色。

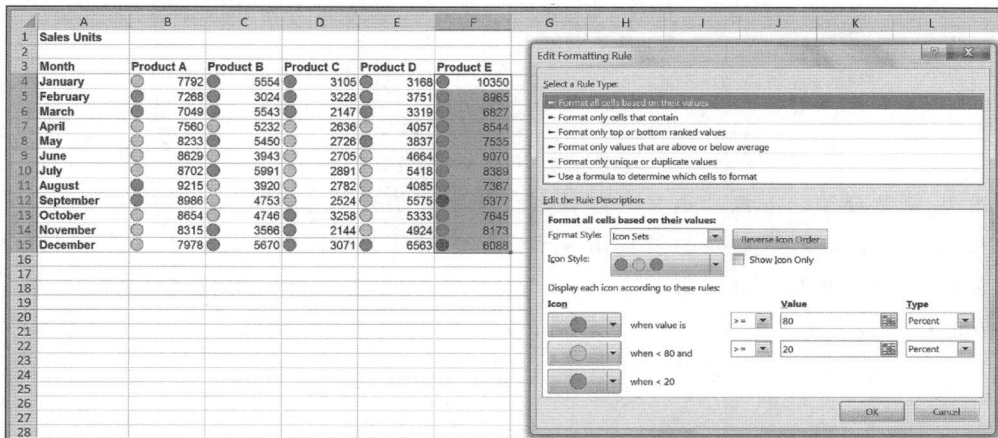

图3-25 创建自定义图标集

3.3.4　微型图

微型图（sparklines）是在单个单元格中汇总一行或一列数据的图形。微型图由著名的数据可视化专家爱德华·塔夫特（Edward Tufte）引入。他将微型图描述为"数据密集、设计简单、如文字大小的图形"。Excel 提供三种微型图：折线型（适用于时间序列数据）、柱型（适合分类数据）以及盈亏型（用于显示数据升降趋势），用户可在 *Insert* 选项卡的 *Sparklines* 功能组中调用该工具。

示例 3.13　　　　　　　　　　　　微型图示例

我们将再次使用 *Monthly Product Sales* 数据。图 3-26 显示了每个产品的第 16 行微型图。在列 G 中，我们显示列微型图，它本质上是小柱形图。通常，你需要扩展行或列的宽度以有效地显示它们。但是，请注意，柱形图的长度并没有按照数据适当地缩放。例如，在第一个例子中，产品 D 和 E 大约是产品 E 值的 1/3，但柱形图的柱状长度没有正确体现这一比例。Excel 默认对垂直轴的最大值和最小值采取自动缩放模式。你可以更改此设置，并通过在 *Sparkline Tools Design* 选项中从 *Group* 中选择 *Axis* 来正确缩放柱形图。

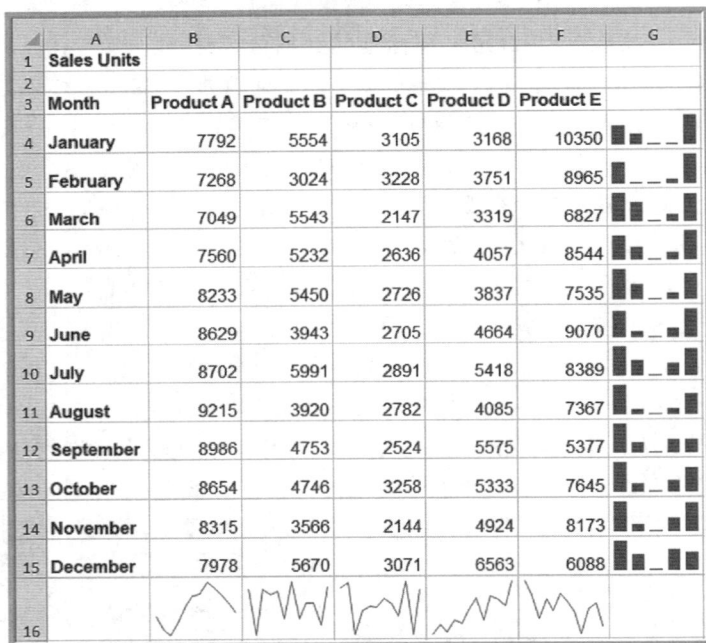

	A	B	C	D	E	F	G
1	Sales Units						
2							
3	Month	Product A	Product B	Product C	Product D	Product E	
4	January	7792	5554	3105	3168	10350	
5	February	7268	3024	3228	3751	8965	
6	March	7049	5543	2147	3319	6827	
7	April	7560	5232	2636	4057	8544	
8	May	8233	5450	2726	3837	7535	
9	June	8629	3943	2705	4664	9070	
10	July	8702	5991	2891	5418	8389	
11	August	9215	3920	2782	4085	7367	
12	September	8986	4753	2524	5575	5377	
13	October	8654	4746	3258	5333	7645	
14	November	8315	3566	2144	4924	8173	
15	December	7978	5670	3071	6563	6088	
16							

图3-26　行和列微型图

图 3-27 显示了一个经过调整的工作表，其中我们计算了产品 A 和产品 B 逐月的销售百分比变化。第 16 行中的盈亏微型图显示了销量增长和下降的模式，表明产品 A 具有周期性波动，而产品 B 的变化则更具随机性。点击任意包含微型图的单元格时，将激活 *Sparkline Tools Design* 选项卡，用户可在此自定义颜色和其他显示选项。

	A	B	C	D	E
1	Sales Units				
2					
3	Month	Product A	Percent Change	Product B	Percent Change
4	January	7792		5554	
5	February	7268	-6.72%	3024	-45.55%
6	March	7049	-3.01%	5543	83.30%
7	April	7560	7.25%	5232	-5.61%
8	May	8233	8.90%	5450	4.17%
9	June	8629	4.81%	3943	-27.65%
10	July	8702	0.85%	5991	51.94%
11	August	9215	5.90%	3920	-34.57%
12	September	8986	-2.49%	4753	21.25%
13	October	8654	-3.69%	4746	-0.15%
14	November	8315	-3.92%	3566	-24.86%
15	December	7978	-4.05%	5670	59.00%
16					

图3-27　赢/输微型图

检验你的学习成果

（1）解释数据条、色阶和图标集的用途。

（2）什么是热图，有哪些典型应用？

（3）微型图与标准 Excel 图表有何不同？

3.3.5　仪表板

让所有级别的员工都能看到和访问数据是高效现代组织的一个标志。**仪表板**是一组关键业务指标的可视化表示。它类似于汽车控制面板（显示速度、汽油油位、温度等）。仪表板提供了重要的摘要，帮助管理业务流程或功能的关键业务信息。例如，辛辛那提动物园（见第1章中的介绍）使用每小时、每天和每年一次的仪表板，显示参观率和入场游客类型、游客来自的城市以及不同食品和零售地点的收入等指标。

对于没有时间筛选大量数据、需要在月度或季度审查期间总结业务绩效状况的高级管理人员来说，仪表板尤其有用。仪表板可以包括表格数据和可视化数据，以便管理人员快速定位关键数据。图 3-28 为图 3-1 中的产品销量数据显示了一个简单的仪表板。仪表板通常包含色阶或图标集，以快速定位关注的区域。此仪表板分别显示月产品销量、所有产品的总销量、按产品划分的年度总销量、最近两个月的变化以及按产品划分的每月百分比变化。

一个有效的仪表板应该捕获用户作出正确决策所需的所有关键信息。重要的业务指标通常称为**关键绩效指标（KPIs）**。人们倾向于先查看左上角的数据，因此最重要的图表应该放在左上角。仪表板设计的一个重要原则是力求简洁，不要在仪表板上塞太多信息或使用无法清晰传达信息的格式（如三维图表）。

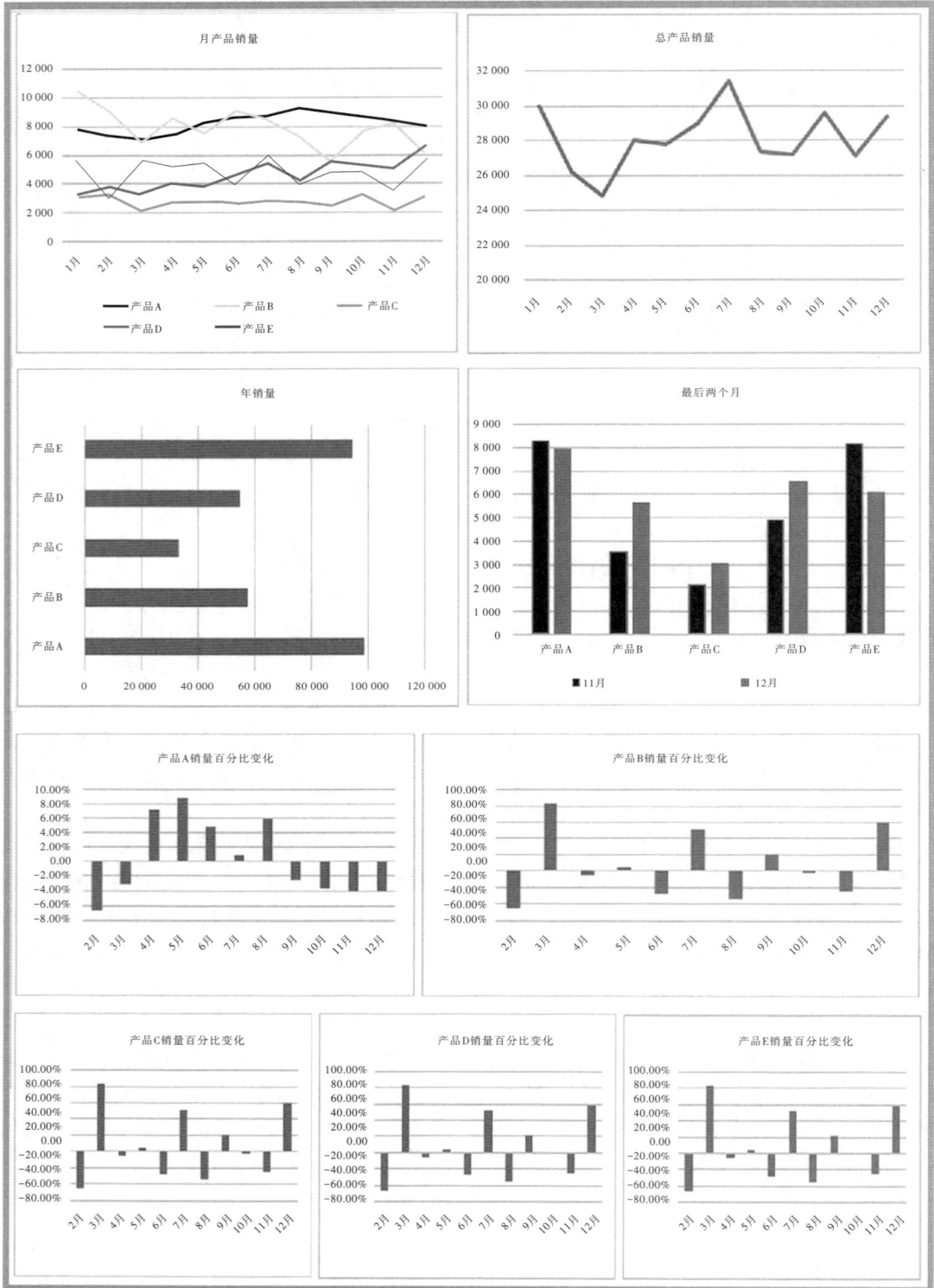

图3-28　产品销量仪表板

检验你的学习成果

（1）什么是仪表板？

（2）仪表板的主要设计原则是什么？

（3）什么是关键绩效指标（KPI）？

实践分析：通过 IBM Business Analytics 推动业务转型[①]

Mueller 成立于 20 世纪 30 年代，总部位于得克萨斯州的巴林格，是一家领先的预制金属配件和金属屋顶产品的零售商和制造商。如今，该公司将其产品直接销售给美国西南部的消费者，包含得克萨斯州、新墨西哥州、路易斯安那州和俄克拉何马州等 35 个地区。

从历史上看，Mueller 首先将自己视为一家制造商，零售方面的业务是次重点。然而，在 21 世纪初，该公司决定转移战略重点，转向以零售为中心，更接近其终端用户，并通过更好地理解他们的需求来推动新业务的发展。

正如 Mueller 战略分析和商业智能经理马克·莱克所解释的："从纯制造业向零售主导型制造业的转变需要一种更加以终端客户为中心的销售方法。我们希望找到一种方法，跟踪我们在全国的销售团队如何成功地适应这一新战略，并确定可以在哪些方面进行改进。"

为了跟踪销售业绩，Mueller 与 IBM 合作部署了 IBM Cognos Business Intelligence（商务智能）。IBM 团队帮助 Mueller 将技术应用到 Cognos Metric Studio（度量工作室）的战略管理平衡计分卡流程中。

通过使用一组通用的 KPIs，Mueller 可以借助销售业绩分析轻松地确定所有销售团队的优势和劣势。"使用 Cognos Business Intelligence 中的 Metric Studio，我们可以清楚地了解每个团队的策略表现，"马克·莱克说。"通过使用 Cognos 计分卡中的销售业绩分析，我们可以确定达到目标的团队，并找到其成功的原因。然后，我们可以与表现不佳的团队分享这些知识，并演示成功的团队如何改变工作方式以实现目标。"

"我们能够向销售团队演示他们如何为业务作出贡献，并解释他们需要做些什么来改进他们的指标，而不仅仅是试图强加或强制实施新的工作方式。这是一种更为有效的方法，它能够推动行为变革，而这些变革对于业务转型至关重要。"

最近，IBM 商务分析软件服务帮助 Mueller 升级到 IBM Cognos 10。随着新版本的推出，Mueller 开始使用名为"商业洞察力"的新功能，使区域销售经理能够通过创建自己的个性化仪表板来跟踪和改进其销售团队的绩效。

马克·莱克评论说："静态报告是一个很好的起点，但人们不喜欢通过阅读数据页面来找到他们需要的信息。新版本的 Cognos 使我们能够创建定制的交互式仪表板，让每个用户能够立即了解自己的特定业务领域，并使他们能够在需要时深入了解原始数据。这是一种更直观、更引人注意的信息使用方式。"

Mueller 现在使用 Cognos 来调查为什么某些产品在某些地区销售得更好，其产品中哪

[①] "Mueller builds a customer-focused business," IBM Software, Business Analytics, © IBM Corporation, 2013.

种采用率最高，哪种利润最大。利用这些洞见，公司可以调整其战略，以确保向正确的客户销售正确的产品，从而增加销量。

通过使用 IBM SPSS Modeler 来挖掘大量的交易数据，该公司的目标是揭示模式和趋势，这将有助于预测未来的风险和机会，并发现当前运营中未发现的问题和异常。与 IBM SPSS Modeler 合作的一个初始项目旨在帮助 Mueller 找到降低燃料成本的方法。该公司正在使用 SPSS Modeler 建立一个复杂的统计模型，该模型将自动分析数百辆汽车、司机和路线的燃料交易过程。

马克·莱克说："有了 SPSS Modeler，我们将能够确定一周内每条路线上每辆车的平均油耗。SPSS 将自动标记基于平均油耗的任何偏差，然后我们会深入查找根本原因。IBM 解决方案可帮助我们确定高于正常的燃油交易是否合法，如驾驶员行驶了计划外的英里数或其他因素（如欺诈）的结果。"

关键术语

面积图	轨道图	数据条
图标集	柱形图	微型图
条形图	饼图	数据可视化
关键绩效指标（KPI）	组合图	股票图
气泡图	雷达图	热图
折线图	仪表板	
色阶	散点图	

第3章技术帮助

Excel技术

创建图表（示例3.2）：

突出显示要绘制图表的数据范围。单击 Excel 功能区中的 *Insert* 选项卡。单击图表类型，然后单击要使用的图表子类型。使用 *Design*（Mac 版的 *Chart Design*）中的选项和 *Chart Tools* 选项卡中的 *Format* 选项自定义图表，或使用 *Quick Layout* 选项。要添加标题，请单击 *Design* 选项卡功能区中的 *Add Chart Elements* 按钮。通过单击 *Design* 选项卡的 *Data* 组中的 *Select Data* 按钮，可以更改数据系列的名称。

创建组合图表（示例3.8）：

要在 Windows 版的 Excel 2016 中使用不同图表类型在同一图表上显示多个数据系列，请选择两列中的数据系列，并从 *Insert* 功能区中的 *Charts* 选项中选择 *Insert Combo Chart*。在 Mac 版中，使用这两个数据系列创建标准柱形图。然后右键单击要更改的数据系列并选择 *Change Chart Type*。

显示数据条、色阶和图标集（示例3.10至示例3.12）：

高亮显示数据，单击 *Home* 选项卡中 *Styles* 组中的 *Conditional Formatting* 按钮，然后选择 *Data Bars*，*Color Scales* 或 *Icon Sets*。选择所需显示的样式，或选择 *More Rules* 进行自定义。你也可以从 *Conditional Formatting* 菜单中选择其他预先设定的规则。

展示微型图（示例3.13）：

从 *Insert* 选项卡中选择 *Sparklines*。选择 *Line*、*Column* 或 *Win/Loss*，然后完成对话框。扩展单元格的高度或宽度以提高可视化效果。

StatCrunch

StatCrunch 提供了各种图表和可视化数据的方法，包括难以在 Excel 中实现的图表，本章不讨论这些图表。你可以在以下网站上找到视频教程，其中包括分步程序和学习卡示例：https：//www.statcrunch.com/5.0/ example.php。我们建议你首先查看 StatCrunch 入门教程和 StatCrunch 会话教程。该网页的"图表"部分列出了以下教程，并解释了如何创建基本图表：

- 原始数据的饼图
- 带摘要数据的饼图
- 分列式堆叠条形图
- 多列数据对比图表
- 散点图
- 气泡图

你还可以找到用于自定义颜色和样式的其他图表和方法的教程：

- 点图
- 茎叶图
- 按列分组的箱线图
- 图表标注与注释

示例：加载文件

单击 *Data* 菜单，选择 *Load*，然后选择该选项。

示例：创建散点图

1. 选择作为 X 轴和 Y 轴的数据列
2. （可选）输入 Where 条件语句以筛选包含的数据行
3. （可选）通过分组列对数据点进行颜色编码
4. 点击 *Compute!* 按钮生成图表

示例：创建带有汇总数据的饼图

1. 选择包含分类的变量及对应统计量的变量
2. （可选）输入 Where 条件语句指定需包含的数据行
3. 点击 *Compute!* 按钮生成图表

问题和练习

在微软 Excel 中创建图表

1. 在 Excel 文件 *MBA Motivation and Salary Expectations*（MBA 动机与薪资期望）中，为就读 MBA 前和 MBA 毕业后的人们的薪资数据创建簇状柱形图和堆叠柱形图。讨论你认为哪种类型的图表更适合用来解释信息。

2. 在 Excel 文件 *Consumer Price Index*（居民消费物价指数）中创建一个折线图，显示年度 CPI 的增长。

3. 在 Excel 文件 S&P 500 中创建所有年份的收盘价折线图和 2013 年 8 月的最高价/最低

价/收盘价股票图。

4. 在 Excel 文件 *Science and Engineering Jobs* （科学和工程岗位）中创建一个饼图，显示每年的岗位分类，并将其与简单的柱形图进行对比。

5. 在 Excel 文件 *Energy Production & Consumption* 中创建一个堆叠面积图，对比一次能源进口和一次能源出口，能得出什么结论？

6. 一家全国性的住宅建筑商建造了独栋住宅和公寓式联排别墅。Excel 文件 *House Sales* 提供一个月内成交的销售价格、地皮成本、房屋类型和所在地区（中西部、南部）信息。构建一个散点图，显示销售价格和地皮成本之间的关系。你能得出什么结论？

7. Excel 文件 *Facebook Survey* 提供了从大学生样本中收集的数据。创建一个散点图，显示每周在线时间和朋友数量之间的关系。朋友数量应该在 x 轴上，在线时间/周在 y 轴上。你能得出什么结论？

8. 为 Excel 文件 *Colleges and Universities* 中的前五所学院创建气泡图，其中 x 轴为前 10% 的高等学校，y 轴为录取率，气泡表示每个学生的支出。

9. 为 Excel 文件 *State Unemployment Rates* 中的数据构建柱形图，以便对 1 月份利率的历史高点和低点进行比较。有没有其他图表能更好地、直观地传达这些信息？为什么？

10. Excel 文件 *Internet Usage* 提供有关 Internet 用户的数据。构建堆叠条形图，使同学们能够比较由年龄或受教育程度造成的任何差异，并可以得出一定结论。对比是否另一种类型的图表更合适？

11. 构建一个适当的图表，显示 Excel 文件 *Retirement Portfolio* （退休金投资组合）中每个投资类别的基金相对价值。

12. 构建一个或多个适当的图表，以可视化 Excel 文件 *Budget Forecasting* （预算预测）中的信息。解释你选择所用图表的原因。

13. 一位营销研究人员调查了 92 个人，询问他们是否喜欢新的产品概念。结果如下：

	是	否
男性	30	50
女性	6	6

将数据转换为每个性别类型的百分比，然后构建一个计数图和一个百分比图。讨论每个图表所表达的信息，以及不同的图表如何导致对数据的不同解释。

其他 Excel 数据可视化工具

14. 在 Excel 文件 *Banking Data* （银行数据）中，应用以下数据可视化工具：

a. 使用数据条可视化房屋价值中值的相对值

b. 使用色阶显示家庭财富中值的相对值

c. 使用图标集显示高、中、低平均银行余额，即高于 30 000 美元、低于 10 000 美元，以及介于两者之间的值

15. 将三种不同颜色的数据条应用于 Excel 文件 *Restaurant Sales* 中的午餐、晚餐和外卖

销量，以可视化销售的相对金额。然后从星期天开始按星期几对数据进行排序。将未排序的数据与已排序的数据进行比较，并对可视化的信息内容进行注释。

16. 对于门店和区域销售数据库，应用四个红绿灯图标集以可视化每个门店的销售数量分布，其中绿色对应至少30个销售单元，黄色对应至少20个但小于30个销售单元，红色对应至少10个但小于20个销售单元，黑色对应10个以下销售单元。

17. 对于Excel文件的收盘股价，

a. 应用列和行的微型图来可视化文件中四只股票的价格趋势

b. 计算道琼斯指数的每日变化，并应用赢/输微型图来可视化指数的每日上升或下降运动

仪表板

18. 为Excel中的数据创建一个有用的仪表板，为 *President's Inn Guest Database* 归档。使用第2章第20题中补充的信息：房费包含早餐，一个或两个客人的房费是一样的。但是，额外的客人每人每天必须另支付20美元的餐费。入住7天或以上的客人可享受10%的折扣。修改电子表格以计算各类客人在酒店的停留天数以及停留时间的总收入。使用适当的图表和布局以及其他有助于传达信息的可视化工具。解释为什么选择仪表板中的这些元素，以及经理可能会如何使用它们。

19. 为Excel文件 *Restaurant Sales*（饭店销售）中的数据创建有用的仪表板。使用适当的图表和布局以及其他有助于传达信息的可视化工具。解释你为什么选择仪表板中的这些元素以及经理如何使用这些元素。

20. 为Excel文件 *Store and Regional Sales Database*（门店和区域销售数据库）中的数据创建有用的仪表板。使用适当的图表和布局以及其他有助于传达信息的可视化工具。解释你为什么选择仪表板中的这些元素以及经理如何使用这些元素。

21. 为Excel文件 *Corporate Default* 数据库中的数据创建有用的仪表板。使用适当的图表和布局以及其他有助于传达信息的可视化工具。解释你为什么选择仪表板中的这些元素以及经理可能如何使用这些元素。

案例：高性能草坪设备公司

第一部分：PLE最初生产割草机，但近几年的销售额中有很大一部分来自不断增长的小型拖拉机市场。正如我们在第1章案例中所指出的，PLE在全球范围内销售其产品，销售区域包括北美、南美、欧洲和环太平洋地区。三年前，其开辟了一个新的区域——中国，为小型拖拉机找到了一个蓬勃发展的市场。PLE一直强调质量，并将其产品的质量作为其主要卖点。在过去的两年中，PLE还强调了其产品的易用性。

在深入了解运营细节之前，伊丽莎白·伯克希望通过检查该公司数据库中提供的信息，了解PLE的整体业务绩效和市场地位。特别是，她要求你为 *Performance Lawn Equipment Database* 数据库中的以下工作表数据构建适当的图表，并总结你对这些图表的分析结论。

a. 经销商满意度

b. 最终用户满意度

c. 抱怨

d. 割草机业务销量

e. 拖拉机业务销量

f. 准时交货

g. 交货后的缺陷

h. 响应时间

第二部分：提出每月最重要业务信息的仪表板，伯克女士可以在数据更新时定期使用这些信息。使用最新的数据创建一个仪表板。你的仪表板不应超过5~8个图表，这些图表应适合在一个屏幕上显示。

写一份正式报告，总结本案例两部分的结果。

附录A3　用于数据可视化的附加工具

在本附录中，我们介绍了一些仅在 Windows 版 Excel 2016 中可用的其他图表，并说明了 Tableau 的功能，Tableau 是一个强大的数据可视化软件包。

A3.1　层次结构图表

分层数据为树状结构组织。一个简单的例子是 *Purchase Orders* 数据库。在最高层，我们有供应商；在下一级，我们购买了物品；然后是订单数量或每个订单的成本等。树形图将图表区域划分为矩形，这些矩形表示各层次数据的不同级别和相对大小。每个矩形细分为层次结构中下一层的较小矩形。层次结构顶层的矩形排列在图表的左上角，最大的在左下角，最小的在右下角。在矩形中，层次结构的下一级也由左上角到右下角的矩形排列。

示例A3.1　　　　　　　　　**采购订单数据的树状图**

对于 *Purchase Orders* 数据库，我们使用了一个数据透视表，创建一个显示所购买项目的新工作表，从每个供应商和订单的总成本中选择"插入层次结构图"，"插入"选项卡上的图表组。如图 A3-1 所示，我们看到最大的订单成本来自 Hulkey 固件公司，其次是 Durrable 制造公司、Steelpin 公司等。在每个彩色区域你也可以查看每个供应商订单的相对大小。

树状图的另一种选择是**旭日图**（sunburst chart）。在此图中，层次结构由一系列圆圈表示，最高层次在中心，较低层次在中心外，显示为圆环。层次结构的最低级别是外环。图 A3-2 显示了上一示例中采购订单数据的旭日图。

A3.2　瀑布图

瀑布图显示了加或减数值时的运行总数。瀑布图的一个常见应用是显示正现金流或负现金流对净收入或利润的影响。

Supplier	Item Description	Total Order Cost
Alum Sheeting	Airframe fasteners	$ 125,375.00
Alum Sheeting	Bolt-nut package	$ 17,775.00
Alum Sheeting	Control Panel	$ 231,030.00
Alum Sheeting	Side Panel	$ 53,650.00
Durable Products	Airframe fasteners	$ 163,800.00
Durable Products	Bolt-nut package	$ 13,650.00
Durable Products	Control Panel	$ 231,000.00
Durable Products	Gasket	$ 22,465.75
Durable Products	Pressure Gauge	$ 19,800.00
Durable Products	Shielded Cable/ft.	$ 25,000.00
Fast-Tie Aerospace	Electrical Connector	$ 7,062.50
Fast-Tie Aerospace	O-Ring	$ 18,987.50
Fast-Tie Aerospace	Pressure Gauge	$ 20,425.00
Fast-Tie Aerospace	Shielded Cable/ft.	$ 93,975.00
Fast-Tie Aerospace	Side Panel	$ 84,000.00
Hulkey Fasteners	Airframe fasteners	$ 550,375.00
Hulkey Fasteners	Electrical Connector	$ 27,718.75
Hulkey Fasteners	Hatch Decal	$ 375.00
Hulkey Fasteners	Shielded Cable/ft.	$ 40,375.00
Manley Valve	Door Decal	$ 151.25
Manley Valve	Hatch Decal	$ 467.50
Manley Valve	Machined Valve	$ 81,937.50
Manley Valve	O-Ring	$ 11,115.00
Manley Valve	Panel Decal	$ 525.00
Manley Valve	Pressure Gauge	$ 28,642.50
Pylon Accessories	Gasket	$ 27,675.00
Pylon Accessories	O-Ring	$ 4,425.00
Spacetime Technologies	Bolt-nut package	$ 94,554.25
Spacetime Technologies	Gasket	$ 12,352.50
Spacetime Technologies	O-Ring	$ 9,150.00
Spacetime Technologies	Shielded Cable/ft.	$ 17,250.00
Steelpin Inc.	Bolt-nut package	$ 47,250.00
Steelpin Inc.	Electrical Connector	$ 23,265.00
Steelpin Inc.	Machined Valve	$ 238,650.00
Steelpin Inc.	Shielded Cable/ft.	$ 57,310.00
Steelpin Inc.	Side Panel	$ 70,200.00

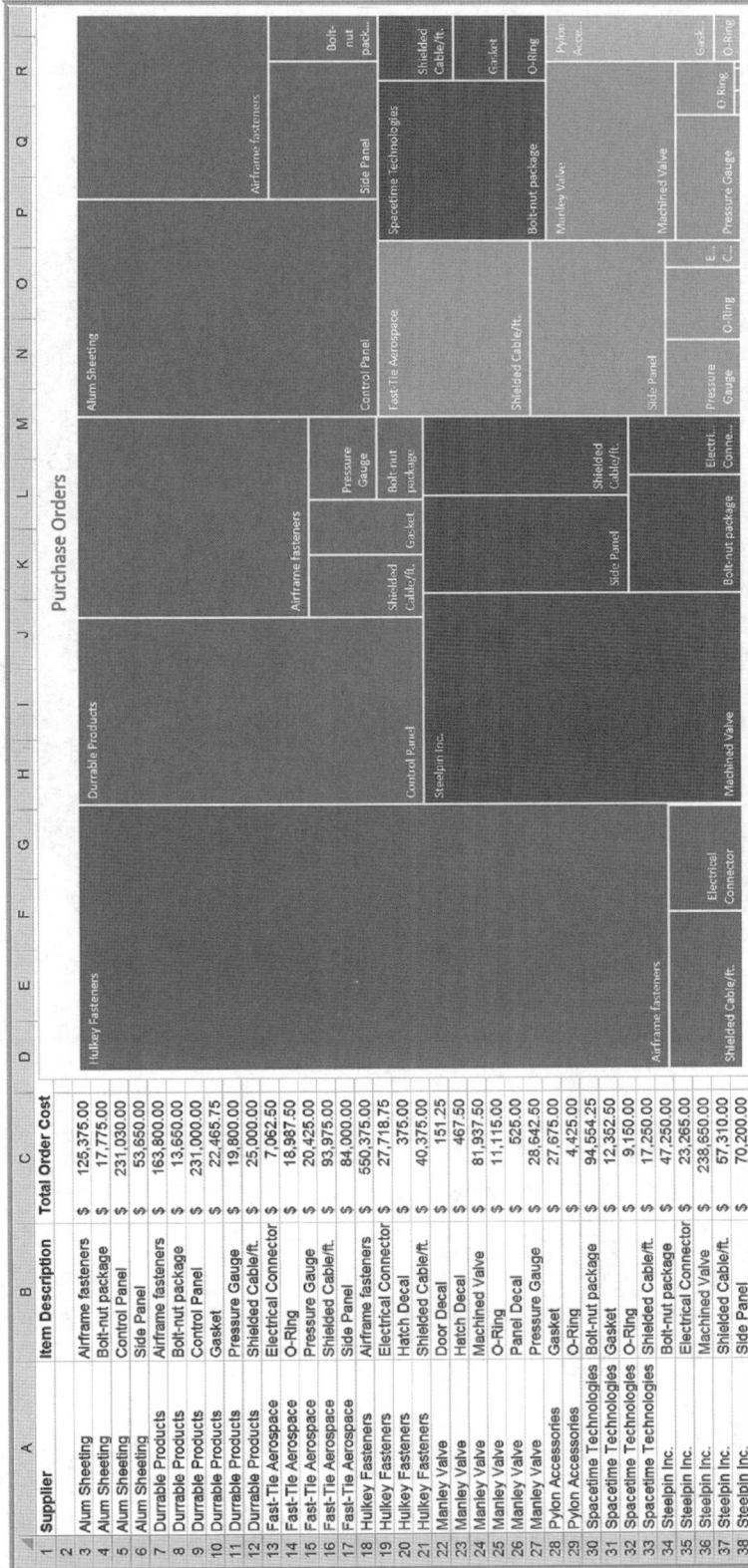

图 A3-1　采购订单树图

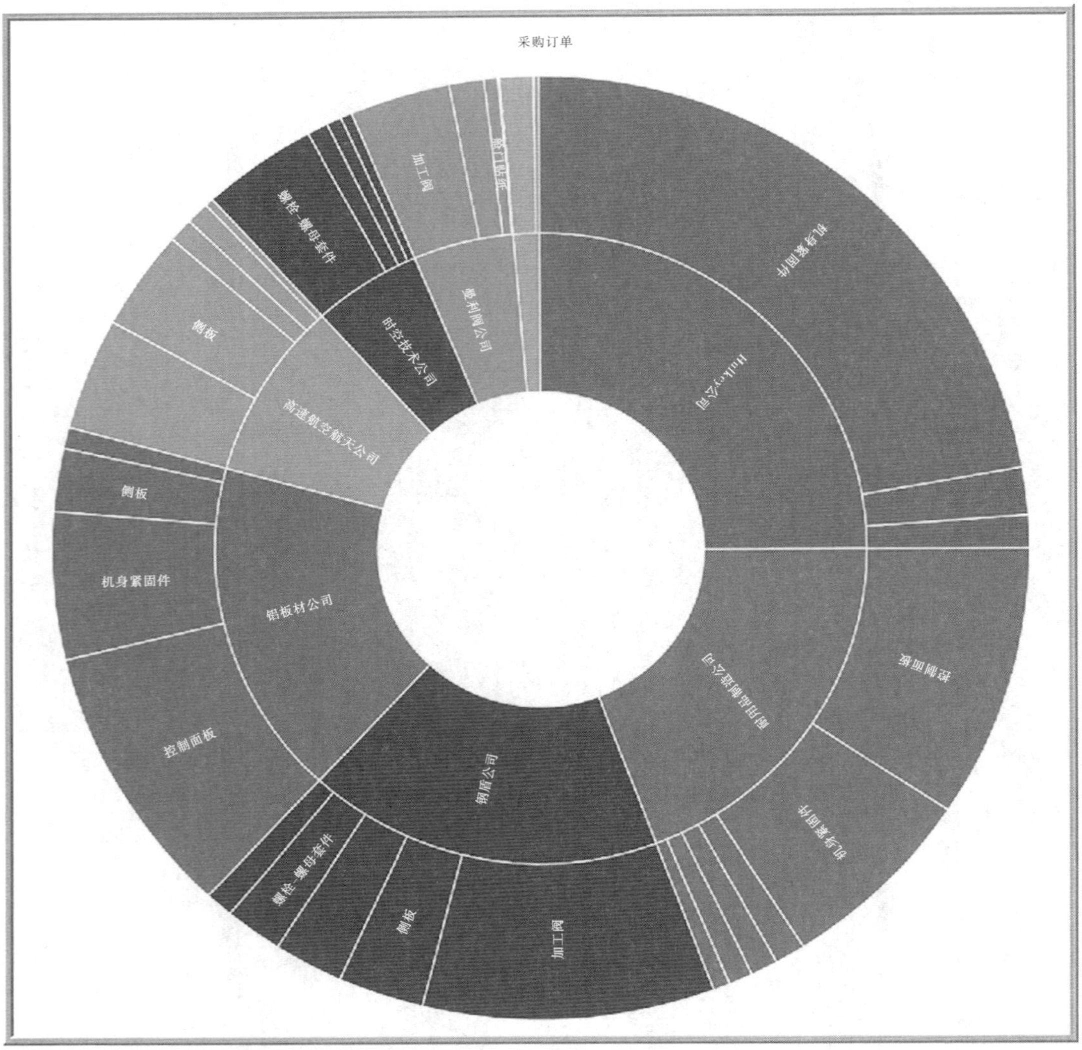

图A3-2　旭日图

示例A3.2　　　　　　　　　　　创建瀑布图

图 A3-3 显示了扣除销售成本、管理费用、销售费用、折旧费用、利息费用和税收后计算的净收入（这些数据在 Excel 文件 *Net Income Models*（净收入模型）中以略微不同的格式存在，我们将在第9章中使用）。简单地突出 A3：B10范围，从 *Insert* 选项卡的 *Chart* 组中选择 *Insert Waterfall* 或 *Stock Chart*，然后选择瀑布图（Waterfall）。在默认图表中，双击净收入数据点。在 *Format Data Point* 窗口中，选中 *Set as total* 复选框。这使得净收入条位于 *x* 轴上。图表显示了每个组成部分是如何增加或减少净收入的。

A3.3　数据透视图

Windows 版的微软 Excel 提供了一种通过数据透视表快速创建图表的便捷功能——数据透视图。要显示数据透视表的数据透视图，首先单击数据透视表内任意单元格，在 *Analyze* 选项卡上，单击 *PivotChart*。Excel 将显示一个 *Insert Chart* 对话框，允许你选择要显示的图表类型。

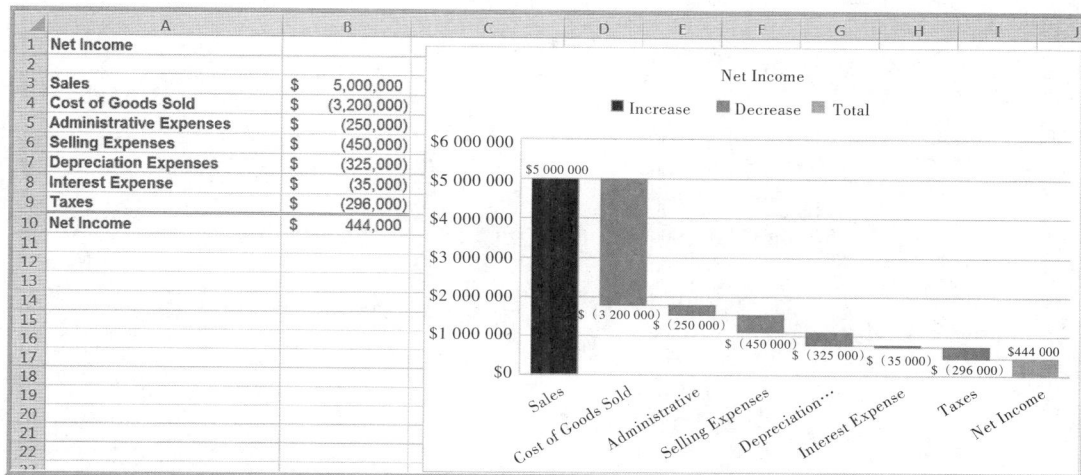

图A3-3　瀑布图

示例A3.3　　　　　　　　销售交易数据的数据透视图

图 2-34 显示了 *Sales Transactions* 数据库按区域和产品划分的收入透视表。若要显示列数据透视图，请从 *PivotChart* 菜单选择 *Clustered Column*。Excel 生成的图表如图 A3-4 所示。通过单击下拉筛选器按钮，你可以轻松地更改显示内容。

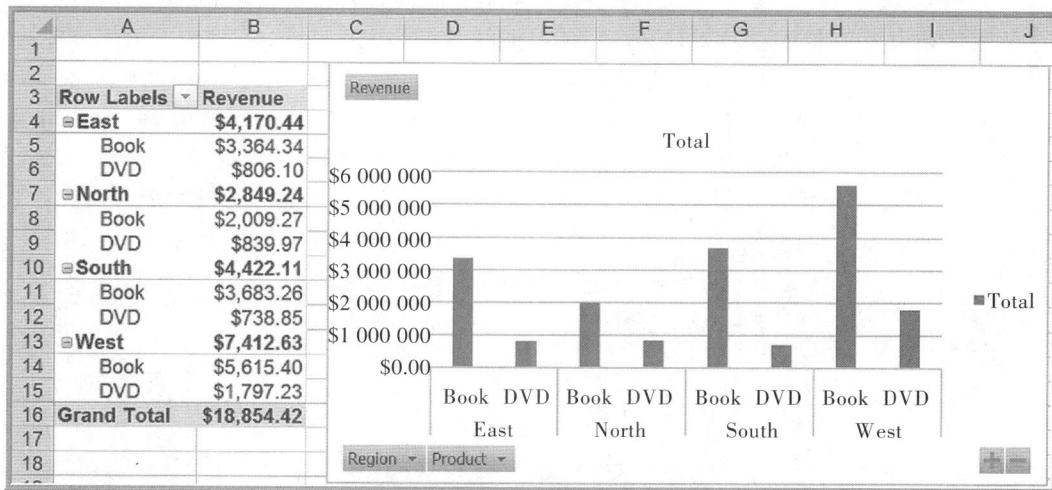

图A3-4　按区域和产品划分的收入透视图

数据透视图使创建仪表板变得很容易。但是，在设计数据透视图时，你应该考虑你试图传达什么信息。例如，在图 A3-4 中，比较区域内的产品销售更容易，而在图 A3-5 中，通过在 Rows 区域中颠倒区域和产品的顺序来比较给定产品的区域销售更容易。数据透视图在口头演示中也是非常有效的，因为 *Filter* 按钮允许你深入挖掘数据来回答受众的问题。

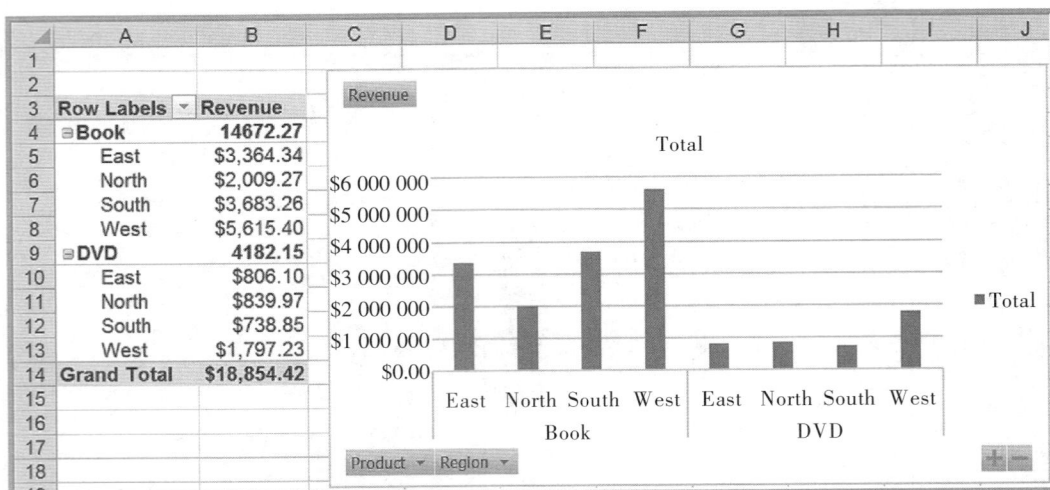

图A3-5 按地区及产品划分收入

Tableau（www.tableau.com）是专业的商务智能软件，使用直观的拖放功能促进数据可视化。它可以用于电子表格以及其他类型的数据库格式，如地理数据，并具有轻松处理大数据的能力。它还应用了数据可视化方面的最佳实践，并促进了仪表板的开发，这些仪表板可以很容易地在 Web 和移动设备上发布和共享。我们简要地说明它的一些基本功能。

图 A3-6 显示了将 *Purchase Orders* 数据库加载到 Tableau 后的窗口。Tableau 自动将左边窗格中的数据划分为"维度"，即对应于名称或日期的列，以及度量值，它对应于数据库中的数值型数据。与数据透视表类似，你只需拖动这些内容放入 Columns，Rows，Filters，以及 Pages 的区域中。在图 A3-6 中，我们首先将 *Item Description* 放在 Columns 的区域，把 *Supplier* 放在 Rows 的区域，然后按顺序拖移 *Cost per order* 到行和列形成的矩形区域。请注意，此处显示的 SUM（每个订单的成本），如椭圆框标注所示，可通过下拉菜单切换为平均值、计数、最小值、最大值等其他计算方式，该操作逻辑与数据透视表中的字段设置调整完全一致。

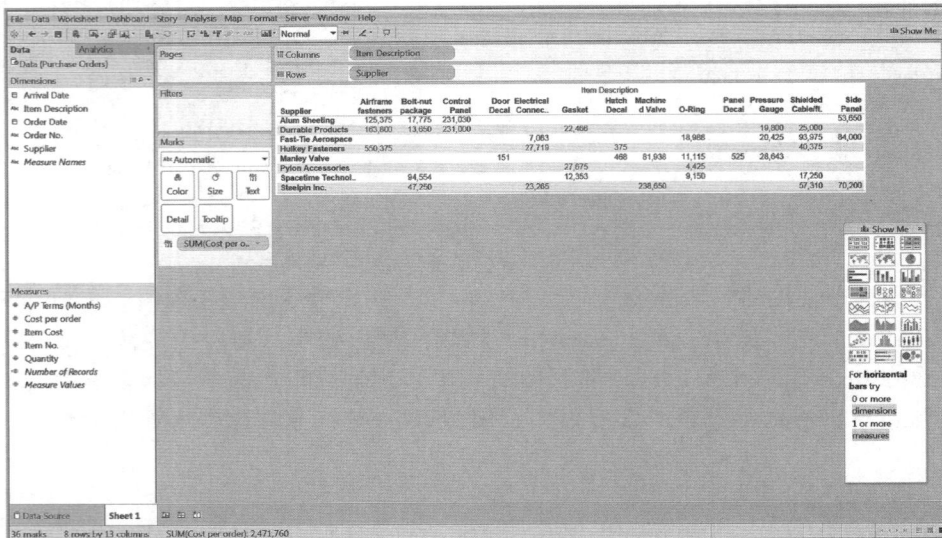

图A3-6 Tableau 窗口

　　Show Me 窗口为各种图表提供一键式可视化效果，包括常见的条形图、柱形图和饼图，以及更高级的图表，如树状图和点图。Tableau 智能地仅显示适用于数据的图表并隐藏其他数据（灰显）。图 A3-7 显示了一个堆叠条形图，图 A3-8 显示了数据的气泡图。

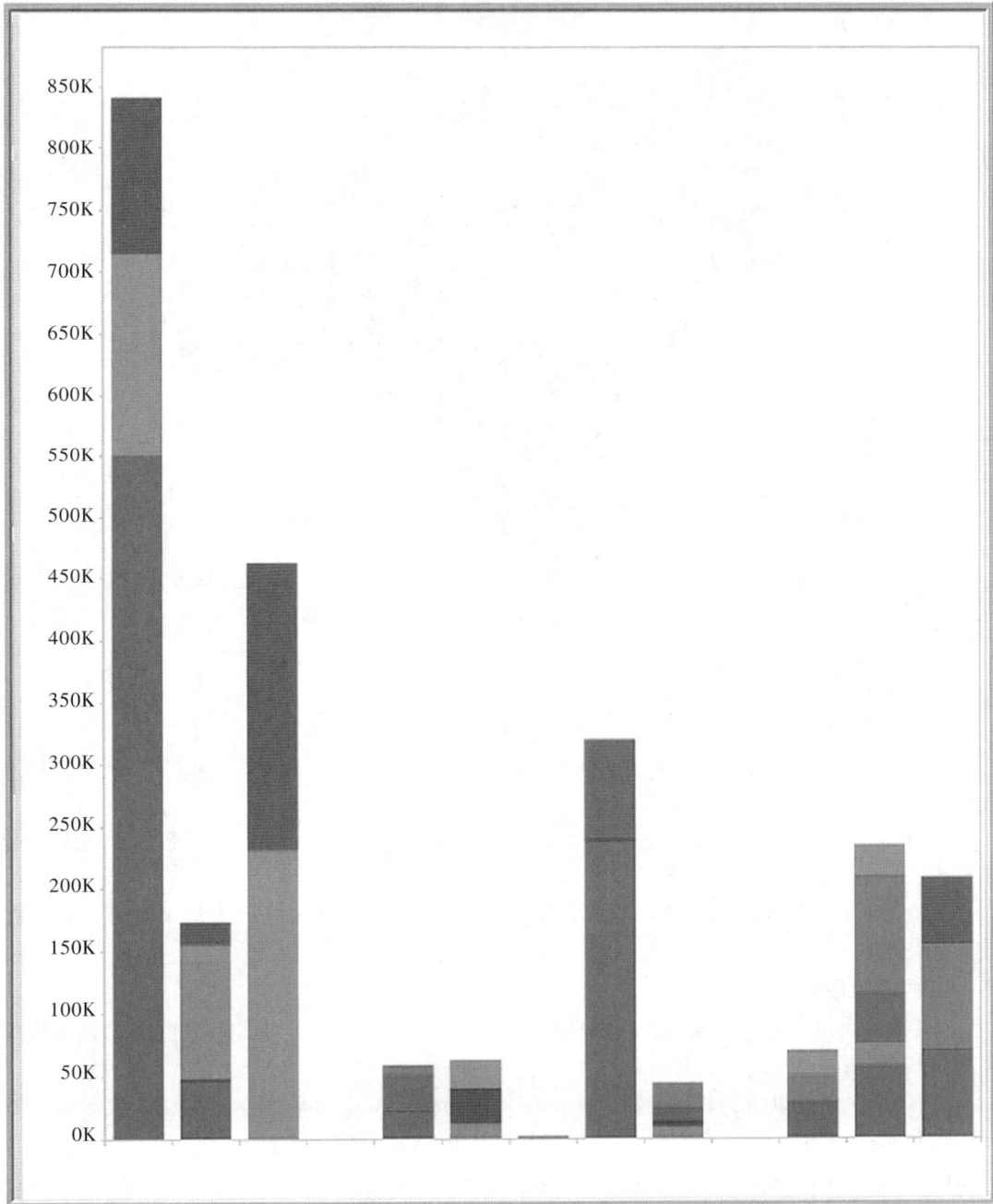

图A3-7　Tableau 堆叠条形图

Tableau 免费提供大量培训材料及视频以服务课堂教学。建议打开网址 www.tableau. com/products/desktop ，查看 Tableau 的更多功能和特性。

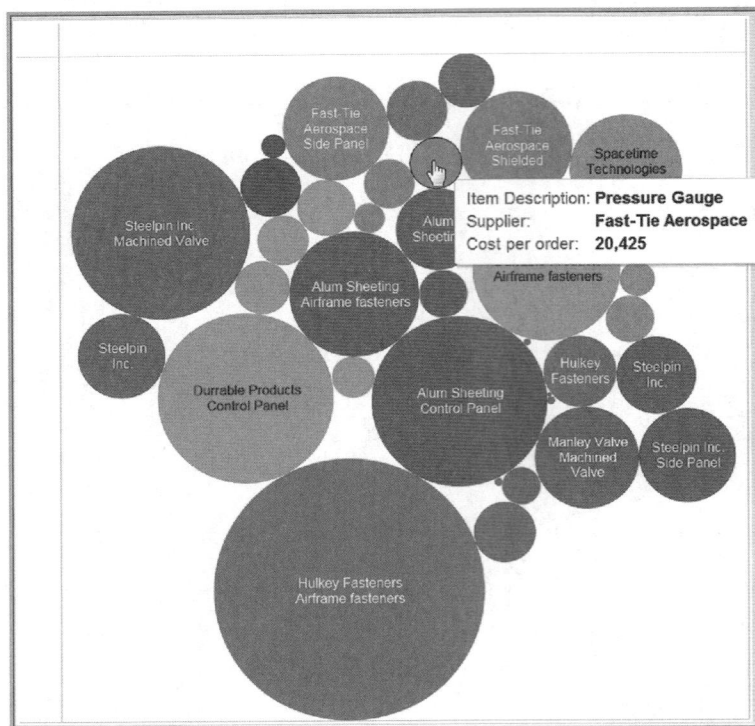

图A3-8　Tableau 气泡图

问题和练习

层次结构图表

1. 在 Excel 文件 *Store and Regional Sales Database* 中为区域、商品和销售的业务量创建树状图。

2. 在 Excel 文件 *Store and Regional Sales Database* 中为区域、项目、销售的业务量创建旭日图。

3. 在 *Budget Forecasting* Excel 文件中计算每个月的总费用，然后为每个月开发瀑布图以可视化数据。

数据透视图

4. 在 Excel 文件 *Credit Risk Data* 中使用数据透视表查找不同用途、婚姻状况和信用风险的贷款数额。

5. 使用数据透视图为 Excel 文件 *President's Inn Guest* 中的数据创建有用的仪表板。解释你设计仪表板各要素的原因以及管理者如何运用这些可视化元素。

6. 使用数据透视图为 Excel 文件 *Restaurant Sales* 中的数据创建有用的仪表板。解释你设计仪表板各要素的原因以及管理者如何运用这些可视化元素。

7. 使用数据透视图为 Excel 文件 *Store and Regional Sales* 中的数据创建有用的仪表板。解释你设计仪表板各要素的原因以及管理者如何运用这些可视化元素。

8. 使用数据透视图为 Excel 文件 *Corporate Default Database* 中的数据创建有用的仪表板。解释你设计仪表板各要素的原因以及管理者如何运用这些可视化元素。

9. 使用数据透视图为 Excel 文件 *Peoples Choice Bank* 中的数据创建有用的仪表板。解释你设计仪表板各要素的原因以及管理者如何运用这些可视化元素。

描述性统计

学习目标

在学习完本章后，你将能够：

- 定义度量并解释测量和度量的概念。
- 解释离散度量和连续度量之间的区别，并分别举一个例子。
- 描述四组数据分类：分类、定序、定距和比率数据，并分别举一个例子。
- 解释统计学，并定义"统计"这个术语。
- 为分类数据、数值型数据和分组数据构建一个频数分布。
- 构建一个相对频数分布表和直方图。
- 计算累积相对频数。
- 计算一个数据集的百分位数和四分位数。
- 构建一个交叉列表（列联表）。
- 解释总体和样本之间的差异。
- 理解统计符号。
- 计算一组数据的平均值、中位数、众数、中程数。
- 使用量化方法及量化值来做实际的商务决策。
- 计算一组数据的极差、四分位距、方差和标准差。
- 解释切比雪夫定理。
- 阐述经验法则并将其应用于实际数据。
- 计算数据集中观测值的标准化值（z 值）。
- 定义并计算变异系数。
- 解释分布中的偏度和峰度的性质。
- 解释偏态和峰度系数。
- 使用 Excel 描述性统计工具汇总数据。
- 计算分组数据的平均值、方差和标准差。
- 计算比例。
- 使用数据透视表计算汇总数据的平均值、方差和标准差。
- 说明理解两个变量之间关系的重要性。解释协方差和相关性之间的区别。
- 计算协方差和相关系数。
- 使用与 Excel 关联的工具。
- 识别数据中的异常值。
- 阐述统计思维的原则。
- 从逻辑和实践的角度解释数据的变化。

• 解释样本数据变化的性质。

英国皇家统计学会（Royal Statistical Society）前主席戴维·汉德（David Hand）将统计学定义为一门研究不确定性的科学，是一种从数据中提取信息的技术，包括收集、归纳、分析、解释和展示数据。**统计**是对数据进行汇总测量。你肯定在日常生活中听过一些媒体报道的统计概念：棒球击球率、航班准点率、居民消费物价指数等。统计学有助于理解和量化数据中的不确定性，并将不确定性纳入预测未来的过程中。

毫无疑问，多年来你一直在非正式地使用统计数据。数值度量，如 GPA、平均收入和房价。虽然我们总是在体育、金融和营销等领域用统计知识来计算平均值，但这些只是冰山一角。统计不仅仅用于计算平均值，统计还从数字和视觉上提供了洞察大量数据的方法，了解不确定性和风险，并从来自大量人群的样本数据中得出结论。例如，营销分析师广泛使用统计数据来分析调查数据，以了解客户对品牌的忠诚度和对商品及服务的满意度，将客户细分为目标广告群，并确定驱动消费者需求的因素；财务人员为识别良好的投资机会，利用统计数据评估股票和共同基金的业绩，并评估外币汇率的变化；运营经理使用统计数据来衡量生产和质量绩效，以确定如何改进流程和设计。你会发现自己在日常工作中经常使用本章所提及的许多统计概念。

统计方法对商务分析至关重要。微软 Excel 通过以下两种方式来辅助统计分析：

（1）使用直接输入工作表单元格或嵌入公式中的统计函数。

（2）使用 Excel 分析工具加载项执行更复杂的统计计算。

我们在许多示例中使用了统计函数和分析工具包。

描述性统计是指使用表格、可视化和定量技术描述和汇总数据的方法。在本章中，我们重点介绍表格法和可视化方法，以及数据统计分析的定量方法。我们首先讨论不同类型的度量和数据分类方法。

实践分析：统计学在卫生保健中的应用

统计科学对卫生保健决策者至关重要。描述性统计总结了医疗产品和服务的使用效益、疗效和成本数据。医疗保健组织越来越多地采用统计分析来衡量其绩效结果。一些例子包括：

• 描述性统计概括了医疗产品和服务的用效益、疗效和成本。例如，政府卫生和人类服务机构利用统计信息衡量人口的总体健康和福祉。

• 医院及其他大型医疗服务机构通过数据驱动的持续质量改进计划来最大化运营效率。统计技术对医疗企业评估绩效成败至关重要——通过建立服务卓越的基准或标准，质量改进管理者可量化评估后续服务成果。分析师通过长期积累的统计数据，来评估医疗企业的整体发展态势与可持续经营能力。

• 研究人员收集人群样本的数据。卫生保健行业因了解消费者市场特征（如年龄、性别、种族、收入和残疾程度）而受益匪浅。这些人口统计数据能预测民众正在使用的服务类型及其可负担的医疗照护水平。

• 统计信息在决定生产何种商品和服务组合、在生产这些商品和服务时分配哪些资源以及向哪些人口提供这些商品和服务方面是非常有价值的。

• 负责向不同人群提供连续护理的公共和私营卫生保健管理人员将现有服务与社区需求进行比较。统计分析是需求评估的一个重要组成部分。统计数据对制药和技术公司在开发满足其服务人群需求的产品线方面同样重要。

• 创新药物的研发全程都离不开统计分析——从初期试验到最终评估，新技术与疗法的临床数据均需通过严谨的统计报告来权衡疗效与风险。

4.1　指标和数据分类

度量是一种测量单位，它提供了一种客观量化绩效的方法。例如，高级经理可以使用诸如净利润、投资回报率、市场份额和客户满意度等指标来评估整体业务绩效。工厂经理可能会监控这些指标，如每月生产的有缺陷零件的比例或库存周转数。对于基于 Web 的零售商，一些有用的指标是准确完成订单的百分比和完成客户订单所需的时间。**测量**是获取与度量相关数据的行为。**度量值**是与度量相关联的数值。

度量可以是离散的，也可以是连续的。**离散度量**是从数出某物的数量中得到的度量。例如，交货是否准时；订单完整或不完整；或者发票有一处、两处、三处或任意数量的错误。与这些示例相关的一些离散度量是准时交货的数量、每天未完成订单的数量以及每张发票的错误数量。**连续度量**基于连续的度量尺度。例如，任何涉及美元、长度、时间、体积或重量的度量都是连续的。

数据的另一种分类是按测量量表的类型分类。数据可分为四类：

（1）**分类（名义）数据**根据指定的特征进行分类。例如，公司的客户可能按其地理区域进行分类（例如，北美、南美、欧洲和太平洋）；员工可分为经理、主管和普通雇员。这些类别之间没有数量关系，但我们通常为每个类别指定一个任意数字，以简化数据管理和统计计算过程。分类数据通常以比例或百分比计算或表示。

（2）**定序数据**可以根据彼此之间的某种关系进行排序或排列。大学橄榄球队或篮球队的排名是有序的，更高的排名意味着一支更强的球队，但并没有说明衡量实力的具体数值。定序数据比分类数据更有意义，因为这些数据可以比较。企业中一个常见的例子是来自调查量表的数据。例如，将服务评级为差、一般、好、很好或优秀。这些数据是分类的，但也有一个自然的顺序（优秀比很好要好），因此是有序的。然而，定序数据没有固定的度量单位，因此我们无法对各类别之间的差异进行有意义的数值说明。例如，我们不能说优秀和很好之间的区别与优秀和一般之间的区别相同。同样，排名第一的球队可能远远优于排名第二的球队，而排名第九和第十的球队之间可能差别不大。

（3）**定距数据**是有序的，观测值之间的差异是恒定的，并且具有任意的零点。常见的例子是时间和温度。时间是相对于全球位置的，日历具有任意的起始日期（例如，将标准公历与中国农历进行比较）。华氏度和摄氏度都是特定距离（度）的度量，但零点可以是随心所欲的。因此，我们无法计算有意义的比率。例如，我们不能说50度的温度是25度的2倍。然而，我们可以比较其不同之处。另一个例子是SAT或GMAT成绩。分数可用于对学生进行排名，但仅限于差异分数，其能提供一个学生比另一个学生表现好多少的信息；而比率毫无意义。与定序数据相比，定距数据允许对范围、平均值和其他统计数据进行有意义的比较。

在企业中，来自调查量表的数据虽然在技术上是有序的，但当数字量表与类别（例如，1个差、2个平均、3个好、4个很好、5个优秀）相关联时，通常被视为定距数据。

严格地说，这是不正确的，因为类别之间的"距离"可能并不相同（例如，受访者可能认为穷人和普通人之间的差距比好的和很好的之间的差距更大）。然而，许多调查数据的用户在分析调查数据时将其视为间距，特别是在仅使用数字量表而不使用描述性标签时。

（4）**比率数据**是连续的，有一个自然的零点。大多数商务和经济数据，如美元和时间，都属于这一类。例如，度量美元的单位具有绝对的零点。美元数字的比率是有意义的。例如，知道西雅图地区3月份的销售额为1 200万美元，而坦帕地区的销售额为600万美元，意味着西雅图的销售额是坦帕的2倍。

这种分类是按层级划分的，因为每一级都包括它前面一级的所有信息内容。例如，定序数据也是分类数据，比率数据也可以转换为任何其他类型的数据。定距数据可以转换为定序数据或分类数据，但在不知道绝对零点的情况下不能转换为比率数据。因此，比率尺度是最有力的测量形式。

示例4.1　　　　对采购数据库中的数据元素进行分类[①]

图4-1显示了一个数据集的一部分，其中包含一家飞机部件制造公司在过去3个月内购买的所有商品。数据集提供了供应商、订单号、项目编号、描述、成本、订购数量、每个订单的成本、供应商应付账款（A/P）条款以及订单和到货日期。我们可以对这些数据做如下分类：

- 供应商（Supplier）——分类数据
- 序号（Order Number）——定序数据
- 商品编号（Item Number）——分类数据
- 商品描述（Item Description）——分类数据
- 商品成本（Item Cost）——比率数据
- 数量（Quantity）——比率数据
- 每个订单成本（Cost per order）——比率数据
- 应付账款（A/P Terms）——比率数据
- 订单日期（Order Date）——定距数据
- 到达日期（Arrival Date）——定距数据

	A	B	C	D	E	F	G	H	I	J
1	Purchase Orders									
2										
3	Supplier	Order No.	Item No.	Item Description	Item Cost	Quantity	Cost per order	A/P Terms (Months)	Order Date	Arrival Date
4	Hulkey Fasteners	Aug11001	1122	Airframe fasteners	$ 4.25	19,500	$ 82,875.00	30	08/05/11	08/13/11
5	Alum Sheeting	Aug11002	1243	Airframe fasteners	$ 4.25	10,000	$ 42,500.00	30	08/08/11	08/14/11
6	Fast-Tie Aerospace	Aug11003	5462	Shielded Cable/ft.	$ 1.05	23,000	$ 24,150.00	30	08/10/11	08/15/11
7	Fast-Tie Aerospace	Aug11004	5462	Shielded Cable/ft.	$ 1.05	21,500	$ 22,575.00	30	08/15/11	08/22/11
8	Steelpin Inc.	Aug11005	5319	Shielded Cable/ft.	$ 1.10	17,500	$ 19,250.00	30	08/20/11	08/31/11
9	Fast-Tie Aerospace	Aug11006	5462	Shielded Cable/ft.	$ 1.05	22,500	$ 23,625.00	30	08/20/11	08/26/11
10	Steelpin Inc.	Aug11007	4312	Bolt-nut package	$ 3.75	4,250	$ 15,937.50	30	08/25/11	09/01/11
11	Durable Products	Aug11008	7258	Pressure Gauge	$ 90.00	100	$ 9,000.00	45	08/25/11	08/28/11
12	Fast-Tie Aerospace	Aug11009	6321	O-Ring	$ 2.45	1,300	$ 3,185.00	30	08/25/11	09/04/11

图4-1　*Purchase Order* 数据库部分内容

我们可以使用这些数据来评估平均交付速度，并根据该指标对供应商进行排名（从而创建定序数据）。

检验你的学习成果

（1）解释统计学。

---

① 　Based on Kenneth C. Laudon and Jane P. Laudon, *Essentials of Management Information Systems*. 9th ed.（Upper Saddle River, NJ: Prentice Hall, 2011）.

（2）什么是度量？它在不同的研究对象中有怎样的不同？

（3）解释离散度量和连续度量之间的差异。

（4）描述四种测量量表，并举例说明。

4.2 频数分布表和直方图

频数分布表是用于显示若干互斥组别中观测值数量的统计表格。以柱形图的形式对频数分布进行图形化描述的图表被称为**直方图**。频数分布表和直方图总结了数据的基本特征，如数据的中心位置和数据的分布范围。这通常是使用描述性统计的第一步。本节将分别讲解针对分类数据与数值型数据的频数分布表构建方法。

4.2.1 分类数据的频数分布

分类变量天然构成频数分布的分组依据。例如，在采购订单数据库（见图4-1）中，为订单按以下物品类别自然形成分组：

机身紧固件（Airframe Fasteners）　　　　机加工阀门（Machined Valve）

螺栓-螺母套件（Bolt-nut Package）　　　　O 形圈（O-ring）

控制面板（Control Panel）　　　　　　　面板贴纸（Panel Decal）

舱门贴纸（Door Decal）　　　　　　　　压力表（Pressure Gauge）

电子连接器（Electrical Connector）　　　屏蔽电缆/英尺（Shielded Cable/ft.）

垫片（Gasket）　　　　　　　　　　　　侧板（Side Panel）

舱口贴纸（Hatch Decal）

为了构造一个频数分布表，我们只需要计算出现在每个类别中的观察值的数量。

示例4.2　　　　　　　**为采购订单数据库中的商品构建频数分布表**

首先，在电子表格的一列中列出商品名称。我们使用A列，从单元格A100开始，位于现有数据区域下方。务必使用与数据文件相同的名称。计算每个订单的订购数量，使用函数=COUNTIF（$D$4：$D$97，*cell_reference*），其中，*cell_reference*是包含商品名称的单元格，在本例中为单元格A101，如图4-2所示。图4-3显示了商品的结果频数分布。因此，该公司下了14份机身紧固件订单和11个螺栓-螺母套件订单。我们也可以构建一个柱形图来可视化这些频数，如图4-4所示。我们可能希望使用帕累托分析对它们进行排序，以便更深入地了解这一排序频数。

	A	B
100	Item Description	Frequency
101	Airframe fasteners	=COUNTIF($D$4:$D$97,A101)
102	Bolt-nut package	=COUNTIF($D$4:$D$97,A102)
103	Control Panel	=COUNTIF($D$4:$D$97,A103)
104	Door Decal	=COUNTIF($D$4:$D$97,A104)
105	Electrical Connector	=COUNTIF($D$4:$D$97,A105)
106	Gasket	=COUNTIF($D$4:$D$97,A106)
107	Hatch Decal	=COUNTIF($D$4:$D$97,A107)
108	Machined Valve	=COUNTIF($D$4:$D$97,A108)
109	O-Ring	=COUNTIF($D$4:$D$97,A109)
110	Panel Decal	=COUNTIF($D$4:$D$97,A110)
111	Pressure Gauge	=COUNTIF($D$4:$D$97,A111)
112	Shielded Cable/ft.	=COUNTIF($D$4:$D$97,A112)
113	Side Panel	=COUNTIF($D$4:$D$97,A113)

图4-2　使用COUNTIF函数构造一个频数分布表

	A	B
100	**Item Description**	**Frequency**
101	Airframe fasteners	14
102	Bolt-nut package	11
103	Control Panel	4
104	Door Decal	2
105	Electrical Connector	8
106	Gasket	10
107	Hatch Decal	2
108	Machined Valve	4
109	O-Ring	12
110	Panel Decal	1
111	Pressure Gauge	7
112	Shielded Cable/ft.	11
113	Side Panel	8

图4-3　采购商品的频数分布

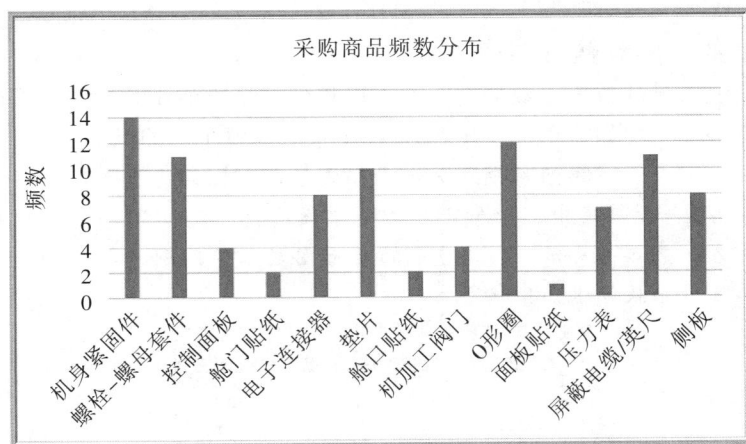

图4-4　采购商品的频数分布柱形图

4.2.2　相对频数分布

我们可以将频数表示为占总数的百分数或比例，这叫作**相对频数**。如果一个数据集有 n 个观测值，则类别 i 的相对频数的计算方法是：

$$类别i的相对频数 = \frac{类别i的频数}{n} \tag{4.1}$$

我们常将相对频数乘以 100 以百分比形式表示。**相对频数分布表**是以表格形式汇总所有类别相对频数的统计工具。

示例4.3　　　　　构建采购订单数据库中商品的相对频数分布表

相对频数的计算很简单。首先，将频数相加得到总数（注意，频数的总和必须与观察总数 n 相同），然后将每个类别的频数除以这个值。图 4-5 显示了采购订单商品的相对频数分布表。例如，单元格 C101 中的公式为=B101/$B$114。然后将这个公式沿着列向下复制，以计算其他相对频数。请注意，相对频数的总和必须等于 1.0。频数的饼状图有时被用来直观地显示这些比例，尽管它对数量较少的类别更有吸引力。对于很多类别，柱形图或条形图会更好，正如我们在第 3 章中提到的。

	A	B	C
100	**Item Description**	**Frequency**	**Relative Frequency**
101	Airframe fasteners	14	0.1489
102	Bolt-nut package	11	0.1170
103	Control Panel	4	0.0426
104	Door Decal	2	0.0213
105	Electrical Connector	8	0.0851
106	Gasket	10	0.1064
107	Hatch Decal	2	0.0213
108	Machined Valve	4	0.0426
109	O-Ring	12	0.1277
110	Panel Decal	1	0.0106
111	Pressure Gauge	7	0.0745
112	Shielded Cable/ft.	11	0.1170
113	Side Panel	8	0.0851
114	Total	94	1.0000

图4-5　采购商品的相对频数分布表

4.2.3　数值型数据的频数分布表

对于由少量值组成的数值型数据，我们可以构建一个类似于我们对分类数据所做的频数分布表。也就是说，我们简单地使用COUNTIF来计算每个值的频数。

示例4.4　　　　　　　　　　频数和相对频数分布表的应付账款

在*Purchase Orders*数据库中，应付账款都是整数：15、25、30和45。这些数据的频数和相对频数分布表如图4-6所示。图4-7中的条形图显示了比例或相对频数，清楚地显示了大多数订单的应付账款期限为30个月。

	A	B	C
117	**A/P Terms**	**Frequency**	**Relative Frequency**
118	15	5	0.0532
119	25	12	0.1277
120	30	64	0.6809
121	45	13	0.1383
122	Total	94	1.0000

图4-6　应付账款的频数和相对频数分布表

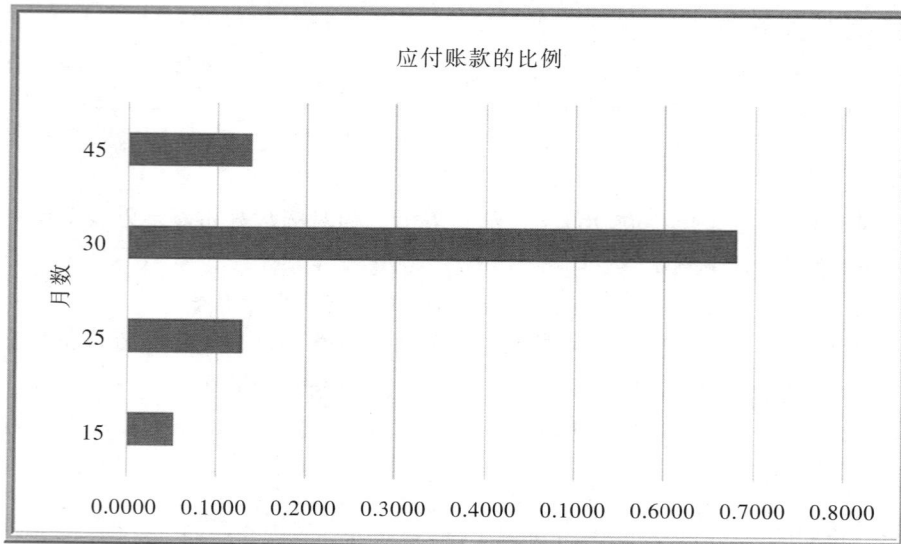

图4-7　应付账款的相对频数柱形图

Excel直方图工具

频数分布表和直方图可以使用Excel中的*Analysis Toolpak*（分析工具库）创建。为此，单击Excel菜单栏中*Data*选项卡下的*Analysis*组中的*Data Analysis*工具按钮，并从列表中选择*Histogram*（直方图）。在对话框中（参见图4-8），指定与数据对应的*Input Range*。如果包含列标题，那么也要勾选标签框，以便Excel知道该范围包含一个标签。*Bin Range*定义了用于频数分布的组（Excel称之为"bins"）。如果没有指定*Bin Range*，Excel将自动确定频数分布表和直方图，这往往导致一个相当糟糕的选择。如果你有离散值，请在电子表格中为*Bin Range*设置这些值的一列，并在*Bin Range*字段中指定此范围。我们将简要介绍如何处理连续数据。选中*Chart Output*框以显示频数分布之外的直方图。你也可以将值排序为帕累托图，并通过勾选附加框来显示累积频数。

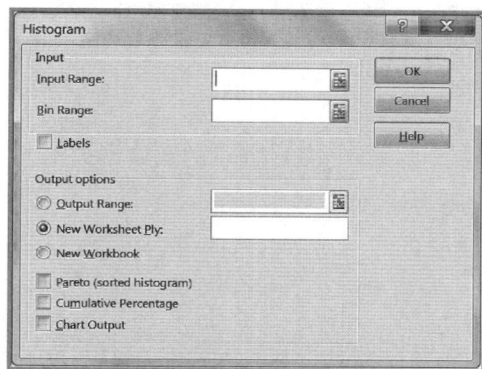

图4-8　直方图工具对话框

示例4.5　　使用直方图工具

我们将在*Purchase Orders*数据库中为应付账款变量创建一个频数分布表和直方图。图4-9显示了完成的直方图对话框。输入范围包括列标题以及列H中的数据。我们在下面定义了组的范围，并将其输入单元格H99：H103（包括标题"Months"）：

月数
15
25
30
45

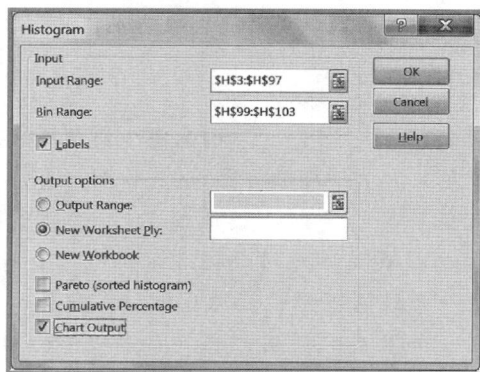

图4-9　应付账款数据的直方图对话框

如果你选中*Labels*框，重要的是*Input Range*和*Bin Range*都在第一行包含标签。图4-10显示了该工具的结果。

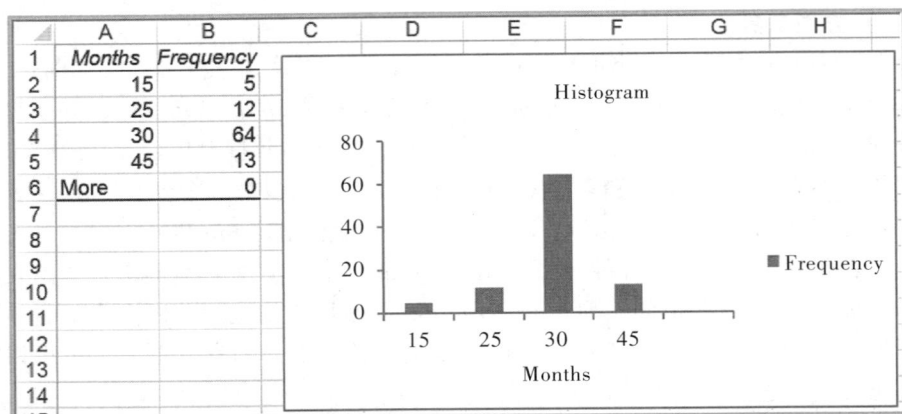

图4-10　应付账款数据的Excel频数分布表和直方图

4.2.4　分组频数分布表

对于具有许多不同离散值且很少重复或连续的数值型数据，我们通常将数据分到"各组"中。分组的频数分布表需要我们指定：

（1）组数

（2）每组的宽度

（3）每组的上限和下限

请务必记住，这些组可能不会重叠，因此每个值都只算在一个组中。

你应该在检查数据范围后定义组。一般来说，你应该选择5~15组，每组的范围应该相等。你拥有的数据越多，通常应该使用的组就越多。请注意，组越少，组宽度越宽。组宽度较宽提供"粗略"的直方图。有时，你需要进行实验，以找到最佳的组数，从而提供有用的可视化数据。选择第一组（LL）的下限作为小于最小数据值的整数，选择最后一组（UL）的上限作为大于最大数据值的整数。一般来说，选择好的整数是有意义的。然后，你可以通过以下方法计算组宽度：

$$组宽度 = \frac{UL - LL}{组数} \tag{4.2}$$

示例4.6　　　　　　　　　**构建每个订单成本的频数分布表和直方图**

在本例中，我们将Excel直方图工具应用于*Purchase Orders*数据库G列中的每个订单成本数据。数据范围从最低68.75美元到最高127 500美元不等。你可以通过使用MIN和MAX函数或简单地对数据进行排序来查找数据。为了确保所有数据都包含在某个组中，将第一个组的下限设置为0美元，将最后一个组的上限设置为130 000美元是有意义的。因此，如果我们使用方程（4.2）选择5组，每组的宽度为26 000美元（（130 000-0）/5）；如果我们选择10组，宽度为13 000美元（（130 000-0）/10）。我们选择5组。这样，组的范围被指定为：

组上限（美元）
0.00
26 000.00
52 000.00
78 000.00
104 000.00
130 000.00

这意味着第一组包括所有小于或等于 0 美元的值；第二组包括所有大于 0 美元但小于或等于 26 000 美元的值，以此类推。请注意，这些组不会重叠，因为一个组的下限严格大于上一个组的上限。我们建议使用组范围的标题"组上限"来明确这一点。在电子表格中，此组范围输入单元格 G99：G105 中。Histogram 对话框中的 Input Range 为 G4：G97。图 4-11 显示了结果。分析结果表明，绝大多数订单金额集中在 26 000 美元及以下区间，超过该阈值后订单量急剧下降。选择更多的组可能有助于更好地理解数据的性质。图 4-12 显示了使用 10 组的结果。这表明 13 000 美元或以下订单的比例高于 13 000 美元至 26 000 美元之间订单的比例。

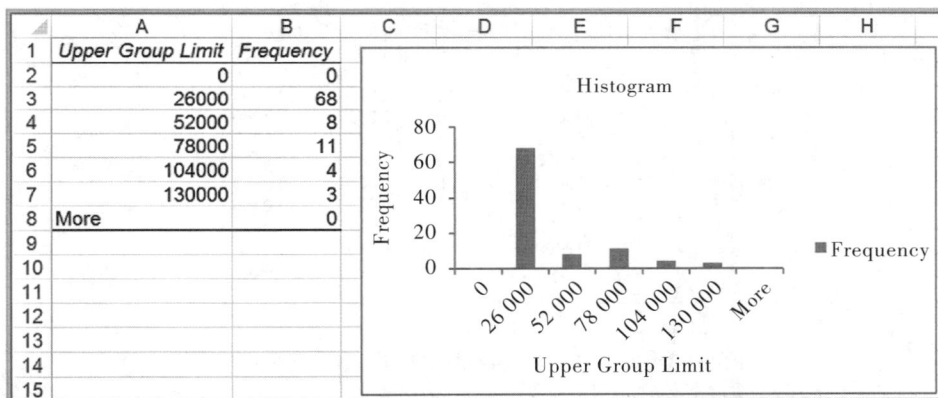

图 4-11　每个订单成本的频数分布表和直方图（5 组）

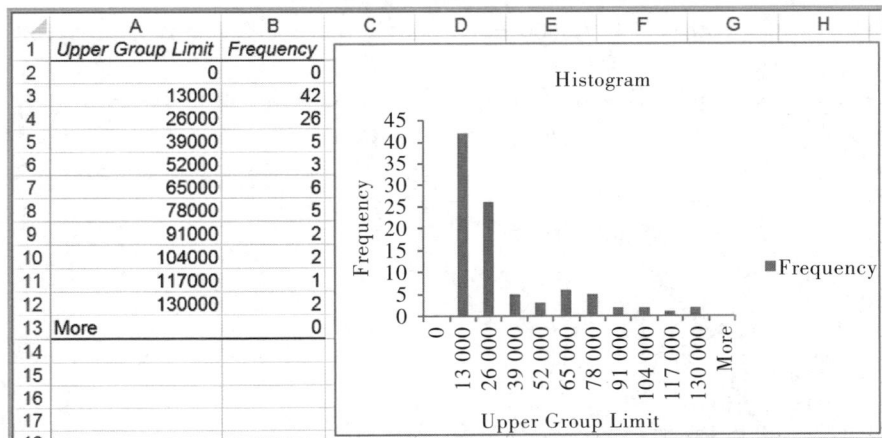

图 4-12　每个订单成本的频数分布表和直方图（10 组）

Excel 的 Histogram 工具有一个局限，即频数分布表和直方图未与数据链接，因此，如果更改任何数据，必须重复整个过程以构建新的频数分布表和直方图。

4.2.5　累积相对频数分布

对于数值型数据，我们还可计算各分组的观测值相对频数。通过累加每个上限值及其以下的所有相对频数，即可得到**累积相对频数**。该数值反映不超过各组上限的观测值在总样本中的占比，而汇总这些累积相对频数的表格即称为**累积相对频数分布表**。

示例4.7　　　　　　　　　　　　　　**计算累积相对频数**

图4-13显示了使用10组*Purchase Order*数据库中每个订单成本数据的相对频数和累积相对频数分布。使用与示例4.3相同的方法计算相对频数，即将频数除以观测值总数（94）。在D列中，我们将第一组的累积相对频数设置为相对频数。然后我们将下一组的相对频数添加到累积相对频数中。例如，单元格D3中的累积相对频数计算为=D2+C3=0.000+0.4468=0.4468；单元格D4中的累积相对频数计算为=D3+C4=0.4468+0.2766=0.7234，以此类推。因为相对频数必须介于0和1之间，并且加起来必须等于1，所以最后一列的累积频数必须等于1。

	A	B	C	D
1	Upper Group Limit	Frequency	Relative Frequency	Cumulative Relative Frequency
2	0	0	0.0000	0.0000
3	13000	42	0.4468	0.4468
4	26000	26	0.2766	0.7234
5	39000	5	0.0532	0.7766
6	52000	3	0.0319	0.8085
7	65000	6	0.0638	0.8723
8	78000	5	0.0532	0.9255
9	91000	2	0.0213	0.9468
10	104000	2	0.0213	0.9681
11	117000	1	0.0106	0.9787
12	130000	2	0.0213	1.0000
13	More	0	0.0000	1.0000
14	Total	94		

图4-13　每个订单成本数据的累积相对频数分布表

图4-14显示了累积相对频数的图表，称为**肩形图**（ogive）。从这个图表中，你可以很容易地估计出低于某个值的观察值的比例。例如，你可以看到略多于70%的数据降到26 000美元或以下，约90%的数据降到78 000美元或以下，以此类推。请注意，也可以使用*Histogram*工具显示累积频数。

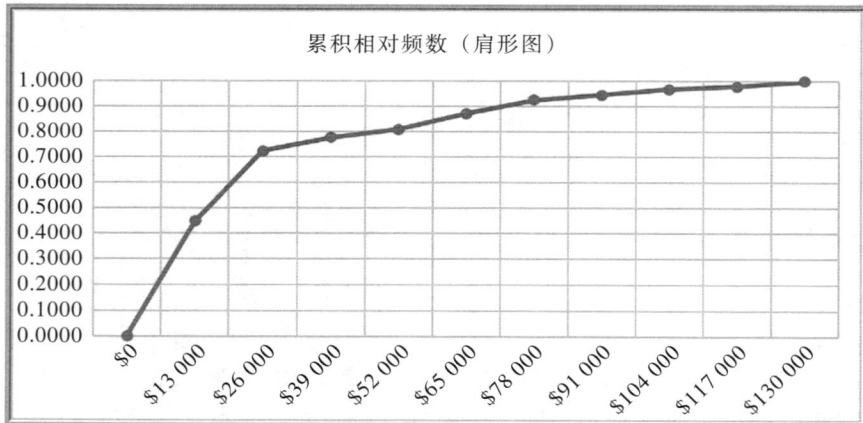

图4-14　每个订单成本的肩形图

4.2.6 利用数据透视表构建频数分布表

数据透视表使构建频数分布表变得非常容易。例如，在 *Purchase Orders* 数据库中，我们可以简单地构建一个数据透视表来查找每个项目的订单数量，从而得到与图 4-5 中相同的汇总。使用 Windows 版的 Excel，数据透视图（见第 3 章附录 A3）将显示直方图。对于连续的数值型数据，我们也可以使用数据透视表来构建分组频数分布表。

示例 4.8　　　　　　　　利用数据透视表构建分组频数分布表

使用 *Purchase Orders* 数据库，创建一个数据透视表，如图 4-15 所示。注意，这只是显示了每个订单成本值的频数，每个值都是唯一的。在"和值"区域中使用哪个字段并不重要，只需确保字段在设置时指定"计数"。接下来，单击"行标签"列中的任意值，并从 *PivotTable Tools* 的 *Analyze* 选项卡中选择 *Group Field*。在对话框中设置起始值为 0、结束值为 130 000，并将组距设为 26 000，如图 4-16 所示。结果如图 4-17 所示，其数据分组区间与图 4-11 完全一致。

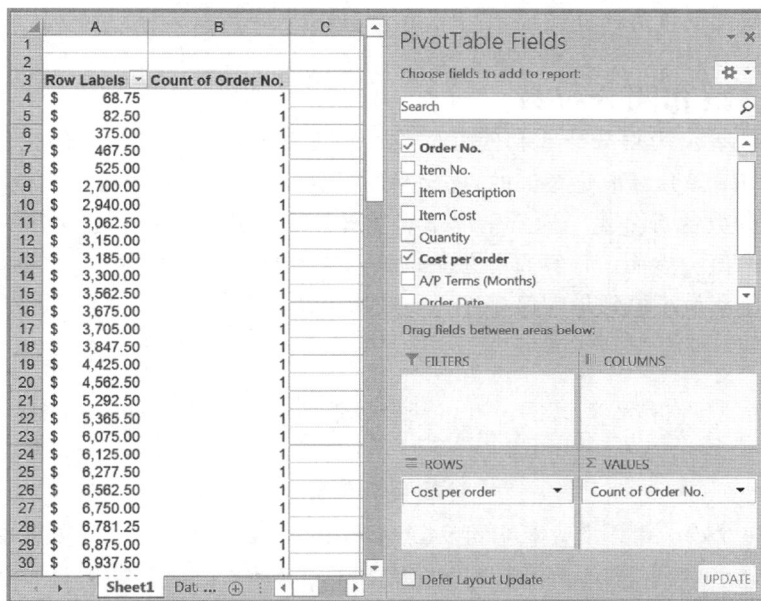

图 4-15　每个订单数据透视表的成本计数

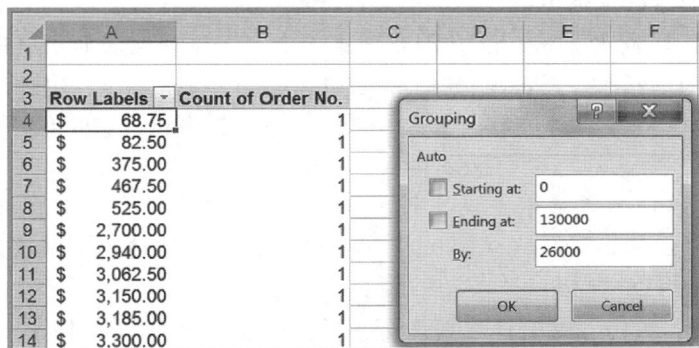

图 4-16　分组字段对话框

	A	B
1		
2		
3	**Row Labels** ▼	**Count of Order No.**
4	0-26000	68
5	26000-52000	8
6	52000-78000	11
7	78000-104000	4
8	104000-130000	3
9	**Grand Total**	94

图4-17　数据透视表中的分组频数分布表

检验你的学习成果

（1）什么是频数分布表？

（2）解释如何计算相对频数。

（3）说明如何使用Excel为分类数据和数值型数据构建频数分布表。

（4）说明Excel的 *Histogram* 工具的功能和限制。

（5）肩形图显示的图形是什么样的？

（6）使用数据透视表构建图4-12中的频数分布表。

4.3　百分位数和四分位数

数据通常被表示为百分位数和四分位数。毫无疑问，你对大学或研究生入学（SAT、ACT、MAT、GRE等）标准化考试的百分位数很熟悉。百分位数说明了其他考生超出或低于某一个人的分数的百分比。通常情况下，**第 k 个百分位数**是一个至少有 $k\%$ 的观察值处于或低于该值的值。然而，计算百分位数的方法没有标准。计算第 k 个百分位数最常用的方法是将数据值从最小值到最大值排序，并使用公式计算第 k 个百分位数的排名：

$$\frac{nk}{100} + 0.5 \tag{4.3}$$

其中，n 是观察次数。将其四舍五入到最接近的整数，并将对应于该排名的值作为第 k 个百分位数。

示例4.9　　　　　　　　　　　计算百分位数

在 *Purchase Orders* 数据中，我们有94个观察值（$n = 94$）。每个订单成本数据的第90个百分位数（$k = 90$）排名计算为：$94 \times 90 / 100 + 0.5 = 85.1$，或四舍五入为85。第85个订购值为74 375美元，是第90个百分位数。这意味着90%的订单成本低于或等于74 375美元，10%高于74 375美元。

统计软件使用不同的方法，通常需要在排名之间采用插值法而不是四舍五入进行计算，从而产生不同的结果。Excel函数 PERCENTILE.INC（*array*，k）用来计算 *array* 字段中指定范围内的第 $100 \times k$ 个百分位数据，其中 k 在0到1的范围内（包括0到1）。

示例4.10　　　　　　　　　Excel中百分位数的计算

要在 *Purchase Orders* 数据中查找每个订单成本数据的第90个百分位数，请使用Excel函数=PERCENTILE.INC（G4：G97，0.9）。第90个百分位数计算结果为73 737.50美元，这与使用公式（4.3）不同。

Excel还有一个工具，用于将数据从高到低排序，并计算与每个值相关的百分位数。从 *Data* 选项卡的 *Data Analysis* 菜单中选择 *Rank and Percentile*，并在对话框中指定数据的范围。如果你指定的范围在电子表格中包含标题，请确保选中第一行中的标签框。

示例 4.11　　　　　　　　　Excel 排名和百分位数工具

图 4-18 显示了每个订单成本数据 *Rank and Percentile* 工具的部分结果。你可以看到，我们在示例 4.9 中计算得出的 Excel 第 90 个百分位数 74 375 美元，实际对应的是第 90.3 个百分位数值。

	A	B	C	D
1	Point	Cost per order	Rank	Percent
2	74	$127,500.00	1	100.00%
3	62	$121,000.00	2	98.90%
4	71	$110,000.00	3	97.80%
5	16	$103,530.00	4	96.70%
6	73	$ 96,750.00	5	95.60%
7	1	$ 82,875.00	6	94.60%
8	67	$ 81,937.50	7	93.50%
9	82	$ 77,400.00	8	92.40%
10	54	$ 76,500.00	9	91.30%
11	80	$ 74,375.00	10	90.30%
12	68	$ 72,250.00	11	89.20%
13	20	$ 65,875.00	12	88.10%
14	65	$ 64,500.00	13	87.00%
15	28	$ 63,750.00	14	86.00%

图 4-18　使用 *Rank and Percentile* 工具得出的部分数据

四分位数将数据分成四部分。第 25 个百分位数称为第 1 个四分位数 Q_1；第 50 个百分位数称为第 2 个四分位数 Q_2；第 75 个百分位数称为第 3 个四分位数 Q_3；第 100 个百分位数称为第 4 个四分位数 Q_4。1/4 的数据低于第 1 个四分位数，1/2 的数据低于第 2 个四分位数，3/4 的数据低于第 3 个四分位数。我们可以使用 Excel 函数 QUARTILE.INC（*array*，*quart*）来计算四分位数，其中，*array* 指定数据的范围，*quart* 是介于 1 和 4 之间的整数，表示所要的四分位数。

示例 4.12　　　　　　　　　用 Excel 计算四分位数

对于采购订单数据库中的每个订单成本数据，我们可以使用 Excel 函数 =QUARTILE.INC（G4：G97，*k*），其中 *k* 的范围为 1 到 4，以计算四分位数。结果如下：

k=1　第 1 个四分位数　　6 757.81 美元

k=2　第 2 个四分位数　　15 656.25 美元

k=3　第 3 个四分位数　　27 593.75 美元

k=4　第 4 个四分位数　127 500.00 美元

我们可以得出结论，25% 的订单成本降至 6 757.81 美元或以下；50% 的订单成本降至 15 656.25 美元或以下；75% 的订单成本降至 27 593.75 美元或以下，100% 的订单成本降至最大值 127 500 美元或以下。

我们可以将这些想法扩展到数据的其他部分。例如，十分位数将数据分成 10 组：第 10 个百分位数、第 20 个百分位数，以此类推。所有这些类型的度量都被称为**数据剖面**或**分位数**。

检验你的学习成果

（1）解释如何定义第 75 个百分位数。

（2）四分位数与百分位数有何关联？

（3）你可以使用哪些 Excel 函数求解百分位数和四分位数？

4.4 交叉列表

交叉列表是用于总结分类数据和检查两个定类变量之间的关系的最基本的统计工具之一。**交叉列表**是一种制表方法，用于显示两个定类变量的不同子类别在数据集中的观测数。交叉列表通常称为**列联表**。变量的子类别必须相互排斥且详尽无遗，这意味着每个观测值只能被划分为一个子类别，并且综合所有子类别，它们必须构成完整的数据集。交叉列表通常用于营销研究，通过分类变量（如性别、教育水平和婚姻状况）深入了解不同细分市场的特征。

示例 4.13 构造交叉列表

让我们考察一下 *Sales Transactions* 数据库，其中一部分如图 4-19 所示。假设我们希望确定每个地区订购的书和 DVDs 的数量。交叉列表的行将对应不同地区，而列对应不同产品。我们用表的形式列出了每对地区–产品的数量。这些数据的交叉列表见表 4-1。数据透视表使构造交叉列表变得容易。将数据可视化为图表是展示结果的好方法。图 4-20 展示了产品和地区销售情况之间的差异。

	A	B	C	D	E	F	G	H
1	Sales Transactions: July 14							
2								
3	Cust ID	Region	Payment	Transaction Code	Source	Amount	Product	Time Of Day
4	10001	East	Paypal	93816545	Web	$20.19	DVD	22:19
5	10002	West	Credit	74083490	Web	$17.85	DVD	13:27
6	10003	North	Credit	64942368	Web	$23.98	DVD	14:27
7	10004	West	Paypal	70560957	Email	$23.51	Book	15:38
8	10005	South	Credit	35208817	Web	$15.33	Book	15:21
9	10006	West	Paypal	20978903	Email	$17.30	DVD	13:11
10	10007	East	Credit	80103311	Web	$177.72	Book	21:59
11	10008	West	Credit	14132683	Web	$21.76	Book	4:04
12	10009	West	Paypal	40128225	Web	$15.92	DVD	19:35
13	10010	South	Paypal	49073721	Web	$23.39	DVD	13:26

图 4-19 *Sales Transactions* 数据库部分数据

表 4-1 销售交易数据交叉列表

地区	书	DVD	总计
东部	56	42	98
北部	43	42	85
南部	62	37	99
西部	100	90	190
总计	261	211	472

将结果表示为行或列的百分比，可以更容易地解释地区或产品之间的差异，特别是当每个地区类或产品类的总数不同时。表 4-2 显示了各地区书和 DVDs 销量的百分比；这是通过将各地区每类产品销量除以各地区产品总销量并乘以 100% 来计算的（在 Excel 中，只需将数值除以总数，并通过单击功能区 *Home* 选项卡中 *Number* 组中的 % 按钮将结果格式化为百分比）。在第 2 章中，我们已经了解过如何在数据透视表中轻松地执行此操作。例如，数据显示：虽然西部地区的图书和 DVDs 总销量高于北部，但两类产品的相对占比却十分接近——这一特征与东部和南部地区形成鲜明对比。

表4-2	各地区产品销量百分比表		
地区	书（%）	DVD（%）	总计（%）
东部	57.1	42.9	100
北部	50.6	49.4	100
南部	62.6	37.4	100
西部	52.6	47.4	100

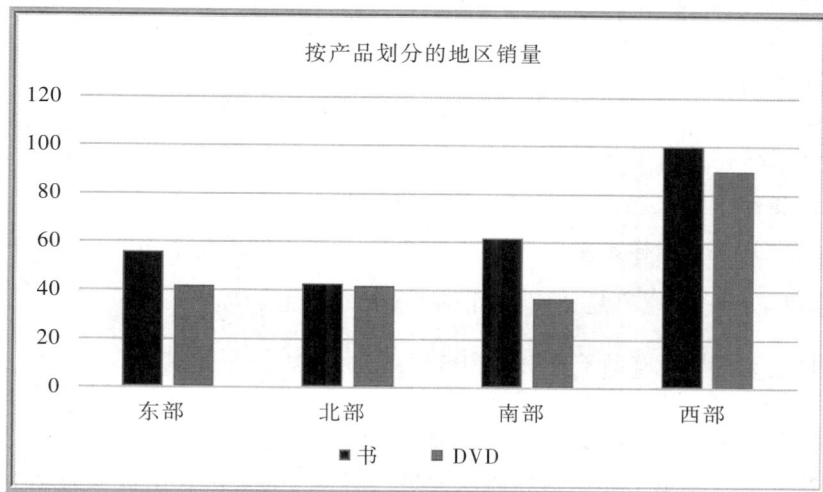

图4-20　按产品划分的地区销量图

检验你的学习成果

（1）什么是交叉列表？

（2）使用数据透视表构建交叉列表，如表4-1所示。

4.5　描述性统计指标

在本节中，我们将介绍数值指标，它提供了一种从数据中获取有意义信息的有效方法。然而，在讨论这些指标之前，我们需要了解总体和样本之间的区别。

4.5.1　总体和样本

一个**总体**包含了对特定决策或调查感兴趣的所有项目——例如，美国所有没有手机的个人、网飞公司的所有订阅者，或谷歌的所有股东。像网飞这样的公司会保留其客户的详尽记录，使得检索整个客户群体的数据变得容易。然而，要识别出所有没有手机的个人几乎是不可能的。

样本是一个群体的子集。例如，过去一年从网飞公司租看喜剧片的个人名单将是所有客户群体中的一个样本。该样本是否代表客户群体（取决于样本数据的使用方式）可能存在争议；然而，这就是一个样本。大多数总体，即使是有限的，通常也因为其规模太大而无法进行有效或实用的处理。例如，调查美国所有的电视观众是不切实际的，而且成本太高。当必须从破坏性试验或连续生产过程中获得数据时，抽样显然也是必要的。因此，抽样的目的是获取足够的信息，以得出一个关于总体的有效推断。例如，市场研究人员使用抽样来衡量消费者对新的或现有的商品和服务的看法；审计师使用抽样来验证财务报表的准确性；质量控制分析师对生产出来的产品进行抽样，以检验质量水平并识别改进的机会。

企业处理的大多数数据都是样本。例如，我们在前几章中使用的采购订单数据库和销售交易数据库即为样本，因为采购订单数据仅包括3个月内的订单，而销售交易仅表示7月14日这一天的订单。因此，除非显而易见或另有说明，否则我们将假设任何数据集都是一个样本。

4.5.2　统计符号

我们通常使用下标变量x_1、x_2等来标记数据集的元素。一般来说，x_i代表了第i个观测值。统计学中的常见做法是使用希腊字母，如μ（mu）、σ（sigma）和π（pi）来表示总体指标，使用斜体字母，如$\bar{x}$（x-bar）、s和ρ表示样本统计量。我们将使用N表示总体中的项目数量，使用n表示样本中的观察值的数量。统计公式通常包含一个求和运算符$\sum$（希腊大写字母sigma），意思是把它后面的项相加在一起，即$\sum_{i=1}^{n} x_i = x_1 + x_2 + \cdots + x_n$。理解这些规则和数学符号将有助于你解释和应用统计公式。

4.5.3　对位置的度量：平均值、中位数、模式和中程数

对位置的度量提供单个值的估计值，该值以某种方式表示一组数据的"中心"。最常见的是平均数。在我们的生活中，我们经常使用平均数。例如，衡量学生在大学里的成绩（平均分数），衡量运动员的表现（击球平均数），以及衡量企业绩效（平均交货时间）。

4.5.3.1　算术平均值

平均值正式名称为**算术平均值**（简称**平均值**），它是观测值的总和除以观测值的数量。数学上，总体的平均值用希腊字母μ表示，样本的平均值用$\bar{x}$表示。如果总体由N个观测值x_1，x_2，$\cdots$，x_n组成，则总体平均值μ的计算公式为：

$$\mu = \frac{\sum_{i=1}^{N} x_i}{N} \tag{4.4}$$

n个样本观测值的平均值x_1，x_2，$\cdots$，x_n（用$\bar{x}$表示）的计算公式为：

$$\bar{x} = \frac{\sum_{i=1}^{N} x_i}{n} \tag{4.5}$$

请注意，无论我们处理的是总体还是样本，平均值的计算都是相同的，只是符号不同。我们也可以使用AVERAGE函数（*data range*）在Excel中计算平均值。

平均值的一个特性是，每个观测值与平均值的偏差之和恒为零：

$$\sum_{i}\left(x_i - \bar{x}\right) = 0 \tag{4.6}$$

这仅仅意味着高于平均值的偏差之和与低于平均值的偏差之和相同；本质上，平均值"平衡"了它两边的值。然而，这并不意味着一半的数据高于或低于平均值——这是那些不了解统计数据的人的普遍误解。

此外，平均值对于每组数据都是唯一的，并且对定距数据和比率数据都有意义。然而，它可能会受到**异常值**（outliers）的影响——这些异常值与其他的观测值完全不同——这些与其他数据存在显著差异的观测值会将均值拉向自身方向。我们将在本章后面讨论有关异常值的更多信息。

示例 4.14　　　　　　　　　　　　　　**计算每个订单的平均成本**

在 *Purchase Orders* 数据库中，假设我们对求解每个订单的平均成本感兴趣。我们通过将 G 列中的值相加，然后除以观察值的数量来计算每个订单的平均成本。使用方程（4.5）时，我们会看到，$x_1 = 2\ 700$ 美元，$x_2 = 19\ 250$ 美元，以此类推，$n = 94$。这些订单成本的总和为 2 471 760 美元。因此，每个订单的平均成本为：2 471 760 ÷ 94 = 26 295.32（美元）。我们会在 *Purchase Orders* Excel 工作簿中一个名为 *Mean* 的单独工作表中显示这些计算结果。图 4-21 以分屏模式显示了工作表的部分内容。或者，我们在此工作表中使用 Excel 函数 =AVERAGE（B2：B95）可得出相同的值。我们建议你仔细研习这些计算方法和公式。

	A	B
1	Observation	Cost per order
2	x1	$82,875.00
3	x2	$42,500.00
4	x3	$24,150.00
5	x4	$22,575.00
6	x5	$19,250.00
91	x90	$467.50
92	x91	$9,975.00
93	x92	$30,625.00
94	x93	$21,450.00
95	x94	$68.75
96	Sum of Cost per Order	$2,471,760.00
97	Number of observations	94
98		
99	Mean Cost per Order (=B96/B97)	$26,295.32
100		
101	Excel AVERAGE function	$26,295.32

图 4-21　每个订单平均成本的 Excel 计算表

4.5.3.2　中位数

当数据从最小到最大排列时，排在中间位置的数就是**中位数**。一半的数据低于中位数，一半的数据高于中位数。对于奇数个观测值，中位数是排序数中的中间值。对于偶数个观测值，中位数是两个中间数的平均值。我们可以使用 Excel 中的排序选项对数据进行排序，然后确定中位数。也可以使用 Excel 函数 MEDIAN（*data range*）。中位数对于比率数据、定距数据和定序数据都有意义。与平均值相反，中位数不受异常值的影响。

示例 4.15　　　　　　　　　　　　　**计算每个订单成本的中位数**

在 *Purchase Orders* 数据库中，将 G 列中的数据从最小到最大排序。因为我们有 94 个观察值，中位数是第 47 个和第 48 个观察值的平均值。你应该验证第 47 个排序的观测值是 15 562.50 美元，第 48 个观测值是 15 750 美元。取这两个值的平均值得出的中位数为 15 656.25 美元（（15 562.5+15 750）÷2）。因此，我们可以得出结论：一半订单的成本低于 15 656.25 美元，一半订单的成本高于此金额。在这种情况下，中位数的值与平均值不是很接近。这些计算结果显示在 *Purchase Orders* Excel 工作簿的工作表中位数中，如图 4-22 所示。

	A	B	C	D
1	Rank	Cost per order		
2	1	$68.75		
3	2	$82.50		
4	3	$375.00		
5	4	$467.50		
45	44	$14,910.00		
46	45	$14,910.00		
47	46	$15,087.50		
48	47	$15,562.50		$15,562.50
49	48	$15,750.00		$15,750.00
50	49	$15,937.50	Average	$15,656.25
51	50	$16,276.75		
52	51	$16,330.00		

图4-22 Excel 计算每个订单成本的中位数

4.5.3.3 众数

第三个对位置的度量方法是**众数**。众数是最常见的观测值。众数对于包含相对较少数量的唯一值的数据集最有用。对于重复值较少的数据集，众数没有提供太多的实用价值。通过识别频数分布中频数最高的值或直方图中最高的直条，你可以很容易地识别众数。你也可以使用Excel函数MODE.SNGL（*data range*）。在分组数据的频数分布表和直方图中，众数为频数最高的组。某些数据集具有多个众数，要识别这些众数，可以使用Excel函数MODE.MULT（*data range*），该函数返回一组众数。

示例4.16　　查找众数

在*Purchase Orders*数据库中，从图4-10中应付账款的频数分布表和直方图中，我们可以看到最大的频数对应于30个月的值；这也是直方图中最高的直条。因此，众数为30个月。对于图4-12中的每个订单成本变量的分组频数分布表和直方图，我们看到众数对应于0美元和13 000美元之间的组。

4.5.3.4 中程数

第四个偶尔使用的对位置的度量方法是**中程数**。中程数是数据集中最大值和最小值的平均值。

示例4.17　　计算中程数

我们可以使用Excel函数MIN和MAX识别最小值和最大值，或者对数据进行排序并轻松找到它们。对于每个订单成本数据，最小值为68.78美元，最大值为127 500美元。因此，中程数是63 784.39美元（（127 500 + 68.78美元）/2）。

使用中程数时必须谨慎，因为极端值容易扭曲结果，如示例4.17所示。这是因为中程数仅使用两个数据，而平均值使用所有数据；因此，中程数通常比平均值粗略得多，并且通常只用于小样本量。

4.5.4 在企业决策中使用对位置的度量方法

因为每个人都非常熟悉日常生活中的平均值概念，所以当需要考虑其他统计信息时，管理者经常在企业中不恰当地使用平均值。以下基于真实情况的假设用示例说明了这一点。

示例4.18　　计算机维修时间报价

Excel文件*Computer Repair Times*（计算机维修时间）提供了一个250台计算机样本的

示例，说明了某国家电子产品零售商维修服务部门修理和归还计算机所需的时间。计算机被运送到一个中心设施，在那里进行维修，然后运回商店通知客户取货。样本中，平均值、中位数和众数都非常接近，表明典型的维修时间约为两周（见图4-23）。因此，你可能会认为，如果一个客户带了一台电脑来维修，那么报修时间为两周是合理的。但是，如果商店告诉所有顾客的维修时间是两周，会发生什么情况？显然，大约有一半的客户会不高兴，因为他们的电脑无法在这段时间内完成维修。

	A	B
1	**Computer Repair Times**	
2		
3	**Sample**	**Repair Time (Days)**
4	1	18
5	2	15
6	3	17
250	247	31
251	248	6
252	249	17
253	250	13
254		
255	Mean	14.912
256	Median	14
257	Mode	15

图4-23 *Computer Repair Times* 的定位变量

图 4-24 显示了这些维修时间的频数分布表和直方图的一部分（参见 Excel 文件中的 *Histogram* 选项卡）。我们看到，最长的维修时间将近有 6 个星期。那么，公司是否应该告诉客户预期需要六周的修理时间？如果公司那么做，那么可能不会有很多客户，因为很少有人愿意等这么久。相反，频数分布表和直方图可以帮助我们作出更合理的决定。你可以发现，在 90% 的情况下，维修在 21 天内完成；在很少的情况下，它需要更长的时间，这通常意味着技术人员必须订购和等待一个部件。因此，我们应该告诉客户，他们可能会在两到三周内收到电脑，并告诉他们，如果需要特殊部件，可能需要更长的时间。

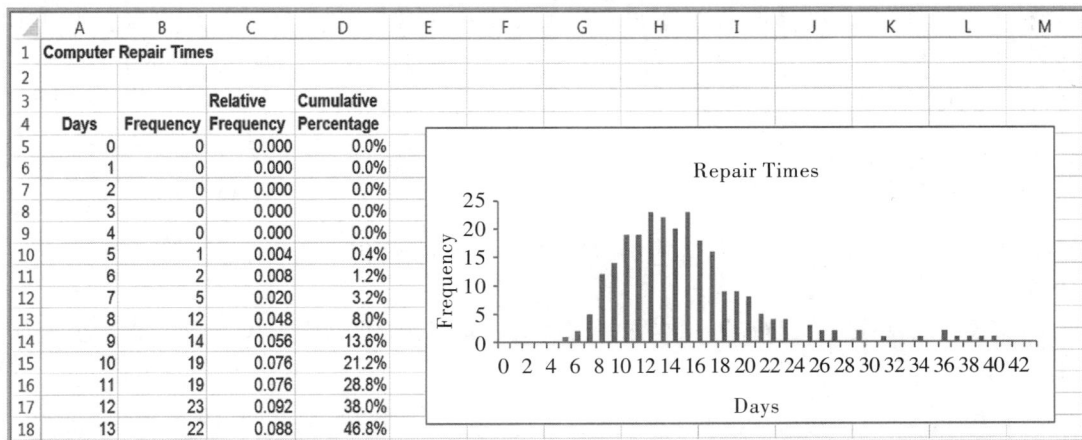

	A	B	C	D	E	F	G	H	I	J	K	L	M
1	**Computer Repair Times**												
2													
3			**Relative**	**Cumulative**									
4	**Days**	**Frequency**	**Frequency**	**Percentage**									
5	0	0	0.000	0.0%									
6	1	0	0.000	0.0%									
7	2	0	0.000	0.0%									
8	3	0	0.000	0.0%									
9	4	0	0.000	0.0%									
10	5	1	0.004	0.4%									
11	6	2	0.008	1.2%									
12	7	5	0.020	3.2%									
13	8	12	0.048	8.0%									
14	9	14	0.056	13.6%									
15	10	19	0.076	21.2%									
16	11	19	0.076	28.8%									
17	12	23	0.092	38.0%									
18	13	22	0.088	46.8%									

图4-24 *Computer Repair Times* 的频数分布表和直方图

从这个例子中我们可以看到，使用频数分布、直方图和百分位数可以提供比简单的位置度量更有用的信息。这引导我们引入量化数据变异性的方法，我们称之为离散度量。

4.5.5 异常值的度量：极差、四分位距、方差和标准差

离散度是指数据的变化程度，即数据在数值上的扩散性（或紧凑性）。有几个统计指标描述了离散度：极差、四分位距、方差和标准差。

4.5.5.1 极差

极差是最容易计算的，是数据集中最大值和最小值之间的差值。虽然 Excel 不提供极差函数，但可以通过公式 = MAX（*data range*）- MIN（*data range*）轻松地计算它。与中程数一样，极差也受到异常值的影响，因此通常只用于非常小的数据集。

示例 4.19   **计算极差**

在 *Purchase Orders* 数据库中，每个订单成本数据的最小值是 68.78 美元，最大值是 127 500 美元，因此极差是：127 500-68.78 = 127 431.22（美元）。

4.5.5.2 四分位距

第 1 个四分位数和第 3 个四分位数之间的差异，Q_3-Q_1，通常被称为四分位距（Interquartile Range，IQR），也称内距。它只包括中间 50% 的数据，因此不受极端值的影响。它有时被用作异常值的另一种度量方法。

示例 4.20   **计算四分位距**

对于 *Purchase Orders* 数据库中的每个订单成本数据，在示例 4.12 中，我们将第 1 个和第 3 个四分位数分别标识为 Q_1 = 6 757.81 美元和 Q_3 = 27 593.75 美元，所以，IQR = 27 593.75 - 6 757.81 = 20 835.94（美元）。因此，中间 50% 的数据有相对较小的极差（20 835.94 美元）。值得注意的是，上面 25% 的数据范围在 27 593.75 美元到 127 500 美元之间，这表明高额订单成本分散在跨度达 99 906.25 美元的大区间中。

4.5.5.3 方差

更常用的对离散程度的度量是**方差**，其计算依赖于所有数据。方差越大，数据越偏离平均值，在观测中可以预期的变异性也就越大。用于计算总体和样本方差的公式是不同的。

计算总体方差的公式是：

$$\sigma^2 = \frac{\sum_{i=1}^{N}(x_i - \mu)^2}{N} \tag{4.7}$$

其中，x_i 是第 i 项的值，N 是总体中的项数，μ 是总体均值。本质上，方差是观测值与均值的平方差的平均值。

计算总体方差的公式与计算样本方差的公式之间存在显著差异。可以使用以下公式计算样本的方差：

$$s^2 = \frac{\sum_{i=1}^{n}(x_i - \bar{x})^2}{n - 1} \tag{4.8}$$

示例 4.21   **计算方差**

图 4-25 显示了 *Purchase Orders* 工作簿中 Excel *Variance*（方差）工作表的部分数据。要使用等式（4.8）找到每个订单成本的方差，我们首先需要计算平均值，就像示例 4-14

所做的那样。然后，对每个观测值，计算观测值与平均值之间的差值，如C列所示。然后，对这些差值进行平方，如D列所示。最后，将这些平方差（单元格D96）相加，再除以 $n-1$，等于93。结果得出方差为 890 594 573.82。使用 Excel 函数=VAR.S（B2：B95）会产生相同的结果。

	A	B	C	D
1	Observation	Cost per order	(xi - mean)	(xi - mean)^2
2	x1	$82,875.00	$56,579.68	$3,201,260,285.21
3	x2	$42,500.00	$16,204.68	$262,591,681.48
4	x3	$24,150.00	-$2,145.32	$4,602,394.25
5	x4	$22,575.00	-$3,720.32	$13,840,774.57
6	x5	$19,250.00	-$7,045.32	$49,636,521.91
91	x90	$467.50	-$25,827.82	$667,076,241.99
92	x91	$9,975.00	-$16,320.32	$266,352,817.12
93	x92	$30,625.00	$4,329.68	$18,746,136.27
94	x93	$21,450.00	-$4,845.32	$23,477,117.66
95	x94	$68.75	-$26,226.57	$687,832,929.32
96	Sum of Cost per Order	$2,471,760.00	Sum of squared deviations	$82,825,295,365.68
97	Number of observations	94		
98				
99	Mean Cost per Order (=B96/B97)	$26,295.32	Variance (=D96/(B97-1))	$890,594,573.82
100				
101			Excel VAR.S function	$890,594,573.82

图4-25 Excel 计算每个订单成本的方差

请注意，方差的维数是观察值维数的平方。例如，每个订单成本的方差不是用美元表示的，而是用美元的平方表示的。这使得在实际应用中很难使用方差。一个可以在实际应用中使用的、与方差密切相关的指标是标准差。

4.5.5.4 标准差

标准差是方差的平方根。总体的标准差计算公式为：

$$\sigma = \sqrt{\frac{\sum_{i=1}^{N}(x_i - \mu)^2}{N}} \tag{4.9}$$

样本的标准差计算公式是：

$$s = \sqrt{\frac{\sum_{i=1}^{n}(x_i - \bar{x})^2}{n-1}} \tag{4.10}$$

在 Excel 函数中，STDEV.P（*data range*）可计算总体的标准差（σ）；STDEV.S（*data range*）可计算样本的标准差（s）。

示例4.22 **计算标准差**

我们可以使用与示例 4-21 中相同的工作表来计算，我们所要做的是取方差平方根来求标准差。因此，每个订单成本的标准差为 $\sqrt{890\ 594\ 573.82} = 29\ 842.8312$（美元）。同样，我们也可以使用 Excel 函数=STDEV.S（B2：B95）得到相同的结果。

标准差通常比方差更容易解释，因为它的度量单位与数据的单位相同。因此，它更容易与以相同单位测量的平均值或其他统计数据联系起来。

标准差一般用来衡量风险，特别是在金融分析中，因为许多人将风险与股价的波动联系在一起。标准差衡量的是基金的月回报与长期平均水平的差异趋势（正如《财富》杂志在陈述某个问题时所说的："……标准差告诉你下跌和浮动过程中会发生什么。它告诉你会有多可怕。"）① 例如，一只共同基金的平均回报率可能为11%，标准差为10%。因此，在大约2/3的时间里，年化月回报率在1%~21%之间。相比之下，另一只基金的平均回报率可能为14%，但其标准差为20%。它的回报率降幅将在-6%~34%之间，由此可见，后者风险更大。许多金融网站，如IFA.com和Morningstar.com也都为市场指数和共同基金提供了标准差。

为了阐述其风险，Excel股票收盘价表（见图4-26）列出了4只股票和道琼斯工业平均指数在一个月期间的日收盘价。英特尔（INTC）和通用电气（GE）的平均收盘价很接近，分别为18.81美元和16.19美元。然而，英特尔在此期间的股票价格标准差为0.50美元，而通用电气为0.35美元，可见通用电气的股票价格浮动更小，因此，风险也更小。较大的标准差意味着：虽然拥有较高回报的潜力更大，但实现较低回报的风险也大。许多投资出版物和网站提供了股票和共同基金的标准差，以帮助投资者以这种方式评估风险。我们将在其他章节中了解更多关于风险的信息。

	A	B	C	D	E	F
1	Closing Stock Prices					
2						
3	Date	IBM	INTC	CSCO	GE	DJ Industrials Index
4	9/3/2010	$127.58	$18.43	$21.04	$15.39	10447.93
5	9/7/2010	$125.95	$18.12	$20.58	$15.44	10340.69
6	9/8/2010	$126.08	$17.90	$20.64	$15.70	10387.01
7	9/9/2010	$126.36	$18.00	$20.61	$15.91	10415.24
8	9/10/2010	$127.99	$17.97	$20.62	$15.98	10462.77
9	9/13/2010	$129.61	$18.56	$21.26	$16.25	10544.13
10	9/14/2010	$128.85	$18.74	$21.45	$16.16	10526.49
11	9/15/2010	$129.43	$18.72	$21.59	$16.34	10572.73
12	9/16/2010	$129.67	$18.97	$21.93	$16.23	10594.83
13	9/17/2010	$130.19	$18.81	$21.86	$16.29	10607.85
14	9/20/2010	$131.79	$18.93	$21.75	$16.55	10753.62
15	9/21/2010	$131.98	$19.14	$21.64	$16.52	10761.03
16	9/22/2010	$132.57	$19.01	$21.67	$16.50	10739.31
17	9/23/2010	$131.67	$18.98	$21.53	$16.14	10662.42
18	9/24/2010	$134.11	$19.42	$22.09	$16.66	10860.26
19	9/27/2010	$134.65	$19.24	$22.11	$16.43	10812.04
20	9/28/2010	$134.89	$19.51	$21.86	$16.44	10858.14
21	9/29/2010	$135.48	$19.24	$21.87	$16.36	10835.28
22	9/30/2010	$134.14	$19.20	$21.90	$16.25	10788.05
23	10/1/2010	$135.64	$19.32	$21.91	$16.36	10829.68

图4-26　Excel股票收盘价表

4.5.6　切比雪夫定理与经验规则

统计学中一个更重要的定理是**切比雪夫定理**。它指出，对于任何一组数据，位于其平均数 k 个标准差范围内的比例至少为 $1 - 1/k^2$。因此，当 $k = 2$ 时，至少有3/4或75%的数据位于平均值的2个标准差范围内；当 $k = 3$ 时，至少有8/9或89%的数据位于平均值的3个标准差范围内。我们可以使用这些值——仅使用计算出的平均值和标准差——对一组数据的变化有一个基本的了解。

示例4.23　　　　　　　　　　　　　　　切比雪夫定理的应用

对于 *Purchase Orders* 数据库中的订单成本数据，平均值周围的两个标准差区间为 $[-33\,390.34,\ 85\,980.98]$（单位为美元）。如果我们计算这段时间内的观察次数，我们发

---

① *Fortune*，1999 Investor's Guide（December 21，1998）．

现 94 次中有 89 次（94.7%）落在 2 个标准差区间内。3 个标准差的区间是 [−63 233.17, 115 823.81]，我们观察到 94 个数据点中有 92 个，或者说 97.9%，落在这个区间内。这两个百分比都超过了切比雪夫定理中的 75% 和 89% 的阈值。

对于实践中遇到的许多数据集，如每个订单的成本数据，其百分比通常比切比雪夫定理所规定的要高得多。这些都反映在所谓的经验法则中：

（1）大约 68% 的观测值会落在平均值的 1 个标准差之内，即在 $\bar{x}-s$ 和 $\bar{x}+s$ 之间。

（2）大约 95% 的观测值会落在平均值的 2 个标准差之内，即在 $\bar{x}-2s$ 和 $\bar{x}+2s$ 之间。

（3）大约 99.7% 的观测值会落在平均值的 3 个标准差内，即在 $\bar{x}-3s$ 和 $\bar{x}+3s$ 之间。

数据显示订单成本分布与经验法则高度吻合。根据数据特征与频数分布形态差异，实际百分比可能高于或低于理论值。

为了说明经验法则，假设零售商知道，平均而言，一个订单通过标准地面运输在 8 天内交付，标准差为 1 天。根据经验法则（1），大约 68% 的观测值将落在 7~9 天之间；根据经验法则第二条，95% 的观测值将落在 6~10 天之间；最后，根据经验法则第三条，几乎 100% 的观测值将落在 5~11 天之间。假设样本数据代表未来，这些规则可以用来预测未来的观测值。一般来说，法则（2）和法则（3）是常用的。然而需要注意的是，使用法则（2）会有 5% 的可能使观测值落在预测范围之外。经验法则（3）通常涵盖了几乎所有的观测值，它提供了一个更好的预测，并降低了未来观测值超出预测范围的风险。

另一个例子是，确保制造工艺的产出质量符合工程师和设计师要求的规格非常重要。典型制造零件的尺寸通常由目标值或理想值以及公差或"模糊系数"规定，但由于材料、机器、工作方法、人为绩效和环境条件等因素，制造过程中大多数因素都会发生变化。例如，零件尺寸可能规定为 4.8cm～5.2 cm，这意味着尺寸在 4.80cm～5.20 cm 之间的零件是可以接受的，超出此范围的任何零件都将被归类为缺陷产品。为了测量制造工艺是否达到规格要求，我们通常对产出进行取样，测量尺寸，使用第三个经验法则计算总变异值（通过 6 个标准差估计总变异），然后通过将规格范围除以总变异值，将结果与规格要求进行比较，该结果称为**工序能力指数**，记作 C_p：

$$C_p = \frac{最大规范值 - 最小规范值}{总变异} \tag{4.11}$$

制造商使用该指数来评估其产品的质量，并确定何时需要改进其工艺。

示例 4.24　　　　　　运用经验法则测量制造工序能力指数

图 4-27 显示了尺寸为 4.8cm~5.2cm 的零件从零件制造工艺数据库中收集的部分数据。这些值在 Excel 工作簿 *Manufacturing Measurements*（制造测量）中提供。首先使用 Excel AVERAGE 和 STDEV.S 函数在单元格 J3 和 J4 中计算平均值和标准差（无论数据是以单列形式排列还是以矩阵形式排列，这些函数都能正确运行）。使用经验法则（3），然后将平均值加上或减去 3 个标准偏差得出总变异值。在 J14 单元中，计算 C_p 值，见公式（4.11），C_p 值小于 1.0 意味着流程中的变化大于规范值，即某些零件将不符合规格要求。在实践中，许多制造商希望 C_p 值至少为 1.5。

图 4-28 显示了这些数据的频数分布表和直方图（*Manufacturing Measurements* 工作簿中的工作表直方图）。请注意，此处分组区间的数值代表直方图中各分组的上限值；因此，3 个观察值达到或低于最小规范值 4.8。此外，5 个观察值超过最大规范值 5.2。因此，200 个

观察值中有8个（或4%）实际存在缺陷，96%是可接受的。尽管这并不完全符合经验规则，但必须记住，我们处理的是样本数据。来自同一流程的其他样本将具有不同的特征，但总体而言，经验法则为我们提供了从任何样本中预期数据总变化的良好估计。

	A	B	C	D	E	F	G	H	I	J
1	Manufacturing Measurements									
2										
3	5.21	5.87	4.85	4.95	5.07	4.96	4.96	5.11	Mean	4.99
4	5.02	5.33	4.82	4.86	4.82	4.96	5.06	5.11	Standard deviation	0.117
5	4.90	5.11	5.02	5.13	5.03	4.94	4.86	5.08		
6	5.00	5.07	4.90	4.95	4.85	5.19	4.96	5.03	Mean - 3*Stdev	4.640
7	5.16	4.93	4.73	5.22	4.89	4.91	4.99	4.94	Mean + 3*Stdev	5.340
8	5.03	4.99	5.04	4.81	4.82	5.01	4.94	4.88	Total variaton	0.700
9	4.96	5.04	5.07	4.91	5.18	4.93	5.06	4.91		
10	5.04	5.14	4.81	4.95	5.02	5.05	4.95	4.86	Lower Specification	4.8
11	4.98	5.09	5.04	4.94	5.05	4.96	5.02	4.89	Upper Specification	5.2
12	5.07	5.06	5.03	4.81	4.88	4.92	5.01	4.91	Specification range	0.4
13	5.02	4.85	5.01	5.11	5.08	4.95	5.04	4.87		
14	5.08	4.93	5.14	4.81	4.98	5.08	5.01	4.93	Cp	0.57

图4-27　C_p 指数的计算

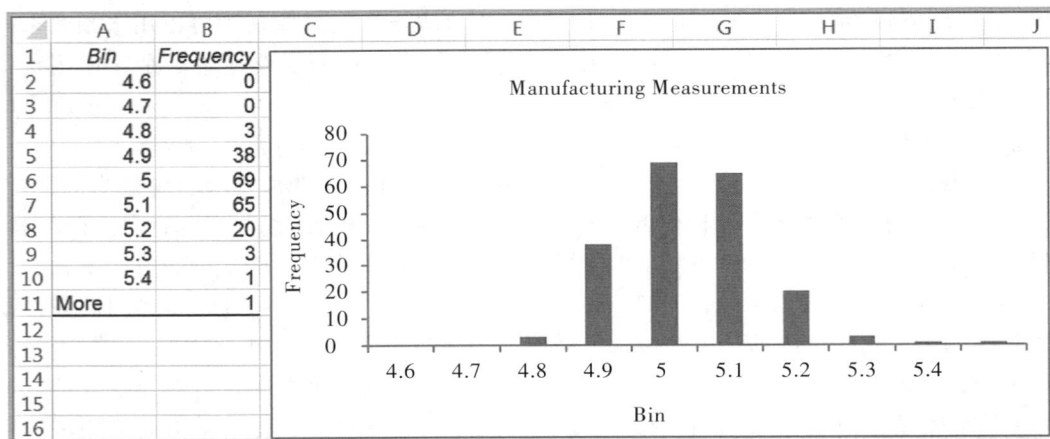

图4-28　频数分布表和直方图测量

4.5.7　标准化值（z值）

标准化值（通常称为z值）提供了观测值与平均值之间距离的相对度量，该距离与度量单位无关。数据集里第 i 次观测的z值计算如下：

$$z_i = \frac{x_i - \bar{x}}{s} \tag{4.12}$$

我们从第 i 次观测值中减去样本均值，并用结果除以样本标准差。在公式（4.12）中，分子表示 x_i 离样本均值的距离；负值表明 x_i 在平均值的左边，正值表示它位于平均值的右边。通过除以标准差 s，我们将数据与均值的距离转换为以标准差为单位的相对距离。因此，z值为1.0意味着观察值是平均值右侧的一个标准差；z值为−1.5表示观察值与平均值左侧的标准差为1.5。因此，即使两个数据集可能具有不同的平均值和标准差，相同的z值意味着观测值与其各自的平均值具有相同的相对距离。

z值可以在电子表格中轻松地计算；然而，Excel有一个直接计算它的函数，STANDARDIZE（x，$mean$，$standard\_dev$）。

示例 4.25　　　　　　　　　　　　　　　**z 值的计算**

图 4-29 显示了部分订单成本数据的 z 值计算。此工作表可在 *Purchase Orders* 工作簿中以 z 值的形式找到。在单元格 B97 和 B98 中，我们使用 Excel AVERAGE 和 STDEV.S 函数计算平均值和标准差。在 C 列中，我们可以使用公式（4.12）或 Excel 中的 STANDARDIZE 函数。例如，C2=（B2-\$B\$97）/\$B\$98，也可以通过标准化函数 STANDARDIZE（B2，\$B\$97，\$B\$98）计算。因此，第 1 个观察值为 82 875 美元，高于平均值 1.90 个标准差，而第 94 个观察值为 68.75 美元，低于平均值 0.88 个标准差。只有 2 个观测值高于平均值 3 个标准差。当我们将切比雪夫定理应用于数据时，我们在示例 4-23 中看到了这一点。

	A	B	C	D
1	Observation	Cost per order	z-score	
2	x1	\$82,875.00	1.90	=(B2-\$B\$96)/\$B\$97
3	x2	\$42,500.00	0.54	
4	x3	\$24,150.00	-0.07	
5	x4	\$22,575.00	-0.12	
6	x5	\$19,250.00	-0.24	
91	x90	\$467.50	-0.87	
92	x91	\$9,975.00	-0.55	
93	x92	\$30,625.00	0.15	
94	x93	\$21,450.00	-0.16	
95	x94	\$68.75	-0.88	
96	Mean	\$26,295.32		
97	Standard Deviation	\$29,842.83		

图 4-29　计算每个订单成本数据的 z 值

4.5.8　变异系数

变异系数（CV）提供了一个相对于平均值的数据离散度的相对度量，定义为：

$$CV = \frac{标准差}{平均值} \tag{4.13}$$

有时，变异系数乘以 100%，表示为百分数。当比较不同量纲的两个或多个数据集的离散程度时，该统计量尤为实用。

变异系数提供了回报风险的相对度量。变异系数越小，所提供回报的相对风险越小。变异系数的倒数，称为**风险回报**，经常被使用，因为它更容易解释。也就是说，如果目标是收益最大化，通常认为较高的风险回报率更高。金融学中的一个相关指标是夏普比率（Sharpe ratio），它是基金超额收益（年化总收益减去国库券收益）与其标准差的比率。如果几个投资机会有相同的均值但有不同的方差，一个理性的（风险厌恶的）投资者会选择方差最小的投资机会。这种风险量化的方法构成了现代投资组合理论的基础，该理论的核心目标是构建最小方差投资组合。正如《财富》杂志曾经观察到的，"风险并不总是坏事……"。只是当你用你的钱冒险时，你想得到回报。变异系数的一个实际应用是比较股票价格。

示例 4.26　　　　　　　　　　　　　　　**变异系数的应用**

如果只检查收盘价工作表中的标准差，我们可能会得出 IBM 比其他股票风险更大的结论。但是，IBM 的平均股价比其他股票要高得多。因此，直接比较标准差提供的信息很少。变异系数提供了一种更具可比性的衡量方法。图 4-30 显示了这些变量的变异系数的计算。IBM 的 CV 为 0.025；英特尔的 CV 为 0.027；思科的 CV 为 0.024；通用电气的 CV 为

0.022；道琼斯指数的 CV 为 0.016。我们看到股票的变异系数差别不大。事实上，相对于平均价格而言，英特尔的风险略高于 IBM。然而，基于道琼斯指数的基金风险比任何个股都要低。

	A	B	C	D	E	F
1	Closing Stock Prices					
2						
3	Date	IBM	INTC	CSCO	GE	DJ Industrials Index
4	9/3/2010	$127.58	$18.43	$21.04	$15.39	10447.93
5	9/7/2010	$125.95	$18.12	$20.58	$15.44	10340.69
6	9/8/2010	$126.08	$17.90	$20.64	$15.70	10387.01
22	9/30/2010	$134.14	$19.20	$21.90	$16.25	10788.05
23	10/1/2010	$135.64	$19.32	$21.91	$16.36	10829.68
24	Mean	$130.93	$18.81	$21.50	$16.20	$10,639.98
25	Standard Deviation	$3.22	$0.50	$0.52	$0.35	$171.94
26	Coefficient of Variation	0.025	0.027	0.024	0.022	0.016

图4-30　股票收盘变异系数的计算

4.5.9　形状测量

样本数据的直方图可以呈现各种不同的形状。图4-31显示了我们为 *Purchase Orders* 数据库创建的每个订单成本和应付账款的直方图。应付账款的直方图是相对对称的，其众数值在中间，并且在中心两侧以大致相同的方式从中心落下。然而，每个订单成本的直方图是不对称的，或者是倾斜的；也就是说，更多的数据集中在一侧，而值的分布则"尾随"到另一侧。像这个示例一样，更多的数据在左边，而"尾巴"在右边，被称为正偏态；在右边有更多的数据，"尾巴"在左边的称为负偏态。**偏度**描述了数据缺乏对称性。

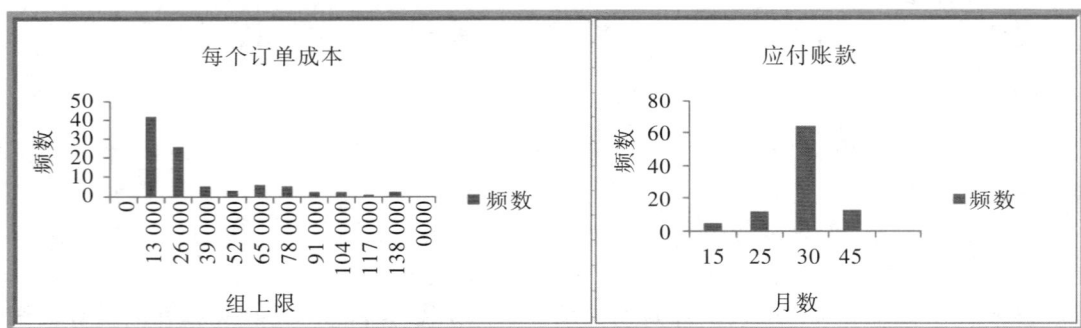

图4-31　每个订单成本和应付账款的直方图

偏态系数（CS）测量平均值周围观测值的不对称程度。总体的偏态系数计算如下：

$$\text{CS} = \frac{\dfrac{1}{N}\displaystyle\sum_{i=1}^{N}(x_i - \mu)^3}{\sigma^3} \tag{4.14}$$

它可以使用 Excel 函数 SKEW.P（*data range*）进行计算。对于示例数据，公式不同，但你可以使用 Excel 函数 SKEW（*data range*）进行计算。如果 CS 为正，则值的分布为正偏态；如果为负，则为负偏态。CS 越接近零，偏度越小。偏态系数大于1或小于−1表明偏态程度较高，介于0.5和1之间或介于−0.5和−1之间表示中等偏度，介于0.5和−0.5之间的系数表示相对对称。

示例 4.27   计算偏态系数

在 *Purchase Orders* 数据库中使用 Excel 函数 SKEW，每个订单成本和应付账款的偏态系数计算如下：

CS（单个订单成本）=1.66

CS（应付账款）=0.60

这告诉我们，每个订单成本数据是高度正偏态的，而应付账款数据则更具对称性。从图 4-31 直方图中可以明显看出这一点。

只有一个"峰值"的直方图称为**单峰**直方图。（如果直方图正好有两个峰值，我们称之为**双峰**。这通常预示来自不同群体的样本的混合现象。）对于相对对称的单峰直方图，众数是相当好的平均值估计。例如，应付账款数据的众数是明确的 30 个月，平均为 30.638 个月。另外，对于每个订单成本数据，该众数发生在组（0，13 000）中。该组的中点为 6 500 美元，可用作众数的数值估计，与 26 295.32 美元的真实平均值并不十分接近。高水平的偏态度将平均值从众数中抽离。

比较位置度量有时可以揭示有关观测分布形状的信息。例如，如果分布完全对称且为单峰分布，则平均值、中位数和众数都是相同的。如果数据是负偏态，我们通常会发现平均值<中位数<众数，而正偏态则表明众数<中位数<平均值（见图 4-32）。

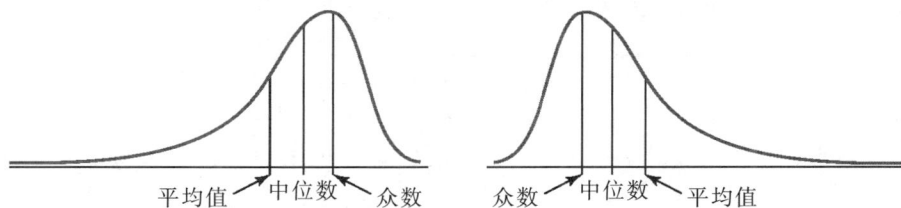

图 4-32   偏态分布的特征

峰度是指直方图的峰值（高、窄）或平坦度（短、平顶）。**峰度系数**（CK）测量总体的峰度，计算如下：

$$CK = \frac{\frac{1}{N}\sum_{i=1}^{N}(x_i - \mu)^4}{\sigma^4} \tag{4.15}$$

CK 值小于 3 的分布更平坦，离散度更大；CK 值大于 3 的分布则更为陡峭，离散程度较小。Excel 计算峰度的方式不同。函数 KURT（*data range*）计算样本数据的"超额峰度"（Excel 没有针对总体的相应函数），即 CK−3。因此，在解读 Excel 输出的峰度值时，可以说值小于 0 的分布更平坦，而值大于 0 的分布尖峰程度更大。

偏度和峰度比仅使用标准差有助于提供更多的信息来评估风险。例如，负偏态分布和正偏态分布可能具有相同的标准差，但显然，如果目标是实现高回报，负偏态分布将具有更高的概率获得更多的回报。峰度越高，直方图在尾部（而不是中间）的面积就越大。这可能表明出现极端和灾难性后果的概率更大。

4.5.10   Excel 描述性统计工具

Excel 提供了一个用于基础数据分析的有用工具，即"描述性统计"，它可以生成一组数值统计指标的摘要，这些指标描述了样本数据（而非总体数据）的位置、离散程度和形状。单击 Excel 菜单栏中 *Data* 选项卡下 *Analysis* 组中的 *Data Analysis*，从工具列表中选择 *Descriptive Statistics* 信息，将出现如图 4-33 所示的描述性统计对话框。你只需要输入数据的范围即可，该范围必须在一行或一列中。如果数据位于多列中，该工具将根据用户指定将每行或每列视为独立数据集处理。这意味着若单一数据集以矩阵形式排列，则需先将数据堆叠为单列方能使用"描述统计"工具。若输入范围包含标签，请勾选首行标签选项。你可以选择将结果保存在当前工作表或新工作表中。当进行基本汇总统计时，选中 *Summary statistics* 框，你不需要检查任何其他的内容。

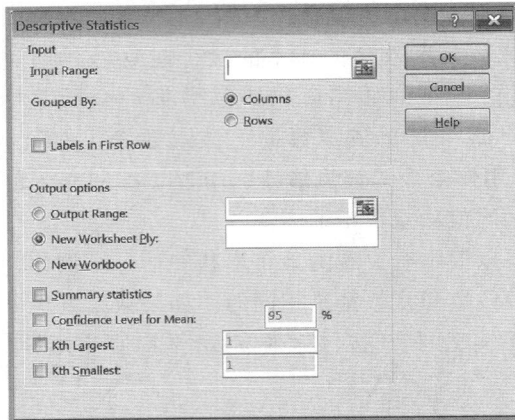

图4-33 描述性统计对话框

示例 4.28 　　　　　　　　　　使用描述性统计工具

我们将对 *Purchase Orders* 数据库中 G 列和 H 列中的每个订单成本和应付账款数据应用描述性统计工具。结果在采购订单工作簿中的描述性统计工作表中提供，如图 4-34 所示。该工具提供了我们讨论过的所有度量方法，也有我们在第 6 章中讨论的标准误，以及最小值、最大值、加总和计数指标。

	A	B	C	D
1	Cost per order		A/P Terms (Months)	
2				
3	Mean	26295.31915	Mean	30.63829787
4	Standard Error	3078.053014	Standard Error	0.702294026
5	Median	15656.25	Median	30
6	Mode	14910	Mode	30
7	Standard Deviation	29842.8312	Standard Deviation	6.808993205
8	Sample Variance	890594573.8	Sample Variance	46.36238847
9	Kurtosis	2.079637302	Kurtosis	1.512188562
10	Skewness	1.664271519	Skewness	0.599265003
11	Range	127431.25	Range	30
12	Minimum	68.75	Minimum	15
13	Maximum	127500	Maximum	45
14	Sum	2471760	Sum	2880
15	Count	94	Count	94

图4-34 *Purchase Orders* 数据库描述性统计汇总

关于分析工具包与 Excel 函数中工具的使用，需要注意的一个重要问题是，虽然 Excel 函数会随着电子表格中数据的更改而动态更改，但分析工具包工具的结果不会更改。例如，如果直接使用函数 AVERAGE（*range*）计算一系列数字的平均值，则更改该范围内的数据将自动更新结果。但是，更改数据后必须重新运行描述性统计工具。

检验你的学习成果

（1）解释总体和样本之间的区别。

（2）列出并解释统计中常用的位置度量指标。

（3）列出并解释统计中常用的离散度量指标。

（4）切比雪夫定理和经验法则在企业中有何用处？

（5）什么是标准化值（z 值）？

（6）解释变异系数的值。

（7）说出统计中常用的分布形态度量指标。

（8）Excel 描述性统计工具提供哪些信息？

4.6 频数分布描述性统计量计算

当数据以频数分布形式汇总时，可利用频数计算均值与方差。以下公式提供了一种计算以频数分布表示的数据均值和方差的方法。

表示为频数分布的总体平均值可使用以下公式计算：

$$\mu = \frac{\sum_{i=1}^{N} f_i x_i}{N} \tag{4.16}$$

对于样本，公式类似于：

$$\bar{x} = \frac{\sum_{i=1}^{n} f_i x_i}{n} \tag{4.17}$$

其中，f_i 是观察值 i 的频数。本质上，我们将频数乘以观测值 i，将各个观测值相加，再除以观测值的数量。我们可以使用类似的公式来计算总体方差和样本方差：

$$\sigma^2 = \frac{\sum_{i=1}^{N} f_i (x_i - \mu)^2}{N} \tag{4.18}$$

$$s^2 = \frac{\sum_{i=1}^{n} f_i (x_i - \bar{x})^2}{n-1} \tag{4.19}$$

要找到标准差，请像我们前面做的那样，取方差的平方根。

注意这些公式与公式（4.16）和公式（4.17）之间的相似性。在将这些值乘以频数的过程中，我们实际上是将相同的值乘以 f_i。所以它们实际上是相同的公式，只是表达方式不同而已。

示例 4.29   **通过频数分布计算统计量**

在示例 4.4 中，我们为 *Purchase Orders* 数据库中的应付账款构造了一个频数分布。如图 4-35 所示，我们使用公式（4.17）和公式（4.19）计算频数分布的均值和样本方差。在 C 列中，我们将频数乘以观测值（公式（4.17）中的分子），然后除以 B 列中频数的总和 n，以找到平均值。D 列、E 列和 F 列提供了找到方差所需的中间量。我们用 F 列数据的总和除以 93（$n-1$）来求方差。

在某些情况下，数据可能已经按频数分布分组，我们可能无法访问原始数据。从政府数据库（如人口普查局或劳工统计局）提取信息时，通常会出现这种情况。在这些情况下，我们无法使用标准公式计算平均值或方差。

如果数据在频数分布中被分为 k 个单元，则可以使用这些公式的修改版本来估计平均值和方差，方法是将每个单元格组内所有观测值的 x_i 替换为代表值（例如中点 M），并对所有组进行求和。在这些公式中，k 代表组数，M_i 是组 i 的中点。相应的公式如下所示：

	A	B	C	D	E	F
1	Frequency Distribution Calculations					
2						
3	A/P Terms (x)	Frequency (f)	f*x	x - Mean	(x - Mean)^2	f*(x - Mean)^2
4	15	5	75	-15.6383	244.5563603	1222.781802
5	25	12	300	-5.6383	31.7904029	381.4848348
6	30	64	1920	-0.6383	0.407424174	26.07514713
7	45	13	585	14.3617	206.258488	2681.360344
8	Sum	94	2880			4311.702128
9						
10		Mean	30.6383		Sample variance	46.36238847

图4-35 使用频数分布计算平均值和方差

分组数据的总体平均值估计：

$$\mu = \frac{\sum_{i=1}^{k} f_i M_i}{N} \tag{4.20}$$

分组数据的样本平均估计值：

$$\bar{x} = \frac{\sum_{i=1}^{k} f_i M_i}{n} \tag{4.21}$$

分组数据的总体方差估计：

$$\sigma^2 = \frac{\sum_{i=1}^{k} f_i (M_i - \mu)^2}{N} \tag{4.22}$$

分组数据的样本方差估计：

$$s^2 = \frac{\sum_{i=1}^{k} f_i (M_i - \bar{x})^2}{n - 1} \tag{4.23}$$

示例 4.30　　　　　　　　　　**计算分组频数分布的描述性统计量**

在图 4-11 中，我们展示了 Purchase Orders 数据库中每个订单成本的分组频数分布表。图 4-36 展示了使用公式（4.21）和公式（4.23）计算平均值和样本方差的过程。需要注意的是，由于我们在计算这些统计量时并未使用所有的原始数据，因此它们仅是真实值的估计值。

	A	B	C	D	E	F	G
1	Grouped Frequency Distribution Calculations						
2							
3	Cost/Order Group	Midpoint (x)	Frequency (f)	f*x	x - Mean	(x - Mean)^2	f*(x-Mean)^2
4	0 to 26000	13000	68	884000	-14936.17	223089180.6	15170064282
5	26000 to 52000	39000	8	312000	11063.8298	122408329.6	979266636.5
6	52000 to 78000	65000	11	715000	37063.8298	1373727478	15111002263
7	78000 to 104000	91000	4	364000	63063.8298	3977046627	15908186510
8	104000 to 130000	117000	3	351000	89063.8298	7932365776	23797097329
9		Sum	94	2626000			70965617021
10							
11			Mean	27936.2		Sample variance	763071150.8

图4-36 每个订单的分组频数计算

检验你的学习成果

（1）解释通过频数分布表和分组频数分布计算平均值和方差的过程。

（2）使用Excel求解图4-12中分组频数分布的均值和方差。

4.7 分类数据的描述性统计：比例

平均值和方差等统计数据不适用于分类数据。对于分类数据，我们通常关注具有特定特征的样本比例。该指标的正式统计量称为比例，通常用p表示。我们使用以下公式计算比例：

$$p = x/n \tag{4.24}$$

其中，x是具有特定特征的观察次数，n是样本量。注意，比例与分类数据的相对频数类似。

比例是分类数据的关键描述性统计数据，如调查的人口统计数据、质量控制应用中的缺陷或错误，或市场研究中的消费者偏好。

示例4.31 **计算比例**

在*Purchase Orders*数据库中，A列列出了每个订单的供应商名称。我们可以使用Excel函数=COUNTIF（*data range，criteria*）来计算符合指定特征的观测值的数量。例如，为了找到Spacetime Technologies公司的订单数量，我们使用了函数=COUNTIF（A4：A97，"Spacetime Technologies"）。这将返回值12。由于下了94个订单，因此Spacetime Technologies公司下的订单比例为$p=12/94=0.128$。

重要的是要认识到比例是介于0和1之间的数字。尽管我们经常将其转换为百分比，例如，12.8%的订单是Spacetime Technologies下的。在上一个示例中，当统计公式需要使用比例时，我们必须小心使用比例的小数形式表示法。

检验你的学习成果
（1）什么是比例，如何计算？
（2）在*Purchase Orders*数据库中求解螺栓-螺母套件的订单比例。

4.8 数据透视表中的统计信息

我们在第2章中介绍了数据透视表。数据透视表还具有从数据摘要计算许多基本统计指标的功能。如果查看如图4-37所示的*Value Field Settings*（值字段设置）对话框，即会发现你可计算值字段的平均值、标准差和方差。

图4-37 *Value Field Settings*对话框

示例4.32　　　　　　透视表中的统计度量方法

在 Excel 文件 *Credit Risk Data* 中，假设我们希望根据职业分类求解支票账户和储蓄账户中的平均金额。创建数据透视表，在"数据透视表字段列表"中，将职业字段移到 *Row Labels* 区域，将支票账户和储蓄账户字段移到 *Values* 区域。然后将字段设置从 *Sum of Checking* 和 *Sum of Savings* 改为平均值。结果如图4-38所示。我们还使用对话框中的数字格式按钮将数值格式化为货币。以类似的方式，你可以通过选择适当的字段设置来找到每个组的标准差或方差。

Row Labels	Average of Checking	Average of Savings
Management	$606.94	$1,616.83
Skilled	$1,079.24	$1,836.43
Unemployed	$1,697.64	$2,760.91
Unskilled	$1,140.27	$1,741.44
Grand Total	$1,048.01	$1,812.56

图4-38　按职业分类的支票账户和储蓄账户平均余额数据透视表

检验你的学习成果

（1）数据透视表中可以显示哪些统计信息？

（2）使用数据透视表在 Excel 文件 *Credit Risk Data* 中求解每个职业分类的支票账户和储蓄账户中金额的标准差。

4.9　关联测量

如果两个变量同时移动，则它们之间具有很强的统计关系。我们每天都会看到许多例子。例如，棒球比赛的参赛率通常与球队的获胜率密切相关，冰激凌的销售可能与每天的温度有很密切的关系。我们可以使用散点图检查这些关系，我们在第3章中介绍了两个变量之间的关系。

当两个变量似乎相关时，你可能会觉得是因果关系。然而，有时，即使一个变量的变化不是由另一个变量的变化引起的，也存在统计关系。例如，《纽约时报》报道了3年来公司 CEO 的高尔夫差点（handicap）指数与其公司股票市场表现之间有密切的统计关系。比普通高尔夫球手打得好的首席执行官很可能会给股东带来高于平均水平的回报。[1]显然，打高尔夫的能力不会带来更好的企业绩效。因此，在仅基于统计关系推断因果关系时必须谨慎。（从另一角度说，你可能想在练习场上花更多的时间！）

理解变量之间的关系对于作出良好的业务决策非常重要，特别是在因果关系可以被证明是合理的情况下。当公司了解产品质量、员工培训和定价等内部因素如何影响盈利能力和客户满意度等外部衡量指标时，它就能作出更好的决策。因此，用统计工具来衡量这些关系是很有帮助的。

Excel 文件 *Colleges and Universities*（高校）（部分如图4-39所示）包含来自全美49所顶尖文科和研究型大学的数据。对于这些变量之间的统计关系，你可能会提出几个问题。例如，高中班级前10%的学生比例越高，毕业率就越高吗？录取率是否与每个学生的学

① Adam Bryant, "CEOs' Golf Games Linked to Companies' Performance," *Cincinnati Enquirer*, June 7, 1998, El.

费有关？录取率较低的学校是否倾向于录取SAT分数较高的学生？这样的问题可以通过计算变量之间关联的统计指标来解决。

	A	B	C	D	E	F	G
1	**Colleges and Universities**						
2							
3	**School**	**Type**	**Median SAT**	**Acceptance Rate**	**Expenditures/Student**	**Top 10% HS**	**Graduation %**
4	Amherst	Lib Arts	1315	22%	$ 26,636	85	93
5	Barnard	Lib Arts	1220	53%	$ 17,653	69	80
6	Bates	Lib Arts	1240	36%	$ 17,554	58	88
7	Berkeley	University	1176	37%	$ 23,665	95	68
8	Bowdoin	Lib Arts	1300	24%	$ 25,703	78	90
9	Brown	University	1281	24%	$ 24,201	80	90
10	Bryn Mawr	Lib Arts	1255	56%	$ 18,847	70	84

图4-39 Excel文件 *Colleges and Universities* 的部分数据

4.9.1 协方差

协方差是度量两个变量 X 和 Y 之间线性关联程度的指标。与方差一样，计算总体和样本协方差使用不同的公式。在计算中，总体协方差是每个观测值与其各自平均值的偏差乘积的平均值：

$$\text{cov}(X, Y) = \frac{\sum_{i=1}^{N}(x_i - \mu_x)(y_i - \mu_y)}{N} \tag{4.25}$$

为了更好地理解协方差，让我们来研究一下公式（4.25）。X 和 Y 之间的协方差是每对观测值与其各自均值的偏差乘积的平均值。一方面，我们假设 X 的大（小）值一般与 Y 的大（小）值相关，那么，在大多数情况下，x_i 和 y_i 都在其各自的平均值之上或之下。如果是这样，平均值偏差的乘积将是一个正数，将各项相加并平均时，协方差将为正值。另一方面，如果 X 的小（大）值与 Y 的大（小）值相关联，则与平均值的偏差通常为负，而另一个为正。相乘后，结果为负值，协方差值为负值。因此，协方差的绝对值越大，两个变量之间的线性关联度就越高。协方差的符号告诉我们是否存在直接关系（一个变量随着另一个变量的增加而增加）或反向关系（即一个变量增加而另一个变量减少，反之亦然）。我们通常可以通过构建散点图来确定两个变量之间任何线性关联的强度和协方差的符号。我们用Excel函数 COVARIANCE.P（*array*1，*array*2）来计算总体的协方差。

样本协方差计算如下：

$$\text{cov}(X, Y) = \frac{\sum_{i=1}^{N}(x_i - \bar{x})(y_i - \bar{y})}{n - 1} \tag{4.26}$$

与样本方差类似，注意分母中使用了 $n-1$。Excel 函数 COVARIANCE.S（*array*1，*array*2）可计算样本的协方差。

示例4.33   **计算协方差**

图4-40显示了 *Colleges and Universities* 数据的毕业率（Y变量）与SAT分数中位数（X变量）的散点图。似乎随着SAT中位数分数的提高，毕业率也在提高，因此我们期望看到一个正的协方差。图4-41显示了公式（4.26）的计算结果，这些在 *Colleges and Universities* Excel 工作簿的 *Covariance Calculations* 工作表中提供。单元格F55中的Excel函数 =COVARIANCE.S（B2：B50，C2：C50）验证了计算结果。

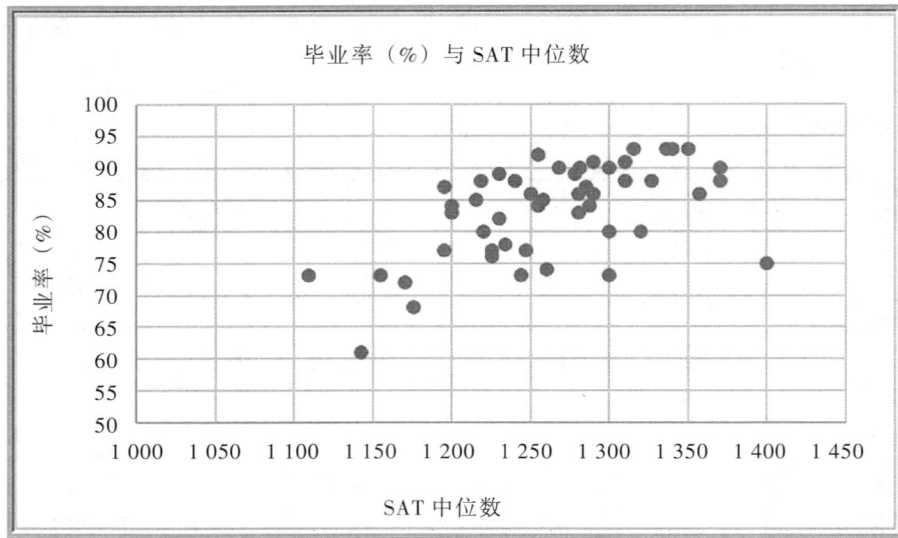

图4-40　毕业率与SAT中位数的散点图

	A	B	C	D	E	F
1		Graduation % (X)	Median SAT (Y)	X - Mean(X)	Y - Mean(Y)	(X - Mean(X))(Y-Mean(Y))
2		93	1315	9.755	51.898	506.2698875
3		80	1220	-3.245	-43.102	139.8617243
4		88	1240	4.755	-23.102	-109.8525614
47		86	1250	2.755	-13.102	-36.09745939
48		91	1290	7.755	26.898	208.5964182
49		93	1336	9.755	72.898	711.1270304
50		93	1350	9.755	86.898	847.698459
51	Mean	83.245	1263.102		Sum	12641.77551
52					Count	49
53					Covariance	263.3703231
54						
55					COVARIANCE.S	263.3703231

图4-41　毕业率和SAT中位数的协方差计算

4.9.2　相关性

协方差的数值通常很难解释，因为它取决于变量的测量单位。例如，如果我们将毕业率表示为真实比例，而不是前一个示例中的百分比，则协方差的数值会更小，尽管变量之间的线性关系不变。

相关性是两个变量 X 和 Y 之间线性关系的度量，这不取决于测量单位。相关性通过**相关系数**（也称为**皮尔逊积矩相关系数**）来衡量。总体的相关系数计算如下：

$$\rho_{XY} = \frac{\mathrm{cov}(X, Y)}{\sigma_X \sigma_Y} \tag{4.27}$$

其中，σ_X 是 X 的标准差，σ_Y 是 Y 的标准差。通过将协方差除以标准差的乘积，我们本质上就是将协方差的数值缩放到-1和1之间的范围。

以类似的方式，**样本相关系数**计算如下：

$$r_{XY} = \frac{\mathrm{cov}(X, Y)}{s_X s_Y} \tag{4.28}$$

Excel的函数 CORREL（*array*1，*array*2）可计算两个数据数组的相关系数。

相关性为 0 表示这两个变量之间没有线性关系。因此，如果一个变量发生变化，我们无法合理地预测另一个变量可能会如何变化。当一个变量增加而另一个变量也增加时，正相关系数表示线性关系。而负相关系数则表示一个变量增加时，另一个变量减少的线性关系。例如，在经济学中，价格弹性产品的价格与销量呈负相关——价格上涨时，销量下降，反之亦然。相关关系的可视化示例如图 4-42 所示。值得注意的是，尽管图 4-42（d）显示变量之间存在明显的关联，但由于并非线性关系，其相关系数仍为零。

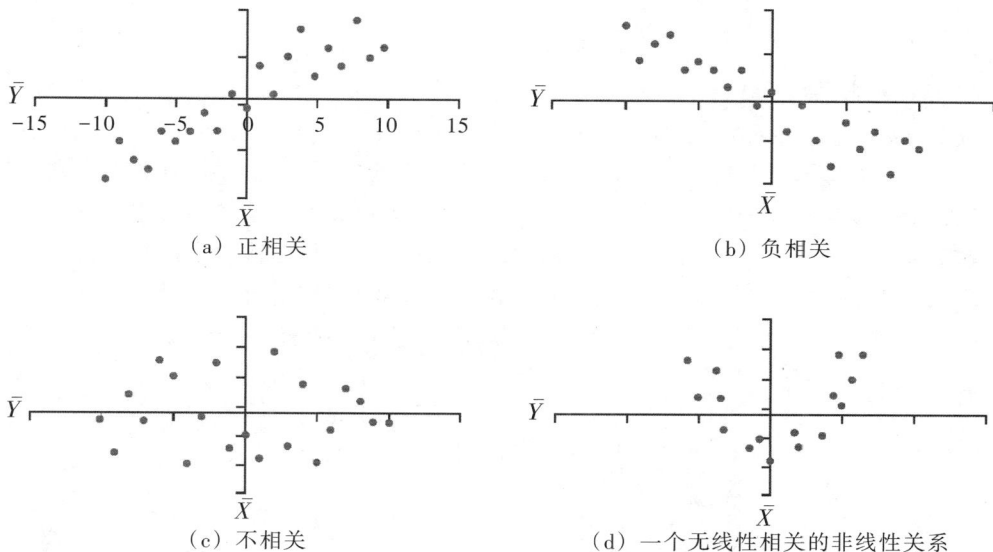

（a）正相关　　　　　　　　　　　　　（b）负相关

（c）不相关　　　　　　　（d）一个无线性相关的非线性关系

图4-42　相关性示例

示例 4.34　　　　　　　　　　计算相关系数

图 4-43 为 *Colleges and Universities* 数据文件中毕业率和 SAT 中位数之间样本相关系数的计算方法。我们首先计算单元格 B52 和 C52 中每个变量的标准差，然后将协方差除以单元格 F54 中的这些标准差的乘积。单元格 F56 使用 Excel 函数 =CORREL（B2：B50，C2：C50）显示相同的结果。

	A	B	C	D	E	F
1		Graduation % (X)	Median SAT (Y)	X - Mean(X)	Y - Mean(Y)	(X - Mean(X))(Y-Mean(Y))
2		93	1315	9.755	51.898	506.2698875
3		80	1220	-3.245	-43.102	139.8617243
4		88	1240	4.755	-23.102	-109.8525614
47		86	1250	2.755	-13.102	-36.09745939
48		91	1290	7.755	26.898	208.5964182
49		93	1336	9.755	72.898	711.1270304
50		93	1350	9.755	86.898	847.698459
51	Mean	83.245	1263.102		Sum	12641.77551
52	Standard Deviation	7.449	62.676		Count	49
53					Covariance	263.3703231
54					Correlation	0.564146827
55						
56					CORREL Function	0.564146827

图4-43　毕业率和SAT中位数的相关性计算

当使用 CORREL 函数时，数据是代表样本还是代表总体并不重要。换句话说，

$$CORREL(array1，array2) = \frac{COVARIANCE.P(array1，array2)}{STDEV.P(array1) \times STDEV.P(array2)}$$

和

$$CORREL(array1,\ array2) = \frac{COVARIANCE.S(array1,\ array2)}{STDEV.S(1array1) \times TDEV.S(array2)}$$

例如，在示例4.34中，如果我们假设数据是总体，我们发现 X 的总体标准差为7.372，Y 的总体标准差为62.034（使用函数 STDEV.P）。通过将总体协方差 257.995（使用函数 COVARIANCE.P）除以这些标准差的乘积，我们发现相关系数仍然是 CORREL 函数计算的 0.564。

4.9.3 Excel相关工具

Data Analysis Correlation 工具计算两个以上数组的相关系数。从 *Data Analysis* 工具列表中选择 *Correlation*。该对话框如图4-44所示。你只需要输入数据的范围（必须在连续列中；否则，必须在工作表中移动数据），指定数据是按行分组还是按列分组（大多数应用程序将按列分组），并指示第一行是否包含数据标签。该工具的输出是一个矩阵，给出了每对变量之间的相关性。此工具为每对变量提供与 CORREL 函数相同的输出。

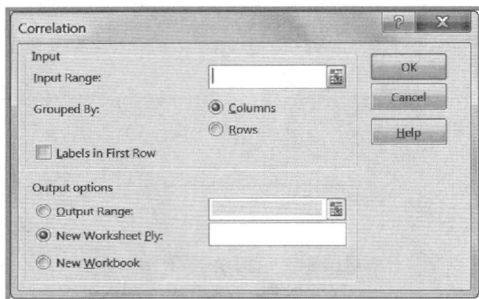

图4-44 Excel *Correlation* 工具对话框

示例4-35   使用 *Correlation* 工具

Colleges and Universities 数据文件中各变量之间的相关矩阵如图4-45所示。这些相关性都不是很强。毕业率和SAT分数之间的正相关关系表明，SAT中位数较高的学校学生毕业率较高。我们看到录取率和毕业率之间有适度的负相关性，表明录取率较低的学校毕业率较高。我们还看到录取率也与SAT中位数和前10%的高校负相关，这表明录取率较低的学校的学生家庭状况较好。与支出/学生的相关性也表明，学生家庭状况越好的学校在每个学生身上花的钱越多。

	A	B	C	D	E	F
1		*Median SAT*	*Acceptance Rate*	*Expenditures/Student*	*Top 10% HS*	*Graduation %*
2	Median SAT	1				
3	Acceptance Rate	-0.601901959	1			
4	Expenditures/Student	0.572741729	-0.284254415	1		
5	Top 10% HS	0.503467995	-0.609720972	0.505782049	1	
6	Graduation %	0.564146827	-0.55037751	0.042503514	0.138612667	1

图4-45 *Colleges and Universities* 数据的相关性结果

检验你的学习成果

（1）解释协方差和相关性之间的区别。

（2）你可以使用哪些Excel函数和工具来求解总体和样本的协方差和相关性？

（3）解释相关系数。

4.10　异常值

早些时候，我们注意到平均值和极差对异常值（数据中的异常值）很敏感。异常值可以使我们对统计分析的结果产生显著差异。一个重要的统计问题是如何识别它们。从实际角度来看，要做的第一件事是检查数据是否存在可能的错误。例如，小数点放错位置或计算机文件的转录不正确。直方图有助于直观地识别可能的异常值。我们可以使用经验规则和 z 分数来将异常值识别为与平均值相差超过 3 个标准差的值。我们还可以根据四分位数范围来识别异常值。"轻度"异常值通常定义为低于 1.5 倍 IQR 值，"极端"异常值是超过 3 倍 IQR 值。需注意，异常值本质是相对于其他数据的异常观测，并无绝对标准定义。但在商业分析研究中，识别异常值并评估其影响至关重要。

示例 4-36　　　　　　　　　　　　调查异常值

Excel 数据文件 *Home Market Value*（住宅市场价值）提供了一个社区住宅数据的示例（图 4-46）。图 4-47 显示了平方英尺和市值变量的 z 值计算。这些变量的 z 值都不超过 3（这些计算可以在 *Home Market Value* Excel 工作簿的工作表 *Outliers* 中找到）。然而，尽管单个变量可能不会出现异常值，但它们组合以后可能会出现异常值。我们可以从如图 4-48 所示的散点图中看到这一点。最后一处住宅的市值很高（120 700 美元），但面积相对较小（1 581 平方英尺）。散点图上的点似乎与其余的数据不一致。问题是如何处理可能的异常值。它们不应该被盲目地删除，除非有合理的理由这样做——例如，如果是房屋市场价值工作表中最后一个带有室外游泳池的房子，这使得它与社区的其他住宅有很大的不同。统计学家经常建议，在进行分析时是否应考虑异常值，以便对结果进行比较和严格检测。

	A	B	C
1	Home Market Value		
2			
3	House Age	Square Feet	Market Value
4	33	1,812	$90,000.00
5	32	1,914	$104,400.00
6	32	1,842	$93,300.00
7	33	1,812	$91,000.00
8	32	1,836	$101,900.00
9	33	2,028	$108,500.00
10	32	1,732	$87,600.00
11	33	1,850	$96,000.00

图 4-46　Excel 文件 *Home Market Value* 部分内容

	A	B	C	D	E
1	Home Market Value				
2					
3	House Age	Square Feet	z-score	Market Value	z-score
4	33	1,812	0.5300	$90,000.00	-0.196
5	32	1,914	0.9931	$104,400.00	1.168
6	32	1,842	0.6662	$93,300.00	0.117
7	33	1,812	0.5300	$91,000.00	-0.101
41	27	1,484	-0.9592	$81,300.00	-1.020
42	27	1,520	-0.7957	$100,700.00	0.818
43	28	1,520	-0.7957	$87,200.00	-0.461
44	27	1,684	-0.0511	$96,700.00	0.439
45	27	1,581	-0.5188	$120,700.00	2.713
46	Mean	1,695		92,069	
47	Standard Deviation	220.257		10553.083	

图 4-47　计算 z 值以检测异常值

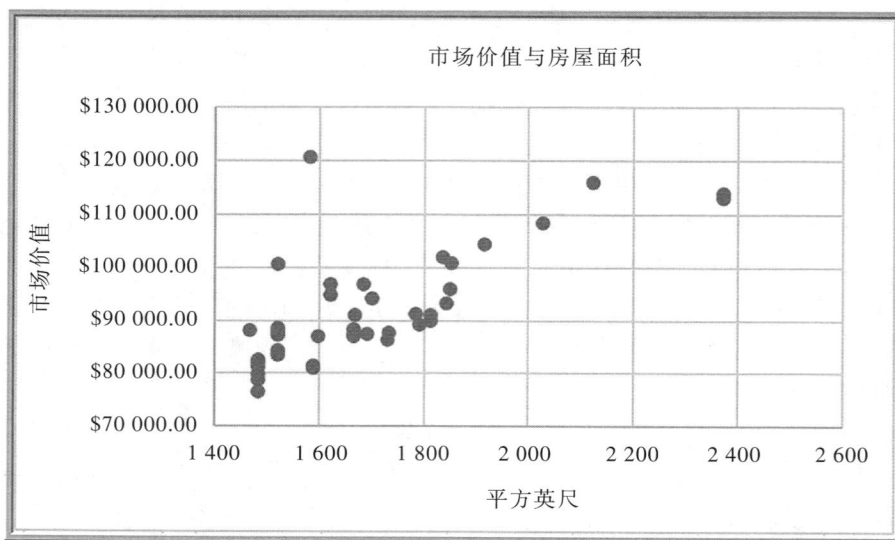

图4-48　房屋面积与市场价值的散点图

检验你的学习成果

（1）通常使用哪些规则来识别异常值？

（2）你应该如何处理分析中的异常值？

4.11　使用描述性统计分析调查数据

有许多处理调查数据的企业应用程序。描述性统计工具对于总结和分析调查数据非常有价值。例如，考虑 Excel 文件 *Insurance Survey*（保险调查）中的数据，如图 4-49 所示。我们可以计算各种统计指标并应用统计工具来理解这些数据，例如：

- 比率变量的频数分布表和直方图（年龄、工作年限和满意度）
- 使用描述性统计工具对比率变量进行描述性统计测量
- 样本中分类变量的各种属性的比例，如男性和女性的比例、受教育程度和婚姻状况
- 按性别、受教育程度和婚姻状况细分比率变量平均值的数据透视表
- 按性别和受教育程度、性别和婚姻状况以及受教育程度和婚姻状况分列的交叉列表
- 检测潜在异常值的 z 值

图4-49　保险调查数据

本章末尾的问题69要求你使用这些方法来分析这些数据。这些工具可以由我们在上一章中讨论的各种数据可视化工具进行补充。这种分析可以为正式报告和陈述提供基础，人们可以用这些报告和陈述向管理人员传达和解释结果。

检验你的学习成果

（1）总结通常用于分析调查数据的统计工具。

（2）解释使用统计数据来传达调查数据的重要性。

4.12　商务决策中的统计思维

应用统计概念作出良好的商务决策和提高绩效的重要性怎样强调都不为过。**统计思维**是一种基于以下原则的学习和改进行动的哲学：

• 所有工作都发生在一个相互关联的流程系统中。

• 变化存在于所有的流程中。

• 更好的绩效源于理解和减少变化。[①]

任何组织的工作都是通过*流程*完成的——这些系统化的运作方式能够实现预期成果。理解业务流程为评估变异影响和确定应采取的正确措施提供了背景依据。每个流程都包含多种变异来源：以制造业为例，不同批次的材料在强度、厚度或湿度上存在差异；生产过程中，工具会逐渐磨损，振动会导致机器设置变化，电压波动则会造成电力供应不稳定。工人可能无法始终如一地将零件固定在夹具上，且生理和心理压力会影响其操作稳定性。此外，测量量具和人工检测能力存在差异，导致测量误差。类似现象也存在于服务流程中，这源于员工与客户行为的差异性、技术应用的不一致性等因素。减少变异能提升制造与服务流程的稳定性，降低错误率，提高客户满意度，并增强诸如交付时间预估等环节的准确性。

尽管变异无处不在，但许多管理者往往未能察觉或将其纳入决策考量。常见的情况包括：仅凭一两个数据点就草率决策而忽视变异规律、误读数据中本不存在的趋势或试图操控其无法真正控制的指标。遗憾的是，这类情形屡见不鲜。例如，当某区域销售额环比下滑时，区域经理可能不假思索地归咎于销售团队懈怠，而实际上业绩波动可能完全源于不可控变异。究其根源，这通常源于管理者缺乏处理数据变异的专业知识——而这正是商务分析能够发挥关键作用的领域。通过统计分析，管理者能更透彻地理解事件背后各影响因素的实质关联，从而作出更科学的决策。

示例4.37　　　　　　　　　**应用统计思维**

图4-50显示了Excel文件*Surgery Infections*（术后感染）中的部分数据，该文件记录了一家医院36个月中术后发生感染的患者人数，以及感染人数的折线图。（我们假设每个月进行的手术数量相同。）与第1个月相比，第2个月和第3个月的感染人数增加了2倍。这一现象究竟是医疗规程失效导致的趋势性恶化，抑或仅是随机变异？是否需要启动原因调查？从统计学视角看，仅凭三个数据点不足以判定趋势存在，更合理的做法是扩大样本量并系统研究变异模式。

---

① Galen Britz, Don Emerling, Lynne Hare, Roger Hoerl, and Janice Shade, "How to Teach Others to Apply Statistical Thinking," *Quality Progress* (June 1997): 67-79.

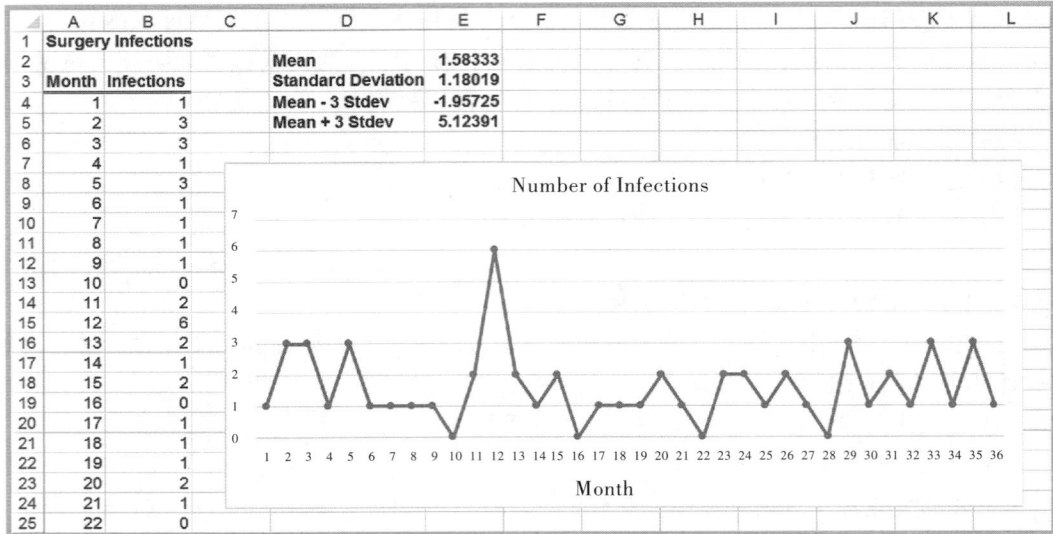

图4-50　Excel文件*Surgery Infections* 的部分数据

　　在36个月的时间里，数据清楚地表明每月感染率存在明显的波动。除第12个月外，感染人数似乎在0到3之间浮动。然而，对图表的直观分析不一定能得出有效的结论。让我们运用一些统计思维。平均感染数为1.583例，标准差为1.180。若应用经验法则（即多数观测值应落在均值±3个标准差范围内），预期感染数区间应为-1.957至5.124例（显然感染人数不可为负值，故下限调整为0）。这意味着从统计学角度看，几乎所有观测值都应落在此范围内。图4-51展示了该区间的可视化图表，其中第12个月的感染数明显超出上限值，表明该月数据在统计上显著异常。医院管理者应彻查该月异常原因并制定防范措施。

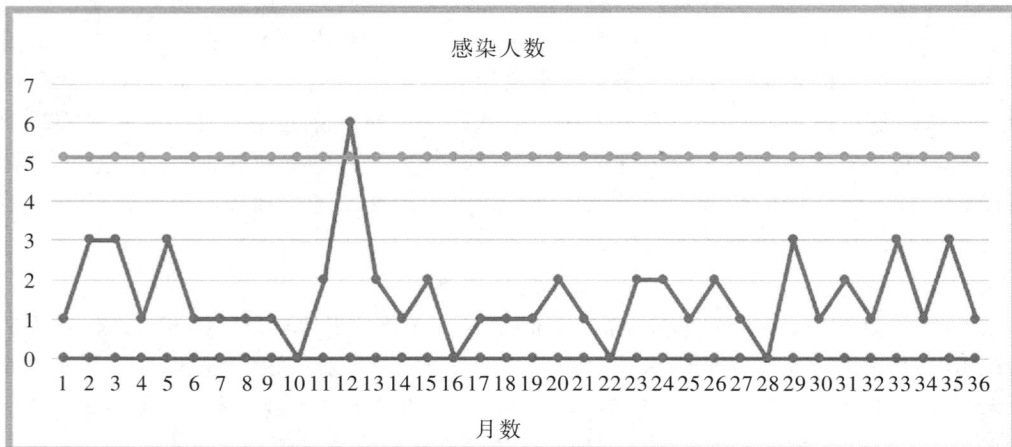

图4-51　经验法则范围内的感染人数

　　类似的分析通常用于质量控制和其他商务应用程序，以统计方式监控绩效。正确的分析计算取决于测量类型和其他因素，这在聚集于质量控制和质量管理的书籍中进行了充分解释。

样本的可变性

在商务分析应用中，由于我们通常处理的是样本数据，因此必须深刻理解：从同一总体中抽取的不同样本必然存在差异。这种差异性体现在多个方面：样本均值、标准差等统计量会有所不同，直方图形状也会存在差别。尤其需要注意的是，样本特征对样本容量（即样本包含的观测值数量）具有高度敏感性。

示例 4.38　　　　　　　　　　样本数据的变异性

对于计算机维修时间数据库中的 250 个观测值，我们可以确定平均维修时间为 14.9 天，维修时间的方差为 35.50。假设我们从这些数据中选择了一些较小的样本。图 4-52 显示了从 250 次维修中随机选择的两个 50 台样本。注意，各组的均值和方差不仅彼此不同，也与图 4-24 所示整体样本的均值和方差存在差异。此外，直方图显示了一个略有不同的分布形态。在图 4-53 中，我们展示了两个样本量为 25 台的较小样本的结果。与整个数据集相比，这些样本在统计量和直方图方面确实表现出更大的变异性。

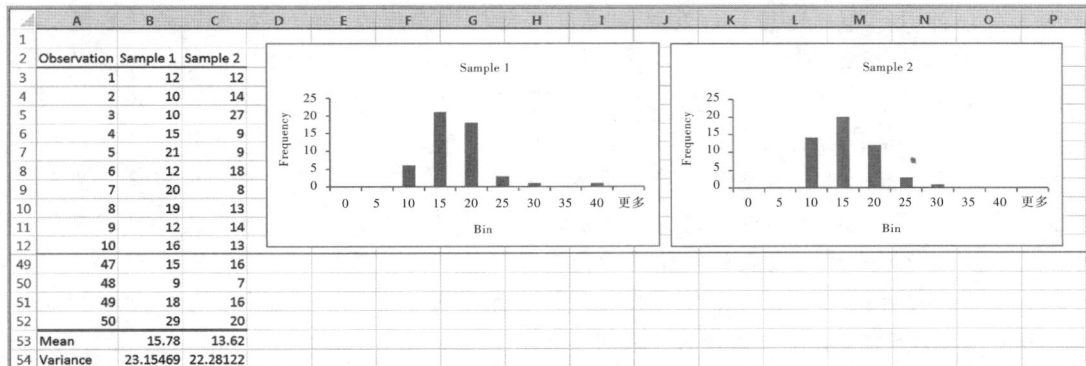

图 4-52　*Computer Repair Times* 文件中两个 50 台的样本

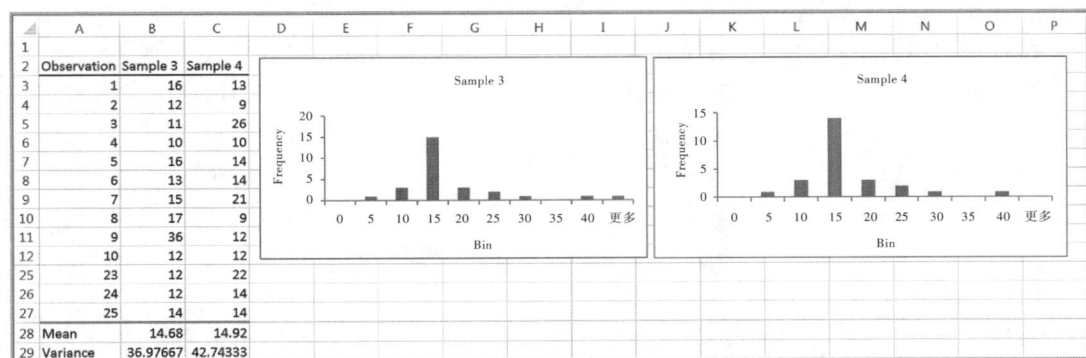

图 4-53　*Computer Repair Times* 文件中两个 25 台的样本

示例 4.38 表明，了解样本数据的变异性非常重要，从样本中提取的统计信息可能无法准确地代表其来源的总体。这是应用商务分析中最重要的概念之一。我们将在第 6 章中进一步探讨这一主题。

检验你的学习成果

（1）统计思维的原则是什么？

（2）什么因素导致样本数据产生变异性？

（3）为什么理解样本数据的变异性很重要？

实践分析：运用统计思维发现财务问题

在过去的十年里，大量的管理欺诈行为被发现，导致多家知名公司倒闭。这些公司一直很好地掩盖其财务问题，投资者和债权人现在正在寻求在丑闻发生之前发现财务问题的方法。即使 2002 年 7 月通过了《萨班斯—奥克斯利法案》，该法案有助于提高向公众披露数据的质量，但在没有分析评估的情况下，仍然有可能误判组织的财务实力。虽然存在一些警告信号，但没有系统和客观的方法来确定既定的财务指标（如冲销或内幕交易模式）是否较高或异常。

研究人员建议使用统计思维来检测这些公司的财务异常情况。他们提出了"异常检测分数"，即通过使用标准差检测目标财务指标与公司自己过去的业绩或竞争对手当前业绩之间的差异。该技术是标准化 z 分数的变体。具体来说，他们的方法包括将业绩与过去的业绩（在分析内）进行比较，以及将业绩与同期公司同行的业绩（在分析之间）进行比较。他们创建了两种类型的异常分数：z-Between（z_b）用于解决公司之间的差异，z-within（z_w）用于解决公司内部的差异。这些指标量化了公司财务指标偏离平均值的标准差。利用这些措施，研究人员将该技术应用于 25 个案例研究。其中包括几家备受瞩目的公司，它们被美国证券交易委员会指控财务报表欺诈，并要求对这些公司的财务报表进行复核。采用该方法能够识别专家掌握的关键指标的异常情况，这些指标是财务报表欺诈的警告信号。与专家对备受瞩目的欺诈案件的事后评论相比，这些警告信号是一致的。更重要的是，他们在美国证券交易委员会发布调查公告前至少 6 个季度就发出了异常行为的信号，假阴性率不到 5%，假阳性率不到 40%。

关键术语

算术平均埴（平均值）	定序数据	相对频数分布表
度量值	连续度量	数据剖面（分位数）
双峰	异常值	风险回报
测量	相关性	描述性统计
分类（名义）数据	总体	样本
中位数	相关系数（皮尔逊积矩相关系数）	离散度量
切比雪夫定理	工序能力指数	离散度
度量	协方差	样本相关系数
峰度系数（CK）	四分位数	偏度
中程数	交叉列表	频数分布表
偏态系数（CS）	极差	标准化值（z 值）
众数	比率数据	直方图
变异系数（CV）	累积相对频数	统计
肩形图	相对频数	四分位距（IQR 或内距）
列联表	累积相对频数分布	统计思维

定距数据　　　　　　　单峰　　　　　　　　　　　方差
统计　　　　　　　　　标准差
第k个百分位数　　　　峰度

第4章技术帮助

有用的 Excel 函数

COUNTIF（range，cell_reference）用于计算频数，以构建非分组数据的频数分布或求解比例。

PERCENTILE.INC（array，k）计算数组字段中指定范围内的第$100 \times k$个百分位数，其中k介于0和1之间，包括0和1。

QUARTILE.INC（array，quart）计算四分位数，其中array指定数据的范围，quart是介于1到4之间的整数，表示所需的四分位数。

AVERAGE（data range）求解平均值或算术平均值。

MEDIAN（data range）求解中位数。

MODE.SNGL（data range）求解众数。

MODE.MULT（data range）求解众数数组。

VAR.S（data range）计算样本方差。

VAR.P（data range）计算总体方差。

STDEV.S（data range）计算样本标准差。

STDEV.P（data range）计算总体标准差。

STANDARDIZE（x，mean，standard_dev）在给定平均值和标准差的情况下，计算x的标准化值或z值。

SKEW.P（data range）求解总体数据的偏态系数。

SKEW（data range）求解样本数据的偏态系数。

KURT（data range）计算样本数据的"超额峰度"。

COVARIANCE.P（array1，array2）计算总体的两组数据之间的协方差。

COVARIANCE.S（array1，array2）计算样本的两组数据之间的协方差。

CORREL（array1，array2）计算样本或总体的两组数据之间的相关系数。

Excel 技术

直方图工具（示例4.5和示例4.6）：

单击 Excel 菜单栏中 Data 选项卡下 Analysis 组中的 Data Analysis 工具按钮，然后从列表中选择 Histogram。在对话框中，指定与数据对应的 Input Range，并选中 Labels 框（如果适用），指定 Bin Range（建议）。选中 Chart Output 以显示频数分布之外的直方图。选中其他可选框以显示帕累托分布或累积频数。

描述性统计工具（示例4.28）：

要分析的每个数据集必须位于一行或一列中。单击 Excel 菜单栏中 Data 选项卡下 Analysis 组中的 Data Analysis。从列表中选择 Descriptive Statistics。如果输入范围中包含标签，请选中 First Row 中的 Labels 框，选择是将结果保存在当前工作表中还是保存在新工作表中。有关基础统计量信息，请勾选 Summary statistics 框。

在数据透视表中显示统计信息（示例4.32）：

创建数据透视表。在 Value Field Settings 对话框中，选择值字段的平均值、标准差或方差。

相关工具（示例4.35）：

从 Data Analysis 工具列表中选择 Correlation。输入数据的范围（必须在连续列中），指定数据是按行还是按列分组，并指示第一行是否包含数据标签。输出值提供每对变量之间的相关性。

StatCrunch

StatCrunch 提供了许多用于计算和可视化统计数据的工具。你可以在网址 https：//www.statcrunch.com/5.0/example.php 上找到视频教程和带有示例的分步过程。我们建议你首先查看 StatCrunch 入门教程和 StatCrunch 会话教程。以下教程位于本网页上的"图形""摘要统计信息和表格""回归和相关"组下，说明了如何创建频数分布、直方图、摘要统计信息和相关表格：

- 频数表
- 直方图
- 带有原始数据的简单条形图
- 带有汇总数据的简单条形图
- 列的汇总统计信息
- 行的汇总统计信息
- 列之间的相关性

示例：创建条形图

1. 选择 With data 选项以使用数据表中包含的独立观测值进行分析

a. 选择要展示的列

b. 输入可选的 Where 语句以指定要包含的数据行

c. 选择选项"按列分组"以绘制条形图

d. 列之间的侧相关性

2. 选择 With summary 选项以使用由类别和计数组成的摘要信息

a. 选择包含类别的列

b. 选择包含计数的列

3. 点击 Compute! 以构建条形图

问题和练习

指标和数据分类

1. 7月份，在佛罗里达州一个小城市的一个大型购物中心，一项针对个人的调查提出了以下问题：

- 性别
- 年龄
- 种族
- 居留时间

- 对城市服务的总体满意度（采用1~5分制，从差到优）
- 学校质量（采用1~5分制，从差到优）

每个调查项目代表什么类型的数据（分类、定序、定距或比率），为什么？

2. 将 *Sales Transactions* 数据库中的每个数据元素分为分类、定序、定距或比率数据，并解释原因。

3. 对 Excel 文件 *Credit Approval Decisions* 中的每个变量按分类、定序、定距或比率变量进行分类，并解释原因。

4. 对 Excel 文件 *Corporate Default*（公司违约）数据库中的每个变量按分类、定序、定距或比率变量进行分类，并解释原因。

5. 将 Excel 文件中的 Weddings（婚礼）数据库中的每个变量按分类、定序、定距或比率变量进行分类，并解释原因。

频数分布表和直方图

6. 使用 COUNTIF 函数在 Excel 文件 *Credit Risk Data* 中构建贷款类型的频数分布，开发柱形图以直观地表示结果，并计算相对频数。

7. 使用 COUNTIF 函数为 Excel 文件 *Retail Survey* 中的性别、首选风格和购买影响构建频数分布，构建柱形图以直观地表达结果，并计算相对频数。

8. 社区健康状况调查从受访者那里获得了以下人口统计信息：

年龄	频数
18~29岁	250
30~45岁	740
46~64岁	560
65~80岁	370

计算各年龄组的相对频数和累积相对频数。

9. 使用直方图工具构建 Excel 文件 *Car Sharing Survey*（汽车共享调查）中每周汽车使用时长和等待时间的频数分布表和直方图。注意不要将数据分组到区间中。

10. 使用 Excel 直方图工具为 Excel 文件 *Sales Data* 中的总销售额和毛利数据构建频数分布表和直方图。首先让 Excel 自动确定组数和组的数据范围。然后确定一个更合适的分组，并重新运行直方图工具。

11. 使用直方图工具在 Excel 文件 *Credit Risk Data* 中为银行客户贷款的月数开发频数分布表和直方图。根据你的判断确定要使用的组数。计算相对频数和累积相对频数，并使用折线图构建肩形图。

12. 使用直方图工具为 Excel 文件 *Cell Phone Survey* 中的数值型数据构建频数分布表和直方图。计算相对频数和累积相对频数，并为肩形图创建图。

13. 使用数据透视表在 *Restaurant Sales*（饭店销售）数据库中构建午餐销售额的频数分布表和直方图。

14. 使用数据透视表为 *Credit Risk Data* 文件中的 *Base Data* 工作表中的个人年龄创建 6 个区间的频数分布，并计算和绘制相对频率与累积相对频率图。

15.使用数据透视表在Excel文件 *Grade Point Averages*（平均绩点）中构建GPA的频数分布表和直方图。

百分位数和四分位数

16.在Excel文件 *Home Market Value* 中求解住宅价格的第20个和第80个百分位数。使用公式（4.3）、Excel PERCENTILE.INC 函数和 *Rank and Percentile* 工具，并比较结果。

17.在Excel文件 *Atlanta Airline Data*（亚特兰大航空公司数据）中求解计划到达时间和实际到达时间之间的时间差的第10个和第90个百分位数以及第1个和第3个四分位数。使用公式（4.3）、Excel PERCENTILE.INC 函数以及 *Rank and Percentile* 工具，并比较结果。

18.在Excel文件 *Credit Risk Data* 中求解支票和储蓄账户合计金额的第1、第2和第3个四分位数，并解释结果。

19.在 *Sales Transactions* 的数据库中求解销售额的第1、第2和第3个四分位数，并解释结果。

交叉列表

20.使用数据透视表为Excel文件 *Credit Risk Data* 中的 *Base Data* 工作表构建贷款用途和信用风险交叉列表。

21.使用数据透视表为Excel文件 *Credit Risk Data* 中的 *Base Data* 工作表构建婚姻状况和住房类型的交叉列表。

22.使用数据透视表为Excel文件 *Retail Survey*（零售调查）中的：（1）性别和偏好风格，（2）性别和购买影响构建交叉列表。

23.使用数据透视表为Excel文件 *Soda Preferences*（碳酸饮料偏好）工作表中每对变量构建交叉列表。

描述性统计指标

24.使用适当的Excel函数或公式在Excel文件 *Automobile Quality*（汽车质量）中求出数据的平均值、中位数和中程数。

25.在Excel文件 *Facebook Survey*（脸书调查）中，使用适当的Excel函数或公式求出样本人群每周在线小时数的平均值、中位数和中程数以及好友数。比较这些位置指标。

26.使用适当的Excel函数计算Excel文件 *Coffee Shop Preferences*（咖啡店偏好）中每个重要因素的平均值、中位数、中程数和众数。

27.将Excel文件 *Home Market Value* 中的数据视为这条街上的房主总体，使用电子表格和公式（4.4）、公式（4.7）和公式（4.9）计算每个变量的平均值、方差和标准差。使用适当的Excel函数验证你的计算结果。

28.将Excel文件 *Home Market Value* 中的数据作为这条街上的房主样本，使用公式（4.5）、公式（4.8）和公式（4.10）计算每个变量的平均值、方差和标准差。使用适当的Excel函数验证你的计算结果。

29.在Excel文件 *Facebook Survey* 中，使用适当的Excel函数求解样本人群每周在线小时数的极差、方差、标准差和四分位距以及好友数。比较这些离散度的指标。

30.使用适当的Excel函数，计算Excel文件 *Coffee Shop Preferences* 中每个重要因素的极差、方差、标准差和四分位距。

31.在Excel文件 *Tablet Computer Sales*（平板电脑销售）中，找出每周销量的平均值、标准差和四分位距。证明切比雪夫定理适用于此数据，并确定经验规则的准确性。

32.Excel 文件 *Atlanta Airline Data* 提供了亚特兰大哈茨菲尔德–杰克逊机场一天的飞机到达和滑行时间统计数据，请计算飞机计划到达时间与实际到达时间之间差异的均值和标准差，以及滑行至出口时间的均值和标准差。计算每个变量的 z 值。

33.计算 Excel 文件中 *Cost of Living Adjustments*（生活费用调整）数据的平均值和标准差。然后计算比较工资和住房调整的 z 值，并解释结果。

34.计算 Excel 文件 *Home Market Value* 中每个变量的变异系数。哪个相对离散度最小，哪个相对离散度最大？

35.查找不同行业 3 家公司的 30 天股价。平均股价应该有一个广泛的价值范围。运用数据来计算并解释变异系数。

36.在 Excel 文件 *Colleges and Universities* 中，对文科学院和研究型大学的课题运用描述性统计工具。比较这两种类型的学院，你能得出什么结论？

37.使用描述性统计工具汇总 Excel 文件 *Sales Data* 中的毛利润率、销售总额和毛利润。

38.使用描述性统计工具总结 Excel 文件 *Job Satisfaction* 中的答案。你能从分析中得出什么信息？

39.Excel 文件 *Airport Service Time*（机场服务时间）中的数据工作表列出了大量在售票处处理客户的时间样本（以秒为单位）。第二张工作表显示了数据的频数分布表和直方图。

a.使用描述性统计工具汇总数据。你能说出关于时间分布的形状吗

b.找到第 90 个百分位数

c.航空公司如何利用这些结果来管理其柜台售票业务

计算描述性统计的频数分布

40.在 Excel 文件 *Helpdesk Survey* 中构建总体满意度的频数分布表。使用公式（4.17）和公式（4.19）编制电子表格，以估计样本平均值和样本方差。使用 Excel 函数和原始数据来验证你的结果。

41.在问题 9 中，我们要求你使用直方图工具来构建频数分布表和直方图，以反映 Excel 文件 *Car Sharing Survey* 中每周的使用情况和等待时间，无须将数据分组。使用你的结果和公式（4.17）、公式（4.19）求解平均值和样本方差，使用 Excel 函数和原始数据来验证你的结果。

42.从社区健康状况调查受访者那里获得了以下人口统计信息：

年龄	频数
18~29 岁	250
30~45 岁	740
46~64 岁	560
65~80 岁	370

使用公式（4.17）和公式（4.19）编制电子表格，以估计年龄的样本平均值和样本标准差。

43.一项针对 800 名 18~34 岁成年人的营销研究报告了以下信息：

• 每年在儿童服装上花费不到 100 美元：50 份回复

• 每年在儿童服装上花费 100~499.99 美元：275 份回复

• 每年在儿童服装上花费 500~999.99 美元：175 份回复

• 没花一分钱：300份回复

使用公式（4.21）和公式（4.23）来编制电子表格，以估算该年龄组儿童服装支出的样本平均值和样本标准差。

44. Excel文件中的 *Church Contributions*（教堂捐款）数据报告了关于教堂的年度捐款。假设这些数据代表教区居民的全部人口，通过在电子表格上执行公式（4.20）和公式（4.22），估计年度捐款的平均值和标准差。

分类数据的描述性统计：比例

45. Excel文件 *EEO Employment Report*（平等就业机会就业报告）显示了不同种族和族裔群体在不同职业中的就业人数。对于所有员工和每个种族/族裔群体，计算每个职业中男性和女性的比例。

46. 在 Excel文件 *Bicycle Inventory* 中，计算售价低于200美元的自行车型号的比例。

47. 在 Excel 文件 *Laptop Survey*（笔记本调查）中，计算拥有戴尔、苹果和惠普电脑的受访者的比例。

48. 在 *Sales Transactions* 数据库中，计算使用PayPal（贝宝）的客户比例、使用信用卡的客户比例、购买书籍的客户比例和购买DVD的客户比例。

49. 在 Excel文件 *Economic Poll*（经济民意调查）中，计算每个分类变量的比例。

数据透视表中的统计信息

50. 创建数据透视表，以在 Excel文件 *Travel Expenses*（旅游消费）中计算每个销售代表的差旅费用金额的平均值和标准差。

51. 为 Excel文件 *Weddings*（婚礼）中的数据创建数据透视表，以按付款人类型和价值评级来分析婚礼的平均成本。你得出了什么结论？

52. Excel文件 *Rin's Gym*（林的健身房）提供了该健身房有关会员身体特征和健身活动的样本数据。创建数据透视表以求解以下内容：

a. 性别与体型的交叉列表

b. 按性别划分平均跑步时间、跑步距离、举重天数、举重训练时间和在健身房花费的时间。概述你的结论

53. 使用数据透视表在 Excel文件 *Education and Income* 的数据中按受教育程度计算平均年收入。

54. 在 Excel文件 *Debt and Retirement Savings*（债务和退休储蓄）中，使用数据透视表计算单身和已婚个人的收入、长期债务和退休储蓄的平均值和标准差。

55. 使用数据透视表，在 *Sales Transactions* 数据库中计算按地区划分的销售额的平均值和标准差。

56. Excel文件 *Freshman College Data*（大学新生数据）显示了一所大型城市大学四年的数据。使用数据透视表来考察这所大学的不同学院学生在高中GPA成绩和第一年保留率方面的差异。你得出了什么结论？

57. 由于环境压力大，呼叫中心的人员流动率很高，全国平均水平约为50%。一家大型银行的人力资源总监收集了该银行的一个呼叫中心的约70名前员工的数据（见Excel文件 *Call Center Data*）。使用数据透视表计算以下统计信息：

a. 样本中男性和女性的平均服务年限

b. 拥有或没有大学学位的人平均服务年限

c. 有或没有呼叫中心经验的男性和女性的平均服务时间

58. 对于人民选择银行数据库，使用数据透视表计算每个账户和分行的平均交易金额。

59. 一家全国性的住宅建筑商建造了独栋住宅和公寓式联排别墅。Excel 文件 *House Sales*（住宅销售）记录了某月成交住宅的销售价格、地皮成本、房屋类型及所属区域信息。请使用数据透视表计算各区域市场内各类住宅的平均售价与平均地皮成本，并基于该数据分析可能得出的结论。

关联测量

60. 在 Excel 文件 *Weddings* 中，确定婚礼成本和出席率之间的相关性。

61. 在 Excel 文件 *Rin's Gym* 中，计算会员身高、体重和 BMI 之间的样本协方差和相关性。

62. Excel 文件 *Beverage Sales*（饮料销售）列出了一家便利店平时的销售情况，以及每日的高温情况。计算温度和销售额之间的协方差和相关性。

63. 在 *President's Inn Guest* 数据库中，求出客人平均停留时间和每场派对的平均客人数。聚会的规模和停留时间之间是否存在相关性？

64. 在 Excel 文件 *TV Viewing Survey*（电视收视调查）中，在家庭电视数量和每周观看时间之间，以及年龄和每周观看时间之间，是否存在显著的相关性？

65. 在 Excel 文件 *Credit Risk Data* 中，计算年龄与就业月数、年龄与支票和储蓄账户余额、客户月数与银行存款金额之间的相关性。解释你的结果。

异常值

66. 计算 Excel 文件 *Airport Service Times* 中的数据的 z 值。有多少观测值比平均值两侧的 3 个标准差落得更远？你认为这些是异常值吗？为什么？

67. 检查你在问题 32 中计算的 *Atlanta Airline Data* 的 z 值。数据中是否存在异常值？

68. 在 Excel 文件 *Weddings* 中，找到婚礼成本的平均值、中位数和标准差。你会告诉一对刚订婚的夫妇什么样的预期成本？考虑数据中可能的异常值的影响。

使用描述性统计分析调查数据

69. 使用以下方法分析 Excel 文件 *Insurance Survey* 中的调查数据。

• 对连续变量（年龄、工作年限、满意度）建立频数分布表及直方图
• 使用描述统计工具计算连续变量的描述性统计量
• 计算分类变量各属性的样本比例（如性别比例、教育程度分布、婚姻状况占比）
• 通过数据透视表按性别、教育程度和婚姻状况分类统计连续变量的平均值
• 构建交叉列表分析：性别与教育程度、性别与婚姻状况、教育程度与婚姻状况
• 计算 z 分数以检测潜在异常值

70. Excel 文件 *Auto Survey*（汽车调查）包含所拥有车辆的数据样本，如这些车辆是新车还是二手车，以及其他类型的数据。使用适当的统计工具分析这些数据。总结你可以从这些数据中得出的观察结果。

71. 一家为航空航天业生产计算机辅助设计软件的公司接到了许多技术支持的请求。跟踪软件用于监控响应和解决问题的时间。此外，该公司还使用以下量表对请求支持的客户进行了调查：

0——未达到预期

1——稍符合预期

2——符合预期

3——超出预期

4——大大超出预期

问题如下：

问题1：支持代表是否解释了解决问题的过程？

问题2：支持代表是否告知你解决问题的进展情况？

问题3：支持代表是否礼貌且专业？

问题4：你的问题解决了吗？

问题5：你的问题是否在可接受的时间内得到解决？

问题6：总的来说，你觉得我们的技术支持部门提供的服务怎么样？

最后一个问题要求客户使用一个等级对产品的整体质量进行评分：0——非常差、1——差、2——好、3——很好、4——优秀。Excel 文件 *Customer Support Survey*（客户支持调查）提供了调查响应样本以及相关的解决方案和响应数据。使用你认为合适的 Excel 工具分析这些样本数据，并编写报告提交给经理，解释你的发现和结论。

72. Excel 文件 *News Preferences*（新闻偏好）提供了有关个人获取新闻的偏好方式以及他们通常阅读的新闻类型的数据。使用数据透视表和切片器从统计角度得出关于这些数据的结论，并在简短的备忘录中总结你的结果。

商务决策中的统计思维

73. 假设数据文件中的每一行表示制造工艺的样本，则使用制造指标数据计算样本平均数。在折线图上绘制样本平均值，计算样本平均值的标准差（而不是单个观察值），为样本平均值添加经验法则界定的范围，并解释你的结果。

74. 中西部一家制药公司生产带有独立单剂量注射药物的一次性注射器。[1] 在制造过程中，无菌液体药物被倒入玻璃注射器中，并用橡胶塞密封。后续步骤包括将药筒插入塑料注射器，并在精确确定的注射器长度处对安全帽进行"固定"。固定在短于所需长度（小于4.920 英寸）处的盖子会导致药筒塞子受压后部分或完全触发注射器。这样的注射器必须报废。如果盖子的固定长度超过预期长度（4.980 英寸或更长），则固定不完全或不充分，可能导致盖子丢失以及装运和搬运过程中的药筒丢失。这种注射器可以通过人工重新加工，以将盖子固定在较低的位置。然而，这一过程需要对固定注射器进行 100% 检查，因而导致成本增加。这最后的生产步骤似乎在连续几周内生产了越来越多的废弃注射器和需返工的注射器。

Excel 文件 *Syringe Samples*（注射器样本）提供在制造过程中每隔 15 分钟采集的样本。使用统计分析和统计思维概念得出结论。

75. 计算一副 52 张扑克牌的均值和方差（A 计为 11，花牌计为 10），构建牌值的频数分布表及直方图。每次洗牌后抽取两个 20 张牌的样本（每次抽取前均使用完整牌组），计算其均值与方差并绘制直方图，分析样本数据与总体数据的差异。重复进行两个 5 张牌样本的相同实验并总结结论。

案例：杜鲁特广告研究项目

第 2 章介绍了本案例的背景。对于案例的这一部分，使用频数分布表和直方图、交叉

① Based on LeRoy A. Franklin and Samar N. Mukherjee, "An SPC Case Study on Stabilizing Syringe Lengths," *Quality Engineering* 12, 1 (1999-2000): 65-71.

列表、数据透视表和描述性统计方法，总结数值数据、找出定类变量的比例、检查相关性等。将你的调查结果写在正式文件中，或由你的老师自行决定是否将你的调查结果添加到你在第2章案例撰写的报告中。

案例：高性能草坪设备公司

伊丽莎白·伯克收到了其他PLE经理提出的关于质量、客户满意度和运营绩效的几个问题。她希望你使用统计工具分析总结 *Performance Lawn Equipment* 数据库中的一些数据：

（1）*Customer Survey* 工作表中数据的频数分布表和直方图。

（2）*Engines*（发动机）工作表中发动机生产时间的描述性统计度量。

（3）*Blade Weight*（刀片重量）工作表中刀片重量样本的频数分布表和直方图。

（4）*Mower*（割草机）工作表测试中未通过功能性能测试的样本比例。

（5）数据透视表，用于汇总数据并在工作表 *Employee Retention*（员工留任）中提供有用的见解。

（6）工作表采购调查中满意度调查变量之间的相关性。

写一份报告，清晰地说明这些结果，并阐述重要的见解。

附录A4 为 Windows 版 Excel 添加描述性统计图表

Windows 版 Excel 2016 提供了 Mac 平台上不可用的另外两个描述性统计图表。第一个图表是直方图，可以通过 *Insert>Chart* 选择。你可以通过右键单击 *x* 轴并从弹出菜单中选择 *Format Axis* 来自定义组数和组的宽度。图 A4-1 是 *Purchase Orders* 数据库中每个订单的成本示例。直方图如图 4-11 所示。选择组宽度为 26 000，选择下溢箱（第一组）作为第一组的组上限（26 000），选择上溢箱作为最后一组的组上限（130 000）。此图的一个有用功能是，你可以轻松更改组数，以创建最具视觉吸引力的直方图。

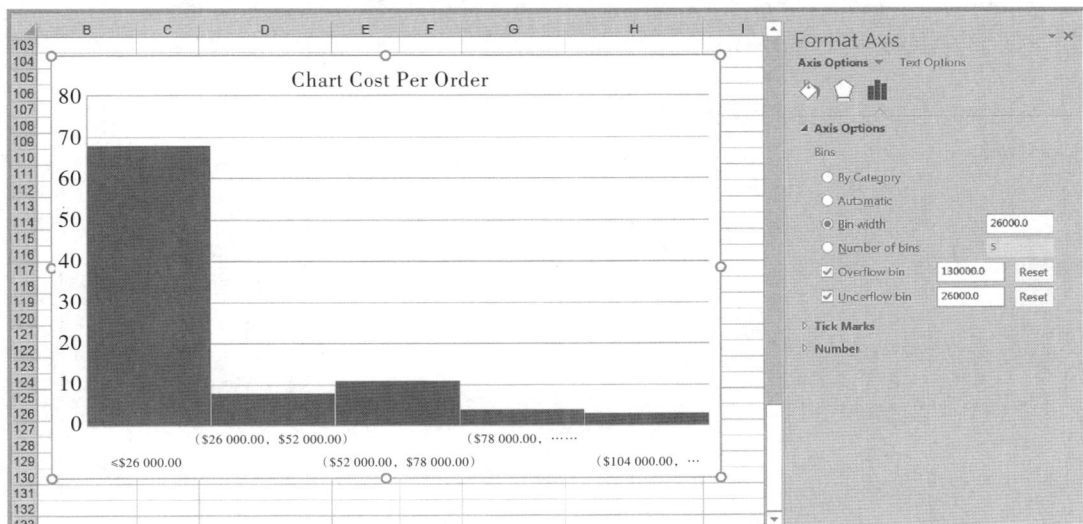

图A4-1 采购订单数据库中每个订单的成本直方图

第二个图表称为**箱线图**。箱线图显示了数据集的5个关键统计信息：最小值、第1个四分位数、中位数、第3个四分位数、最大值。图 A4-2 显示了 *Monthly Product Sales* 数据库中销售数据的箱线图。"箱须"延伸到框的两侧，以显示数据集中的最小值和最大值。框中包含第 1 个和第 3 个四分位数（即四分位距，IQR），框内的行显示中值。显著延长的"箱须"提示数据中可能存在异常值。箱线图能直观展示数据的相对离散度及分布的整体形态（参见本章中对偏度的讨论）。例如，产品 E 的分布相对对称，而产品 D 的分布则表现出更多的偏度。

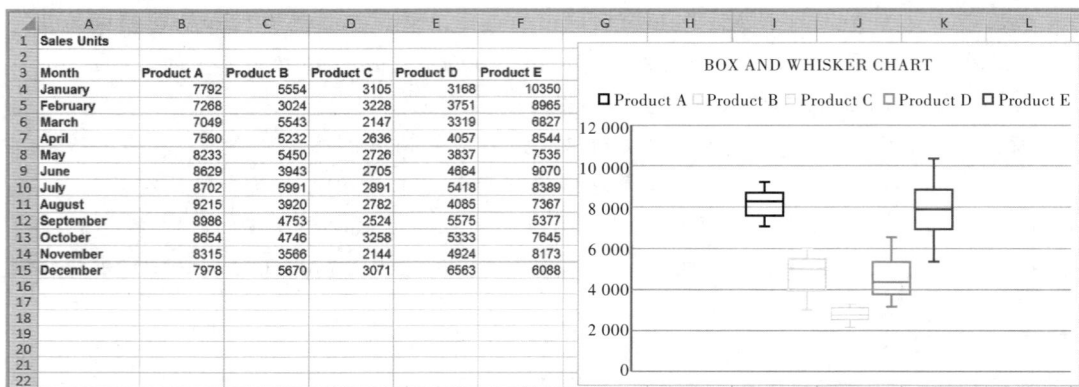

	A	B	C	D	E	F
1	Sales Units					
2						
3	Month	Product A	Product B	Product C	Product D	Product E
4	January	7792	5554	3105	3168	10350
5	February	7268	3024	3228	3751	8965
6	March	7049	5543	2147	3319	6827
7	April	7560	5232	2636	4057	8544
8	May	8233	5450	2726	3837	7535
9	June	8629	3943	2705	4664	9070
10	July	8702	5991	2891	5418	8389
11	August	9215	3920	2782	4085	7367
12	September	8986	4753	2524	5575	5377
13	October	8654	4746	3258	5333	7645
14	November	8315	3566	2144	4924	8173
15	December	7978	5670	3071	6563	6088

图 A4-2　箱线图

问题和练习

1. 为 Excel 文件 *Car Sharing Survey* 中每周使用量和等待时间数据构建直方图。

2. 为 Excel 文件 *Sales Data* 中的总销售额和毛利数据构建直方图。

3. 根据 Excel 文件 *Credit Risk Data* 中的 *Base Data*，为银行客户留在银行的月数绘制一个组宽度为 5 的直方图。

4. 在 Excel 文件 *Budget Forecasting* 中为每种类型的费用数据创建箱线图。

5. 在 Excel 文件 *Cost of Living Adjustments* 中为每种生活成本调整创建箱线图。

概率分布与数据建模

学习目标

在学习完本章后, 你将能够:

- 解释概率的概念, 并举例说明概率的三种定义视角。
- 使用概率规则和公式对概率进行计算。
- 解释条件概率及其在业务环境中的应用。
- 利用交叉列表数据计算条件概率。
- 使用概率参数确定两个事件是否独立。
- 运用概率的乘法法则。
- 解释离散随机变量和连续随机变量之间的区别。
- 定义一个概率分布。
- 验证概率质量函数的性质。
- 使用累积分布函数计算区间概率。
- 计算离散随机变量的期望值和方差。
- 使用期望值支持简单的商务决策。
- 使用概率质量函数和 Excel 函数计算伯努利分布、二项分布和泊松分布的概率。
- 解释概率密度函数与概率质量函数的区别。
- 列出概率密度函数的关键性质。
- 使用概率密度和累积分布函数计算均匀分布的概率。
- 描述正态分布和标准正态分布, 并使用 Excel 函数计算概率。
- 使用标准正态分布表和 z 值计算正态概率。
- 描述指数分布和三角分布的性质, 并计算概率。
- 解释分布拟合和数据建模的概念。
- 应用卡方拟合优度检验。

　　大多数业务决策都涉及一些不确定性和随机性因素。例如, 我们在第 4 章中讨论的 Excel 文件中的计算机维修时间显示出相当多的不确定性, 此时需要了解这些不确定性, 以便向客户提供有关其计算机维修的信息。我们还看到不同的修复时间样本会导致不同的均值、方差和频数分布。因此, 能够确定适用于整个群体 (甚至是尚未进行) 的修复时间的一些一般特征将是有益的。在其他情况下, 我们可能没有任何数据可供分析, 只需要对未来的不确定性作出一些判断性假设。例如, 要开发一个模型来预测创新产品的盈利能力, 我们需要对销售和消费者行为作出可靠的假设, 而不需要以任何先前的数据作为基础。表征数据分布的性质并在决策模型中指定不确定假设依赖于概率的概念和概率分布的基础知识（本章的主题）。

理解概率和概率分布对于所有业务领域都很重要。例如，希望预测未来销售的市场分析师可能会使用概率来评估消费者购买其产品的概率。在金融领域，概率可用于评估资本投资或产品开发计划的风险。运营经理经常将其应用于质量控制、库存管理、产品可靠性设计和客户服务政策。公司高管利用概率来作竞争决策并分析长期战略。运动队教练和球队经理运用概率制定战术决策。例如，在美式足球比赛中面临"第三档进攻、距对手 17 码线还需推进 4 码"时选择最佳进攻策略。事实上，概率概念在日常生活中的应用远比我们意识到的更为广泛——比如根据天气预报决定是否去打高尔夫或去海滩。若想体验如何在游戏情境中运用概率决策，可以尝试作者最喜爱的桌游之一：快可思（Qwixx）。

5.1 概率的基本概念

无论是在商业领域还是日常生活中，从市场研究和股市预测到世界扑克系列赛预测和天气预报，概率的概念都无处不在。在商业领域，管理者需要知道一些事情，比如新产品盈利的概率，或者项目按时完成的概率。概率量化了我们生活中遇到的不确定性，这是业务分析应用程序的重要组成部分。**概率**是一个结果发生的可能性，如新产品是否盈利，或者项目是否会在 15 周内完成。概率表示为介于 0 和 1 之间的值，尽管许多人将其转换为百分比。下个季度油价上涨的概率为 10% 的说法其实就是油价上涨的概率为 0.1 的另一种说法。概率越接近 1，结果发生的可能性就越大。

5.1.1 实验与样本空间

为了更好地讨论概率的相关知识，我们需要引入一些新的术语。**实验**是一个产生结果的过程。一个实验可能很简单，比如掷两个骰子，观察和记录天气情况，进行市场研究，或者观察股票市场。实验的结果是我们观察到的结果：它可能是掷两个骰子的结果总和，天气的描述，消费者喜欢一种新产品的比例，或者一周结束时道琼斯工业平均指数（DJIA）的变化。所有可能的实验结果的集合被称为**样本空间**。例如，如果我们掷两颗没有被动过手脚的骰子，可能得到的结果是数字 2 到 12；如果我们观察天气，结果可能是晴朗、局部多云或多云；在市场研究中，客户对新产品的反应可能是有利的或不利的；而道琼斯工业平均指数的每周变化理论上可以是任何实数（正、负或零）。请注意，样本空间可能由少量离散结果或无限数量的结果组成。

5.1.2 组合与排列

列举和统计一个实验的结果有时会很困难，特别是当实验由多个步骤组成的时候。不过一些逻辑推理和可视化往往会有所帮助。

示例 5.1 　　　　　　　　　　　掷两个骰子

假设我们掷两个骰子。第一次结果可以是 1、2、3、4、5 或 6；对于这些结果中的每一个，第二次滚动结果也可以是 1、2、3、4、5 或 6。因此，实验结果为（1，1），（1，2），（1，3），（6，4），（6，5），（6，6）。我们可以将其可视化为图 5-1 中的**树形图**。树形图是一种用于可视化多步骤实验的工具。通过计算我们发现有 36 种可能的结果。

一般来说，对于一个有k个步骤的实验，结果的数量是：

$$n_1 \times n_2 \times \cdots \times n_k \tag{5.1}$$

其中，n_i是步骤i中可能结果的数量。把这个规则应用到骰子上，我们得到了$n_1 = 6$和$n_2 = 6$；因此，结果总数为：$6 \times 6 = 36$。

在一些实验中，我们希望从一组N个对象中选择n个对象。

第一次掷　　　　　第二次掷　　　　结果

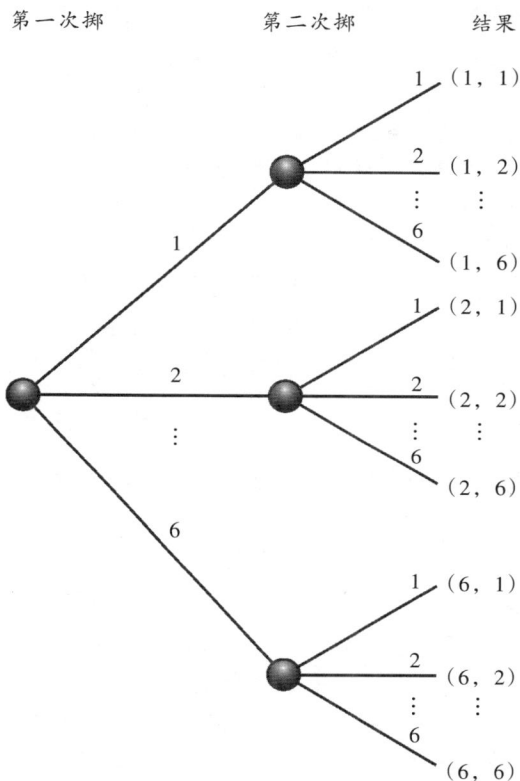

1 (1, 1)
2 (1, 2)
⋮ ⋮
6 (1, 6)

1 (2, 1)
2 (2, 2)
⋮ ⋮
6 (2, 6)

1 (6, 1)
2 (6, 2)
⋮ ⋮
6 (6, 6)

图5-1 掷两个骰子的树形图

示例5.2 **从N个样本中选择n个对象**

在5名学生组成的小组中，教师希望选择其中3人做报告。有多少种不同的方法可以做到这一点？需要注意的是，同一个学生不能被选择多次。可以通过从5张牌中抽3张牌的方式进行类比，第一个选择的方式可以是学生1、2、3、4或5。如果首先选择学生1，则第二个学生只能是2、3、4或5。如果选择的第二个学生是学生4，第三个学生可以是2、3或5。（尝试为此画一个树形图！）

计算结果的数量并不像你想象的那么容易。你的第一个想法可能是使用公式（5.1）。对于示例5.2：我们可以在第一步中选择5个结果，在第二步中选择4个，在第三步中选择3个，这将产生60个结果（5×4 ×3）。然而，其中许多结果是重复的。例如，（1，2，3），（1，3，2），（2，1，3），（2，3，1），（3，1，2）和（3，2，1）。由于顺序无关紧要，我们只想计算唯一的结果，我们称之为组合。用于从一组n个对象中选择n个对象的组合数为：

$$C(n, N) = \binom{N}{n} = \frac{N!}{n!(N-n)!} \tag{5.2}$$

符号"!"意思是阶乘，以及任意数 $x!$ 计算公式为 $x \times (x-1) \times (x-2) \times \cdots 2 \times 1$，其中，$x$ 为非负整数。例如，$4! = 4 \times 3 \times 2 \times 1 = 24$。零阶乘（$0!$）定义为1。

示例5.3   应用组合公式

在示例5.2中，从一组5名的学生中选择3名学生的方法数量为：

$$C(3, 5) = \binom{5}{3} = \frac{5!}{3!(5-3)!} = \frac{5 \times 4 \times 3 \times 2 \times 1}{(3 \times 2 \times 1) \times (2 \times 1)} = 10$$

如果我们想从 N 个对象中选择 n 个对象，并且顺序很重要，那么我们称之为**排列**。通常，从 n 个对象中选择的 n 个对象的排列数为：

$$P(n, N) = n!\binom{N}{n} = \frac{N!}{(N-n)!} \tag{5.3}$$

示例5.4   应用排列公式

在示例5.2中，假设我们想计算从一组5个学生中选择3个学生有多少种方法，顺序很重要（例如，知道哪个学生第一、第二和第三）。应用公式（5.3），我们得到：

$$P(3, 5) = 3!\binom{5}{3} = \frac{5!}{(5-3)!} = \frac{5 \times 4 \times 3 \times 2 \times 1}{2 \times 1} = 60$$

排列公式更容易应用，因为我们不必考虑在过程的每个步骤中会出现多少结果，尤其是当步骤数很多时。

概率的定义

概率可以从三个角度中的一个来定义。首先，如果产生结果的过程是已知的，那么概率可以从理论论证中推导出来，这是*概率的经典定义*。

示例5.5   概率的经典定义

假设我们掷两个骰子。如果检验示例5.1描述的结果并将骰子的点数相加，即可计算出投出2~12点之间各点数的概率。掷出任一点数的概率是掷出该点数的方法数与可能出现的结果总数之比。例如，掷出2点的概率是1/36，掷出3点的概率是2/36=1/18，掷出7的概率是6/36=1/6。同样，如果两名消费者被问及是否喜欢一个新产品，会有4种可能的结果：

（1）（喜欢，喜欢）
（2）（喜欢，不喜欢）
（3）（不喜欢，喜欢）
（4）（不喜欢，不喜欢）

假设这些结果是等概率的，那么至少有一个消费者不喜欢新产品的概率是3/4。

其次，概率的第二种方法，称为*相对频数定义*，是以经验数据为基础的。一个结果发生的概率只是与该结果相关的相对频数。

示例5.6   概率的相对频数定义

我们用 Excel 文件 *Computer Repair Times* 中计算机修复时间的样本，开发了第4章中的相对频数分布表，如图5-2所示。我们可以说，一台计算机在4天内被修复的概率是0，它在10天内被修复的概率是0.076，以此类推。在使用相对频数定义时，重要的是理解，随着更多的数据可用，结果的分布概率可能会因此发生变化。

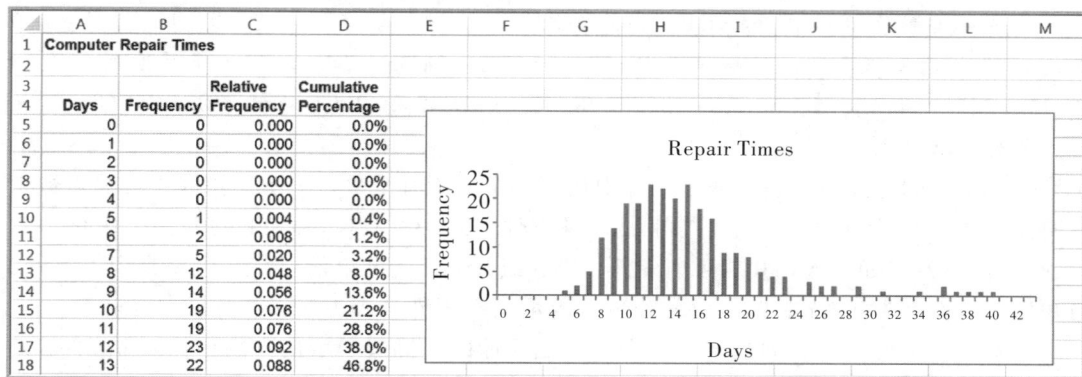

	Days	Frequency	Relative Frequency	Cumulative Percentage
5	0	0	0.000	0.0%
6	1	0	0.000	0.0%
7	2	0	0.000	0.0%
8	3	0	0.000	0.0%
9	4	0	0.000	0.0%
10	5	1	0.004	0.4%
11	6	2	0.008	1.2%
12	7	5	0.020	3.2%
13	8	12	0.048	8.0%
14	9	14	0.056	13.6%
15	10	19	0.076	21.2%
16	11	19	0.076	28.8%
17	12	23	0.092	38.0%
18	13	22	0.088	46.8%

图5-2 电脑维修时间分布

最后，概率的主观定义是基于判断和经验的，就像金融分析师预测DJIA在未来一年增加10%的概率为75%一样，或者像体育专家在橄榄球赛季开始时预测的那样，某个球队进入超级碗的概率是1/5（0.20的概率）。

使用哪种定义取决于具体的应用和我们掌握的信息。我们将看到利用这些观点的各种例子。

5.1.3 概率规则和公式

在样本空间中给出第i个结果。设P为与假设相关的概率，假设我们将样本空间中的n个结果标记为O_1，O_2，$\cdots$，O_n，其中，O_i代表这个样本空间的第i个结果。设$P(O_i)$是与结果O_i相关的概率。概率由两个基本事实决定：

• 与任何结果相关的概率必须介于0和1之间（含0和1），或者，

$$0 \leqslant P(O_i) \leqslant 1 \quad \text{对于任意结果} \ O_i \tag{5.4}$$

• 所有可能结果的概率之和必须为1，或者，

$$P(O_1) + P(O_2) + \cdots + P(O_n) = 1 \tag{5.5}$$

事件是一个样本空间中一个或多个结果的集合。例如，掷出两个骰子点数和为7点或11点的概率结果，在7到14天内完成计算机修复的概率结果，以及DJIA周变化率为正数的概率结果等。这导致以下规则：

规则1：任何事件的概率是构成该事件的所有结果的概率之和。

示例5.7　　　　　　　　　　　　计算事件的概率

考虑掷两个骰子的点数和为7点或11点的事件。掷出7点的概率为6/36，掷出11点的概率为2/36，因此掷出7点或11点的概率和是：6/36+2/36=8/36。同样，在7天或更短时间内修复计算机的概率是$O_1=0$、$O_2=1$、$O_3=2$、$O_4=3$、$O_5=4$、$O_6=5$、$O_7=6$和$O_8=7$天或0.004+0.008+0.020=0.032（注意，概率$P(O_1)=P(O_2)=P(O_3)=P(O_4)=P(O_5)=0$，见图5-2）。

如果A是任何事件，则A的**补集**表示为A^c，由样本空间中而非A中的所有结果组成。

规则2：任何事件A的补集概率为$P(A^c)=1-P(A)$。

示例5.8   **计算一个事件补集的概率**

如果在掷骰子示例中，$A=\{7，11\}$，则 $A^c=\{2、3、4、5、6、8、9、10、12\}$，除7点或11点之外任何点数和的概率是 $P（A^c）=1-8/36=28/36$。如果计算机修复示例中的 $A=\{0、1、2、3、4、5、6、7\}$，则 $A^c=\{8，9，\cdots，42\}$，$P（A^c）=1-0.032=0.968$。这是在一个星期以上完成修复的概率。

两个事件的**并集**包含属于两个事件中任何一个的所有结果。为了用掷骰子的总点数来说明这一点，假设A是事件 $\{7，11\}$，B是事件 $\{2，3，12\}$。A和B的并集是事件 $\{2，3，7，11，12\}$。如果A和B是两个事件，则A或B中某些结果的概率（也就是说，A和B的并集）被表示为P（A或B）。该概率的计算取决于事件是否为互斥事件。

如果两个事件没有共同的结果，则它们是**互斥**的。掷骰子示例中的事件A和事件B是互斥的。当事件是互斥的时候，适用以下规则：

规则3：如果事件A和B是互斥的，则 $P（A或B）=P（A）+P（B）$。

示例5.9   **计算互斥事件的概率**

就掷骰子示例而言，事件A的概率$=\{7，11\}$，即 $P（A）=8/36$；事件B的概率$=\{2，3，12\}$，即 $P（B）=4/36$。因此，事件A或B出现，即掷骰子出现点数和为2、3、7、11或12的概率为：$8/36 + 4/36 = 12/36$。

如果两个事件不是互斥的，那么将它们的概率相加会导致某些结果被重复计算，因此需要进行调整，这将导致以下规则：

规则4：如果两个事件A和B不是互斥的，那么 $P（A或B）=P（A）+P（B）-P（A和B）$

这里，$P(A和B)$表示事件A和B的交集，即所有属于A和B的结果。

示例5.10   **计算非互斥事件的概率**

在掷骰子示例中，让我们定义事件$A=\{2，3，12\}$ 和$B=\{偶数\}$。那么A和B不是相互独立的排他事件，因为结果点数2和12是两个事件共有的，因此，交集$（A和B）=（2，12）$。$P（A或B）=P（\{2，3，12\}）+P（偶数）-P（A和B）=4/36+18/36-2/36=20/36$。

5.1.4 联合概率与边际概率

在许多应用中，不止一个事件在同时发生，这在统计术语中称为**联合**发生。我们将只讨论两个事件的简单案例。例如，假设一个100人的样本被要求在盲尝测试中评估他们对三种新提议的能量饮料口味的偏好。样本空间包括两种与每个个体对应的结果：性别（F=女性或M=男性）和品牌偏好（B_1、B_2或B_3）。我们可以定义一个新的样本空间，由反映这两个样本空间不同组合的结果组成。因此，对于盲尝测试中的任何受试者，我们有6种可能的（相互排斥的）结果组合：

（1）O_1=受访者为女性，偏好品牌1

（2）O_2=受访者为女性，偏好品牌2

（3）O_3=受访者为女性，偏好品牌3

（4）O_4=受访者为男性，偏好品牌1

（5）O_5=受访者为男性，偏好品牌2

（6）O_6=受访者为男性，偏好品牌3

在这里，这些事件的概率是性别和品牌偏好事件的交集。例如，P（O_1）=P（F和B_1），P（O_2）=P（F和B_2）等。两个事件相交的概率称为联合概率。无论其他联合事件的结果如何，事件发生的概率称为边际概率。因此，P（F）、P（M）、P（B_1）、P（B_2）和P（B_3）将是边际概率。

示例5.11　　对联合事件运用概率规则

图5-3显示了数据文件*Energy Drink Survey*（能量饮料调查）的一部分，以及由透视表构建的交叉列表。用上述O_1至O_6的6个结果中的每个结果对应的受访者人数除以受访者总数100，就可以轻松计算出性别和品牌偏好的联合概率。因此，P（F和B_1）=P（O_1）=9/100=0.09，P（F和B_2）=P（O_2）=6/100=0.06，以此类推。请注意，所有这些结果的概率之和为1。

Energy Drink Survey

Respondent	Gender	Brand Preference
1	Male	Brand 3
2	Female	Brand 3
3	Male	Brand 3
4	Male	Brand 1
5	Male	Brand 1
6	Female	Brand 2
7	Male	Brand 2
8	Female	Brand 2
9	Male	Brand 1
10	Female	Brand 3
11	Male	Brand 3
12	Male	Brand 2
13	Female	Brand 3

Count of Respondent	Column Labels			
Row Labels	Brand 1	Brand 2	Brand 3	Grand Total
Female	9	6	22	37
Male	25	17	21	63
Grand Total	34	23	43	100

Joint Probability Table	Brand 1	Brand 2	Brand 3	Grand Total
Female	0.09	0.06	0.22	0.37
Male	0.25	0.17	0.21	0.63
Grand Total	0.34	0.23	0.43	1

图5-3　Excel文件*Energy Drink Survey*的部分内容

我们看到，事件F（回答者是女性）是由结果O_1、O_2和O_3组成的，因此使用规则1，P（F）=P（O_1）+P（O_2）+P（O_3）=0.37。这个事件的补集是M，也就是说，被调查者是男性。请注意，P（M）=0.63=1−P（F），如规则2所示。事件B_1是由结果O_1和O_4组成的，因此P（B_1）=P（O_1）+P（O_4）=0.34。同样，我们不难发现，P（B_2）=0.23，P（B_3）=0.43。

事件F和M是互斥的，事件B_1、B_2和B_3也是互斥的，因为受访者可能只是男性或女性，而且正好喜欢这三个品牌中的一个。我们可以用规则3来计算，例如，P（B_1或B_2）=0.34+0.23=0.57。然而，事件F和B_1并不相互排斥，因为受访者可能既是女性又喜欢品牌1。因此，使用规则4，我们有P（F或B_1）=P（F）+P（B_1）−P（F和B_1）=0.37+0.34−0.09=0.62。正如我们所看到的，联合概率可以通过将交叉列表中的数值除以总数100而轻松地计算出来。图5-3透视表的下面是一个**联合概率表**，它总结了这些联合概率。

联合概率表的边际概率是通过对行和列的求和而给出的。例如，我们会看到，P（F）=P（F和B_1）+P（F和B_2）+P（F和B_3）=0.09+0.06+0.22=0.37。同样，P（B_1）=P（F和B_1）+P（M和B_1）=0.09+0.25=0.34。

对联合概率的这种讨论导致了以下概率规则：

规则5：如果事件A是由结果｛A_1，A_2，…，A_n｝组成，事件B是由结果｛B_1，B_2，…，B_n｝组成，那么，

$$P(A_i) = P(A_i 和 B_1) + P(A_i 和 B_2) + \cdots + P(A_i 和 B_n)$$
$$P(B_i) = P(A_1 和 B_i) + P(A_2 和 B_i) + \cdots + P(A_n 和 B_i)$$

5.1.5 条件概率

条件概率是假设已知另一个事件 B 为真或已发生，一个事件 A 发生的概率。

示例 5.12   **在交叉列表中计算条件概率**

我们将使用图 5-3 中 *Energy Drink Survey* 示例所显示的信息来说明如何根据交叉列表或联合概率表计算条件概率。假设我们知道受访者是男性，他选择品牌 1 的概率有多大？从透视表中可以看出，该群体中只有 63 名男性，其中 25 人更喜欢品牌 1。因此，男性受访者选择品牌 1 的概率为 25/63。通过将联合概率 0.25（受访者为男性且偏好品牌 1 的概率）除以边际概率 0.63（受访者为男性的概率），我们可以从联合概率表中获得相同的结果。

条件概率在分析交叉列表中的数据时非常有用，在其他类型的应用程序中也是如此。许多公司利用存储的客户购买历史数据来预测未来的销售。利用条件概率可以根据过去的购买行为预测未来的购买行为。

示例 5.13   **营销中的条件概率**

Excel 文件 *Apple Purchase History* 提供了消费者购买苹果产品的假设历史，显示了 200 名重复购买的客户的第一次和第二次购买数据（见图 5-4）。图 5-5 中的数据透视表展示了在每种产品被首次购买的情况下，第二次购买类型的数量统计。例如，13 位客户购买了 iMac 作为他们的首款苹果产品。考虑到顾客第一次购买 iMac，购买 iPad 的条件概率为 0.15（2/13）。同样，74 名顾客购买了 MacBook 作为他们的首款苹果产品。如果客户首次购买 MacBook，购买 iPhone 的条件概率为 0.35（26/74）。通过了解哪些产品更有可能被已经拥有其他产品的客户购买，公司可以更好地定位广告策略。

	A	B
1	**Apple Products Purchase History**	
2		
3	**First Purchase**	**Second Purchase**
4	iPod	iMac
5	iPhone	MacBook
6	iMac	iPhone
7	iPhone	iPod
8	iPod	iPhone
9	MacBook	iPod
10	iPhone	MacBook
11	MacBook	iPhone
12	iPod	MacBook

图 5-4   *Apple Purchase History* 的部分 Excel 文件

	A	B	C	D	E	F	G
1							
2							
3	Count of Second Purchase	Column Labels					
4	Row Labels	iMac	iPad	iPhone	iPod	MacBook	Grand Total
5	iMac		2	3	2	6	13
6	iPad	1		1	2	10	14
7	iPhone	3	4		14	21	42
8	iPod	3	12	12		30	57
9	MacBook	8	16	26	24		74
10	Grand Total	15	34	42	42	67	200

图 5-5   *Apple Purchase History* 的部分透视表文件

通常，在已知事件 B 已发生的条件下，事件 A 发生的条件概率可表示为：

$$P(A|B) = \frac{P(A\text{和}B)}{P(B)} \tag{5.6}$$

示例 5.14　　　　　　　　　　使用条件概率公式

使用 *Energy Drink Survey*（能量饮料调查）示例中的数据，在公式（5.6）中用 B_1 代替 A，用 M 代替 B。这导致给定 M 的条件概率 B_1 为：

$$P(B_1|M) = \frac{P(B_1\text{和}M)}{P(M)} = \frac{0.25}{0.63} = 0.397$$

同样，如果被访者是女性，则更喜欢品牌 1 的概率是：

$$P(B_1|F) = \frac{P(B_1\text{和}F)}{P(F)} = \frac{0.09}{0.37} = 0.243$$

下表总结了给定性别的品牌偏好的条件概率：

P（品牌｜性别）	品牌 1	品牌 2	品牌 3
男性	0.397	0.270	0.333
女性	0.243	0.162	0.595

这些信息在营销工作中可能很重要。了解性别偏好的差异有助于聚焦广告。例如，我们发现大约 40% 的男性更喜欢品牌 1，而只有大约 24% 的女性喜欢品牌 1，更高比例的女性更喜欢品牌 3。这表明，在以男性为导向的媒体上更多地关注品牌 1，在以女性为导向的媒体上更多地关注品牌 3，将更有意义。

我们将符号 $P(A|B)$ 读作"在事件 B 发生的前提下，事件 A 发生的概率"。

条件概率公式可以以其他方式使用。例如，在公式（5.6）中上下同乘 P（B），得到：P（A和B）= P（$A|B$）P（B）。注意，我们可以改变 A 和 B 的位置，并写成：P（B和A）= P（$B|A$）P（A）。但是由于 P（B和A）与 P（A和B）相同，因此，我们可以以另一种方式表述 P（A和B）：

$$P(A\text{和}B) = P(A|B)P(B) = P(B|A)P(A) \tag{5.7}$$

这通常被称为**概率乘法定律**。

我们可以使用联合概率的概念表述事件的概率。再次使用图 5-3 中的 *Energy Drink Survey* 文件，请注意：

P（F）= P（F和品牌1）+P（F和品牌2）+P（F和品牌3）

使用公式（5.7），我们可以通过 P（$A|B$）P（B）来表述联合概率 P（A和B）：

所以，

P（F）= P（F｜品牌1）P（品牌1）+P（F｜品牌2）P（品牌2）+P（F｜品牌3）P（品牌3）
　　　 =0.265×0.34+0.261×0.23+0.512×0.43=0.37（经过四舍五入）

我们可以用下面的概率乘法定律来表示这个算式。假设 B_1，B_2，$\cdots$，B_n 是互斥的事件，它们的并集构成了整个样本空间。然后，

$$P(A) = P(A|B_1)P(B_1) + P(A|B_2)P(B_2) + \cdots + P(A|B_n)P(B_n) \tag{5.8}$$

示例 5.15　　　　　　　　　　使用概率乘法定律

由于世界扑克大赛的宣传，德州扑克已经成为一种受欢迎的游戏。在游戏开始时，每个玩家都收到两张面朝下的牌（我们不需要担心游戏的其余部分如何进行）。假设玩家的

第一张牌是 a。其最终得到"口袋牌"（手里有两个 a）的概率 P（第一张牌是 a 且第二张牌是 a）=P（第二张牌是 a|第一张牌是 a）×P（第一张牌是 a）。因为第一张牌是 a 的概率是 4/52，如果其已经抽到了一张 a，第二张牌是 a 的概率是 3/51。我们有：

$$P（第一张牌是 a 且第二张牌是 a）=P（第二张牌是 a|第一张牌是 a）×P（第一张牌是 a）$$
$$=（3/51）×（4/52）=0.004525$$

在示例5.14中，我们看到顾客偏好某一品牌的概率取决于其性别。我们可以说，品牌偏好和性别并不是独立的。我们可以通过定义**独立事件**来规范这个概念：如果 $P（A|B）=P（A）$，则两个事件 A 和 B 是独立的。

示例5.16   **判断两个事件是否相互独立**

我们在能量饮料调查示例中使用这个定义。回想一下示例5.11，在给定性别的情况下品牌偏好的条件概率是：

P（品牌	性别）	品牌1	品牌2	品牌3
男性	0.397	0.270	0.333
女性	0.243	0.162	0.595

我们看到，虽然 $P（B_1|M）=0.397$，但在示例5.11中 $P（B_1）$ 显示为0.34；因此，这两个事件并不是独立的。

最后，我们看到，如果两个事件是独立的，那么我们可以简化方程（5.7）中的乘法法则，将 $P(A)$ 替换为 $P(A|B)$：

$$P(A 和 B) = P(A)P(B) = P(B)P(A) \tag{5.9}$$

示例5.17   **对独立事件使用乘法法则**

假设 A 是第一次掷出点数和6的事件，B 是下一次掷出点数和为2、3、12的事件。这些事件是独立的。因为一对骰子的掷出不依赖于前一次的掷出。然后我们可以计算：

$$P（A 和 B）=P（A）P（B）=（5/36）×（4/36）=20/1 296$$

检验你的学习成果

（1）定义术语实验、结果和样本空间。

（2）解释排列和组合之间的区别。

（3）给出概率的三种定义中每一种的例子。

（4）决定概率的两个关键事实是什么？

（5）什么是事件？解释如何为两个事件 A 和 B 计算 P（A 或 B）。

（6）解释联合概率、边际概率、条件概率和独立事件的概念。

5.2   随机变量与概率分布

一些实验自然会产生数字结果，比如掷骰子点数、修复计算机所需的时间，或者股市指数的每周变化。而对其他实验来说，如获取消费者对新产品的反应，样本空间则是分类的。为了有一个处理概率的一致的数学基础，我们希望所有实验的结果都是数值型的。随机变量是对实验结果的数值描述。形式上，**随机变量**是一个函数，它为样本空间的每个元素分配一个实数。如果我们有明确的结果，我们可以将任意数值与之关联。例如，如果消费者喜欢市场调查研究中的某个产品，我们可以将该结果的值指定为1；如果消费者不喜欢该产品，我们可能会将该结果的值指定为0。随机变量通常用大写斜体字母表示，如 X 或 Y。

随机变量可以是离散的，也可以是连续的。**离散随机变量**是一个可以计算可能结果数量的变量。一个**连续随机变量**在一个或多个连续的实数区间上有结果。

示例5.18 离散和连续随机变量

掷两个骰子（点数从2到12的结果）和顾客对产品的反应（喜欢或不喜欢）之和的结果是离散的随机变量。结果的数量可能是有限的，也可能是理论上无限的，比如在某段时间内，网站链接的点击量，我们无法对这个数字设定一个确定无疑的上限。尽管如此，点击次数还是可以统计的。连续随机变量的例子包括DJIA的每周变化、每日温度、完成任务的时间、机器的无故障时间以及投资回报。

概率分布是对随机变量可能取值的描述，包括这些值被取到的概率。根据所模拟随机变量的性质，概率分布可以是离散的，也可以是连续的。离散分布更容易理解和使用，我们先处理它们。

我们可以使用概率的三种观点中的任何一种来发展概率分布。首先，如果我们可以从理论参数中量化与随机变量值相关的概率，那么我们可以很容易地定义概率分布。

示例5.19 掷骰子的概率分布

掷两个骰子的结果之和的概率是通过计算每次掷骰子的点数除以可能结果的总数来计算的。图5-6中的 Excel 文件 *Dice Rolls*（掷骰子）显示了这些结果，并描述了概率分布的 Excel 柱形图。

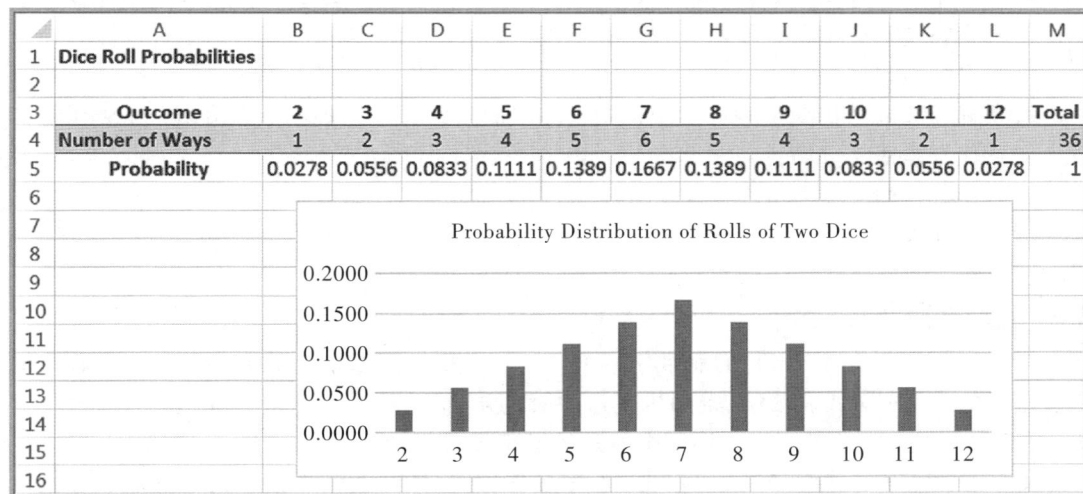

图5-6 掷两个骰子的概率分布

其次，我们可以从经验数据样本中计算相对频数，从而得出概率分布。因此，计算机维修时间的相对频数分布（图5-2）就是一个例子。因为这是基于样本数据，我们通常称之为**经验概率分布**。经验概率分布是对相关随机变量概率分布的一种近似，而随机变量的概率分布，如通过计数方法得出的分布，是该随机变量的理论模型。

最后，我们可以简单地使用主观值和专家判断指定概率分布。这通常是在为没有历史数据的现象创建决策模型时完成的。

示例5.20   主观概率分布

图5-7显示了一个假设的示例，描述了一位专家对道琼斯工业平均指数在明年可能如何变化的评估分布。这可能纯粹是由直觉和专家判断作出的，但我们希望它能支持运用商务分析工具对过去和当前的数据进行广泛分析。

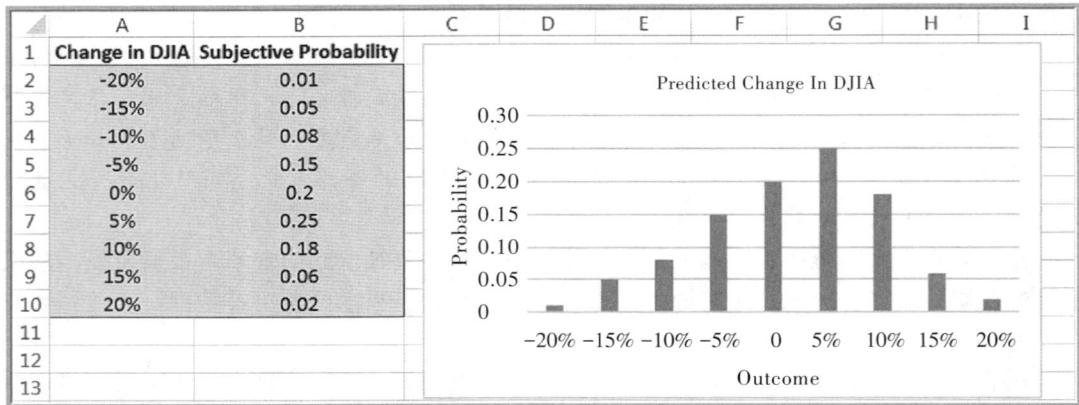

图5-7　DJIA变化的主观概率分布

研究人员已经确定了许多常见的概率分布类型，它们在商务分析的各种应用中都很有用。基于以下几个原因，常见概率分布族的实用知识很重要。首先，它可以帮助你理解生成样本数据的基本过程。随后我们研究了分布和样本之间的关系。其次，商业和自然中的许多现象遵循某种理论分布，因此在建立决策模型时很有用。最后，在计算结果发生概率以评估风险和作出决策时，使用分布是必不可少的。

检验你的学习成果

（1）解释离散随机变量和连续随机变量之间的区别，并且每一个都给出一个例子。

（2）什么是概率分布？

（3）什么是经验概率分布？

（4）为什么理解常见的概率分布类型很重要？

5.3　离散概率分布

对于离散随机变量 x，我们用数学函数 $f(x)$ 来表示离散结果的概率分布，并称为**概率质量函数**。符号 x_i 代表了第 i 个随机变量的值，并且 $f(x_i)$ 是与 x_i 相联系的概率。

示例5.21   掷两个骰子的概率质量函数

例如，在图5-6掷骰子的示例中，随机变量 x 的值表示掷两个骰子的总点数，分别为 $x_1=2$、$x_2=3$、$x_3=4$、$x_4=5$、$x_5=6$、$x_6=7$、$x_7=8$、$x_8=9$、$x_9=10$、$x_{10}=11$ 和 $x_{11}=12$。x 的概率质量函数为：

$F(x_1)=1/36=0.0278$ $F(x_7)=5/36=0.1389$

$F(x_2)=2/36=0.0556$ $F(x_8)=4/36=0.1111$

$F(x_3)=3/36=0.0833$ $F(x_9)=3/36=0.0833$

$F(x_4)=4/36=0.1111$ $F(x_{10})=2/36=0.0556$

$F(x_5)=5/36=0.1389$ $F(x_{11})=1/36=0.0278$

$F(x_6)=6/36=0.1667$

概率质量函数的性质是：（1）每个结果的概率必须介于 0 和 1 之间，包括 0 和 1；（2）所有概率之和必须等于 1，即：

$$0 \leq f(x_i) \leq 1 \text{ 对于任意 } i \tag{5.10}$$

$$\sum_i f(x_i) = 1 \tag{5.11}$$

你可以很容易地在我们描述的每个示例中验证这一点。

累积分布函数 $F(x)$，将随机变量的概率指定为 P，随机变量 X 假定值小于或等于指定值 x，表达式为 $P(X \leq x)$，读作"随机变量 X 小于或等于 x 的概率"。

示例 5.22   使用累积分布函数

掷两个骰子点数之和的累积分布函数如图 5-8 所示，同时还有一个 Excel 线性图表，通过 Excel 文件 *Dice Rolls* 中的工作表 *CumDist* 的可视化数据生成。为了使用这个，假设我们想知道掷出 6 点或者更小的点数的概率。我们只需要计算掷出 6 点的累积概率，即 0.4167。或者，我们可以在图表中找到 $x = 6$ 的点，并从图表中估计概率。还要注意，由于掷出 6 点或更小的点的概率是 0.4167，那么互补事件（掷出 7 点或更多的点）的概率是：1−0.4167 = 0.5833。我们也可以用累积分布函数来求区间的概率。例如，找出一个点数在 4 点和 8 点之间的概率 $P(4 \leq x \leq 8)$，我们可以找到 $P(x \leq 8)$，减去 $P(x \leq 3)$，也就是：

$$P(4 \leq x \leq 8) = P(x \leq 8) - P(x \leq 3) = 0.7222 - 0.0833 = 0.6389$$

	A	B	C	D	E	F	G	H	I	J	K	L	M
1	**Dice Roll Probabilities**												
2													
3	**Outcome**	**2**	**3**	**4**	**5**	**6**	**7**	**8**	**9**	**10**	**11**	**12**	**Total**
4	**Number of Ways**	1	2	3	4	5	6	5	4	3	2	1	36
5	**Probability**	0.0278	0.0556	0.0833	0.1111	0.1389	0.1667	0.1389	0.1111	0.0833	0.0556	0.0278	1
6	**Cumulative Probability**	0.0278	0.0833	0.1667	0.2778	0.4167	0.5833	0.7222	0.8333	0.9167	0.9722	1.0000	

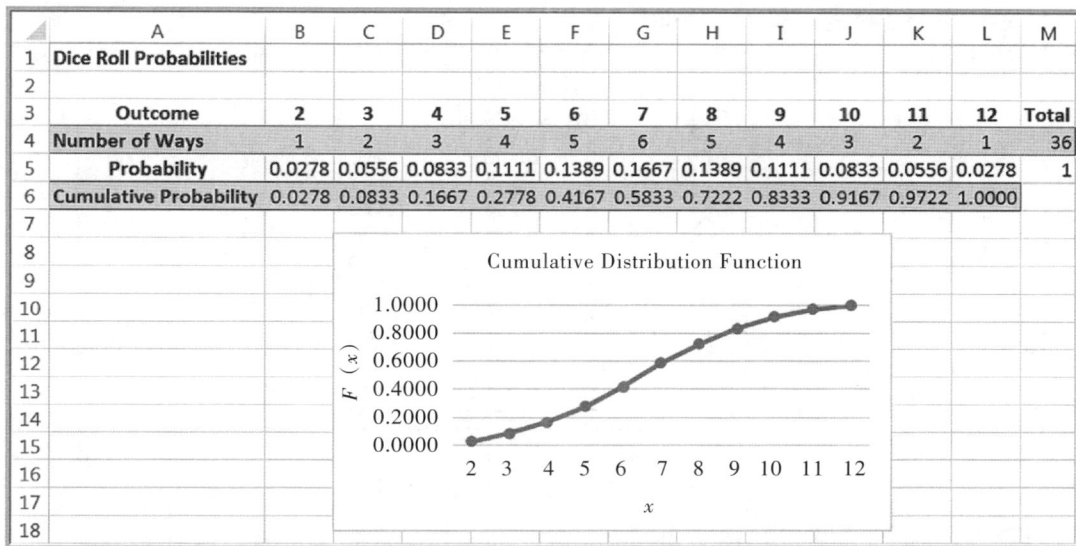

图 5-8　掷两个骰子的累积分布函数

一句提醒。当计算离散分布区间的概率时，要小心端点，因为 4 包含在我们要计算的区间中，我们需要减去 $P(x \leq 3)$，而不是 $P(x \leq 4)$。

5.3.1　离散随机变量的期望值

随机变量的**期望值**与样本的平均值或平均值的概念相对应。对于一个离散的随机变量 X，期望值用 $E[X]$ 表示，它是所有可能结果的加权平均数，其中权重是概率：

$$E[X] = \sum_{i=1}^{\infty} x_i f(x_i) \tag{5.12}$$

注意与计算总体平均值的相似性，使用第4章中的公式（4.16）：

$$\mu = \frac{\sum_{i=1}^{N} f_i x_i}{N}$$

如果我们把它写成 x_i 乘以 (f_i/N) 的和，那么我们可以把 f_i/N 看作 x_i 的概率。那么这个表达式的基本形式就是期望值公式。

示例5.23   计算期望值

我们可以将公式（5.12）应用于掷两个骰子之和的概率分布。我们将结果2乘以其概率 1/36，再加上结果3与其概率的乘积，以此类推。以这种方式继续，期望值为：

$$\begin{aligned} E[X] &= 2 \times 0.0278 + 3 \times 0.0556 + 4 \times 0.0833 + 5 \times 0.0111 + 6 \times 0.1389 + 7 \times 0.1667 + \\ &\quad 8 \times 0.1389 + 9 \times 0.111 + 10 \times 0.0833 + 11 \times 0.0556 + 12 \times 0.0278 \\ &= 7 \end{aligned}$$

图 5-9 显示了 Excel 电子表中的这些计算（Excel 文件 *Dice Rolls* 中的工作表 *Expected Value*）。请注意，可以使用 SUMPRODUCT 函数轻松地计算期望值。在这个例子中，我们将使用函数 SUMPRODUCT（A4：A14，B4：B14）。正如期望的（此处双关语并非刻意为之），掷两个骰子的总点数的平均值是7。

	A	B	C
1	Expected Value Calculations		
2			
3	Outcome, x	Probability, f(x)	x*f(x)
4	2	0.0278	0.0556
5	3	0.0556	0.1667
6	4	0.0833	0.3333
7	5	0.1111	0.5556
8	6	0.1389	0.8333
9	7	0.1667	1.1667
10	8	0.1389	1.1111
11	9	0.1111	1.0000
12	10	0.0833	0.8333
13	11	0.0556	0.6111
14	12	0.0278	0.3333
15		Expected value	7.0000

图5-9　掷两个骰子的期望值计算

5.3.2　在决策中使用期望值

利用期望值有助于我们作出各种决策，甚至是我们在日常生活中看到的决策。

示例5.24   电视节目里的期望值

作者最喜欢的一个例子来自曾经播出的真人秀节目《学徒》第一季的一项任务。参赛团队必须选择一名艺术家，并以最高的总金额出售其作品。第一个团队选择了一位专注于抽象艺术的主流艺术家，售价在 1 000 美元到 2 000 美元之间；第二个团队选择了一位前卫艺术家，他的超现实主义和颇具控制性风格的艺术作品定价要高得多。猜猜谁赢了？第一个团队做到了，因为出售一件主流艺术作品的概率远远高于前卫艺术家的作品，后者的前卫艺术作品（甚至团队成员自己都不喜欢！）出售的概率很低。一个简单的期望值计算很容易就能预测获胜者。

几年前，一档名为《一掷千金》（*Deal or No Deal*）的游戏节目风靡美国。游戏中有一组编号的手提箱，里面装着从 1 美分到 100 万美元不等的金额。参赛者开始选择要打开并移除的箱子，随后会显示箱子中的金额。每打开一组箱子后，银行家会向参赛者提供一个金额，让其退出游戏，参赛者可以选择接受或拒绝这个提议。在游戏的早期，银行家的出价通常低于剩余箱子金额的预期价值，从而鼓励参赛者继续。然而，随着剩余箱子的数量变得越来越少，银行家的报价接近甚至可能超过剩余箱子金额的平均水平。大多数人会坚持到最后，但往往最终获得的金额比他们对剩余箱子金额的期望值少。在一次游戏中，一名参赛者面前只剩下 5 个箱子，金额分别为 100 美元、400 美元、1 000 美元、50 000 美元和 300 000 美元。由于每个箱子被选中的概率是相等的，因此期望值是 70 100 美元（0.2×（100+400+1 000+50 000+300 000）），而银行家出价 80 000 美元让她退出游戏。然而，这个参赛者拒绝了这个提议，继续游戏并打开了 300 000 美元的箱子，这个箱子被撤出。随后她接受了下一位银行家的出价 21 000 万美元，这一金额比剩余箱子的期望值高出 60% 以上。

重要的是要理解期望值是一个"长期平均值"，并适合于重复发生的决策。然而，对于一次性决策，你需要考虑决策的下行风险和上行潜力。下面的示例说明了这一点。

示例 5.25　　　　　　　　　　慈善抽奖的期望值

假设你有机会以 50 美元的价格购买慈善抽奖中售出的 1 000 张彩票中的一张，奖金为 25 000 美元。显然，获胜的概率是 1/1 000 或 0.001，而失败的概率是 1−0.001=0.999。随机变量 x 是你的净赢款，其概率分布为：

x	$f(x)$
−50 美元	0.999
24 950 美元	0.001

期望值 $E[X]$ 为 −25.00 美元（−50×0.999+24 950×0.001）。这意味着，如果你在长期内反复玩这个游戏，你每次平均会损失 25 美元。当然，对于任何一场游戏，你要么损失 50 美元，要么赢得 24 950 美元。因此，问题就变成了：承担损失 50 美元的风险是否值得换取赢得 24 950 美元的潜在机会？尽管期望值为负，你仍可能选择尝试，因为潜在收益远大于可能的损失，而且毕竟这是为了慈善事业。然而，如果你的潜在损失很大，即使期望值为正，你也可能不会冒险。

基于期望值的决策在房地产开发、日内交易和药物研究项目中很常见。药物开发就是一个很好的例子。制药行业研发项目的成本通常为数亿美元，通常接近 10 亿美元。许多项目从未进入临床试验，或者可能没有获得美国食品和药物管理局的批准。统计数据表明，10 种产品中一般有 7 种无法抵偿公司投入的资本成本。然而，大公司可以吸收这些损失，因为一两种畅销药的回报可以轻松地抵消这些损失。平均而言，制药公司可以从这些决定中获得净利润。

示例 5.26　　　　　　　　　　航空公司收益管理

让我们考虑航空公司使用的典型收益管理过程的简化版本。在航班起飞之前的任何一天，航空公司都必须决定是否降低票价以刺激空位需求。如果航空公司不打折，空座位可能销售不出去，航空公司将失去收益。如果航空公司过早地给剩余的座位打折（可能以更高的票价出售），将失去利润。这个决定取决于如果航空公司选择不打折的话，卖出全价票的概率p。因为航空公司每天都会作出成百上千个这样的决定，所以期望值法是合适的。

假设只有两种票价：全额和折扣价。假设一张全价票是560美元，折扣票价是400美元，$p=0.75$。为了简化，假设价格降低，那么剩余的座位将以该价格出售。不打折的期望价格为420美元（$0.25×0+0.75×560$）。因为这高于折扣价，航空公司此时不应打折。实际上，航空公司会根据在数据库中收集和分析的信息不断更新概率。当p值降至盈亏平衡点以下时：$400 = P×560$，或$p = 0.714$，则打折有利可图。也可以反过来操作，如果需求是这样的，那么价格可能会向上调整。这就是为什么公共票价不断变化，以及为什么你可能会在最后一刻收到折扣优惠，或者如果你等待太久才预订，可能会支付更高的价格。酒店和邮轮公司等其他行业也使用类似的决策策略。

5.3.3 离散随机变量的方差

我们可以计算离散随机变量X的方差$\mathrm{Var}[X]$作为与期望值的平方差的加权平均值：

$$\mathrm{Var}[X] = \sum_{i=1}^{\infty}(x_i - E[X])^2 f(x_i) \tag{5.13}$$

示例5.27   **计算随机变量的方差**

我们可以应用公式（5.13）来计算掷两个骰子的点数之和的概率分布方差。图5-10显示了Excel电子表格中的这些计算结果（Excel文件 *Random Variable Calculations*（随机变量计算）中计算的方差）。

	A	B	C	D	E	F
1	Variance Calculations					
2						
3	Outcome, x	Probability, f(x)	x*f(x)	(x - E[X])	(x - E[X])^2	(x - E[X])^2*f(x)
4	2	0.0278	0.0556	-5.0000	25.0000	0.6944
5	3	0.0556	0.1667	-4.0000	16.0000	0.8889
6	4	0.0833	0.3333	-3.0000	9.0000	0.7500
7	5	0.1111	0.5556	-2.0000	4.0000	0.4444
8	6	0.1389	0.8333	-1.0000	1.0000	0.1389
9	7	0.1667	1.1667	0.0000	0.0000	0.0000
10	8	0.1389	1.1111	1.0000	1.0000	0.1389
11	9	0.1111	1.0000	2.0000	4.0000	0.4444
12	10	0.0833	0.8333	3.0000	9.0000	0.7500
13	11	0.0556	0.6111	4.0000	16.0000	0.8889
14	12	0.0278	0.3333	5.0000	25.0000	0.6944
15		Expected value	7.0000		Variance	5.8333

图5-10 掷两个骰子的方差计算

与我们在第4章中的讨论类似，用方差度量随机变量的不确定性，方差越大，结果的不确定性越高。虽然方差在数学上更容易处理，但我们通常通过随机变量的标准差来度量其方差，标准差就是方差的平方根。

5.3.4 伯努利分布

伯努利分布描述了一个随机变量有两种可能的结果，每种结果发生的概率都是恒定的。通常，这两种结果为"成功"（$x = 1$），概率为 p，以及"失败"（$x = 2$），概率为 $1-p$。成功可以是你所定义的任何结果。例如，在尝试启动一台刚下装配线的新计算机，在定义一个伯努利随机变量来描述有缺陷产品的概率分布时，就可以把成功定义为"无法启动"。因此，成功不一定是传统意义上的有利结果。伯努利分布的概率质量函数是：

$$f(x) = \begin{cases} p & \text{如果} x = 1 \\ 1 - p & \text{如果} x = 0 \end{cases} \tag{5.14}$$

其中，p 表示成功的概率。期望值是 p，方差是 p（$1-p$）。

示例 5.28   **利用伯努利分布**

伯努利分布可以用来模拟个人对电话营销的人的反应是积极的（$x=1$）还是消极的（$x=0$）。例如，如果你估计打电话联系的客户中有 20% 会买，那么描述特定个人是否会购买的概率分布为伯努利分布，$p=0.2$。想想下面的实验。假设你有一个盒子，里面有 100 颗弹珠，其中 20 颗为红色，80 颗为白色。对于每个客户，随机选择一颗弹珠（然后更换），结果将有一个伯努利分布。如果选择了红色弹珠，则该客户会买；如果是白色，则客户不会买。

5.3.5 二项分布

二项分布模拟了 n 次独立重复的伯努利实验，每次成功的概率为 p。随机变量 X 表示这 n 次实验的成功次数。在电话营销的例子中，假设我们呼叫 10 个客户（$n = 10$），每个客户的购买概率 $p = 0.2$。那么从 10 个客户处得到的积极响应数量的概率分布是二项分布。利用二项分布，我们可以计算出 10 个客户中恰好有 x 个会购买 0 到 10（包括 10）之间的任意 x 值的概率。二项分布也可用来模拟生产操作中的抽样检查结果或药物研究对样本病人的影响。二项分布的概率质量函数是：

$$f(x) = \begin{cases} \binom{n}{x} p^x (1 - p)^{n-x}, & x = 0, 1, 2, \cdots, n \\ 0, & \text{否则} \end{cases} \tag{5.15}$$

在本章前面讨论组合时，我们看到了符号 $\binom{n}{x}$；它表示从一组 n 个项目中选择 x 个不同项目的方法数，使用公式（5.2）进行计算。

示例 5.29   **计算二项式概率**

我们可以使用公式（5.15）来计算二项式概率。例如，如果任何人通过电话营销邀约进行购买的概率为 0.2，那么打 10 个电话有 x 个人购买的概率分布为：

$$f(x) = \begin{cases} \binom{10}{x} (0.2)^x (0.8)^{10-x}, & x = 0, 1, 2, \cdots, n \\ 0, & \text{否则} \end{cases}$$

因此，为了从打过电话的 10 个人中找出 3 个人购买的概率，我们计算：

$$f(3) = \binom{10}{3} (0.2)^3 (0.8)^{10-3}$$

$= (10!/(3!7!))×0.008×0.2097152$

$= 120×0.008×0.2097152 = 0.20133$

二项分布的概率质量函数公式比较复杂，手工计算二项式概率比较烦琐；然而，我们可以使用函数在 Excel 中方便地计算：

BINOM.DIST（*number_s*，*trials*，*probability_s*，*cumulative*）

在这个函数中，*number_s* 扮演着 x 的角色，*probability_s* 与 p 相同。如果 *cumulative* 设置为 TRUE，则此函数将提供累积概率；否则默认值为 FALSE，则提供概率质量函数 $f(x)$ 的值。

示例 5.30　　　　　　　　　　使用 Excel 的二项分布函数

图 5-11 显示了使用此函数计算前一示例（Excel 文件 *Binomial Probabilities*（二项式概率））的概率分布的结果。例如，只有 3 个人购买的概率是：

BINOM.DIST（A10，$B$3，$B$4，FALSE）$= 0.20133 = f(3)$。

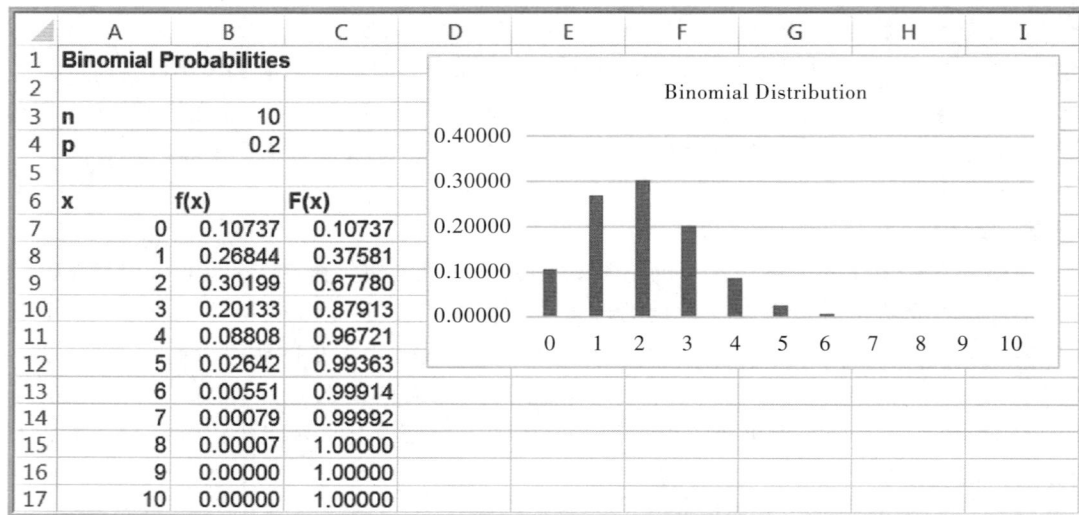

	A	B	C	D	E	F	G	H	I
1	Binomial Probabilities								
2									
3	n	10							
4	p	0.2							
5									
6	x	f(x)	F(x)						
7	0	0.10737	0.10737						
8	1	0.26844	0.37581						
9	2	0.30199	0.67780						
10	3	0.20133	0.87913						
11	4	0.08808	0.96721						
12	5	0.02642	0.99363						
13	6	0.00551	0.99914						
14	7	0.00079	0.99992						
15	8	0.00007	1.00000						
16	9	0.00000	1.00000						
17	10	0.00000	1.00000						

图 5-11　用 Excel 计算二项式概率

3 个人或更少的人购买的概率是：

BINOM.DIST（A10，$B$3，$B$4，TRUE）$= 0.87913 = F(3)$

相应地，10 个人中有 3 个人以上购买的概率是：

$1-F(3) = 1 - 0.87913 = 0.12087$

二项分布的期望值为 np，方差为 $np(1-p)$。二项分布可以根据参数呈现不同的形状和偏度。图 5-12 显示了 $p = 0.8$ 时的示例。对于较大的 p 值，二项分布为负偏态；对于较小的值，二项分布为正偏态。当 $p = 0.5$ 时，分布是对称的。

5.3.6　泊松分布

泊松分布是一种离散分布，用于以某种度量单位对发生的次数进行建模。例如，在工作日午餐时间光顾赛百味餐厅的顾客人数，一个月内机器的故障次数，一分钟内访问网页的次数，或者每行软件代码的错误数。

	A	B	C	D	E	F	G	H	I
1	**Binomial Probabilities**								
2									
3	n	10							
4	p	0.8							
5									
6	x	f(x)	F(x)						
7	0	0.00000	0.00000						
8	1	0.00000	0.00000						
9	2	0.00007	0.00008						
10	3	0.00079	0.00086						
11	4	0.00551	0.00637						
12	5	0.02642	0.03279						
13	6	0.08808	0.12087						
14	7	0.20133	0.32220						
15	8	0.30199	0.62419						
16	9	0.26844	0.89263						
17	10	0.10737	1.00000						

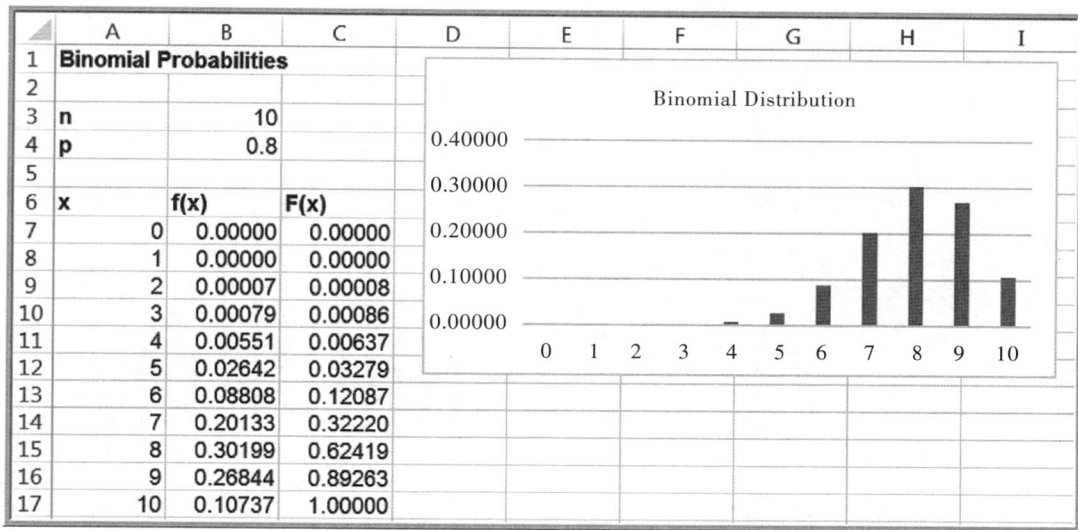

图5-12　二项分布示例，p = 0.8

泊松分布假设事件发生次数不受限制（意味着随机变量 X 可以假设任何非负整数值），发生次数是独立的，每个单位的平均发生次数是一个常数 λ（希腊字母小写 lambda）。泊松分布的期望值为 λ，方差也等于 λ。

泊松分布的概率质量函数为：

$$f(x) = \begin{cases} \dfrac{e^{-\lambda}\lambda^x}{x!}, & x = 0, 1, 2, \cdots \\ 0, & \text{否则} \end{cases} \tag{5.16}$$

示例 5.31　　　　　　　　　计算泊松概率

假设在午餐时间到赛百味餐厅就餐的顾客人数平均每小时为 12 人。一小时内正好有 x 位顾客到店的概率可用泊松分布求出，平均值为 12。使用公式（5.16）计算一小时内正好有 x 名顾客到店的概率：

$$f(x) = \begin{cases} \dfrac{e^{-12}12^x}{x!}, & x = 0, 1, 2, \cdots \\ 0, & \text{否则} \end{cases}$$

用 $x=5$ 代入公式，则正好有 5 名顾客到店的概率是：$f(5) = 0.01274$。

像二项式一样，人工计算泊松概率很麻烦，可使用 Excel 中的函数 POISSON.DIST（x, *mean*, *cumulative*）。

示例 5.32　　　　　　　　使用 Excel 泊松分布函数

图 5-13 显示了使用 Excel 函数计算示例 5.31 分布的结果，$\lambda=12$（参见 Excel 文件 *Poisson Probabilities*）。因此，午餐时间内只有 1 人到店的概率由 Excel 函数 =POISSON.DIST（A7, $B$3, FALSE）=0.00007=$f(1)$ 计算得出；4 人或更少人到店的概率通过函数 =POISSON.DIST（A10, $B$3, TRUE）=0.00760=$F(4)$ 计算得出，以此类推。因为泊松随机变量的可能值是无限的，所以我们没有给出完整的分布。随着 x 变大，概率变得非常小。与二项式一样，分布的具体形状取决于参数 λ 的值；对于较小的值，分布更加偏态。

x	f(x)	F(x)
Poisson Probabilities		
Mean	12	
0	0.00001	0.00001
1	0.00007	0.00008
2	0.00044	0.00052
3	0.00177	0.00229
4	0.00531	0.00760
5	0.01274	0.02034
6	0.02548	0.04582
7	0.04368	0.08950
8	0.06552	0.15503
9	0.08736	0.24239
10	0.10484	0.34723
11	0.11437	0.46160
12	0.11437	0.57597
13	0.10557	0.68154
14	0.09049	0.77202
15	0.07239	0.84442
16	0.05429	0.89871
17	0.03832	0.93703
18	0.02555	0.96258
19	0.01614	0.97872
20	0.00968	0.98840

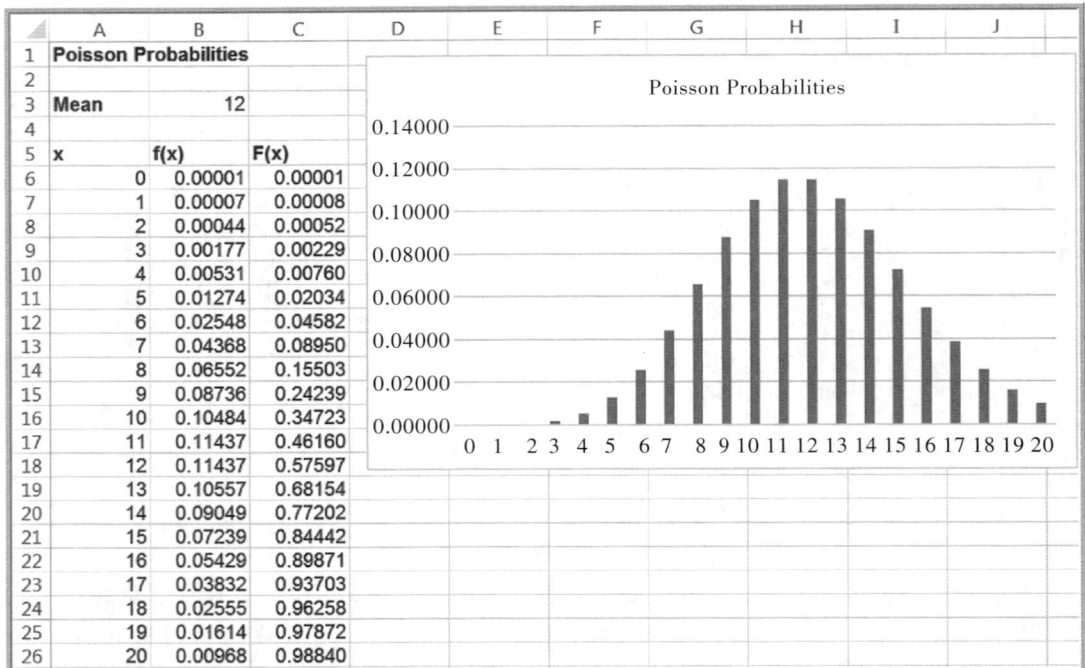

图5-13　用Excel计算泊松概率

实践分析：使用泊松分布对 Priceline 上的投标进行建模[①]

众所周知，Priceline 允许客户在竞标航空公司航班或酒店住宿等服务时给出自己的价格（而不是由服务提供商出价）。一些酒店利用 Priceline 的方式为休闲旅行者销售空房，同时又不通过传统渠道提供折扣来稀释商务市场。在一项研究中，金普顿酒店（Kimpton Hotels）在美国和加拿大开发、拥有或管理着40多家独立的精品生活方式酒店（boutique lifestyle hotels），利用商务分析工具开发了一个模型来优化定价策略。该研究将客人到达前一定天数内的出价分布建模为泊松分布，因为它与观察到的数据吻合得很好。例如，在周末到来前三天（随机变量 X），每天平均出价为6.3。因此，模型中使用的分布为 $f(x)=e^{-6.3}6.3^{x}/x!$，其中，x 是出价。分析模型帮助确定在 Priceline 上发布的价格以及每个价格的剩余客房分配。使用该模型后，通过 Priceline 销售的客房在一年内增长了11%，这些客房的平均房价上涨了3.7%。

检验你的学习成果

（1）概率质量函数必须具有什么性质？
（2）概率质量函数和累积分布函数之间的区别是什么？
（3）解释如何计算离散随机变量的期望值和方差。
（4）如何在商务决策中使用期望值概念？
（5）提供可以使用伯努利分布、二项分布和泊松分布的情况示例。

---

① Based on Chris K. Anderson，"Setting Prices on Priceline," *Interfaces*，39，4（July–August 2009）：307–315.

5.4　连续概率分布

正如我们前面提到的，连续随机变量是在一个或多个实数区间上定义的，因此，有无限多个可能的结果。假设图 5-7 中预测明年 DJIA 变化概率的专家在越来越大的值范围内不断精确估计值。图 5-14 显示了使用 2.5% 的增量而不是 5% 的增量时这种概率分布的形状。请注意，这种分布在形状上与图 5-7 中的分布相似，只是有更多的结果。如果继续此精确过程，则分布将接近平滑曲线的形状，如图 5-14 所示。这样描述连续随机变量结果的曲线称为**概率密度函数**，用数学函数 $f(x)$ 描述。

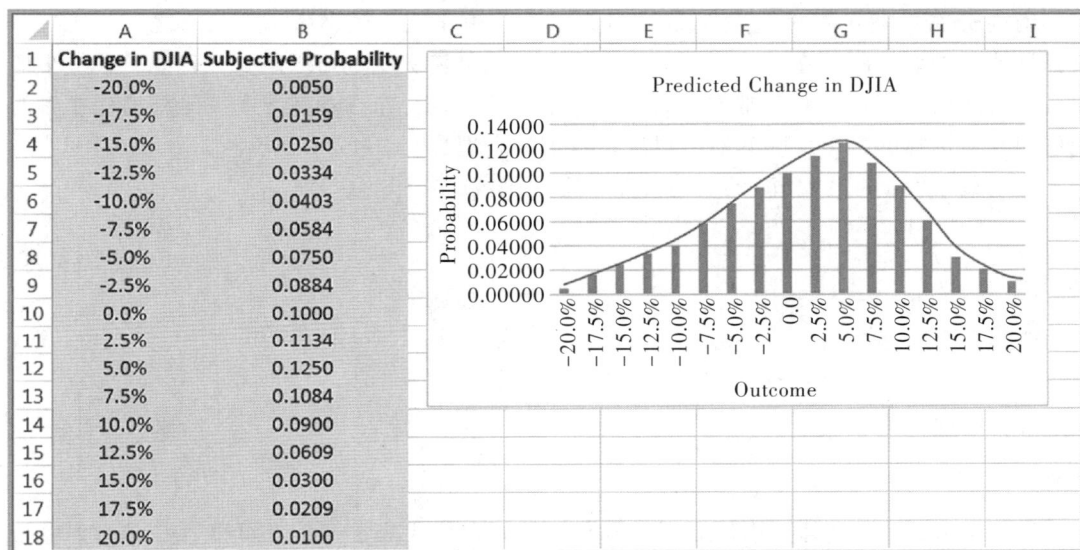

	A	B
1	**Change in DJIA**	**Subjective Probability**
2	-20.0%	0.0050
3	-17.5%	0.0159
4	-15.0%	0.0250
5	-12.5%	0.0334
6	-10.0%	0.0403
7	-7.5%	0.0584
8	-5.0%	0.0750
9	-2.5%	0.0884
10	0.0%	0.1000
11	2.5%	0.1134
12	5.0%	0.1250
13	7.5%	0.1084
14	10.0%	0.0900
15	12.5%	0.0609
16	15.0%	0.0300
17	17.5%	0.0209
18	20.0%	0.0100

图5-14　DJIA变化的精确概率分布

5.4.1　概率密度函数的性质

（1）对于任意 x，$f(x) \geq 0$。这意味着密度函数必须位于 x 轴或其上方。

（2）x 轴上方的密度函数总面积为 1。这类似于离散随机变量的所有概率之和必须为 1 的特征。

（3）$P(X=x)=0$。对于连续随机变量，试图定义一个特定值 x 的概率没有数学意义，因为它有无数个值。

（4）连续随机变量的概率只在时间间隔内定义。因此，我们可以计算 a 和 b，即 $P(a \leq X \leq b)$ 之间的概率，或者在 c 的左边或右边——例如，$P(X<c)$ 和 $P(X>c)$ ——的概率。

（5）$P(a \leq X \leq b)$ 是 a 和 b 之间概率密度的定积分。

连续随机变量的累积分布函数与离散随机变量 $F(x)$ 的表示方式相同，表示随机变量 X 小于或等于 $P(X \leq x)$ 的概率。直观地说，$F(x)$ 表示 $x.F(x)$ 左侧密度函数下方的面积，通常可以从 $f(x)$ 的数学推导中得出。

了解 $F(x)$ 函数便可以轻松地计算连续分布的间隔概率。X 位于 a 和 b 之间的概率等于在这两点上计算累积分布函数的差值，即：

$$P(a \leqslant X \leqslant b) = P(X \leqslant b) - P(X \leqslant a) = F(b) - F(a) \tag{5.17}$$

对于连续分布，我们不需要关心端点，就像我们对待离散分布那样，因为 $P(a \leqslant X \leqslant b)$ 与 $P(a < X < b)$ 的结果是相同的。

连续型随机变量的期望值和方差的正式定义与离散型随机变量的定义相似；然而，为了理解它们，我们必须依赖于微积分的概念，所以我们在本书中不讨论它们。我们只是在适当的时候直接陈述这些定义。

5.4.2 均匀分布

均匀分布描述了一个连续随机变量，其中，位于某个最小值和最大值之间的所有结果都是等可能发生的。在商务分析应用中，当对某个随机变量知之甚少，仅能对其最小值和最大值作出合理估计时，常常会假设该变量服从均匀分布。参数 a 和 b 是根据建模者的最佳判断来选择的，以反映其对随机变量范围的合理推测。

对于最小值 a 和最大值 b 的均匀分布，密度函数为：

$$f(x) = \begin{cases} \dfrac{1}{b-a}, & a \leqslant x \leqslant b \\ 0, & \text{否则} \end{cases} \tag{5.18}$$

而累积分布函数为：

$$f(x) = \begin{cases} 0, & x < a \\ \dfrac{x-a}{b-a}, & a \leqslant x \leqslant b \\ 1, & b < x \end{cases} \tag{5.19}$$

尽管 Excel 不提供计算均匀概率的函数，但好在公式非常简单，可以合并编辑到电子表格中。由于密度函数的几何形状简单，因此均匀分布的概率也很容易计算，如示例 5.33 所示。

示例 5.33　　　　　　　　　　均匀概率的计算

假设某一产品的销售收入 X 每周在 $a = 1\,000$ 美元和 $b = 2\,000$ 美元之间均匀变化。密度函数为 $f(x) = 1/(2\,000-1\,000) = 1/1\,000$，如图 5-15 所示。请注意，密度函数下的面积是 1，你可以通过将矩形的高度乘以宽度来很容易地验证这一点。

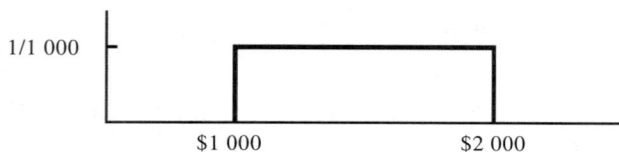

图5-15　均匀概率密度函数

假设我们希望找到销售收入 X 小于 1\,300 美元的概率。我们有两种方法。首先，利用几何图形计算密度函数下的面积，如图 5-16 所示。面积是：$(1/1\,000) \times 300 = 0.30$。或者，我们可以用公式（5.19）计算 $f(1\,300)$：

$$f(1\,300) = (1\,300-1\,000)/(2\,000-1\,000) = 0.30$$

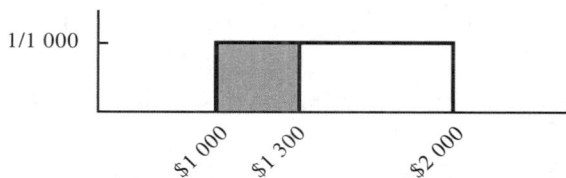

图5-16　$X < 1\,300$美元的概率

无论哪种情况，概率都是0.30。

现在，假设我们希望找到收益在1 500美元和1 700美元之间的概率。同样，使用几何参数（见图5-17），1 500美元和1 700美元之间的矩形面积是：（1/1 000）× 200 = 0.2。我们也可以用公式（5.17）计算如下：

$$P(1\,500 \leqslant X \leqslant 1\,700) = P(X \leqslant 1\,700) - P(X \leqslant 1\,500)$$
$$= F(1\,700) - F(1\,500)$$
$$= \frac{(1\,700 - 1\,000)}{(2\,000 - 1\,000)} - \frac{(1\,500 - 1\,000)}{(2\,000 - 1\,000)}$$
$$= 0.7 - 0.5 = 0.2$$

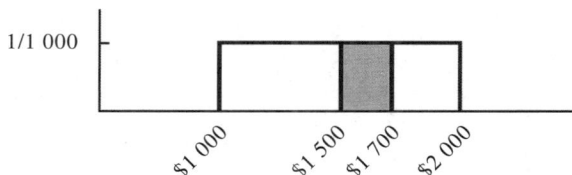

图5-17　P（1 500美元$<X<$1 700美元）

均匀随机变量X的期望值和方差计算如下：

$$E[X] = \frac{a + b}{2} \tag{5.20}$$

$$\mathrm{Var}[X] = \frac{(b - a)^2}{12} \tag{5.21}$$

均匀分布的变化是指随机变量被限制为a和b之间的整数值（也称为整数）；这称为离散均匀分布。掷一枚骰子即为离散均匀分布的典型示例：掷出点数 1 至 6 的各种结果概率均为 1/6。

5.4.3　正态分布

正态分布是一种连续分布，由类似钟形的曲线描述，它可能是统计学中最重要的分布。我们可在许多自然现象中观察到正态分布。测试分数（如SAT）、与加工项目规格的偏差、人的身高和体重以及许多其他测量值通常都是正态分布的。

正态分布有两个参数：均值μ和标准差σ。因此，当μ改变时，分布在x轴上的位置也改变，并且当σ减小或增大时，分布分别变窄或变宽。图5-18显示了一些示例。

正态分布具有以下特性：

（1）分布是对称的，因此其偏度为零。

（2）平均值、中位数和众数都相等，因此，一半面积高于平均值，一半面积低于平均值。

（3）*X* 的范围是无界的，这意味着分布的尾部延伸到负无穷大和正无穷大。

（4）经验法则完全适用于正态分布，在 ±1 个标准差范围内，密度函数下的面积为 68.3%；在 ±2 个标准差范围内，密度函数下的面积为 95.4%；在 ±3 个标准差范围内，密度函数下的面积为 99.7%。

正态概率不能用数学公式计算。相反，我们可以使用 Excel 函数 NORM.DIST（*x*，*mean*，*standard_deviation*，*cumulative*）计算。NORM.DIST（*x*，*mean*，*standard_deviation*，*TRUE*）对某个指定平均值或标准差计算累积概率 $F(x)=P(X \leq x)$。（如果 *cumulative* 参数被设置为 *FALSE*，那么该函数则只是计算密度函数 $f(x)$ 的值，所以此时除了将密度函数的值制成表格外，几乎没有实际用途。这一数据被用于通过 Excel 绘制图 5-18 中的分布曲线。）

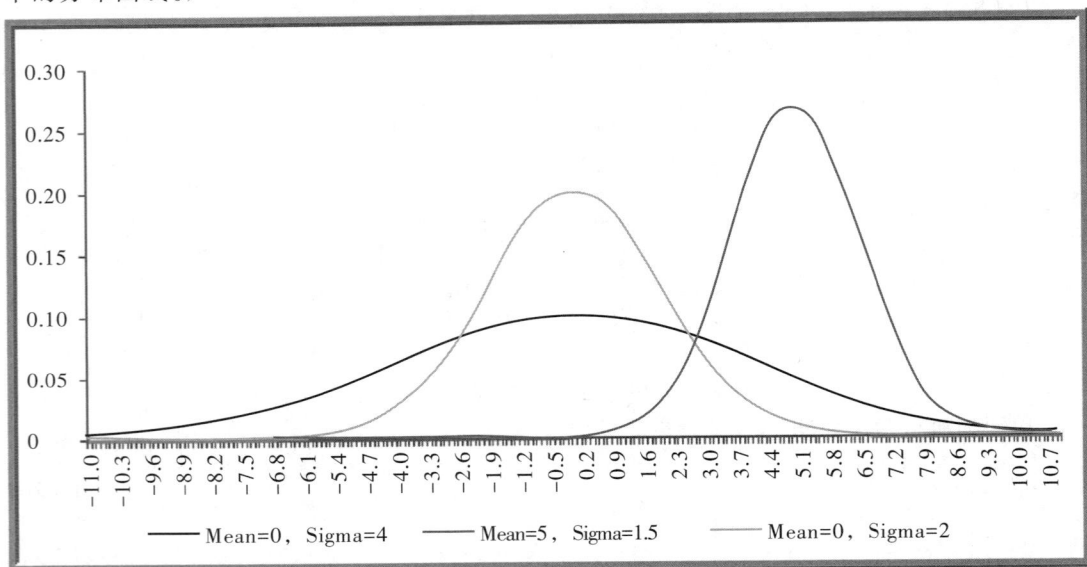

图5-18 正态分布的示例

示例 5.34　　　　　　使用函数 NORM.DIST 计算正态概率

假设一家公司已确定客户需求（*X*）的分布为正态分布，平均值为 750 台/月，标准差为 100 台/月。图 5-19 显示使用 NORM.DIST 函数计算的一些累积概率（参见 Excel 文件 *normal probabilities*），该公司希望了解以下情况：

（1）需求最多达到 900 台的概率是多少？

（2）需求超过 700 台的概率是多少？

（3）需求量在 700～900 台之间的概率是多少？

要回答这些问题，首先要画一幅图。这有助于确保你知道要计算的面积以及如何正确使用公式计算累积分布。

• 问题 1。图 5-20（a）显示了需求最多为 900 台或 $P(X \leq 900)$ 的概率。

这只是 *x* = 900 的累积概率，可以使用 Excel 函数 NORM.DIST（900，750，100，TRUE）=0.9332 进行计算。

• 问题 2。图 5-20（b）显示了需求超过 700 台的概率，$P(X > 700)$。使用我们之前讨论过的原则，可以通过从1中减去 $P(X < 700)$ 得到：

$$P(X > 700) = 1 - P(X < 700) = 1 - F(700)$$
$$= 1 - 0.3085 = 0.6915$$

这可以在Excel中使用公式=1-NORM.DIST（700，750，100，TRUE）进行计算。

•问题3。图5-20（c）说明了需求介于700台和900台之间的概率，$P(700 \leqslant X \leqslant 900)$。计算如下：

$$P(700 \leqslant X \leqslant 900) = P(X \leqslant 900) - P(X \leqslant 700)$$
$$= F(900) - F(700) = 0.9332 - 0.3085 = 0.6247$$

在Excel中我们将使用函数 NORM.DIST = （900，750，100，TRUE）- NORM.DIST（700，750，100，TRUE）进行计算。

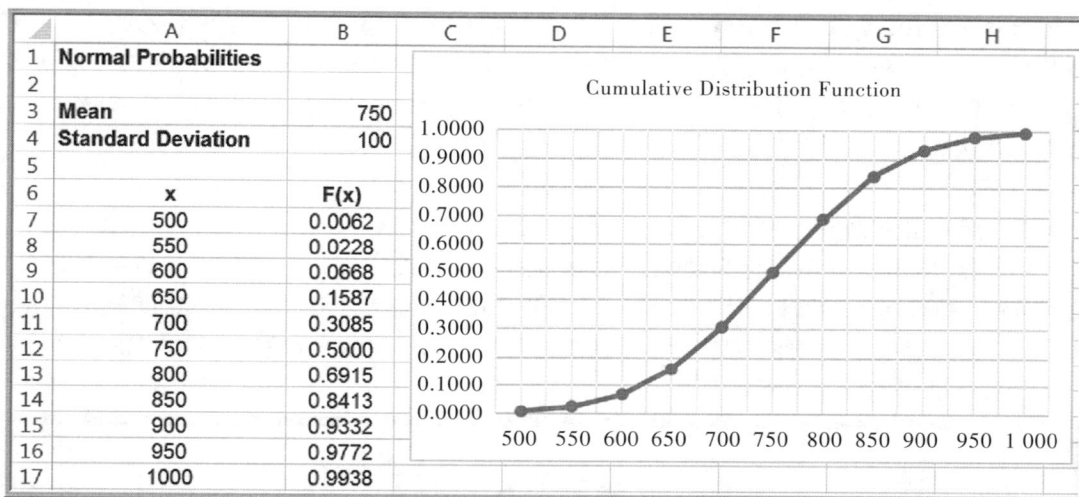

	A	B
1	**Normal Probabilities**	
2		
3	**Mean**	750
4	**Standard Deviation**	100
5		
6	**x**	**F(x)**
7	500	0.0062
8	550	0.0228
9	600	0.0668
10	650	0.1587
11	700	0.3085
12	750	0.5000
13	800	0.6915
14	850	0.8413
15	900	0.9332
16	950	0.9772
17	1000	0.9938

图5-19 在Excel中计算正态概率

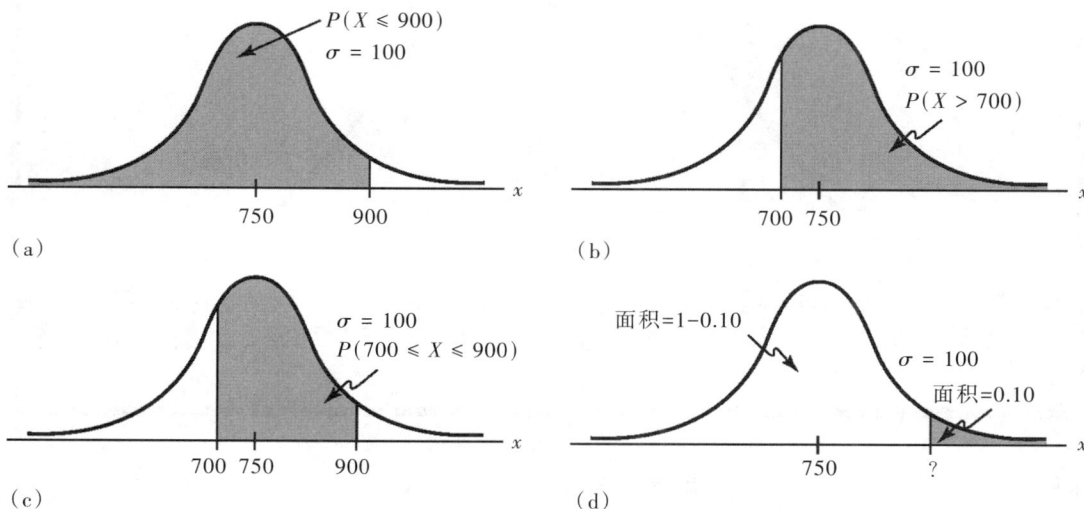

图5-20 计算正态概率

5.4.4 NORM.INV 函数

通过 NORM.DIST 函数，我们得到随机变量的一个值 x——随机变量 X 的取值，并且可以在 x 的左边找到累积概率。现在让我们把问题反过来。假设我们知道累积概率，但不知道 x 的值。我们如何求解它？我们在许多应用程序中经常遇到这样的问题。Excel 函数 NORM.INV（*probability*，*mean*，*standard_dev*）可用来实现这一点。在这个函数中，*probability* 是与我们寻求的 x 值相对应的累积概率值，"INV"表示相反的意思。

示例 5.35 　　　　　　　　　　　　**运用 NORM.INV 函数**

在前面的示例中，需求水平超过多少的情况最多只会有 10% 的发生概率？这里，我们需要求出 x 的值，使 $P(X>x)=0.10$。图 5-20（d）说明了这一点。因为正态分布上尾部的面积是 0.10，所以累积概率必然是：$1-0.10=0.90$。从图 5-19 中我们可以看到，正确的值一定在 850 和 900 之间，因为 $F(850)=0.8413$，$F(900)=0.9332$。我们可以使用 Excel 函数 =NORM.INV（0.90，750，100）=878.155 找到准确的值。因此，约 878 台的需求将满足该标准。

5.4.5 标准正态分布

图 5-21 给出了一种被称为**标准正态分布**的特殊情况，即 $\mu=0$ 和 $\sigma=1$ 的正态分布。这种分布在执行许多概率计算时非常重要。标准正态随机变量通常用 Z 表示，其密度函数用 $f(z)$ 表示。z 轴刻度表示与均值（零值点）相距的标准差数。Excel 函数 NORM.S.DIST（z）可用来计算标准正态分布的概率。

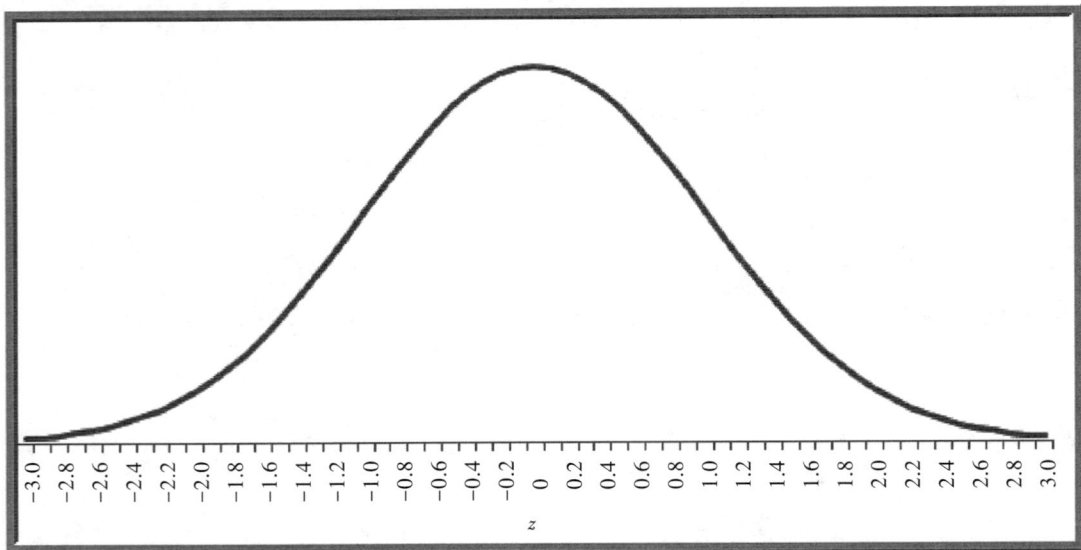

图 5-21　标准正态分布

示例 5.36 　　　　　　　　　　　　**用标准正态分布计算概率**

我们之前就已经指出，经验规则适用于任何正态分布函数。当我们求解均值为 1、2 和 3 个标准差内的标准正态分布面积时，可以通过使用函数 NORM.S.DIST（z）来求解。图 5-22 显示了 z 从 -3 到 $+3$ 范围内的累积概率，并求解均值为 1、2 和 3 个标准差内的面积。我们通过应用公式（5.17）求累积概率 $F(b) - F(a)$ 之间的差。例如，通过计算 $P(-1 < Z < 1) = F(1) - F(-1) = $ NORM.S.DIST $(1) - $ NORM.S.DIST (-1) $= 0.84134 - 0.15866 = 0.6827$（由于小数四舍五入而产生差异），就可以求出平均值 1 个标准差内的面积。正如经验规则所表述的，大约 68% 的面积落在平均值的 1 个标准差内；95% 的面积落在平均值的 2 个标准差以内；超过 99% 的面积落在平均值的 3 个标准差之内。

	A	B	C	D	E	F	G	H
1	Standard Normal Probabilities							
2								
3	z	F(z)		a	b	F(a)	F(b)	F(b) - F(a)
4	-3	0.00135		-1	1	0.15866	0.84134	0.6827
5	-2	0.02275		-2	2	0.02275	0.97725	0.9545
6	-1	0.15866		-3	3	0.00135	0.99865	0.9973
7	0	0.50000						
8	1	0.84134						
9	2	0.97725						
10	3	0.99865						

图5-22　计算标准正态概率

5.4.6　使用标准的正态分布表

虽然使用 Excel 来计算正态概率很容易，但当计算机不可用时，Excel 的正态分布表通常可以在教科书和专业参考文献中找到。本书最后的附录 A 中的表 A-1 提供了这样的表格。该表可帮你求出在 -3.00 和 +3.00 之间任意 z 值的累积概率。

标准正态分布的优点之一是，我们可以通过将任何正态随机变量 X 转换为标准正态随机变量 Z 来计算其均值和标准差为 σ 的正态随机变量 X 的概率。我们在第 4 章中介绍了样本数据的标准化值（z 值）的概念。在这里，我们使用一个类似的公式将 x 值从任意正态分布转换为等价的标准正态值 z：

$$z = \frac{x - \mu}{\sigma} \tag{5.22}$$

示例 5.37　　　　　　　　　使用标准正态表计算概率

我们将回答示例 5.34 中提出的第一个问题：如果客户需求（x）是正态分布，平均值为 750 台/月，标准差为 100 台/月，需求最多为 x= 900 台的概率是多少？使用公式（5.22），将 x 转换为标准正态值：

$$z = \frac{900 - 750}{100} = 1.5$$

注意，900 台比 750 台的平均值高 150 台，由于标准差为 100，这仅仅意味着 900 比平均值高 1.5 个标准差，即为 z 的值。使用附录 A 中的表 A-1，我们可以看到 z= 1.5 的累积概率为 0.9332，这是标准正态值，与我们在示例 5.34 中求得的答案相同。

5.4.7　指数分布

指数分布是一种连续型概率分布，用于描述随机事件发生的时间间隔。因此，它常用于以下应用场景：对服务系统中顾客到达间隔时间进行建模，或对机器、灯泡、硬盘等机电设备的故障间隔时间进行建模。

与泊松分布类似，指数分布有一个参数 λ。事实上，指数分布与泊松分布密切相关；如果在一段时间间隔内发生的事件数呈泊松分布，则事件之间的时间呈指数分布。例如，如果一段时间内到银行的人数呈泊松分布，即当 $\lambda = 12$ 人/小时，则这段时间内人们到银行的时间间隔呈指数分布，平均值 $\mu = 1/12$ 小时或者 5 分钟。

指数分布具有密度函数：

$$f(x) = \lambda e^{-\lambda x}, \ x \geqslant 0 \tag{5.23}$$

其累积分布函数为：

$$f(x) = 1 - e^{-\lambda x}, \ x \geqslant 0 \tag{5.24}$$

有时，指数分布表示为平均值 μ，而不是平均值比率 λ。要做到这一点，只需在前面的公式中用 $1/\mu$ 代替 λ。

指数分布的期望值为 $1/\mu$，方差为 $(1/\lambda)^2$。图 5-23 提供了指数分布的示意图。指数分布具有以下特性：指数分布的边界小于 0，其最大密度为 0，密度随 x 的增加而减小。Excel 函数 EXPON.DIST（x，λ，*cumulative*）可用于计算指数概率。与其他 Excel 的概率分布函数一样，*cumulative* 可以是 TRUE，也可以是 FALSE，TRUE 提供了累积分布函数。

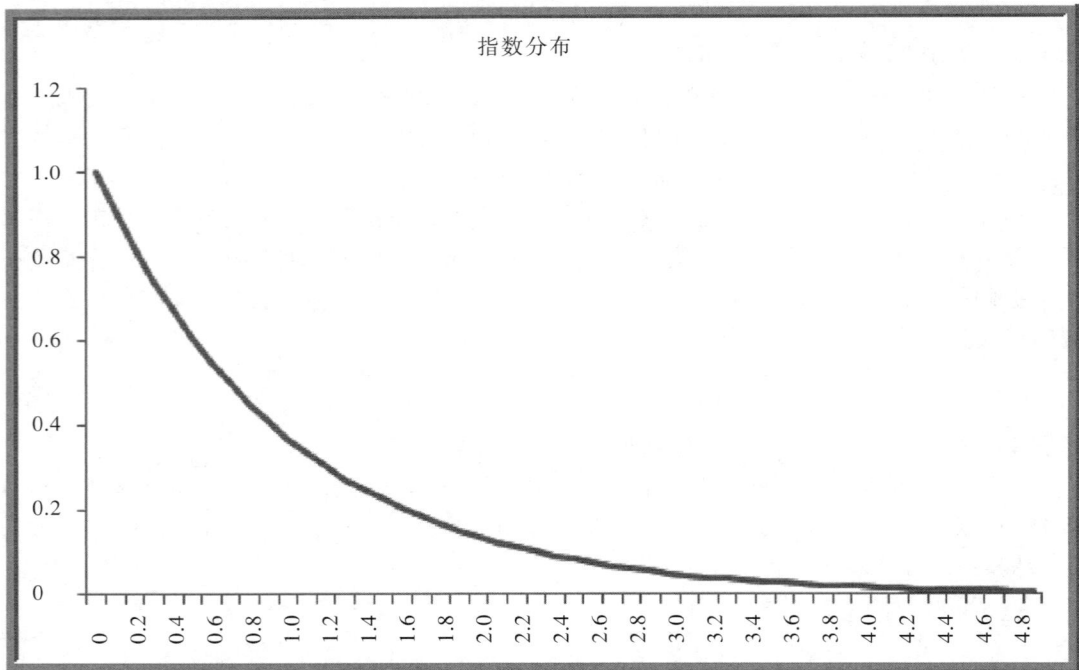

图 5-23　指数分布的示例（$\lambda = 1$）

示例 5.38　　　　　　　　　　　　使用指数分布

假设发动机的关键部件的平均失效时间为 $\mu = 8\ 000$ 小时。那么，$\lambda = 1/\mu = 1/8\ 000$ 次故障/小时。用累积分布函数 $F(x)$ 表示组件会在 x 小时前失效的概率。图 5-24 显示了累积分布函数的一部分，见 Excel 文件 *Exponential Probabilities*。例如，发动机在使用 5 000 小时前发生故障的概率是 $F(5\ 000) = 0.4647$。

	A	B	C	D	E	F	G	H	I	J	K
1	Exponential Probabilities										
2											
3	Mean	8000									
4	Lambda	0.000125									
5											
6	x	F(x)									
7	0	0									
8	1000	0.117503									
9	2000	0.221199									
10	3000	0.312711									
11	4000	0.393469									
12	5000	0.464739									
13	6000	0.527633									
14	7000	0.583138									
15	8000	0.632121									
16	9000	0.675348									
17	10000	0.713495									
18	11000	0.74716									
19	12000	0.77687									
20	13000	0.803088									
21	14000	0.826226									
22	15000	0.846645									
23	16000	0.864665									

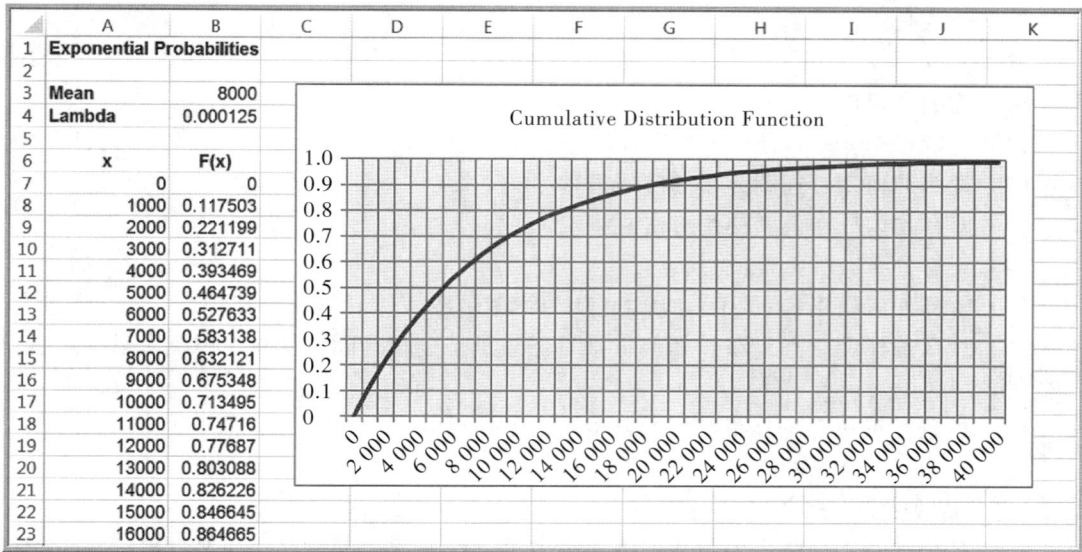

图5-24 Excel中指数概率的计算

5.4.8 三角分布

三角分布由三个参数定义：最小值a、最大值b和最可能值c。接近最可能值的结果比极端值的结果发生的概率更高。通过改变最可能值，三角分布可以在任一方向对称或倾斜，如图5-25所示。因为三角分布可以呈现不同的形状，这有助于对各种不同的现象进行建模。例如，当没有数据来描述不确定变量时，通常使用三角分布，并且必须对分布进行判断性估计。三角分布的平均值计算如下：

$$平均值=(a+c+b)/3 \tag{5.25}$$

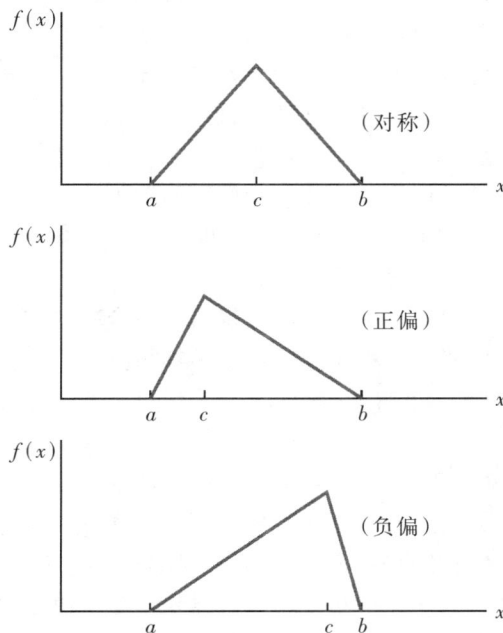

图5-25 三角形分布的示例

方差公式是：

$$方差 = (a^2 + c^2 + b^2 - a \times c - a \times b - c \times b) / 18 \qquad (5.26)$$

检验你的学习成果

（1）连续概率分布与离散概率分布有何不同？它必须具有什么性质？

（2）说明如何计算连续分布的区间概率。

（3）解释均匀分布及其使用方法。

（4）正态分布有什么性质？

（5）解释如何使用 Excel 函数 NORM.DIST 和 NORM.INV 计算正态概率。

（6）什么是标准正态分布？如何将具有任意正态分布的随机变量 X 转换为标准正态随机变量 Z？

（7）指数分布和三角分布模型的典型情况是什么？

5.5 数据建模与分布拟合

在商务分析的许多应用中，我们需要收集重要变量的样本数据，如客户需求、购买行为、机器故障时间和服务活动时间等变量，以了解这些变量的分布。使用我们所研究的工具，我们可以构建频数分布表和直方图，并计算基本的描述性统计指标，以更好地理解数据的性质。然而，样本数据也只是样本而已。

使用样本数据可能会限制我们预测可能发生的不确定事件的能力，因为不包括样本数据范围之外的潜在值。更好的方法是确定样本数据来源的潜在概率分布，通过"拟合"确定数据的理论分布，并在统计上验证拟合优度。

为了选择适合于样本数据的理论分布，我们可以先检查数据的直方图来寻找特定分布的特殊形状。例如，正常数据是对称的，中间有一个峰值。指数型数据具有明显的正偏态分布，且没有负值。当然，这种方法不总是准确或有效的，有时很难应用，特别是当样本量很小时。但是，它可能会将搜索范围缩小到几个潜在分布。

汇总统计数据，如平均值、中位数、标准差和变异系数，通常提供有关分布性质的信息。例如，正态分布数据的变异系数往往相当低（但是，如果平均值很小，这可能不正确）。对于正态分布的数据，我们可能会预期中位数和平均值大致相同。但是，对于指数分布的数据，中位数将小于平均值。此外，我们还预期平均值大约等于标准差，或者，等效地，变异系数接近于 1。我们还可以看看偏度指数，如正态分布的数据是无偏的。下面的例子说明了其中的一些观点。通过检查直方图和汇总统计量，可能会对选择什么类型的分布有所了解；然而，更好的方法是分析性地将数据拟合到最佳的概率分布类型。

示例 5.39　　　　　　　　分析航空公司的乘客数据

一家航空公司每天使用一架有 70 个座位的支线飞机在两个中型城市之间执飞航线。这个航线很少可以预订到座位，但通常会卖给那些在最后一刻以高价预订的商务旅客。图 5-26 显示了 25 个航班的乘客数量（Excel 文件 *Airline Passengers*）。直方图显示了一个相对对称的分布。均值、中位数和众数都是相似的，尽管存在一定程度的正偏度。从我们在第 4 章中关于样本的变异性的讨论中可知，重要的是要认识到，虽然图 5-26 中的直方图看起来不完全是正态分布，但这只是一个相对较小的样本，与从中抽取的总体相比，可能会表现出很大的变异性。因此，基于这些特征，为了开发预测性或规范性分析模型，假设其服从正态分布并非不合理。

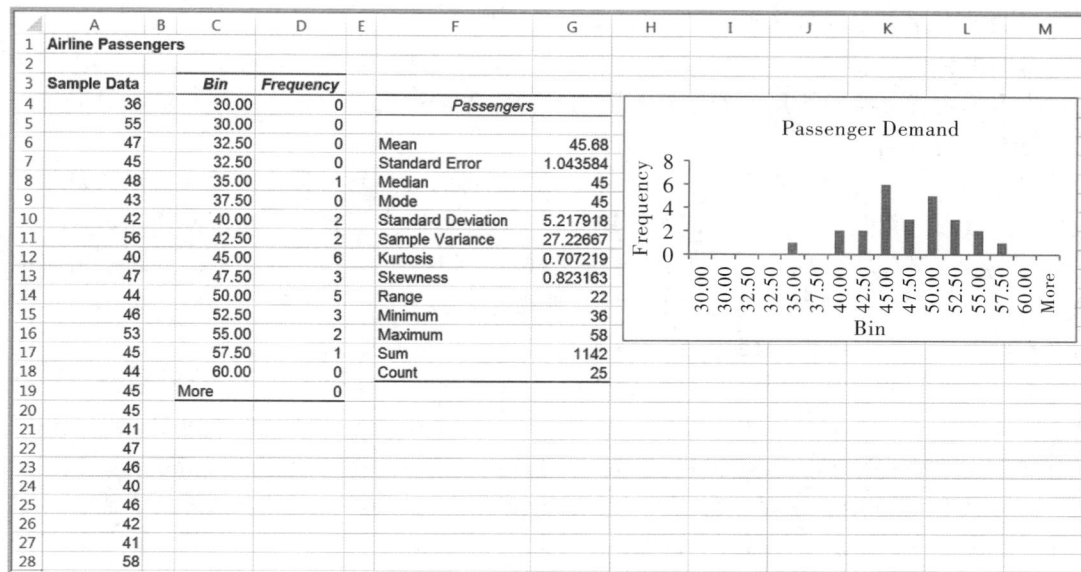

图5-26 乘客需求数据及统计数据

示例5.40   **分析机场服务时间**

图5-27显示了在机场票务柜台的812个服务时间样本的部分数据和统计分析（Excel文件 *Airport Service Times*）。这些数据当然并未呈正态分布或均匀分布。直方图看起来像一个指数分布，这可能是一个合理的选择。然而，平均值和标准差之间有差异，我们不期望看到指数分布。我们没有引入的其他一些外来分布可能更符合实际情况。使用复杂的软件可以确定最佳的拟合分布。

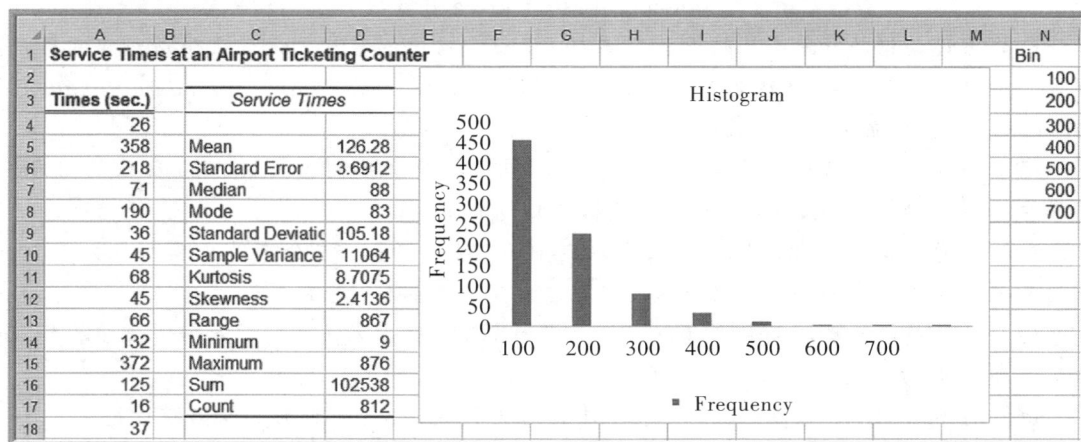

图5-27 机场服务时间统计

拟合优度：检验经验分布的正态性

将数据拟合到概率分布的基础是一个被称为**拟合优度**的统计过程。拟合优度试图得出关于分布性质的结论。例如，在示例5.39中，我们可以合理地假设乘客需求分布是正态的。拟合优度将为这一假设提供客观的、分析性的支持。我们可以使用一种称为卡方拟合优度检验的方法来实现这一点。

卡方拟合优度检验

卡方拟合优度检验可用于确定样本数据是否代表某种概率分布。示例5.41说明了其在正态分布中的应用。

卡方检验可以应用于许多分布，必须对程序进行的唯一修改是使用适当的函数来求解观测频数分布的累积概率。例如，如果我们怀疑数据是否遵循指数分布，则使用=EXPON.DIST（*upper limit*，λ，*TRUE*），其中，λ是1/样本平均数。对于均匀分布，可以使用简单的几何图形，就像我们在示例5.33中所做的那样。

示例5.41　　确定航空公司乘客需求数据的正态性

在示例5.39中，我们分析了航空公司Excel文件中的乘客需求数据，并得出结论，假设数据来源于正态分布并非不合理。为了在统计上验证这一点，我们做了以下工作，如图5-28和Excel文件中的*Chi Square Goodness of Fit Test*（卡方拟合优度检验）所示：

（1）从数据的频数分布开始，这些是观察到的频数。在图5-28中，我们会在*H*列到*N*列中看到这一点以及描述性统计数据。

	A	B	C	D	E	F	H	J	K	M	N
1	Chi Square Goodness of Fit Test (Normality)						Airline Passengers				
2											
3							Sample Data	Bin	Frequency		
4	Observed Data		Normal Assumption			Chi-Square Calculations	36	30.00	0	Passengers	
5	Bin	Frequency	Cumulative Probability	Bin Probability	Expected Frequency	(Observed - Expected)^2/Expected	55	30.00	0		
6	35.00	1	0.020	0.020	0.508	0.4751	47	32.50	0	Mean	45.68
7	37.50	0	0.058	0.038	0.953	0.9535	45	32.50	0	Standard Error	1.04358357
8	40.00	2	0.138	0.080	1.992	0.0000	48	35.00	1	Median	45
9	42.50	2	0.271	0.133	3.324	0.5271	43	37.50	0	Mode	45
10	45.00	6	0.448	0.177	4.426	0.5598	42	40.00	2	Standard Deviation	5.217917848
11	47.50	3	0.636	0.188	4.706	0.6182	56	42.50	2	Sample Variance	27.22666667
12	50.00	5	0.796	0.160	3.994	0.2534	40	45.00	6	Kurtosis	0.707219447
13	52.50	3	0.904	0.108	2.706	0.0318	47	47.50	3	Skewness	0.82316313
14	55.00	2	0.963	0.059	1.464	0.1962	44	50.00	5	Range	22
15	57.50	1	0.988	0.025	0.632	0.2139	46	52.50	3	Minimum	36
16							53	55.00	2	Maximum	58
17					Chi Squared Statistic	3.8290	45	57.50	1	Sum	1142
18					Critical value	14.067	44	60.00	0	Count	25
19							45	More	0		

图5-28　正态卡方检验的计算

（2）假设数据的样本平均值和样本标准差为正态分布，求出与每组上限所对应的累积概率。这可使用函数NORM.DIST（*upper limit*，*sample mean*，*sample standard deviation*，*TRUE*）求出，并显示在电子表格的C列中。

（3）使用公式（5.17）找出与每组相关的概率。有关使用NORM.DIST函数的信息，请参见示例5.34中的问题3。这在电子表格的D列中计算。

（4）将每组概率乘以观测次数（在本例中为25）。如果正态分布是正确的数据模型，则这些值是你将看到的预期频数。这些数据在电子表格的E列中计算。

（5）计算每组的观测频数和预期频数之间的差值，将结果平方，然后除以每组的预期频数，即$(O-E)^2/E$（见电子表格F列）。

（6）将所有组（单元格F17）的卡方计算结果相加。这个总和称为**卡方统计量**。

（7）使用函数CHISQ.INV.RT（0.05，箱子数量−3）计算**卡方临界值**。这显示在电子表格的单元格F18中。

（8）将卡方统计量与临界值进行比较。如果卡方统计量小于或等于临界值，则可以合理地假设数据来自具有样本均值和标准差的正态分布。如果不是，则得出正态分布不适用于数据建模的结论。

CHISQ.INV.RT 函数中使用的自由度数取决于正在拟合的分布类型。一般来说，自由度是组数减去 1，再减去根据数据估计的分布参数的数量。对于正态分布，我们需要估计两个参数——均值和标准差。因此，自由度等于组数减去 3（参见示例 5.41 中的步骤 7）。对于指数分布，我们只需要估计一个参数 λ，所以自由度是组数减 2。

实践分析：数据建模在广告中的价值

为了说明在决策建模中识别正确分布的重要性，我们讨论了广告的一个例子。[①]一般来说，公司在广告创意开发部分（即制作更好的广告）的支出相对于整个媒体预算而言是非常小的。一位专家指出，创意开发支出约为媒体传播活动支出的 5%。

无论花在创意开发上的钱是多少，通常都是通过一家广告代理公司来支付的。然而，有人提出一种理论，应该把更多的钱花在创意广告的开发上，而这些费用应该分摊到一些有竞争力的广告代理公司。在这一理论的研究中，广告效果的分布被认为是正态的。事实上，从消费者对产品广告的反应中收集的数据表明，这种分布实际上有非常大的偏度，因此不是正态分布。在任何模型或应用程序中使用错误的假设都可能产生错误的结果。在这种情况下，偏度实际上为广告主提供了一种优势，使其更有效地从各类广告代理公司获取创意。

一个数学模型——称为格罗斯（Gross）模型——将创意和媒体资金对总广告效果的相对贡献联系起来，通常用于确定要购买的广告提案的最佳数量。该模型包括广告开发成本、总媒体支出预算、广告有效性分布（假设为正态分布）以及从一组独立生成的备选方案中识别最有效广告的不可靠性等因素。从格罗斯模型得出结论，如果从独立来源获得多个广告，并选择了最佳的广告，则可能获得巨大的收益。

由于观察到的广告效果数据明显存在偏差，其他研究人员通过研究广告召回的标准行业数据来检查广告效果，而无须假设正态分布效应。这项分析发现，多个广告中最好的一个比任何单个广告都更有效。进一步的分析表明，委托创作最佳广告的数量可能会有很大差异，这取决于单个广告有效性分布的情况。

研究人员开发了一种替代格罗斯模型的方法。他们经过分析发现，随着广告提案数量的增加，最佳广告的效果也会提高。当使用正确的分布时，广告提案的最佳数量和创建多个独立提案的收益都高于格罗斯最初研究中报告的结果。

检验你的学习成果

（1）解释将概率分布"拟合"到数据的概念。

（2）有哪些简单的方法可以帮助你拟合分布？

（3）解释如何使用卡方拟合优度检验来确定样本数据是否可以由特定的概率分布充分表达。

关键术语

伯努利分布	二项分布	卡方临界值

---

① G. C. O'Connor, T. R. Willemain, and J. MacLachlan, "The Value of Competition Among Agencies in Developing Ad Campaigns: Revisiting Gross's Model," *Journal of Advertising*, 25, 1 (1996): 51–62.

卡方拟合优度检验	指数分布	概率
卡方统计量	拟合优度	概率密度函数
并集	独立事件	概率分布
补集	交集	概率质量函数
条件概率	联合概率	随机变量
连续随机变量	联合概率表	样本空间
累积分布函数	边际概率	标准正态分布
离散随机变量	概率乘法定律	树形图
离散均匀分布	互斥	三角分布
经验概率分布	正态分布	均匀分布
事件	结果	
期望值	排列	
实验	泊松分布	

第5章技术帮助

有用的Excel函数

函数 BINOM.DIST（*number_s*，*trials*，*probability_s*，*cumulative*）计算二项分布的概率。

函数 POISSON.DIST（*x*，*mean*，*cumulative*）计算泊松分布的概率。

函数 NORM.DIST（x，*mean*，*standard_deviation*，*cumulative*）计算正态分布的概率。

函数 NORM.INV（*probability*，*mean*，*standard_dev*）计算给定累积概率的正态分布反函数值。

函数 NORM.S.DIST（z）计算标准正态分布的概率。

函数 EXPON.DIST（x，λ，累积）计算指数分布的概率。

StatCrunch

StatCrunch 为我们在本章中研究的所有分布（二项分布、离散均匀分布、指数分布、正态分布、泊松分布、均匀分布和自定义分布，这是用户定义的离散分布）以及许多其他高级分布提供了图形计算器。你可以在以下网址找到视频教程和带有示例的分步过程：https：//www.statcrunch.com/5.0/example.php。我们建议你首先查看 StatCrunch 入门教程和 StatCrunch 会话教程。

以下教程列在"图形计算器"（Graphical Calculators）标题下：

• 连续分布

• 离散分布

示例：使用图形计算器

1.从菜单列表中选择所需分布的名称（例如，二项分布、正态分布）。

2.在计算器窗口中图下方的第一行中指定分布参数。例如，使用正态分布，指定平均值和标准差；或使用二项分布，指定 n 和 p。

3.在图下方的第二行中，指定所需概率的方向。

a. 要计算概率，请在方向选择器右侧输入一个值，并将剩余字段留空（例如，$P(X < 3) = \underline{\quad}$）

b.要确定提供指定概率的点，请在等号右侧输入概率，并将另一个字段留空（例如，$P(X< \_\_\_)=0.25$）。此选项仅适用于连续分布

4.点击 *Compute!* 填写空白字段并更新分布图。

问题和练习

概率的基本概念

1.劳伦喜欢喝各种软饮料。在过去的一个月里，她喝了 17 杯无糖可乐、3 罐柠檬水和 5 罐根汁汽水（用姜和其他植物的根制成，不含酒精，盛行于美国），没有特别的顺序或规律。

a.鉴于这段历史，她下一次喝无糖可乐的概率有多大？柠檬水与根汁汽水呢

b.你用什么概率定义来回答这个问题

2.辛辛那提的一家家装公司开展了一项促销活动：若客户在 12 月 10 日之前购买新窗户，那么如果辛辛那提有一个"白色圣诞节"，则客户可以免费获得这些窗户。用小号字写的附加条款将"白色圣诞节"定义为 12 月 25 日的降雪量超过 4 英寸。国家气象局将 1893—2014 年圣诞节降雪量梳理如下：

雪厚度（英寸）	频数
0	68
微雪	28
0.1 ~ 0.4	11
0.5 ~ 0.9	7
1.0 ~ 2.9	6
3 以上	1

该公司需要向接受该优惠的客户进行赔付的概率是多少？

3.考虑从由 A 到 10 的单一花色（例如，只有红桃）组成的一副牌中不放回抽取两张牌的实验。

a.描述这个实验的结果。列出样本空间的元素

b.将事件 A_i 定义为纸牌值之和为 i（其中 $A=1$）的结果集。列出 $i=3$ 到 $i=19$ 时与 A_i 相关的结果

c.获得的两张牌值的总和等于 3 到 19 的概率是多少

4.在桌子上抛三枚硬币。

a.在样本空间中列出所有可能的结果

b.找出与每个结果相关的概率

5.一家市场研究公司对消费者进行了调查，以确定他们对魔爪（Monster）、红牛（Red Bull）和摇滚巨星（Rockstar）品牌能量饮料的偏好排名。

a.对一名受访者来说，这个实验的结果是什么

b.一位受访者将红牛排在第一位的概率是多少

c.两位受访者都将红牛排在第一位的概率是多少

6.参考问题 3 中描述的纸牌情境。

a.设 A 为事件"总牌值为奇数"。求解 $P(A)$ 和 $P(A^c)$

b. 两张牌值大于14的概率是多少

c. 两张牌值不超过12的概率是多少

7. 参考问题4中描述的硬币情境。

a. 设 A 为事件"正好有两个人像"，求 P（A）

b. 设 B 为事件"最多有一个人像"，求 P（B）

c. 设 C 为事件"至少有两个人像"，求 P（C）

d. 事件 A 和事件 B 是否相互排斥？求 P（A 或 B）

e. 事件 A 和事件 C 是否互斥？求 P（A 或 C）

8. 州立大学新 MBA 班级的学生人数具有以下专业特征：

主修金融——83人

主修营销——36人

主修运营和供应链管理——72人

主修信息系统——59人

求解学生主修金融或市场营销专业的概率。金融专业和营销专业是否互斥？如果是，必须作出什么假设？

9. 航空公司跟踪航班到达时间的数据。在过去6个月中，一条航线上有70个航班提前到达，15个航班准时到达，15个航班晚点到达，25个航班取消。

a. 航班提前、准时、延误和取消的概率分别是多少

b. 这些结果是互斥的吗

c. 航班提前或准时的概率是多少

10. 一项对200名工作至少3年的大学毕业生的调查发现，75人只持有共同基金，35人只持有股票，90人同时持有这两种产品。

a. 个人拥有股票、共同基金的概率分别是多少

b. 个人既不拥有股票也不拥有共同基金的概率是多少

c. 个人拥有股票或共同基金的概率是多少

11. Excel 文件 *Census Education Data* 第26行给出了具有一定教育水平的文职劳动力的就业人数。

a. 找出就业人员达到数据中列出的每个教育水平的概率

b. 假设 A 是"一个就业者拥有某类大学学位"事件，B 是"一个就业者至少上过某大学"事件，求解这些事件的概率。它们是互斥的吗？为什么

c. 求概率 P（A 或 B）。解释这意味着什么

12. 一项购物习惯调查发现，使用科技购物的受访者比例如图 5-29 所示。例如，17.39% 的人只使用在线优惠券；21.74% 的人在购物前使用在线优惠券并在线查看价格等。

a. 购物者在购物前上网查看价格的概率是多少

b. 购物者使用智能手机省钱的概率是多少

c. 购物者使用在线优惠券的概率是多少

d. 购物者不使用这些技术的概率是多少

e. 购物者在线查看价格和使用在线优惠券但不使用智能手机的概率是多少

f. 如果购物者在线查看价格，他或她使用智能手机的概率是多少

g.购物者在线查看价格但不使用在线优惠券或智能手机的概率是多少

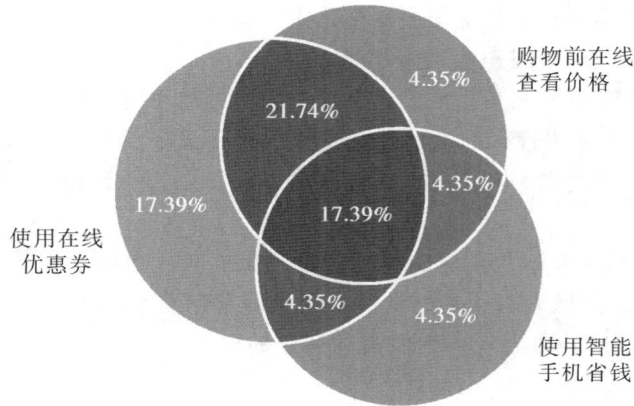

图5-29 使用科技购物的受访者比例

13.加拿大一所商学院将即将入学的班级学生的性别和居住情况总结如下:

性别	加拿大	美国	欧洲	亚洲	其他
男	125	18	17	50	8
女	103	8	10	92	4

居住情况

a.构建一个联合概率表

b.计算边际概率

c.女学生来自加拿大或美国境外的概率是多少

14.在示例4-13中,我们开发了以下销售交易数据交叉列表:

地区	书	DVD	总计
东部	56	42	98
北部	43	42	85
南部	62	37	99
西部	100	90	190
全部	261	211	472

a.找出4个地区中每一个地区的销售边际概率,以及每种销售类型(书籍或DVD)的边际概率

b.计算在客户居住于每个地区的条件下销售书的条件概率

15.使用Excel文件 *Census Education Data* 中的民间劳动力数据来求解以下内容:

a. P(失业者和高学历者)

b. P(失业者 | 高学历者)

c. P(非高中毕业生 | 失业者)

d. "失业者"和"至少是一名高中毕业生"的事件是否独立

16.使用Excel文件 *Consumer Transportation Survey* 中的数据,编制性别和车辆驾驶的交叉列表,然后将此表转换为概率。

a.受访者是女性的概率是多少

b. 受访者驾驶越野车（SUV）的概率是多少

c. 受访者是男性且驾驶小型货车的概率是多少

d. 女性受访者驾驶卡车或SUV的概率是多少

e. 如果已知某个人驾驶汽车，那么这个人是女性的概率是多少

f. 如果已知某个人是男性，那么他驾驶SUV的概率是多少

g. 确定随机变量"性别"和事件"驾驶车辆类型"是否统计独立。这对广告商意味着什么

17. 在家做怀孕测试并不总是准确的。假设测试表明这名妇女怀孕了但实际上她没有怀孕的概率为0.015，测试表明这名妇女没有怀孕但实际上她怀孕了的概率为0.025。现假定接受测试的女性测试结果为未怀孕但实际怀孕的概率为0.7，那么该女性怀孕的概率是多少？

18. 在问题3的情境中，先抽出王牌，然后再抽出数字2的概率是多少？如果在这组牌中更换第一张牌，这有什么区别？请清楚地解释你所使用的公式及原因。

19. 一家消费品公司发现，48%的成功产品从测试市场研究中获得了有利的结果，而12%的产品虽然有不利的结果，但仍然是成功的，即 P（成功产品和有利测试市场）= 0.48，P（成功产品和不利测试市场）= 0.12。他们还发现，28%的不成功产品具有不利的测试结果，而12%的产品具有有利的测试结果，即 P（不成功产品和有利测试市场）= 0.12，P（不成功产品和不利测试市场）= 0.28。请求出成功产品和失败产品的概率。

给定已知的测试市场结果，即 P（成功产品|有利测试市场），P（成功的产品|不利测试市场），P（不成功产品|有利测试市场）和 P（不成功产品|不利测试市场）。

离散概率分布

20. 一位投资者估计，购买股票每10次有1次机会损失20%的价值，有2次机会盈亏平衡，有3次机会盈利15%，有4次机会盈利30%。根据这些估计，预期回报率的百分比是多少？

21. 一种慢销产品的每周需求具有以下概率质量函数：

需求，x	概率，$f(x)$
0	0.2
1	0.4
2	0.3
3	0.1
4 或更多	0

求出每周需求的期望值、方差和标准差。

22. 为52张标准牌组中随机抽得两张牌的值构造概率分布（构建从52张标准牌中抽出两张牌的概率分布），人像牌（J/Q/K）的值为10，A牌的值为11。

a. 抽到的牌值为21的概率是多少

b. 抽到的牌值为16的概率是多少

c. 构建累积分布函数的图表。抽到的牌值为16或以下的概率是多少？12到16之间呢？17到20之间呢

d. 求解两张牌的值的期望值和标准差

23. 根据 Excel 文件 *Consumer Transportation Survey* 中的数据，为随机变量孩子数构造概率质量函数和累积分布函数（包括表格和图），并求解概率：

a. 少于 3 个孩子

b. 至少有 1 个孩子

c. 5 个或更多的孩子

24. 分析在营销中的一个主要应用是确定客户保留率。假设一家长途航空公司的客户从本月到下个月期间转去另一家航空公司的概率为 0.12。什么分布模式可以描述这个客户？期望值和标准差是多少？

25. Excel 文件 *Call Center Data* 显示，在 70 人的样本中，27 人有在呼叫中心工作的经验。如果我们假设任何潜在的雇员也有经验的概率为 27/70，那么在 10 个潜在雇员中，超过一半的人有经验的概率是多少？根据数据为这个分布定义参数。

26. 如果一家手机公司通过电话营销活动拓展新客户，成功获得一个新客户的概率为 0.07，那么联系 50 个潜在客户，将产生至少 5 个新客户的概率是多少？

27. 在一年期间，某只共同基金在 52 周中有 32 周的表现优于标准普尔 500 指数。计算其再次表现同样好或更好的概率。

28. 一家受欢迎的度假酒店有 300 间客房，而且通常都已订满。约有 7% 的预订在截止日期下午 6：00 前取消，且不用支付任何违约金。至少有 285 个房间被占用的概率是多少？使用二项分布来求解准确的值。

29. 在电话呼叫中心，服务人员向客户打营销电话成功拓展客户的概率为 0.06。求解所需的呼叫数，以确保成功获得 5 个或更多客户的概率约为 0.90。

30. 一名财务顾问平均每天有 8 名客户与他联系进行咨询，并收取咨询费，假设为泊松分布。顾问的管理费用要求他每天至少与 6 名客户进行咨询，以支付其费用。求解给定日期内为 0～10 个客户提供咨询的概率。他为至少 6 位客户提供咨询的概率是多少？

31. 下表显示了从 1940 年到 2015 年每年大西洋发生飓风的次数及频数。例如，在这 5 年中没有飓风发生，在这 16 年中只发生一次飓风，以此类推。

次数	频数
0	5
1	16
2	20
3	14
4	4
5	5
6	5
7	3
8	2
10	1
12	1

a. 利用这些数据求出每个季节发生 0～12 次飓风的概率

b.求出发生飓风的平均次数

c.假设是泊松分布，并使用b选项中每个季节的飓风发生平均次数，计算一个季节内经历0~12次飓风的概率。将这些与a选项的答案进行比较。泊松分布对这种现象的建模准确程度如何？构建一个图表来可视化这些结果

连续概率分布

32.验证与图5-30对应的函数是否为有效的概率密度函数，然后找出以下概率：

a. $P(x < 8)$

b. $P(x < 7)$

c. $P(6 < x < 10)$

d. $P(8 < x < 11)$

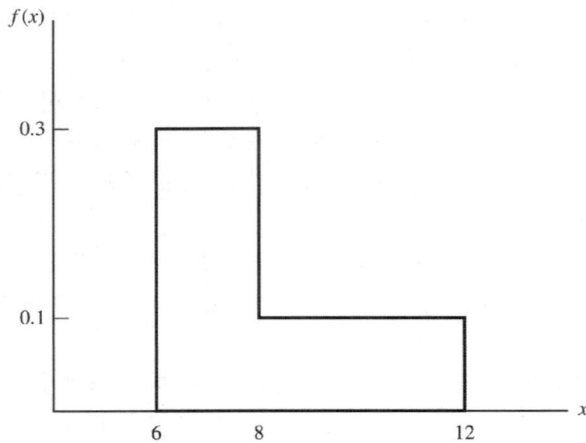

图5-30 习题32的图

33.战列舰（Battleship™）游戏所需的平均时间为20~60分钟。

a.求解完成游戏时间的期望值和方差

b.在30分钟内完成游戏的概率是多少

c.游戏时长超过40分钟的概率是多少

34.一个承包商估计，为一个客户改造浴室最少需要10天。他还估计，80%的类似工作是在18天内完成的。如果改造时间是均匀分布的，那么其均匀分布的参数为多少？

35.在确定汽车里程等级时，我们发现某一车型的每加仑汽油可行驶英里数（miles per gallon，mpg）（X）是正态分布的，平均值为31mpg，标准差为1.8mpg。求解下列概率：

a. $P(X < 30)$

b. $P(28 < X < 32)$

c. $P(X > 34)$

d. $P(X > 30)$

e.汽车行驶里程数排名占前10%

36.在即将入学的商学院学生中，SAT数学成绩平均值为610分，标准差为20。假设分数是正态分布的。

a.求解一个人SAT分数低于600分的概率

b.求解一个人SAT分数在590~620分之间的概率

c. 求解一个人 SAT 分数高于 650 分的概率

d. 达到多少分排名才能在前 5%

e. 找出 540 分、600 分、650 分、700 分学生的标准化值。解释这些标准化值的意思

37. 一种受欢迎的软饮料以 2 升（2 000 毫升）瓶装出售。灌装过程存在误差，瓶子的平均容量为 2 000 毫升，标准差为 18，呈正态分布。

　　a. 如果灌装超过 30 毫升时，将溢出导致机器故障。这种情况发生的概率是多少

　　b. 瓶子少装至少 10 毫升的概率是多少

38. 供应商合同要求：零件的误差尺寸在 1.96～2.04 厘米之间。供应商已确定其工艺的标准差为 0.03 厘米，为正态分布。

　　a. 如果工艺的实际平均值是 1.98，有多少零件符合规格要求

　　b. 如果平均值调整为 2.00，有多少零件符合规格要求

　　c. 假设平均值为 2.00，为了确保不合格零件不超过 2%，标准偏差应该有多小

39. 历史数据显示，从流行的 Web 服务器下载音乐的用户每月大约花费 22 美元，标准差为 3 美元。求解一个客户每月至少花费 20 美元的概率。前 10%（或者更前）的客户花费多少？

40. 一个灯泡的使用寿命是 5 000 小时。如果灯泡坏掉的时间呈指数分布，真实平均值为 4 800 小时，那么灯泡至少能坚持 5 000 小时的概率是多少？

41. 乔丹尼（Giodanni）比萨的实际送货时间呈指数分布，平均为 25 分钟。

　　a. 送货时间超过 30 分钟的概率是多少

　　b. 20 分钟内完成送货的概率是多少

数据建模与分布拟合

42. 对 Excel 文件 *Airport Service Times* 中的数据应用卡方拟合优度检验，以确定数据是否为正态分布模型。组宽度为 100。注意，对于正态分布，INVRT 函数的自由度应该如本章讨论的一样用组数减去 3。

43. 设置组宽度为 100，对 Excel 文件 *Airport Service Times* 中的数据应用卡方拟合优度检验，应用指数分布对数据进行建模以确定其是否为正态分布。请注意，对于指数分布，CHISQ.INV.RT 函数的自由度应为组数减 2，如本章所述。

44. 计算 Excel 文件 *S&P 500* 中数据的收盘价日变化。计算收盘价的描述性统计、频数分布表和直方图（使用 25 的组宽度）。你认为什么样的概率分布适合这些数据？使用卡方拟合优度检验来验证你的选择。

案例：高性能草坪设备公司

　　高性能草坪设备公司（PLE）从专项研究中收集了许多与产品质量有关的各种数据，该公司在组装割草机后，收集了性能测试的数据。*Performance Lawn Equipment Database* 中的割草机测试（*Mower Test*）工作表显示了过去 30 天的结果。此外，公司还进行了许多生产过程中的测量，以确保制造过程保持受控状态，并能够按照设计规范进行生产。刀片重量（*Blade Weight*）工作表显示了最近一次轮班期间在割草机刀片的制造过程中收集的 350 个刀片重量测量值。伊丽莎白·伯克希望你从分析角度研究这些数据。根据你的经验，你已经可以提出许多问题了。

　　（1）对于割草机测试数据，哪种分布可能适合模拟单台割草机的故障情况？

（2）在所有割草机数据测试中，有多少台割草机未通过性能测试？

（3）在接下来的100台割草机测试中，x从0到20台发生x次故障的概率是多少？

（4）平均刀片重量是多少？刀片重量测量中出现了多少变化？

（5）假设数据正常，此过程中刀片重量超过5.20的概率是多少？

（6）刀片重量小于4.80的概率是多少？

（7）根据工作表中的数据分析，刀片重量超过5.20或小于4.80的实际百分比是多少？

（8）制造刀片的过程是否随时间保持稳定？也就是说，刀片重量的模型是否有任何明显的变化？

（9）是否可以将任何刀片重量视为异常值，以此来表明制造工艺或材料可能存在问题？

（10）刀片重量呈正态分布的假设是否合理？

请在完整的报告中充分阐述你对这些问题的所有计算结果。

抽样和估计

学习目标

在学习完本章后，你将能够：

• 描述抽样计划的要素。

• 解释主观抽样和概率抽样之间的区别。

• 陈述两种主观抽样的概念。

• 解释如何进行简单的随机抽样并使用 Excel 从 Excel 数据库中查找简单的随机样本。

• 解释系统、分层、整群抽样和连续过程抽样。

• 解释无偏估计的重要性。

• 描述采样误差和非采样误差之间的区别。

• 解释样本均值、标准差和分布如何随样本量的增加而变化。

• 定义均值的抽样分布。

• 计算平均值的标准误差。

• 解释中心极限定理的重要性。

• 在概率计算中使用标准误。

• 解释区间估计与点估计的区别。

• 定义并举例说明置信区间。

• 使用本章中的公式和适当的 Excel 函数计算总体均值和比例的置信区间。

• 解释置信区间如何随着置信水平的增加或减少而变化。

• 描述 t 分布和正态分布之间的区别。

• 使用并可视化置信区间，得出有关总体参数的结论。

• 计算预测区间，并解释它与置信区间的区别。

• 计算所需的样本量，以确保具有指定误差范围的均值和比例的置信区间。

我们在第 4 章讨论了总体和样本之间的差异。抽样是统计分析的基础。我们在业务分析应用程序中使用的样本数据有多种用途。例如，我们可能希望估计一个数量非常大或未知人口的平均数、方差或比例；为决策模型提供输入值；了解客户满意度；就几种销售策略中哪一种最有效得出结论；或者了解流程的改进是否会带来进步。在本章中，我们将讨论抽样方法，如何使用它们来估计总体参数，以及如何评估抽样中固有的误差。

在你的职业生涯中，你会发现许多应用统计抽样和评估的机会。例如，营销分析师通常使用调查方式来了解客户人口统计、品牌和产品属性偏好以及客户满意度；会计专业人员使用抽样技术来审核发票、应收账款和货运单；运营经理使用抽样来验证来料和产出的质量；人力资源经理使用调查和抽样技术来评估员工满意度；娱乐行业的公司通常使用抽样来对电视节目、电影和电子游戏进行评分。所以，每次你被要求完成一项调查时，你都会看到抽样和估计在起作用！

6.1 统计抽样

抽样的第一步是设计一个有效的抽样计划，以产生研究对象的代表性样本。**抽样计划**是对在任何数据收集活动之前从研究对象中获取样本的方法的描述。抽样计划将对如下情况进行说明：

- 采样活动的目标
- 目标人群
- **总体框架**（从中选择样本的列表）
- 抽样方法
- 收集数据的操作流程
- 用于分析数据的统计工具

示例6.1   市场研究的抽样计划

假设一家公司想了解高尔夫球手可能会如何响应所提出的会员计划，以及该计划在高尔夫球手所在地或全国各地的高尔夫球场提供折扣的情况。那么抽样研究的目的是估计可能会订购该项目的高尔夫球手的比例。目标人群可能是所有25岁以上的高尔夫球手。然而，对美国所有的高尔夫球手进行统计是不可能的，所以较为实用的样本数据可能是从国家高尔夫或体育用品公司购买设备的高尔夫球手名单，根据这些名单销售折扣卡较为可行。收集数据的操作流程可能是通过电子邮件链接到调查网站或直接邮寄问卷。数据可能存储在 Excel 数据库中；统计工具（如数据透视表和简单的描述性统计）将被用于将受访者划分为不同的人口统计群体，并估计他们对某事物作出积极回应的概率。

抽样方法

有多种类型的抽样方法，抽样方法可以是较为主观的或基于概率的。主观方法包括**判断抽样**（专家判断用于选择样本）（调查"最佳"客户）和**方便抽样**（根据收集数据的难易程度选择样本）（调查所有恰好在本月访问的客户）。概率抽样包括使用一些随机程序选择样本中的项目。概率抽样对于得出有效的统计结论是必要的。

最常见的概率抽样方法是简单随机抽样。**简单随机抽样**包括从总体中选择项目，以便给定大小的每个子集都有同等的被选择机会。如果人口数据存储在数据库中，通常可以轻松获得简单的随机样本。

示例6.2   使用 Excel 进行简单随机抽样

假设我们希望从 Excel 数据库 *Sales Transactions* 中取样。Excel 提供了一种工具，可以根据给定的总体规模生成一组随机值。在 *Data* 选项卡的 *Analysis* 组中单击 *Data Analysis*，然后选择 *Sampling*。这时将弹出如图 6-1 所示的对话框。在 *Input Range* 框中，我们指定采样的数据范围。该工具要求采样的数据是数字，因此在本例中，我们从数据集的第一列采样，该列对应于客户 ID 号。采样有两种选择：

（1）采样可以是周期性的，我们将被提示输入周期，即从数据集开始的采样观测值之间的间隔。例如，如果使用 5 个周期，将选择观测值 5、10、15 等作为样本。

（2）抽样也可以是随机的，我们会被提示输入样本数量。随后，Excel 将从指定数据集中随机抽取相应数量的样本。但需注意：此工具生成的是有放回随机抽样（with re-placement），因此在生成的样本中必须仔细检查是否存在重复观测值。图 6-2 显示了该工具生成的 20 个随机样本。我们按升序对它们进行排序，以便更容易识别重复项。如你所见，该工具有两次选取了同样属性的两个客户。

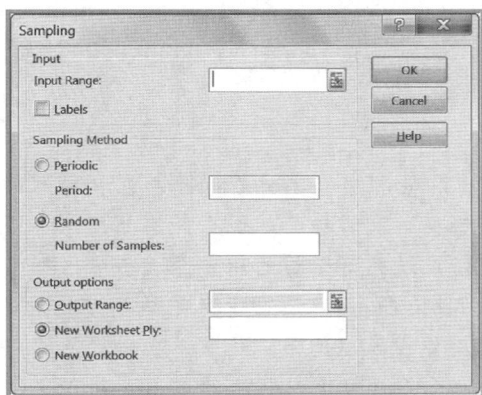

图6-1　Excel抽样工具对话框

图6-2　使用Excel抽样工具生成的样本

其他抽样方法包括：

• *系统（定期）抽样*。**系统性（周期性）抽样**是一种抽样计划（Excel 抽样工具中的选项之一），它从总体中每 N 个项目里选择一个。例如，要从 40 万人的名单中抽取 250 个名字，可以从前 1 600 个名字中随机选择第一个名字，然后每到第 1 600 个名字就选择一个。这种方法可以用于电话采样，自动拨号程序可以系统地拨号。然而，系统抽样与简单随机抽样不同，因为对于任何给定规模的样本，每个样本并没有同等的被选择机会。在某些情况下，如果人群有某种潜在的模式，这种方法可能会导致显著的偏差。例如，如果客户倾向于在每周的特定日期发送订单，则每 7 天收到的抽样订单可能不会产生具有代表性的样本。

• *分层抽样*。**分层抽样**是指按各个层的单位数量占调查总体单位数量的比例分配各层的样本数量。例如，一个大城市可能被划分为政治区，称为选区。每个病房都有不同数量的病人。分层抽样将根据每个病房的大小选择个体样本。这种方法可以确保各层都根据其相对于总体样本的大小进行加权。如果每层中的项目不是同质的，则可以提供比简单随机抽样更好的结果。然而，某些层的成本或重要性问题使用不成比例的样本可能更好。例如，每个病房病人的族裔或种族组合可能存在显著差异，这使得分层样本难以获得所需信息。

• *整群抽样*。**整群抽样**的基础是将人口分为若干子群体（群），对一个组群进行抽样，并（通常）在抽样的群内进行全面普查。例如，一家公司可能会将其客户按小的地理区域细分。整群抽样将包括随机选择的地理区域，并对这些区域内的所有客户进行调查（这可能更容易，因为区域名单可能更容易制作和邮寄）。

• *连续过程抽样*。从连续生产过程中选取样本可以通过两种主要方式实现。第一种，随机选择一个时间点，然后选取该时间点之后接下来生产的 n 个产品。第二种，随机选取 n 个时间点，然后在每个时间点之后选取紧接着生产出来的一个产品。第一种方法通常确保观察的结果来自同质群体；而第二种方法可能包括来自不同群体的样本，如果过程的特征随着时间的推移而改变，则应谨慎使用。

检验你的学习成果

（1）说明抽样计划的主要内容。

（2）什么是简单随机抽样？

（3）描述并举例说明系统性抽样、分层抽样、整群抽样和连续过程抽样方法。

实践分析：使用抽样技术改善分布

美国啤酒厂（FQS）依靠三级分销系统向超市和便利店等零售店以及酒吧和餐厅等内部客户配送产品。这三级是制造商、批发商（分销商）和零售商。配送网络必须尽可能高效、经济，以便在正确的时间、正确的地点向市场配送完好无损的新产品。

为了掌握与整体有效性相关的分销商绩效，MillerCoors 啤酒厂定义了适合分销的 7 个属性，并从其 500 名分销商处收集了数据。现场质量专家（FQS）审核国家指定区域内的经销商，并收集这些属性的数据。FQS 使用手持设备扫描每个包装上的通用产品代码，以识别产品类型和数量。审核完成后，数据将被汇总并从手持设备上传到主数据库。

分销商审核采用分层随机抽样，根据分销商的市场份额按比例抽取样本。除了提供更具代表性的样本和更好的抽样逻辑控制外，分层随机抽样还可以在按分销商服务的市场区域汇总数据时提高统计精度。这种精度的提高是因为市场区域较小并且具有典型的同质性，这些区域能够提供对变异性的真实估计，尤其是与另一个明显不同的市场区域相比。

零售账户的随机化是通过一个专门设计的程序实现的，该程序基于分销商的 GPS 定位及其服务的零售网点。该抽样策略最终用于评估经销商在零售层面对过期产品、破损产品以及未按轮次陈列产品的表现。总而言之，在一个抽样年度，该啤酒厂的 6 000 多个全国零售账户都经过了审计。FQS 在一年中收集的数据用于确定分销商的绩效排名，并识别改进的机会。

6.2 估计总体参数

样本数据为支持决策的许多有用分析提供了基础。**估计**涉及使用样本数据评估未知总体参数的值，如总体平均值、总体比例或总体方差。**估计量**是用来估计总体参数的指标。例如，我们使用样本均值 $\bar{x}$ 来估计总体均值 μ，用样本方差 s^2 估计总体方差 σ^2，用样本比例 p 估计总体比例 π。**点估计**是从用于估计总体参数值的样本数据中得出的单个数字。

6.2.1 无偏估计量

从直觉上看，样本平均值应该为总体平均值提供一个很好的点估计。然而，我们可能不清楚为什么在第 4 章中介绍的样本方差公式的分母为 $n-1$，尤其是它与总体方差的公式不同（参见第4章中的公式（4.7）和公式（4.8））。在这些公式中，总体方差由以下公式计算：

$$\sigma^2 = \frac{\sum_{i=1}^{n}(x_i - \mu)^2}{N}$$

而样本方差是通过下面的公式计算的：

$$s^2 = \frac{\sum_{i=1}^{n}(x_i - \bar{x})^2}{n - 1}$$

为什么会这样呢？统计学家开发了许多种测量方法，从理论和实践的角度来看，他们选取估计的总体参数对于他们的"真实估计"来说是很重要的。假设我们进行一个实验，其中我们反复地从总体中取样并且根据取出的样本计算出点估计。每个单独的点估计也会由于总体参数不同而不同；然后，我们希望所有可能的点估计的长期平均值（期望值）与总体参数相等。如果一个需要估计的估计量的期望值等于它要估计的总体参数，那么就说这个估计量是无偏的。如果并不相等，那么估计量就是有偏的并且将不能提供正确的结果。

幸运的是，我们引入的所有估计量都是无偏的，因此，这些包含在总体参数中的估计量对于作出决策具有重大的意义。尤其是统计学家已经证明了在计算 s^2 时，使用分母 $(n-1)$ 是必要的，如此才能提供 σ^2 的一个无偏估计值。如果我们仅仅除以观测值的数量，那么估计量往往会低估真实的方差。

6.2.2 点估计中的误差

使用点估计的一个缺点是，它们无法提供估计中潜在误差大小的任何指示。一家主要的大都市报纸报道，根据劳工统计局的调查，大学教授是该地区收入最高的人，平均工资为 150 004 美元。而当地两所大学实际的平均收入却不到 70 000 美元。为什么会这样？如后续报道所述，他们选取的样本数非常小并且包含了大量的医学院高薪教师，因此所使用的点估计值出现了误差。

当我们进行抽样时，我们使用的估计量——如样本均值、样本比例或样本方差——实际上都是有某种分布特征的随机变量。通过了解这种分布是什么，我们可以用概率论来量化与估计量相关联的不确定性。为了理解这一点，我们首先需要讨论采样误差和采样分布。

在第4章中，我们观察到来自同一群体的不同样本具有不同的特征，如均值、标准差、频数分布等的变化。**抽样（统计）误差** 是由于样本只是总体的一个子集。抽样误差是任何一个采样过程所固有的，虽然可以尽量减少，但不能完全避免。另一种类型的错误，称为**非抽样误差**，发生在样本不能充分代表目标总体时。这通常是由于样本设计不良造成的，如在简单的随机样本更合适的情况下使用方便抽样，或者选择错误的总体框架。这也可能是由于我们在第1章中讨论的数据可靠性不足造成的。要从样本中得出好的结论，分析师需要消除非抽样误差，并了解抽样误差的本质。

采样误差取决于样本相对于总体的大小。因此，确定要采取的样本数，本质上是一个根据所需的数据的准确性去得出一个有用的结论的统计问题，我们将在本章后面对此进行讨论。但是，从实际的角度来说，也必须考虑到抽样的成本，有时还必须在成本和获得的信息之间作出权衡。

6.2.3 理解采样误差

假设我们使用样本平均数估计总体的平均数。我们怎么能确定我们有多准确？换言之，我们能否就样本平均值与真实总体平均值的差距有多大这一问题作出知情声明？我们可以通过执行示例6.3所示的抽样实验来了解这个问题。

如果我们将经验规则应用于这些结果，我们可以估计抽样误差与我们选择的一个样本大小相关（参见示例6.4）。

示例6.3   **抽样实验**

让我们选择一个均匀分布在 $a = 0$ 和 $b = 10$ 之间的总体。公式（5.20）和公式（5.21）说明期望值（总体平均值）为：$(0 + 10)/2 = 5$，方差为：$(10 - 0)^2/12 = 8.333$。我们使用第5章中的 Excel *Random Number Generation* 工具生成25个样本，每个样本大小为10。图6-3显示了该实验的电子表格的一部分，以及数据的直方图，该直方图显示250个观测值大致呈均匀分布（这可在 Excel 文件 *Sampling Experiment* 中找到）。

	A	B	C	D	E	F	W	X	Y	Z	AA	AB
1	Observation	Sample 1	Sample 2	Sample 3	Sample 4	Sample 5	Sample 22	Sample 23	Sample 24	Sample 25		
2	1	5.3935	0.8756	9.9338	4.3294	7.1908	8.2244	8.4655	1.9404	9.9133		
3	2	2.8282	2.5047	6.4480	5.9877	7.3946	3.3000	0.3632	9.8871	5.1079		
4	3	5.2715	0.6949	1.5015	8.3935	3.1559	7.1023	9.3628	1.7844	7.3937		
5	4	5.4912	0.7739	8.1466	5.5205	2.4586	8.7262	9.1598	7.5820	1.8513		
6	5	9.3158	4.4591	6.3573	3.8679	1.1493	3.3854	1.2482	1.9391	5.4405		
7	6	7.9745	6.9784	7.9962	2.3157	7.8564	8.9032	3.8716	5.8525	5.4164		
8	7	6.7043	8.4039	5.1088	9.1098	1.1802	2.7732	2.4815	9.0817	4.3889		
9	8	1.3041	2.5878	6.1794	7.8396	6.2709	0.5692	2.5800	1.1911	7.2430		
10	9	0.9870	6.3964	8.2269	9.6112	6.6814	2.8306	4.6004	9.0274	6.1232		
11	10	9.9493	9.3936	4.5015	5.2385	0.6970	3.7074	5.9062	0.6592	7.5021		
12	Sample mean	5.5219	4.3048	6.4400	6.2214	4.4035	4.9522	4.8039	4.8945	6.0380	Average	5.0108
13											Standard Dev.	0.816673

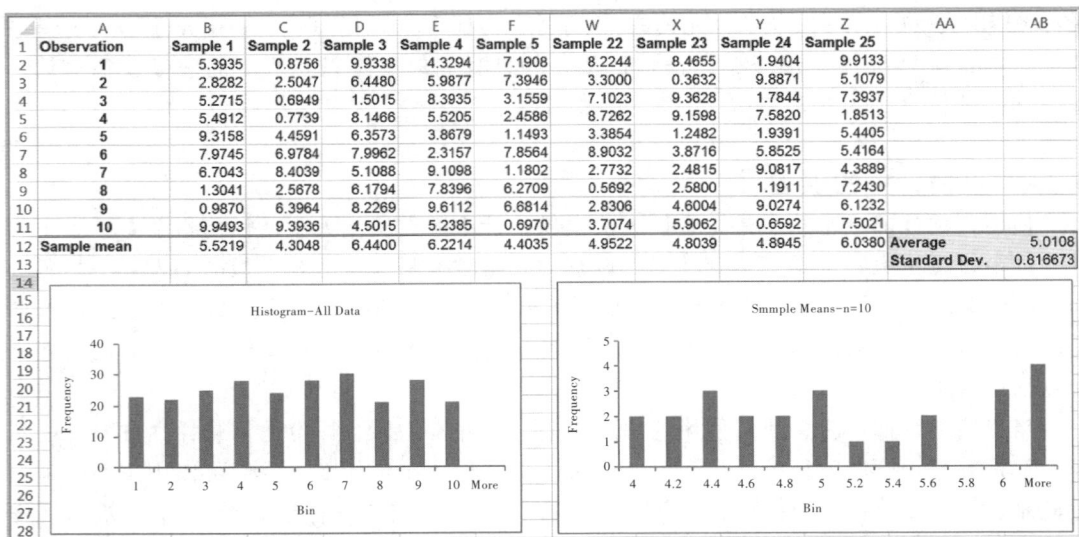

Histogram-All Data / *Smmple Means-n=10*

图6-3 用于抽样实验的电子表格部分内容

在第12行，我们计算每个样本的平均值。由于抽样误差，这些统计数据与总体值相差很大。柱形图显示了25个样本均值的分布，从小于4到大于6不等。现在，让我们计算第12行（单元格AB12和AB13）中的平均值和样本平均值的标准差。请注意，所有样本的平均值非常接近真实总体平均值5.0。

再让我们对更大的样本量重复这个实验。表6-1显示了一些结果。注意，随着样本量的增大，25个样本的平均值仍然接近期望值5；然而，随着样本量的增加，25个样本平均值的标准差变小，这意味着样本均值更紧密地围绕在真实期望值周围。图6-4显示了每种情况下样本平均值的直方图。这些说明了我们刚刚得出的结论，也许更令人惊讶的是，对于较大的样本量，样本均值的分布似乎呈正态分布。在我们的实验中，我们只使用了25个样本平均值。如果我们使用一个更大的样本量，分布趋势则会更显著。

表6-1　　　　　　　　　　　　　　　　抽样实验结果

样本量	25个样本平均值	25个样本平均值的标准差
10	5.0108	0.816673
25	5.0779	0.451351
100	4.9137	0.301941
500	4.9754	0.078993

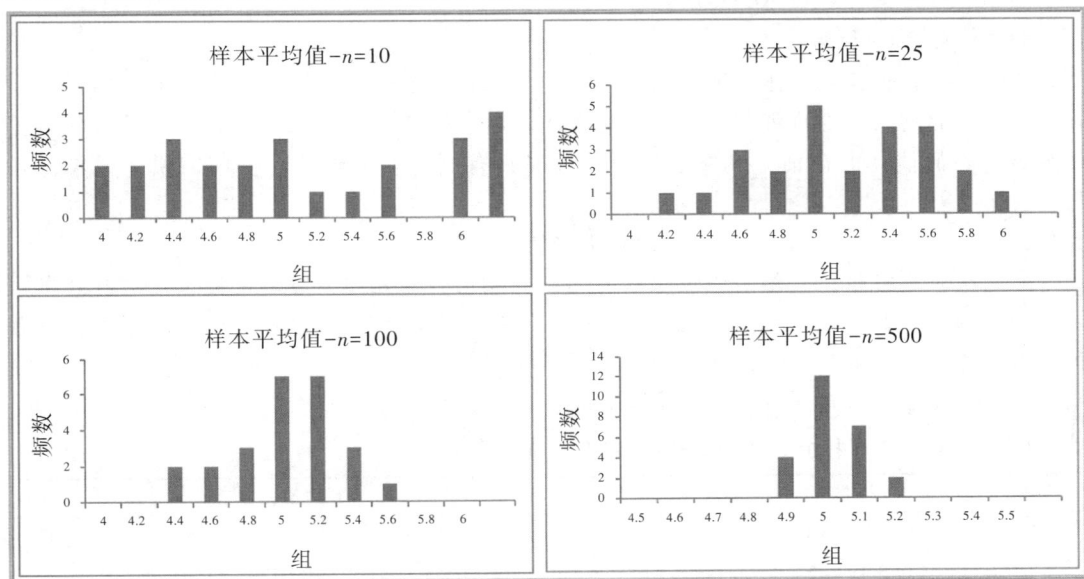

图6-4　随着样本量增加，样本均值的直方图

示例6.4　　　　　　　　　　　**使用经验法则估计抽样误差**

使用示例6.3中表6-1中的标准差和平均值±3个标准差的经验法则，我们可以得出，当样本容量为10时，样本平均值的分布范围应在总体平均值5的3个标准差区间内，或在2.55 ~ 7.45（5.0-3×0.816673=2.55，5.0+3×0.816673=7.45）之间。因此，仅使用10个样本估计平均值存在相当大的误差。如果样本量达到25个，我们预计样本平均值介于3.65 ~ 6.35（5.0-3×0.451351=3.65，5.0+3×0.451351=6.35）之间。注意，随着样本量的增加，误差减小。至于100个和500个的样本量，区间为[4.09，5.91]和[4.76，5.24]。

检验你的学习成果

（1）什么是无偏估计量？为什么它在统计学中很重要？

（2）解释采样和非采样误差之间的区别。

（3）随着样本量的增加，样本平均值的分布会发生什么变化？

6.3 抽样分布

我们可以量化估计任意未知总体均值时的抽样误差。为此，需要先确定样本均值抽样分布的特征。

6.3.1 均值的抽样分布

来自某个大小固定的总体 n 的所有可能样本之均值将形成一个分布，我们称其为**均值的抽样分布**。图 6-4 中的直方图是基于 25 个样本。统计学家展示了关于均值抽样分布的两个关键结果。第一个结果是，均值的抽样分布的标准差，称为**平均值标准误**（Standard Error of the Mean），用下式计算：

$$平均值标准误 = \sigma/\sqrt{n} \tag{6.1}$$

其中，σ 是抽取的个体观测值的总体标准差，n 是样本量。从这个公式中我们可以看到，正如我们的实验所证明的，随着 n 的增加，标准误减小。这表明，我们从较大样本量获得的平均值估计值在估计真实总体平均值时具有更高的准确性。换句话说，样本量越大，抽样误差越小。

示例6.5   **计算平均值标准误**

对于我们的实验，我们知道关于人口的方差相关性为 8.33（因为这些值是均匀分布的（未经授权）。因此，总体的标准差为 $s = 2.89$。我们可以使用公式（6.1）来计算实验中每个样本的均值标准误。例如，当 $n=10$ 时，我们有：

$$平均值标准误 = \sigma/\sqrt{n} = 2.89/\sqrt{10} = 0.914$$

对于表 6-1 中的剩余数据，我们有以下数据：

样本量，n	平均值标准误
10	0.914
25	0.5778
100	0.289
500	0.129

表 6-1 所示的标准差仅是基于 25 个样本对均值标准误差的估计值。如果我们将这些估计值与前面示例中的理论值进行比较，我们会发现它们很接近，但并不完全相同。这是因为真正的标准误是基于抽样分布中所有可能的样本均值，而我们只使用了 25 个样本。如果用更多的样本重复实验，标准误的观测值将更接近这些理论值。

在实践中，我们永远不会知道真实的总体标准差，通常只对 n 个观测值进行有限的抽样。然而，我们可以通过样本数据来估计均值的标准误差，只需将样本标准差除以 n 的平方根即可。

统计学家给出的第二个结果称为**中心极限定理**，这是统计学中最重要的实用结果之一，使系统推理成为可能。中心极限定理指出，如果样本量足够大，则无论总体分布如何，均值的抽样分布近似为正态分布，且抽样分布的平均值将与总体的平均值相同。这正是我们在实验中观察到的。总体分布是均匀的，但随着样本量的增加，均值的抽样分布会收敛到正态分布的形状。中心极限定理还指出，如果总体是正态分布，那么对于任何大小的样本，均值的抽样分布也将是正态的。中心极限定理允许我们使用关于计算正态分布概率的理论来得出关于样本均值的结论。

6.3.2　应用均值的抽样分布

正确应用均值抽样分布的关键是要理解你希望计算的概率是与单个观测值相关还是与平均值相关。如果它与样本的均值相关，则必须使用均值的抽样分布，其标准差为标准误 $\sigma/\sqrt{n}$。

示例6.6　　　　　　　　　　在概率计算中使用标准误

假设来自专营折扣图书出版商网站的单个客户订单金额（以美元为单位）X 是正态分布的，平均值为36美元，标准差为8美元。下一个在网站下订单的客户购买超过40美元的概率可以通过计算得出：

1 - NORM.DIST(40, 36, 8, TRUE) = 1 - 0.6915 = 0.3085

现在假设选择了16位客户作为样本。这16位客户平均购买金额超过40美元的概率是多少？要找到答案，我们必须认识到此时要使用均值的抽样分布来进行适当的计算。均值的抽样分布平均值为36美元，但标准误为：$8/\sqrt{16}$ =2（美元）。然后，对于 $n=16$ 的样本量，平均购买额超过40美元的概率为：

1 - NORM.DIST(40, 36, 2, TRUE) = 1 - 0.9772 = 0.0228

尽管约30%的个人购买金额超过40美元，但16位客户的平均购买金额超过40美元的概率要小得多。这说明16位客户都进行大批量购买是不太可能的，因为一些个人购买金额可能低于或高于36美元，这使得16人样本的平均购买金额的变异性远低于个体购买金额的变异性。

检验你的学习成果

（1）什么是均值的抽样分布？

（2）定义平均值标准误，并解释如何计算。

（3）中心极限定理说明了什么，它的值是多少？

（4）解释何时在概率计算中使用标准误，而不是使用总体的标准差。

6.4　区间估计

区间估计提供了基于样本的总体特征范围。区间在统计学中非常有用，因为它们提供的信息比点估计要多。间隔指定了感兴趣的特征的合理值范围以及评估其"合理程度"的方法。一般来说，100（1-a）%的**概率区间**是指满足以下条件的任意区间 $[A，B]$：落在 A 和 B 之间的概率为 1-a。概率区间通常以平均值或中位数为中心。例如，在正态分布中，平均值加上或减去1个标准差描述了平均值周围大约68%的概率区间。另一个例子是，数据集中的第5个百分位数和第95个百分位数构成了90%的概率区间。

示例6.7　　　　　　　　　　新闻中的区间估计

我们经常在新闻中看到区间估计的应用，即当人们试图估计一个总体的平均值或比例时。区间估计通常是通过选取一个点估计值，并加上或减去一个基于样本大小的误差范围来构成的。例如，盖洛普（地区）的民意调查可能会报告56%的选民支持某个候选人，误差范围是3%。那么我们得出的结论是，支持该候选人的选民的真实百分比很可能在53% ~ 59%之间。因此，我们对预测该候选人将赢得即将到来的选举抱有很大的信心。然而，如果民意调查显示支持率为52%，误差范围为4%，我们可能不会对该候选人那么有信心，因为支持该候选人的选民的真实百分比可能在48% ~ 56%之间。

在这一点上，你的问题可能是如何计算与点估计相关的误差。在全国调查和政治民意测验中，通常会说明这种误差幅度，但从未正确解释过。为了理解它们，我们需要引入置信区间的概念。

6.4.1　置信区间

置信区间估计提供了一种评估点估计准确性的方法。**置信区间**是一系列值的范围，人们相信总体参数的值就在这个范围内，并且有一个概率，即这个区间能够正确估计真实的（未知的）总体参数。这个概率被称为**置信水平**，用1-α表示，α是一个介于0和1之间的数。置信水平通常以百分比表示，常见的值是90%、95%或99%。（注意，如果置信水平是90%，那么α=0.1。）误差范围取决于置信水平和样本大小。例如，假设对于某个样本和95%的置信水平，计算出的误差范围是2.0，一个样本可能会得出一个点估计值10。那么，95%的置信区间将是［8，12］。然而，这个区间可能包含也可能不包含真实的总体均值。如果我们取一个不同的样本，我们很可能会得到一个不同的点估计值，比如10.4，考虑到相同的误差范围，将得出区间估计［8.4，12.4］。同样，这个区间可能包含也可能不包含真实的总体均值。如果我们选择了100个不同的样本，导致100个不同的区间估计，我们期望其中的95%——置信水平——会包含真实的总体均值。我们会说我们"95%确信"从样本数据中得到的区间包含了真实的总体均值。置信水平越高，我们就越有把握认为区间包含了真实的总体参数。随着置信水平的提高，置信区间变得更宽，以提供更高水平的保证。你可以将α视为错误地得出置信区间包含真实均值的风险。

当国家调查或民调报告区间估计值时，它们实际上是置信区间。然而，由于一般人可能不理解这个概念或术语，因此通常不说置信水平。虽然没有说，但你可能会假设置信水平为95%，因为这是实践中最常使用的值（然而，劳工统计局经常使用90%的置信水平）。

我们可以建立许多不同类型的置信区间。所使用的公式取决于我们试图估计的总体参数，以及可能与总体有关的其他特征或假设。我们举例说明了几种类型的置信区间。

6.4.2　具有已知总体标准差的平均值的置信区间

对于总体平均值来说，置信区间最简单的类型是假设标准差已知。然而，你应该意识到，在几乎所有的实践中，在抽样应用中，总体标准差是未知的。在一些应用中，如利用自动化机器测量零件，若某个流程的方差经长期数据验证具有高度稳定性，则可合理假定其标准差为已知值。

一个基于样本n的总体平均值为μ，样本平均值为$\bar{x}$，总体标准差为σ，其100（1-α）%的置信区间由下式给出：

$$\bar{x} \pm z_{a/2}(\sigma/\sqrt{n}) \tag{6.2}$$

请注意，这个公式只是样本平均值（点估计值）加上或减去误差幅度。

误差幅度是数字 $z_{\alpha/2}$ 乘以均值的抽样分布的标准误 $\sigma/\sqrt{n}$。数值 $z_{\alpha/2}$ 表示标准正态随机变量的值，其具有 $\alpha/2$ 的上尾概率或等效的 $1-\alpha/2$ 的累积概率。它可以从标准正态分布表中找到（参见本书末尾附录 A 中的表 A–1），也可以使用函数 NORM.S.INV $(1-\alpha/2)$ 的值在 Excel 中计算。例如，如果 α=0.05（95% 的置信区间），则=NORM.S.INV（0.975）=1.96；如果 α=0.10（90% 的置信区间），则=NORM.S.INV（0.95）=1.645，以此类推。

虽然公式（6.2）可以很容易地在电子表格中实现，但使用 Excel 函数 CONFIDENCE.NORM（α，*standard_deviation*，*size*）可直接计算误差范围项，即 $z_{\alpha/2}\sigma/\sqrt{n}$。因此，置信区间的计算公式是样本均值±CONFIDENCE.NORM（α，*standard_deviation*，*size*）。

示例6.8   **计算已知标准差的置信区间**

在灌装液体洗涤剂的生产过程中，历史数据表明，容量的变化是恒定的；然而，灌装机器中的堵塞物通常会影响平均体积。历史标准差为 15 毫升。在灌装 800 毫升的瓶子时，25 个样本的平均容量为 796 毫升。使用公式（6.2），总体平均值的 95% 置信区间为：

$$\bar{x} \pm z_{\alpha/2}(\sigma/\sqrt{n}) = 796 \pm 1.96(15/\sqrt{25}) = 796 \pm 5.88，或 [790.12，801.88]$$

Excel 工作簿 *Confidence Intervals*（置信区间）中已知的工作表 *Population Mean Sigma Known*（总体均值 σ 已知）使用 CONFIDENCE.NORM 函数计算置信区间。计算单元格 B9 中的误差范围，如图 6–5 所示。

	A	B	C	D	E	F
1	Confidence Interval for Population Mean, Standard Deviation Known					
2						
3	Alpha	0.05				
4	Standard deviation	15				
5	Sample size	25				
6	Sample average	796				
7						
8	Confidence Interval	95%				
9	Error	5.879892				
10	Lower	790.1201				
11	Upper	801.8799				

图6-5　灌装液体洗涤剂平均体积的置信区间

随着置信水平（$1-\alpha$）的降低，$z_{\alpha/2}$ 的值也会减小，置信区间会变窄。例如，90% 的置信区间会比 95% 的置信区间更窄。同样，99% 的置信区间会比 95% 的置信区间更宽。本质上，你必须在更高的准确性水平与置信区间（不包含真实均值的风险）之间作出权衡。较小的风险会导致更宽的置信区间。然而，你也可以看出，随着样本容量的增加，标准误会减小，置信区间变窄，并在相同风险水平下提供更准确的区间估计。因此，如果你想降低风险，你应该考虑增加样本规模。

6.4.3　t分布

在大多数的实际应用中，总体的标准差是未知的，我们需要以不同的方式计算置信区间。在讨论如何计算此类置信区间之前，我们需要引入一种新的概率分布，称为 t**分布**。t 分布实际上是一个概率族，其形状类似于标准正态分布。不同的 t 分布通过附加参数——**自由度**（*df*）——来区分。t 分布的方差大于标准正态分布，因此置信区间比从标准正态分布获得的置信区间更宽。本质上，它校正了真实标准偏差（未知）的不确定性。随着自由度的增加，t分布收敛到标准正态分布（图6-6）。当样本量达到120个时，分布几乎相同；即使样本量低至30~35个，也很难区分两者。因此，对于大样本量，许多人使用公式（6.2）中的z值来建立置信区间，即使在总体标准差未知而只是根据样本数据估计的情况下。但是，我们必须指出，对于任何规模的样本，平均值的真实样本分布是t分布。因此，如果有疑问，请使用t分布，我们将在下一节中说明。

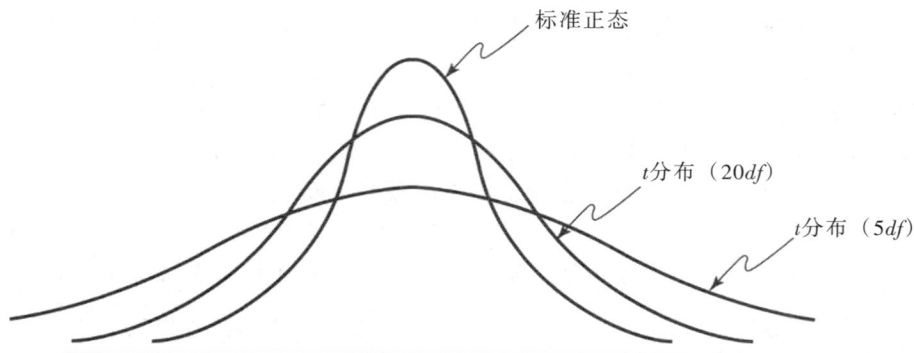

图6-6　t分布与标准正态分布的比较

自由度的概念可能令人费解。最好通过样本方差检验的公式来解释：

$$s^2 = \frac{\sum_{i=1}^{n}(x_i - \bar{x})^2}{n-1}$$

请注意，要计算s^2，我们首先需要计算样本平均值$\bar{x}$。如果我们知道平均值，那么我们需要知道有$n-1$个不同的观测值。n是完全确定的（例如，如果三个数字的平均值是4，并且你知道其中两个数字是2和4，那么你可以很容易地确定第三个数字必须是6）。可自由变化的样本值数量即定义为自由度。一般来说，df等于样本值的数量减去估计参数的数量。由于样本方差使用一个估计参数（均值），因此置信区间计算中使用的t分布具有$n-1$个自由度。由于t分布在估计总体方差时明确考虑了样本量的影响，因此它适用于任何样本量的估值。然而，正如我们之前指出的，对于大样本，t值和z值之间的差异会非常小。

6.4.4　具有未知总体标准差的平均值的置信区间

当总体标准差未知时，均值μ的100（$1-\alpha$）%置信区间公式为：

$$\bar{x} \pm t_{\alpha/2,\, n-1}(s/\sqrt{n}) \tag{6.3}$$

其中，$t_{\alpha/2,\, n-1}$是自由度为$n-1$的t分布值，给出了$\alpha/2$的上尾概率。我们可以在本书末尾附录A的表A-2中找到t值，或者使用Excel函数T.INV（$1-\alpha/2$，$n-1$），以及函数T.INV.2T（α，$n-1$）。使用Excel函数CONFIDENCE.T（α，*standard_deviation*，*size*）可以计算误差项$t_{\alpha/2,\, n-1}$（$s/\sqrt{n}$）。因此，置信区间是样本均值CONFIDENCE.T（α，*standard_deviation*，*size*）。

示例6.9　　　　　　　　　　计算未知标准差的置信区间

在Excel文件*Credit Approval Decisions*（信贷审批决策）中，一家大型银行使用样本数据来作出信贷审批决策（见图6-7）。假设我们想要找到拥有房产的申请人总体的平均循环余额的 95% 置信区间。首先，按房主对数据进行排序，并计算房主样本周转余额的均值和标准差。样本均值 $\bar{x}$=12 630.37 美元，s=5 393.38 美元，样本规模为 n=27，因此标准误差 $s/\sqrt{n}$=1 037.96 美元。t 分布有 26 个自由度，因此，$t_{0.025,\,26}$=2.056。使用公式（6.3），置信区间是 12 630.37±2.056（1 037.96 美元）或 ［10 497 美元，14 764 美元］。Excel 工作簿 *Confidence Intervals* 中的工作表 *Population Mean Sigma Unknown* 使用 CONFIDENCE.T 函数计算误差范围，在单元格 B10 中显示，如图 6-8 所示。

	A	B	C	D	E	F
1	Credit Approval Decisions					
2						
3	Homeowner	Credit Score	Years of Credit History	Revolving Balance	Revolving Utilization	Decision
4	Y	725	20	$ 11,320	25%	Approve
5	Y	573	9	$ 7,200	70%	Reject
6	Y	677	11	$ 20,000	55%	Approve
7	N	625	15	$ 12,800	65%	Reject
8	N	527	12	$ 5,700	75%	Reject
9	Y	795	22	$ 9,000	12%	Approve
10	N	733	7	$ 35,200	20%	Approve

图 6-7　Excel文件 *Credit Approval Decisions* 的部分内容

	A	B	C	D	E
1	Confidence Interval for Population Mean, Standard Deviation Unknown				
2					
3	Alpha	0.05			
4	Sample standard deviation	5393.38			
5	Sample size	27			
6	Sample average	12630.37			
7					
8	Confidence Interval	95%			
9	t-value	2.056			
10	Error	2133.55			
11	Lower	10496.82			
12	Upper	14763.92			

图6-8　房主平均周转余额的置信区间

6.4.5　总体比例的置信区间

对于性别（男性或女性）、受教育程度（高中、大学、研究生）等分类变量，我们通常感兴趣的是样本中具有某种特征的观测值所占的*比例*。总体比例 π（不是圆周率 π=3.14159...）的一个无偏估计量是统计量 $\hat{p}=x/n$（**样本比例**），其中，x 是样本中具有所需特征的数量，n 是样本容量。

该比例的 100（1-α）% 置信区间为：

$$\hat{p} \pm z_{a/2}\sqrt{\frac{\hat{p}(1-\hat{p})}{n}} \tag{6.4}$$

注意，与平均值一样，置信区间是点估计值加上或减去误差幅度，在这种情况下，$\sqrt{\hat{p}(1-\hat{p})/n}$ 是比例抽样分布的标准误。Excel 没有计算误差幅度的功能，但可以在电子表格上轻松实现。$Z_{a/2}$ 的值可使用 Excel 函数 NORM.S.INV（1-α/2）找到。

示例6.10　　　　　　　　　　计算总体比例的置信区间

Excel 文件 *Insurance Survey* 的最后一列（请参见图6-9）描述样本员工是否愿意为其健

康保险较高的免赔额支付较低的保费。假设我们对回答"是"的人数比例感兴趣,我们可以很容易地确认,24名员工中有6名即25%回答是。因此,回答"是"的比例的点估计值为$\hat{p}=0.25$。使用公式(6.4),我们发现回答"是"的员工比例的95%置信区间为:

$$0.25 \pm 1.96 \sqrt{\frac{0.25 \times 0.75}{24}} = 0.25 \pm 0.173,\text{或者}\ [0.077,0.423]$$

	A	B	C	D	E	F	G
1	Insurance Survey						
2							
3	Age	Gender	Education	Marital Status	Years Employed	Satisfaction*	Premium/Deductible**
4	36	F	Some college	Divorced	4	4	N
5	55	F	Some college	Divorced	2	1	N
6	61	M	Graduate degree	Widowed	26	3	N
7	65	F	Some college	Married	9	4	N
8	53	F	Graduate degree	Married	6	4	N
9	50	F	Graduate degree	Married	10	5	N
10	28	F	College graduate	Married	4	5	N
11	62	F	College graduate	Divorced	9	3	N
12	48	M	Graduate degree	Married	6	5	N

图6-9 Excel 文件 *Insurance Survey* 的部分内容

Excel工作簿 *Confidence Intervals*(置信区间)中的工作表 *Proportion*(比例)与此区间相匹配,如图6-10所示。注意,这是一个相当广泛的置信区间,这表明我们对总体比例的真实值有相当大的不确定性。这是因为样本量相对较小。

	A	B
1	Confidence Interval for a Proportion	
2		
3	Alpha	0.05
4	Sample proportion	0.25
5	Sample size	24
6		
7	Confidence Interval	95%
8	z-value	1.96
9	Standard error	0.088388
10	Lower	0.076762
11	Upper	0.423238

图6-10 比例的置信区间

6.4.6 其他类型的置信区间

可以为其他总体参数(如方差或标准差)以及两个总体的均值(或比例)差异计算置信区间。这些概念与我们讨论的置信区间类型相似,但许多公式相当复杂,更难在电子表格上执行。一些高级软件包和电子表格插件提供了额外的支持。因此,我们在本书中不讨论它们,在理解了它们的基本概念后,如果需要使用它们,我们建议你参考其他书籍和统计参考资料。

检验你的学习成果

(1)什么是区间估计?

(2)说出概率区间和置信区间之间的区别。

(3)置信水平具体说明了什么?

(4)解释用于计算具有已知和未知标准差的平均值置信区间的公式有何不同。

(5)t分布与正态分布相比有何不同?

6.5 利用置信区间进行决策

置信区间有多种方式来支持业务决策。

示例 6.11 利用置信区间对总体均值做决策

在包装商品（如洗衣粉）时，制造商必须确保包装中的产品达到规定的量，以符合政府法规。在示例 6.8 中，我们看到，其中要求的体积为 800 毫升，但样品平均值仅为 796 毫升。这是否表明问题严重？不一定。我们在图 6-5 中计算的平均值的 95% 置信区间为 [790.12，801.88]。尽管样本平均值小于 800，但样本并未提供足够的证据得出总体的平均数小于 800 的结论，因为 800 包含在置信区间内。事实上，总体平均数为 801 也是合理的。由于抽样误差，我们无法确定。然而，假设样本平均值为 792。使用工作簿 *Confidence Intervals* 中已知的 Excel 工作表 *Population Mean Sigma Known*，我们发现平均值的置信区间为 [786.12，797.88]，在这种情况下，我们将得出结论，总体平均值不太可能为 800 毫升，因为置信区间完全低于 800，制造商应检查并调整设备以符合标准。

示例 6.12 说明了如何解释总体比例的置信区间。

示例 6.12 使用置信区间预测选举结果

假设对 1 300 名选民进行投票民调，发现在两个人的竞选中，有 692 人投票支持某个候选人。这代表了 53.23% 的样本比例。我们是否可以得出该候选人可能会赢得选举的结论呢？该比例的 95% 置信区间为 [0.505，0.559]。这表明支持该候选人的选民的真实人口比例很有可能超过 50%，因此预测这个人是获胜者是安全的。另外，假设 1 300 名选民中只有 670 人投票支持某个候选人，该候选人的样本比例为 0.515。总体比例的置信区间为 [0.488，0.543]。尽管样本比例大于 50%，但该比例的抽样误差也很大，置信区间表明，真实的总体比例可能小于 50% 是合理的，因此根据此信息预测这个人是获胜者是不明智的。

置信区间比较的数据可视化

我们可以使用 Excel 股票图表轻松可视化置信区间（股票图表要求你至少有 3 个变量）。这对于比较不同组的置信区间特别有用。

示例 6.13 为置信区间创建股票图表

假设我们为 4 个年龄组的银行客户样本构建了每月信用卡债务的置信区间。数据如下所示（金额单位为美元）：

年龄组	上限 CI	下限 CI	平均值
25~34 岁	2 103	711	1 407.14
35~44 岁	1 617	872	1 244.44
45~54 岁	1 114	468	791.30
55~64 岁	1 931	309	1 120.00

上表各列按因变量名称、上限 CI、下限 CI 和平均值的顺序排列。接下来，突出显示此表的范围，并插入 Excel 股票图表。右键单击图表中的任意一个置信区间，然后选择 *Format High-Low Lines…* 在高低线选项的下拉菜单中，选择其中一个系列（上限 CI、下限 CI 或均值）来设置标记样式。

在 *Format Data Series* 窗格中，单击绘图图标，然后单击 *Marker*，确保展开 *Marker Options* 菜单。选择所需的标记类型，然后单击增加标记的宽度，以使它们更明显。我们选择"+"作为上限 CI，"−"作为下限 CI，菱形作为平均值。结果如图 6–11 所示。

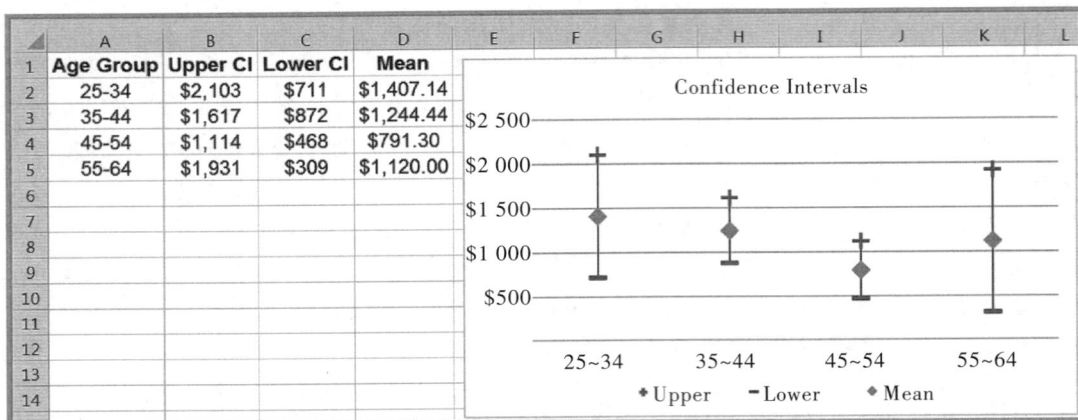

图6-11　使用 Excel 股票图表可视化置信区间

我们可以使用置信区间及其可视化图表来确定两个总体的平均值是否显著不同。规则很简单：如果置信区间重叠，则无法从统计学上得出平均值不同的结论。但是，如果置信区间不重叠，则可以得出平均值存在统计差异的结论。例如，在示例 6.13 中，假设我们希望确定 35～44 岁年龄组的平均值是否与 45～54 岁年龄组的平均值显著不同。在图 6–11 中，我们看到置信区间重叠，因此我们无法得出平均值显著不同的结论。在下一章，我们将使用一种所谓的假设检验的统计方法，以更正式的方式讨论这些概念。

检验你的学习成果

（1）解释如何使用置信区间得出有关总体平均值或比例的结论。

（2）如何利用置信区间可视化得出有关总体的结论？

6.6　预测区间

估计中使用的另一种区间是预测区间。**预测区间**是为预测来自同一群体的新观测值提供范围的区间。这不同于置信区间，置信区间提供总体参数（如平均值或比例）的区间估计。置信区间与统计量的抽样分布相关，但预测区间与随机变量本身的分布相关。

当总体标准差未知时，$100(1-\alpha)\%$ 的预测误差新观测值是：

$$\bar{x} \pm t_{\alpha/2,\ n-1}\left(s\sqrt{1+\frac{1}{n}}\right) \tag{6.5}$$

注意，由于平方根下的附加值为 1，该区间比公式（6.3）中的置信区间宽。这是因为，除了估计总体平均值外，我们还必须考虑平均值周围新观测值的变异性。

还需要认识到的一件重要事情是，在置信区间的公式（6.3）中，当 n 变大时，误差项趋于零，因此置信区间收敛于平均值。然而，在预测区间公式（6.5）中，当 n 变大时，误差项收敛到 $t_{\alpha/2,\ n-1}(s)$，这只是一个 $100(1-\alpha)\%$ 的概率区间。因为我们正试图从人群中预测一个新的观测结果，所以总是存在不确定性。

示例6.14　　　　　　　　　计算预测区间

估算示例6.9里 Excel 文件 *Credit Approval Decisions* 中的周转余额时，我们可以使用公式（6.5）计算新房主周转余额的95%预测区间，如下所示：

$$\$12\,630.37\pm2.056\times\$5\,393.38\times\sqrt{1+\frac{1}{27}}，或者[\$1\,338.10，\$23\,922.64]$$

请注意，与示例6.9相比，预测区间比置信区间宽得多。

检验你的学习成果

（1）预测区间与置信区间有何不同？

（2）为什么预测区间比置信区间宽？

6.7　置信区间和样本量

抽样中的一个重要问题是要确定样本量的大小。请注意，在所有的置信区间公式中，样本量在确定置信区间宽度方面起着关键作用。随着样本量的增加，置信区间的宽度变窄，从而提供了对真实总体参数更准确的估计。在许多应用程序中，我们希望控制置信区间内的误差幅度。例如，在报告选民偏好时，我们可能希望确保误差幅度为2%。幸运的是，在指定的精度水平内确定估计总体参数所需的适当样本量相对容易。

样本量计算公式（用于达成特定误差范围）基于置信区间半宽值推导得出。例如，考虑在公式（6.2）中引入已知总体标准差的平均值置信区间：

$$\bar{x}\pm z_{a/2}\left(\frac{\sigma}{\sqrt{n}}\right)$$

假设我们希望平均值两边的置信区间宽度（误差幅度）最多为 E，换句话说，

$$E\geqslant z_{a/2}\left(\frac{\sigma}{\sqrt{n}}\right)$$

求解 n，我们发现：

$$n\geqslant(z_{a/2})^2\frac{\sigma^2}{E^2} \tag{6.6}$$

当然，在确定样本量之前，我们通常不知道总体标准差。一种常识性的方法是先抽取一个初始样本，使用样本标准差 s 估计总体标准差，从而确定所需样本量的大小，如果需要，再补充收集数据。如果得出的置信区间在要求的误差范围内，那么我们显然已经实现了目标。如果没有，我们可以使用新的样本标准差 s 来确定新的样本量，并根据需要收集额外的数据。请注意，如果 s 发生显著变化，我们可能仍然没有达到预期的精度，这时就需要重新计算，但通常情况下，这是不必要的。

以类似的方式，我们可以通过求解以下方程（基于公式（6.4），使用误差范围项中的总体比例 π）来计算达到比例要求的置信区间半宽值所需的样本量 n：

$$E\geqslant z_{a/2}\sqrt{\pi(1-\pi)/n}$$

这就产生了下面的公式：

$$n\geqslant(z_{a/2})^2\frac{\pi(1-\pi)}{E^2} \tag{6.7}$$

在实践中，π 的值是未知的。你可以使用初步样本中的样本比例作为 π 的估计值来规划样本量，但这可能需要多次迭代和额外的样本，以求出所需精度的样本量。当没有可用信息时，最保守的估计是设 $\pi=0.5$。这将使公式中的数量 $\pi(1-\pi)$ 最大化，从而产生所需精度的样本量，无论真实比例是多少。

示例6.15　　　　　　　　　　**平均值的样本量确定**

在液体洗涤剂示例6.8中，我们在图6-5中计算的置信区间为 $[790.12, 801.88]$。置信区间的样本宽度为±5.88毫升，它代表抽样误差。假设制造商希望抽样误差不超过3毫升。根据公式（6.6），我们可以按如下方式计算所需的样本量：

$$n \ge (z_{a/2})^2 \frac{(\sigma^2)}{E^2} = 1.96^2 \times \frac{15^2}{3^2} = 96.04$$

四舍五入，我们发现需要97个样本。为了验证这一点，如图6-12所示，如果使用97个样本，同时使用相同的样本均值和标准差，置信区间的抽样误差确实小于3毫升。

	A	B	C	D	E	F
1	Confidence Interval for Population Mean, Standard Deviation Known					
2						
3	Alpha	0.05				
4	Standard deviation	15				
5	Sample size	97				
6	Sample average	796				
7						
8	Confidence Interval	95%				
9	Error	2.985063				
10	Lower	793.0149				
11	Upper	798.9851				

图6-12　相对于均值的置信区间（样本量为97）

示例6.16　　　　　　　　　　**总体比例的样本量测定**

对于我们讨论的投票示例，假设我们希望确定要投票的选民人数，以确保抽样误差不超过±2%。正如我们所说的，当没有可用信息时，最保守的方法是使用0.5来估计真实比例。使用公式（6.7）在 $\pi=0.5$ 的情况下，为获得选民支持某特定候选人比例的95%置信区间且误差范围≤0.02，需调查的选民数量为：

$$n \ge (z_{a/2})^2 \times \frac{\pi(1-\pi)}{E^2} = 1.96^2 \times \frac{0.5 \times (1-0.5)}{0.02^2} = 2\,401$$

检验你的学习成果

（1）解释为什么确定调查使用的适当样本量很重要。

（2）如果无法很好地估计总体比例，你如何确定某一比例的样本量？

关键术语

总体框架	置信区间	估计
中心极限定理	均值的抽样分布	简单随机抽样
预测区间	方便抽样	估计量
概率区间	抽样计划	区间估计
整群抽样	自由度（df）	平均值标准误
样本比例	抽样（统计）误差	判断抽样

置信水平	非抽样误差	系统性（周期性）抽样
分层抽样	点估计	t 分布

第 6 章技术帮助

有用的 Excel 函数

NORM.S.INV（$1-\alpha/2$）可求解 $z_{\alpha/2}$ 的值，这是一个标准正态随机变量，其右尾概率大于 $\alpha/2$，或等于累积概率 $1-\alpha/2$。此函数通常应用于总体标准差已知时，总体均值的置信区间计算。

CONFIDENCE.NORM（α, *standard_deviation*, *size*）可计算具有已知总体标准差平均值的置信区间误差范围。

T.INV（$1-\alpha/2$, $n-1$）或 T.INV.2T（α, $n-1$）从具有 $n-1$ 个自由度的 t 分布中查找值，求出 $\alpha > 2$ 的右尾概率，用于估计具有未知总体标准差的均值置信区间。

CONFIDENCE.T（α, *standard_deviation*, *size*）可计算具有未知总体标准差平均值的置信区间误差范围。

Excel 模板

置信区间（示例 6.8 ~ 示例 6.10）：

打开 Excel 文件 *Confidence Intervals*，选择与置信区间类型对应的工作表选项卡，计算并输入适当的数据。

StatCrunch

StatCrunch 提供置信区间的计算。你可以在以下网址找到视频教程和带有示例的分步过程：https：//www.statcrunch.com/5.0/example.php。我们建议你首先查看 StatCrunch 入门教程和 StatCrunch 会话教程。该网页上的"置信区间"下列出的以下教程解释了如何在 StatCrunch 中计算置信区间：

- 带有原始数据的平均值
- 带有汇总数据的平均值
- 带有原始数据的比例
- 带有汇总数据的比例
- 原始数据中两个均值之间的差异
- 汇总数据中两个均值之间的差异
- 配对数据中均值之间的差异
- 原始数据中两个比例之间的差异
- 汇总数据中两个比例之间的差异

示例：使用原始数据计算平均值的置信区间

1. 点击 *Stat > T Stats > One Sample > With Data* 菜单选项。

2. 选择包含数据的一列。

3. 如果需要，请更改置信水平，然后单击 *Compute!*。

示例：使用汇总数据计算比例差异的置信区间

1. 点击 *Stat > Proportion Stats > Two Sample > With Summary* 菜单选项。

2. 在示例 1 下，输入 *# of successes* 和 *# of observations*。在示例 2 下，输入 *# of successes* 和

# of observations。

    3. 在 *Perform* 下，选择 *Confidence interval for* p_1–p_2。

    4. 如果需要，请更改置信水平，然后单击 *Compute！*。

问题和练习

统计抽样

    1. 你的学院或大学希望获得有关学生对行政沟通看法的可靠信息。描述如何根据你对学院或大学的结构和组织的了解，为这种情况设计抽样计划。你将如何为本研究的实施设置简单随机抽样、分层抽样和整群抽样？说出使用每种方法的优缺点是什么。

    2. 对 Excel 文件 *Credit Risk Data* 中的行进行编号，以识别每条记录。银行希望从该数据库中抽取样本进行更详细的审核。使用 Excel 的 *Sampling* 工具抽取 20 条记录的简单随机样本。

    3. 描述如何根据不同类型的贷款对 *Credit Risk Data* 文件中的样本使用分层抽样。在 Excel 中执行这一操作，以选择一个随机样本，该样本由每种类型贷款的 10% 的记录组成。

    4. 找出构成道·琼斯工业平均指数的 30 只股票。为它们的名称、市值和一到两个其他关键财务统计数据（搜索雅虎财经或类似的网络资源）创建 Excel 电子表格。使用 Excel 抽样工具，获得 5 只股票的随机样本，计算平均值和标准差的点估计值，并将其与总体参数进行比较。

估计总体参数

    5. 对样本量为 50 个、100 个、250 个和 500 个的样本重复进行示例 6.3 中的抽样实验。将你的结果与示例进行比较，并使用经验法则分析抽样误差。同时使用公式（6.1）对每个样本求出平均值的标准误。

    6. 在 *Credit Risk Data* 文件中求解各月客户数据的平均值和标准偏差的点估计值。使用抽样工具从数据中随机抽取 5 个样本量为 50 个和 250 个的样本。使用经验法则分析抽样误差并说明结论。

抽样分布

    7. 根据全国高中教育测试项目的大量数据，全国数学考试分数的标准差为 120 分。如果对 225 名学生进行抽样测试，平均值的标准误是多少？

    8. 根据全国高中教育测试项目的大量数据，批判性阅读全国测试分数的标准差为 115 分。如果对 500 名学生进行抽样测试，平均值的标准误是多少？

    9. 假设问题 7 中引用的数学测试的平均分数为 610 分。225 名学生的随机样本平均分数超过 625 分或低于 600 分的概率是多少？

    10. 假设问题 8 中引用的批判性阅读测试的平均分数为 580 分。随机抽取的 500 名学生的平均分数超过 590 分或低于 575 分的概率是多少？

    11. 在确定汽车里程等级时，发现某一车型在该市的每加仑行驶英里数（mpg）为正态分布，平均值为 30 mpg，标准差为 1.7 mpg。假设汽车制造商从其装配线上抽取 5 辆汽车进行里程等级测试。

    a. 样本的平均 mpg 是什么分布

    b. 样本的平均 mpg 大于 31 mpg 的概率是多少

c. 样本的平均 mpg 小于 29.5 mpg 的概率是多少

12. 一种流行的软饮料以 2 升（2 000 毫升）的瓶装出售。由于装瓶过程中的变化，瓶装饮料的容积量平均值为 2 000 毫升，标准偏差为 16，呈正态分布。

a. 如果制造商随机抽取 100 瓶，样本的平均容积量小于 1995 毫升的概率是多少

b. 对于 100 瓶的样本，仅 10% 概率会超出的平均容积量是多少

区间估计

13. 从 22 名研究生的样本中可知，他们没读 MBA 课程前的平均工作经验月数为 34.86 个月。已知全国标准差为 19 个月。总体均值 95% 的置信区间是什么意思？使用适当的公式计算置信区间，并使用 Excel 的 *Confidence Intervals* 模板验证结果。

14. 从航空公司 33 名乘客的样本中发现，平均值机时间为 2.167 分钟。根据长期数据，已知总体标准差为 0.48 分钟。找到平均值机时间的 95% 置信区间。使用适当的公式，并使用 *Confidence Intervals* 工作簿验证结果。

15. 一项对 26 名大一新生的调查发现，他们每晚平均睡眠时间为 6.85 小时。90% 的置信区间误差为 0.497。

a. 置信区间的下限和上限是什么

b. 假设已知总体标准差，那么样本标准差是多少

16. 对就读于美国城市大学的 20 名国际学生的抽样调查发现，他们每月花费的平均金额为 1 612.50 美元，标准差为 1 179.64 美元。为国际学生群体的平均每月花费求出 95% 的置信区间。使用适当的公式并使用 *Confidence Intervals* 工作簿验证你的结果。

17. 一家购物中心对 40 个人进行了抽样调查，发现他们每周到餐馆就餐的平均次数为 2.88 次，标准差为 1.59 次。为到餐馆就餐次数的平均值求出 99% 的置信区间。使用适当的公式并使用 *Confidence Intervals* 工作簿验证你的结果。

18. 一项对 23 个人的调查发现，他们平均花费 39.48 美元购买运动耳机。95% 的置信区间的误差幅度为 21.2 美元。

a. 置信区间的下限和上限是多少

b. 样本的标准差是多少

19. 根据 Excel 文件 *Grade Point Averages* 中的数据，求出平均 GPA 的 90%、95% 和 99% 的置信区间。使用适当的公式计算置信区间，并使用 Excel 的 *Confidence Intervals* 模板验证结果。

20. 根据 Excel 文件 *Debt and Retirement Savings*（债务和退休储蓄）中的数据，找到平均收入、长期债务和退休储蓄的 95% 置信区间。使用适当的公式和 Excel 函数。

21. 在 Excel 文件 *Credit Risk Data* 中求解银行持有的总资产的标准差。

a. 将数据库中的记录视为总体，使用问题 2 中的样本，并使用公式（6.2）和任何适当的 Excel 函数计算贷款申请人存在银行的总资产的 90%、95% 和 99% 置信区间。解释置信水平增加时的差异

b. 假设总体标准差未知，如果使用样本数据进行估计，则置信区间有何差异

22. 一项营销研究发现，18~34 岁年龄组的 297 名受访者在 15 类消费项目中的平均支出为 91.86 美元，标准差为 50.90 美元。35 岁以上年龄组的 536 名受访者的平均支出和标准差分别为 81.53 美元和 45.29 美元。针对每个年龄组为平均支出金额建立 95% 的置信区间。

解释你的结果。使用适当的公式和Excel函数。

23. 使用Excel文件 *Accounting Professionals* 中的数据，求解并解释以下95%的置信区间：

　　a. 平均服务年限

　　b. 拥有研究生学位的员工比例

使用适当的公式和Excel函数。

24. Excel文件 *Restaurant Sales* 提供了当地意大利餐厅午餐、晚餐和外卖销售的示例信息。为每个变量的平均值以及工作日和周末（周六和周日）的总销售额建立95%的置信区间。使用适当的公式和Excel函数。

25. 一家银行估计，某一人口群体中可能拖欠贷款的比例的95%置信区间的标准误为0.31。置信区间下限的计算结果为0.15，置信区间上限是多少？

26. 一家银行对其客户进行抽样调查，以确定每月至少使用一次借记卡的客户比例。对50名客户的抽样调查发现，每月只有12名客户使用借记卡。为每月使用借记卡的客户样本求解95%和99%的置信区间。使用适当的公式并使用 *Confidence Intervals* 工作簿验证你的结果。

27. 如果根据850人的样本量，一名政治候选人发现458人将在两人竞选中投票支持他，那么他预期的投票支持比例的95%置信区间是多少？根据这项民意测验，他是否有信心预期自己会胜出？使用适当的公式，并使用 *Confidence Intervals* 工作簿验证你的结果。

28. 如果一位政治候选人发现在200人的样本中有125人将在两人竞选中投票支持她，那么她的预期投票支持比例的99%置信区间是多少？她是否有信心根据这项民意测验预期自己会胜出？使用适当的公式，并使用 *Confidence Intervals* 工作簿验证你的结果。

29. 使用工作表 *Consumer Transportation Survey*（消费者交通出行调查）中的数据，为以下各项建立95%的置信区间：

　　a. 对其拥有的车辆感到满意的个人比例

　　b. 至少有1个孩子的个人比例

使用适当的公式，并使用 *Confidence Intervals* 工作簿验证结果。

利用置信区间进行决策

30. 一项针对50名年轻专业人士的调查发现，他们外出就餐的平均花费为19.31美元，标准差为12.11美元。你能从统计数据得出总体平均花费高于18美元的结论吗？

31. 一项针对240人的调查发现，其中1/3的人使用手机主要是为了收发电子邮件。你能从统计数据中得出主要使用手机收发电子邮件的人数比例不到0.40这一结论吗？

32. 一家制造商在500个随机选择的目标市场家庭中为其新的一次性尿布进行了一项调查。调查的目的是确定其新品牌的市场份额。如果市场份额的样本点估计为16%，则建立95%的置信区间。该公司能否合理地得出它拥有20%的市场份额的结论？18%的市场份额呢？

33. 使用Excel文件 *Colleges and Universities* 中的数据，找到两组（文科学院和研究型大学）SAT分数中位数的95%置信区间。基于这些置信区间，两组之间的SAT分数中位数是否存在差异？

34. Excel文件 *Baseball Attendance*（棒球比赛观赛人数）显示了在1968年奥克兰运动家

队搬到湾区之前的 10 年里，旧金山巨人队棒球比赛的观赛人数（以千计），以及之后 11 年间两支球队的总观赛人数。为两支队伍的平均上座率建立 95% 的置信区间。根据这些置信区间，你能否得出在搬家后上座率发生了变化的结论？

35.一项对美国非致命性职业伤害的研究发现，在服务业的所有伤害中，约有 31% 伤及背部。国家职业安全与健康研究所（NIOSH）建议对工作和工作站进行全面的人体工学评估。针对这一信息，马克·格拉斯迈尔（Mark Glassmeyer）开发了一款独特的人体工学手推车，以帮助现场维修工程师提高工作效率，并减少应召维修过程中起吊零件和设备造成的背部伤害。格拉斯迈尔先生收集了使用这些手推车的 382 名现场服务工程师的样本数据：

	年份 1（没有使用手推车）	年份 2（使用手推车）
平均应召时间	8.27 小时	7.98 小时
应召服务时间标准差	1.15 小时	1.21 小时
背部受伤的比例	0.018	0.010

找出服务业从业者平均应召时间和每年背部受伤比例的 95% 置信区间。根据你的结果，你会得出什么结论？

36.对于 Excel 文件 *Education and Income*（教育与收入）中的数据，求出男性平均年收入和女性平均年收入的 95% 置信区间。你能得出前一个群体的平均年收入比后一个群体高这样的结论吗？

37.对于 Excel 文件 *Debt and Retirement Savings* 中的数据，请求解单身人士和已婚人士的平均收入、长期债务和退休储蓄的 95% 置信区间。通过比较这两组数据你能得出什么结论。

38.对一家医院的 21 名患者的调查发现，以下各项的置信区间为 95%：

	对护士护理质量的满意度	对专科医生诊疗质量的满意度
样本比例	16/21	13/21
上限	1.019	0.797
下限	0.505	0.441

构建基于股票图表的可视化置信区间。你能从图表中得出什么结论？

预测区间

39.使用工作表 *Consumer Transportation Survey* 中的数据，为以下各项确定 95% 和 99% 的预测区间：

a.每周他或她待在车里的小时数

b.每周行驶的英里数

40.Excel 文件 *Restaurant Sales* 提供了当地意大利餐厅午餐、晚餐和外卖销售的示例信息。为每个变量的每日美元销售额以及周末的总销售额确定 95% 的预测区间。

41.根据 Excel 文件 *Credit Approval Decisions* 中的数据，求解 95% 的预测区间，用于房屋所有者和非房屋所有者的信用评分和周转余额。应如何比较这两者？

置信区间和样本量

42.行业协会（如联合乳品业协会）经常进行调查，以确定其会员的特征。如果该组织开展了一项调查，以估算牛奶的年人均消费量，并希望有95%的信心认为估算值与实际平均值相差不超过0.75加仑，那么需要多大的样本量？过去的数据表明，消耗量的标准差约为6加仑。

43.如果制造商在随机选择的目标市场家庭中进行调查，并希望有95%的信心认为其新产品的样本估计与实际市场份额之间的差异不超过3%，那么需要多大的样本量？

44.俄勒冈州的一家葡萄酒协会希望确定西海岸消费者在99%的置信水平下，至少花费30美元购买威拉米特谷酒庄生产的黑比诺葡萄酒的比例。如果协会希望误差不超过4%，那么必须采集多大的样本量？根据对参观过酒庄的邮轮乘客的调查，该协会估计这一比例约为0.12。

45.一家社区医院想估算当地人口的体重指数（BMI）。要在99%置信水平下使估计误差不超过1.0的BMI，他们应该使用多大的样本量？可用医院患者数据的标准差为5.0。

案例：杜鲁特广告研究项目

第2章介绍了本案例的背景。这是第4章案例的延续。在这一章，请计算均值和比例的置信区间，并分析抽样误差，建议使用更大的样本量来获得更精确的估计值。根据老师的要求，在正式报告中写下你的结论，或将你的结论添加到你为第4章案例撰写的报告中。

案例：高性能草坪设备公司

在回顾你以前的报告时，伊丽莎白·伯克想到了几个问题。使用点估计和区间估计来回答这些问题。

1.在客户调查工作表中，有多少比例的客户在质量、易用性、价格和服务方面对公司进行了"顶框"（top box）调查（定义为4级和5级量表）？这些比例因地理区域而异吗？

2.在合理保证的情况下，PLE可以为客户提供什么样的响应时间估计？

3.工程部已在 Transmission Costs（输电成本）工作表中收集了关于建造输电系统的替代工艺成本的数据。你能否确定其中一个工艺提案优于当前工艺？

4.工作表 Mower 测试中割草机测试性能失败比例的置信区间是多少？

5.对于工作表 Blade Weight（刀片重量）中的数据，平均值、总体平均值和平均值标准误的抽样分布是多少？正态分布是均值抽样分布的适当假设吗？

6.在抽样误差不超过0.05的情况下，必须测量多少个刀片的重量才能找到平均刀片重量的95%置信区间？如果抽样误差被指定为0.02怎么办？

回答这些问题，并在给伯克女士的正式报告中概述你的结果。

第三部分　预测性分析

趋势线和回归分析

学习目标

在学习完本章后，你将能够：

- 解释回归分析的目的并举出应用在商业中的例子。
- 使用散点图来确定两个变量之间的关系类型。
- 列举预测建模中常用的数学函数类型。
- 使用 Excel 趋势线工具拟合数据模型。
- 解释最小二乘回归如何找到最佳拟合回归模型。
- 使用 Excel 函数求解最小二乘回归系数。
- 使用 Excel 回归工具进行简单线性回归和多元线性回归。
- 解释 Excel 回归工具的回归统计结果。
- 根据 Excel 回归工具的输出结果解释回归的意义。
- 从回归系数的假设检验得出结论。
- 说明回归系数的置信区间。
- 如何计算标准残差。
- 列举回归分析的假设，并描述验证的方法。
- 解释 Excel 回归工具在简单线性回归和多元线性回归模型输出结果上的差异。
- 利用系统方法来建立良好的回归模型。
- 说明理解回归模型中多重共线性的重要性。
- 使用虚拟变量为分类数据构建回归模型。
- 使用分类变量检验回归模型的交互作用。
- 解释在什么情况下曲线回归模型比线性模型更适用。

    已故的管理和质量大师 W. 爱德华·戴明博士曾经说过，所有的管理都是预测。他的意思是：管理者在做决定时，必须考虑将来会发生什么。例如，如果不预测股价的未来走势，金融分析师就无法作出良好的投资决策；而航空公司如果不预测油价的变化，就无法决定何时购买以及购买多少航空燃油。趋势显示了这些属性随时间的变化。

    预测分析的许多应用涉及模型中一个或多个自变量与某个因变量之间的关系（称为回归分析）。例如，我们可能希望根据设定的价格预测销售额水平，或者根据美国 GDP（国内生产总值）和 10 年期国债利率预测销售额，来描述商业周期带来的影响。[1]营销研究人员可能希望通过一项能衡量消费者对品牌的态度、负面口碑和收入水平的调查来预测消费

---

[1] James R. Morris and John P. Daley, *Introduction to Financial Models for Management and Planning* (Boca Raton, FL: Chapman & Hall/CRC, 2009): 257.

者购买哪款车。[①]保险公司可能需要根据其统计的客户数据来预测索赔的案件数和金额。人力资源经理可能需要预测对不同劳动力的需求，以便制订招聘和培训方案。体育迷可能希望根据运动员的各种表现来预测其价值。因此，你可能会发现有许多机会将我们在本章学到的工具应用到你的职业生涯和个人兴趣中。

趋势线和回归分析是构建预测模型的工具。我们的重点是了解如何使用基本的趋势线和回归模型，解决与回归分析结果相关的统计问题，并将其作为解决实际问题的决策和评估工具。

7.1 数据中的关系和趋势建模

在建立预测分析模型时，掌握不同函数关系的数学运算和描述性属性是很重要的。我们首先创建一个数据图表，然后选择合适的函数关系类型将其纳入分析模型中。静态数据使用散点图，时间序列数据使用折线图。

预测分析模型中使用的常见数学函数类型包括：

- **线性函数**：$y = a + bx$。线性函数在 x 的范围内显示单调增加或减少。这是预测模型中最简单的函数类型。它很容易理解，在较小的值域内可以很好地近似行为。

- **对数函数**：$y = \ln(x)$。当一个变量的变化率迅速上升或下降，然后趋于平稳时，如收益按比例递减时，就会使用对数函数。对数函数常用于市场营销模型中。例如，广告的恒定百分比增长会导致销售额的恒定绝对增长。

- **多项式函数**：$y = ax^2 + bx + c$（二阶多项式），$y = ax^3 + bx^2 + cx + d$（三阶多项式），以此类推。二阶多项式本质上是抛物线，只有一个凹或凸；三阶多项式有一个或两个凹或凸。包含价格弹性的收入模型通常是多项式函数。

- **幂函数**：$y = ax^b$。幂函数定义了以特定速率增加的现象。学习曲线，即表示执行任务时在时间上的改进，通常用 $a > 0$ 且 $b < 0$ 的幂函数建模。

- **指数函数**：$y = ab^x$。在指数函数中，y 以不断增加的速度上升或下降。例如，对灯泡的感知亮度随着瓦数的增加而以递减的速度增长。在这种情况下，a 是一个正数，b 介于 0 和 1 之间。指数函数常被定义为 $y = ae^x$，其中 $b=e$，即自然对数的底（约为 2.71828）。

图7-1 Excel中的 *Format Trendline* 窗格

Excel 的 *Trendline*（趋势线）工具提供了一种便利的方法来确定一组数据中备选方案之间的最佳拟合函数关系。首先，单击要添加趋势线的图表，显示 *Chart Tools* 菜单。选择 *Chart Tools Design* 选项卡，然后从 *Chart Layouts* 组中单击 *Add Chart Element*。从 *Trendline* 子菜单中选择其中一个选项（*Linear* 是最常见的）或 *More Trendline Options* 选项。如果选择 *More Trendline Options*，将在工作表中显示 *Format Trendline* 窗格（见图7-1）。更简单的方法是右键单击图表中的数据系列，然后从弹出菜单中选择 *Add trendline*——试试吧！选择适合数据的函数关系类型，选中 *Display Equation on chart* 和 *Display R-squared value on chart* 的框，然后关闭 *Format Trendline* 窗格。Excel 将在图表上显示结果，可以通过改变等式和拟合值来提高可读性。要清除趋势

---

① Alvin C. Burns and Ronald F. Bush, *Basic Marketing Research Using Microsoft Excel Data Analysis*, 2nd ed. （Upper Saddle River, NJ: Prentice Hall, 2008）: 450.

线，单击右键并选择 *Delete*。

R^2（R 的平方）是用来测量回归直线与数据的"拟合"程度。R^2 的值介于 0 与 1 之间。R^2 值越大，拟合越好。我们将在回归分析的背景下进一步讨论

趋势线可用于变量之间的关系建模，并反映因变量在自变量变化时的行为。例如，我们在第 1 章（示例 1.7 和 1.8）中介绍的需求预测模型通常是通过分析数据来开发的。

示例 7.1　　　　　　　　　　　　　　　　**价格 — 需求函数建模**

一项市场研究收集了特定产品在不同定价下的销售额数据，如图 7-2（Excel 文件 *Price-Sales Data*）所示。价格和销售额之间的关系是线性的，因此线性趋势线更适合该组数据。结果模型是：

销售额 = 20 512 − 9.5116 × 价格

如果价格是 125 美元，我们可以估计销售额为：

销售额 = 20 512 − 9.5116 × 125 = 19 323（美元）

此模型可用作其他营销或财务分析中的需求函数。

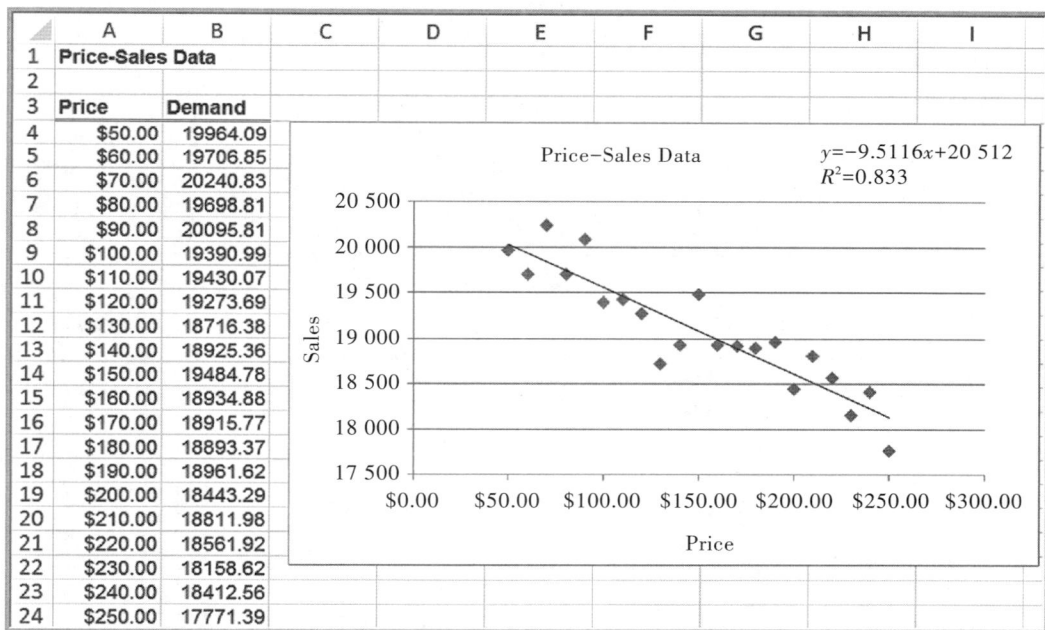

	A	B
1	**Price-Sales Data**	
2		
3	**Price**	**Demand**
4	$50.00	19964.09
5	$60.00	19706.85
6	$70.00	20240.83
7	$80.00	19698.81
8	$90.00	20095.81
9	$100.00	19390.99
10	$110.00	19430.07
11	$120.00	19273.69
12	$130.00	18716.38
13	$140.00	18925.36
14	$150.00	19484.78
15	$160.00	18934.88
16	$170.00	18915.77
17	$180.00	18893.37
18	$190.00	18961.62
19	$200.00	18443.29
20	$210.00	18811.98
21	$220.00	18561.92
22	$230.00	18158.62
23	$240.00	18412.56
24	$250.00	17771.39

$y = -9.5116x + 20\ 512$
$R^2 = 0.833$

图 7-2　带有拟合线性函数的散点图

趋势线还常用于对随时间变化的趋势进行建模。在这种情况下，函数关系中的变量 x 代表时间。例如，航空公司的分析师需要预测燃油价格的走势，而投资分析师则需要预测股票的价格。

示例 7.2　　　　　　　　　　　　　　　　**预测原油价格**

图 7-3 显示了 2006 年 1 月至 2008 年 6 月每个月第一个星期五的原油价格历史数据图（数据在 Excel 文件 *Crude Oil Prices*（原油价格）中）。使用 *Trendline* 工具，我们可以尝试将这些数据拟合到各种函数中（这里 x 代表从 2006 年 1 月开始的月数）。结果如下：

指数函数：$y = 50.49e^{0.021x}$　　　　　　　　　　　　　　$R^2 = 0.664$

对数函数：$y = 13.02\ln(x) + 39.60$　　　　　　　　　　　$R^2 = 0.382$

多项式（二阶）函数：$y = 0.130x^2 - 2.40x + 68.01$ $\qquad$ $R^2 = 0.905$

多项式（三阶）函数：$y = 0.005x^3 - 0.111x^2 + 0.648x + 59.497$ $\qquad$ $R^2 = 0.928$

幂函数：$y = 45.96x^{0.0169}$ $\qquad$ $R^2 = 0.397$

图7-3 *Crude Oil Prices* 数据图

这些模型中拟合效果最好的，即具有最大的 R^2 的，是图 7-4 中的三阶多项式函数。

图7-4 *Crude Oil Prices* 数据的多项式拟合

使用多项式函数时要注意，R^2 会随着多项式阶数的增加而不断增加。也就是说，三阶多项式将提供比二阶多项式更好的拟合，以此类推。高阶多项式通常不会很平滑，并且很难从外观来解释。因此，我们不建议在拟合数据时超出三阶多项式。需要认真观察，才能作出正确的判断。

当然，要使用的正确模型取决于数据的范围。如图 7-3 所示，原油价格在 2007 年初之前相对稳定，之后开始快速上涨。如果包含了早期数据，长期的函数关系可能无法准确表达短期趋势。例如，仅对从 2007 年 1 月开始的数据进行模型拟合，会产生以下模型：

指数函数： $y = 50.56\,e^{0.044x}$ $\qquad\qquad\qquad\qquad$ $R^2 = 0.969$

多项式（二阶）函数： $y = 0.121x^2 + 1.23x + 53.48$ $\qquad$ $R^2 = 0.968$

线性函数： $y = 3.55x + 45.76$ $\qquad\qquad\qquad\qquad$ $R^2 = 0.944$

预测结果的差异有时很大。例如，预测最后一个数据点（$x = 36$）后 6 个月的价格，对于所有数据，使用三阶多项式拟合的结果为 172.25 美元，而对于仅包含最近数据的指数模型结果为 246.45 美元。所以应该选择适当数量的数据进行分析。那么问题就成了为模型选择最佳的假设。假设价格会呈指数增长，或者可能以较慢的速度增长（如线性模型拟合），又或者趋于平稳后开始下降？显然，历史趋势以外的因素会影响这一选择。在 2008 年下半年之后，油价开始暴跌。所以，所有预测模型都是有风险的。

检验你的学习成果

（1）说明预测分析中使用的常见数学函数类型及特点。

（2）说明如何在 Excel 中使用趋势线工具。

（3）R^2 用来测量什么？

实践分析：宝洁使用预测趋势线模型[①]

宝洁（P&G）洗衣产品是包括汰渍、达诗和格尼在内的全球家用品牌。它的产品以不同的形式提供，包括粉末、液体、片剂等。这些产品在 30 多个工厂生产，销往全球 150 多个国家和地区。多年来，由于业务扩展、原料成本和市场快速变化以及竞争加剧等挑战，洗衣产品配方（由化学混合物的成分组成）的设计变得更加复杂。

宝洁的研究机构在建模工具的开发和应用领域走在行业前列，这使得公司能够对产品配方、加工和生产作出可靠的决定。其中包括使用简单线性回归预测产品生产过程中的化学反应，以及使用中的产品物理特性、产品的性能，甚至消费者的认可率。这些工具使研究人员能够即时预测产品的物理特性和性能，整合多种模型，并通过预测性与规范性分析能力来平衡生产中的权衡取舍。宝洁使用的预测模型有三阶多项式函数，用于捕捉混合物的两种特性：去污性和白度。例如，污渍去除指数（SRI）影响去污性能，其形式如下：$SRI = C_0 + C_1v_1 + C_2v_2 + C_3v_1v_2 + \cdots$。其中，系数 C_i 和 v_i 表示设计变量，如洗涤浓度和洗涤条件（如温度）。

① Adapted from Nats Esquejo，Kevin Miller，Kevin Norwood，Ivan Oliveira，Rob Pratt，and Ming Zhao，"Statistical and Optimization Techniques for Laundry Portfolio Optimization at Procter & Gamble，" *Interfaces*，Vol. 45，No. 5，September–October 2015，pp. 444–461.

7.2 简单线性回归

回归分析是一种建立数学和统计模型的工具，用于描述因变量（必须是比率变量，而不是分类变量）和一个或多个独立或解释变量之间的关系，所有这些变量都是数值型的（包括比率或分类变量）。

商务环境中经常使用两大类回归模型：（1）横截面数据回归模型；（2）时间序列数据回归模型。其中，自变量是时间或表示时间的函数，目的是预测未来。时间序列数据回归模型是预测中的一个重要工具。

仅涉及单个自变量的回归模型称为简单回归。涉及两个或多个自变量的回归模型称为多元回归。在本章的剩余部分，我们将学习如何开发和分析简单和多元回归模型。

简单线性回归需要找到一个自变量 X 和一个因变量 Y 之间的线性关系。两个变量之间的关系可以有多种形式，如图7-5所示。这种关系可能是线性的，也可能是非线性的，也可能根本无关。因为我们的讨论集中在线性回归模型上，所以需要先验证关系是线性的，如图7-5（a）所示。我们只是想验证一般关系是线性的，而不是看到数据全部落在一条直线周围。如果关系明显是非线性的，如图7-5（b）所示，则需要使用替代方法。如果没有明显的关系，如图7-5（c）所示，则可以认为开发线性回归模型是没有意义的。

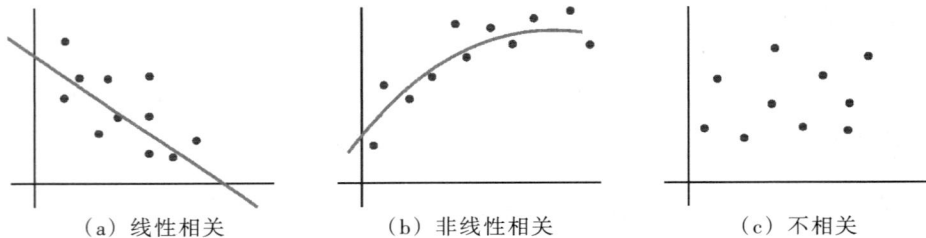

| （a）线性相关 | （b）非线性相关 | （c）不相关 |

图7-5　变量相关性的示例

示例7.3　　　　　　　房屋市场价值数据

房屋的市场价值通常与建筑面积有关。在 Excel 文件 *Home Market Value*（见图7-6）中，审计师获得的数据提供了某地房屋的面积、房龄和市场价值的信息，我们来尝试研究市场价值和房屋面积之间的关系。自变量 X 表示面积（平方英尺数），因变量 Y 表示市场价值（美元）。

	A	B	C
1	Home Market Value		
2			
3	House Age	Square Feet	Market Value
4	33	1,812	$90,000.00
5	32	1,914	$104,400.00
6	32	1,842	$93,300.00
7	33	1,812	$91,000.00
8	32	1,836	$101,900.00
9	33	2,028	$108,500.00
10	32	1,732	$87,600.00

图7-6　*Home Market Value* 部分数据

图7-7显示了与房屋面积有关的市场价值图。总的来说，我们看到房屋面积越大，市场价值越高，两者之间接近线性关系。因此，我们可以得出结论，简单线性回归对于预测基于房屋面积的市场价值是一个比较恰当的技术。

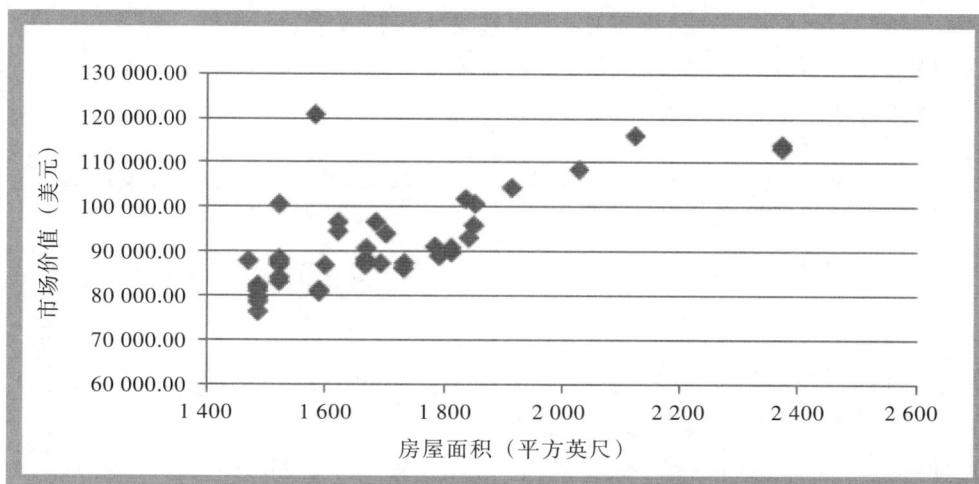

图7-7　房屋市场价值与面积的散点图

7.2.1　寻找最佳拟合回归线

简单线性回归的思想是用一个简单的线性方程表示自变量 X 和因变量 Y 之间的关系，表示为：

$Y = a + bX$

其中，a 是直线在 y 轴上的截距，b 是直线的斜率。以房屋市场价值为例，表示为：

市场价值 $= a + b \times$ 房屋面积

如果根据数据画一条直线，有的点落在直线的上方，有的点落在直线的下方，有的点落在直线上，图 7-8 显示了通过这些数据的两条可能的直线。显然，直线 A 的拟合度比直线 B 更好，因为所有数据点都更接近这条线，而且这条线似乎在数据中间。这两条线的区别是斜率和截距的值，因此，我们需要确定最佳拟合直线的斜率和截距值。可以使用 Excel 趋势线工具（选择线性选项）找到最佳拟合线，如本章前面内容所述。

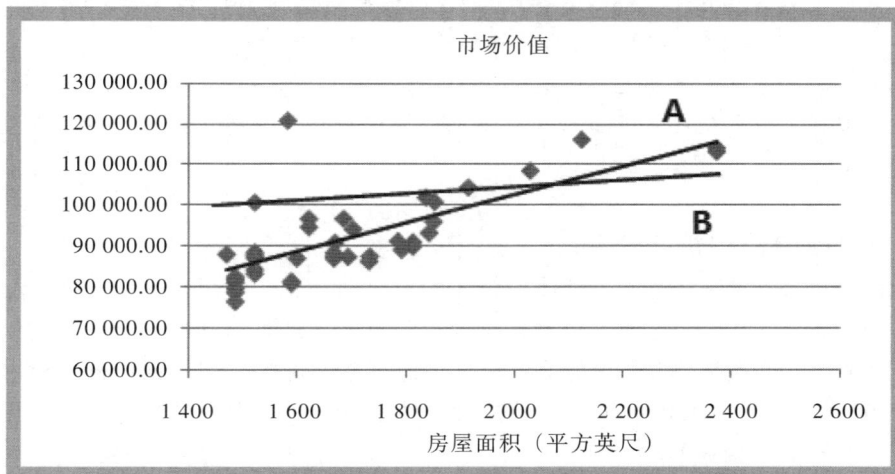

图7-8　两条可能的回归线

示例7.4 　　　　　　　　　　**使用 Excel 求解最佳回归线**

　　在房屋市场价值的示例中使用趋势线工具进行简单线性回归时，需要选择线性选项，这也是使用该工具时的默认选项。图7-9显示了最佳拟合回归线。等式为：

　　市场价值 = 32 673 美元 + 35.036 美元 × 房屋面积（平方英尺）

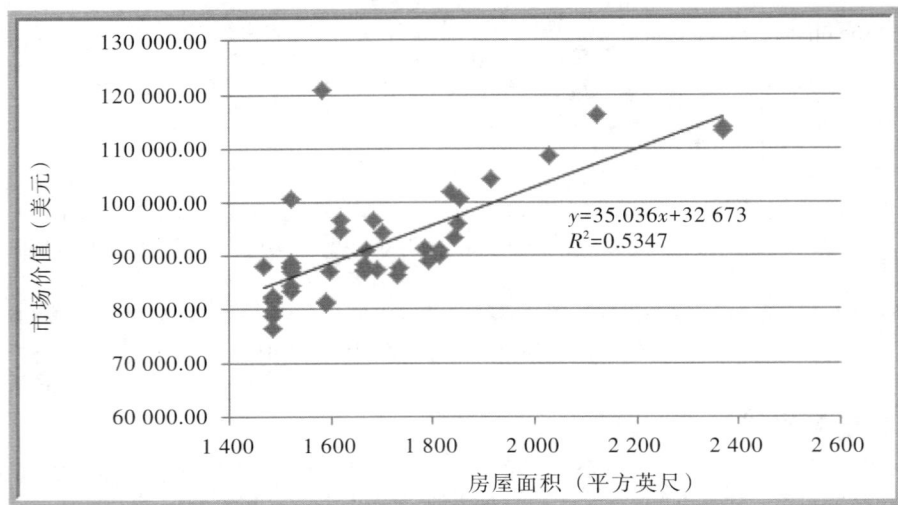

图7-9　最佳拟合的简单线性回归线

　　关于回归线的值解释如下：假设需要估计总体中任何一套房子的市场价值，如果只知道市场价值，那么对任何一套房子市场价值的最佳估计就是样本均值，即 92 069 美元。所以，无论这套房子的面积是 1 500 平方英尺还是 2 200 平方英尺，其市场价值的最佳估值都是 92 069 美元。由于市场价值从 7.5 万美元到 12 万美元不等，所以用平均值作为估计值有很大的不确定性。观察散点图可以发现，较大的房屋往往具有较高的市场价值。如果知道一套房子有 2 200 平方英尺，我们预计其市场价值会比只有 1 500 平方英尺的房子高。例如，一套 2 200 平方英尺的房子的估计市场价值可以表示为：

　　市场价值 = 32 673 美元 + 35.036 美元 × 2 200 平方英尺 = 109 752 美元

　　而一套 1 500 平方英尺的房子的估计市场价值可以表示为：

　　市场价值 = 32 673 美元 + 35.036 美元 × 1 500 平方英尺 = 85 227 美元

　　回归模型将市场价值的差异解释为房屋面积的函数，并提供了比仅使用样本数据的平均值更好的估计。

7.2.2　使用回归模型进行预测

　　如示例7.4所示，一旦确定了最佳拟合线的斜率和截距，就可以为自变量 X 代入一个值来预测因变量 Y。但是，把回归模型外推到观测范围之外是错误的。例如，如果你想预测一个 3 000 平方英尺房子的市场价值，结果可能是不准确的，因为回归模型没有使用任何大于 2 400 平方英尺的观测数据。在不能确定线性外推是否成立的情况下，使用模型来进行这样的预测是不合理的。

7.2.3　最小二乘回归

最佳拟合回归线的数学基础称为**最小二乘回归**。在回归分析中，我们假设样本数据中因变量 Y 的值是从自变量 X 的每个值对应的某个未知总体中抽取的。例如，在房屋市场价值数据中，第1个和第4个观察结果来自面积为 1 812 平方英尺的住宅总体，第2个观察结果来自面积为 1 914 平方英尺的住宅总体等。

我们假设存在一个线性关系，对于每个 X 值，Y 的期望值是 $\beta_0+\beta_1 X$。系数 β_0 和 β_1 是总体参数，分别表示总体的截距和斜率，从这个总体中可以得到一个观察样本。截距是 $X=0$ 时 Y 的平均值，斜率是 X 变化一个单位时 Y 的平均值变化量。

因此，对于一个特定的 X 值，有很多可能的 Y 值围绕着均值变化。为了解释这一点，我们在平均值中加上一个误差项 ε（希腊字母 epsilon）。这样就定义了一个简单的线性回归模型：

$$Y = \beta_0 + \beta_1 X + \varepsilon \tag{7.1}$$

因为我们不知道总体，所以我们并不知道 β_0 和 β_1 的真实值。在实践中，我们需要从样本数据中尽可能地估计出这些值。将 b_0 和 b_1 定义为 β_0 和 β_1 的估计值。所以，估计值的简单线性回归方程可以表示为：

$$\hat{Y} = b_0 + b_1 X \tag{7.2}$$

设 X_i 为第 i 次观测的自变量的值。当自变量的值为 X_i 时，Y 的估计值是 $\hat{Y_i}= b_0 + b_1 X_i$。

量化每个点与回归方程之间关系的一种方法是测量它们之间的垂直距离，如图7-10所示。我们可以把这些差异看作观测误差（通常称为**残差**），这与使用回归线估计因变量的值有关。因此，与第 i 次观测相关的误差为：

$$e_i = Y_i - \hat{Y}_i \tag{7.3}$$

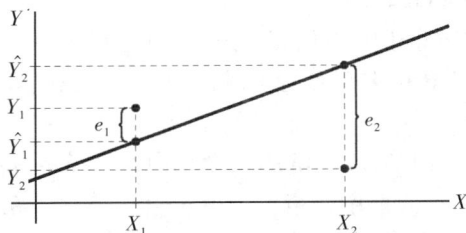

图7-10　测量回归模型的误差

最佳拟合线应该使这些误差在某种程度上最小化。因为有些误差是负的，有些是正的，我们可以取它们的绝对值或平方。在数学上，用误差的平方来计算比较容易。将误差的平方相加，得到如下函数：

$$\sum_{i=1}^{n} e_i^2 = \sum_{i=1}^{n}\left(Y_i - \hat{Y}_i\right)^2 = \sum_{i=1}^{n}\left(Y_i - \left[b_0 + b_1 X_i\right]\right)^2 \tag{7.4}$$

如果找到使观测误差 e_i 平方和（称为"最小二乘法"）最小的斜率和截距的最佳值，就能找到最佳拟合的回归线。注意，X_i 和 Y_i 是样本数据的值，b_0 和 b_1 是公式（7.4）中的未知数。利用微积分，可以证明使观测误差平方和最小的解是：

$$b_1 = \frac{\sum_{i=1}^{n} X_i Y_i - n\overline{X}\,\overline{Y}}{\sum_{i=1}^{n} X_i^2 - n\overline{X}^2} \tag{7.5}$$

$$b_0 = \overline{Y} - b_1\overline{X} \tag{7.6}$$

尽管最小二乘系数的计算看起来有些复杂，但它们可以很容易地在 Excel 电子表格上执行。更方便的是，Excel 具有执行此操作的内置功能。例如，可以使用函数 INTERCEPT（*known_y's*，*known_x's*）和 SLOPE（*known_y's*，*known_x's*）来找到最小二乘系数 b_0 和 b_1。也可以使用 Excel 函数 TREND（*known_y's*，*known_x's*，*new_x's*）来估计任何 X 值对应的 Y 估计值。

示例 7.5   用 Excel 函数求最小二乘系数

在 Excel 文件 *Home Market Value* 中，因变量 Y（市场价值）的范围为 C4：C45，自变量 X（房屋面积）的范围为 B4：B45。Excel 公式 =INTERCEPT（C4：C45，B4：B45），得到 $b_0 = 32\,673$；使用 Excel 公式 =SLOPE（C4：C45，B4：B45），得到 $b_1 = 35.036$，如示例 7.4 所示。斜率告诉我们，房屋面积每增加 1 平方英尺，市场价值将增加 35.036 美元。使用趋势函数，我们可以估计 1 750 平方英尺的房子的市场价值，Excel 公式 = TREND（C4：C45，B4：B45，1750）= 93 987（美元）。

现在我们已经找到了观测数据的最佳拟合线。然而，从统计学的角度来看，回归分析还有很多工作要做。因为我们使用的是样本数据，通常是很小的样本，与整体相比，数据有很多不同。所以，理解一些与回归分析相关的统计特征是很重要的。

7.2.4 Excel 中的简单线性回归

回归分析软件工具在 Excel 中提供了关于回归分析统计特性的多样化信息。Excel 的 *Regression* 工具可用于简单和多元线性回归。现在，我们将该工具用于简单的线性回归。

在 *Data* 选项卡下 *Analysis* 组的 *Data Analysis* 菜单中，选择 *Regression* 工具。弹出如图 7-11 所示的对话框。在输入 Y 范围的框中，指定因变量值的范围。在输入 X 范围的框中，指定自变量值的范围。如果数据范围包含描述性标签，请点击 *Lables*（强烈建议使用）。可以选择强制截距为零，但是，通常添加截距项可以更好地拟合数据。可以设置置信水平（通常使用默认值 95%）来为截距和斜率参数提供置信区间。在 *Residual* 部分，你可通过勾选 *Residuals*，*Standardized Residuals*，*Residual Plots* 和 *Line Fit Plots* 的框来获得残差结果表。*Residual Plots* 为每个自变量与残差生成图表，*Line Fit Plots* 生成散点图，其中包含回归模型预测的值（创建带有添加趋势线的散点图在视觉上优于此工具）。最后，可以选择让 Excel 为因变量构建一个正态概率图，它可转换累积概率标度（垂直轴），使累积正态分布的图形成为一条直线。点离直线越近，对正态分布的拟合越好。

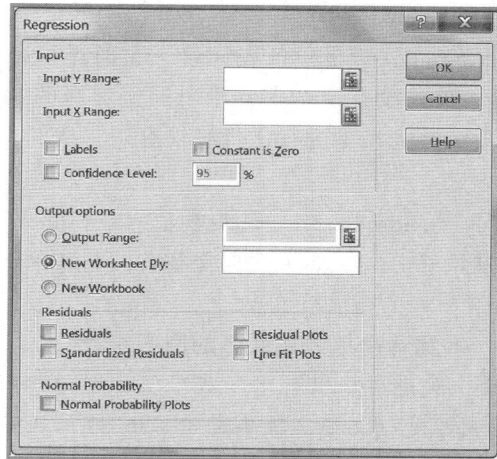

图7-11　Excel *Regression* 工具对话框

图 7-12 显示了 Excel 回归工具为 *Home Market Value* 数据提供的基本回归分析输出结果。输出结果由三个部分组成：回归统计（第 3~8 行）、ANOVA（第 10~14 行）和底部的未标记部分（第 16~18 行）以及其他统计信息。斜率和截距的最小二乘估计位于输出底部的系数列中。

	A	B	C	D	E	F	G
1	Regression Analysis						
2							
3	*Regression Statistics*						
4	Multiple R	0.731255223					
5	R Square	0.534734202					
6	Adjusted R Square	0.523102557					
7	Standard Error	7287.722712					
8	Observations	42					
9							
10	ANOVA						
11		*df*	*SS*	*MS*	*F*	*Significance F*	
12	Regression	1	2441633669	2441633669	45.97236277	3.79802E-08	
13	Residual	40	2124436093	53110902.32			
14	Total	41	4566069762				
15							
16		*Coefficients*	*Standard Error*	*t Stat*	*P-value*	*Lower 95%*	*Upper 95%*
17	Intercept	32673.2199	8831.950745	3.699434116	0.000649604	14823.18178	50523.25802
18	Square Feet	35.03637258	5.16738385	6.780292234	3.79802E-08	24.59270036	45.48004481

图7-12　*Home Market Value* 的基本回归分析输出结果

在回归统计部分，*Multiple R* 是样本相关系数 r 的别称，这一点在第 4 章中介绍过。*Multiple R* 的取值范围为 -1~1，其中符号由回归线斜率的符号决定。*Multiple R* 值大于 0 表示正相关，即随着自变量增加，因变量也增加；小于 0 表示负相关，X 增大时 Y 减小；等于 0 则表明无相关性存在。

R 的平方（R^2）称为**决定系数**。之前我们注意到，R^2 是对回归线与数据拟合程度的度量，该值也由趋势线工具提供。具体来说，R^2 给出了由回归模型的自变量解释的因变量。R^2 的值介于 0 和 1 之间。值为 1 表示完美拟合，所有数据点都位于回归线上，而值为 0 表示不存在关系。虽然我们希望 R^2 的值高一些，但很难指定表示强关系的"好"值，因为这取决于实际的应用。例如，在校准物理测量设备等科学应用中，预计 R^2 值接近 1。在营销研究中，0.6 以上的 R^2 被认为非常好。然而，在许多社会科学应用中，0.3 以上的 R^2 可以被认为是可信的。

调整后的 R^2（adjusted R square）是一种统计量，它通过结合样本量和模型中解释变量的数量来修正 R^2 的值。尽管它没有像 R^2 那样给出模型解释的实际变化百分比，但在将此模型与包含其他解释变量的其他模型进行比较时很有用。我们将在本章后面的多元线性回归的背景下更全面地讨论它。

Excel 输出中的*标准误*（standard error）是观察值（y-value）与预测值（$\hat{Y}$）的差值，它正式的名称为**估计的标准误**——S_{yx}。如果数据聚集在回归线附近，则标准误小；如果数据分散，则标准误大。

示例 7.6　　　　　　　　　**解释简单线性回归的回归统计**

运行 Excel 回归工具后，首先要求出斜率和截距值，即回归模型中估计的 b_1 和 b_0。在房屋市场价值的例子中，截距是 32 673，斜率是 35.036，$R^2 = 0.5347$。这意味着大约 53% 的市场价值变化可以用房屋面积来解释。其余的变化是由于模型中未包含的其他因素造成的，标准误的估计值为 7 287.72 美元。如果将其与市场价值的标准差（10 553 美元）进行比较，我们会看到回归线附近的变化 7 287.72 美元小于样本均值附近的变化 10 553 美元，回归模型中的自变量解释了这些变化。

7.2.5　使用方差进行回归分析

方差分析（ANOVA）通过 F 检验（联合假设检验）以确定由特定因素（如样本均值的差异）引起的差异是否显著大于由误差引起的差异。方差分析通常应用于检验回归的显著性。对于简单线性回归模型，**回归的显著性**仅仅是对回归系数 b_1（自变量斜率）是否为零的假设检验：

$$H_0: \beta_1 = 0$$
$$H_1: \beta_1 \neq 0 \tag{7.7}$$

如果拒绝原假设，那么可以得出结论，自变量的斜率不为零，所以在解释因变量围绕均值变化的意义上具有统计显著性。我们无须担心 F 值是如何计算的数学细节，甚至不必过于关注其具体数值，因为该工具并未提供检验的临界值。重要的是*显著性 F 值*，即 F 检验的 p 值。如果 F 小于显著性水平（通常为 0.05），我们将拒绝原假设。

示例 7.7　　　　　　　　　　　**解释回归显著性**

在房屋市场价值的示例中，方差分析检验显示在图 7-12 的第 10 至 14 行。显著性 F，即 F 检验的 p 值接近于 0（3.798×10^{-8}）。

$$H_0: \beta_1 = 0$$
$$H_1: \beta_1 \neq 0$$

因此，假设显著性水平为 0.05，必须拒绝原假设并得出斜率不为零的结论。这意味着在解释房屋市场价值的变化时，房屋面积在统计上是一个重要的变量。

7.2.6　检验回归系数的假设

Excel 输出的第 17 至 18 行除了指定最小二乘系数外，还提供了用于检验与截距和斜率相关的假设的附加信息。具体来说，我们可以检验 β_0 或 β_1 等于零的原假设。通常，除非截距在上下文中具有重要的物理意义，否则测试或解释 $\beta_0 = 0$ 的假设几乎没有意义。对于简单线性回归，原假设 H_0: $\beta_1 = 0$ 的检验与前面描述的回归检验的显著性相同。

斜率的 t 检验类似于均值的单样本检验，可以表示为：

$$t = \frac{b_1 - 0}{\text{标准误}} \tag{7.8}$$

该值显示在 Excel 输出结果的 t $Stat$ 列中。虽然输出结果未提供 t 分布的临界值，但会给出检验的 p 值。

示例 7.8　　　　　　　　解释回归系数的假设检验

在 *Home Market Value* 的示例中，我们注意到 t $Stat$ 值是通过使用公式（8.8）将系数除以标准误差计算出来的。例如，t $Stat$ 值的斜率是 35.03637258/5.16738385 = 6.780292232。因为 Excel 没有提供用来比较 t $Stat$ 值的临界值，我们可以使用 p 值来得出结论。因为这两个系数的 p 值基本为零，于是可以得出，两个系数在统计上都不为零。注意，与斜率系数检验相关的 p 值（房屋面积的平方英尺数）等于显著性 F 值。对于只有一个自变量的回归模型，这总是适用的，因为它是唯一的解释变量。然而，正如我们将要看到的，这对于多元回归模型来说并非如此。

7.2.7　回归系数的置信区间

置信区间（输出结果中的 "Lower 95%" 和 "Upper 95%" 值）提供了真实回归系数的未知范围信息，并考虑了抽样误差的影响。这些信息告诉我们在 95% 置信水平下总体截距和斜率的范围。通过使用模型参数的置信区间限制，我们可以确定使用模型的估计值可能会有多大变化。

置信区间也可以用来检验回归系数的假设。例如，在图 7-12 中，两个置信区间都不包括零。我们可以得出结论，β_0 和 β_1 在统计上不等于零。类似地，可以用它们来检验回归系数不为零的假设。例如，测试假设：

H_0: $\beta_1 = B_1$

H_1: $\beta_1 \neq B_1$

我们只需要检查 B_1 是否在斜率的置信区间内。如果没有，则拒绝原假设；否则不拒绝原假设。

示例 7.9　　　　　　　　解释回归系数的置信区间

对于房屋市场价值的数据，截距的 95% 置信区间为 [14 823，50 523]。同样，斜率的 95% 置信区间为 [24.59，45.48]。回归模型是 $\hat{Y} = 32\,673 + 35.036X$，但置信区间表明使用该模型进行预测有一点不确定性。所以，虽然我们估计 1 750 平方英尺的房子市值为：32 673 + 35.036×1 750 = 93 986（美元），如果真实总体参数处于置信区间的极值，估计可能会低至 57 856 美元（14 823 + 24.59×1 750）或高达 130 113 美元（50 523 + 45.48×1 750）。更窄的置信区间为预测提供了更高的准确性。

检验你的学习成果

（1）什么是回归分析？简单回归和多元回归有什么区别？

（2）如何确定简单线性回归在当前条件下是否适合使用？

（3）为什么简单线性回归能比简单地使用因变量的样本均值提供更好的预测结果？

（4）解释最小二乘回归的基本概念。

（5）阐述如何解读 Excel 的 *Regression* 工具的结果。

7.3　残差分析与回归假设

残差是观测误差，它是实际值与使用回归方程因变量的估计值之间的差异。Excel 回归工具生成的部分残差表如图7-13所示。残差输出结果包括使用估计回归方程计算出的预测值、残差和标准残差。残差是因变量的实际值与预测值之间的差，即 $Y_i - \hat{Y}_i$。Excel 工具生成的残差图如图7-14所示。该图实际上是残差与自变量值的散点图，自变量值位于 x 轴上。

	A	B	C	D
22	RESIDUAL OUTPUT			
23				
24	*Observation*	*Predicted Market Value*	*Residuals*	*Standard Residuals*
25	1	96159.12702	-6159.127018	-0.855636403
26	2	99732.83702	4667.162978	0.64837022
27	3	97210.2182	-3910.218196	-0.543214164
28	4	96159.12702	-5159.127018	-0.716714702
29	5	96999.99996	4900.00004	0.680716341

图7-13　部分残差输出结果

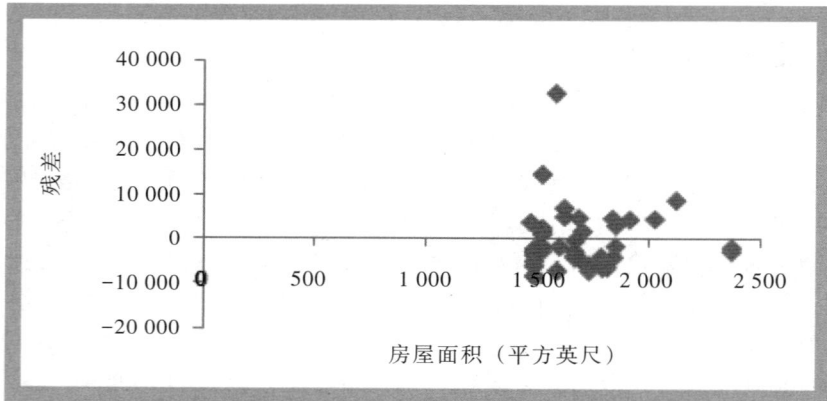

图7-14　房屋面积的残差图

标准残差是残差除以标准差。标准残差以标准差为单位，描述每个残差与其平均值的距离（类似于标准正态分布的 z 值）。标准残差在检验回归分析的假设和可能导致结果偏差的异常值时很有用，这点我们很快就会讲到。我们知道，异常值是一个与其他数据不同的极端值，单个异常值可以显著改变回归方程，影响斜率和截距，从而改变它们在实践中的解释和应用方式。有些人将±2个标准差之外的标准残差视为异常值，更保守的经验法则是考虑将±3个标准差之外的标准残差视为异常值（商业软件包有更复杂的技术来识别异常值）。

示例 7.10　　　　　　　　　　　　　解释残差输出结果

在 *Home Market Value* 的数据中，第一个观察值是9万美元，回归模型预测为96 159.13美元，残差是 – 6 159.13美元（90 000 – 96 159.13），残差的标准差计算结果为7 198.299。通过用残差除以这个值，得到第一个观察值的标准残差。– 0.8556这个值告诉我们，第一个观察值在回归线下方约0.85个标准差。如果检查所有标准残差的值，会发现最后一个数据点的值为4.53，这意味着只有1 581平方英尺的房屋的市场价值比预测值高出4个标准差以上，会被识别为异常值（如果再返回观察图7-7，可以发现这个点的数据与其他部分有很大的不同）。

　　你可能会质疑这个观察值是否属于那些数据，因为虽然房屋面积相对较小，但价值却很高，原因可能是它有室外游泳池或占有异常大的土地面积。这个值会影响回归结果，可能不能代表附近的其他房屋，可以考虑放弃这个观察值，重新使用回归模型。

检验假设

　　与回归分析相关的统计假设检验是基于对数据的一些关键假设。

　　（1）*线性*。这通常通过检查数据的散点图或残差图来验证。如果模型是合适的，那么残差看起来应该是在零附近随机分散的。如果残差显示出规则的图形，比如线性或抛物线形状，那么很有可能一些其他的函数形式更适合该数据。

　　（2）*正态误差*。回归分析假设每个 X 值的误差是正态分布的，其均值为零。这可以通过检查标准残差的直方图和钟形分布，或使用更正式的拟合优度测试来验证。在小样本量的情况下，通常很难评估正态性。然而，回归分析对于偏离正态性的情况是相当稳健的。所以在大多数情况下，这不是一个严重的问题。

　　（3）*方差齐性*。第三个假设是**方差齐性**。这意味着回归线的变化对于自变量的所有值是恒定的，这也可以通过检查残差图并寻找自变量不同值处方差的较大差异来评估。要仔细观察残差图，在许多应用中，模型源自有限的数据，无法对不同的 X 值进行多次观测，这使得很难得出方差齐性的明确结论。如果违反了这个假设，应该使用除最小二乘以外的技术来估计回归模型。

　　（4）*误差独立性*：残差对于自变量的每个值应该是独立的。对于截面数据，这种假设通常不成问题。但是，当时间是自变量时，这是一个重要的假设。如果连续的观察结果是相关的，如随着时间的推移而变得更大或者表现出周期性的模式，那么这个假设就被违背了。随着时间的推移，连续观测值之间的相关性被称为**自相关**，可以通过具有相同符号残差簇的残差图来识别。自相关可以使用一种基于 Durbin-Watson 统计量的统计检验来更正式地评估，可表示为：

$$D = \frac{\sum_{i=2}^{n}\left(e_i - e_{i-1}\right)^2}{\sum_{i=1}^{n} e_i^2} \qquad (7.9)$$

　　这是连续残差的平方差与所有残差的平方和的比率。D 的取值范围是 0~4。当连续的残差呈正自相关时，D 将趋于 0。根据样本量和自变量的数量，将统计的临界值制成表格，我们可以得出结论：可能存在自相关证据，可能没有自相关证据，或者测试是非结论性的。在大多数实际用途中，小于 1 的值表示自相关，介于 1.5 到 2.5 之间的数值表示不存在自相关，大于 2.5 则为负自相关。在预测中使用回归时，这可能成为一个问题，我们将在下一章讨论。一些软件包可计算这个统计数据，而 Excel 则没有这个功能。

　　当违反回归假设时，从假设检验得出的统计推断可能无效。因此，在对回归模型进行推论和假设检验之前，我们应该检查这些假设。除了线性之外，这些假设并非仅用于模型拟合和估计的目的。

示例 7.11　　　　　　检验房屋市场价值数据的回归假设

　　线性：房屋市场价值数据的散点图呈线性，查看图 7-14 中的残差图，也能确认残差

不是线性的。

正态误差：图7-15显示了市场价值数据的标准残差直方图，分布似乎有一定程度的正偏态（尤其是在异常值方面），似乎没有严重偏离正态，尤其是在样本量很小的情况下。

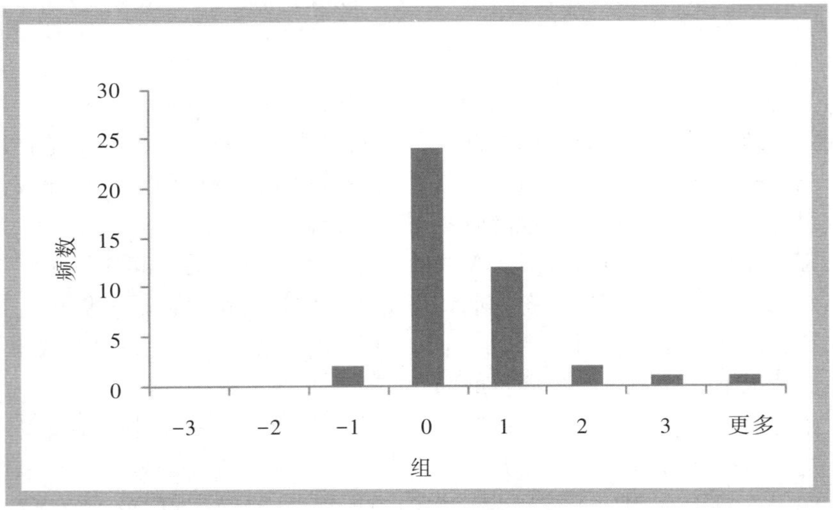

图7-15　标准残差直方图

方差齐性：在图7-14的残差图中，不同X值的数据分布没有特别大的差异，尤其是在消除异常值的情况下。

误差独立性：因为数据是横截面的，我们可以假定这个假设成立。

检验你的学习成果

（1）什么是标准残差，如何使用它们？

（2）解释回归分析的假设。

（3）如何检验回归分析的假设？

7.4　多元线性回归

许多高校试图根据几个特征预测学生的表现。在Excel文件 *Colleges and Universities*（见图7-16）中，假设我们希望根据其他变量（中位数SAT分数、录取率、学费以及高中班级前10%学生比例（TOP10%HS））来预测毕业率。可以合理地推测，学生SAT分数较高、录取率较低、预算较充足且高中班级前10%学生比例较高的学校，往往能留住更多学生并使其顺利毕业。

	A	B	C	D	E	F	G
1	**Colleges and Universities**						
2							
3	**School**	**Type**	**Median SAT**	**Acceptance Rate**	**Expenditures/Student**	**Top 10% HS**	**Graduation %**
4	Amherst	Lib Arts	1315	22%	$ 26,636	85	93
5	Barnard	Lib Arts	1220	53%	$ 17,653	69	80
6	Bates	Lib Arts	1240	36%	$ 17,554	58	88
7	Berkeley	University	1176	37%	$ 23,665	95	68
8	Bowdoin	Lib Arts	1300	24%	$ 25,703	78	90
9	Brown	University	1281	24%	$ 24,201	80	90

图7-16　Excel文件 *Colleges and Universities* 的部分数据

具有多个自变量的线性回归模型称为多元线性回归模型。简单线性回归只是多元线性回归的一种特殊情况。多元线性回归模型的形式为：

$$Y = \beta_0 + \beta_1 X_1 + \beta_2 X_2 + \cdots + \beta_k X_k + \varepsilon \tag{7.10}$$

其中，Y 为因变量，X_1，$\cdots$，X_k 为自变量（解释变量），β_0 为截距项，β_1，$\cdots$，β_k 为自变量的回归系数，ε 为误差项。

与简单线性回归相似，我们估计偏回归系数 b_0，b_1，b_2，$\cdots$，b_k，然后使用模型：

$$\hat{Y} = b_0 + b_1 X_1 + b_2 X_2 + \cdots + b_k X_k \tag{7.11}$$

我们来预测因变量的值。当相关的自变量增加一个单位而其他所有自变量的值保持不变时，偏回归系数代表因变量的预期变化。就预测大学生表现的数据而言，提出的模型是：

毕业率% = $b_0 + b_1$SAT + b_2录取率 + b_3学费 + b_4TOP10%HS

因此，b_2 表示在其他变量不变的情况下，录取率每增加一个单位时毕业率的估计变化。

与简单线性回归一样，多元线性回归使用最小二乘来估计截距和斜率系数，使所有观测值误差的平方和最小，简单线性回归的主要假设在这里也成立。Excel 回归工具可以进行多元线性回归，只需要在对话框中指定自变量数据的完整范围。使用该工具时需要注意的一点是：电子表格中的自变量必须位于连续的列中。所以，在应用该工具之前，需要手动移动数据列。

Regression 工具的结果与我们看到的简单线性回归的格式相同。但也存在一些关键的差异。在多元回归里，*Multiple R* 和 *R* 的平方（或 R^2）称为**多元相关系数**和**多元决定系数**，它们表明了因变量和自变量之间的关联强度。与简单线性回归相似，R^2 表示模型中的自变量集所能解释的因变量变化的百分比。

方差分析部分的解释与简单的线性回归有很大的不同。对于多元线性回归，方差分析测试整个模型的显著性。也就是说，它通过计算一个 F 统计量（*F-statistic*）来检验假设。

H_0：$\beta_1 = \beta_2 = \cdots = \beta_k = 0$

H_1：至少有一个 β_j 不为 0

原假设指出因变量与任何自变量之间不存在线性关系，而备择假设指出因变量与至少一个自变量存在线性关系。如果拒绝原假设，就不能得出每个独立变量都存在关系的结论。

多元线性回归输出还提供信息以检验每个单独回归系数的假设。具体来说，我们可以检验 β_0（截距）或任何 β_i 为零的原假设。如果我们拒绝自变量 i 的斜率为零且 H_0：$\beta_i = 0$ 的原假设，可以说自变量 i 在回归模型中是显著的。也就是说，它有助于减少因变量的变化，提高模型更好地预测因变量的能力。但是，如果不能拒绝 H_0，那么该自变量不显著，可能不应该被纳入模型。在下一节中，我们将看到如何使用这些信息来确定最佳模型。

最后，多元回归模型会为每个自变量生成残差图，这可以使你评估回归的线性和方差齐性假设。

示例 7.12　　　　　　　　　解读高校数据的回归结果

高校数据的多元回归结果如图 7-17 所示。由 *Coefficients* 部分可知，该模型为：

毕业率% = 17.92 + 0.072 SAT − 24.859 录取率 − 0.000136 学费 − 0.163 TOP10% HS

	A	B	C	D	E	F	G
1	SUMMARY OUTPUT						
2							
3	*Regression Statistics*						
4	Multiple R	0.731044486					
5	R Square	0.534426041					
6	Adjusted R Square	0.492101135					
7	Standard Error	5.30833812					
8	Observations	49					
9							
10	ANOVA						
11		*df*	*SS*	*MS*	*F*	*Significance F*	
12	Regression	4	1423.209266	355.8023166	12.62675098	6.33158E-07	
13	Residual	44	1239.851958	28.1784536			
14	Total	48	2663.061224				
15							
16		*Coefficients*	*Standard Error*	*t Stat*	*P-value*	*Lower 95%*	*Upper 95%*
17	Intercept	17.92095587	24.55722367	0.729763108	0.469402466	-31.57087643	67.41278818
18	Median SAT	0.072006285	0.017983915	4.003927007	0.000236106	0.035762085	0.108250485
19	Acceptance Rate	-24.8592318	8.315184822	-2.989618672	0.004559569	-41.61738567	-8.101077939
20	Expenditures/Student	-0.00013565	6.59314E-05	-2.057438385	0.045600178	-0.000268526	-2.77379E-06
21	Top 10% HS	-0.162764489	0.079344518	-2.051364015	0.046213848	-0.322672857	-0.00285612

图7-17 *Colleges and Universities* 数据的多元回归结果

一些系数的符号是有意义的:更高的SAT分数和更低的录取率意味着更高的毕业率。也可以预测,更高的学费和更高的尖子生比例也会对毕业率产生积极的影响。问题可能是因为一些优秀学生的需求更高,如果他们的需求没有得到满足就转校,一些创业学生可能在毕业前追求其他兴趣,或者存在抽样错误。与简单线性回归一样,该模型应仅用于数据范围内的自变量值。

R^2 表明因变量53%的变异可由这些自变量解释。这意味着模型中未包含的其他因素(如校园生活条件、社交机会等)也可能会影响毕业率。

根据ANOVA分析结果,我们可检验回归的显著性。在5%的显著性水平下,由于显著性F值趋近于零,我们拒绝原假设。因此可以判定,至少有一个斜率在统计上显著不为零。

观察上一节中自变量的p值可见,所有p值都小于0.05。因此,我们拒绝每个偏回归系数为零的原假设,并判定它们均具有统计显著性。

Excel输出结果的一个残差图如图7-18所示。假设似乎得到了满足,其他残差图(未显示)也验证了这些假设。正态概率图(未显示)也没有表现出任何严重偏离正态的情况。

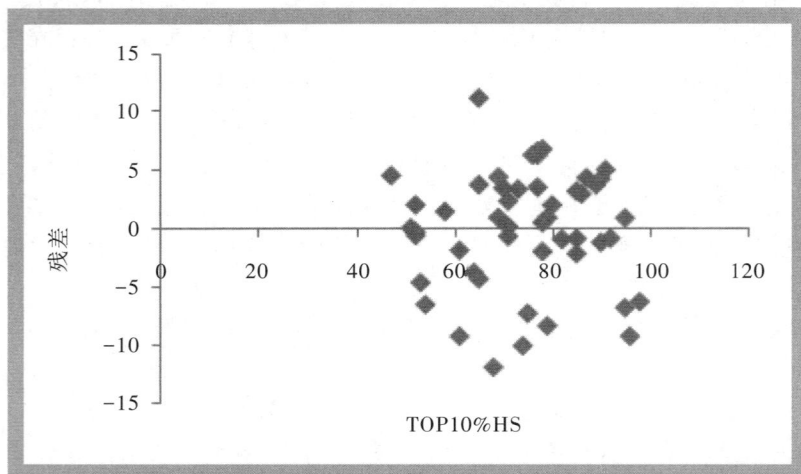

图7-18 TOP10% HS变量的残差图

实践分析：使用线性回归和交互式风险模拟器预测爱玛客的绩效[①]

屡获殊荣的爱玛客（Aramark）品牌是专业服务领域的领跑者，为世界各地的医疗机构、高校、体育场馆和企业提供餐饮服务、设施管理、服装制造。爱玛客的总部位于美国费城，拥有约25.5万名员工，服务22个国家的客户。

爱玛客的全球风险管理部门（GRM）需要一种方法来确定关键业务指标（如员工任期、员工敬业度、员工对业务的熟练度等）和风险指标（如OSHA率、员工赔偿率、客户受伤率），以了解这些风险对业务的影响。GRM还需要一个简单的工具，以便现场操作人员和风险管理团队能够在实施决策之前，利用该工具预测业务决策对风险指标的影响。他们会问的典型问题是，如果增加兼职劳动力的比例，OSHA率会怎样变化？如果操作安全性能提高了，如何影响营业额？

爱玛客拥有大量的历史数据。例如，GRM小组会跟踪OSHA率、滑倒/绊倒/跌倒率、受伤成本和安全标准合规程度等数据。人力资源部会监控营业额和兼职劳动力的百分比。薪资部门会保存平均工资数据。培训和组织发展部收集有关员工敬业度的数据。爱玛客会使用基于Excel的线性回归来确定因变量（如OSHA率、滑倒/绊倒/跌倒率、索赔成本和营业额）与自变量（如兼职劳动力的百分比、平均工资、员工敬业度和安全合规性）。

尽管回归模型提供了爱玛客所需的基本分析支持，但GRM团队还使用了一种新颖的供客户使用的模型。他们开发了"交互式风险模拟器"，这是一种简单的在线工具，允许客户使用与业务指标相对应的交互式滑块来操纵回归模型中自变量的值，并即时在类似于汽车仪表盘的表盘上查看因变量的值（风险指标）。

模拟器的结构如图7-19所示。当用户移动滑块时，仪表会立即更新，显示业务环境的变化如何影响风险指标。这种表示形式易于使用和理解，特别是对于非技术员工而言。

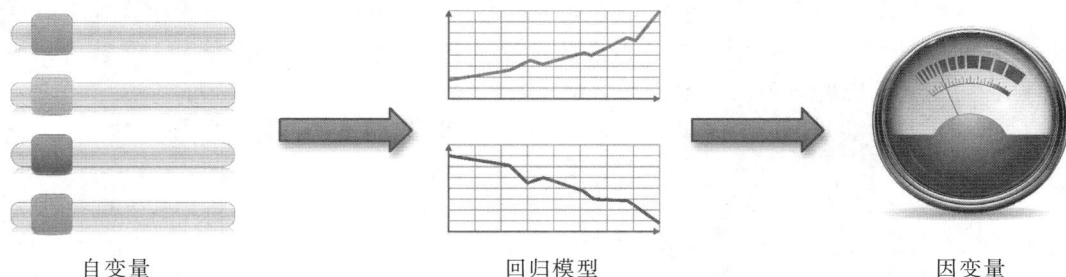

自变量　　　　　回归模型　　　　　因变量

图7-19　交互式风险模拟器的结构

GRM针对组织中不同级别的人员发送了200多项调查，以评估交互式风险模拟器的作用。100%的受访者对"模拟器是否易于使用"的回答是"是"。78%的受访者对"这些模拟器对经营业务和帮助你作出决策有用吗"的回答是"是"。交互式风险模拟器在现场的部署得到了所有业务线领导层的积极反馈和认可，包括一线经理、服务总监、地区经理和总经理。

检验你的学习成果

（1）什么是多元线性回归模型？

（2）如何解释偏回归系数？

① 作者对爱玛客公司决策支持与分析经理约翰·托切克（John Toczek）表示感谢。

（3）对多元线性回归模型，用方差分析检验什么假设？

（4）多元线性回归中的方差分析结果如何用于检验单个回归系数的假设？

7.5 建立最佳的回归模型

在高校数据回归的示例中，通过评估回归分析的 p 值发现所有自变量都是显著的。情况并非总是如此，这产生了如何构建包含"最佳"变量集的良好回归模型的问题。

Excel 文件 *Banking Data* 的部分内容如图 7-20 所示，该文件提供了从不同 ZIP 编码的银行获取的银行账户和客户清单数据。这类信息在为新客户定位广告或为分公司选择地点时是有用的。数据显示了人口年龄中位数、受教育程度中位数、收入中位数、住房价值中位数、家庭财富中位数和平均银行余额。这类信息在为新客户定位广告或为分公司选择位置时是有很大作用的。

	Median Age	Median Years Education	Median Income	Median Home Value	Median Household Wealth	Average Bank Balance
	35.9	14.8	$91,033	$183,104	$220,741	$38,517
	37.7	13.8	$86,748	$163,843	$223,152	$40,618
	36.8	13.8	$72,245	$142,732	$176,926	$35,206
	35.3	13.2	$70,639	$145,024	$166,260	$33,434
	35.3	13.2	$64,879	$135,951	$148,868	$28,162
	34.8	13.7	$75,591	$155,334	$188,310	$36,708

图 7-20 *Banking Data* 的部分内容

图 7-21 显示了用于预测平均银行余额（作为其他变量的函数）的回归分析结果。尽管自变量解释了平均银行余额中 94% 以上的变化，但可以看到，在 0.05 显著性水平下，p 值表明受教育程度和住房价值似乎都不显著。一个好的回归模型应该只包含显著的自变量。但是从模型中添加或删除变量时，并不总是清楚会发生什么，在一个模型中显著（或不显著）的变量在另一个模型中可能不显著（或显著）。所以，不应该考虑一次性删除所有不显著的变量，而应该采取一种更加结构化的方法。

SUMMARY OUTPUT						
Regression Statistics						
Multiple R	0.97309221					
R Square	0.946908448					
Adjusted R Square	0.944143263					
Standard Error	2055.64333					
Observations	102					
ANOVA						
	df	SS	MS	F	Significance F	
Regression	5	7235179873	1447035975	342.4394584	1.5184E-59	
Residual	96	405664271.9	4225669.499			
Total	101	7640844145				
	Coefficients	Standard Error	t Stat	P-value	Lower 95%	Upper 95%
Intercept	-10710.64278	4260.976308	-2.513659314	0.013613179	-19168.61391	-2252.671659
Age	318.6649626	60.98611242	5.225205378	1.01152E-06	197.6084862	439.721439
Education	621.8603472	318.9595184	1.949652891	0.054135377	-11.26929279	1254.989987
Income	0.146323453	0.040781001	3.588029937	0.000526666	0.065373806	0.227273101
Home Value	0.009183067	0.011038075	0.831944635	0.407504891	-0.012727338	0.031093473
Wealth	0.074331533	0.011189265	6.643111131	1.84838E-09	0.052121017	0.096542049

图 7-21 *Banking Data* 的回归分析结果

下面提出一种构建良好回归模型的系统方法：

（1）构建一个包含所有可用自变量的模型，通过检查 p 值来检查自变量的显著性。

（2）识别 p 值最大且超过所选显著性水平的自变量。

（3）从模型中删除步骤 2 中确定的变量（不要同时删除所有 p 值超过 α 的变量，一次只删除一个）。

（4）继续步骤 3 的操作，直到所有变量都是重要的。

从本质上说，这种方法是寻求一种只有显著独立变量的模型。

示例 7.13　　　　　　　　　　确定最佳回归模型

我们将上述方法应用于银行数据示例。第一步是识别最大 p 值超过 0.05 的变量，在本例中，它是房屋价值，我们将其从模型中去除并重新运行回归工具。去除后的结果如图 7-22 所示。现在所有的 p 值都小于 0.05，所以现在看起来是最好的模型。请注意，受教育程度的 p 值（在第一次回归分析中大于 0.05）在去除房屋价值后降至 0.05 以下。这种现象通常出现在存在多重共线性（下一节将讨论）的情况下，同时也强调了不应一次性删除所有具有较大 p 值的变量，否则通常会发生这种现象。

	A	B	C	D	E	F	G
1	SUMMARY OUTPUT						
2							
3	*Regression Statistics*						
4	Multiple R	0.97289551					
5	R Square	0.946525674					
6	Adjusted R Square	0.944320547					
7	Standard Error	2052.378536					
8	Observations	102					
9							
10	ANOVA						
11		*df*	*SS*	*MS*	*F*	*Significance F*	
12	Regression	4	7232255152	1808063788	429.2386497	9.68905E-61	
13	Residual	97	408588992.5	4212257.655			
14	Total	101	7640844145				
15							
16		Coefficients	Standard Error	t Stat	P-value	Lower 95%	Upper 95%
17	Intercept	-12432.45673	3718.674319	-3.343249681	0.001177705	-19812.99587	-5051.917589
18	Age	325.0652837	60.40284468	5.381622098	5.1267E-07	205.1823574	444.9482101
19	Education	773.3800418	261.4330936	2.958233142	0.003886994	254.5077194	1292.252364
20	Income	0.159747379	0.037393587	4.272052794	4.52422E-05	0.085531459	0.233963298
21	Wealth	0.072988791	0.011054665	6.602532898	2.16051E-09	0.051048341	0.094929242

图 7-22　不包含房屋价值的回归结果

在回归模型中加入一个自变量，其结果总是等于或大于原模型的 R^2。即使新的自变量和因变量的关系不大也是如此。因此，试图最大化 R^2 并不是一个有用的准则。评价不同模型相对拟合程度的较好方法是使用调整后的 R^2。调整后的 R^2 反映了自变量的数量和样本量，并且在添加或删除自变量时可能会增加或减少，从而指示了模型中自变量增加或减少的值。调整后的 R^2 增加表明模型有所改进。

用于确定是否根据调整后的 R^2 删除变量的标准是 t 统计量。如果 $|t| < 1$，则标准误将减少，如果删除变量，调整后的 R^2 将增加。如果 $|t| > 1$ 则相反。在银行的回归结果中，我们看到房屋价值的 t 统计量小于 1。因此，如果移除这个变量，我们预计调整后的 R^2 会增加。除了使用 t 值（t-values）而不是 p 值（p-values）之外，可以遵循前面介绍的相同迭代方法。例如，可以在每一步中选择最小的 $|t|$。这种方法将改进调整后的 R^2，但可能导致模型的自变量不显著。

这些使用 p 值或 t 统计量的方法可能涉及大量的实验，以确定产生最大的调整后的 R^2 的最佳变量集。对于大量的自变量，潜在模型的数量可能会非常多。例如，10 个自变量可以发展出 1024（2^{10}）个可能的模型，这会使有效筛选出不重要的变量变得困难。一种自动方法——逐步回归和最佳子集——可以改进这一过程。

7.5.1 相关性和多重共线性

正如我们之前所了解的，相关值是一个介于–1 和+1 之间的数值，它衡量一对变量之间的线性关系。相关值的绝对值越高，相关性的强度越大。该符号仅表示变量是否倾向于一起增加（正）或不一起增加（负）。因此，检查因变量和自变量之间的相关性（可以使用 Excel 的 *Correlation* 工具来完成这项工作），对于选择包含在多元回归模型中的变量非常有用，因为强相关性表明存在强线性关系。然而，自变量之间的强相关性可能会产生问题。这是一种被称为**多重共线性**的现象，即当同一回归模型中的两个或多个自变量包含大量相同的信息，它们彼此之间具有很强的相关性，并能比因变量更好地预测彼此时发生的一种情况。当存在显著的多重共线性时，就很难区别一个自变量对因变量的影响，系数的符号可能与它们应有的相反，从而难以解释回归系数。此外，p 值可能会被放大，导致下结论时应该拒绝回归显著性的原假设而不拒绝它。

一些专家认为，当自变量之间相关值的绝对值超过 0.7 时，可能表明存在多重共线性。但是，多重共线性最好使用被称为每个自变量的方差膨胀因子（*VIF*）的统计量来衡量。复杂的软件包通常具有这些计算功能，但 Excel 没有。

示例 7.14	识别潜在的多重共线性

在 *Colleges and Universities* 数据中变量的相关矩阵如图 7-23 所示。可以看到 SAT 和录取率与因变量毕业率之间具有中等相关性，但学费、TOP10% HS 与毕业率之间的相关性相对较低。最强相关性出现在这两个自变量之间：TOP10%HS 和录取率。但是–0.6097 的值并没有超过推荐的阈值 0.7，所以我们可以假设多重共线性在这里不是问题（使用 *VIF* 计算的更高级的分析结果证实确实不存在多重共线性）。

	A	B	C	D	E	F
1		*Median SAT*	*Acceptance Rate*	*Expenditures/Student*	*Top 10% HS*	*Graduation %*
2	Median SAT	1				
3	Acceptance Rate	-0.601901959	1			
4	Expenditures/Student	0.572741729	-0.284254415	1		
5	Top 10% HS	0.503467995	-0.609720972	0.505782049	1	
6	Graduation %	0.564146827	-0.55037751	0.042503514	0.138612667	1

图 7-23 *Colleges and Universities* 数据中变量的相关矩阵

相比之下，银行示例中所有数据的相关矩阵如图 7-24 所示。注意，受教育程度和住房价值以及财富和收入之间存在着很大的相关关系。事实上，*VIF* 确实表明了显著的多重共线性。如果我们将财富从模型中移除，调整后的 R^2 下降到 0.9201，我们发现受教育程度不再显著。除去受教育程度，只保留年龄和收入，调整后的 R^2 为 0.9202。如果从模型中除去收入而不是财富，调整后的 R^2 下降到 0.9345，所有剩下的变量（年龄、受教育程度和财富）都是显著的（见图 7-25）。这个含有 3 个变量的模型 R^2 值为 0.9365。

	A	B	C	D	E	F	G
1		*Age*	*Education*	*Income*	*Home Value*	*Wealth*	*Balance*
2	Age	1					
3	Education	0.173407147	1				
4	Income	0.4771474	0.57539402	1			
5	Home Value	0.386493114	0.753521067	0.795355158	1		
6	Wealth	0.468091791	0.469413035	0.946665447	0.698477789	1	
7	Balance	0.565466834	0.55488066	0.951684494	0.766387128	0.948711734	1

图 7-24 *Banking Data* 中变量的相关矩阵

	A	B	C	D	E	F	G
1	SUMMARY OUTPUT						
2							
3	*Regression Statistics*						
4	Multiple R	0.967710981					
5	R Square	0.936464543					
6	Adjusted R Square	0.93451958					
7	Standard Error	2225.695322					
8	Observations	102					
9							
10	ANOVA						
11		*df*	*SS*	*MS*	*F*	*Significance F*	
12	Regression	3	7155379617	2385126539	481.4819367	1.71667E-58	
13	Residual	98	485464527.3	4953719.667			
14	Total	101	7640844145				
15							
16		*Coefficients*	*Standard Error*	*t Stat*	*P-value*	*Lower 95%*	*Upper 95%*
17	Intercept	-17732.45142	3801.662822	-4.664393517	9.79978E-06	-25276.72757	-10188.17528
18	Age	367.8214086	64.59823831	5.693985134	1.2977E-07	239.6283071	496.0145102
19	Education	1300.308712	249.9731413	5.201793703	1.08292E-06	804.2451489	1796.372276
20	Wealth	0.116467903	0.004679827	24.88722652	3.75813E-44	0.107180939	0.125754866

图7-25 年龄、受教育程度和财富作为自变量的回归结果

7.5.2 趋势线和回归建模的实际问题

构建一个优质的回归模型通常需要经过一些实验和试错。选择的自变量在解释因变量时应该有一定的意义。也就是说，应该有理由相信自变量的变化会导致因变量的变化，即使无法从统计上证明因果关系。逻辑应该指导模型的开发。在许多应用中，行为理论、经济理论或物理理论可能表明某些变量应该属于某模型。模型构建应以逻辑为指引。在诸多应用场景中，行为学理论、经济学原理或物理定律均可为模型变量的选择提供理论依据。请记住，额外的变量确实有助于提高 R^2，因此有助于解释更大比例的变异。即使具有大的 p 值的变量在统计上不显著，它也可能只是抽样误差的结果，但建模者可能希望保留它。

优秀的建模者还会尝试建立一个尽可能简单的模型（这是一个古老的原则，被称为"**简约性**"），使用最少数量的解释变量来提供对因变量的充分解释。在物理和管理科学中，一些强有力的理论往往也是非常简单的。所以，一个只包括年龄、受教育程度和财富的银行数据模型比一个有4个变量的模型要简单。由于多重共线性的问题，在模型中包括收入几乎不会有什么好处。这个模型解释了银行存款中93%或94%的变化，可能不会有什么区别。建立优质的回归模型不仅依赖于技术分析，也同样依赖于经验和判断。

在使用趋势线和回归时经常面临的一个问题是模型的**过度拟合**。重要的是要认识到，样本数据可能具有不同于总体的可变性。如果将一个模型与样本数据拟合得太接近，我们可能无法很好地拟合我们感兴趣的总体。例如，在拟合示例7.2中的原油价格时，如果我们对数据拟合更高阶的多项式函数，R^2值会增加。虽然这可能会提供更好的数学拟合效果，但这样做可能会使理性解释现象变得困难。同样的事情也会发生在多元回归中。如果向模型中加入太多的项，那么模型可能无法充分预测总体中的其他值。正如我们已经讨论过的，可以通过使用合理的逻辑、直觉、物理理论或行为理论以及"简约性"来减轻过度拟合。

检验你的学习成果

（1）如何正确使用多元线性回归的p值来建立一个优质的模型？

（2）如何使用t统计量来建立最佳的多元线性回归模型？

（3）什么是多重共线性，为什么在多重线性回归模型中识别它是重要的？

（4）解释构建回归模型中的"简约性"和过度拟合的概念。

7.6 分类自变量回归

在回归研究中感兴趣的数据可能是序数性的或名义上的，如在市场营销研究中包含人口统计数据时，这是很常见的。因为回归分析需要数值型数据，我们可以通过变量编码的方式将分类变量纳入模型。例如，如果用一个变量表示一个人是否大学毕业，我们可以将"否"（no）编码为0，将"是"（yes）编码为1，这样的变量通常被称为**虚拟变量**。

示例7.15　　　　　　　　　　**具有分类变量的模型**

Excel文件 *Employee Salaries*（如图7-26所示）中显示了35名员工的工资和年龄数据，以及员工是否拥有MBA（是或否）学位的指标。MBA学位指标是分类变量，所以可以将no替换为0，yes替换为1。如果将工资作为其他变量的函数来预测，则可提出以下模型：

$$Y = \beta_0 + \beta_1 X_1 + \beta_2 X_2 + \varepsilon$$

其中，Y＝工资，X_1＝年龄，X_2＝MBA学位指标（0或1）。

	A	B	C	D
1	Employee Salary Data			
2				
3	**Employee**	**Salary**	**Age**	**MBA**
4	1	$ 28,260	25	No
5	2	$ 43,392	28	Yes
6	3	$ 56,322	37	Yes
7	4	$ 26,086	23	No
8	5	$ 36,807	32	No

图7-26　Excel文件 *Employee Salaries* 的部分内容

在对数据文件中的MBA学位指标列进行编码之后，对整个数据集运行一个回归模型，生成如图7-27所示的输出结果。注意，模型解释了大约95%的变化，并且两个变量的 p 值都很显著。模型是：

工资 ＝ 893.59 + 1 044.15 × 年龄 + 14 767.23 × MBA

	A	B	C	D	E	F	G
1	SUMMARY OUTPUT						
2							
3	*Regression Statistics*						
4	Multiple R	0.976118476					
5	R Square	0.952807278					
6	Adjusted R Square	0.949857733					
7	Standard Error	2941.914352					
8	Observations	35					
9							
10	ANOVA						
11		*df*	*SS*	*MS*	*F*	*Significance F*	
12	Regression	2	5591651177	2795825589	323.0353318	6.05341E-22	
13	Residual	32	276955521.7	8654860.054			
14	Total	34	5868606699				
15							
16		*Coefficients*	*Standard Error*	*t Stat*	*P-value*	*Lower 95%*	*Upper 95%*
17	Intercept	893.5875971	1824.575283	0.489751015	0.627650922	-2822.950634	4610.125828
18	Age	1044.146043	42.14128238	24.77727265	1.8878E-22	958.3070599	1129.985026
19	MBA	14767.23159	1351.801764	10.92411031	2.49752E-12	12013.7015	17520.76168

图7-27　*Employee Salaries* 的初始回归模型

所以，一个30岁拥有MBA学位的人的工资估计为：

工资 ＝ 893.59 + 1 044.15 × 30 + 14 767.23 × 1 = 46 985.32（美元）

该模型表明，拥有MBA学位可使这组员工的工资增加近15 000美元。通过将0或1替换为MBA，可以得到两个模型：

没有MBA学位：工资 = 893.59 + 1 044.15 × 年龄

有MBA学位：工资 = 15 660.82 + 1 044.15 × 年龄

它们之间唯一的区别是截距。模型表明，两组人的工资随年龄增长的比率是相同的。当然，现实也可能不是这样。随着年龄的增长，拥有MBA学位的人可能会获得相对较高的工资。换句话说，年龄的斜率可能取决于MBA学位的价值。

当一个变量（如斜率）的影响依赖于另一个变量时，就会发生**交互作用**。可以通过将一个新变量定义为两个变量的乘积 $X_3 = X_1 \times X_2$ 并测试该变量是否显著，从而得出替代模型来测试交互作用。

示例7.16 <center>在回归模型中合并交互项</center>

对于 *Employee Salaries* 示例，我们通过定义 $X_3 = X_1 \times X_2$ 将一个交互项定义为年龄和MBA的乘积。新的模型是：

$$Y = \beta_0 + \beta_1 X_1 + \beta_2 X_2 + \beta_3 X_3 + \varepsilon$$

在工作表中，我们需要创建一个新的列（称为交互项），方法是将MBA乘以每个观测样本的年龄（见图7-28）。回归结果如图7-29所示。

	A	B	C	D	E
1	**Employee Salary Data**				
2					
3	**Employee**	**Salary**	**Age**	**MBA**	**Interaction**
4	1	$ 28,260	25	0	0
5	2	$ 43,392	28	1	28
6	3	$ 56,322	37	1	37
7	4	$ 26,086	23	0	0

图7-28 带有交互项的 *Employee Salaries* 部分数据

	A	B	C	D	E	F	G
1	SUMMARY OUTPUT						
2							
3	*Regression Statistics*						
4	Multiple R	0.989321416					
5	R Square	0.978756863					
6	Adjusted R Square	0.976701076					
7	Standard Error	2005.37675					
8	Observations	35					
9							
10	ANOVA						
11		*df*	*SS*	*MS*	*F*	*Significance F*	
12	Regression	3	5743939086	1914646362	476.098288	5.31397E-26	
13	Residual	31	124667613.2	4021535.91			
14	Total	34	5868606699				
15							
16		*Coefficients*	*Standard Error*	*t Stat*	*P-value*	*Lower 95%*	*Upper 95%*
17	Intercept	3902.509386	1336.39766	2.920170772	0.006467654	1176.908389	6628.110383
18	Age	971.3090382	31.06887722	31.26308786	5.23658E-25	907.9436454	1034.674431
19	MBA	-2971.080074	3026.24236	-0.98177202	0.333812767	-9143.142058	3200.981911
20	Interaction	501.8483604	81.55221742	6.153705887	7.9295E-07	335.5215164	668.1752044

图7-29 带有交互项的回归结果

从图7-29可以看出，调整后的 R^2 增大，但是MBA指标变量的 p 值为0.33，表明该变量不显著。我们通常会去掉这个变量，只使用年龄和交互项进行回归（见图7-30），并获得模型：

工资=3 323.11+984.25×年龄+425.58×MBA×年龄

	A	B	C	D	E	F	G
1	SUMMARY OUTPUT						
2							
3	*Regression Statistics*						
4	Multiple R	0.98898754					
5	R Square	0.978096355					
6	Adjusted R Square	0.976727377					
7	Standard Error	2004.24453					
8	Observations	35					
9							
10	ANOVA						
11		*df*	*SS*	*MS*	*F*	*Significance F*	
12	Regression	2	5740062823	2870031411	714.4720368	2.80713E-27	
13	Residual	32	128543876.4	4016996.136			
14	Total	34	5868606699				
15							
16		*Coefficients*	*Standard Error*	*t Stat*	*P-value*	*Lower 95%*	*Upper 95%*
17	Intercept	3323.109564	1198.353141	2.773063675	0.009184278	882.1440943	5764.075033
18	Age	984.2455409	28.12039088	35.00113299	4.40388E-27	926.9661791	1041.524903
19	Interaction	425.5845915	24.81794165	17.14826304	1.08793E-17	375.0320986	476.1370843

图7-30　去除MBA指标后薪资数据的回归模型

可以看到，工资不仅取决于员工是否拥有MBA学位，还取决于年龄，并且比原始模型更接近现实。

但是，统计学家建议，如果交互作用显著，则无论p值为何值，都应在模型中保留一阶项。所以，使用图7-29中的输出结果，我们得到：

工资 = 3 902.51 + 971.31×年龄 − 2 971.08×MBA + 501.85×MBA×年龄

实际上，两种模型的预测能力相差不大。

具有两个以上层级的分类变量

当分类变量只有两个层级时，就像前面的例子中那样，我们将级别编码为0和1，并向模型中添加一个新变量。然而，当一个分类变量有 $k > 2$ 个层级时，我们需要在模型中增加 $k − 1$ 个额外的变量。

示例7.17　　　　　　　具有多层级分类变量的回归模型

Excel文件 *Surface Finish* 提供了在车床上生产的35个零件的表面光洁度的测量值，以及主轴的每分钟转数（RPM）和所使用的四种切削刀具中的一种（见图7-31）。收集数据的工程师需要根据转速和刀具类型预测零件表面光洁度。

	A	B	C	D
1	Surface Finish Data			
2				
3	Part	Surface Finish	RPM	Cutting Tool
4	1	45.44	225	A
5	2	42.03	200	A
6	3	50.10	250	A
7	4	48.75	245	A
8	5	47.92	235	A
9	6	47.79	237	A
10	7	52.26	265	A
11	8	50.52	259	A
12	9	45.58	221	A
13	10	44.78	218	A
14	11	33.50	224	B
15	12	31.23	212	B
16	13	37.52	248	B
17	14	37.13	260	B
18	15	34.70	243	B

图7-31　Excel文件 *Surface Finish* 的部分数据

直觉上，我们可能为每种工具类型定义一个虚拟变量。但是，这样做会使数据的数值不稳定，导致回归工具崩溃。相反，我们需要3个（$k-1$）虚拟变量，对应于分类变量的3个级别（层级）。省略的级别将对应于参考值或基线值。因为有4（$k=4$）个级别的刀具类型，定义的回归模型形式如下：

$$Y = \beta_0 + \beta_1 X_1 + \beta_2 X_2 + \beta_3 X_3 + \beta_4 X_4 + \varepsilon$$

其中，$Y=$表面光洁度，$X_1=$转速（RPM）。$X_2=$刀具类型指示变量（B类为1，非B类为0）；$X_3=$刀具类型指示变量（C类为1，非C类为0）；$X_4=$刀具类型指示变量（D类为1，非D类为0）。

注意，当$X_2=X_3=X_4=0$时，则在默认情况下，刀具类型为A。将每个刀具类型的这些值替换到模型中得到：

刀具类型A：$Y = \beta_0 + \beta_1 X_1 + \varepsilon$

刀具类型B：$Y = \beta_0 + \beta_1 X_1 + \beta_2 + \varepsilon$

刀具类型C：$Y = \beta_0 + \beta_1 X_1 + \beta_3 + \varepsilon$

刀具类型D：$Y = \beta_0 + \beta_1 X_1 + \beta_4 + \varepsilon$

对于固定的RPM（X_1）值，对应于虚拟变量的斜率表示使用该工具类型的表面光洁度与使用刀具类型A的基线值之间的差异。

为了将这些虚拟变量合并到回归模型中，我们向数据中添加了三列，如图7-32所示。使用这些数据，得到如图7-33所示的回归结果。最终的模型是：

表面光洁度 $= 24.49 + 0.098 \times$ RPM $- 13.31 \times$ 刀具类型B $- 20.49 \times$ 刀具类型C $- 26.04 \times$ 刀具类型D

	A	B	C	D	E	F
1	Surface Finish Data					
2						
3	Part	Surface Finish	RPM	Type B	Type C	Type D
4	1	45.44	225	0	0	0
5	2	42.03	200	0	0	0
6	3	50.10	250	0	0	0
7	4	48.75	245	0	0	0
8	5	47.92	235	0	0	0
9	6	47.79	237	0	0	0
10	7	52.26	265	0	0	0
11	8	50.52	259	0	0	0
12	9	45.58	221	0	0	0
13	10	44.78	218	0	0	0
14	11	33.50	224	1	0	0
15	12	31.23	212	1	0	0
16	13	37.52	248	1	0	0
17	14	37.13	260	1	0	0
18	15	34.70	243	1	0	0
19	16	33.92	238	1	0	0
20	17	32.13	224	1	0	0
21	18	35.47	251	1	0	0
22	19	33.49	232	1	0	0
23	20	32.29	216	1	0	0
24	21	27.44	225	0	1	0
25	22	24.03	200	0	1	0
26	23	27.33	250	0	1	0
27	24	27.20	245	0	1	0
28	25	27.10	235	0	1	0
29	26	27.30	237	0	1	0
30	27	28.30	265	0	1	0
31	28	28.40	259	0	1	0
32	29	26.80	221	0	1	0
33	30	26.40	218	0	1	0
34	31	21.40	224	0	0	1
35	32	20.50	212	0	0	1
36	33	21.90	248	0	0	1
37	34	22.13	260	0	0	1
38	35	22.40	243	0	0	1

图7-32 带有虚拟变量的 *Surface Finish* 数据矩阵

	A	B	C	D	E	F	G
1	SUMMARY OUTPUT						
2							
3	*Regression Statistics*						
4	Multiple R	0.994447053					
5	R Square	0.988924942					
6	Adjusted R Square	0.987448267					
7	Standard Error	1.089163115					
8	Observations	35					
9							
10	ANOVA						
11		*df*	*SS*	*MS*	*F*	*Significance F*	
12	Regression	4	3177.784271	794.4460678	669.6973322	7.32449E-29	
13	Residual	30	35.58828875	1.186276292			
14	Total	34	3213.37256				
15							
16		*Coefficients*	*Standard Error*	*t Stat*	*P-value*	*Lower 95%*	*Upper 95%*
17	Intercept	24.49437244	2.473298088	9.903526211	5.73134E-11	19.44322388	29.54552101
18	RPM	0.097760627	0.010399996	9.400064035	1.89415E-10	0.076521002	0.119000252
19	Type B	-13.31056756	0.487142953	-27.32374035	9.37003E-23	-14.3054462	-12.31568893
20	Type C	-20.487	0.487088553	-42.06011387	3.12134E-28	-21.48176754	-19.49223246
21	Type D	-26.03674519	0.596886375	-43.62094073	1.06415E-28	-27.25574979	-24.81774059

图7-33　*Surface Finish* 回归模型结果

几乎99%的表面光洁度的变化都可以通过模型来解释，并且所有的变量都是显著的。每种刀具的模型是：

刀具类型A：表面光洁度 $= 24.49 + 0.098 \times \text{RPM} - 13.31 \times 0 - 20.49 \times 0 - 26.04 \times 0$

$$= 24.49 + 0.098 \times \text{RPM}$$

刀具类型B：表面光洁度 $= 24.49 + 0.098 \times \text{RPM} - 13.31 \times 1 - 20.49 \times 0 - 26.04 \times 0$

$$= 11.18 + 0.098 \times \text{RPM}$$

刀具类型C：表面光洁度 $= 24.49 + 0.098 \times \text{RPM} - 13.31 \times 0 - 20.49 \times 1 - 26.04 \times 0$

$$= 4.00 + 0.098 \times \text{RPM}$$

刀具类型D：表面光洁度 $= 24.49 + 0.098 \times \text{RPM} - 13.31 \times 0 - 20.49 \times 0 - 26.04 \times 1$

$$= -1.55 + 0.098 \times \text{RPM}$$

注意，这些模型之间的唯一区别是截距。与RPM相关的斜率是相同的。这表明我们可能希望测试刀具类型和RPM之间的交互作用，我们将此作为练习。

检验你的学习成果

（1）为什么在回归模型中需要对分类自变量进行编码？

（2）什么是交互作用？如何用回归分析检验交互作用？

（3）解释如果分类变量有两个以上的层级，如何建立回归模型。

7.7　具有非线性项的回归模型

线性回归模型并非适用于每一种情况。数据的散点图可能显示非线性关系，或者线性拟合的残差可能导致非线性模式。在这种情况下可以提出一个非线性模型来解释这种关系。例如，二阶多项式模型表示为：

$$Y = \beta_0 + \beta_1 X + \beta_2 X^2 + \varepsilon$$

有时，这被称为**曲线回归模型**。在该模型中，β_1表示X对Y的线性效应，β_2表示曲线效应。虽然这个模型看起来与普通的线性回归模型有很大的不同，但它的参数（试图估计的未知数β）仍然是线性的。换句话说，所有的项都是β系数和数据的某个函数的乘积，这些数据只是数值。在这种情况下仍然可以应用最小二乘法来估计回归系数。

示例7.18　　　　使用曲线回归对饮料销售进行建模

Excel文件*Beverage Sales*提供了一个拥有大型户外露台的小餐馆在夏季的冷饮销售数

据（见图 7-34）。业主注意到，在天气较热的日子里，销量往往会增加。这些数据的线性回归结果如图 7-35 所示。U 形残差图（一个二阶多项式趋势线拟合残差数据）表明线性关系是不合适的。要使用曲线回归模型，通过对温度求平方，向数据矩阵添加一列。温度和温度的平方都是自变量，曲线回归模型的结果如图 7-36 所示。该模型是：

$$销售额 = 142\,850 - 3\,643.17 \times 温度 + 23.3 \times 温度^2$$

图 7-34　Excel 文件 *Beverage Sales* 部分数据

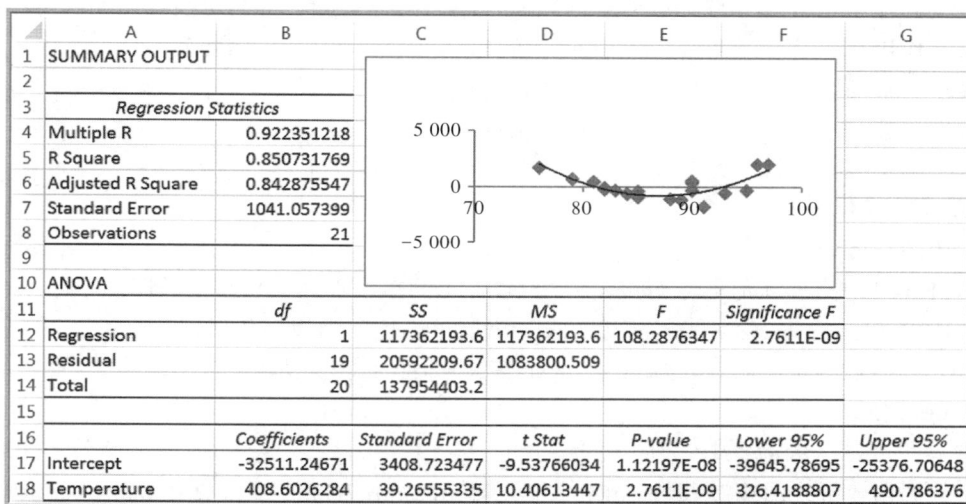

图 7-35　*Beverage Sales* 线性回归结果

注意，调整后的 R^2 比线性模型显著增加，残差图显示了更多的随机模式。

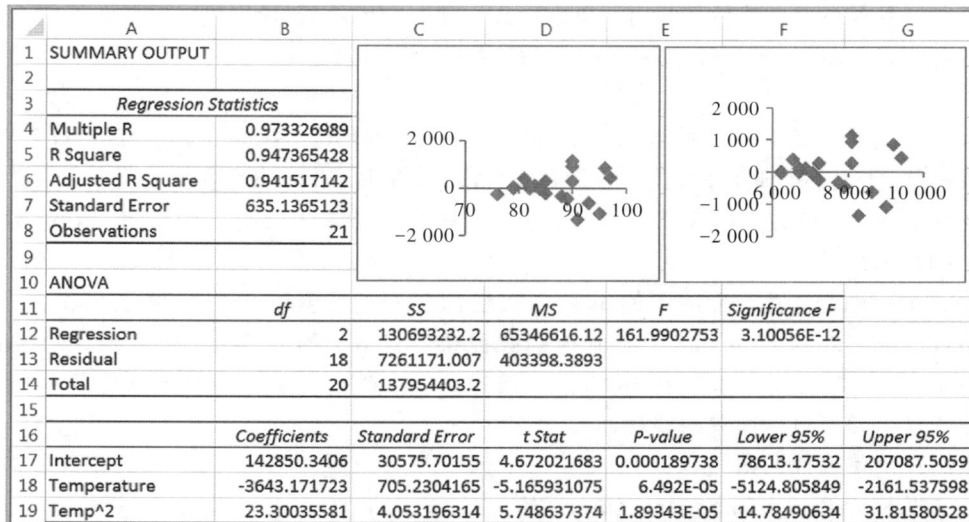

图 7-36　*Beverage Sales* 曲线回归结果

检验你的学习成果

（1）什么是曲线回归模型？这种模型通常是如何使用的？

（2）如何判断是否应该使用曲线回归模型？

关键术语

决定系数（R^2）	对数函数	多元线性回归
多元决定系数	多重共线性	简约性
曲线回归模型	多元相关系数	多项式函数
虚拟变量	过度拟合	拟合度
指数函数	偏回归系数	残差
方差齐性	幂函数	简单线性回归
交互作用	回归分析	标准残差
最小二乘回归	回归的显著性	
线性函数	估计的标准误	

第7章技术帮助

实用的 Excel 函数

INTERCEPT（*known_y's*，*known_x's*）求一个简单线性回归模型的截距。

SLOPE（*known_y's*，*known_x's*）求一个简单线性回归模型的斜率。

TREND（*known_y's*，*known_x's*，*new_x's*）估计任意 X 值的 Y 值。

Excel 技术

趋势线工具（示例7.1和示例7.2）：

对数据创建折线图或散点图。点击图表，显示 *Chart Tools* 菜单。选择 *Chart Tools Design* 选项卡，然后单击 *Chart Layouts* 组中的 *Add Chart Element*。从 *Trendline* 子菜单中，你可以选择 *More Trendline Options…*，将在工作表中显示 *Format Trendline* 窗格。另一种方法是右键单击图表中的数据系列，然后从弹出菜单中选择 *Add trendline*。选择趋势线的单选按钮，选中 *Display Equation on chart* 和 *Display R-squared value on chart* 复选框。

回归工具：

从 *Data* 选项卡下分析组的 *Data Analysis* 菜单中，选择 *Regression* 工具。在 *Input Y Range* 的对话框中，指定因变量值的范围。在 *Input X Range* 框中，指定自变量值的范围。根据需要检查 *Labels*。选中可选框以计算和显示残差、标准残差、残差图、线拟合图和正态概率图。

StatCrunch

StatCrunch 提供了一个用于简单和多重线性回归的工具。可以在网址 https://www.statcrunch.com/5.0/example.php 上找到视频教程和带有示例的分步过程。我们建议你首先查看 StatCrunch 入门教程和 StatCrunch 会话教程。以下教程位于此网页上的回归和相关组下，并解释了如何执行简单的线性回归。

示例：简单线性回归

1. 选择 *Stat>Regression>Simple Linear*。

2. 为回归选择 X 变量（自变量）和 Y 变量（因变量）。

3. 输入一个可选的 *Where* 语句以指定要包含的数据行。

4. 通过选择可选的按列分组来比较各组的结果。

5. 点击 *Compute!* 查看结果。

示例：多元线性回归

1. 选择 *Stat>Regression>Multiple Linear*。

2. 为回归选择 *Y* 变量（因变量）。

3. 为回归选择 *X* 变量（自变量）。

4. 通过选择两个或更多变量并单击 *Add 1* 或 *Add All* 按钮来创建交互项，交互项将显示在右侧区域中。要删除交互项，选择它并单击 *Delete* 按钮。

5. 要使每个交互项中的变量居中，选中 *Center interaction terms* 选项。

6. 输入一个可选的 *Where* 语句以指定要包含的数据行。

7. 选择可选的按列分组对结果进行分组，系统将根据该列每个独立取值分别建立对应的回归模型。

8. 点击 *Compute!* 查看回归结果。

Analytic Solver

Analytic Solver 提供了一套用于回归建模的高级技术。请参阅在线补充资料 *Using Best Subsets for Regression*。建议首先阅读在线补充资料 *Getting Started with Analytic Solver Basic*。它为教师和学生提供了有关如何注册和访问 Analytic Solver 的信息。

问题和练习

建模数据中的关系和趋势

1. 使用 Excel 文件 *Student Grades* 中的数据，构建一个期中和期末考试成绩的散点图，并添加一条线性趋势线。模型是什么？如果一个学生期中考试得了 75 分，你预测一下她的期末考试成绩会是多少？

2. 一家消费品公司收集了有关该公司一种产品的每月需求量的资料：

价格（美元）	需求量（件）
11	2 180
13	2 020
17	1 980
19	1 900

构造一个散点图，并确定最能代表这些数据的模型类型。使用 *Trendline* 工具找到模型方程。

3. Excel 文件 *LineFit Data* 中的每个工作表都包含一组数据，这些数据描述了因变量 *y* 和自变量 *x* 之间的函数关系。为每个数据集构建一个折线图，并使用 *Trendline* 工具来确定对这些数据集建模的最佳拟合函数。不考虑超过三阶的多项式。

4. 使用 Excel 文件 *Demographics* 中的数据，通过构建散点图来确定失业率与生活成本指数之间是否存在线性关系。从视觉上看，是否有任何异常值？如果是，删除这些异常值，然后使用 *Trendline* 工具找到最合适的函数。对于任何关系的强度，你会得出什么结论？

5. 使用 Excel 文件 *MBA Motivation*（读 MBA 的动机）和 *Salary Expectations*（薪资期望）中的数据，评估线性函数对读 MBA 前后薪资关系的拟合效果，并将其与三阶多项式模型进行比较，探讨该多项式模型是否具有合理解释。

6. 使用 Excel 文件 *Weddings* 中的数据，构建散点图，分析以下三组变量之间是否存在线性关系：（1）婚礼成本（X）与出席人数（Y）；（2）婚礼成本（X）与价值评分（Y）；（3）仅限新人自付的婚礼中，新人收入（X）与婚礼成本（Y）。随后运用趋势线工具为每张图表找出最佳拟合函数。

简单线性回归

7. 使用示例 7.4 中 *Home Market Value* 的拟合结果，使用公式（7.3）计算与每个观测值相关的误差，并构建频数分布表和直方图。

8. 建立一个 Excel 工作表，应用公式（7.5）和公式（7.6）计算 Excel 文件 *Home Market Value* 中数据的 b_0 和 b_1 的值，并验证获得的值与示例 7.4 和示例 7.5 相同。

9. 某咨询公司的总经理收集了以下每月向客户开具账单的总管理费用和工时数的数据：[1]

总管理费用（美元）	工时数
355 000	3 000
400 000	4 000
425 000	5 000
477 000	6 000
560 000	7 000
580 000	8 000

　　a. 在工时数和总管理费用之间建立一个简单的线性回归模型

　　b. 解释回归模型的系数。具体来说，模型的固定部分对咨询公司意味着什么

　　c. 如果有一份特殊的工作需要 4 500 个工时，在扣除管理费用之前毛利为 24 万美元，这份工作是否有吸引力

10. 使用 Excel 文件 *Demographics* 中的数据，利用 Excel 的 *Regression* 工具，以失业率为因变量，生活成本指数为自变量。解释输出结果中的所有关键回归结果、假设检验和置信区间。

11. Excel 文件 *National Football League* 提供了一个赛季职业橄榄球比赛的各种数据。

　　a. 在 Excel 文件中构建得分/比赛和码数/比赛的散点图，它们之间是否存在线性关系

　　b. 使用回归工具开发一个模型来预测得分/比赛作为码数/比赛的函数。解释模型的统计意义和 R^2 值

12. 使用 Excel 文件 *Student Grades*（学生成绩）中的数据，运用 Excel 的 *Regression* 工具，以期中成绩为自变量，期末成绩为因变量。解释输出中的所有关键回归结果、假设检验和置信区间。

13. 使用 Excel 文件 *Weddings*，应用回归工具，以婚礼成本为因变量，出席率为自变量。

　　a. 什么是回归模型

　　b. 解释输出中的所有关键回归结果、假设检验和置信区间

　　c. 如果一对夫妇计划举办一场有 175 位宾客参加的婚礼，他们应该花多少钱合适

14. 使用 Excel 文件 Weddings，应用 Excel 的 *Regression* 工具，以婚礼成本为因变量，夫妇的收入为自变量，仅用于由新娘和新郎支付婚礼费用。解释输出中的所有关键回归结果、假设检验和置信区间。

---

① Modified from Charles T. Horngren, George Foster, and Srikant M. Datar, *Cost Accounting: A Managerial Emphasis*, 9th ed. Englewood Cliffs, NJ: Prentice Hall, 1997): 371.

15. 一个打桩工程承包商投标一家《财富》500 强公司的全球总部所在的新大楼打桩工程。该项目的一部分包括安装 311 个螺旋钻铸桩。承包商获得了用于成本估算的投标信息，其中包括每根桩的估计深度。但在施工之前无法准确确定每根桩的实际钻孔进尺。Excel 文件 *Pile Foundation* 包含项目完成后的估计桩长和实际桩长。

a. 构建散点图，解释构造的散点图

b. 建立线性回归模型，估计实际桩长与估计桩长的函数关系，结论是什么

残差分析与回归假设

16. 使用问题 10 的结果来分析残差，以确定回归分析所依据的假设是否有效。使用标准残差来确定是否存在可能的异常值。

17. 使用问题 11 的结果来分析残差，以确定回归分析所依据的假设是否有效。使用标准残差来确定是否存在可能的异常值。

18. 使用问题 12 的结果来分析残差，以确定回归分析所依据的假设是否有效。使用标准残差来确定是否存在可能的异常值。

19. 使用问题 13 的结果来分析残差，以确定回归分析所依据的假设是否有效。使用标准残差来确定是否存在可能的异常值。

多元线性回归

20. Excel 文件 *Concert Sales* 提供了销售额的数据，以及广播、电视和报纸上为一座城市宣传音乐会的广告的数量。针对每种广告类型，建立预测销售额的简单线性回归模型。将这些结果与使用全部自变量的多元线性回归模型进行比较。说明每个模型并解释拟合度、显著性 F 值和 p 值。

21. 使用 Excel 文件 *Home Market Value* 中的数据，开发一个多元线性回归模型，用于估计市场价值作为房龄和面积的函数。说明模型并解释拟合度、显著性 F 值和 p 值。

22. 使用 Excel 文件 *Cost of Living Adjustments* 中的数据，建立一个多元回归模型，以所有调整后的生活成本费率为自变量来预测薪资水平。说明模型并解释拟合度、显著性 F 值和 p 值。

23. 使用 Excel 文件 *Job Satisfaction* 中的数据，建立一个多元回归模型，以其他所有变量为自变量来预测整体满意度。说明模型并解释拟合度、显著性 F 值和 p 值。

建立合适的回归模型

24. 使用 Excel 文件 *Home Market Value* 中的数据，找到最佳的多元线性回归模型，以估计房龄和面积对市场价值的影响。预测一套 30 年房龄、面积 1 800 平方英尺的住宅和一套 5 年房龄、面积 2 800 平方英尺的住宅的价值。

25. 使用 Excel 文件 *Cost of Living Adjustments* 中的数据，建立最优多元回归模型，以调整后的生活成本费率为自变量预测薪资水平。进行以下调整后，城市的可比工资是多少？生活成本为：杂货 4%，住房 9%，公用事业 2%，交通 1%，医疗保健 8%。

26. 使用 Excel 文件 *Job Satisfaction* 中的数据，构建最优多元回归模型，以其他变量预测员工整体满意度。结果有哪些管理学的意义？

27. Excel 文件 *Cereal Data* 提供了超市中 67 种谷物的各种营养信息。使用回归分析找到解释卡路里与其他变量之间关系的最佳模型，牢记遵循简约性原则。

28. Excel 文件 *Salary Data* 提供了当前工资、起薪、工作经验（以月为单位）以及公司

100名员工的受教育年限。

　　a. 建立以其他变量为自变量的多元回归模型来预测当前薪资

　　b. 使用t值准则构建当前工资的最佳预测模型

29. Excel文件 *Credit Approval Decisions* 提供了一个银行客户样本的信贷历史信息。使用回归分析，结合 p 值和 t 统计量双重准则，构建以其他数值变量为自变量的最佳信用评分预测模型。比较不同模型的优劣，并给出最终选择建议。

30. 在Excel文件 *Freshman College Data* 中，一所学校希望通过使用高中指标（ACT和SAT成绩、GPA，以及高中班级排名前10%或20%的比例）来预测第一年的留校率，使用相关工具找到所有变量的相关矩阵。你对潜在的多重共线性有什么看法？然后使用 p 值和 t 统计标准确定用于预测第一年留校率的最佳回归模型。通过比较使用 p 值和 t 统计量标准，哪个模型更好？

31. Excel文件 *Major League Baseball* 提供了一个赛季的数据。

　　a. 构建并检查相关矩阵。多重共线性是一个潜在的问题吗

　　b. 列出一组适当的自变量，通过检查相关矩阵来预测获胜次数

　　c. 找到最佳的多元回归模型，用于预测只有显著自变量的获胜次数。这个模型怎么样？它是否使用了你认为在问题b中合适的相同变量

32. Excel文件 *Golfing Statistics*（高尔夫统计数据）提供了2010年职业赛季前25名高尔夫球手的部分数据。

　　a. 构建以其他变量为自变量的最佳多元回归模型，用于预测赛事奖金

　　b. 构建以标准杆上果岭率（GIR）、每轮推杆数、开球准确率和开球距离为自变量的最佳多元回归模型，用于预测平均得分

33. 使用 p 值标准找到预测橄榄球队每场比赛得分数的最佳模型，该模型使用Excel文件 *National Football League* 中的数据。该模型合乎逻辑吗？

34. 俄亥俄州教育部门有一项强制性的九年级水平测试，涵盖写作、阅读、数学、公民（社会研究）和科学。Excel文件 *Ohio Education Performance*（俄亥俄州教育表现）提供了大辛辛那提都市区学区的及格率（定义为及格学生的百分比）以及州平均水平的数据。

　　a. 通过检验相关矩阵，提出预测数学成绩与其他学科成绩关系的最佳回归模型，然后对这组变量运行 *Regression* 工具

　　b. 使用本章所述的系统方法，建立一个多元回归模型，以预测数学成绩作为其他所有学科成绩的函数。存在多重共线性的问题吗

　　c. 比较问题a和问题b的模型，它们是一样的吗？理由是什么

分类自变量回归

35. 一个全国性的住宅建筑商建造独栋住宅和公寓式联排别墅。Excel文件 *House Sales* 提供了一个月内的销售价格、地皮成本、住宅类型和所处地区（M =中西部，S =南部）的信息。

　　a. 开发一个多元回归模型，将销售价格作为地皮成本和房屋类型的函数，不包括任何交互项

　　b. 确定地皮成本和房屋类型之间是否存在交互作用，并找到最佳模型

　　c. 对于地皮成本为 30 000 美元的独栋住宅或联排别墅，预测价格是多少

36. 根据Excel文件 *Auto Survey*：

　　a. 构建最佳的回归模型，以预测里程/加仑作为车龄和里程的函数

b. 使用问题 a 的结果，将购买的分类变量添加到模型中。这会改变结果吗

c. 确定车龄和购买变量之间是否存在显著的交互作用

37. 根据 Excel 文件 *Job Satisfaction* 开发一个总体满意度的回归模型，作为服务年限和部门 R^2 最大的函数。（注意，分类变量部门有多个级别，需要使用多个虚拟变量，类似于示例 7.17。）哪个部门（如果有）对满意度影响最大？

具有非线性项的回归模型

38. 成本函数通常与产量呈非线性关系，因为生产设备通常以比小批量低的速度进行大批量生产。[1]使用以下数据，应用简单的线性回归，并检查残差图，结论是什么？构造一个散点图并使用 *Trendline* 特征来识别使 R^2 最大化的最佳曲线趋势线类型（不使用超过二阶的多项式）。

产量（件）	成本（美元）
500	12 500
1 000	25 000
1 500	32 500
2 000	40 000
2 500	45 000
3 000	50 000

39. Aerospatiale 公司的直升机分部正在研究其马赛工厂的装配成本。[2]过往数据显示每架直升机的装配工时如下：

直升机数量（架）	装配工时
1	2 000
2	1 400
3	1 238
4	1 142
5	1 075
6	1 029
7	985
8	957

随着时间的推移，劳动时间的减少通常被称为"学习曲线"现象。使用这些数据，应用简单的线性回归并检查残差图，你能得出什么结论？构造散点图并使用 Excel 的 *Trendline* 特征来识别使 R^2 最大化的最佳曲线趋势线类型（不使用超过二阶的多项式）。

案例：高性能草坪设备公司

在检查 *Performance Lawn Equipment Database* 中的数据时，伊丽莎白·伯克注意到从供应商处收到的缺陷产品数量已经减少（交货后缺陷产品工作表）。经过调查，她了解到 2014 年，从供应商处收到的材料中的缺陷产品数量不断增加，PLE 出现了一些质量问题。于是，该公司于 2015 年 8 月开始与供应商合作，以减少缺陷产品，并通过重组供应商生产政策来提高材料质量。伯克女士指出，该程序似乎扭转了缺陷产品增加的趋势，她想预测如果没有实施供应商计划会发生什么，以及在不久的将来如何进一步减少缺陷产品的数量。

① Horngren, Foster, and Datar, *Cost Accounting: A Managerial Emphasis*, 9th ed.: 349.
② Horngren, Foster, and Datar, *Cost Accounting: A Managerial Emphasis*, 9th ed.: 349.

在与 PLE 的人力资源总监会面时, 伯克女士还发现, 他们对现场服务人员的高流动率感到担忧。高级经理们建议该部门更仔细地研究其招聘政策, 尤其是要努力找出那些具有更大留任率的员工的特征。然而, 在最近的一次员工会议上, 高级经理们对这些特征意见不一。

一些人认为受教育年限和大学平均绩点是很好的预测指标。另一些人则认为, 聘用更成熟的应聘者会使留任率提高。为了研究这些因素, 员工同意进行一项统计研究, 以确定受教育年限、大学平均绩点和受雇年龄对留任率的影响。公司选取了 10 年前聘用的 40 名现场服务工程师作为样本, 以确定这些变量对每个人在公司留任时间的影响。数据汇总在员工留任工作表中。

最后, 作为保持竞争力的一部分, PLE 试图跟上最新的生产技术, 这在竞争激烈的割草机行业尤其重要, 如果 PLE 开发出比竞争对手更具成本–收益的生产方式, 就能获得真正的优势。所以, 割草机部门花费大量精力测试新技术。当引入新的生产技术时, 企业通常会经历学习阶段, 从而使连续生产产品所需的时间逐渐减少。通常而言, 生产效率的提升幅度会逐渐递减, 直至生产时间趋于稳定。以新型割草机发动机的生产为例: 为测定该型号发动机的生产工时, PLE 公司在生产线上试制了 50 台机组, 测试结果记录于数据库的 "发动机" 工作表中。鉴于 PLE 持续推动技术革新, 掌握学习曲线规律将帮助 PLE 预测未来生产成本, 省去大量原型试验的环节——伯克女士正着力深化这方面的管控能力。

使用趋势线和回归分析来帮助她评估这 3 个工作表中的数据并得出有用的结论。在正式报告中总结你的工作, 并提供结果和分析。

数据挖掘介绍

学习目标

在学习完本章后，你将能够：

- 定义数据挖掘和一些常用的数据挖掘方法。
- 解释如何使用聚类分析来探索和简化数据。
- 解释分类方法的目的、如何衡量分类绩效以及如何使用训练数据和验证数据。
- 了解用于分类算法的 k-最近邻算法和判别分析法。
- 描述关联规则挖掘及其在购物篮分析中的应用。
- 使用相关分析来建立因果模型。

在《分析学》杂志的一篇文章中，Talha Omer 发现使用手机拨打语音电话会留下大量数据。"手机供应商知道你所致电的每一个人、你通话的时间、你拨打电话的具体时间以及你的通话是否顺畅或有中断。它还知道你在哪里，你大部分时间从哪里拨打电话，你在参与哪个促销活动，你以前买过多少次等。"[①] 考虑到现在绝大多数人都在使用手机这一事实，我们可以获得大量有关消费者行为的数据。与之类似，现在许多商店使用会员卡。在超市、药店、零售店和其他销售点，会员卡使消费者能够享受只有使用会员卡的人才能享受的特价优惠。然而，这些卡片会留下与购买模式相关的数字记录。企业如何利用这些数据？如果它们能够更好地理解数据中的模式和隐藏关系，那么它们不仅可以了解客户的购买习惯，还可以为每个客户定制广告、促销、优惠券等，并通过短信和电子邮件发送有针对性的优惠信息（这里我们指的不是垃圾邮件，而是选择接收此类信息的注册用户）。

数据挖掘是一个快速发展的商务分析领域，其重点是使用各种统计和分析工具更好地理解大型数据库中变量之间的特征和模式。我们在前面的章节中学习的许多工具，如数据可视化、数据汇总、数据透视表以及相关性和回归分析，均在数据挖掘领域得到了广泛的应用。然而，随着数据量呈指数增长，为确定大型数据集中变量之间的关系并了解它们可能包含的隐藏模式，许多其他统计和分析方法也被开发出来。

许多数据挖掘程序要求具备高级统计知识以理解其背后的理论，并且需要专门的软件来运行这些程序。因此，我们的重点在于简单的应用以及对数据挖掘技术目的和应用的理解，而非其理论基础。在可选的在线补充资料中，我们描述了如何使用商用软件 Analytic Solver 来实现数据挖掘的过程。

---

① Talha Omer, "From Business Intelligence to Analytics," *Analytics* (January/February 2011): 20. www.analytics-magazine.org.

8.1 数据挖掘的范围

数据挖掘可以说是部分描述性分析和部分规范性分析。在描述性分析中，数据挖掘工具帮助分析人员识别数据中的模式。例如，Excel图表和数据透视表是描述模式和分析数据集的有用工具；然而，它们需要人工干预。回归分析和预测模型帮助我们预测感兴趣的变量的关系或它们未来的价值。正如一些研究人员所观察到的："预测和描述之间的界限并不明确（一些预测模型只要可以被理解，那么它们就是描述性的，反之亦然）。"[①]在大多数商业应用中，描述性分析的目的是帮助管理人员预测未来或作出能够影响未来绩效的更好的决策，所以我们通常可以说，数据挖掘主要是一种预测性分析方法。

一些常用的数据挖掘方法包括：

• *聚类分析*。数据挖掘中的一些基本技术包括数据探索和"数据简化"——将大量数据分解为更易于管理的组或段，以提出更好的见解。在本书的前面，我们已经看到了许多用于数据探索和数据简化的技术。例如，图表、频率分布和直方图，并且汇总统计提供了关于数据特征的基本信息。尤其是数据透视表，在从不同的角度探索数据和简化数据时非常有用。数据挖掘软件为数据探索提供了各种工具和技术，补充和扩展了我们在前面章节中学习的概念和工具。这涉及识别在某些方面相似的组中的元素。这种方法通常用于了解客户之间的差异，并将他们划分为同质的群体。例如，梅西百货公司根据生活方式将顾客划分为四种类型："凯瑟琳"，一位传统而经典的着装者，不喜欢冒险，注重品质；"朱莉"，新传统主义者，风格略显前卫但仍保持经典；"艾琳"，一位当代顾客，热衷于新鲜事物，按品牌购物；以及"亚历克斯"，时尚追求者，只寻求最新最棒的产品（公司也有对应的男性款式）。[②]这种细分在设计和营销活动中非常有用，可以更好地定位产品。这些技术还被用于识别成功员工的特征，并改进招聘和雇用业务。

• *分类分析*。分类分析是分析数据以预测如何对新数据元素进行分类的过程。分类的一个例子是电子邮件客户端中的垃圾邮件过滤。通过检查消息的文本特征（主标题、关键字等），可以将消息分为垃圾邮件或非垃圾邮件。分类方法可以帮助预测信用卡交易是否具有欺诈性，贷款申请人是否具有高风险，或者消费者是否会对广告作出回应。

• *关联分析*。关联分析是通过分析数据库来识别变量间自然联系的过程，并以此为目标营销或购买推荐创建规则。例如，网飞利用关联分析来了解顾客喜欢哪种类型的电影，并根据数据推荐影片。Amazon.com 也根据过去的购买记录来进行推荐。超市的会员卡收集顾客的购买习惯数据，并在结账时根据当前购买的商品打印优惠券。

• *因果建模*。因果建模是开发分析模型的过程，用于描述推动业务绩效指标之间的关系，如盈利能力、客户满意度或者员工满意度。了解绩效的推动因素，可以作出更好的决策，提高绩效。例如，江森自控公司（Johnson Controls, Inc.,）的控制组研究了满意度和合同续约率之间的关系。研究发现，91%的合同续签来自满意或非常满意的客户，而不满意的客户有更高的流失率。模型预测，总体满意度每增加1个百分点，每年服务合同续签的金额将达到1 300万美元。因此，江森自控公司确定了可以提高客户满意度的决策。[③]

① Usama Fayyad, Gregory Piatetsky-Shapiro, and Padhraic Smyth, "From Data Mining to Knowledge Discovery in Databases," *AI Magazine*, American Association for Artificial Intelligence （Fall 1996）: 37 - 54.
② "Here's Mr. Macy," *Fortune* （November 28, 2005）: 139 - 142.
③ Steve Hoisington and Earl Naumann, "The Loyalty Elephant," *Quality Progress* （February 2003）: 33 - 41.

回归分析和相关分析是因果建模的关键工具。

　　检验你的学习成果

（1）数据挖掘的目的是什么？

（2）解释聚类分析、分类分析、关联分析和因果建模的基本概念。

8.2　聚类分析

　　聚类分析，也称为*数据分群*，是一类通过将对象集合（即观测值或记录）划分成若干子集或簇群，使得同一簇群内的对象彼此关联性更强，而不簇群间对象差别性更显著的技术集合。

　　从某种意义上说，聚类分析是一种数据简化技术，它可以进行大量观察，如客户调查或问卷调查，并将信息缩减为更容易解释的更小、同质的组。例如，将客户细分为较小的群体可用于定制广告或促销活动。与许多其他数据挖掘技术不同，聚类分析主要是描述性的，我们无法使用它对样本进行统计推断。此外，它确定的集群不是唯一的，这取决于它使用的特定程序；因此，它不会给出一个明确的结果，而只是提供了观察数据的新方法。然而，聚类分析是一种广泛使用的技术。

　　聚类方法主要有两种：层次聚类和 k-均值聚类。在**层次聚类**中，数据不会在单个步骤中被划分到一个特定的集群。相反，会生成一系列分区，从包含所有对象的单一聚类，逐步分解为几个独立对象构成的聚类族。层次聚类分为**凝聚聚类方法**和**分裂聚类方法**。凝聚聚类方法通过将 n 个对象进行一系列的分组融合来实现，而分裂聚类方法是将 n 个对象依次划分为更精细的组实现的。图 8-1 说明了这两种方法之间的差异。在这两种层次聚类方法中凝聚技术更常用。

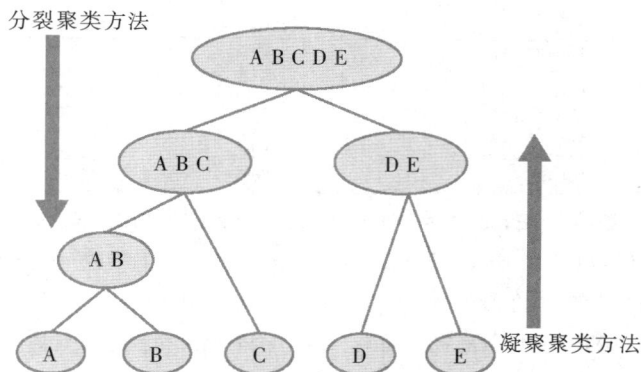

图8-1　凝聚聚类方法与分裂聚类方法

　　一个凝聚层次聚类过程会产生一系列数据分区，P_n，P_{n-1}，…，P_1。P_n 由 n 个单对象集群组成，P_1 由包含所有 n 个观测值的单对象集群组成。在每个特定阶段，该方法将最接近（最相似）的两个集群连接在一起。在第一阶段，只是简单地将最接近的两个对象连接在一起。不同的方法使用不同的方式来定义集群之间的距离（或相似性）。

8.2.1　度量物体之间的距离

　　度量物体之间的距离最常用的方法是**欧几里得距离**。这是计算平面上两点间距离方式的扩展，即将其视为直角三角形的斜边来计算（见图 8-2）。两点 $(x_1, x_2, \cdots, x_n)$ 和 $(y_1, y_2, \cdots, y_n)$ 之间的欧氏距离度量公式为：

$$\sqrt{(x_1 - y_1)^2 + (x_2 - y_2)^2 + \cdots + (x_n - y_n)^2} \tag{8.1}$$

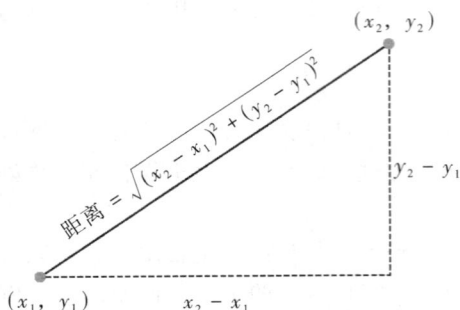

图8-2　计算两点之间的欧几里得距离

一些聚类方法使用欧几里得距离的平方（即不取平方根），因为这可以加快计算速度。

示例8.1　　　　　　　　　　　**应用欧几里得距离度量**

图 8-3 显示的是 Excel 文件 *Colleges and Universities* 的一部分。这些院校的特点差别很大。假设我们希望根据 SAT 中位数、录取率、每个学生学费、高中前 10% 的学生比例和毕业率将他们分为更同质的群体。我们可以使用公式（10.1）中的欧几里得距离来度量它们之间的距离。例如，阿默斯特学院和巴纳德学院之间的距离为：

$$\sqrt{(1\,315 - 1\,220)^2 + (22\% - 53\%)^2 + (26\,636 - 17\,653)^2 + (85 - 69)^2 + (93 - 80)^2} = 8\,983.53$$

	A	B	C	D	E	F	G
1	**Colleges and Universities**						
2							
3	School	Type	Median SAT	Acceptance Rate	Expenditures/Student	Top 10% HS	Graduation %
4	Amherst	Lib Arts	1315	22%	$ 26,636	85	93
5	Barnard	Lib Arts	1220	53%	$ 17,653	69	80
6	Bates	Lib Arts	1240	36%	$ 17,554	58	88
7	Berkeley	University	1176	37%	$ 23,665	95	68
8	Bowdoin	Lib Arts	1300	24%	$ 25,703	78	90
9	Brown	University	1281	24%	$ 24,201	80	90
10	Bryn Mawr	Lib Arts	1255	56%	$ 18,847	70	84

图8-3　Excel文件*Colleges and Universities*的部分数据

我们可以使用 Excel 函数 SUMXMY2（*array_x*, *array_y*）来轻松实现这一点，该函数将两个对应的范围或数组中的差平方相加。因此，阿默斯特学院和巴纳德学院之间的距离将通过 Excel 公式 =SQRT（SUMXMY2（C4：G4，C5：G5））进行计算。

8.2.2　归一化距离度量

当数据的数量级不同时，距离度量很容易被大值所主导。因此，通常通过将数据转换为 z 分数来标准化（或**归一化**）数据。这些数据在 Excel 文件 *Colleges and Universities Cluster Analysis*（高校聚类分析）工作簿中计算得出。使用这些数据，阿默斯特学院和巴纳德学院之间的距离度量值为：

$$\sqrt{\begin{aligned}&((0.8280 - (-0.6877))^2 + (-1.2042 - 1.1141)^2 + (0.2214 - (-0.0824))^2 + \\ &(0.7967 - (-0.3840))^2 + (1.3097 - (-0.4356))^2\end{aligned}} = 3.5284$$

前 5 所院校之间的距离矩阵如表 8-1 所示。

表8-1		前5所高校的标准化距离矩阵			
	阿默斯特	巴纳德	贝茨	伯克利	鲍登
阿默斯特	0	3.5284	2.7007	4.2454	0.7158
巴纳德		0	1.8790	2.8901	2.9744
贝茨			0	3.9837	2.0615
伯克利				0	3.8954
鲍登					0

8.2.3 聚类方法

最简单的凝聚层次聚类方法之一是**单联动聚类**（single linkage clustering，又译为单链接聚类），这是一种不断从单个对象开始持续合并聚类，直到只剩下一个聚类簇的方法。在单联动聚类法中，两个聚类 r 和 s 之间的距离 $D(r, s)$ 被设为聚类 r 中任何对象和聚类 s 中任何对象之间的最小距离。换句话说，两个聚类之间的距离由聚类之间最短连接的值给出。最初，每个聚类由一个单独的对象组成。在聚类的每个阶段，我们找到两个距离最小的聚类，并将它们合并在一起。

另一种方法基本上与单联动聚类相反，称为**全联动聚类**。在该方法中，聚类之间的距离定义为距离最远的两个对象之间的距离。第三种方法是**平均联动聚类**。此处，两个聚类之间的距离定义为所有对象组之间距离的平均值，其中每对对象由每组中的一个对象组成。其他方法包括**平均组联动聚类**方法（使用每个变量的平均值计算聚类之间的距离）和**沃德层次聚类**方法（使用的是平方和准则）。不同的方法通常会产生不同的结果，因此最好对结果进行实验和比较。在下面的示例中，我们演示了单联动聚类。

示例8.2 **单联动聚类**

我们将对 Excel 文件 *Colleges and Universities Cluster Analysis*（高校聚类分析）工作簿中的前5所大学进行单联动聚类。观察表8-1中的距离矩阵，我们可以看到最小的距离出现在阿默斯特学院和鲍登学院之间（0.7158）。因此，我们将这两者结合成一个聚类。接下来，通过找到聚类中任何大学与其他大学之间的最小距离，重新计算该聚类与其余大学之间的距离。这就得到了表8-2所示的距离矩阵。值得注意的是，如阿默斯特学院或鲍登学院和巴纳德学院之间的最小距离是 MIN（3.5284，2.9744）。这就是阿默斯特/鲍登聚类和巴纳德聚类之间的距离。

在表8-2中，最小的距离是巴纳德和贝茨之间的距离（1.879）。因此，我们将这两所大学合并为第二个聚类。这就得到了表8-3所示的距离矩阵。

接下来，我们将阿默斯特/鲍登和巴纳德/贝茨聚类合并，表8-3中最小的距离是2.0615。合并后得到的距离矩阵如表8-4所示。此时只剩下一个选择，那就是将伯克利并入其他大学的聚类。

如果我们检查原始数据，我们可以看到阿默斯特学院和鲍登学院，以及巴纳德学院和贝茨学院有相似的情况，但伯克利是完全不同的：

学校	类型	SAT中位数	录取率(%)	每个学生学费(美元)	前10%高校	毕业率(%)
阿默斯特	自由艺术	1 315	22	26 636.00	85	93
鲍登	自由艺术	1 300	24	25 703.00	78	90
巴纳德	自由艺术	1 220	53	17 653.00	69	80
贝茨	自由艺术	1 240	36	17 554.00	58	88
伯克利	大学	1 176	37	23 665.00	95	68

表8-2　　　　　　　　　　　　首次聚类后的距离矩阵

	阿默斯特/鲍登	巴纳德	贝茨	伯克利
阿默斯特/鲍登	0	2.9744	2.0615	3.8954
巴纳德		0	1.8790	2.8901
贝茨			0	3.8937
伯克利				0

表8-3　　　　　　　　　　　　第二次聚类后的距离矩阵

	阿默斯特/鲍登	巴纳德/贝茨	伯克利
阿默斯特/鲍登	0	2.0615	3.8954
巴纳德/贝茨		0	2.8901
伯克利			0

表8-4　　　　　　　　　　　　第三次聚类后的距离矩阵

	阿默斯特/鲍登/巴纳德/贝茨	伯克利
阿默斯特/鲍登/巴纳德/贝茨	0	2.8901
伯克利		0

在聚类过程的不同阶段，存在不同数量的聚类。我们可以使用**系统树状图**将其可视化，如图8-4所示。y轴度量聚类间距离。系统树状图显示了沿着图向上移动时形成聚类的序列。在顶部，我们看到所有聚类都合并到一个集群中。如果沿着y轴在系统树状图的任意值处画一条水平线，就可以确定聚类的数量以及每个聚类中的对象。例如，如果在距离值为2.0处画一条线。可以看到我们有三个聚类：{阿默斯特，鲍登}，{巴纳德，贝茨}，以及{伯克利}。

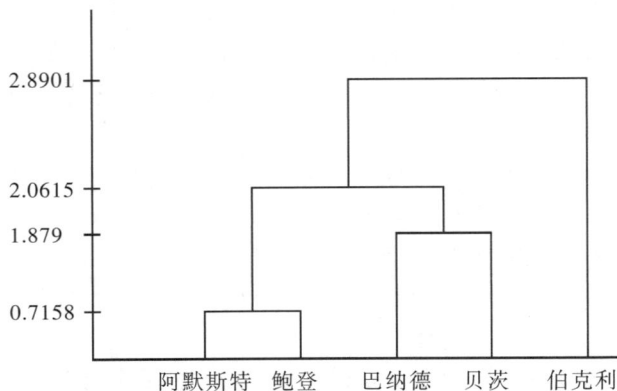

图8-4　*Colleges and Universities* 系统树状图示例

检验你的学习成果

（1）凝聚聚类方法和分裂聚类方法有什么区别？

（2）如何在聚类分析中度量对象之间的距离？

（3）解释单联动聚类是如何工作的。

8.3　分类

分类方法试图根据不同的数据属性将分类结果分为两个或多个类别之一。对于数据库中的每条记录，我们都有一个感兴趣的分类变量（例如，购买或不购买、高风险或无风险）以及一些额外的预测变量（年龄、收入、性别、受教育程度、资产等）。对于一组给定的预测变量，我们希望分配分类变量的最佳值。我们将使用 Excel 数据库 *Credit Approval Decisions* 来说明各种分类技术。

图 8-5 显示了该数据库的部分数据。在这个数据库中，我们感兴趣的定类变量是批准或拒绝信贷申请的决策。其余变量是预测变量。但是，因为我们使用的是数值型数据，所以需要对 Homeowner 和 Decision 字段进行数值编码。我们将 Homeowner 属性 "Y" 编码为 1，"N" 编码为 0；类似地，我们将 Decision 属性 "Approve" 编码为 1，"Reject" 编码为 0。图 8-6 显示了修改后数据库的部分数据（Excel 文件 *Credit Approval Decisions Coded*（信贷审批决策编码））。

	A	B	C	D	E	F
1	Credit Approval Decisions					
2						
3	Homeowner	Credit Score	Years of Credit History	Revolving Balance	Revolving Utilization	Decision
4	Y	725	20	$ 11,320	25%	Approve
5	Y	573	9	$ 7,200	70%	Reject
6	Y	677	11	$ 20,000	55%	Approve
7	N	625	15	$ 12,800	65%	Reject
8	N	527	12	$ 5,700	75%	Reject
9	Y	795	22	$ 9,000	12%	Approve
10	N	733	7	$ 35,200	20%	Approve
11	N	620	5	$ 22,800	62%	Reject
12	Y	591	17	$ 16,500	50%	Reject
13	Y	660	24	$ 9,200	35%	Approve

图 8-5　Excel 文件 *Credit Approval Decisions* 的部分数据

	A	B	C	D	E	F
1	Coded Credit Approval Decisions					
2						
3	Homeowner	Credit Score	Years of Credit History	Revolving Balance	Revolving Utilization	Decision
4	1	725	20	$ 11,320	25%	1
5	1	573	9	$ 7,200	70%	0
6	1	677	11	$ 20,000	55%	1
7	0	625	15	$ 12,800	65%	0
8	0	527	12	$ 5,700	75%	0
9	1	795	22	$ 9,000	12%	1
10	0	733	7	$ 35,200	20%	1
11	0	620	5	$ 22,800	62%	0
12	1	591	17	$ 16,500	50%	0
13	1	660	24	$ 9,200	35%	1

图 8-6　修改后的 Excel 文件，含有数值编码的变量

8.3.1　对分类的直观解释

为了对分类有一个直观的理解，我们只考虑将信用评分和信贷历史年数作为预测变量。

示例 8.3   **直观地对信贷审批决策进行分类**

图 8-7 显示了 *Credit Approval Decisions* 数据中的信用评分和信贷历史年数图表。图表将贷款申请人的信用评分绘制在 *x* 轴上，将信贷历史年数绘制在 *y* 轴上。大气泡代表信贷申请被拒绝的申请人；小气泡代表被批准的申请人。除了少数例外（右下角的点对应的是有高信用评分但信贷历史仅仅才几年的申请人被拒绝了），分数之间似乎存在明显的界线。当信用评分大于 640 时，申请被批准，但信用评分在 640 以下的申请大部分被拒绝。因此，我们可以提出一个简单的分类规则：当信用评分大于 640 时，申请被批准。

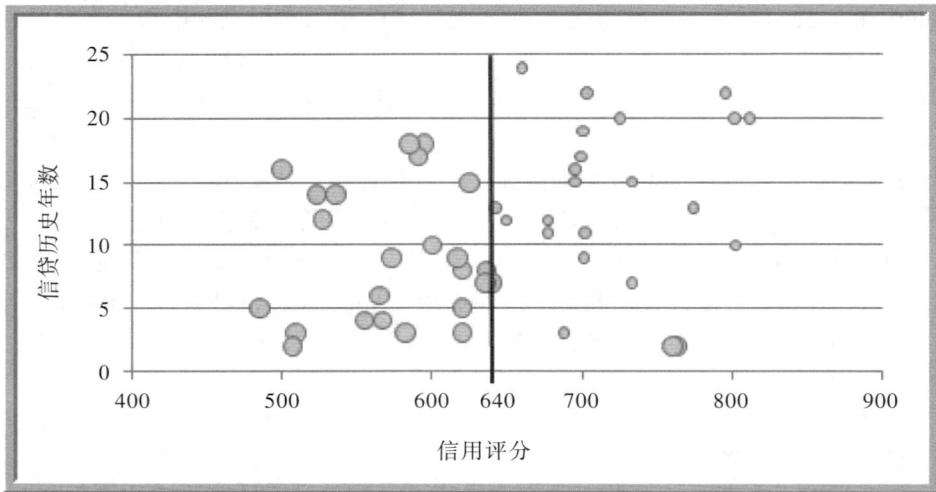

图8-7　信贷审批决策表

对这些组进行分类的另一种方法是同时使用信用评分和信贷历史年数，通过直观地画一条直线将这些组分开，如图 8-8 所示。这条线经过点（763，2）和（595，18）。用一点代数知识，我们可以计算出这条直线的方程：

年数 = −0.095 × 信用评分 + 74.66

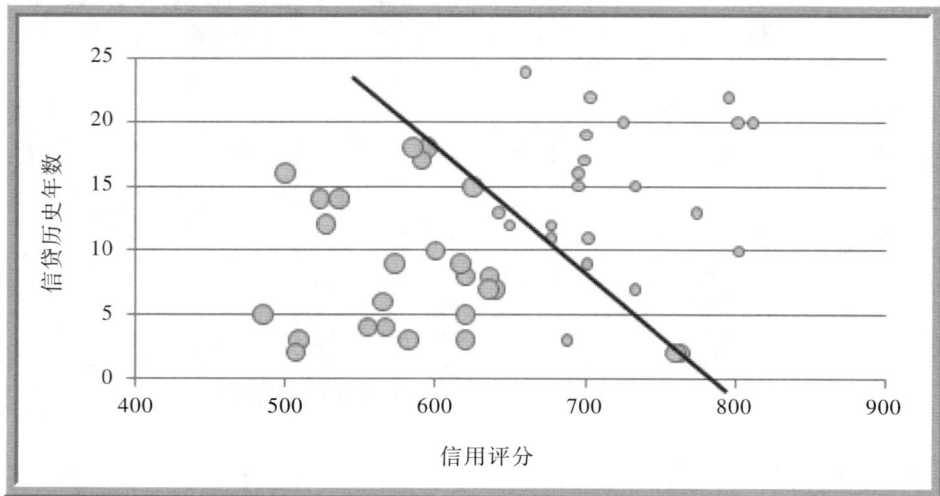

图8-8　备用信贷审批分类方案

因此，我们可以提出另一个不同的分类规则：只要年数 + 0.095 × 信用评分 ⩽ 74.66

时，申请就被拒绝；否则，它将被批准。然而，这里我们又看到了一些错误的分类。

虽然直观上只需要两个预测变量就很容易做到这一点，但当我们有更多的预测变量时这将变得更加困难了。因此，正如我们即将讨论的那样，我们需要更复杂的程序。

8.3.2 衡量分类绩效

正如我们在前面的示例中看到的，任何分类规则都可能出现错误，从而导致错误分类。判断分类规则有效性的一种方法是求解错误分类的概率，并将结果归纳到一个显示被正确分类或错误分类的数量的**分类矩阵**中。

示例8.4 信贷审批分类规则的分类矩阵

在信贷审批决策的例子中，仅使用信用评分来对申请进行分类，我们可以看到在总共50个数据点中，有两例信用评分超过 640 的申请人被拒绝了。表8-5显示了图8-7中信用评分规则的分类矩阵。表中对角线以外的元素是分类错误的频数，而对角线上的元素则是正确分类的数量。因此，错误分类的概率为2/50，即0.04。我们把它留给你作为一个练习来开发第二个规则的分类矩阵。

表8-5 信用评分规则的分类矩阵

实际分类	预测分类	
	决策 = 1	决策 = 0
决策 = 1	23	2
决策 = 0	0	25

开发分类模型的目的是能够对新记录进行分类。在选择分类方案并基于现有数据建立最佳模型后，我们使用预测变量作为模型的输入变量来预测输出结果。

示例8.5 使用信用评分和信贷历史年数对信用决策记录进行分类

Excel 文件 *Credit Approval Decisions* 和 *Credit Approval Decisions Coded* 包含一小部分新记录，我们要在 *Records to Classify* 中对这些记录进行分类。这些记录如图8-9所示。如果我们使用示例8.3中的简单信用评分规则，即评分超过640分才能批准申请，那么我们会将第1条、第3条和第6条记录的决策分类为1，其余的则为0。如果我们采用示例10.3中开发的备选规则，该规则同时考虑了信用评分和信贷历史年限，当年数 + 0.095 × 信用评分 ≤ 74.66 时，则拒绝申请——那么决策将如下所示，即只有最后的第6条记录才会被批准。

房主	信用评分	信贷历史年数	周转资金余额（美元）	周转资金利用率（%）	年数+0.095×信用评分	决策
1	700	8	21 000.00	15	74.50	0
0	520	1	4 000.00	90	50.40	0
1	650	10	8 500.00	25	71.75	0
0	602	7	16 300.00	70	64.19	0
0	549	2	2 500.00	90	54.16	0
1	742	15	16 700.00	18	85.49	1

	A	B	C	D	E	F
1						
2	Homeowner	Credit Score	Years of Credit History	Revolving Balance	Revolving Utilization	Decision
3	1	700	8	$21,000	15%	
4	0	520	1	$4,000	90%	
5	1	650	10	$8,500.00	25%	
6	0	602	7	$16,300.00	70%	
7	0	549	2	$2,500.00	90%	
8	1	742	15	$16,700.00	18%	

图8-9　Excel文件*Credit Approval Decisions Coded*中的其他数据

8.3.3　分类技术

我们将描述用于分类的两种不同的数据挖掘方法：*k*-最近邻算法和判别分析法。

（1）*k*-最近邻算法（*k*-NN）

***k*-最近邻算法**是一种分类方案，它试图在数据库中查找与我们要分类的记录相似的记录。相似性是基于一条记录与其他记录中数值预测值的"接近程度"。在 *Credit Approval Decisions* 数据库中，我们可以预测房主、信用评分、信贷历史年数、周转资金余额和周转资金利用率。我们试图对批准或拒绝信贷申请的决策进行分类。

假设两个记录 *X* 和 *Y* 的预测值标记为 $(x_1, x_2, \cdots, x_n)$ 和 $(y_1, y_2, \cdots, y_n)$。我们用公式（8.1）中的欧几里得距离来度量两条记录之间的距离。由于预测值通常具有不同的标度，因此在计算距离之前通常需对其进行标准化。

假设我们有一条需要分类的记录 X。在训练数据集中，与它距离最短的那条记录就是其最近邻。然后，1-NN 规则将记录 *X* 分类到与其最近的邻居相同的类别中。我们可以将这个想法扩展到 *k*-NN 规则，方法是在训练数据集中找到我们想要分类的每个记录的 *k* 近邻，然后将分类指定为大多数 *k* 近邻的分类。*k* 的选择有些随意。如果 *k* 太小，则记录的分类对与它最接近的单个记录的分类非常敏感。较大的 *k* 会降低这种可变性，但是 *k* 太大会在分类决策中引入偏差。例如，如果 *k* 是整个数据集的总数，那么所有记录将以相同的方式分类。就像移动平均或指数平滑预测的平滑常数一样，需要进行一些实验来找到 *k* 的最佳值，以最小化数据集中的误分类率。数据挖掘软件通常能够为 *k* 选择一个最大值，并评估算法在 *k* 的所有值上的性能，直到最大指定值。通常，根据数据集的大小，使用的 *k* 值在 1 到 20 之间，并且通常使用奇数来避免在计算最近邻的多数分类时出现平局。

示例8.6　　　　　　　　　　使用 *k*-NN 对信贷审批决策进行分类

Excel 文件 *Credit Approval Decisions Classification Data*（信贷审批决策分类数据）为信贷审批决策记录提供规范化数据（见图 8-10）。我们希望使用已经作出的决策对新记录进行分类。

以第一条新记录 51 为例。我们假设 *k* = 1，然后找出最近的邻居来记录 51。利用公式（8.1）中的欧几里得距离度量，我们发现距离记录 51 最小的记录是 27。由于记录 27 的信贷决策是已批准的，因此我们将记录 51 归类为批准。

我们可以很容易地在 Excel 中使用 SMALL、MATCH 和 VLOOKUP 函数。为了找到数组中第 *k* 个最小的值，我们可以使用 =SMALL（*array*, *k*）函数。若要识别与此值相关的记录，则使用 *match_type* =0 的 MATCH 函数进行精确匹配。因为记录编号为 1 到 50，所以可以识别出正确的记录编号。然后我们可以使用 VLOOKUP 函数来识别与记录相关联的决策。示例文件中使用的公式如下所示：

最近邻

k	距离	记录	决策
1	=SMALL($O$4:$O$53,1)	=MATCH(R25,$O$4:$O$53,0)	=VLOOKUP(S25,$A$4:$G$53,7)
2	=SMALL($O$4:$O$53,2)	=MATCH(R26,$O$4:$O$53,0)	=VLOOKUP(S26,$A$4:$G$53,7)
3	=SMALL($O$4:$O$53,3)	=MATCH(R27,$O$4:$O$53,0)	=VLOOKUP(S27,$A$4:$G$53,7)
4	=SMALL($O$4:$O$53,4)	=MATCH(R28,$O$4:$O$53,0)	=VLOOKUP(S28,$A$4:$G$53,7)
5	=SMALL($O$4:$O$53,5)	=MATCH(R29,$O$4:$O$53,0)	=VLOOKUP(S29,$A$4:$G$53,7)

使用较大的 k 值有助于平滑数据并减轻过度拟合。因此，如果 $k = 5$，我们发现：

最近邻

k	距离	记录	决策
1	1.04535	27	批准
2	1.14457	46	批准
3	1.17652	26	批准
4	1.22300	23	批准
5	1.35578	3	批准

图8-10　Excel文件 *Credit Approval Decisions Classification Data* 的部分内容

因为所有这些记录都有一个审批决策，所以我们将记录51也归类为批准。一般来说，我们将使用多数决策，即使其他可能会影响分类错误率的规则也可以应用。

（2）判别分析

判别分析是一种将一组观察结果归类到预定义类中的技术。其目的是根据一组预测变量来确定观测的类别。我们将使用信贷审批决策数据来说明判别分析。当只有两个分类组时，我们可以应用回归分析。不幸的是，当有两个以上分类组时，我们不能应用线性回归，必须使用特殊的软件。

示例 8.7　　　　　　　基于判别分析的信贷决策分类

对于信贷审批数据，我们希望将决策（批准或拒绝）建模为其他变量的函数。因此，我们使用以下回归模型，其中 Y 表示决策（0 或 1）：

$$Y = b_0 + b_1 \times Homeowner + b_2 \times Credit\ Score + b_3 \times Years\ Credit\ History + b_4 \times$$
$$Revolving\ Balance + b_5 \times Revolving\ Utilization$$

其中，*Homeowner* 表示房主，*Credit Score* 表示信用评分，*Years Credit History* 表示信贷历史年数，*Revolving Balance* 表示周转资金余额，*Revolving Utilization* 表示周转资金利用率。

决策变量的估计值称为**判别分数**。回归结果如图8-11所示。因为 Y 只能假设两个值，所以不可能是正态分布；所以，不能以通常的方式来解释统计结果。估计回归函数为：

$$Y = 0.567 + 0.149 \times Homeowner + 0.000465 \times Credit\ Score + 0.00420 \times$$
$$Years\ Credit\ History + 0 \times Revolving\ Balance - 1.0986 \times Revolving\ Utilization$$

	J	K	L	M	N	O	P	Q	R
2	SUMMARY OUTPUT								
4	*Regression Statistics*								
5	Multiple R	0.911190975							
6	R Square	0.830268994							
7	Adjusted R Square	0.810981379							
8	Standard Error	0.218884522							
9	Observations	50							
11	ANOVA								
12		*df*	*SS*	*MS*	*F*	*Significance F*			
13	Regression	5	10.3119409	2.062388181	43.04674383	7.33307E-16			
14	Residual	44	2.108059097	0.047910434					
15	Total	49	12.42						
17		*Coefficients*	*Standard Error*	*t Stat*	*P-value*	*Lower 95%*	*Upper 95%*	*Lower 95.0%*	*Upper 95.0%*
18	Intercept	0.567045347	0.478648652	1.184679712	0.242503847	-0.39760763	1.53169832	-0.39760763	1.53169832
19	Homeowner	0.149103522	0.090877595	1.640707181	0.107988621	-0.03404824	0.33225528	-0.03404824	0.33225528
20	Credit Score	0.000464676	0.00059988	0.774615018	0.442710032	-0.0007443	0.00167365	-0.0007443	0.00167365
21	Years of Credit Histor	0.004198118	0.006744824	0.622420643	0.536877785	-0.00939518	0.01779142	-0.00939518	0.01779142
22	Revolving Balance	-8.6449E-07	3.79441E-06	-0.227833217	0.820831342	-8.5116E-06	6.7826E-06	-8.5116E-06	6.7826E-06
23	Revolving Utilization	-1.09861334	0.196984059	-5.57716874	1.40586E-06	-1.49560862	-0.70161805	-1.49560862	-0.70161805

图8-11　回归结果

例如，第一条记录的判别式得分为：

$$Y = 0.567 + 0.149 \times 1 + 0.000465 \times 725 + 0.00420 \times 20 + 0 \times 11320 - 1.0986 \times 25\% = 0.862$$

Excel文件 *Credit Approval Decisions Discriminant Analysis*（信贷审批决策判别分析）显示了结果（见图8-12）。在数据下方，我们计算每组决策的平均值。（请注意，为计算平均值，数据已按决策排序。）

	A	Homeowner	Credit Score	Years of Credit History	Revolving Balance	Revolving Utilization	Decision	Discriminant Score
1	Coded Credit Approval Decisions							
4		1	725	20	$ 11,320	25%	1	0.8526
5		1	677	11	$ 20,000	55%	1	0.4554
6		1	795	22	$ 9,000	12%	1	1.0383
7		0	733	7	$ 35,200	20%	1	0.6869
8		1	660	24	$ 9,200	35%	1	0.7311
9		1	700	19	$ 22,000	18%	1	0.9044
10		1	774	13	$ 6,100	7%	1	1.0482
11		1	802	10	$ 10,500	5%	1	1.0668
12		1	811	20	$ 13,400	3%	1	1.1324
13		1	642	13	$ 16,000	25%	1	0.7806
14		0	688	3	$ 3,300	11%	1	0.7756
15		1	649	12	$ 7,500	5%	1	1.0067
16		1	695	15	$ 20,300	22%	1	0.8428
17		1	701	9	$ 11,700	15%	1	0.9048
18		1	677	12	$ 7,600	9%	1	0.9757
19		1	699	17	$ 12,800	27%	1	0.8046
20		1	703	22	$ 10,000	20%	1	0.9068
21		1	695	16	$ 9,700	11%	1	0.9770
22		1	774	13	$ 6,100	7%	1	1.0482
23		1	802	10	$ 10,500	5%	1	1.0668
24		1	801	20	$ 13,400	3%	1	1.1278
25		1	702	11	$ 11,700	15%	1	0.9136
26		1	733	15	$ 13,000	24%	1	0.8448
27		1	573	9	$ 7,200	70%	0	0.2449
28		0	625	15	$ 12,800	65%	0	0.1953
29		0	527	12	$ 5,700	75%	0	0.0334
30		0	620	5	$ 22,800	62%	0	0.1753
31		1	591	17	$ 16,500	50%	0	0.4986
32		1	500	16	$ 12,500	83%	0	0.0930
33		1	565	6	$ 7,700	70%	0	0.2282
34		0	620	3	$ 37,400	87%	0	-0.1204
35		0	640	7	$ 17,300	59%	0	0.2307
36		0	523	14	$ 27,000	79%	0	-0.0224
37		0	763	2	$ 11,200	70%	0	0.1513
38		0	555	4	$ 2,500	100%	0	-0.2590
39		0	617	9	$ 8,400	34%	0	0.5107
40		0	635	7	$ 29,100	85%	0	-0.0675
41		0	507	2	$ 2,000	100%	0	-0.2893
42		0	485	5	$ 1,000	80%	0	-0.0664
43		0	582	3	$ 8,500	65%	0	0.1286
44		0	585	18	$ 31,000	78%	0	0.0307
45		1	620	8	$ 16,200	55%	0	0.4196
46		0	640	7	$ 17,300	59%	0	0.2307
47		0	536	14	$ 27,000	79%	0	-0.0164
48		0	760	2	$ 11,200	70%	0	0.1499
49		0	567	4	$ 2,200	95%	0	-0.1983
50		0	600	10	$ 12,050	81%	0	-0.0125
51		1	636	8	$ 29,100	85%	0	0.0863
52		0	509	3	$ 2,000	100%	0	-0.2842
53		0	595	18	$ 29,000	78%	0	0.0371
54	Averages							
55	Approve	0.9130	723.3913	14.5217	12622.6087	0.1648	1	0.9083
56	Reject	0.2222	591.7037	8.4444	15061.1111	0.7459	0	0.0781

图8-12　判别分析的计算结果

接下来，我们需要一个使用判别分数对观察结果进行分类的规则。这是通过计算一个分界值来完成的，因此，如果一个判别分数小于或等于它，则将观察结果分配给一个组；否则，它被分配给另一个组。虽然有好几种方法可以做到这一点，但一种简单的方法是使用平均判别分数的中点：

分界值 = (0.9083 + 0.0781)/2 = 0.4932

我们看到，所有批准决策的判别分数都高于这个分界值，而所有拒绝决策的判别分数都低于这个分界值。数据挖掘软件还有更复杂的方法来执行分类。我们可以使用这个分界值对新记录进行分类，如图8-13所示。

	Homeowner	Credit Score	Years of Credit History	Revolving Balance	Revolving Utilization	Discriminant Score	Decision
26	Records to Classify						
28	1	700	8	$21,000	15%	0.8921	Approve
29	0	520	1	$4,000	90%	-0.1793	Reject
30	1	650	10	$8,500.00	25%	0.7782	Approve
31	0	602	7	$16,300.00	70%	0.0930	Reject
32	0	549	2	$2,500.00	90%	-0.1604	Reject
33	1	742	15	$16,700.00	18%	0.9117	Approve

图8-13 使用判别分数对新记录进行分类

检验你的学习成果

（1）解释分类的目的。

（2）如何衡量分类性能？

（3）解释用于分类的k-最近邻算法。

（4）描述何时可以使用回归进行判别分析。

8.4 关联

关联规则识别在给定数据集中经常同时出现的属性。**关联规则挖掘**，通常称为关联分析，旨在发现大型数据集之间有趣的关联和/或关联关系。关联规则挖掘的一个典型和广泛应用的例子是**购物篮分析**。例如，超市通常使用条码扫描仪收集数据。每个记录列出了客户在一次购买交易中购买的所有商品。此类数据库由大量交易记录组成。经理们很想知道某些类别的物品是否总是一起购买。他们可以使用这些数据来调整店铺布局（以最佳方式放置商品）、交叉销售、促销、设计目录，并根据购买模式识别客户群。关联规则挖掘就是像网飞和亚马逊等公司那样，根据过去的电影租赁或物品购买情况进行推荐。

示例8.8 **自定义计算机配置**

图8-14显示了Excel文件 *PC Purchase Data*（个人电脑购买数据）的一部分。这些数据表明通过网络少量订购的笔记本电脑的配件数量。客户可以选择的主要选项包括处理器类型、显示屏大小、内存和硬盘驱动器。"1"表示客户选择了一个特定选项。如果制造商能够更好地理解哪些类型的配件经常被一起订购，它就可以通过预先配置最受欢迎的配件组合来部分完成笔记本电脑的组装，从而加快最终组装速度，减少交付时间并提高客户满意度。

	A	B	C	D	E	F	G	H	I	J	K	L
1	PC Purchase Data											
2												
3		Processor			Screen Size			Memory			Hard Drive	
4												
5	Intel Core i3	Intel Core i5	Intel Core i7	10-inch screen	12-inch screen	15-inch screen	2 GB	4 GB	8 GB	320 GB	500 GB	750 GB
6	0	1	0	0	1	0	0	1	0	0	1	0
7	0	0	0	0	0	1	0	0	1	0	0	1
8	0	1	0	0	1	0	0	1	0	1	0	0
9	1	0	0	0	1	0	1	0	0	1	0	1
10	0	0	1	0	1	0	1	0	1	0	0	1
11	0	0	1	0	0	0	1	0	1	0	0	1
12	0	0	1	0	0	0	0	0	1	0	1	0
13	1	0	0	0	0	0	0	1	0	0	1	0
14	0	1	0	0	0	0	1	0	0	0	1	0

图8-14　Excel文件 *PC Purchase Data* 的部分数据

关联规则以if-then语句的形式提供信息。这些规则是从数据中计算出来的，但与逻辑中的"如果-那么"规则不同，关联规则在本质上基于概率。在关联分析中，前提（"if"部分）和结果（"then"部分）是不相交（没有任何共同项）的一组项目（称为项集）。

为了度量关联强度，一个关联规则会用两个数字来表示该规则的不确定性程度。第一个数字称为**（关联）规则支持度**。支持度简单来说就是包含规则前提和结果部分所有项目的交易数量。（支持度有时表示为数据库中总记录数的百分比。）一种理解支持度的方法是，它是从数据库中随机选择的交易包含前提和结果中所有项目的概率。第二个数字是**（关联）规则置信度**。置信度是包含结果和前提（即支持度）中所有项目的交易数与包含前提中所有项目的交易数之比。置信度是指随机选择的交易将包含结果中的所有项目的条件概率，前提是该交易包含前提中的所有项目：

$$置信度 = P（结果 | 前提）= P（前提和结果）/P（前提） \qquad (8.2)$$

置信度越高，我们就越相信关联规则能提供有用的信息。

关联规则强度的另一个度量是**提升度**，它被定义为置信度与期望置信度的比值。期望置信度是包含结果的交易数除以总交易数。期望置信度假定结果和前提之间是独立的。提升值提供了在给出"if"（前提）部分的情况下，"then"（结果）概率增加的信息。提升比越高，关联规则越强；通常来说大于1.0的值是一个可观的最小值。

示例8.9　　　　　　　　　　　　关联强度的度量

假设超市数据库有100 000条销售点交易记录，其中2 000条包含商品A和B，800条包含商品C。关联规则"如果购买了A和B，那么也购买了C"的支持度为800笔交易（或者0.8% = 800/100 000）和40%的置信度（= 800/2 000）。假设C的总交易数是5 000。那么期望置信度为5 000/100 000 = 5%，提升度 = 置信度/期望置信度 = 40%/5% = 8。

关联规则挖掘需要专门的数据挖掘软件来识别好的规则。然而，正如示例8.10所示，我们可以通过检查相关性来直观地理解这种技术。

示例8.10　　　　　　　　　　　　利用相关性探索关联

图8-15显示了 *PC Purchase Data* 文件中数据的相关矩阵。当然，这只显示了成对变量之间的相关性；然而，它可以为理解关联提供一些见解。现在人们强调更高的相关性。例如，我们发现Intel Core i7与750GB硬盘之间的相关性最高。Core i7上有12条记录，750GB硬盘上有17条记录。如果我们计算数据中这两列的总和，我们会发现67条记录中有8条同时包含这两个分量。一个简单的关联规则是，如果选择了 *Intel Core i7*（前提），

则购买了一个 750GB 的硬盘驱动器（结果）。该规则的支持度为 8，置信度为（8/67）/（12/67）= 8/12 = 67%。期望置信度是 17/67，因此，提升度为（8/12）/（17/67）= 2.63。

	A	B	C	D	E	F	G	H	I	J	K	L	M
1		Intel Core i3	Intel Core i5	Intel Core i7	10 inch screen	12 inch screen	15 inch screen	2 GB	4 GB	8 GB	320 GB	500 GB	750 GB
2	Intel Core i3	1											
3	Intel Core i5	-0.68884672	1										
4	Intel Core i7	-0.32659863	-0.46017899	1									
5	10 inch screen	0.279261486	-0.06166009	-0.26162798	1								
6	12 inch screen	0.031339159	-0.1052632	0.098863947	-0.535569542	1							
7	15 inch screen	-0.29888445	0.174976377	0.137915917	-0.352396093	-0.601585208	1						
8	2 GB	0.103561074	0.111614497	-0.27236339	0.075846007	0.060469195	-0.138564809	1					
9	4 GB	0.097654391	-0.04316721	-0.06331855	0.06538164	-0.009001195	-0.051869866	-0.59824393	1				
10	8 GB	-0.18232971	-0.10591632	0.361405355	-0.186296835	-0.015788849	0.193716103	-0.28809763	-0.56165237	1			
11	320 GB	0.194695858	0.042508385	-0.29387691	0.191267616	-0.203826567	0.04495614	0.013629326	0.282291771	-0.30869598	1		
12	500 GB	-0.13890029	0.223414565	-0.12117953	0.041916288	0.191413544	-0.251770128	0.078031873	-0.09558351	-0.00112979	-0.58382915	1	
13	750 GB	-0.04251455	-0.30002796	0.443258072	-0.246149705	-0.008199201	0.241920528	-0.10352941	-0.18288286	0.32105073	-0.36685601	-0.54108944	1

图8-15　*PC Purchase Data* 的相关矩阵

我们还发现，Core i7 和 8GB 内存之间存在适度的相关性。因此，或许我们会提出这样的规则：如果购买了 *Intel Core i7 和 8GB 内存*（前提），那么会购买 *750GB 硬盘*（结果）。在这种情况下，只有 4 条记录包含了这 3 个商品；因此，支持度为 4。6 条记录同时包含前提的两个配件；那么，置信度为（4/67）/（6/67）= 4/6 = 67%。期望置信度为 17/67；因此，提升度为（4/6）/（17/67）= 2.63。因此两条规则的关联强度都不比对方更强。

最后，我们还看到 15 英寸屏幕和 750GB 硬盘之间，以及 15 英寸屏幕和 8GB 内存之间存在适度的相关性。19 条记录有 15 英寸的屏幕，13 条记录有 8GB 的内存，6 条记录二者都有。有 5 条记录包含了这 3 个商品。假设规则是这样的：如果购买了 *15 英寸屏幕和 8GB 内存，则会购买 750GB 硬盘*。因此，支持度为 5，置信度为（5/67）/（6/67）= 5/6 = 83%。期望置信度是 17/67，所以提升度是（5/6）/（17/67）= 3.28。我们发现该规则具有较高的提升比，因此这是一个更强的关联规则。

检验你的学习成果

（1）什么是关联规则挖掘？

（2）解释关联规则挖掘中的支持度、置信度和提升度的概念。

8.5　因果建模

管理者总是对结果感兴趣，比如利润、客户满意度和保留率，以及产量。**滞后性指标**（或结果性指标）会告诉我们业务进展得怎么样，这些结果通常是外部业务的结果，如利润、市场份额和客户满意度。**主导性指标**（绩效驱动因素）会预测业务即将进展的情况，这些指标通常是内部指标，如员工满意度、生产率和离职率。例如，有关销售或服务交易的客户满意度结果是一个滞后指标；员工满意度、销售代表行为、账单准确性等指标都是可能影响客户满意度的主要指标。如果员工不满意，其客户服务行为会受影响，进而导致客户满意度下降。如果用业务分析来解释这种情况，那么经理们就可以采取措施提高员工满意度，从而提高客户满意度。因此，了解哪些可控因素会显著影响管理者无法直接控制的那些关键业务绩效指标非常重要。相关性分析可以识别出这些影响，并促进因果模型的开发，从而帮助管理者在当下作出更好的决策，进而影响明天的结果。

回想第 4 章中提到的相关性，它是衡量两个变量之间线性关系的一种方法。相关系数值高表明变量之间有很强的关系。下面的示例显示了相关性在因果建模中的作用。

示例 8.11　　　　　　　　　　**使用相关性进行因果建模**

Excel 文件 *Ten Year Survey*（十年调查）显示了一家大型电子设备制造商进行的 40 个

季度调查的结果，其中一部分数据如图8-16所示。[①]数据提供了客户满意度，员工总体满意度、工作满意度、对主管的满意度，以及员工对培训和技能提升的感知。相关矩阵如图8-17所示。我们可以看到除了员工工作满意度和客户满意度之间的相关性较弱之外，所有变量间的相关性都相对较强，并且员工总体满意度和员工工作满意度、员工对主管的满意度，以及员工对培训和技能提升的感知之间的相关性更高。

	A	B	C	D	E	F
1	Ten Year Survey					
2						
3	Survey Sample	Customer satisfaction	Employee satisfaction	Job satisfaction	Satisfaction with supervisor	Training and skill improvement
4	1	2.97	3.51	3.92	3.06	3.48
5	2	3.71	3.58	4.13	3.06	2.57
6	3	3.29	3.43	3.62	4.42	3.06
7	4	2.05	3.81	4.12	4.31	3.17
8	5	4.56	4.17	4.25	4.14	4.15
9	6	4.28	4.13	4.13	4.57	3.61
10	7	2.17	2.42	4.19	2.53	2.72
11	8	3.01	2.95	3.95	3.25	2.56

图8-16 *Ten Year Survey* 的部分数据

	A	B	C	D	E	F
1		*Customer satisfaction*	*Employee satisfaction*	*Job satisfaction*	*Satisfaction with supervisor*	*Training and skill improvement*
2	Customer satisfaction	1				
3	Employee satisfaction	0.493345395	1			
4	Job satisfaction	0.151693544	0.840444148	1		
5	Satisfaction with supervisor	0.495977225	0.881324581	0.606796166	1	
6	Training and skill improvement	0.532307756	0.828657884	0.710624973	0.769700425	1

图8-17 *Ten Year Survey* 数据的相关矩阵

虽然相关性分析不能证明任何因果关系，但我们可以从逻辑上推断因果关系的存在。数据表明，客户满意度这一关键的外部业务结果，会受到驱动员工满意度这种内部因素的强烈影响。从逻辑上讲，我们可以构建出如图8-18所示的模型。这表明如果管理者想要提高客户满意度，他们需要从确保主管和员工之间的良好关系开始，并专注于培训和技能提升。

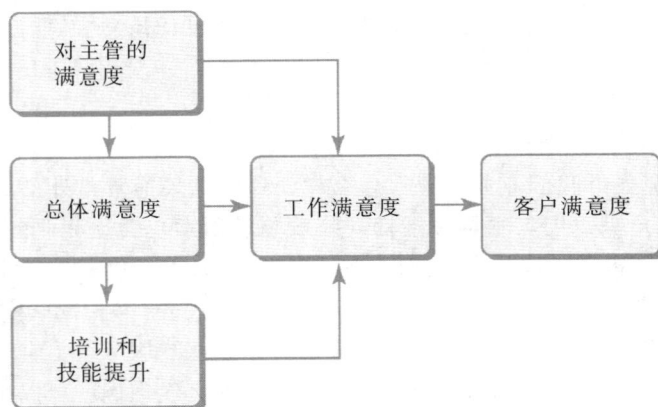

图8-18 因果关系模型

检验你的学习成果

（1）主导性指标和滞后性指标的区别是什么？

（2）如何在因果建模中使用相关性？

---

① Based on a description of a real application by Steven H. Hoisington and Tse-His Huang，"Customer Satisfaction and Market Share：An Empirical Case Study of IBM's AS/400 Division," in Earl Naumann and Steven H. Hoisington （eds.）*Customer-Centered Six Sigma* （Milwaukee，WI: ASQ Quality Press，2001）。但是，本例中使用的数据是虚构的。

实践分析：成功的数据挖掘商业应用[①]

为确定最赚钱的客户类型，许多不同的公司使用数据挖掘来细分客户，从而降低成本，并通过改进营销工作来增强客户关系。一些成功的数据挖掘的应用领域包括：

• 某制药公司分析了销售人员的活动数据，以便更好地瞄准高价值的医生，并确定哪些营销活动将产生最大的影响。销售代表们可以根据分析出的结果安排他们的日程表和促销活动。

• 某信用卡公司使用数据挖掘来分析客户交易数据，以确定最有可能对新信贷产品感兴趣的客户。结果，邮件宣传的成本降低了 1/20 以上。

• 某大型运输公司使用数据挖掘来细分其客户群，并确定其服务的最佳客户类型。通过将这种细分应用于通用商业数据库，如邓白氏提供的数据库，该公司可以为其区域销售团队成员开发一个优先考虑的潜在客户列表。

• 某大型消费品公司应用数据挖掘技术改进其零售销售流程。该公司利用来自消费者小组、出货量和竞争对手活动的数据来确定为什么客户会选择不同的品牌和更换商店。有了这些数据，公司可以选择更有效的促销策略。

关键术语

凝聚聚类方法	判别分数	主导性指标
关联规则挖掘	分裂聚类方法	提升度
平均组联动聚类	欧几里得距离	购物篮分析
全联动聚类	层次聚类	归一化
分界值	平均联动聚类	单联动聚类
（关联）规则置信度	分类矩阵	（关联）规则支持度
数据挖掘	聚类分析	沃德层次聚类
系统树状图	k-最近邻算法（k-NN）	
判别分析	滞后性指标	

第 8 章技术帮助

实用的 Excel 函数

SUMXMY2（*array_x*，*array_y*）将两个对应的范围或数组中的差平方相加。

SMALL（*array*，*k*）求解数组中第 *k* 小的值。

MATCH（*lookup_value*，*lookup_array*，0）在 *lookup_array* 中查找与 *lookup_value* 完全匹配的位置。

Analytic Solver

Analytic Solver 提供了强大的数据挖掘工具。请参阅在线补充资料 *Using Data Mining in Analytic Solver*。我们建议你首先阅读在线补充资料 *Getting Started with Analytic Solver Basic*。该资料为教师和学生提供了有关如何注册和访问 Analytic Solver 的信息。

[①]　Based on Kurt Thearling，"An Introduction to Data Mining，" White Paper from Thearling.com. http：// www. thearling.com/text/dmwhite/dmwhite.htm.

问题和练习

聚类分析

1. 计算以下几组点之间的欧几里得距离：

a. （2，5）和（8，4）

b. （12，−1，32）和（18，15，−52）

2. 对于 Excel 文件 *Colleges and Universities Cluster Analysis* 工作表，计算伯克利大学、加州理工大学、加州大学洛杉矶分校和北卡罗来纳大学之间的标准化欧几里得距离，并用距离矩阵说明结果。

3. 对于表 8−3 中确定的 3 个聚类，找出每个集群中学校的每个数值变量的平均值和标准差，并将它们与整个数据集的平均值和标准差进行比较。聚类结果是否显示出这些聚类之间的显著差异？

4. 在问题 2 中，你已经为 Excel 文件 *Colleges and Universities Cluster Analysis* 工作表找到了伯克利大学、加州理工大学、加州大学洛杉矶分校和北卡罗来纳大学之间的标准化距离矩阵。将单联动聚类应用于这些学校并绘制一个树状图来说明聚类过程。

5. 仅使用信用评分、信贷历史年数、周转资金余额和周转资金利用率作为预测变量，将单联动聚类应用于 Excel 文件 *Credit Approval Decisions* 中的前 6 条记录，并绘制一个树状图来说明聚类过程。

6. 使用百分比毛利、行业代码和竞争评级等变量，将单联动聚类应用于 Excel 文件 *Sales Data* 中的前 5 条记录，并绘制一个树状图来说明聚类过程。

分类

7. 使用示例 8.6 中描述的方法。仅使用支票、储蓄、客户月数和雇用月数等变量，应用 $k=1$，2，…，5 的 k-NN 算法对 Excel 文件 *Credit Risk Data* 中的 *Records to Classify* 工作表第一条记录进行分类。

8. 仅使用信用评分和信贷历史年数等变量，应用 $k=1$，2，…，5 的 k-NN 算法对 Excel 文件 *Credit Approval Decisions Classification Data* 中的新记录进行分类。

9. 仅使用信用评分和信贷历史年数作为输入变量，应用判别分析对 Excel 文件 *Credit Approval Decisions Discriminant Analysis* 中的新记录进行分类。

10. 提取 Excel 文件 *Credit Risk Data* 中的商业贷款记录，并对非数字数据进行编码。在 *Records to Classify* 工作表中，应用判别分析对商业贷款的信用风险进行分类。

关联

11. Excel 文件 *Automobile Options*（汽车选择）提供了关于特定型号汽车一起订购的选项数据。通过检查相关矩阵，提出一些关联。

12. Excel 文件 *Automobile Options* 提供了关于特定型号汽车一起订购的选项数据。考虑以下规则：

规则 1：如果发动机转速最大，则牵引力控制系统。

规则 2：如果发动机转速最大，车轮为 16 英寸，则保修期为 3 年。

计算每个规则的支持度、置信度和提升度。

因果建模

Excel 文件 *Myatt Steak House*（迈亚特牛排馆）提供了这家餐厅 5 年的关键业务数据。确定主导性指标和滞后性指标，找到相关矩阵，并使用最强的相关性构建一个因果模型。

案例：高性能草坪设备公司

Performance Lawn Care 数据库中的工作表 *Purchasing Survey* 提供了与预测业务水平（使用水平）相关的数据，这些数据来自对高性能草坪设备公司的客户采购经理的第三方调查。[1]每个受访者评定的 7 个 PLE 属性如下：

交货速度——订单确认后交付产品所需的时间

价格水平——PLE 收取的感知价格水平

价格灵活性——PLE 代表对所有类型的采购进行价格谈判的意愿

制造形象——制造商的整体形象

整体服务——维持客户与采购方良好关系所必需的整体服务水平

销售人员形象——PLE 销售团队的整体形象

产品质量——感知质量水平

通过一个图形评分量表可以得到对这 7 个变量的反应，在标有"差"和"优"的端点之间画一条 10 厘米的线。受访者使用从左端点开始测量的线条上的标记来表示他们的感知水平。结果是从 0 到 10 的刻度，四舍五入到小数点后一位。

我们得到了反映被调查者与 PLE 的购买关系结果的两个指标：

使用水平——公司的总产品中有多少是从 PLE 购买的，以百分比来衡量，范围从 0~100%

满意度——购买者对过去从 PLE 购买产品的满意度，采用与感知 1 至 7 相同的图形评分量表进行衡量

数据还包括了反映公司的 4 个特征：

公司规模——相对于市场其他公司的规模（0=小；1=大）

采购结构——特定公司使用的采购方法（1=集中采购，0=分散采购）

行业——购买者的行业分类 [1=零售（转售，如家得宝），0=私人（非转售，如园艺师）]

购买类型——这个特征有 3 个类别（1=新购买，2=改造后重新购买，3=直接重新购买）

伊丽莎白·伯克想要了解她从这些数据中能得到什么启示。

a. 哪些类型的数据挖掘技术可以提供有用的信息？请进行解释

b. 开发一个可以深入了解满意度和使用水平的驱动因素的因果模型

汇总你的结果并汇报给伯克女士。

---

[1] The data and description of this case are based on the HATCO example on pages 28 – 29 in Joseph F. Hair, Jr., Rolph E. Anderson, Ronald L. Tatham, and William C. Black, *Multivariate Analysis*, 5th ed. (Upper Saddle River, NJ: Prentice Hall, 1998).

电子表格建模与分析

在学习完本章后，你将能够：

- 说明如何使用逻辑、商务原理、影响图和历史数据来开发分析决策模型。
- 将电子表格工程的原理应用于电子表格模型的设计和使用。
- 根据 Excel 特性和电子表格原理来确保电子表格模型的质量。
- 说明如何评估模型的有效性。
- 为描述性、预测性、规范性应用构建电子表格模型。
- 对电子表格模型进行假设分析。
- 使用 Excel 构建单向和双向数据表。
- 根据数据表分析决策模型中的不确定因素。
- 使用 Excel *Scenario Manager*（场景管理器）评估不同的建模方案。
- 使用 Excel *Goal Seek*（目标搜索）工具构建盈亏平衡分析模型以及其他类型的模型。

模型对于理解管理者所面临的决策问题、预测由不同决策选择所带来的结果以及找到最优决策至关重要，因此，建模工作是商务分析的核心和灵魂。

我们在第 1 章引入了决策模型的概念。决策模型将输入（如数据、不可控输入和决策选项等）转换为输出，或者具体说是绩效和行为的衡量标准。当我们构建了一个决策模型后，本质上是根据模型的输入去预测会输出何种结果。模型本身可以简单地视为一系列描述输入与输出之间的关系的假设，模型的质量取决于假设的正确性。这只能通过对比模型的输出与历史或未来的情况的差异来进行评估。因此，模型的假设必须基于可靠的逻辑和经验，或者基于对历史数据的分析验证。

在本章，我们主要关注利用电子表格构建合乎逻辑且实用的决策模型。我们还描述了分析模型以评估未来场景并提出"假设"问题以促进作出更好的业务决策的方法。

能够构建电子表格模型、理解其逻辑并使用它们来评估各类场景是所有业务领域的专业人员在日常工作中需要具备的重要技能。例如，财务分析师使用电子表格模型来预测未来的现金流需求；营销分析师使用电子表格模型来评估不同的广告决策和预算分配所带来的影响；运营人员使用电子表格模型来规划生产和人员配备需求。电子表格模型也常用于会计管理、银行投资、活动咨询及许多其他领域。首先我们将考虑使用一些实用的方法来开展模型构建，以便更深入地理解我们希望使用电子表格建模的场景。

实践分析：在Nestlé使用电子表格建模和分析[①]

　　Nestlé（雀巢）是一家全球著名的大型食品饮料公司，Nestlé的执行信息系统（EIS）部门从子公司（报告单位）收集数据，为高层管理人员提供运营、财务和战略信息。EIS部门决定通过使用基于Excel的商务分析工具提升其业务能力，并鼓励分析师和控制人员更好地利用这些工具提供的信息。他们开发了描述性、预测性和规范性的电子表格模型，用于评估投资决策、制定销售价格、管理现金流以及评估商业机会的盈利能力和风险。

　　通过这个过程，他们发现电子表格对于开发小而简易（但不简单）的质量模型非常有用。因此，他们一同努力使习惯于在决策中使用电子表格模型和其他分析工具的经理人数增加。为此，他们开展并举办了研讨会，培训员工使用Excel开发小型电子表格模型，专门用于敏感性分析、预测、模拟和小型案例研究的优化。教材改编自真实的Nestlé数据（例如对美国冰淇淋年销售额的预测）。目标是鼓励用户自己探索新问题并应用这些小而简易的工具解决问题。培训课程在Nestlé的员工中很受欢迎，有很多习惯于作出分析决策的经理参加了培训，公司建立了强制使用分析模型的新报告制度。

9.1　模型构建策略

　　构建决策模型与其说是一门科学还不如说更像是一种艺术。要创建优秀的模型，必须对各个职能领域的基本商业原则有深入的理解，如会计、金融、营销和运筹学等。此外，还要掌握有关商务实践和研究的知识，并具备强大的逻辑思考能力。模型往往是由易到难，从确定型到随机型（详见第1章中的定义），所以我们通常应该从简单的模型入手，然后在必要时一步步优化模型。

9.1.1　使用逻辑和商务原理构建模型

　　我们在第1章介绍了使用逻辑和商务原理构建模型的概念。例如，在示例1.3中阐述了如何从使用术语的维度去帮助开发逻辑一致的公式。在示例1.4中列举了资源外包的决策模型。让我们更深入地研究该模型开发的逻辑。

示例9.1　　　　　　　　　　　总成本决策模型

　　根据基本的商业原理可知，生产固定数量的产品的总成本由固定成本和可变成本组成。同时，可变成本取决于单位可变成本以及生产数量。然而，生产数量是一个决策选项，因为它可以由运营经理控制。为了建立一个数学模型，我们需要明确这些变量之间的准确关系。例如，我们可以很明确地定义：

　　总成本 = 固定成本 + 可变成本　　　　　　　　　　　　　　　　　　　　　　　(9.1)

　　逻辑还表明，可变成本是单位可变成本乘以生产数量。

　　可变成本 = 单位可变成本×生产数量　　　　　　　　　　　　　　　　　　　　　(9.2)

　　将上式代入公式（9.1）可得：

　　总成本 = 固定成本 + 可变成本

　　　　　= 固定成本 + 单位可变成本×生产数量　　　　　　　　　　　　　　　　　(9.3)

---

　　① Adapted from Christophe Oggier, Emmanuel Fragnière, and Jeremy Stuby, "Nestlé Improves Its Financial Reporting with Management Science," *Interfaces*, Vol. 35, No. 4, July - August 2005, 271 - 280.

根据这些关系，我们可以将这些量定义成符号，并以数学形式表示：

C = 总成本

V = 单位可变成本

F = 固定成本

Q = 生产数量

则模型表示为：

$$C = F + VQ \tag{9.4}$$

该描述性模型可用于评估产量的任何投入价值的成本。

9.1.2 使用影响图构建模型

尽管根据基本逻辑和商务原则去开发模型很容易，但正如我们在前面的示例中所说明的那样，大多数的模型开发都需要更规范的方法。其中一种简单的描述性模型是一种可视化表示，其被称作**影响图**，因为它描述了模型的各种元素是如何相互影响或与其他元素相关的。影响图是概念化模型结构的一种实用方法，可以帮助构建数学或电子表格模型。模型的元素由称为节点的圆形符号表示。被称为分支的箭头连接了节点并显示哪些元素会对其他元素造成影响。当我们需要理解和表征重要关系时，影响图在模型构建的早期阶段非常有用。

示例9.2   **使用影响图开发一个决策模型**

我们将使用影响图开发一个决策模型，用于在面对不确定的未来需求时预测利润，如图9-1所示。众所周知，利润取决于收入和成本。因此，在影响图的顶部，我们发现收入和成本都会影响利润。根据一些基本的业务逻辑，我们可以通过添加更多信息来扩展影响图。收入取决于单位价格和销售数量，成本取决于单位成本、生产数量和固定生产成本。销售数量取决于不确定的需求以及生产数量，因而销售数量不能超过需求或生产数量，以其中较少者为限。这些事实反映在图9-1所示的影响图中。在图中，所有没有指向它们本身的分支的节点都是模型的输入数据。单价、单位成本和固定成本是输入数据；需求是不确定的投入，生产数量是一个决策选项，因为它由运营经理控制。利润是我们希望通过计算得到的输出结果（注意它没有指向外的分支）。任何有箭头指向以及指向它们的节点都是将输入与输出联系起来的中间计算，可以被视为模型的"构建块"。下一步是使用以下定义将影响图转换为更正式的模型：

P = 利润

R = 收入

C = 成本

p = 单价

c = 单位成本

F = 固定成本

S = 销售数量

Q = 生产数量

D = 需求

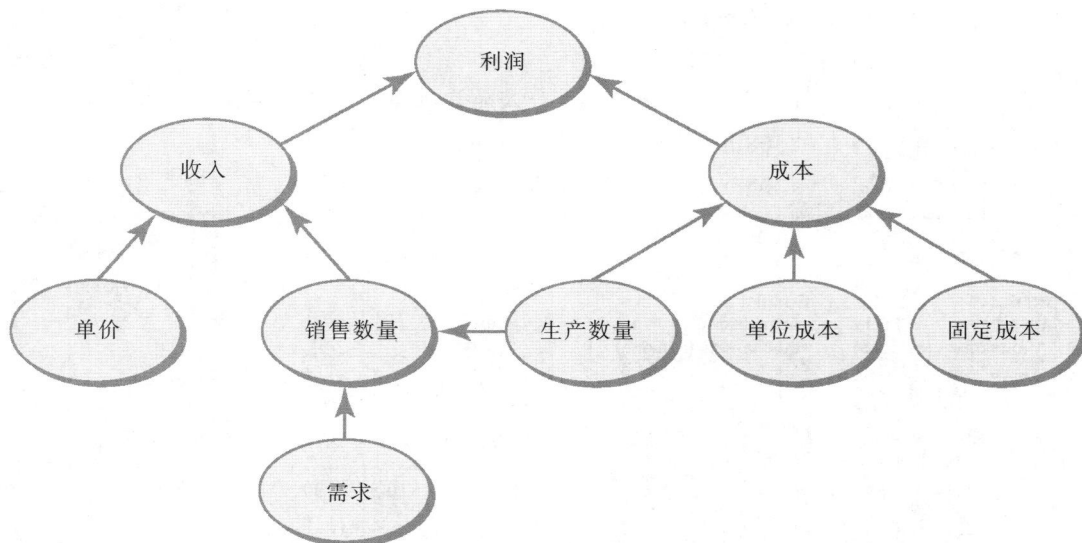

图9-1　利润的影响图

一种合乎逻辑的方法是从输出开始在影响图中向下工作；首先，利润＝收入－成本；因此，

$P = R - C$

此外，收入等于单价（p）乘以销售数量（S）：

$R = p×S$

请注意，成本由固定成本（F）加上生产 Q 个单位的可变成本组成（$c×Q$）：

$C = F + c×Q$

然而，销售数量必须等于需求（D）和生产数量（Q）中较小的值，即

$S = \min\{D, Q\}$

因此，$R = p×S = p×\min\{D, Q\}$。将结果代入利润 $P = R - C$ 的基本公式中，即有：

$$P = p×\min\{D, Q\} - (F+c×Q) \tag{9.5}$$

9.1.3　使用历史数据构建模型

模型中使用的数据可以来自现有数据库和其他数据源，如历史数据分析、调查、实验和其他数据收集方法。例如，在利润模型中，我们可能会查询会计记录以获取单位成本和固定成本。我们之前学习的统计方法通常用于估计预测模型所需的数据。例如，我们可以使用历史数据来计算平均需求；我们还可以在模型中使用四分位数或百分位数来评估不同的场景。下一个示例展示了我们如何使用经验数据和直线拟合技术来构建模型。

示例9.3　　　　　　　　　　　　　　**使用历史数据构建模型**[①]

DTP公司有两个主打产品。营销分析师对其进行了实验，以收集相关媒体广告对利润产生影响的数据。这些数据如图 9-2 所示（参见 Excel 文件 *DTP Corporation*）。首先，根据数据构建散点图；接着，使用 Excel 中的 *Add Trendline*（添加趋势线）功能；最终我们发现对数函数可以充分拟合数据：

---

① Glen L. Urban, "Building Models for Decision Makers," *Interfaces*, 4, 3 (May 1974): 1-11.

产品 1 利润 $= 49.699 + 1.1568\ln(X_1)$

产品 2 利润 $= 19.913 + 0.4177\ln(X_2)$

其中，X_1 和 X_2 分别为在产品1和产品2上投入的广告费用。故总利润可以表示为：

总利润 $= 49.699 + 1.1568\ln(X_1) + 19.913 + 0.4177\ln(X_2)$

$\qquad = 69.612 + 1.1568\ln(X_1) + 0.4177\ln(X_2)$

	A	B	C	D	E	F	G H I J K	L
1	DTP Corporation							
2								
3	**Product 1**			**Product 2**				
4	**Advertising**	**Profit**		**Advertising**	**Profit**			
5	(thousands)	(millions)		(thousands)	(millions)			
6	$50	$53.89		$50	$21.49			
7	$75	$54.91		$75	$21.51			
8	$100	$54.87		$100	$21.99			
9	$125	$55.48		$125	$21.80			
10	$150	$55.97		$150	$22.21			
11	$175	$56.02		$175	$22.23			
12	$200	$55.33		$200	$22.32			
13	$225	$56.42		$225	$22.12			
14	$250	$55.53		$250	$22.20			
15	$275	$55.77		$275	$22.47			
16	$300	$56.56		$300	$22.08			
17	$325	$56.72		$325	$22.22			
18	$350	$56.20		$350	$22.31			
19	$375	$56.15		$375	$22.20			
20	$400	$57.01		$400	$22.53			

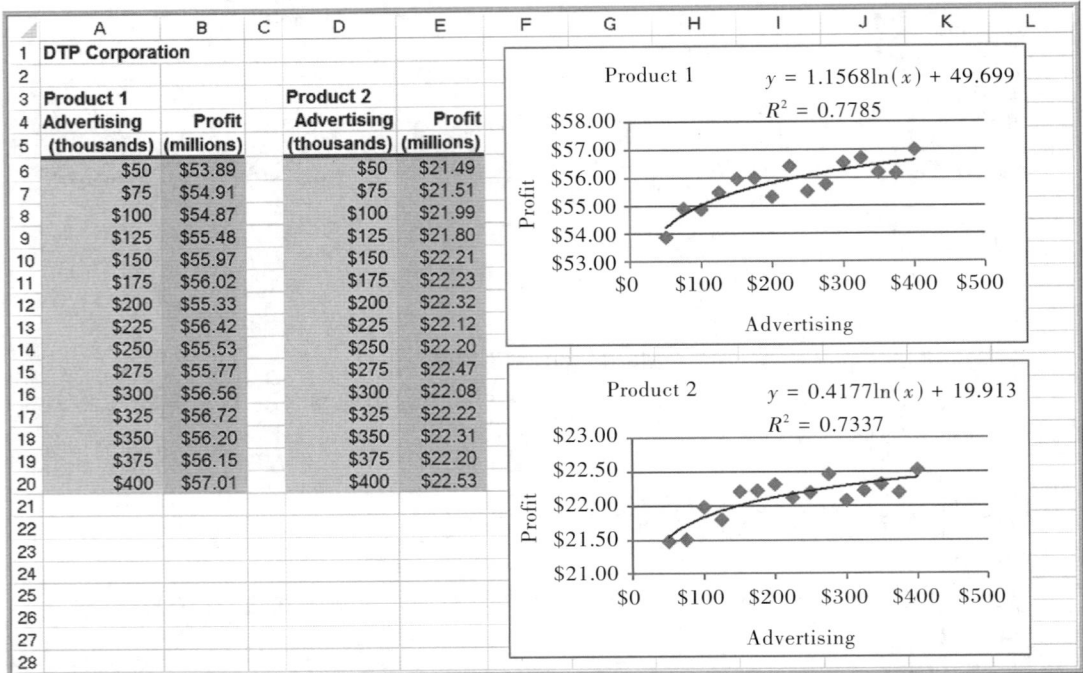

图9-2　DTP公司营销数据

　　然而，即便数据不可得，使用一个良好的主观估计，也比牺牲模型的完整性更为可取，因为这样的模型对管理者而言可能大有裨益。

9.1.4　模型假设、复杂性和真实性

　　模型无法捕捉到实际问题的每一个细节，管理者必须了解模型的局限性及基本假设。有效性是指模型能多贴切地表征现实。判断模型有效性的一种方法是识别和检验模型所做的假设，观察它们是如何与我们对现实世界的感知保持一致；两者越接近，模型越有效。另一种方法是将模型结果与观察结果进行比较；两者结果越接近，模型越有效。一个"完美"的模型在各个方面都与现实世界相对应；不幸的是，这样的模型从未存在过，也永远不会存在，因为将现实生活的每一个细节都包含在一个模型中是不可能的。为模型增加更多的真实性通常会导致模型变得更复杂，分析师必须知道如何平衡这些因素。

　　检验你的学习成果

　　（1）可用于构建决策模型的三种策略是什么？

　　（2）阐述如何解释一个影响图。

　　（3）如何评估一个模型的有效性？

9.2 在电子表格中使用模型

电子表格的优点是允许你轻松修改模型的输入值并计算数值结果。我们将在我们的模型构建应用程序中使用电子表格和分析建模（analytical modeling）方法——能够"说两种语言"很重要。我们可以创造性地应用各种 Excel 工具和功能来改进电子表格模型的结构和用途。在本节中，我们将讨论如何开发良好、实用和有效的电子表格模型。好的电子表格分析应用程序应该是对用户友好的；也就是说，应该能够通过简单地输入或更改数据，直接查看关键结果，特别是对于使用电子表格不熟练的用户。良好的设计可以减少错误和对信息误解的概率，从而作出更有洞察力的决策以及得到更好的结果。

9.2.1 电子表格设计

因为决策模型描述了输入和输出之间的关系，所以在设计电子表格时将数据、模型计算和模型输出清楚地分开是很重要的。尤其需要注意，不要在模型公式中直接使用输入数据，而是引用包含数据的电子表格单元格。因为这样，就算数据发生变化，或者是想要对模型进行实验，都无须更改任何公式内容，否则很容易导致错误。我们将在以下示例中说明这些概念。

示例9.4 **利润模型的电子表格应用**

我们在示例 9.2 中介绍的分析模型可以很轻松地在 Excel 电子表格中实现利润估算（Excel 文件 *Profit Model*（利润模型））。假设单价 = 40 美元，单位成本 = 24 美元，固定成本 = 400 000 美元，需求 = 50 000 件。为了构建电子表格模型，我们假设生产的数量为 40 000 件，尽管正如我们所指出的，这是一个可以更改的决策选项。图 9-3 显示了该模型的电子表格执行结果。为了更好地理解模型，我们来研究电子表格公式之间的关系、影响图和数学模型，观察电子表格公式与模型之间的对应关系。例如，

利润（单元格 C22）= 收入 − 可变成本 − 固定成本

$$= C15 - C19 - C20$$

	A	B	C
1	**Profit Model**		
2			
3	**Data**		
4			
5	**Unit Price**	$40.00	
6	**Unit Cost**	$24.00	
7	**Fixed Cost**	$400,000.00	
8	**Demand**	50000	
9			
10			
11	**Model**		
12			
13	**Unit Price**	$40.00	
14	**Quantity Sold**	40000	
15	**Revenue**		$1,600,000.00
16			
17	**Unit Cost**	$24.00	
18	**Quantity Produced**	40000	
19	**Variable Cost**		$960,000.00
20	**Fixed Cost**		$400,000.00
21			
22	**Profit**		$240,000.00

	A	B	C
1	**Profit Model**		
2			
3	**Data**		
4			
5	**Unit Price**	40	
6	**Unit Cost**	24	
7	**Fixed Cost**	400000	
8	**Demand**	50000	
9			
10			
11	**Model**		
12			
13	**Unit Price**	=B5	
14	**Quantity Sold**	=MIN(B8,B18)	
15	**Revenue**		=B13*B14
16			
17	**Unit Cost**	=B6	
18	**Quantity Produced**	40000	
19	**Variable Cost**		=B17*B18
20	**Fixed Cost**		=B7
21			
22	**Profit**		=C15-C19-C20

图9-3 *Profit Model* 的电子表格应用

因此，如果你会编写电子表格公式，则可以通过替换Excel公式中的符号和数字来开发一个数学模型。另外，还要注意数据是如何从模型中分离出来并在模型公式中被引用的。经理可能会使用电子表格来估算不确定的未来需求和/或生产数量的不同值，预计利润将如何变化。我们将在本章稍后部分介绍此操作。

在电子表格中实现模型时，通常有很多选项。重要的是要牢记最终用户是谁并将电子表格模型的格式设置为他或她（例如财务经理）可以轻松解释和使用的形式。在以下示例中，我们展示了执行财务模型的三种不同方式以说明此问题。

示例 9.5　在电子表格中对净收入建模

净收入的计算基于下列公式：

- 总利润 = 销售额 − 销售成本
- 营业费用 = 管理费用 + 销售费用 + 折旧费用
- 净营业收入 = 总利润 − 营业费用
- 税前收入 = 净营业收入 − 利息费用
- 净收入 = 税前收入 − 税金

我们可以使用下列公式开发一个简单的模型，用以计算净收入：

净收入 = 销售额 − 销售成本 − 管理费用 − 销售费用 − 折旧费用 − 利息费用 − 税金

第一种方法是我们在电子表格上执行这个模型，如图 9-4 所示。该电子表格仅提供最终结果，从财务角度来看，其向最终用户提供的信息很少。

	A	B	C
1	**Net Income Model**		
2			
3	**Data**		
4			
5	**Sales**	$ 5,000,000	
6	**Cost of Goods Sold**	$ 3,200,000	
7	**Administrative Expenses**	$ 250,000	
8	**Selling Expenses**	$ 450,000	
9	**Depreciation Expenses**	$ 325,000	
10	**Interest Expense**	$ 35,000	
11	**Taxes**	$ 296,000	
12			
13	**Model**		
14			
15	**Net Income**	$ 444,000	=B5-SUM(B6:B11)

图9-4　简单净收入电子表格模型

第二种方法是通过使用数据模型格式将前面的公式写入电子表格的独立单元格中来分解模型，如图 9-5 所示。它清晰地展现了计算过程并提供了更有用的信息。然而，尽管这两种模型在技术层面上都是正确有效的，但并不是大多数会计和财务员工所习惯的形式。

第三种方法是根据会计师习惯的结构和格式将计算表达为**预计收益表**，如图 9-6 所示。尽管这与图 9-5 中的计算过程相同，但请注意，使用负美元金额需要更改公式（即添加负金额而不是减去正金额）。Excel 工作表 *Net Income Models*（净收入模型）在单独的工作表中包含每一个示例。

	A	B	C
1	Net Income Model - Data Model Format		
2			
3	Data		
4			
5	Sales	$ 5,000,000	
6	Cost of Goods Sold	$ 3,200,000	
7	Administrative Expenses	$ 250,000	
8	Selling Expenses	$ 450,000	
9	Depreciation Expenses	$ 325,000	
10	Interest Expense	$ 35,000	
11	Taxes	$ 296,000	
12			
13	Model		
14			
15	Gross Profit	$ 1,800,000	=B5-B6
16	Operating Expenses	$ 1,025,000	=SUM(B7:B9)
17	Net Operating Income	$ 775,000	=B15-B16
18	Earnings Before Taxes	$ 740,000	=B17-B10
19			
20	Net Income	$ 444,000	=B18-B11

图9-5 净收入数据模型格式

	A	B	C	D
1	Pro Forma Income Statement			
2				
3	Sales		$ 5,000,000	
4	Cost of Goods Sold		$(3,200,000)	
5	Gross Profit		$ 1,800,000	=C3+C4
6				
7	Operating Expenses			
8	Administrative Expenses	$250,000		
9	Selling Expenses	$450,000		
10	Depreciation Expenses	$325,000		
11	Total		$(1,025,000)	=-(SUM(B8:B10))
12				
13	Net Operating Income		$ 775,000	=C5+C11
14	Interest Expense		$ (35,000)	
15				
16	Earnings Before Taxes		$ 740,000	=C13+C14
17	Taxes		$ (296,000)	
18				
19	Net Income		$ 444,000	=C16+C17

图9-6 预计收益表格式

9.2.2 电子表格质量

建立电子表格模型，通常也称为**电子表格工程**，它既是一门艺术又是一门科学。电子表格的质量可以通过其逻辑准确性和设计来进行评估。电子表格应该是准确的、易于理解的以及用户友好的。

首先，电子表格应该是准确的。**验证**是确保模型准确且没有逻辑错误的过程。电子表格错误的代价可能是惨重的。

一家大型投资公司曾犯过导致26亿美元损失的错误。它通知一位共同基金的持有人，其有望获得大笔股息；幸运的是，它在发送支票之前发现了错误。通过针对50个电子表格的研究发现，只有不到10%的电子表格没有错误。[①]业务中的大量错误通常是由复制粘贴、排序、数字输入和电子表格公式引用等错误造成的。行业研究揭示，超过90%的行数多于150行的电子表格存在至少5%的错误率。

① S. Powell, K. Baker, and B. Lawson, "Errors in Operational Spreadsheets," *Journal of End User Computing*, 21 (July - September 2009): 24 - 36.

电子表格工程有三种基本方法可以提高电子表格的质量：

（1）*改进电子表格本身的设计和格式*。在输入、输出和主要模型关系被充分理解之后，你应该概述电子表格的逻辑设计思路。例如，你可能希望电子表格能类似于财务报表的形式，以便管理人员阅读。将模型输入与模型本身分开，并在模型公式中引用输入单元格是一种很好的做法，这样，任何输入变化都将被自动反映在模型输出中。我们已经在示例中演示了这一点。

另外一个将复杂公式分解为小的部分的实用方法，我们在之前的示例中也进行了演示。这样可以减少排版错误，更容易检查结果，并使电子表格易于用户阅读。

（2）*改进用于开发电子表格的流程*。如果你草拟了电子表格的概念设计，请在处理其他事情之前先单独处理每个部分，以确保每个部分都是正确的。输入公式时，请使用简单数字（例如 1）检查结果以确定它们是否合理，或使用具有已知结果的输入。在 Excel 中使用复制和粘贴命令时要小心，尤其是相对地址和绝对地址。使用 Excel 函数向导（公式栏上的 f_x 按钮）确保在函数的对应字段中输入正确的数值。

（3）*仔细检查你的结果，并使用 Excel 中可用的适当工具*。例如，Excel 中 *Formula Auditing* 工具（在 *Formula* 选项卡中）可帮助你验证公式的逻辑并检查错误。使用 *Trace Precedents* 和 *Trace Dependents*，你可以直观地观察到哪些单元格具有影响或受选定单元格的值的影响，类似于影响图。*Formula Auditing* 工具还包括 *Error Checking*（它检查使用公式时发生的常见错误），以及 *Evaluate Formula*（它通过单独评估公式的每个部分来帮助调试复杂的公式）。我们提议你学习使用这些工具。

其他可用于提高电子表格模型质量和用户友好性的 Excel 工具包括范围名称和表单控件，这两者都已在第 2 章中介绍过。

9.2.3 数据验证

数据验证功能是 Excel 的一种实用工具，它允许你在电子表格中定义可接受的输入值范围，并在输入无效时提出错误警告。这可以帮助你避免无意的用户错误。此功能可在 Excel 功能区 *Data* 选项卡内的 *Data Tools* 组中找到。选中单元格区域，单击 *Data Validation*，然后指定 Excel 标记无效数据的标准。

示例 9.6   **使用数据验证功能**

图 9-7 显示了我们在示例 1.4 中讨论的电子表格模型——*Outsourcing Decision Model*（外包决策模型）。观察单元格 B20 是如何使用 IF 函数来确定最佳决策的。如果成本差异为负数或零，则函数返回"制造"作为最佳决策；否则，它返回"外包"作为最佳决策。

假设你被要求使用电子表格来评估汽车系统装配中使用的大量零件的制造和采购成本项目并制定最佳决策。你将获得成本会计师和采购经理编制并打印的数据列表，且必须查找相应的数据以将其输入到电子表格中。这样的手动过程会存在大量出错的概率。但是，假设我们知道任何物品的单位成本至少为 10 美元，但不超过 100 美元。例如，如果成本为47.50 美元，因小数点位置错误将变成 4.75 美元或 475 美元，这显然超出了数值范围。在 *Data Validation* 对话框中，你可以指定该值必须是 10 到 100 之间的十进制数，如图 9-8 所示。在 *Error Alert* 选项卡上，你还可以创建一个在输入无效内容时弹出的提示框（参见图9-9）。在 *Input Message* 选项卡上，你可以创建提示，在单元格中显示有关正确输入格式的注释。数据验证还存在于你可能想要探索的其他可自定义的选项中。

	A	B
1	**Outsourcing Decision Model**	
2		
3	**Data**	
4		
5	**Manufactured in-house**	
6	Fixed cost	$50,000
7	Unit variable cost	$125
8		
9	**Purchased from supplier**	
10	Unit cost	$175
11		
12	Production volume	1500
13		
14	**Model**	
15		
16	Total manufacturing cost	$237,500
17	Total purchased cost	$262,500
18		
19	Cost difference (Manufacture - Purchase)	-$25,000
20	Best Decision	Manufacture

	A	B
1	**Outsourcing Decision Model**	
2		
3	**Data**	
4		
5	**Manufactured in-house**	
6	Fixed cost	50000
7	Unit variable cost	125
8		
9	**Purchased from supplier**	
10	Unit cost	175
11		
12	Production volume	1500
13		
14	**Model**	
15		
16	Total manufacturing cost	=B6+B7*B12
17	Total purchased cost	=B12*B10
18		
19	Cost difference (Manufacture - Purchase)	=B16-B17
20	Best Decision	=IF(B19<=0, "Manufacture", "Outsource")

图9-7　*Outsourcing Decision Model* 电子表格

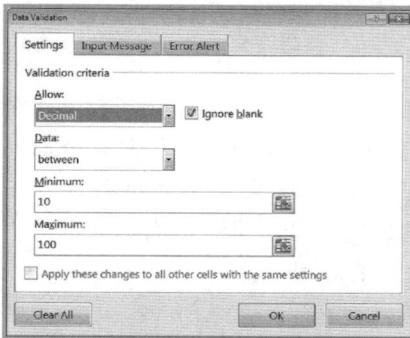

图9-8　数据验证对话框

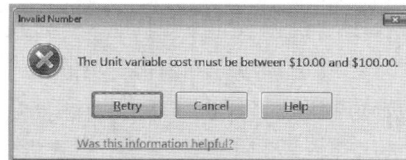

图9-9　错误警告的示例

检查你的学习成果

（1）为什么在设计一个表格模型时，将数据、计算和输出分开是很重要的？

（2）可以使用什么方法来提高电子表格的质量？

（3）解释Excel的*数据验证*功能是如何帮助用户避免在电子表格应用程序中的错误的。

实践分析：宝洁公司的电子表格工程[①]

在20世纪80年代中期，宝洁公司（Procter & Gamble）需要一种简单而持续稳定的方法来管理安全库存。宝洁的西欧商业分析小组构建了一个电子表格模型，最终发展成为一套全球库存管理模型。该模型旨在帮助供应链规划者更好地了解供应链中的库存，并提供了一种快速设置安全库存水平的方法。宝洁公司还根据这个应用程序开发了几个在世界各地使用的派生模型。

在设计这个模型时，分析人员使用了电子表格工程的许多原理。例如，他们通过将适当的单元格分组，并使用不同的格式将输入部分与计算和结果部分隔开。这加快了数据输入过程。此外，电子表格被设计成在一个屏幕上显示所有相关数据，这样用户就不需要在模型的不同部分之间切换了。

分析人员使用数据验证和条件格式的组合功能来突出显示数据输入中的错误。他们还提供了一个警告和错误列表，用户在使用模型的结果之前应该先解决这些问题。该列表标记了明显的错误（如过境时间是负值）、可能需要检查的输入数据，以及超出模型统计有效性边界的预测错误。

在基本层面上，所有的输入字段都附有注释，这为规划者提供了一个快速的在线帮助功能。对于每个模型，他们还提供了用户手册，其中描述了每个输入项和结果，并详细解释了公式。模型模板和所有文档都发布在一个内部网站上，宝洁公司所有的员工都可以访问。这确保了所有员工都能访问模型的最新版本、支持材料和培训计划。

9.3 描述性电子表格模型

商务分析中的各种实际问题都可以使用电子表格进行建模。在本节中，我们将提出几个描述性建模应用程序的示例。这些模型使我们能够回答诸如"我们需要多少资源来满足所估计的需求""在不同的情况下，我们的利润会是多少"等问题需要注意的一点是，一个实用的电子表格模型不一定复杂；通常，简单的模型可以为管理者提供制定正确决策所需的信息。

9.3.1 人力资源模型

任何企业在人力资源方面进行调整都会是昂贵且耗时的，因此，提前了解人员配备需求是很重要的。招聘、培训新员工所需的时间是90~180天，所以不可能总是能够对员工调整需求作出快速反应。因此，提前规划是至关重要的，这样管理者才可以对增加/减少工作时间，或增加/减少临时或正式员工作出正确的决定。分析可以极大地帮助人力资源规划决策的制定，示例9.7改编自银行业中的一个真实的应用。

示例9.7　　　　　　　　　　资源需求的人员配置模型[②]

假设贷款处理部门的经理希望知道在接下来的几个月里，每个月需要多少员工来处理确定数量的贷款文件，这样她就可以更好地进行规划。我们进一步假设有不同类型的产品

① Based on Ingrid Farasyn, Koray Perkoz, and Wim Van de Velde, "Spreadsheet Models for Inventory Target Setting at Procter & Gamble," *Interfaces*, 38, 4（July‐August 2008）：241‐250.

② 作者感谢BlueNote Analytics有限公司的克雷格·齐拉兹尼（Craig Zielazny）先生提供了这个例子。

需要处理。产品可以是 30 年期固定利率抵押贷款、7/1 混合利率调整抵押贷款（7/1 ARM）、联邦住房管理局贷款或建筑贷款。每种贷款类型的复杂性各不相同，需要不同级别的文档，因此也需要不同的时间来完成。假设经理预测 5 月有 700 个贷款申请，6 月有 750 个，7 月有 800 个，8 月有 825 个。每位员工每天工作 6.5 小时，5 月共计 22 个工作日，6 月共计 20 个工作日，7 月共计 22 个工作日，8 月共计 22 个工作日。根据历史贷款数据，经理还知道每种产品类型的百分比，以及处理每种类型的一笔贷款需要多长时间。这些数据如下：

产品	产品占比（%）	每份文件耗时（小时）
产品 1	22	3.50
产品 2	17	2.00
产品 3	13	1.50
产品 4	12	5.50
产品 5	9	4.00
产品 6	9	3.00
产品 7	6	2.00
产品 8	5	2.00
产品 9	3	1.50
产品 10	1	3.50
其他种类	3	3.00
共计	100	

经理希望确定每月所需全职人力工时（full-time equivalent，FTE）员工的数量，以确保所有贷款业务都能得到处理。

图 9-10 展示了一个电子表格上的简单描述性模型，用于计算所需的 FTEs 员工（Excel 文件 *Staffing Model*（人员配置模型））。对于每个月，我们获取期望的接待人数，并根据产品组合百分比将其转换为每种产品的文件数量。通过乘以处理每个文件所需的小时数，我们就可以计算出每种产品所需的小时数。最后，我们将每月所需的总小时数除以每月的工作小时数（每天工作的小时数 × 每月的天数），就求出了所需的 FTEs 员工数量。

	A	B	C	D	E	F	G	H	I	J	K
1	**Staffing Model**										
2											
3	**Data**										
4		**May**	**June**	**July**	**August**						
5	Desired Throughput	700	750	800	825						
6	Hours Worked Per Day	6.5	6.5	6.5	6.5						
7	Days in Month	22	20	22	22						
8											
9	**Model**										
10					**May**		**June**		**July**		**August**
11	**Products**	**Product Mix**	**Hours Per File**	**Files/Month**	**Hours Required**	**Files/Month**	**Hours Required**	**Files/Month**	**Hours Required**	**Files/Month**	**Hours Required**
12	Product 1	22%	3.50	154	539.00	165.00	577.50	176.00	616.00	181.50	635.25
13	Product 2	17%	2.00	119	238.00	127.50	255.00	136.00	272.00	140.25	280.50
14	Product 3	13%	1.50	91	136.50	97.50	146.25	104.00	156.00	107.25	160.88
15	Product 4	12%	5.50	84	462.00	90.00	495.00	96.00	528.00	99.00	544.50
16	Product 5	9%	4.00	63	252.00	67.50	270.00	72.00	288.00	74.25	297.00
17	Product 6	9%	3.00	63	189.00	67.50	202.50	72.00	216.00	74.25	222.75
18	Product 7	6%	2.00	42	84.00	45.00	90.00	48.00	96.00	49.50	99.00
19	Product 8	5%	2.00	35	70.00	37.50	75.00	40.00	80.00	41.25	82.50
20	Product 9	3%	1.50	21	31.50	22.50	33.75	24.00	36.00	24.75	37.13
21	Product 10	1%	3.50	7	24.50	7.50	26.25	8.00	28.00	8.25	28.88
22	Misc	3%	3.00	21	63.00	22.50	67.50	24.00	72.00	24.75	74.25
23	Total	100%		700	2089.50	750.00	2238.75	800.00	2388.00	825.00	2462.63
24			FTEs Required		14.61		17.22		16.70		17.22

	A	B	C	D	E
1	Staffing Model				
2					
3	Data				
4		May	June	July	August
5	Desired Throughput	700	750	800	825
6	Hours Worked F	6.5	6.5	6.5	6.5
7	Days in Month	22	20	22	22
8					
9	Model				
10				May	
11	Products	Product Mix	Hours Per File	Files/Month	Hours Required
12	Product 1	0.22	3.5	=B12*$B$5	=C12*D12
13	Product 2	0.17	2	=B13*$B$5	=C13*D13
14	Product 3	0.13	1.5	=B14*$B$5	=C14*D14
15	Product 4	0.12	5.5	=B15*$B$5	=C15*D15
16	Product 5	0.09	4	=B16*$B$5	=C16*D16
17	Product 6	0.09	3	=B17*$B$5	=C17*D17
18	Product 7	0.06	2	=B18*$B$5	=C18*D18
19	Product 8	0.05	2	=B19*$B$5	=C19*D19
20	Product 9	0.03	1.5	=B20*$B$5	=C20*D20
21	Product 10	0.01	3.5	=B21*$B$5	=C21*D21
22	Misc	=1-SUM(B12:B21)	3	=B22*$B$5	=C22*D22
23	Total	1		=SUM(D12:D22)	=SUM(E12:E22)
24			FTEs Required		=E23/(B6*B7)

图9-10　*Staffing Model* 电子表格执行结果

9.3.2　单周期购买决策

随着母公司 Gap 将产品线转向七分裤、牛仔裤和卡其裤等基本款服装，Gap 公司旗下的 Banana Republic 试图在时尚界树立自己的品牌。在 21 世纪初的一个假日季，该公司押注蓝色将成为弹力美利奴羊毛衫最畅销的颜色。然而，他们错了。正如公司总裁所说，"销量第一的是苔藓绿色。我们没能如愿"[1]。

这个例子只是众多真实案例中的一个，在这种情况下，必须在面对不确定的需求时作出一次性购买决定。百货公司的采购员必须提前购买应季服装，糖果店必须决定节日特别礼盒的数量。这种情况通常被称为**报童问题**：街头报童出售日报，必须决定购买多少份。买得太少会失去获取利润的机会，但是买得太多会导致损失，因为今天的报纸明天就无法再销售。

我们首先为这个问题建立一个通用模型，然后用一个例子来说明它。我们假设每件物品的购买成本为 C，以 R 的价格出售。在最后，任何未售出的物品都可以以 S 的价格（残值）处理。很显然，假设 $R > C > S$ 是合理的。现假设 D 是这段时间内的需求量，Q 是购买的数量。注意，D 是一个不可控的输入变量，而 Q 是一个决策变量。如果需求是已知的，那么最优决策是显而易见的：选择 $Q = D$。然而，如果无法提前知道 D，我们就会面临过多购买或过少购买的风险。如果 $Q < D$，那么我们就失去了攫取额外利润的机会（因为我们假设 $R > C$），如果 $Q > D$，我们就会蒙受损失（因为 $C > S$）。

请注意，我们的销售不能超过实际需求的最小值和生产数量。因此，以正常价格出售的数量是 D 和 Q 中较小的，剩余数量是 0 和 $Q - D$ 中较大的值。净利润计算如下：

$$净利润 = R \times 销售数量 + S \times 剩余数量 - C \times Q \tag{9.6}$$

在现实中，需求 D 是不确定的，可以使用基于我们在第 5 章中描述的方法的概率分布来建模。我们不处理涉及概率分布的模型（在这一点上，建立模型已经是一项挑战）。

示例9.8　　　　　　　　　　　　　　**单周期购买决策模型**

假设一家小糖果店制作情人节礼盒，价格为 12 美元，售价为 18 美元。在过去，情人

---

[1]　Louise Lee，"Yes，We Have a New Banana，*BusinessWeek*（May 31，2004）：70 - 72.

节之前至少卖出了40盒，但真实数量不确定，店主经常面临缺货或滞销的问题。节日过后，任何未售出的盒子都将打5折售出。

当Q和D任意取值时，净利润可按公式（9.6）计算：

净利润 = 18.00美元 × min ｛D，Q｝ + 9.00美元 × max ｛0，$Q-D$｝ − 12.00美元 × Q

图9-11显示了实现该模型的电子表格，假设需求量为41，则预计采购量为44（Excel文件*Newsvendor Model*（报童模型））。

	A	B
1	Newsvendor Model	
2		
3	Data	
4		
5	Selling price	$ 18.00
6	Cost	$ 12.00
7	Discount price	$ 9.00
8		
9	Model	
10		
11	Demand	41
12	Purchase Quantity	44
13		
14	Quantity Sold	41
15	Surplus Quantity	3
16		
17	Profit	$ 237.00

	A	B
1	Newsvendor Model	
2		
3	Data	
4		
5	Selling price	18
6	Cost	12
7	Discount price	9
8		
9	Model	
10		
11	Demand	41
12	Purchase Quantity	44
13		
14	Quantity Sold	=MIN(B11,B12)
15	Surplus Quantity	=MAX(0,B12-B11)
16		
17	Profit	=B14*B5+B15*B7-B12*B6

图9-11　*Newsvendor Model*电子表格执行结果

9.3.3　超额预订的决策

对于酒店、航空公司和汽车租赁公司等服务企业来说，一个重要的运营决策是为了有效地达到容纳能力而接受的预订数量，因为它们知道一些顾客可能不会使用他们的预订或通知企业。例如，如果一家酒店为那些不来的顾客提供房间，它就失去了收入机会。(即使它收取一晚的住宿费作为担保，多保留几天的房间可能会闲置下来。）这些行业的普遍做法是**超额预订**。也就是说，在预期一些顾客会取消预订的情况下，接受超出可处理范围的预订。当到店的客流量超过应付能力时，公司通常会支出一些花费来满足他们的需求（比如让他们住在另一家酒店，或者对大多数航空公司来说，提供额外的补偿，比如机票代金券）。因此，决策问题即：决定超额预订多少，以平衡超额预订的成本与因未充分使用而损失的收入。下面的示例演示了在不同场景和超额预订策略下评估净收入的模型。

示例9.9　　酒店超额预订模型

图9-12显示了一个电子表格模型（Excel文件*Hotel Overbooking Model*（酒店超额预订模型）），该模型被用于一家受欢迎的度假酒店，它有300个房间，通常被预订一空。这家酒店每间房收费120美元。预约可在下午6点前取消，不另行处罚。据酒店估计，超额预订的平均费用为100美元。

模型的逻辑很简单。在电子表格的模型部分，单元格B11表示接受多少预订的决策变量，在本例中为310。在这个例子中，我们假设酒店愿意接受310个预订；也就是说，超额预订10个房间。单元格B12表示实际顾客需求（希望预订的顾客数量）。在这里，我们假设有312名顾客试图进行预订。酒店不能接受超过预订限额的预订；因此，单元格B13中的预订数量是顾客需求和预订限制中最小的。单元格B14是决定取消预订的顾客数量。

在本例中，我们假设310个预订中只有6个被取消。因此，实际到店的顾客数量（单元格B15）是预订数量和取消数量之间的差值。如果实际到店的顾客数量超过了总房间数，就会发生超额预订。这是由B17单元格中的MAX函数模拟的。净收入在单元B18中计算。管理者可能会希望利用此模型来分析预订限额、顾客需求及取消预订的变化将如何影响超额预订的顾客数量以及净收入。

	A	B
1	Hotel Overbooking Model	
2		
3	Data	
4		
5	Rooms available	300
6	Price	$120
7	Overbooking cost	$100
8		
9	Model	
10		
11	Reservation limit	310
12	Customer demand	312
13	Reservations made	310
14	Cancellations	6
15	Customer arrivals	304
16		
17	Overbooked customers	4
18	Net revenue	$35,600

	A	B
1	Hotel Overbooking Model	
2		
3	Data	
4		
5	Rooms available	300
6	Price	120
7	Overbooking cost	100
8		
9	Model	
10		
11	Reservation limit	310
12	Customer demand	312
13	Reservations made	=MIN(B11,B12)
14	Cancellations	6
15	Customer arrivals	=B13-B14
16		
17	Overbooked customers	=MAX(0,B15-B5)
18	Net revenue	=MIN(B15,B5)*B6-B17*B7

图9-12 *Hotel Overbooking Model* 电子表格

与报童问题模型一样，顾客需求和取消订单的数量是随机变量，我们无法确定地给出。问题在于如何将随机性合并到模型中。

商务分析实践：在学生健康诊所中使用超额预订模型

东卡罗来纳大学（ECU）学生健康服务中心（SHS）为注册学生提供健康保健服务和健康教育，患者流量几乎完全由预约构成，针对的是非紧急医疗需求。[①]在最近的一个学年，有35 050个预约。在这些预约中，有超过10%的患者未能如约就诊。缺诊并不是唯一的问题。各种研究报告显示，医疗机构的患者缺诊率通常在30%~50%。

为了解决这个问题，一个质量改进（QI）团队专门分析了超额预订问题。他们努力构建了一种新的超额预约模型，该模型包括了员工因需要看比常规数量更多的患者而产生倦怠所造成的影响。该模型提供了强有力的证据，表明10%~15%的超额预订水平产生的价值最高。超订模式还有助于缓解工作人员对大量超额预订患者造成的干扰和压力的忧虑。在5%的超额预约率下，模型结果预测95%的手术天数没有患者被超额安排，这让工作人员感到放心；最坏的情况是，每个月有8个患者被集中安排在几天的时间里。此外，在10%的超预约率下，模型预测在每个月85%的手术天数中，没有患者会被超额预约；预约了16位病人的最坏情况很少发生。

基于该模型，SHS实施了超额预订政策，超额预订率为7.3%，并计划在未来学期增加到10%。SHS主任估计，在执行此政策的第一学期超额预订所节省的经费约为95 000美元。

---

① Based on John Kros, Scott Dellana, and David West, "Overbooking Increases Patient Access at East Carolina University's Student Health Services Clinic," *Interfaces*, Vol. 39, No. 3 May - June 2009, pp. 271 - 287.

9.3.4 零售降价决策

在第 1 章的示例 1.1 中，我们描述了零售商店在管理库存时必须作出的降价决策。下面的例子展示了如何为一个简单的场景执行电子表格模型。

示例 9.10   **零售降价定价决策建模**

一家连锁百货公司正在推出一款售价 70 美元的新品牌泳衣。春末夏初的销售旺季为 50 天；之后，该店会在 7 月 4 日左右进行清仓甩卖，将价格下调 70%（至 21.00 美元），通常会以清仓价格出售所有剩余库存。商品采购员在销售季节前已经购入 1 000 件商品，并将它们配送到各个商店。几周后，这些商店报告的平均销量为 7 件/天，过去的经验表明，这种恒定的销量水平将持续到销售季的剩余时间。因此，在 50 天的销售季节里，这些商店预计将以全价销售 350 件（50×7），并获得 24 500 美元（70.00×350）的收入。剩下的 650 套将以 21.00 美元的价格出售，清仓收入为 13 650 美元。因此，总收入预计为 38 150 美元（24 500+13 650）。

作为一项实验，该商店在一个周末将价格降至 49 美元，发现平均每天的销售量为 32.2 件。假设销售额作为价格的函数遵循线性趋势模型，如示例 1.7 所示：

每天的销售额 = $a - b ×$ 价格

我们可以根据所获得的存储数据，通过同时求解这两个方程来求得 a 和 b 的值。

$7 = a - b × 70.00$

$32.2 = a - b × 49.00$

这就引出了线性需求模型：

每日销售额 = $91 - 1.2 ×$ 价格

我们也可以使用 Excel 的 SLOPE 和 INTERCEPT 函数来求两点（70，7）和（49，32.2）之间直线的斜率和截距；这一数据已被纳入随附的 Excel 模型中。

因为这个模型表明价格折扣可以推高销售额，所以营销部门有了作出更好的折扣决策的基础。例如，假设它们决定在几天内以全价出售，随后在销售季节的剩余时间里以 $y\%$ 的折扣出售，接着是清仓大甩卖。预计总收入是多少？

我们可以很容易地计算出来。以全价销售 d 天的收入为：

全价收入 = 7 件/天 × d 天 × 70.00 美元/件 = $490.00d$ 美元

降价后的价格适用于剩余的（$50 - d$）天

降价后的价格 = 70 美元 ×（$100\% - y\%$）

日常销售额 = $a - b ×$ 降价后的价格

　　　　　　= $91 - 1.2 × 70$ 美元 ×（$100\% - y\%$）

降价后出售的数量 = 日销售量 ×（$50 - d$）天，只要这小于或等于全价销售后的剩余库存数量。如果不是，这个数字需要调整。然后我们可以将降价后的收入计算为：

降价后的收入 = 销量 × 降价后的价格

最后，50 天后的剩余库存为：

剩余库存 = 1 000 - 全价销量 - 降价后的销量

　　　　　= $1 000 - 7 × d - [91 - 1.2 × 70$ 美元 ×（$100\% - y\%$）]×（$50 - d$）

剩余库存以 21.00 美元的价格出售，产生的收入为：

清仓价收入= {1 000−7×*d*− [91−1.2×70 美元×（100%−*y*%）] ×（50−*d*）} ×21 美元

总收入将通过添加全价收入、打折后收入和清仓价收入所开发的模型来计算。

图 9−13 显示了这个模型的电子表格执行结果（Excel 文件 *Markdown Pricing Model*（降价定价模型））。通过改变单元格 B7 和 B8 中的值，营销经理可以预测不同的降价决策可以获得的收入。

	A	B	C
1	Markdown Pricing Model		
2			
3	Data		
4	Retail price	$70.00	
5	Inventory	1000	
6	Selling season (days)	50	
7	Days at full retail	40	
8	Intermediate markdown	30%	
9	Clearance markdown	70%	
10			
11	Sales Data	Average	
12	Price (X)	Daily Sales (Y)	
13	$70	7.00	
14	$49	32.20	
15	Demand function parameters		
16	Intercept	91	
17	Slope	-1.2	
18			
19	Model		
20			
21	Full Retail Sales		
22	Retail price	$70.00	
23	Daily sales	7.00	
24	Days at retail price	40	
25	Units sold at retail	280	
26		Retail revenue	$19,600.00
27	Discount Sales		
28	Discount	30%	
29	Discount price	$49.00	
30	Daily sales	32.20	
31	Unit sold	322	
32		Discount revenue	$15,778.00
33	Clearance Sales		
34	Clearance price	$21.00	
35	Units sold at clearance	398	
36		Clearance revenue	$8,358.00
37			
38		Total revenue	$43,736.00

	A	B	C
1	Markdown Pricing Model		
2			
3	Data		
4	Retail price	70	
5	Inventory	1000	
6	Selling season (days)	50	
7	Days at full retail	40	
8	Intermediate markdown	0.3	
9	Clearance markdown	0.7	
10			
11	Sales Data	Average	
12	Price (X)	Daily Sales (Y)	
13	70	7	
14	49	32.2	
15	Demand function parameters		
16	Intercept	=INTERCEPT(B13:B14,A13:A14)	
17	Slope	=SLOPE(B13:B14,A13:A14)	
18			
19	Model		
20			
21	Full Retail Sales		
22	Retail price	=B4	
23	Daily sales	=B16+B17*B22	
24	Days at retail price	=B7	
25	Units sold at retail	=B23*B24	
26		Retail revenue	=B25*B22
27	Discount Sales		
28	Discount	=B8	
29	Discount price	=B22*(1-B28)	
30	Daily sales	=B16 + B17*B29	
31	Unit sold	=MIN(B30*(B6-B24),B5-B25)	
32		Discount revenue	=B31*B29
33	Clearance Sales		
34	Clearance price	=B4*(1-B9)	
35	Units sold at clearance	=MAX(0,B5-B25-B31)	
36		Clearance revenue	=B34*B35
37			
38		Total revenue	=C26+C32+C36

图9−13　*Markdown Pricing Model* 电子表格

检验你的学习成果

（1）列举一些在工作或休闲活动中你可能使用的描述性电子表格模型的例子。

（2）解释单周期购买决策建模的逻辑。

（3）解释在电子表格上建立超额预订决策模型的逻辑。

（4）讨论构建仿真模型的现实意义，如零售降价模型。

9.4　预测性电子表格模型

预测模型专注于了解未来。实践中的商务模型专注于预测财务业绩，如盈利能力或现金流、客户保留率、产品销售额和许多其他关键指标。个人经常使用电子表格模型进行财务规划、个人预算等。这样的模型通常涉及多个时间段，而电子表格是捕捉这些信息的理想工具。我们将介绍几个例子。

9.4.1　新产品开发模型

许多公司面临着推出新产品的决定。例如，在制药行业，研发（R&D）是一个漫长而艰辛的过程；总开发费用可能接近 10 亿美元。下面的例子说明了一个预测新制药企业盈利能力的场景。

示例 9.11

新产品开发

假设摩尔（Moore）制药公司在实验室中发现了一种潜在的突破性药物，需要决定是否进行临床试验，并力求FDA批准销售该药物。总研发费用预计将达到7亿美元，临床试验费用约为1.5亿美元。目前的市场规模估计为200万人，预计将以每年3%的速度增长。在第一年，摩尔制药公司估计将获得8%的市场份额，预计每年将以20%的速度增长。由于预计将有新的竞争对手进入市场，因此很难预测5年后的情况。一个月的处方预计产生130美元的收入，同时产生40美元的可变成本。在计算项目的净现值时，假定贴现率为9%。公司想知道需要多长时间才能收回固定费用，以及前5年的净现值。

图9-14显示了这种情况下的电子表格模型（Excel文件*Moore Pharmaceuticals*（摩尔制药））。该模型基于各种已知数据、估计和假设。如果你仔细检查模型，你将发现从一些输入模型中很容易获得公司的会计信息（如折扣率、单位收入和单位成本），使用历史数据（如项目成本）、基于初步市场调研或经验（如市场规模、市场份额和年增长率）进行预测或判断估计。该模型本身是基于会计和财务逻辑的直接应用；你可以查看Excel公式，看看模型是如何构建的。

	A	B	C	D	E	F
1	Moore Pharmaceuticals					
2						
3	Data					
4						
5	Market size	2,000,000				
6	Unit (monthly Rx) revenue	$ 130.00				
7	Unit (monthly Rx) cost	$ 40.00				
8	Discount rate	9%				
9						
10	Project Costs					
11	R&D	$ 700,000,000				
12	Clinical Trials	$ 150,000,000				
13	Total Project Costs	$ 850,000,000				
14						
15	Model					
16						
17	Year	1	2	3	4	5
18	Market growth factor		3.00%	3.00%	3.00%	3.00%
19	Market size	2,000,000	2,060,000	2,121,800	2,185,454	2,251,018
20	Market share growth rate		20.00%	20.00%	20.00%	20.00%
21	Market share	8.00%	9.60%	11.52%	13.82%	16.59%
22	Sales	160,000	197,760	244,431	302,117	373,417
23						
24	Annual Revenue	$ 249,600,000	$ 308,505,600	$ 381,312,922	$ 471,302,771	$ 582,530,225
25	Annual Costs	$ 76,800,000	$ 94,924,800	$ 117,327,053	$ 145,016,237	$ 179,240,069
26	Profit	$ 172,800,000	$ 213,580,800	$ 263,985,869	$ 326,286,534	$ 403,290,156
27						
28	Cumulative Net Profit	$ (677,200,000)	$ (463,619,200)	$ (199,633,331)	$ 126,653,203	$ 529,943,358
29						
30	Net Present Value	$ 185,404,860				

	A	B	C	D	E	F
1	Moore Pharmaceuticals					
2						
3	Data					
4						
5	Market size	2000000				
6	Unit (monthly Rx) revenue	130				
7	Unit (monthly Rx) cost	40				
8	Discount rate	0.09				
9						
10	Project Costs					
11	R&D	700000000				
12	Clinical Trials	150000000				
13	Total Project Costs	=B11+B12				
14						
15	Model					
16						
17	Year	1	2	3	4	5
18	Market growth factor		0.03	0.03	0.03	0.03
19	Market size	=B5	=B19*(1+C18)	=C19*(1+D18)	=D19*(1+E18)	=E19*(1+F18)
20	Market share growth rate		0.2	0.2	0.2	0.2
21	Market share	0.08	=B21*(1+C20)	=C21*(1+D20)	=D21*(1+E20)	=E21*(1+F20)
22	Sales	=B19*B21	=C19*C21	=D19*D21	=E19*E21	=F19*F21
23						
24	Annual Revenue	=B22*$B$6*12	=C22*$B$6*12	=D22*$B$6*12	=E22*$B$6*12	=F22*$B$6*12
25	Annual Costs	=B22*$B$7*12	=C22*$B$7*12	=D22*$B$7*12	=E22*$B$7*12	=F22*$B$7*12
26	Profit	=B24-B25	=C24-C25	=D24-D25	=E24-E25	=F24-F25
27						
28	Cumulative Net Profit	=B26-B13	=B28+C26	=C28+D26	=D28+E26	=E28+F26
29						
30	Net Present Value	=NPV(B8,B26:F26)-B13				

图9-14　*Moore Pharmaceuticals* 模型的电子表格执行结果

所使用的假设代表了"最有可能"的估计，而电子表格显示该产品将在第 4 年开始盈利。然而，该模型是基于一些关于市场规模和市场份额增长率的相当弱的假设。在现实中，模型中使用的许多数据都是不确定的，如果公司仅仅使用这一场景的结果，那就太不负责任了。该模型的真正价值在于能用不同假设分析多种场景。

9.4.2 现金预算

现金预算是在计划期间，通常是 6~12 个月，预测和汇总公司预计现金流入和流出的过程。现金预算还显示了每月现金余额和任何用于弥补现金短缺的短期借款。[①]正现金流可以增加现金，减少未偿贷款，或用于业务中；负现金流则减少可用现金，或者通过额外借款来抵销。大多数现金预算都基于销售预测。

示例 9.12   现金预算模型

图 9-15 显示了一个现金预算电子表格的例子（Excel 文件 *Cash Budget Model*（现金预算模型））。预算从 4 月份开始，因此，4 月份和随后几个月的销售额是预测值。平均而言，20% 的销售额是在销售当月收集的，50% 的销售额是在销售之后的一个月收集的，30% 是在销售之后的第二个月收集的（参见单元格 B7：B9）。例如，在图中 E 栏，4 月份的销售额为 12 万美元，3 月份的销售额为 25 万美元，2 月份的销售额为 12 万美元。购买额是销售额的 60%，在销售前一个月支付。工资和薪金是销售额的 12%，与销售额在同一个月支付。每月支付 1 万美元的租金。另外，4—7 月每月将增加 3 万美元的现金运营费，8—9 月将减少到 2.5 万美元。预计 4 月份和 7 月份将分别缴纳 2 万美元和 3 万美元的税款。6 月的资本支出为 15 万美元，5 月份的抵押贷款还款为 6 万美元。3 月底的现金余额是 15 万美元，经理们希望在任何时候都保持最低 10 万美元的余额。该公司将借入必要的金额，以确保达到最低余额。超过最低限额的现金将被用来偿还贷款余额，直到全部贷款被还清。电子表格第 25 行中的可用现金余额是公司希望预测的输出结果。

	A	B	C February	D March	E April	F May	G June	H July	I August	J September	K October
1	Cash Budget Model										
2											
3	Desired Minimum Balance	$100,000									
4											
5		Sales	$400,000	$500,000	$600,000	$700,000	$800,000	$800,000	$700,000	$600,000	$500,000
6	Cash Receipts										
7	Collections (current)	20%			$120,000	$140,000	$160,000	$160,000	$140,000	$120,000	
8	Collections (previous month)	50%			$250,000	$300,000	$350,000	$400,000	$400,000	$350,000	
9	Collections (2nd month previous)	30%			$120,000	$150,000	$180,000	$210,000	$240,000	$240,000	
10	Total Cash Receipts				$490,000	$590,000	$690,000	$770,000	$780,000	$710,000	
11											
12	Cash Disbursements										
13	Purchases				$420,000	$480,000	$480,000	$420,000	$360,000	$300,000	
14	Wages and Salaries				$ 72,000	$ 84,000	$ 96,000	$ 96,000	$ 84,000	$ 72,000	
15	Rent				$ 10,000	$ 10,000	$ 10,000	$ 10,000	$ 10,000	$ 10,000	
16	Cash Operating Expenses				$ 30,000	$ 30,000	$ 30,000	$ 30,000	$ 25,000	$ 25,000	
17	Tax Installments				$ 20,000			$ 30,000			
18	Capital Expenditure						$150,000				
19	Mortgage Payment					$ 60,000					
20	Total Cash Disbursements				$552,000	$664,000	$766,000	$586,000	$479,000	$407,000	
21											
22	Ending Cash Balance										
23	Net Cash Flow				$ (62,000)	$ (74,000)	$ (76,000)	$184,000	$301,000	$303,000	
24	Beginning Cash Balance				$150,000	$100,000	$100,000	$100,000	$122,000	$423,000	
25	Available Balance				$ 88,000	$ 26,000	$ 24,000	$284,000	$423,000	$726,000	
26	Monthly Borrowing				$ 12,000	$ 74,000	$ 76,000	$ -	$ -	$ -	
27	Monthly Repayment				$ -	$ -	$ -	$162,000	$ -	$ -	
28	Ending Cash Balance			$150,000	$100,000	$100,000	$100,000	$122,000	$423,000	$726,000	
29	Cumulative Loan Balance			$ -	$ 12,000	$ 86,000	$162,000	$ -	$ -	$ -	

图 9-15   现金预算模型

① Douglas R. Emery, John D. Finnerty, and John D. Stowe, *Principles of Financial Management* (Upper Saddle River, NJ: Prentice Hall, 1998): 652 - 654.

9.4.3　退休计划

退休计划对每个人都很重要。了解复利对投资增长的影响，尽早储蓄，选择正确的投资组合是通往成功的财务未来的关键。简单的电子表格模型可以用来帮助制订合理的财务计划。

示例 9.13　　　　　　　　　　　　　**退休计划模型**

一名即将完成 MBA 课程的学生接受了一份起薪 8 万美元的工作。根据 401（k）退休计划，该公司将支付税前工资的 5%。她预计自己的工资每年平均增长 4%，并计划将税前收入的 15% 存入 401（k）账户，最高不超过每年 18 000 美元的上限。她选择投资两只激进型的共同基金：为她的 401（k）计划投资风险较小的先锋平衡指数基金（Vanguard Balanced Index Fund），为罗斯个人退休账户（Roth IRA）计划投资波士顿信托资产管理基金（Boston Trust Asset Management Fund）。根据 10 年的平均回报率，她预计 Vanguard 基金的年回报率为 6%，Boston Trust 基金的年回报率为 6.5%。目前，个人每年可向 401（k）账户存入至多 1.8 万美元的税前收入；55 岁以下的个人每年可向 Roth IRA 缴纳 5 500 美元；55 岁及以上的个人每年可向 Roth IRA 缴纳 6 500 美元。她希望在 60 岁退休，并希望预测自己的退休投资价值。

图 9-16 显示了这个场景的电子表格模型（Excel 文件 *Retirement Planning*（退休计划）模型）。在开发这个模型时，模型基于以下几个关键的假设。第一个假设是工资增长和投资回报每年都是一样的。而在现实中，这些值是不确定的，并且每年随机变化（并且投资回报可能是负的）。第二个假设是该模型如何计算投资回报。年度收益假设投资收益适用于前一年的余额，而不适用于本年度的缴款（请查看 H 和 I 栏中的公式）。第三个假设是根据包括本年度缴款在内的年终余额计算投资收益。这将返回不同的结果。事实上，这两个假设都不太确切，因为 401（k）计划通常是按月缴纳。要反映这一点，需要一个更大、更复杂的电子表格模型。

A	B	C	D	E	F	G	H	I	J
Retirement Planning			Age	Salary	401K Contributio	Employer Match	401K Balance	Roth IRA Balance	Final Balance
Yearly 401K Contribution	15.0%		24	$80,000	$12,000	$4,000	$16,000	$5,500	$21,500
Employer Match of Salary	5.0%		25	$83,200	$12,480	$4,160	$33,600.00	$11,357.50	$44,958
Salary increase	4.0%		26	$86,528	$12,979	$4,326	$52,921.60	$17,595.74	$70,517
			27	$89,989	$13,498	$4,499	$74,094.72	$24,239.46	$98,334
Vanguard Balanced Index Fund			28	$93,589	$14,038	$4,679	$97,258.14	$31,315.03	$128,573
Expected annual return	6.0%		29	$97,332	$14,600	$4,867	$122,560.08	$38,850.56	$161,411
			30	$101,226	$15,184	$5,061	$150,158.78	$46,875.78	$197,035
Boston Trust Asset Management Fund			31	$105,275	$15,791	$5,264	$180,223.22	$55,422.71	$235,646
Expected annual return	6.5%		32	$109,486	$16,423	$5,474	$212,933.72	$64,525.19	$277,459
			33	$113,865	$17,080	$5,693	$248,482.73	$74,219.32	$322,702
			34	$118,420	$17,763	$5,921	$287,075.60	$84,543.58	$371,619
			35	$123,156	$18,000	$6,158	$328,457.95	$95,538.91	$423,997

图 9-16　*Retirement Planning* 模型的部分数据

9.4.4　项目管理

项目管理是关于安排一个项目的活动，该项目涉及相关的活动。项目管理的一个重要方面是预测项目的预期完成时间。要做到这一点，我们首先定义构成项目的活动集、每个活动所需的时间以及每个活动的前驱活动（那些必须紧接在其前的活动）。这些优先关系通常被描述为一个网络。通过网络的最长路径定义了项目完成时间的最小值，称为**关键路径**。为了找到关键路径，我们首先计算每个活动可以开始的最早时间和它可以结束的最早时间。最后一个活动能够完成的最早时间就是项目完成时间的最小值。然后我们找出每个活动可以在不耽误项目的情况下最迟开始的时间和最迟结束的时间。最晚完成时间和最早完成时间之间的差称为**松弛**。如果一项活动的松弛值为零，那么它就处于关键路径上。

示例9.14 　　　　　　　　　　　**项目管理电子表格模型**

贝克尔咨询公司已受聘协助评估新软件。信息系统部经理负责协调所有涉及顾问和公司资源的活动。表9-1中所示的活动已经为该项目作了定义，图9-17以图形方式描述了这些活动。

表9-1　　　　　　　　　　　　　　　活动和时间估算表

活动		前置节点（s）	活动时间（天）
A	选择指导委员会	—	15
B	制定需求列表	—	50
C	进行系统规模估计	—	20
D	确定潜在供应商	—	3
E	组建评估小组	A	7
F	发出征求建议书	B，C，D，E	6
G	投标人会议	F	1
H	审查提交	G	36
I	供应商遴选短名单	H	6
J	检查供应商证明书	I	6
K	供应商演示	I	32
L	用户站点访问	I	4
M	选择供应商	J，K，L	3
N	体量敏感测试	M	15
O	协商合同	M	18
P	成本—效益分析	N，O	2
Q	获取董事会批准	P	5

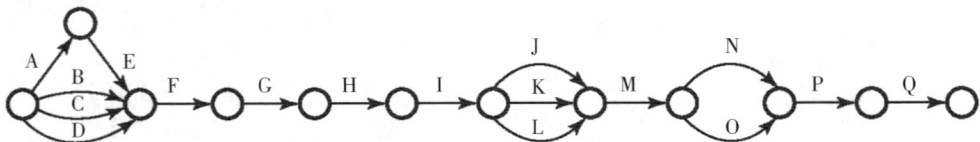

图9-17　项目网络结构

图9-18显示了用于计算项目完成时间的电子表格（Excel文件 *Becker Consulting Project Management Model*（贝克尔咨询项目管理模型））。该模型使用Excel的MAX、MIN和IF函数实现逻辑，计算项目进度和关键路径。我们首先为每个活动找到最早的开始和结束时间。活动A、B、C和D没有直接的前驱活动，因此有最早的开始时间0。每个其他活动的最早开始时间是该活动的直接前驱活动的最早完成时间的最大值。最早的完成时间计算为较早的开始时间加上活动时间。最后一个活动的最早完成时间Q（单元格D21，复制到单元格F23）表示项目可以完成的最早时间，即最小的项目完成时间。为了计算最迟的开始

第9章 电子表格建模与分析 313

时间和最迟的结束时间，我们将最后一个活动的最迟结束时间设置为等于项目完成时间。最迟的开始时间是通过从最迟的结束时间减去活动时间来计算的。任何其他活动（比如X）的最迟完成时间被定义为，所有以X为直接前驱的所有活动中，最迟开始时间的最小值。松弛值计算为最迟完成时间和最早完成时间之间的差值。关键路径由零松弛值的活动组成。根据预期活动时间，关键路径由活动B-F-G-H-I-K-M-O-P-Q组成，并有一个预测持续时间159天。

Becker Consulting Project Management Model

Activity	Activity Time	Earliest Start Time	Earliest Finish Time	Latest Start Time	Latest Finish Time	Slack	On Critical Path?
A	15.00	0.00	15.00	28.00	43.00	28.00	
B	50.00	0.00	50.00	0.00	50.00	0.00	Yes
C	20.00	0.00	20.00	30.00	50.00	30.00	
D	3.00	0.00	3.00	47.00	50.00	47.00	
E	7.00	15.00	22.00	43.00	50.00	28.00	
F	6.00	50.00	56.00	50.00	56.00	0.00	Yes
G	1.00	56.00	57.00	56.00	57.00	0.00	Yes
H	36.00	57.00	93.00	57.00	93.00	0.00	Yes
I	6.00	93.00	99.00	93.00	99.00	0.00	Yes
J	6.00	99.00	105.00	125.00	131.00	26.00	
K	32.00	99.00	131.00	99.00	131.00	0.00	Yes
L	4.00	99.00	103.00	127.00	131.00	28.00	
M	3.00	131.00	134.00	131.00	134.00	0.00	Yes
N	15.00	134.00	149.00	137.00	152.00	3.00	
O	18.00	134.00	152.00	134.00	152.00	0.00	Yes
P	2.00	152.00	154.00	152.00	154.00	0.00	Yes
Q	5.00	154.00	159.00	154.00	159.00	0.00	Yes
			Project completion time		159.00		

Becker Consulting

Activity	Activity Time	Earliest Start Time	Earliest Finish Time	Latest Start Time	Latest Finish Time	Slack	On Critical Path?
A	15	0	=C5+B5	=F5-B5	=E9	=F5-D5	=IF(G5<0.0001,"Yes","")
B	50	0	=C6+B6	=F6-B6	=E10	=F6-D6	=IF(G6<0.0001,"Yes","")
C	20	0	=C7+B7	=F7-B7	=E10	=F7-D7	=IF(G7<0.0001,"Yes","")
D	3	0	=C8+B8	=F8-B8	=E10	=F8-D8	=IF(G8<0.0001,"Yes","")
E	7	=D5	=C9+B9	=F9-B9	=E10	=F9-D9	=IF(G9<0.0001,"Yes","")
F	6	=MAX(D6,D7,D8,D9)	=C10+B10	=F10-B10	=E11	=F10-D10	=IF(G10<0.0001,"Yes","")
G	1	=D10	=C11+B11	=F11-B11	=E12	=F11-D11	=IF(G11<0.0001,"Yes","")
H	36	=D11	=C12+B12	=F12-B12	=E13	=F12-D12	=IF(G12<0.0001,"Yes","")
I	6	=D12	=C13+B13	=F13-B13	=MIN(E14,E15,E16)	=F13-D13	=IF(G13<0.0001,"Yes","")
J	6	=D13	=C14+B14	=F14-B14	=E17	=F14-D14	=IF(G14<0.0001,"Yes","")
K	32	=D13	=C15+B15	=F15-B15	=E17	=F15-D15	=IF(G15<0.0001,"Yes","")
L	4	=D13	=C16+B16	=F16-B16	=E17	=F16-D16	=IF(G16<0.0001,"Yes","")
M	3	=MAX(D14,D15,D16)	=C17+B17	=F17-B17	=MIN(E18,E19)	=F17-D17	=IF(G17<0.0001,"Yes","")
N	15	=D17	=C18+B18	=F18-B18	=E20	=F18-D18	=IF(G18<0.0001,"Yes","")
O	18	=D17	=C19+B19	=F19-B19	=E21	=F19-D19	=IF(G19<0.0001,"Yes","")
P	2	=MAX(D18,D19)	=C20+B20	=F20-B20	=E21	=F20-D20	=IF(G20<0.0001,"Yes","")
Q	5	=D20	=C21+B21	=F21-B21	=D21	=F21-D21	=IF(G21<0.0001,"Yes","")
			Project completion time	=D21			

图9-18 *Becker Consulting Project Management Model* 电子表格

检查你的学习成果

（1）解释如何有效地设计电子表格来模拟涉及多个时间段的问题。

（2）退休计划模型中应该包含哪些实际假设？

（3）解释在项目管理模型中如何确定关键路径。

9.5 规范性电子表格模型

我们在第1章中介绍了规范性模型。回想一下，规范性决策模型可以帮助决策者确定决策问题的最佳解决方案。规范性模型通常称为优化模型。优化模型一般是用数学方法表述的，它指定了一组决策变量，即代表发送的决策选项的数值；一个目标函数，它最小化或最大化一些利益、利润、收入、成本、时间等；还有约束，即限制、需求或强加于任何解决方案上的其他限制。我们将在第10~13章学习最优化问题的数学公式和求解技术。这里，我们将聚焦于构建电子表格模型来捕捉这些模型元素。

9.5.1 投资组合配置

从根本上说，投资组合的选择是回报与风险之间的权衡。显然，不确定性的一个主要来源是每种资产的年回报率，这让决策制定者面临无法实现预期回报的风险。此外，决策者还面临着其他风险——例如，通货膨胀或工业生产的意外变化，高评级债券与低评级债券之间的息差，以及长期利率与短期利率之间的息差。

将这些风险因素纳入决策模型的一种方法是**套利定价理论（APT）**[①]。APT提供了一种特定资产对这些类型风险因素的敏感性估计，从而形成了一种找到最佳投资组合的规范性模型。

示例9.15　　　　　　　　　　**一个投资组合配置模型**

一个投资者有10万美元可以投资4种资产。预期的年回报率及投资者可放心分配给每项投资的最低金额和最高金额如下：

投资	年回报	最低金额	最高金额
1. 人寿保险	5%	2 500美元	5 000美元
2. 债券共同基金	7%	30 000美元	无
3. 股市共同基金	11%	15 000美元	无
4. 储蓄账户	4%	无	无

让我们假设分配给每一项资产的每一美元的风险因素已确定如下：

投资	风险因素/美元投资
人寿保险	-0.5
债券共同基金	1.8
股票共同基金	2.1
储蓄账户	-0.3

投资者可以为加权风险因素指定一个目标水平，从而产生一个将风险限制在期望水平的约束条件。例如，假设我们的投资者将容忍每一美元最多投资1.0的加权风险。那么10

① M. Schniederjans, T. Zorn, and R. Johnson, "Allocating Total Wealth: A Goal Programming Approach," *Computers and Operations Research*, 20, 7 (1993): 679-685.

万美元总投资的加权风险将被限制在10万。如果我们的投资者将5 000美元置于人寿保险，5万美元置于债券共同基金，1.5万美元置于股票共同基金，3万美元置于储蓄账户，那么总的预期年回报率将是：

预期年回报率 = $0.05 \times 5\ 000 + 0.07 \times 50\ 000 + 0.11 \times 15\ 000 + 0.04 \times 30\ 000 = 6\ 600$（美元）

然而，与此解决方案相关的总加权风险是：

总加权风险 = $-0.5 \times 5\ 000 + 1.8 \times 50\ 000 + 2.1 \times 15\ 000 - 0.3 \times 30\ 000 = 110\ 000$

因为它大于100 000的极限值，所以不能选择这个解。那么决策问题就是要确定在每种资产上投资多少才能使总期望年收益最大化，并且在每次投资的最小和最大限度内，同时满足加权风险的限制。

这个问题的电子表格如图9-19所示（Excel文件*Portfolio Allocation Model*（投资组合配置模型））。问题数据被指定在第4行到第10行。在电子表格的下半部分，我们在单元格B16：B19中指定了投资金额（决策选项），所有这些必须加起来为10万美元；单元格B24中是总预期收益（目标函数），公式=SUMPRODUCT（B6：B9，B16：B19）；以及B21和B22单元的总投资金额和总加权风险（约束）。注意，单元格B24和B22［=SUMPRODUCT（E6：E9，B16：B19）］中使用的公式与上面显示的计算相匹配。

	A	B	C	D	E
1	Portfolio Allocation Model				
2					
3	Data				
4		Annual			Risk factor
5	Investment	return	Minimum	Maximum	per dollar
6	Life Insurance	5.0%	$2,500.00	$5,000.00	-0.5
7	Bond mutual funds	7.0%	$30,000.00	none	1.8
8	Stock mutual funds	11.0%	$15,000.00	none	2.1
9	Savings Account	4.0%	none	none	-0.3
10	Total amount available	$100,000		Limit	100,000
11					
12	Model				
13					
14		Amount			
15		invested			
16	Life Insurance	$5,000.00			
17	Bond mutual funds	$50,000.00			
18	Stock mutual funds	$15,000.00			
19	Savings Account	$30,000.00			
20					
21	Total amount invested	$100,000.00			
22	Total weighted risk	110,000.00			
23					
24	Total expected return	$6,600.00			

图9-19　*Portfolio Allocation Model*电子表格

9.5.2　中心设施选址

设计服务系统的一个常见问题是将一个设施定位在一个相对于其他设施的“中心”位置，以最小化从中心位置到每个其他设施的距离。测量距离有两种类型。设两个位置的X、Y坐标分别为（X_1，Y_1）和（X_2，Y_2）。一种测量类型是点之间的欧式距离。

（X_1，Y_1）和（X_2，Y_2）之间的欧式距离 $= \sqrt{(X_1 - X_2)^2 + (Y_1 - Y_2)^2}$　　（9.7）

公式（9.7）常称为**欧式距离**（也叫欧几里得距离）。第二种测量距离类型称为**曼哈顿距离**，其计算方法为：

（X_1，Y_1）和（X_2，Y_2）之间的曼哈顿距离 $= |X_1 - X_2| + |Y_1 - Y_2|$　　（9.8）

这通常被称为"城市街区"测量，即沿坐标轴移动的曼哈顿距离；图9-20说明了不同之处。距离通常是根据地点之间的行程量或频率进行加权的。目标是找到中心设施的位置，使测量的距离最短。

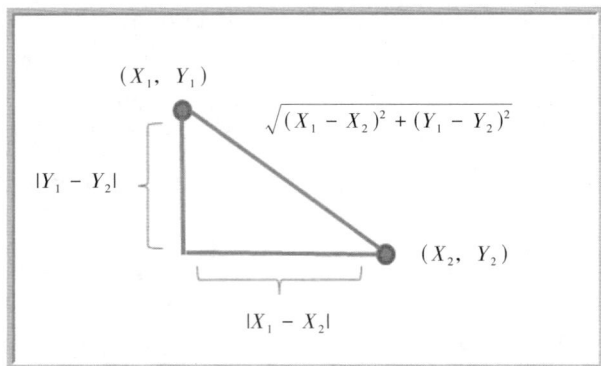

图9-20 欧式距离和曼哈顿距离

示例9.16 **医学实验室选址模型**

医疗检测实验室需要从几个地区医院采集血样进行诊断检测。目前，实验室在一个小镇的中心，但在边远地区已经建了几家新医院。实验室希望重新选址，以减少采集样本所走的距离。医院地点的 X 坐标和 Y 坐标已在网格中找到。下表显示了这些数据，以及实验室每个月必须到达每个地点的平均次数。

医院地址	X坐标	Y坐标	次数/月
1	0	0	5
2	20	80	25
3	60	30	20
4	100	100	35
5	70	110	15

该地区相当偏远，因此可以用欧式距离（9.7）来测量地点之间的距离。假设 X_c 和 Y_c 代表实验室的坐标。我们希望将实验室和所有地点之间的加权距离最小化，加权距离是每个月的出行次数：

$$
\begin{aligned}
最小化 \; & 5\sqrt{\left(X_1 - X_C\right)^2 + \left(Y_1 - Y_C\right)^2} \\
& +25\sqrt{\left(X_2 - X_C\right)^2 + \left(Y_2 - Y_C\right)^2} \\
& +20\sqrt{\left(X_3 - X_C\right)^2 + \left(Y_3 - Y_C\right)^2} \\
& +35\sqrt{\left(X_4 - X_C\right)^2 + \left(Y_4 - Y_C\right)^2} \\
& +15\sqrt{\left(X_5 - X_C\right)^2 + \left(Y_5 - Y_C\right)^2}
\end{aligned}
$$

图9-21显示了一个电子表格模型（Excel文件 *Laboratory Location Model*（实验室选址

模型））。在单元格B11：C11中指定位置（决策选项），在单元格C19中计算总加权距离（目标函数）。这个模型没有约束条件。电子表格还使用气泡图在坐标系统上直观地显示医院位置和推荐的实验室位置。气泡的大小表示每个月的行程数，图9-21右图中坐标（40，60）的点表示实验室的位置。

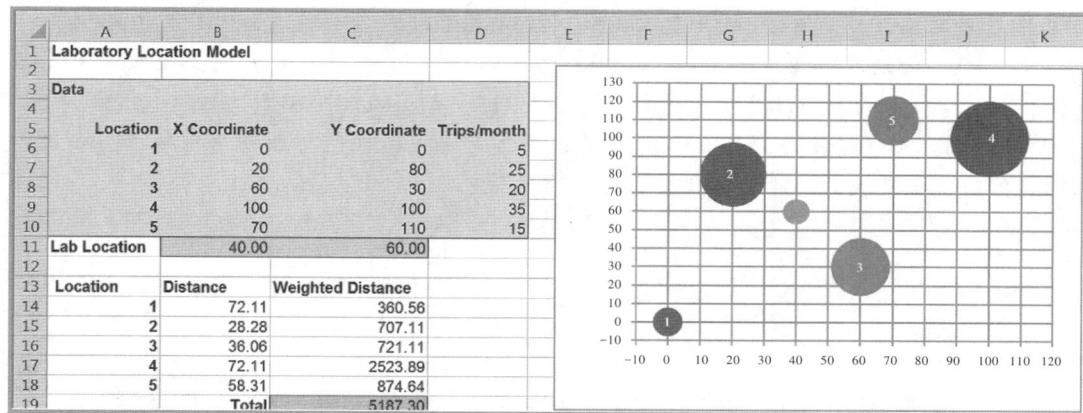

图9-21 *Laboratory Location Model* 电子表格

9.5.3 工作排序

Excel建模的一个独特应用是处理工作排序问题。工作排序问题涉及找到处理一组作业的最佳顺序。对于任何工作顺序，我们都可以通过将每个工作的处理时间和在此之前完成的所有工作的处理时间依次相加来计算每个作业的完成时间。然后，我们可以将完成时间与所要求的截止日期进行比较，以确定工作是提前完成还是延迟完成。对于任何工作i，延迟时间（L_i）是完成时间（C_i）和截止日期（D_i）之间的差值，可以是正的也可以是负的。延误时间（T_i）是指完成时间超过截止日期的时间量；因此，如果工作提前完成，则延误时间为零。因此，对于工作i，

$$L_i = C_i - D_i \tag{9.9}$$

$$T_i = \max(0, \ L_i) \tag{9.10}$$

研究人员已经表明，按最短处理时间（SPT）优先的原则排序能最小化所有任务的平均完成时间；而按照最早截止日期（EDD）优先顺序则将最大限度地减少延误工作的最大数量。然而，管理者可能对最小化其他标准感兴趣，如平均延误时间、总延误时间或总延迟时间。

示例9.17　　　　　　　　　　**工作排序的电子表格模型**

假设一个定制制造公司有10项工作等待处理。每项工作i都有客户要求的估计处理时间（P_i）和到期日（D_i），如下表所示：

工作	1	2	3	4	5	6	7	8	9	10
处理时间	8	7	6	4	10	8	10	5	9	5
到期日	20	27	39	28	23	40	25	35	29	30

为了针对这个问题开发一个电子表格模型，我们使用Excel函数INDEX来确定分配给

特定序列的工作的处理时间和到期日。

图9-22显示了模型（Excel文件 *Job Sequencing Model*（工作排序模型））和部分Excel公式。第10行给出了一个特定的工作排序（决策选项）。在本例中，我们展示了按照最早截止日期规则排序的工作序列。在第11行和第13行中，我们使用INDEX函数来标识与特定工作关联的处理时间和到期日期。例如，单元格B11中的公式是=INDEX（\$B\$4：\$K\$6，2，B10）。这个函数引用范围B4：K6的第二行中的值，该值对应于分配给单元格B10的工作，在本例中为工作5。同样，单元格B13中的公式=INDEX（\$B\$4：\$K\$6，3，B10）查找与工作5相关的到期日。在决策变量的范围内，任何整数序列都被称为一种**排列**。我们的目标是找到一种能够优化所选标准的排列。

A	B	C	D	E	F	G	H	I	J	K
1 Job Sequencing Model										
3 Data										
4 Job	1	2	3	4	5	6	7	8	9	10
5 Time	8	7	6	4	10	8	10	5	9	5
6 Due date	26	27	39	28	23	40	25	35	29	30
8 Model										
9 Sequence	1	2	3	4	5	6	7	8	9	10
10 Job Assigned	5	7	1	2	4	9	10	8	3	6
11 Processing time	10	10	8	7	4	9	5	5	6	8
12 Completion time	10	20	28	35	39	48	53	58	64	72
13 Due Date	23	25	26	27	28	29	30	35	39	40
14 Lateness	-13	-5	2	8	11	19	23	23	25	32
15 Tardiness	0	0	2	8	11	19	23	23	25	32
17 Average Completion Time	42.7									
18 Maximum Number Tardy	8									
19 Total Lateness	125									
20 Average Lateness	12.5									
21 Variance of Lateness	188.85									
22 Total Tardiness	143									
23 Average Tardiness	14.3									
24 Variance of Tardiness	121.21									

A	B	C	D
1 Job Sequencing Model			
3 Data			
4 Job 1	2	3	
5 Time 8	7	6	
6 Due date 26	27	39	
8 Model			
9 Sequence	1	2	3
10 Job Assigned	5	7	1
11 Processing time	=INDEX($B$4:$K$6,2,B10)	=INDEX($B$4:$K$6,2,C10)	=INDEX($B$4:$K$6,2,D10)
12 Completion time	=B11	=B12+C11	=C12+D11
13 Due Date	=INDEX($B$4:$K$6,3,B10)	=INDEX($B$4:$K$6,3,C10)	=INDEX($B$4:$K$6,3,D10)
14 Lateness	=B12-B13	=C12-C13	=D12-D13
15 Tardiness	=MAX(0,B14)	=MAX(0,C14)	=MAX(0,D14)
17 Average Completion Time	=AVERAGE(B12:K12)		
18 Maximum Number Tardy	=COUNTIF(B15:K15,">0")		
19 Total Lateness	=SUM(B14:K14)		
20 Average Lateness	=AVERAGE(B14:K14)		
21 Variance of Lateness	=VAR.P(B14:K14)		
22 Total Tardiness	=SUM(B15:K15)		
23 Average Tardiness	=AVERAGE(B15:K15)		
24 Variance of Tardiness	=VAR.P(B15:K15)		

图9-22 *Job Sequencing Model* 电子表格模型

检验你的学习成果

（1）总结描述性电子表格模型的关键特性。

（2）在设施选址问题的建模中，欧式距离和曼哈顿距离的区别是什么？

（3）解释可用于工作排序模型的决策变量和可能的目标函数。

9.6 分析不确定性和模型假设

由于预测性分析模型建立在假设之上，并且包含的数据很可能并非确定无疑或可能存在误差，因此探究这些假设和不确定性如何影响模型输出通常显得尤为重要。这是使用电子表格模型来获取洞见并作出明智决策过程中最为关键和宝贵的活动之一。在本节中，我们将介绍几种不同的方法来实现这一目的。

9.6.1 假设分析

电子表格模型允许你轻松地评估假设问题——反映关键假设的特定输入组合将如何影响模型输出。进行**假设分析**就像在电子表格中更改数值并重新计算结果一样简单。然而，采用系统化的方法可以使这一过程更加便捷且富有成效。

在示例 9.2 中，我们开发了一个盈利的电子表格模型，并建议经理如何使用该模型来更改输入和评估不同的场景。一种评估更广泛的场景信息更好的方法是在电子表格中构建一个表格，在一定范围内将我们感兴趣的输入值进行更改，并计算这一系列值对应的输出结果。以下示例将对此进行说明。

示例 9.18 使用 Excel 进行假设分析

在示例 9.2 所使用的利润模型中，我们声明，需求是不确定的。经理可能会对以下问题感兴趣：对于任何固定数量的生产，利润将如何随着需求的变化而变化？在图 9-23 中，我们为不同层次的需求创建了一个表，并计算了利润。这表明，低水平的需求会造成亏损，而当需求超过生产数量时，无论需求量有多大，利润都限制在 24 万美元。请注意，公式引用了模型中的单元格；因此，用户可以更改生产数量或任何其他模型输入，并且仍然能够正确评估这些需求值下的利润。对于一系列的值而不是一次只评估一个假设问题的优点之一是能够在图表中可视化结果，如图 9-24 所示。这清楚地表明，利润随着需求的增加而增加，直到达到产量对应的临界值。

	A	B	C	D	E	F	G	H	I
1	Profit Model								
2									
3	Data				Demand	Qty. Sold	Revenue	Cost	Profit
4					25000	=MIN(E4,$B$18)	=$B$13*F4	=$C$19+$C$20	=G4-H4
5	Unit Price	40			30000	=MIN(E5,$B$18)	=$B$13*F5	=$C$19+$C$20	=G5-H5
6	Unit Cost	24			35000	=MIN(E6,$B$18)	=$B$13*F6	=$C$19+$C$20	=G6-H6
7	Fixed Cost	400000			40000	=MIN(E7,$B$18)	=$B$13*F7	=$C$19+$C$20	=G7-H7
8	Demand	50000			45000	=MIN(E8,$B$18)	=$B$13*F8	=$C$19+$C$20	=G8-H8
9					50000	=MIN(E9,$B$18)	=$B$13*F9	=$C$19+$C$20	=G9-H9
10					55000	=MIN(E10,$B$18)	=$B$13*F10	=$C$19+$C$20	=G10-H10
11	Model				60000	=MIN(E11,$B$18)	=$B$13*F11	=$C$19+$C$20	=G11-H11
12									
13	Unit Price	=B5							
14	Quantity Sold	=MIN(B8,B18)							
15	Revenue		=B13*B14						
16									
17	Unit Cost	=B6							
18	Quantity Produced	40000							
19	Variable Cost		=B17*B18						
20	Fixed Cost		=B7						
21									
22	Profit		=C15-C19-C20						

图9-23 不确定需求的假设分析表格

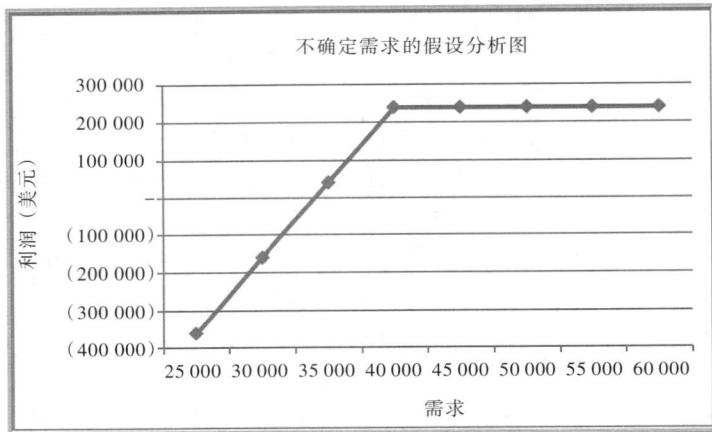

图9-24 假设分析图表

以这种方式进行假设分析可能非常乏味,好在Excel提供了一些工具——*Data Tables*(数据表)、*Scenario Manager*(场景管理器)和*Goal Seek*(目标寻找)——这些工具有助于"假设"和其他类型的决策模型分析。这些可以在*Data*选项卡的*What-If Analysis*菜单中找到。

9.6.2 数据表

数据表总结了一个或两个输入对指定输出的影响。Excel允许你构造两种类型的数据表。**单向数据表**在单个输入变量的一系列值上计算输出变量。**双向数据表**在两个不同输入变量的值范围内计算输出变量。

要创建单向数据表,首先要为你希望更改的模型中的某个输入单元格创建一个值范围。输入值必须沿着列(面向列)或跨行(面向行)列出。如果输入值是列方向的,请在第一个值*上方*的一行和输入值列*右侧*的一个单元格中输入你希望评估的输出变量的单元格引用。其他输出变量单元格的引用应位于第一个公式的右侧。如果输入值在行中列出,请在第一个值*左侧*的列和这行值*下方*的一个单元格中输入输出变量的单元格引用。在第一个输出单元格下方输入任何其他输出单元格引用。接下来，选择包含你想要替换的公式和值的单元格范围。在 Excel 的 *Data* 选项卡中，选择 *What-If Analysis* 菜单下的 *Data Table*。在对话框（见图 9-25）中，如果输入范围是列方向的，请在 *Column input cell* 框键入输入单元格的引用。如果输入范围是行方向的，请在 *Row input cell* 框键入输入单元格的引用。

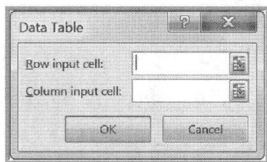

图 9-25　数据表对话框

示例 9.19　　　　　　　　　　不确定需求的单向数据表

在本示例中，我们为不同需求水平的利润创建了一个单向数据表。首先，在 E 列中创建一列需求值，正如我们在示例 9.18 中所做的那样。然后在单元格 F3 中，输入公式 =C22。这只是引用了盈利模型的输出。突出显示范围 E3：F11（注意，该范围包括需求栏和利润的单元格引用栏），并选择 *What-If Analysis* 菜单中的 *Data Table*。在 *Column input cell* 框输入 B8；这是告诉工具 E 列中的值是模型中不同的需求值。当你单击 OK 时，该工具将生成结果（我们将其格式化为货币），如图 9-26 所示。

图 9-26　不确定需求的单向数据表

我们可以使用单向数据表评估多个输出。

示例 9.20　　　　　　　　　　具有多个输出变量的单向数据表

假设我们想检查不确定需求对收入和利润的影响。我们只需向数据表中添加另一列。对于本示例，将公式 =C15 插入单元格 G3。此外，在 F2 中添加标签"Profit"，在 G2 中添加标签"Revenue"，以识别结果。然后突出显示范围 E3：G11，并按照前面示例中的描述继续。这个过程产生了图 9-27 所示的数据表。

要创建双向数据表，请将第一个输入变量的数值列表输入列中，将第二个输入变量的数值列表输入行

图 9-27　有两个输出变量的单向数据表

中（行列表起始位置需位于列列表上方一行、右侧一列处）。在紧邻列列表上方且行列表左侧的左上角单元格中，输入要评估的输出变量的单元格引用。选中包含该单元格引用及行与列数值的单元格区域。在 *What-If Analysis* 菜单中，单击 *Data Table*。在对话框的 *Row input cell* 框中，输入模型中与行输入值对应的输入单元格引用。在 *Column input cell* 框中，输入模型中对应于列中的输入值的输入单元格的引用。然后单击"OK"。

双向数据表只能计算一个输出变量。要计算多个输出变量，必须构造多个双向表。

示例 9.21　　　　　　　　　　　　**利润模型的双向数据表**

在大多数模型中，用于输入数据的假设通常是不确定的。例如，在利润模型中，单位成本可能会受到供应商价格变化和通胀因素的影响。营销人员可能会考虑调整价格以实现利润目标。我们使用一个双向数据表来评估改变这些假设的影响。首先，为你想要计算的单位价格创建一列，并以矩阵形式创建一行用于单位成本（见图 9-28 中的 E 列和 2 行）。在左上角（图 9-28 中的单元格 E2），输入公式 =C22，它引用了模型中的利润。选择所有数据的范围（不包括描述性标题；即图 9-28 中的 E2：I13），然后在 *What-If Analysis* 菜单中选择 *Data Table* 工具。在 *Data Table* 对话框中，在行输入单元格中输入 B6，因为单位成本对应于模型中的单元格 B6，在列输入单元格中输入 B5，因为单位价格对应于单元格 B5。图 9-28 以热图的形式显示了最终的结果，并采用了条件格式化的颜色梯度（见第 3 章）。

	D	E	F	G	H	I
1		Profit		Unit Cost		
2		$240,000.00	$22.00	$23.00	$24.00	$25.00
3		$35.00	$120,000.00	$80,000.00	$40,000.00	$0.00
4		$36.00	$160,000.00	$120,000.00	$80,000.00	$40,000.00
5		$37.00	$200,000.00	$160,000.00	$120,000.00	$80,000.00
6		$38.00	$240,000.00	$200,000.00	$160,000.00	$120,000.00
7		$39.00	$280,000.00	$240,000.00	$200,000.00	$160,000.00
8	Unit Price	$40.00	$320,000.00	$280,000.00	$240,000.00	$200,000.00
9		$41.00	$360,000.00	$320,000.00	$280,000.00	$240,000.00
10		$42.00	$400,000.00	$360,000.00	$320,000.00	$280,000.00
11		$43.00	$440,000.00	$400,000.00	$360,000.00	$320,000.00
12		$44.00	$480,000.00	$440,000.00	$400,000.00	$360,000.00
13		$45.00	$520,000.00	$480,000.00	$440,000.00	$400,000.00

图9-28　双向数据表

9.6.3　场景管理器

Excel *场景管理器*（Scenario Manager）工具允许你创建**场景**值集，这些值可以被保存并自动替换到你的工作簿中。当你有两个以上的输出变量（数据表无法处理这些变量）时，场景对于执行假设分析非常有用。Excel 场景管理器在 *Data* 选项卡上的 *Data Tools* 组的 *What-If Analysis* 菜单下。当工具启动时，单击 *Add* 按钮打开 *Add Scenario* 对话框并定义一个场景（参见图 9-29）。在 *Scenario name* 框中输入场景名称。在 *Changing cells* 框中，为你想要包含在场景中的模型中的单元格输入引用（用逗号分隔，或者按住"Ctrl"键并单击单元格）。在接下来出现的 *Scenario Values* 对话框中，为每个变化的单元格输入值。如果你已经把这些放到你的表格中，你可以简单地引用它们。添加所有场景之后，可以通过单击场景的名称，然后单击 *Show* 按钮来选择它们。Excel 将更改电子表格中单元格的所有值，使其与场景定义的值相对应，以便你在模型中查看结果。当你单击 *Scenario Manager*

对话框上的 *Summary* 按钮时，将提示你进入结果单元格，并选择汇总或数据透视表报告。场景管理器最多可以处理32个变量。

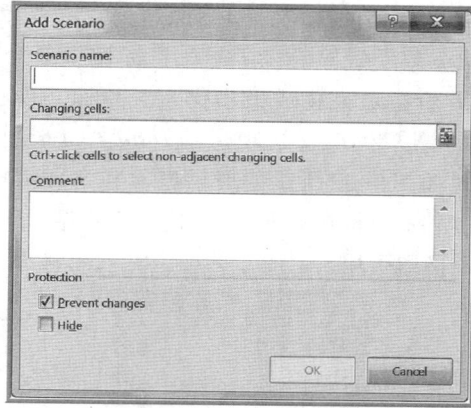

图9-29 添加场景对话框

场景管理器是进行**最好情况/最坏情况分析**的实用工具。例如，在盈利模型中，最好的情况是单位价格高、单位固定成本低、需求量大，而最坏的情况是单位价格低、单位固定成本高、需求量低。

示例9.22　　　　使用场景管理器的降价定价模型

在降价定价模型电子表格中，假设我们希望评估4种不同的策略，如图9-30所示。在 *Add Scenario* （添加场景）对话框中，输入 "Ten/ten" 作为场景名称，并将更改的单元格指定为B7和B8（即全价零售天数和中间降价）。在 *Scenario Values* 对话框中，在适当的字段中输入这些变量的值，或者输入单元格引用的公式。例如，输入=E2表示变化的单元格B7，输入=E3表示变化的单元格B8。对每个场景重复此过程，单击 *Summary* 按钮。在接下来出现的 *Scenario Summary* （场景摘要）对话框中，输入C33（总收入）作为结果单元格。场景管理器评估每个值组合的模型，并创建如图9-31所示的摘要报告。结果表明，采用20/20降价策略可以获得最大的利润。

	A	B	C	D	E	F	G	H
1	Markdown Pricing Model			Scenarios	Ten/ten	Twenty/twenty	Thirty/thirty	Forty/forty
2				Days at full retail price	10	20	30	40
3	Data			Intermediate markdown	10%	20%	30%	40%
4	Retail price	$70.00						
5	Inventory	1000						
6	Selling season (days)	50						
7	Days at full retail	40						
8	Intermediate markdown	30%						
9	Clearance markdown	70%						

图9-30 基于场景的降价定价模型

Scenario Summary	Current Values:	Ten/ten	Twenty/twenty	Thirty/thirty	Forty/forty
Changing Cells:					
$B$7	40	10	20	30	40
$B$8	40%	10%	20%	30%	40%
Result Cells:					
$C$33	$43,246.00	$50,302.00	$52,850.00	$49,322.00	$43,246.00

Notes: Current Values column represents values of changing cells at time Scenario Summary Report was created. Changing cells for each scenario are highlighted in gray.

图9-31 降价定价模型的场景摘要

9.6.4 目标搜索

如果你知道你想从公式中得到的结果，但不确定公式需要输入什么值才能得到结果，那么使用 Excel 中的 *Goal Seek*（目标搜索）功能。目标搜索只对一个变量输入值起作用。如果你想多个输入值，或者希望最大化或最小化某个目标，你必须使用 *Solver*（求解器）插件，这将在其他章节中讨论。在 *Data* 选项卡的 *Data Tools* 组中，单击 *What-If Analysis*，然后单击 *Goal Seek*，将出现如图 9-32 所示的对话框。在 *Set cell* 框中，输入包含要解析的公式的单元格的引用。在 *To value* 框中，键入所需的公式结果。在 *By changing cell* 框中，输入包含要调整的值的单元格的引用。

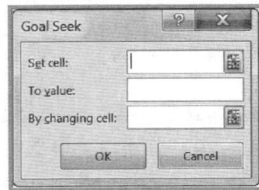

图9-32 目标搜索对话框

示例9.23 **寻找外包模型中的收支平衡点**

在本书第 1 章中介绍的外包决策模型中（见示例 1.4），我们希望能够找到收支平衡点。收支平衡点是总制造成本等于总采购成本的需求量值，或者说，两者之差为零。因此，你需要找到单元格 B12 的产量值，而单元格 B19 的产量值为 0。在 *Goal Seek* 对话框中，在 *Set cell* 输入 B19，在 *To value* 输入 0，通过 *Changing cell* 在 B12 中进行输入。*Goal Seek* 工具确定收支平衡点为 1 000，并将该值输入模型中的单元格 B12 中，如图 9-33 所示。

图9-33 用目标搜索进行盈亏平衡分析

检验你的学习成果

（1）什么 Excel 工具可以用来执行假设分析？

（2）解释使用 Excel 数据表的优点。

（3）什么是场景，为什么场景在假设分析中很有用？

（4）解释如何运用 Excel 目标搜索工具。

关键术语

套利定价理论（APT）	场景	报童问题
排列	数据验证	验证
最好/最坏情况分析	松弛	单向数据表
预计收益表	欧氏距离	假设分析
关键路径	电子表格工程	超额预订
曼哈顿距离	影响图	
数据表	双向数据表	

第9章技术帮助

Excel技术

数据验证（示例9.6）：

选择单元格范围，单击 Excel 功能区数据选项卡中的 *Data Tools* 组之 *Data Validation*，然后指定 Excel 将用来标记无效数据的标准。在 *Error Alert* 选项卡上，还可以创建一个警告框，当创建无效条目时，该框将弹出。在 *Input Message* 选项卡上，你可以创建一个提示，以便在单元格中显示关于正确输入格式的注释。

单向数据表（示例9.19）：

为你希望更改的模型中的某些输入单元格创建一个值范围。输入值必须沿着列（面向列）或跨行（面向行）列出。如果输入值是面向列的，则为你希望在第一个值上方的行和输入值列右侧的一个单元格中计算的模型中的输出变量输入单元格引用。在第一个公式右侧引用任何其他输出变量单元格。如果输入值跨行列出，则在第一个值左侧的列和值行下方的一个单元格中输入输出变量的单元格引用。在第一个输出单元格下方输入任何其他输出单元格引用。接下来，选择包含要替换的公式和值的单元格范围。在 Excel 的 *Data* 选项卡中，选择 *What-If Analysis* 菜单下的数据表。在对话框中，如果输入范围是面向列的，请在 *Column input cell* 框中键入输入单元格的单元格引用。如果输入范围是面向行的，请在 *Row input cell* 框中键入输入单元格的单元格引用。

双向数据表（示例9.21）：

在列中键入一个输入变量的值列表，在行中键入第二个输入变量的输入值列表，从列列表的上一行开始，从列列表的右边一列开始。在列列表上方的左上角和行列表的左侧的单元格中，输入要求值的输出变量的单元格引用。选择包含此单元格引用的单元格范围以及值的行和列。在 *What-If Analysis* 菜单上，单击 *Data Table*。在对话框的 *Row input cell* 中，输入模型中与行中输入值对应的输入单元格的引用。在 *Column input cell* 框中，输入模型中与列中输入值对应的输入单元格的引用。

场景管理器（示例9.22）：

单击 *Data* 选项卡上的 *Data Tools* 组中的 *What-If Analysis* 菜单。当工具启动时，单击 *Add* 按钮打开 *Add Scenario* 对话框并定义一个场景。在 *Scenario name* 框中输入场景名称。在 *Changing cells* 框中，为你想要包含在场景中的模型中的单元格输入引用（或按下 Ctrl 键并单击单元格），这些引用以逗号隔开。在接下来出现的 *Scenario Value* 对话框中，为每个变化的单元格输入值。如果你已经把这些放到电子表格中，你可以简单地引用它们。添加所有场景之后，可以通过单击场景的名称，然后单击 *Show* 按钮来选择它们。当你在场景管理器对话框中点击 *Summary* 按钮时，你会被提示输入结果单元格并选择摘要或数据透视表报告。

目标搜索（示例9.23）：

在 *Data* 选项卡的 *Data Tools* 组中，单击 *What-If Analysis*，然后单击 *Goal Seek*。在 *Set cell* 框中，输入包含的单元格的引用，该单元格包含要解析的公式。在 *To value* 框中，键入所需的公式结果。在 *By changing cell* 框中，输入包含要调整的值的单元格的引用。

Analytic Solver

Analytic Solver 为假设分析和敏感性分析提供了电子表格模型。请参阅 *Model Analysis in Analytic Solver* 中的在线补充资料。我们建议你首先阅读在线补充资料 *Getting Started with Analytic Solver Basic*。该资料为教师和学生提供了关于如何注册和访问 Analytic Solver 的信息。

问题和练习

建模战略

1. 一家厨房电器制造商正准备为一款新的搅拌机定价。需求被认为取决于价格，并由模型表示：

$D = 2\,500 - 3P$

会计部门估计总成本可以用下面公式表示：

$C = 5\,000 + 5D$

建立一个数学模型，根据价格 P 计算总利润。

2. 现代电子公司销售两种流行的无线耳机，型号 A 和型号 B。这些产品的销售不是相互独立的（在经济学中，我们称这些产品为可替代产品，因为如果一种产品的价格上涨，另一种产品的销量也会增加）。该店希望制定一个价格政策，使这些产品的收入最大化。对价格和销售数据的研究表明，每种型号的销量（N）和价格（P）之间存在以下关系：

$N_A = 20 - 0.62P_A + 0.30P_B$

$N_B = 29 + 0.10P_A - 0.60P_B$

a. 为总收入创建一个数学模型

b. 如果 $P_A = 18$ 美元，$P_B = 30$ 美元，预计收益是多少

3. 很少有公司会花时间来评估一个好客户的价值（而且通常很少花时间来留住一个好客户）。假设一位顾客在一家餐厅平均每次消费 R，每年来 F 次（例如，如果顾客每两年消费一次，那么 $F=1/2=0.5$）。这家餐厅实现了食品和饮料平均账单的毛利率 M（以分数表示）。此外，每年流失（不再来）的顾客比例为 D。

a. 建立一个数学模型来计算顾客一生中光顾餐厅带来的毛利（这通常被称为顾客的经济价值）

b. 如果每次去餐厅平均消费 50 美元，毛利率为 0.4（40%），顾客平均每年光顾 6 次，每年有 30% 的顾客流失，那么顾客的经济价值是多少

4. 航空旅行的需求对价格非常敏感。在通常情况下，需求和价格之间存在反比关系；

当价格下降时，需求增加，反之亦然。一家大型航空公司发现，当芝加哥和洛杉矶之间的往返价格（P）为600美元时，需求（D）为每天500名乘客。当价格降到400美元时，每天的需求量为1 200名乘客。

a. 在坐标系上绘制这些点，并开发一个将需求与价格联系起来的函数

b. 开发一个将总收入作为价格函数的模型

5. 一家公司正试图预测一款新的男士香水的长期市场份额。根据最初的市场调查，它认为这个市场上有35%的新购买者最终会尝试这个品牌，其中约60%的人会在未来购买这个品牌。[①]初步数据还显示，该品牌将吸引体重高于平均水平的买家，比如那些经常锻炼和参加运动的人，他们的购买量将比平均水平的买家高出约20%。

a. 计算公司在这些假设下可以预期的长期市场份额

b. 开发一个预测长期市场份额的通用模型

6. 制药公司销售代表们打电话给医生推销他们的药品。他们想要确定销售拜访对每位医生获得利润的影响。每个医生的利润取决于开出新处方的数量和销售拜访的成本。销售电话的成本取决于销售电话的次数。销售拜访的次数也会影响开出新处方的数量。构建一个将这些变量联系起来的影响图。

7. 构建本章提到过的单期采购决策中的利润影响图（报童模型）。使用Excel的 *Formula Auditing* 功能演示电子表格模型和影响图之间的关系。

8. 在本章讨论的超额预订决策模型中，构建净收入的影响图。使用Excel的 *Formula Auditing* 功能演示电子表格模型和影响图之间的关系。

9. 为示例9.7中的人员配置模型构建一个影响图。

10. 为示例9.15中的投资组合分配模型构建一个影响图。

11. 投资回报率（ROI）的计算方式如下：ROI等于周转率乘以销售收益百分比。周转率是销售总额除以总投资。总投资是流动资产（存货、应收账款和现金）加上固定资产。销售收益等于销售总额减去销售成本。销售成本包括可变生产成本、销售费用、运费以及管理成本。

a. 构建一个与这些变量相关的影响图

b. 定义符号并建立数学模型

12. 一个（大大）简化的国民经济模型可以描述如下。国民收入由三部分组成：消费、投资和政府支出。消费与所有个人的总收入以及他们所缴纳的所得税有关。所得税取决于总收入和税率。投资也与总收入的大小有关。

a. 通过认识到短语"A 与 B 相关"意味着 A 影响模型中的 B，使用此信息来绘制影响图

b. 如果我们假设短语"A 与 B 有关"可以翻译成数学术语，即 $A = kB$，其中 k 是某个常数，根据提供的信息建立一个数学模型

13. 经济学家认为，房屋开发取决于利率和人口因素，如人口规模、家庭收入和购房人群年龄。此外，利率取决于通货膨胀、美联储政策和政府借贷。政府借贷取决于政府支出和税收收入。构建一个影响图，说明这些因素之间的关系。

---

① Based on an example of the Parfitt–Collins model in Gary L. Lilien, Philip Kotler, and K. Sridhar Moorthy, *Marketing Models* (Englewood Cliffs, NJ: Prentice Hall, 1992): 483.

14.数码相机的月需求量对价格敏感：

价格（美元）	需求
150.00	2 317
160.00	2 068
170.00	1 839
180.00	1 708
190.00	1 542
200.00	1 421
210.00	1 314
220.00	1 293
230.00	1 195
240.00	1 150

找到最合适的趋势线来解析需求和价格之间的关系，并开发月度收入模型。

在电子表格上执行模型

15.使用提供的数据为汽油使用场景（示例1.3）开发一个电子表格模型。在开发模型时应用电子表格工程的原理。

16.开发一个电子表格模型来计算示例1.6（规范性定价模型）中任何价格的总收入。使用该模型创建一个价格范围表，以帮助你确定产生最大收益的价格。

17.开发一个电子表格，用于计算问题2中现代电子公司产品场景的总收入。对其进行设计，使价格需求函数参数易于更改。

描述性电子表格模型

18.一家服装公司正在计划进行冬装定价。一款流行的1/4拉链运动衫售价为98美元。产品于9月初上市，并销售至圣诞节（以120天为例）。在那之后，它们会打折到39美元，然后售罄。计划库存为2 500件。去年，平均每天有12件以全价出售。哥伦布日促销（销售季节的第40天）将价格降至79美元，并将销售额提高到平均每天30件。"黑色星期五"（90天开始进入销售旺季）的售价为69美元，平均每天销售40件。在接下来的一年里，该公司正在考虑从哥伦布日开始促销直到黑色星期五，然后到圣诞节后清仓。开发一个电子表格模型来评估该公司在以下情况下的收入：

a.圣诞节后清仓之前一直不会降价

b.从哥伦布日到黑色星期五降价至79美元，直到圣诞节后清仓降价至59美元

c.从哥伦布日到黑色星期五降价至69美元，直到圣诞节后清仓降价至59美元

19.建立电子表格模型以确定个人或夫妇可负担的房屋价格。贷款机构建议，每月住房支出不应超过月总收入的28%。从中需扣除非抵押住房费用（包括保险、房产税及其他额外支出），从而得出可负担的月抵押贷款还款额。此外，指南还规定，包括住房支出在内的总月债务还款额不得超过月总收入的36%。该值的计算方式为：从36%的月总收入中减去非抵押住房费用及其他分期债务（如车贷、学生贷款、信用卡债务等）。可负担月抵押贷款取上述两个数值中的较小值。计算最大可贷款额度时，需根据当前利率和贷款期限确定每1 000美元抵押贷款的月还款额。将可负担月抵押贷款额除以该月还款额，即可得出可负担的抵押贷款总额。假设首付20%，房子的最高价格将是负担得起的抵押贷款

除以 0.8。使用以下数据来测试你的模型：月总收入= 6 500 美元；非抵押住房费用= 350 美元；每月分期付款债务= 500 美元；每 1 000 美元抵押贷款的月还款额= 7.25 美元。

20.MasterTech 是一家新成立的软件公司，致力于开发和销售适用于市政府的效率软件。在编制损益表时，使用了以下公式：

毛利 = 净销售额−销售成本

营业净利润 = 毛利−管理费用−销售费用

税前净收入 = 净营业利润−利息费用

净收入 = 税前净收入−税收

净销售额预计为 1 250 000 美元。销售成本估计为 30 万美元。销售费用有一个估计为 90 000 美元的固定部分和一个估计为净销售额 8% 的可变部分。管理费用为 5 万美元。利息费用为 8 000 美元。这家公司按 50% 的税率纳税。使用良好的电子表格工程原理设计开发一个电子表格模型来计算净收入。

21.一个业余摇滚乐队（garage band）想举办一场音乐会。预计到场的人数为 2 500 人。每位观众购买乐队周边的平均支出为 25 美元。每张门票售价 20 美元，乐队的利润是门票和乐队周边销售收入减去 18 000 美元的固定成本的 80%。开发一个数学模型，并在电子表格中运行它，以找到乐队的预期利润。

22.一位股票经纪人通过推荐联系潜在客户。每次通话，客户有 20% 的概率决定与该经纪公司合作。在这些感兴趣的客户中，根据经纪公司的筛选标准，40% 的客户被认为不符合资格。剩下的客户是合格的。在这些合格客户中，50% 的客户会平均投资 5 000 美元，25% 的客户会平均投资 20 000 美元，15% 的客户会平均投资 50 000 美元，其余的会投资 100 000 美元。佣金方案的时间表如下：

交易金额	佣金
至多 25 000 美元	75 美元 + 交易金额的 0.5%
25 001 ~ 75 000 美元	100 美元 + 交易金额的 0.4%
75 001 ~ 100 000 美元	150 美元 + 交易金额的 0.3%

经纪人保留一半佣金。开发一个电子表格，根据每月的通话次数计算经纪人的佣金。打 250 个电话的预期佣金是多少？

23.美国一个中等城市的一家非营利芭蕾舞公司的董事正在计划下一次筹款活动。近年来，该项目发现了以下捐赠者百分比和捐赠水平：

捐赠水平	金额（美元）	捐赠的平均次数
提供资金或资源支持的捐赠者	10 000	3
长期致力于慈善事业的高水平捐赠者	5 000	10
高水平的捐赠者	1 000	25
较高水平的捐赠者	500	50
中等偏上水平的捐赠者	100	捐赠的 7%
基础级别的捐赠者	50	捐赠的 12%

如果公司联系 1 000 名潜在捐赠者，以捐赠 100 美元或以下的金额，开发一个电子表格模型，根据这些信息计算捐赠总额。

24.坦纳公园是一个小型游乐园，为儿童和青少年提供各种游乐设施和户外活动。在一个典型的夏季，成人票和儿童票的销量分别为2万张和1万张。成人票价为18美元，儿童票价为10美元。食品和饮料销售的收入预计为6万美元，纪念品收入预计为2.5万美元。每人（成人或儿童）可变成本为3美元，固定成本为15万美元。确定这项业务的盈利能力。

25.工程学院的招生主任每年从捐赠基金中拿出50万美元作为奖学金，提供给成绩优异的申请者。提供的每份奖学金价值为25 000美元（因此提供了20份奖学金）。提供这笔钱的捐助者希望看到这些钱每年都用于新生。然而，并不是所有的学生都会接受奖学金；一些人选择竞争学校的录取机会。如果他们等到录取截止日期结束时才拒绝奖学金，那么它就不能提供给其他人，因为其他优秀的学生可能已经承诺加入其他项目了。因此，招生主任会提供比现有资金更多的奖学金，预计有一部分录取者会拒绝接受。如果超过20名学生接受了奖学金，学院必须兑现承诺，而超出部分的资金将不得不从院长的预算中支出。根据以往的数据，接受奖学金的申请者比例约为70%。为此情况开发一个电子表格模型，以评估根据提供的奖学金数量，需要从院长预算中分配多少资金。

26.J&G银行每月平均收到30 000份信用卡申请。其中大约60%获得批准。每位客户每月平均使用信用卡消费2 000美元。大约85%的客户会全额还清账单，而其余的客户会产生融资费用。平均融资费用为每月3.5%。银行还通过收取滞纳金和信用卡年费获得收入，这部分收入占每月总消费额的约7%。每份申请收取处理成本为20美元，无论是否批准。信用卡客户的每月维护成本为10美元。最后，由于客户账户的坏账损失平均占总消费额的5%。开发一个电子表格模型，以计算银行每月的总利润。

预测性电子表格模型

27.随着数码摄影的发展，一个年轻的创业者正在考虑创建一项新的业务，Cruz婚纱摄影。他认为，每年的婚礼预订量平均为15次。在制订商业计划的过程中，一个关键的变量是，在一台数码单反（DSLR）相机需要更换之前它的使用寿命。由于使用频繁，快门的寿命预计为150 000次。假设每次预约所摄照片的平均数目为2 000张。开发一个模型来预测相机的寿命（以年为单位）。

28.就一个新产品而言，第一年的销售量预计为80 000单位，预计每年增销6%。售价为12美元，将每年增加0.5美元。单位可变成本为3美元，年固定成本为400 000美元。单位成本预计每年增长3%。固定成本预计每年增长8%。假设贴现率为4%，开发一个电子表格模型来预测3年期间的净利润现值。

29.Reder Electric Vehicles执行委员会正在讨论是否要用一款吸引年轻用户的新车型REV运动车取代其原有车型REV旅行车。无论选择哪种车型，都将在未来4年生产，之后将有必要进行重新评估。REV运动车已经通过了概念和初始设计阶段，并已准备好最终设计和制造。最终的开发成本估计为7 500万美元，模具和制造的新固定成本估计为6亿美元。REV运动车预计售价为3万美元。REV运动车第一年的销量预计为6万辆，随后几年的销售增长率为每年6%。在设计和供应链决策最终确定之前，每辆车的可变成本是不确定的，但估计为2.2万美元。明年REV旅行车的销量预计为5万辆，但预计未来3年的销量将以每年10%的速度下降。售价为2.8万美元。每辆车的可变费用为2.1万美元。由于这款车型已经投入生产，开发的固定成本已经收回。开发一个为期4年的模型来预测每款车的盈利能力，并使用5%的净现值贴现率推荐最优决策，结果对REV运动车的估计可变成本的敏感性如何？这将如何影响决策？

30.Schoch博物馆正在开展为期5年的筹款活动。作为一个非营利机构，该博物馆发现很难找到新的捐赠者，因为许多捐赠者并不是每年都捐款。假设博物馆已经确定了8 000名潜在捐赠者。活动第一年的实际捐赠者人数估计为潜在捐赠者总人数的60%。接下来的每一年，博物馆预计30%的现有捐赠者将停止捐款。此外，该博物馆预计将吸引一定比例的新捐赠者。假设有10%的潜在捐赠者。第一年的平均捐款额假定为50美元，并将以2.5%的速度增长。建立一个模型来预测5年期间将筹集的资金总额。

31.海德公园外科中心专门从事高危心血管手术。该中心需要预测未来3年的盈利能力，以规划资本增长项目。第一年，该医院预计服务1 200名患者，预计每年增长8%。根据目前的报销方案，每位患者的平均费用为12.5万美元，每年将增长3%。然而，由于管理式医疗，该中心只收取25%的费用。供应品和药品的可变成本按费用的10%计算。工资、公用事业等固定成本在第一年将达到2 000万美元，假设每年增加5%。开发一个电子表格模型来预测未来3年的净利润现值，使用4%的贴现率。

32.亚当今年24岁，通过他的雇主——一家大型金融机构，他参加了401（k）退休计划。他的公司为他提供50%的缴费，最高可达他工资的6%。他目前已经尽了最大的努力。在他的401（k）退休金计划中，他有3只基金。Investment A是一只大盘指数基金，过去10年平均年增长率为6.63%。Investment B是一只10年期平均年增长率为9.89%的中盘指数基金。最后，Investment C是一只10年平均年增长率为8.55%的小盘指数基金。他的投资中有50%投向了Investment A，25%投向了Investment B，25%投向了Investment C。他目前的工资是48 000美元，根据对金融机构的薪酬调查，他预计平均每年会有2.7%的加薪。开发一个电子表格模型，预测他65岁时的退休金。

33.请根据你的个人情况开发一个切实可行的退休计划电子表格模型。若你目前在职，请尽可能收集真实数据用于建模，包括潜在薪资涨幅、晋升机会、养老金缴存比例，以及基于你实际投资组合的预期收益率。若你尚未就业，请根据目标行业调研以下数据：行业薪资水平、企业提供的退休福利方案，并参考主流退休基金或股市指数的平均表现来估算收益率。所有假设条件需明确标注其推导依据。

34.詹妮弗·贝林被委以重任，负责策划公司年度领导力会议。会议的日期已由公司高管团队确定。下面这个表格包含有关活动、前序活动（predecessors）和活动时间（以天为单位）的信息。

	活动	前序活动	活动时间（天）
A	制定会议主题		3
B	确定参会者		3
C	合同设施	A	7
D	选择娱乐项目	A	10
E	发布公告	B	5
F	买礼物	B	5
G	买材料	B	1
H	计划会议日程	C	40
I	设计印刷材料	B，H	15

续表

	活动	前序活动	活动时间（天）
J	安排会议房间	C	1
K	打印路线指南	H	10
L	撰写旅游备忘录	E	5
M	撰写礼品信	F	5
N	确定餐食	H	3
O	与主持人沟通	H	3
P	追踪回复（确认）信息并分配房间	L	30
Q	印刷材料	I	3
R	分配桌号	P	1
S	编制资料包	G	3
T	提交视听设备需求	O	1
U	写欢迎信	P	5
V	与酒店确认安排	P	3
W	印刷徽章	G，P	5

开发一个电子表格模型，以找到项目的完成时间和关键路径。

规范性电子表格模型

35.用示例9.15中的投资组合配置模型进行实验，试图找到使期望年收益最大化且满足总加权风险约束的最佳解决方案。

36.一名商科学生有2 500美元的暑期打工收入，并且已经确定了3种可以投资的潜在股票。表中列出了每股成本和未来两年的预期收益。

股票	A	B	C
价格/股	25美元	15美元	30美元
收益/股	8美元	7美元	11美元

开发一个电子表格模型，计算任何投资组合的总回报。试着用这个模型找出总回报最高的最佳解决方案，并将投资限制在2 500美元。

37.加德纳剧院是一个社区剧场，需要为即将上演的剧目确定最低成本的制作预算。具体来说，他们需要决定哪些布景自己制作，以及哪些布景（如果有的话）可以从当地另一家剧院以预订费用租用。然而，在进行技术彩排之前，组织只有两周的时间来全面搭建场景。这家剧院有两名兼职木匠，他们每周工作12小时，每人每小时10美元。此外，剧院还有一名兼职布景艺术家，每周可以工作15小时，按需绘制布景和道具，每小时收费15美元。布景设计需要20块平面墙，两块悬挂的背景画布以及三张大型木制桌子（道具）。每个布景的木工和绘画所需的时间如下：

	木工	绘画
平面墙	0.5	2.0
悬挂的背景画布	2.0	12.0
道具	3.0	4.0

平面墙、悬挂的背景画布和道具也可以分别以 75 美元、500 美元和 350 美元的价格租入。剧院想要确定剧院应该搭建多少个布景，以及应该租用多少个布景以最小化总成本。开发一个电子表格模型，计算搭建和租用布景的任何组合的总成本，以及木匠和布景艺术家所需的总时间（必须满足每周有限的可用时间）。用该模型进行实验，试着求解满足劳动力可用性和每种类型所需布景数量的最佳解决方案。

38. 一家墨西哥连锁餐厅的特许经营公司希望确定吸引三个郊区社区顾客的最佳地点。三个郊区社区的坐标如下：

社区	X 坐标	Y 坐标
Liberty	2	12
Jefferson	9	6
Adams	1	1

Adams 的人口是 Jefferson 的 4 倍，而 Jefferson 的人口是 Liberty 的 2 倍。餐厅在选址时要考虑人口因素。开发一个模型来找到最佳位置，假设位置之间可以使用欧氏距离。用模型进行实验，以求解最佳位置。

39. ElectroMart 想要确定一个可以向 5 家零售店发货的仓库位置。这里给出了坐标和每年的卡车载重数。开发一个模型来找到最佳位置，假设位置之间可以使用欧氏距离。用模型进行实验，以求解最佳位置。

零售店	X 坐标	Y 坐标	卡车载重
A	18	15	12
B	3	4	18
C	20	5	24
D	3	16	12
E	10	20	18

40. 汤姆森州立学院（Thomson State College）的一个 IT 支持小组有 7 个项目要完成。接下来会显示时间和项目截止日期（都是以天为单位）。

项目	1	2	3	4	5	6	7
时间	4	9	12	16	9	15	8
最后期限	12	24	60	28	24	36	48

a. 为这种情况开发一个电子表格模型

b. 使用电子表格模型，试着求解一个序列，使平均延迟时间最小化

c. 使用电子表格模型，试着求解找到一个序列，使总平均延误时间最小化

d. 将这些解决方案与 SPT 和 EDD 规则进行比较

分析不确定性和模型假设

41. 在电子表格上执行问题 1 中开发的模型，并构建一个单向数据表来估计利润最大化的价格。

42. 对于你在问题 22 中开发的股票经纪人模型，使用单向数据表来显示经纪人的佣金是如何与通话次数构成函数关系的。

43. 对于你在问题 23 中开发的非营利芭蕾舞公司筹款模型，使用单向数据表来显示金

额如何根据捐赠的次数而变化。

44. 对于 Schoch 博物馆（问题 30），使用数据表来调查模型中使用的百分比假设对第 5 年累计筹集资金的影响。

45. 一家汽油小超市订购了 25 份月刊。根据封面故事的不同，对该杂志的需求也有所不同。小超市以 1.5 美元的价格买入杂志，以 4.0 美元的价格出售。月底剩下的任何杂志都会捐赠给医院和其他卫生保健机构。修改报童问题的示例电子表格以对这种情况建模。如果每月的需求量预计在 10 份到 30 份之间，使用假设分析来调查该政策的财务影响。

46. 长住酒店每周的价格（商务旅客按周租赁）是 950 美元。不管租多少房间，运营成本平均为每周 2 万美元。构建一个电子表格模型来确定租用 40 间房间时的利润。经理注意到，在任何给定的一周内，出租的房间数量在 32 至 50 间（可用房间总数）之间变化。

a. 使用数据表来评估这个出租房间范围内获取的利润

b. 假设经理正在考虑每周价格下调或上调 100 美元。用数据表来评估利润将受到怎样的影响

47. 如果全价零售的天数从 20 天到 40 天不等（以 5% 为增量），中间降价从 15% 到 50% 不等（以 5% 为增量），使用 *Markdown Pricing Model* 电子表格模型和双向数据表来计算总收入。

48. 对于问题 25 中的工程学院招生情况，应用双向数据表分析录取率和录取人数的变化，对所需额外资金和接受奖学金的学生人数的影响。

49. Koehler Vision Associates（KVA）专门从事激光辅助矫正眼科手术。潜在患者预约进行预筛选检查，以确定他们是否符合手术条件。如果他们符合条件，将收取 250 美元的费用作为实际手续的押金。每周的需求量为 150 人，约 12% 的潜在患者在最后一分钟未能到场或取消检查。未到场的患者将被退还预筛选费并扣除 25 美元的处理费。KVA 每周可以治疗 125 名患者，并正在考虑超额预约，以减少与取消预约相关的收入损失。然而，任何超额预约的患者都可能传播对公司的负面评论，因此超额预约的成本估计为 125 美元。开发用于计算净收入的电子表格模型。使用数据表研究接受预约次数和患者需求的变化对收入的影响。

50. 对于问题 21 中开发的业余摇滚乐队模型，使用场景管理器评估以下场景的盈利能力：

	可信值	乐观值	悲观值
预计观众人数	2 500	4 500	1 500
观众周边消费	25.00 美元	40.00 美元	10.00 美元
固定成本	18 000.00 美元	10 000.00 美元	25 000.00 美元

51. 想想那些在全国范围内经营许多商店的零售商，比如 Old Navy、Hallmark Cards 或 Vineyard Vines，这只是其中的一小部分。零售商经常寻求开设新店，并需要评估拟租 5 年的地点的盈利能力。*New Store Financial Model* 电子表格提供了一个 Excel 模型。使用场景管理器评估以下场景下第 5 年的累计折现现金流：

	场景1	场景2	场景3
通货膨胀率	1%	5%	3%
商品成本（销售额%）	25%	30%	26%
人工成本	150 000美元	225 000美元	200 000美元
其他费用	300 000美元	350 000美元	325 000美元
第1年销售收入	600 000美元	600 000美元	800 000美元
第2年销售额增长	15%	22%	25%
第3年销售额增长	10%	15%	18%
第4年销售额增长	6%	11%	14%
第5年销售额增长	3%	5%	8%

52.根据问题15中的汽油使用情况，在所有其他数据不变的情况下，应用 *Goal Seek* 工具，计算每月消耗20加仑汽油所需的燃油经济性。

53.根据问题22中的股票经纪人的情况，使用 *Goal Seek* 工具计算获得5 000美元的经纪人佣金所需拨打的电话数。

54.根据第23题中芭蕾舞公司的情况，使用 *Goal Seek* 工具来查找达到15万美元总捐款所需的捐赠次数。

案例：高性能草坪设备公司

第1部分：高性能草坪设备公司数据库包含编制预计利润表所需的数据。销售PLE产品的经销商在开展业务时均获得18%的销售收入，这部分收入作为销售费用入账。税率是50%。开发一个Excel工作簿，提取和汇总开发2018年利润表所需的数据，并为公司编制一个Excel模型形式的预计利润表。

第2部分：高性能草坪设备公司的首席财务官J.肯尼斯·瓦伦丁想用一个模型来预测未来3年的净收入。要做到这一点，你需要确定利润表在未来可能会发生怎样的变化。使用你开发的计算公式和工作簿以及数据库中的其他历史数据，估计销售收入、销售商品成本、运营费用和利息费用的年变化率。使用这些比率来修改利润表，以预测未来3年的净收入。

因为你从历史数据中获得的估计可能在未来不成立，所以要进行适当的假设分析和场景分析，以调查如果这些假设不成立，预测可能会发生怎样的变化。将你的结果和结论总结在一份给瓦伦丁先生的报告中。

第四部分　规范性分析

第 10 章

线性优化

学习目标

在学习完本章后，你将能够：

- 理解优化模型的三种基本类型。
- 应用四个步骤建立优化问题的数学模型。
- 通过问题的陈述来识别不同类型的约束条件。
- 描述线性优化模型的性质。
- 在电子表格上实现线性优化模型。
- 使用 Solver 插件在 Excel 中求解线性优化模型。
- 解释 Solver 的答案报告。
- 通过图形化方法说明并求解双变量线性优化问题。
- 解释 Solver 的工作原理。
- 当求解一个线性优化模型时，列出四个可能的结果，并从 Solver 信息中识别它们。
- 为各种商业应用构建并求解线性优化模型。

到目前为止，我们主要关注描述性分析和预测性分析在管理决策中的作用。在商业的各个领域，管理者都希望作出最好的决策。例如，市场分析师希望选择最好的广告来吸引最多的客户；财务经理希望设定最好的价格来实现利润最大化；运营经理需要确定最好的库存和生产政策。在你自己的生活中，你可能想要找到度假旅行的最佳路线，或者确定一支梦之队的最佳阵容。

虽然许多决策只涉及有限数量的选择，可以通过统计分析、简单的电子表格模型或模拟来解决，但其他决策有非常大甚至无数的概率。第 1 章介绍了规范化分析的基本工具——优化。**优化**是选择决策变量的值以最小化或最大化某些关注量的过程，是规范性分析中最重要的工具。

50 多年来，优化模型被广泛应用于运营、供应链、金融、市场营销和其他领域，以帮助管理者更有效地分配资源，作出成本更低或利润更高的决策。优化是一个非常广泛且复杂的主题；在这一章中，我们将重点阐述和解决商务中的许多实际优化模型。

10.1 优化模型

优化模型有三种基本类型：线性、整数和非线性。**线性优化模型**（通常称为**线性规划**或 **LP 模型**）具有两个基本特性。首先，目标函数和所有约束都是决策变量的线性函数。这意味着每个函数只是各项的和，每一项都是某个常数乘以一个决策变量，比如 $5x + 4y$。

线性优化模型容易使用高效率的求解算法解决问题。线性优化模型的第二个特性是所有变量都是连续的，这意味着它们可以假设任何实值（通常是非负值，即大于或等于零）。当然，对于一个实际的业务问题来说，这个假设可能是不现实的（你不能生产半个冰箱）。然而，由于这种假设简化了解决方法和分析过程，我们经常将其应用于解决方案不会受到严重影响的许多情况。例如，在决定下个月生产纸尿裤的最佳数量时，我们可以使用线性模型，因为舍入 5 621.63 这样的数值对结果几乎没有影响。然而，在涉及飞机等低产量、高成本项目的生产计划决策中，10.42 的最佳值几乎没有意义，一个单位的差异（四舍五入或下调）可能会产生重大的经济和生产计划后果。

在**线性整数优化模型**（亦称**整数规划**或 **IP 模型**）中，部分或全部变量被限定为整数。其中一类特殊情形是变量仅能取 0 或 1 的二元整数规划，常用于模拟是非型逻辑决策。相较于纯线性优化模型，整数线性优化模型通常求解难度更大，但在排程优化与供应链管理等领域具有重要应用价值。

当模型变量间存在非线性关系时，即目标函数或约束条件含非线性表达式时，则构成**非线性优化模型**（亦称**非线性规划**或 **NLP 模型**）。此类模型的目标函数和/或约束条件为决策变量的非线性函数，其数学项无法表示为常数与变量的乘积（如 $3x^2$、$4/y$、$6xy$ 等非线性项）。非线性模型的构建既需要更强的创造性思维与解析能力，也需要采用区别于线性/整数模型的求解技术（我们将在后续章节探讨整数与非线性模型）。若非线性模型同时包含整数约束，则构成现有优化模型体系中求解难度最高的类型。本章将聚焦于线性优化模型。

线性优化模型是当今各类组织中最普遍使用的优化模型，其应用广泛存在于运营、金融、营销、工程等诸多领域。表 13-1 总结了几类常见的通用线性优化模型。这张表格仅列举了商业实践中众多实用线性优化模型中的极小部分样本，本章后续将通过具体案例展示其中许多模型的应用实例。

表10-1　　　　　　　　　　　　　**线性优化模型的举例**

模型类型	决策	目的	典型的约束条件
产品组合	生产和销售的产品数量	利润贡献最大化	资源限制（例如，生产时间、劳动力、原材料）；最低销售额要求；最高销售额潜力
工艺选择	使用替代工艺生产的产品数量	最小化成本	需求；资源限制
混合	生产一单位产量所需的材料数量	最小化成本	可接受混合物的规范要求
投资组合选择	投资于不同金融工具的比例	最大化未来回报或最小化风险暴露	可用资金的限制；部门要求或限制；投资组合的比例关系
运输	在供应来源和目的地之间运输	总运输费用最小化	来源有限；目的地满足要求

续表

模型类型	决策	目的	典型的约束条件
多期生产计划	在几个时期内每个时期生产的产品数量；两个时期之间的库存量	最小化总生产和库存成本	有限生产率；物质平衡方程式
多期财务管理	相当于投资于短期工具	库存现金最大化	现金余额等式；所要偿还的现金债务
生产/销售	广告支出的分配；生产数量	利润最大化	预算限制；生产限制；需求要求

检验你的学习成果

（1）线性、整数和非线性优化模型的性质是什么？

（2）举出几个实际中常用的线性优化模型的例子。

实践分析：在 NBC 使用优化模型进行销售计划[①]

全国广播公司（NBC）是通用电气（GE）的子公司，主要业务是制作吸引观众的广告。NBC 的电视网络、有线电视网络、电视台和互联网部门创造了数十亿美元的收入。其中，电视网络业务是目前最大的。

美国的电视广播年度从 9 月的第三个星期开始。广播电视公司在 5 月中旬宣布其新的广播年度节目表。不久之后，库存（广告时段）的销售就开始了。广播电视公司在 5 月下旬开始的短暂时期内，销售 60%～80% 的广播时间库存，这段时间持续 2~3 周。这个销售时期被称为市场前期。在此期间，广告公司会与电视网络联系，要求为它们的客户购买整个季度的时间。一个典型的请求包括金额、客户感兴趣的人口统计数据（例如，18～49 岁的成年人）、节目组合、每周权重、单位长度分布，以及每 1 000 名观众的协商成本。NBC 必须制订一个详细的销售计划，包括广告时间表，以满足要求。此外，该计划还应满足 NBC 的销售管理目标，其目标是最大限度地提高可用的固定库存量的收入。

传统上，NBC 借助人工制订销售计划。这个过程是费力的，会花费几个小时。此外，由于计划的复杂性，大多数计划需要大量返工，它们最初既不符合管理层的目标，也不符合客户的要求。NBC 开发了一个使用线性优化的系统，可以将最佳利用现有库存的方式快速生成销售计划。销售计划问题是最小化分配给计划的额外库存量和达到目标所产生的总罚款，同时满足库存、播放时间的可用性、产品冲突、客户要求、预算、节目组合、每周权重和单位组合等方面的约束。决策变量是客户要求在节目中投放的每个广告位长度的广告数量以及销售计划中包含的周数。这些广告将在节目中播出，并包括在销售计划涵盖的数周内。目标函数包括一个代表分配给销售计划的库存总价值的项，以及度量未能满足客户需求所产生的惩罚的项。

该模型及其实施为 NBC 节省了数百万美元的优质库存，同时满足了所有客户的要求；增加了收入；将制订销售计划所需的时间从 3～4 个小时缩短到大约 20 分钟；帮助 NBC

① Based on Srinivas Bollapragada, Hong Cheng, Mary Phillips, Marc Garbiras, Michael Scholes, Tim Gibb, and Mark Humphreville, "NBC's Optimization Systems Increase Revenues and Productivity," *Interfaces*, 32, 1 (January - February 2002): 47 - 60.

迅速对广告公司作出反应，并在市场上获得更大的可用资金份额；帮助 NBC 的销售经理比过去更快地达成交易，更好地了解市场，从而对前期结果有了更准确的预测；计划的返工工作量减少了 80% 以上；使 NBC 的收入每年至少增加 5 000 万美元。

10.2　开发线性优化模型

任何优化模型都有以下要素：

（1）决策变量。

（2）一个最大化或最小化的目标。

（3）约束条件。

优化模型中的**决策变量**是模型试图确定的未知值。根据应用的不同，决策变量可能是要生产的不同产品的数量、在研发项目上的资金投入、从仓库到客户的运输量、分配给某个产品的货架空间量等。我们寻求最小化或最大化的量称为**目标函数**。例如，我们可能希望最大化利润或收益，或最小化成本或某种风险措施。**约束条件**是对任何解决方案施加的限制、要求或其他限制，无论是出于实际或技术考虑，还是出于管理政策。约束条件的存在以及大量的变量通常使得识别最优解变得相当困难，这就需要使用强大的软件工具。构建优化模型的本质在于首先识别这些模型组件，然后将目标函数和约束条件转化为数学表达式。管理者通常可以用浅显易懂的语言描述他们必须作出的决策，用来评估决策成功与否的绩效指标，以及所面临或必须确保的限制和要求。分析人员的任务是利用这个信息并提取构成开发模型基础的关键元素。

发展任何优化模型包括三个基本步骤：

（1）确定决策变量、目标和所有适当的约束条件。

（2）把目标和约束条件写成数学表达式，并构建问题的数学模型。

（3）在电子表格中运行数学模型。

我们将从一个简单的场景开始，演示线性优化模型的开发和电子表格运行。Sklenka 滑雪公司（SSC）是一家小型生产商，生产两款（Jordanelle 和 Deercrest）流行的全地形滑雪板。生产过程包括两个主要部门：生产和整理。生产部门有 12 名熟练工人，每人每天工作 7 小时。整理部门有 3 名工人，他们也轮班工作 7 小时。每副 Jordanelle 滑雪板在生产部门需要 3.5 个工时，在整理部门需要 1 个工时。Deercrest 这款滑雪板在生产部门需要 4 个工时，在整理部门需要 1.5 个工时。公司实行每周 5 天工作制。SSC 在 Jordanelle 这款产品上每副净赚 50 美元，在 Deercrest 这款产品上每副净赚 65 美元。为了迎接下一个滑雪板销售季节，SSC 必须规划这两款滑雪板的生产。由于产品的生产能力有限，而需求量大，SSC 每个季节可以卖出其所能生产的所有产品。公司预计 Deercrest 这款滑雪板的销量至少是 Jordanelle 的 2 倍。公司希望确定每天生产每款滑雪板多少副，以最大化净利润。

10.2.1　识别决策变量、目标和约束条件

第一件要做的事是仔细阅读问题陈述，并用通俗易懂的语言识别决策变量、目标和约束，然后尝试开发一个数学模型和电子表格开展计算工作。

示例 10.1　　　　　　　　　　Sklenka 滑雪公司：识别模型的构成

第一步，识别决策变量。该公司生产两款滑雪板。决策陈述得很明确：每款滑雪板每

天应生产多少副？因此，我们可以设：

  Jordanelle = 生产 Jordanelle 滑雪板的最低数量/天

  Deercrest = 生产 Deercrest 滑雪板的最低数量/天

  很重要的一点是，要明确说明变量的大小。比如，"每天生产该型号滑雪板的最低数量"而不是简单地设"Jordanelle 滑雪板"。

  第二步，确定目标函数。该公司希望最大化净利润，我们可以计算出生产每款滑雪板的净利润数据。在某些问题中，目标没有明确说明，我们必须使用逻辑和业务经验来确定适当的目标。

  第三步，识别约束条件。要识别约束条件，在问题陈述中寻找线索，即描述的可用的有限资源、必须满足的要求或其他限制。在这个例子中，我们看到生产和加工部门的工人人数都是有限的，他们每天只工作7个小时，这限制了每个部门可用的生产时间。因此，我们有以下的限制条件：

  生产时间：用于生产的总劳动时间不能超过可用的劳动时间。

  整理时间：用于整理的总劳动时间不能超过可用的劳动时间。

  此外，公司预计 Deercrest 滑雪板的销量，至少是 Jordanelle 滑雪板的2倍。因此，我们还需要设定一个约束条件，规定 Deercrest 滑雪板的配件数至少是 Jordanelle 滑雪板的配件数的2倍。

  最后，我们必须确保决策变量不会出现负值。几乎所有的优化模型都假定存在非负约束。

10.2.2　优化一个数理模型

  开发优化模型的挑战是将目标和约束条件的描述转化为数学表达式。我们通常用描述性的名称（比如：Jordanelle 和 Deercrest）、缩写或者下标字母（比如：x_1 和 x_2）来表示决策变量。对于涉及许多变量的数学公式，用下标字母通常更方便；然而，在电子表格模型中，我们建议使用描述性名称，以使模型和解决方案更容易理解。在示例10.2中，我们展示了明确决策变量维度的重要性。这对确保模型的准确性非常有帮助。

示例10.2　　　　　　　**Sklenka滑雪公司：建立目标函数模型**

  决策变量是每天生产的每款滑雪板的副数。因为该公司在 Jordanelle 滑雪板上赚了50美元，在 Deercrest 滑雪板上赚了65美元，那么，举个例子，如果我们在一天内生产10副 Jordanelle 滑雪板和20副 Deercrest 滑雪板，就可以赚到1 800美元（500 + 1 300）。因为我们不知道要生产多少副滑雪板，我们用单位利润乘以我们定义的决策变量，来写出目标函数的每一项：

  最大化总利润 = 50 美元×Jordanelle + 65 美元×Deercrest

  需要注意的是如何验证表达式的正确性：

  （美元/副滑雪板）（滑雪板（按副计）的数量）= 美元

  约束一般用数学方法表示为代数不等式或等式，左边是所有变量，右边是常数项（这有助于在电子表格中求解模型，我们将在后面讨论）。为了建立约束模型，我们使用了类似的方法。首先，考虑生产和加工的限制。我们将这些限制表示为：

  生产：用于生产的总劳动时间不能超过可用劳动时间。

  整理：用于整理的总劳动时间不能超过可用的劳动时间。

第一，注意"不能超过"这个短语在其他条件下翻译为"≤"。我们可能会找到"至少"这个短语，它翻译为"≥"或"必须完全包含"，它指定了一个"="关系。总的来说，优化模型中的所有约束必须是这三种形式之一。

第二，注意"不能超过"将每个约束分为两部分：左侧（"使用的总劳动时数"）和右侧（"可用的劳动时数"）。这些表达式的左侧称为**约束函数**。约束函数是问题中决策变量的函数。右边是数值（尽管有时也可能是约束函数）。剩下的工作就是把约束函数和右边都转换成数学表达式。

示例 10.3　　　　　　　**Sklenka 滑雪公司：建立约束模型**

可参与生产的劳动量为 12 名工人 ×7 工时/天 = 84 小时/天，而在整理过程中的劳动量为 3 名工人 ×7 工时/天 = 21 小时/天。因为每副 Jordanelle 滑雪板需要 3.5 个工时，而且每副 Deercrest 滑雪板在生产部门需要 4 个工时，所以总的生产工时是 3.5 Jordanelle + 4 Deercrest。请注意这些术语的度量单位是（小时/副滑雪板）（每天生产的滑雪板副数）= 工时。同样，对于整理部门，1 Jordanelle + 1.5 Deercrest。因此，适当的约束条件是：

生产部门：3.5 Jordanelle + 4 Deercrest ≤ 84

整理部门：1 Jordanelle + 1.5 Deercrest ≤ 21

因市场混合约束"Deercrest 滑雪板的数量必须至少是 Jordanelle 滑雪板数量的 2 倍"，我们有：

Deercrest ≥ 2 Jordanelle

通常将所有变量写在约束的左边。因此，这个约束的另一个表达式是：

Deercrest − 2 Jordanelle ≥ 0

Deercrest 滑雪板数量和 Jordanelle 滑雪板数量的 2 倍之间的差异，可以被认为是 Deercrest 滑雪板产量超过最低市场混合约束的数量。最后，非负约束被写成：

Deercrest ≥ 0

Jordanelle ≥ 0

该公司完整的数学模型表达式为：

总利润最大化 = 50 Jordanelle + 65 Deercrest

　　　　3.5 Jordanelle + 4 Deercrest ≤ 84

　　　　1 Jordanelle + 1.5 Deercrest ≤ 21

　　　　Deercrest − 2 Jordanelle ≥ 0

　　　　Deercrest ≥ 0

　　　　Jordanelle ≥ 0

10.2.3　更多的约束条件

模型构建最具挑战性的方面是识别约束条件。了解不同类型的约束条件有助于正确识别和建模。约束条件一般可分为以下几类：

• **简单界限**。简单界限包括单个变量的值，你可能在问题陈述中认识到有简单界限，如投资于股票 ABC 不能超过 10 000 美元，或我们必须生产至少 350 个单位的产品 Y，以满足这个月对客户的承诺。

• **限制**。限制通常涉及稀缺资源的分配。诸如生产中使用的材料数量不能超过库存中可用的数量，组装所用的分钟数不能超过可用的劳动时间，或者7月份从奥斯汀工厂运来的数量不能超过工厂产能等，都是这类限制的典型例子。

• **要求**。要求包括最低性能水平的说明。例如，2月份必须有足够的现金以履行财务义务，生产必须足以满足承诺的客户订单，或营销计划应确保每月至少联系400名客户等陈述，都是这类要求的例子。

• **比例关系**。比例关系常见于涉及材料或策略混合或调配的问题中。例如，投资于积极增长型股票的金额不得超过投资于股票收益基金金额的2倍，或者混合肥料必须恰好含有30%的氮。

• **平衡约束**。平衡约束基本上是指投入＝产出，并确保物资或资金的流动在各个地点或不同时间段得到核算。例如，6月份的生产量加上现有的库存必须等于6月份的需求量加上留存至7月份的库存量，从所有工厂运到配送中心的数量必须等于从配送中心运到所有客户手中的数量，或者3月份投入或节省的资金总额必须等于2月底可用的资金总额。

示例10.4　　　　　　　　　　　　　　　　**建模控制**

我们将在下面的例子中逐一说明这些类型的约束控制。

1. 简单界限：在这个月中我们必须生产至少350单位的产品Y，以满足对客户的承诺。
2. 限制：用于研究和开发项目的资金不能超过指定的30万美元。
3. 要求：合同要求至少500件产品从奥斯汀和亚特兰大的工厂运出。
4. 比例关系：一种肥料的混合物必须含有正好30%的氮。
5. 平衡约束：6月份的可用库存和产量必须满足150台的需求，或者结转到7月份。

要建立任何约束模型，首先确定与≤，≥，或＝相对应的短语，然后将它们替换为约束条件。因此，对于这些例子，我们写出如下条件：

1. 产量Y≥350的商品。
2. 用于研发的费用控制在≤300 000美元
3. 从奥斯汀和亚特兰大运来的货物数量≥500件
4. 混合物中的氮含量/混合物总量＝0.30
5. 当月库存和产量＝当月的需求和结转至下月的库存

然后它就变成了一个简单的练习，使用问题中的决策变量将单词转换成数学表达式。例如：

1. 将 $Product\_Y$ 设为产品Y的单位数。那么约束条件就是产品Y≥350。
2. 将研发费用设为用于研发项目的资金数额控制在≤300 000美元。
3. 设 X_1 ＝从奥斯汀发货的金额，X_2 ＝从亚特兰大发货的金额。那么约束条件是 $X_1 + X_2 ≥ 500$。

4. 假设两种成分分别含有20%和33%的氮，那么第一种成分 x 磅和第二种成分 y 磅的混合物中氮的比例表示为 $(0.20 x + 0.33 y)/(x + y)$。如果混合物中的氮含量必须是0.30，那么我们就得到了 $(0.20 x + 0.33y)/(x + y) = 0.3$。注意这个约束实际上是非线性的。不过，我们可以用简单的代数把它转换成线性形式。可以改写为 $0.20 x + 0.33 y = 0.3 (x + y)$，简化为 $-0.1 x + 0.03 y = 0$。

5. 设 I_June ＝6月份可用库存，I_July ＝留存至7月份的库存，P_June ＝6月份的产量。那么约束条件是 $I\_June + P\_June = 150 + I\_July$。

线性优化模型中的约束通常是这些约束的组合。问题数据或问题陈述中的语言线索通常可以帮助你识别适当的约束。在某些情况下，所有的约束可能不会被明确地说明，但是为了使模型能够准确地表示真正的问题，这些约束是必需的。隐式约束的一个例子是决策变量的非负性。

10.2.4　在电子表格上执行线性优化模型

我们将学习如何使用 Excel 工具中的 Solver 来解决优化模型。为了方便使用 Solver 工具，我们建议使用以下电子表格工程指南来设计用于优化问题的电子表格模型：

• *将目标函数系数、约束系数和右侧值以逻辑格式放在电子表格中*。例如，你可以将决策变量分配给列，将约束条件分配给行，就像模型的数学公式一样，并将模型参数输入矩阵中。如果变量比约束条件多得多，那么对变量使用行和对约束条件使用列可能是有意义的。

• *为决策变量的值定义一组单元格（行或列）*。在某些模型中，可能需要定义一个矩阵来表示决策变量。决策变量的名称应该直接列在决策变量单元格的上方。使用阴影或其他格式来区分这些单元格。

• *为目标函数和每个约束函数（约束的左侧）定义单独的单元格*。在这些单元格的正上方使用描述性标签。

示例 10.5　　Sklenka滑雪板的电子表格模型

图 10-1 显示了 SSC 示例的电子表格模型。（Excel 文件 *Sklenka Skis* 已经有了最优解。通常，你将从所有决策变量等于零开始，如图 10-1 所示。）我们运用第 2 章讨论的电子表格工程原理来运行模型。电子表格的数据部分提供了模型的目标函数系数、约束条件系数和右侧值。这些数据应与实际模型分开保存，以便在任何数据发生变化时，模型将自动更新。在模型部分，每个产品的序号在表格 B14 和 C14 中，模型部分进行了约束函数的计算。

3.5 Jordanelle + 4 Deercrest （用于生产的小时数，单元格 D15）

1 Jordanelle + 1.5 deercrest （用于整理的小时数，单元格 D16）

Deercrest − 2 Jordanelle （市场混合，单元格 D19）

以及目标函数，50 Jordanelle + 65 Deercrest （单元格 D22）。

	A	B	C	D
1	Sklenka Skis			
2				
3	Data			
4		Product		
5	Department	Jordanelle	Deercrest	Limitation (hours)
6	Fabrication	3.5	4	84
7	Finishing	1	1.5	21
8				
9	Profit/unit	$ 50.00	$ 65.00	
10				
11				
12	Model			
13		Jordanelle	Deercrest	
14	Quantity Produced	0	0	Hours Used
15	Fabrication	0	0	0
16	Finishing	0	0	0
17				
18				Excess Deercrest
19	Market mixture			0
20				
21				Total Profit
22	Profit Contribution	$ -	$ -	$ -

	A	B	C	D
1	Sklenka Skis			
2				
3	Data			
4		Product		
5	Department	Jordanelle	Deercrest	Limitation (hours)
6	Fabrication	3.5	4	84
7	Finishing	1	1.5	21
8				
9	Profit/unit	50	65	
10				
11				
12	Model			
13		Jordanelle	Deercrest	
14	Quantity Produced	0	0	Hours Used
15	Fabrication	=B6*$B$14	=C6*$C$14	=B15+C15
16	Finishing	=B7*$B$14	=C7*$C$14	=B16+C16
17				
18				Excess Deercrest
19	Market mixture			=C14-2*B14
20				
21				Total Profit
22	Profit Contribution	=B9*$B$14	=C9*$C$14	=B22+C22

图10-1　*Sklenka Skis* 模型电子表格

为了帮助你更清晰地理解数学模型和电子表格模型之间的对应关系，我们将根据电子表格单元格中使用的公式来编写模型：

最大化利润 = D22 = B9*B14+C9*C14

约束限制：

D15 = B6*B14 + C16*C14 ≤ D16 （生产）

D16 = B7*B14 + C7*C14 ≤ D7 （整理）

D19 = C14 − 2*B14 ≥ 0 （市场混合）

B14 ≥ 0， C14 ≥ 0 （非负）

观察约束函数和右侧值是如何存储在电子表格的单元格中的。

在 Excel 中，可以使用 SUMPRODUCT 函数简单地计算项之间的关系。例如，见下面的目标函数：

= B9*B14 + C9*C14 等同于 = SUMPRODUCT（B9：C9，B14：C14）

同样，对于劳动力限制约束，

= B6*B14 + C6*C14 等同于 = SUMPRODUCT（B6：C6，B14：C14）

= B7*B14 + C7*C14 等同于 = SUMPRODUCT（B7：C7，B14：C14）

SUMPRODUCT 函数通常简化了建模过程，特别是当涉及许多变量时。我们应该注意到，我们开发的优化模型可以用于分析的所有阶段——描述性、预测性和规范性。例如，我们可以使用该模型在描述性的环境中评估资源的利润和利用率，以回答"我们现在做什么"，我们可以在一个预测设置中使用该模型来评估预测的成本增加或未来通货膨胀的影响。最后，我们可以问："利用我们当前的资源，我们能做到的最好程度是什么？"通过这种方式，该模型可以作为规范性模型使用。

10.2.5　在线性优化中避免使用 Excel 函数

Excel 中几个常用函数在试图使用 Solver 求解线性规划时会遇到困难，因为它们是不连续的（或"非光滑的"），不满足线性模型的条件。例如：在公式中，如果（A12<45，0，1），当单元格 A12 的值小于 45 时，单元格的值为 0；当单元格 A12 的值大于等于 45 时，单元格的值为 1。在这种情况下，正确的解决方案可能无法确定。要避免的常见 Excel 函数有 ABS、MIN、MAX、INT、ROUND、IF 和 COUNT。虽然这些在使用电子表格的一般建模任务中很有用，但是在线性优化模型中应该避免使用它们。

检验你的学习成果

（1）解释开发线性最优化模型的步骤。

（2）列出在线性优化模型中可能发现的不同类别的约束。

（3）在电子表格上实现线性优化模型时，应该遵循什么指导方针？

10.3　求解线性优化模型

为了解决一个最优问题，我们寻找决策变量的值，使目标函数最大化或最小化，同时满足所有约束条件。任何满足一个问题所有约束条件的解叫作**可行解**。在给定问题的无限可行解中寻找最优解并不是一件容易的事情。一个简单的方法是尝试操作电子表格模型中的决策变量，以找到可能的最优解。然而，对于许多问题，可能很难找到一个可行解，更不用说最优解。你可以尝试使用电子表格模型来找到 Sklenka 滑雪公司问题的最优解。经过一些实验，或许再加上一点运气，你也许能找到最佳解决方案，或者类似的方案。然而，为确保找到最优解，必须采用某种系统化的数学求解方法。幸运的是，Excel 的 Solver 工具恰好提供了此类方法，我们接下来将详细讨论这一功能。

"Solver"（规划求解）是 Excel 内置的一款插件，由 Frontline Systems 公司（官网：www.solver.com）开发，可用于求解多种不同类型的优化问题。在 Excel 的数据选项卡下的分析组中可以找到 Solver。当调用 Solver 时，将出现 Solver 参数对话框。你可以使用此对话框在 Solver 中定义来自电子表格模型的目标、决策变量和约束条件。

示例 10.6　　　　　　　　　**用 Solver 解决 SSC 的问题**

图 10-2 显示了 SSC 示例中已完成的 Solver 参数对话框。在设定的目标字段中定义电子表格 D22 中的目标函数单元。要么输入单元格引用 "D22"，要么点击字段，再点击电子表格中的 D22 单元格，根据需求选择 MAX 或 MIN 按钮。将决策变量（单元格 B14 和 C14）输入 *Changing Variable Cells* 字段，在该字段中单击并在电子表格中拖动选中 B14:C14 单元格区域。

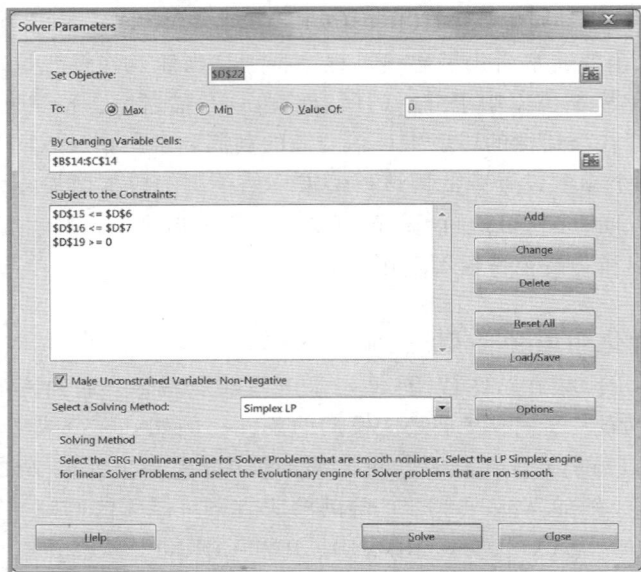

图10-2　Solver 参数对话框

要输入约束条件，请单击"添加"按钮。出现一个新的对话框，添加约束条件（参见图 10-3）。在左侧字段 *Cell Reference* 中，输入包含约束函数的单元格（约束的左侧）。例如，生产约束的约束函数在单元格 D15 中。确保在对话框中间的下拉框中选择了正确的约束类型（≤、≥ 或 =）。其他的选择我们将在下一章讨论。在右侧字段中的 *Constraint* 中输入约束右侧的数值或与之对应的单元格引用。关于生产限制，是 D6 单元格。图 10-3 显示了生产约束的完成对话框。要添加其他约束条件，请单击 *Add* 按钮。

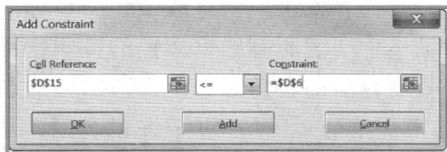

图10-3　添加约束对话框

还可以定义一组约束条件，它们都具有相同的代数形式（all ≤、all ≥ 或 all =），并将它们一起输入。例如，部门资源限制约束在电子表格模型中表示为：

因为这两个约束都是 ≤ 类型，我们可以通过在 *Cell Reference* 字段中输入范围 D15：D16 并在 *Constraint* 字段中输入 D6：D7 来简化输入过程，从而将它们定义为一个组。当所有的约束都被加上时，单击 OK 返回 *Solver Parameters* 对话框。你可以通过单击相应的按钮添加、更改或删除这些约束条件。你不需要明确地输入非负约束条件，使无约束变量为非负。

对于线性优化问题，选择正确的求解方法非常重要。标准的 Excel 规划提供了三种解决方法：

（1）广义既约梯度非线性算法（GRG Nonlinear）——用于求解非线性优化问题

（2）单纯形线性规划算法（Simplex LP）——用于求解线性及线性整数优化问题

（3）演化（Evolutionary）算法——用于求解复杂的非线性及非线性整数优化问题

在标记域中选择求解方法，选择 *Simplex LP*。然后点击 *Solve* 按钮来解决问题。将出现 *Solver Results* 对话框，如图 10-4 所示，消息为 "Solver found a solution"，如果找不到解决方案，Solver 将通知你。这通常意味着你的模型中出现了错误，或者你包含了无法满足的冲突性约束。在这种情况下，需要重新检查模型的内容。

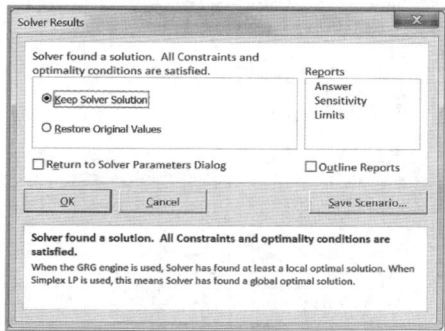

图10-4　Solver 结果对话框

Solver 工具将生成三个报告，如图 10-4 所示：答案报告、敏感性报告和极限值报告。要将它们添加到你的 Excel 工作簿中，请单击所需的选项，然后单击确定。不要选中框 *Outline Reports*；这是 Excel 的一项功能，可生成"分级显示"格式的报告。按 OK 键后，Solver 工具将用最优解替换电子表格中当前决策变量和目标函数的值。对于 SSC 的问题，最高利润是 945 美元，每天生产 5.25 副 Jordanelle 滑雪板和 10.5 副 Deercrest 滑雪板（请记住，线性模型允许决策变量有小数值）。在设置好 Solver 模型后保存电子表格时，该模型将同步保存。

10.3.1　Solver答案报告

规划求解答案报告提供解的基本信息，包括目标函数原始值与最优值（显示于 *Objective Cell* 区域）和决策变量取值（显示于 *Decision Variable Cells* 区域）。在 *Constraints* 区域中，*Cell Value* 值表示采用决策变量最优值时的约束函数值。*Status* 列标注各约束条件为"紧约束"或"非紧约束"。**紧约束**是约束条件的 *Cell Value* 值等于其右侧设定值的约束。*松弛量*（*Slack*）表示最优解下约束条件左右两侧值的差值。敏感性报告与极限报告将在第 12 章讨论。

示例10.7   **解读 SSC 的答案报告**

关于 SSC 问题的 Solver 答案报告如图 10-5 所示。*Objective Cell* 提供了目标函数的最优解 945 美元。*Decision Variable Cells* 列出了决策变量的最优解：5.25 副 Jordanelle 滑雪板和 10.5 副 Deercrest 滑雪板。在约束条件部分，单元格值表明，我们在生产部门用了 60.375 小时，在整理部门用了 21 小时，生产了 5.25 副 Jordanelle 滑雪板和 10.5 副 Deercrest 滑雪板。你可以通过电子表格模型中"公式"列轻松识别各约束条件。从 *Status* 列，我们看到生产的约束条件为非紧约束，虽然整理和市场混合的约束条件是紧约束。这意味着在生产过程中没有使用剩余的时间；这个值在 *Slack* 列中显示为 23.625 小时。而在整理阶段，我们使用了所有可用的时间；因此，*Slack* 值为零。因为我们生产的 Deercrest 滑雪板是 Jordanelle 滑雪板的整 2 倍，市场混合约束条件是紧约束。如果我们生产的 Deercrest 滑雪板数量是 Jordanelle 的 2 倍以上，那就不会有紧约束了。

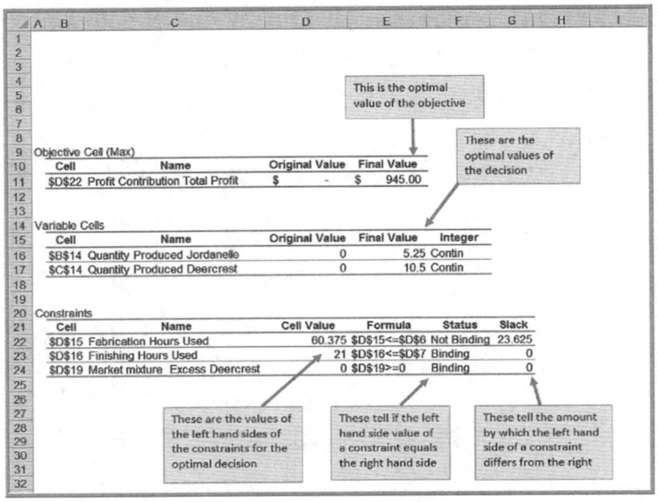

图10-5　Solver 答案报告

为了更好地理解松弛值，检查生产限制：

3.5 Jordanelle + 4 Deercrest ≤ 84

我们认为：

生产时间 ≤ 可用时间

注意，如果使用的数量严格少于可用数量，有闲置，则表示有未使用的数量；因此，

生产时间 + 未使用时间 = 可用小时数，或

松弛时间 = 未使用的小时数

$$= 可用的小时数 - 使用的装配小时数$$

$$= 84 - (3.5 \times 5.25 + 4 \times 10.5) = 23.625$$

松弛变量总是非负的，因此对于 ≥ 约束条件，松弛表示约束函数的左侧和需求的右侧之间的差异。紧约束的松弛变量总是为零。

10.3.2　双变量线性优化的图形解析

对于含有两个决策变量的优化问题，我们可以通过图形方式直观展示。这种图形方式可以帮助你更好地理解线性优化模型的特质并准确解读 Solver 的输出结果。回想一下，可行的解决方案是满足所有约束的决策变量的一组值。线性规划一般有无限个可行解。我们首先刻画可行解的集合，通常称为**可行域**。我们使用 SSC 模型来说明这个图形化的方法：

$$总利润最大化 = 50\ \text{Jordanelle} + 65\ \text{Deercrest}$$
$$3.5\ \text{Jordanelle} + 4\ \text{Deercrest} \leqslant 84$$
$$1\ \text{Jordanelle} + 1.5\ \text{Deercrest} \leqslant 21$$
$$\text{Deercrest} - 2\ \text{Jordanelle} \geqslant 0$$
$$\text{Deercrest} \geqslant 0$$
$$\text{Jordanelle} \geqslant 0$$

对于只有两个决策变量 x_1 和 x_2 的问题，我们可以在一个二维坐标系上画出可行域。让我们首先考虑线性优化模型中最简单的约束条件，即决策变量必须是非负的。这些限制是 $x_1 \geqslant 0$ 和 $x_2 \geqslant 0$。约束 $x_1 \geqslant 0$ 对应于 x_2 轴上或者右边的所有点；约束 $x_2 \geqslant 0$ 对应于 x_1 轴上或以上的所有点（参见图 10-6，其中 $x_1 = \text{Jordanelle}$ 和 $x_2 = \text{Deercrest}$）。总之，这些非负性限制意味着任何可行的解决方案必须限制于坐标系的第一（右上）象限。这对于解决 SSC 公司的问题是可行的。

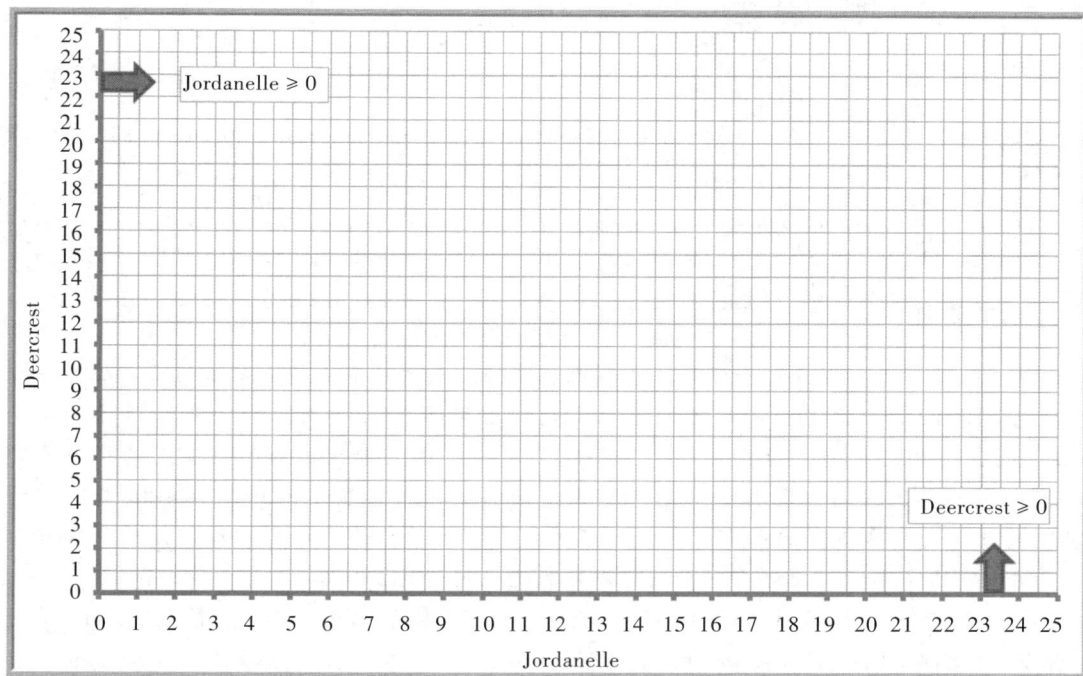

图10-6 满足非负约束条件的可行点

读者可能对二维方程非常熟悉，它定义了直线上的点。不等式约束将坐标系分成两个区域：一个是满足不等式的点集，另一个是不满足不等式的点集。在二维空间中，等式约束只是一条直线。要在二维空间中绘制一条直线，我们需要找到直线上的两个点。只要右侧项不是零，最容易找到的两个点是 x_1 和 x_2 的截距（直线与 x_1 和 x_2 交叉的点）。要找到 x_2 的截距，设 $x_1 = 0$ 并求出 x_2。同样，要找到 x_1 的截距，设 $x_2 = 0$，然后求出 x_1。

示例10.8   **绘制 SSC 公司问题中的约束条件**

    该公司的约束条件是 3.5 Jordanelle + 4 Deercrest ≤ 84。当一个约束以不等式（即≤或≥类型）的形式出现时，我们首先用一个等号代替不等号来绘制直线的方程。因此，我们给出了方程 3.5 Jordanelle + 4 Deercrest = 84。如果我们设 Jordanelle = 0，那么求解 Deercrest 方程得到 Deercrest = 21。同样，如果我们设 Deercrest = 0，我们会发现 Jordanelle = 24。这给出了坐标系上的两个点（0，21）和（24，0），并定义了直线的方程，如图10-7所示。

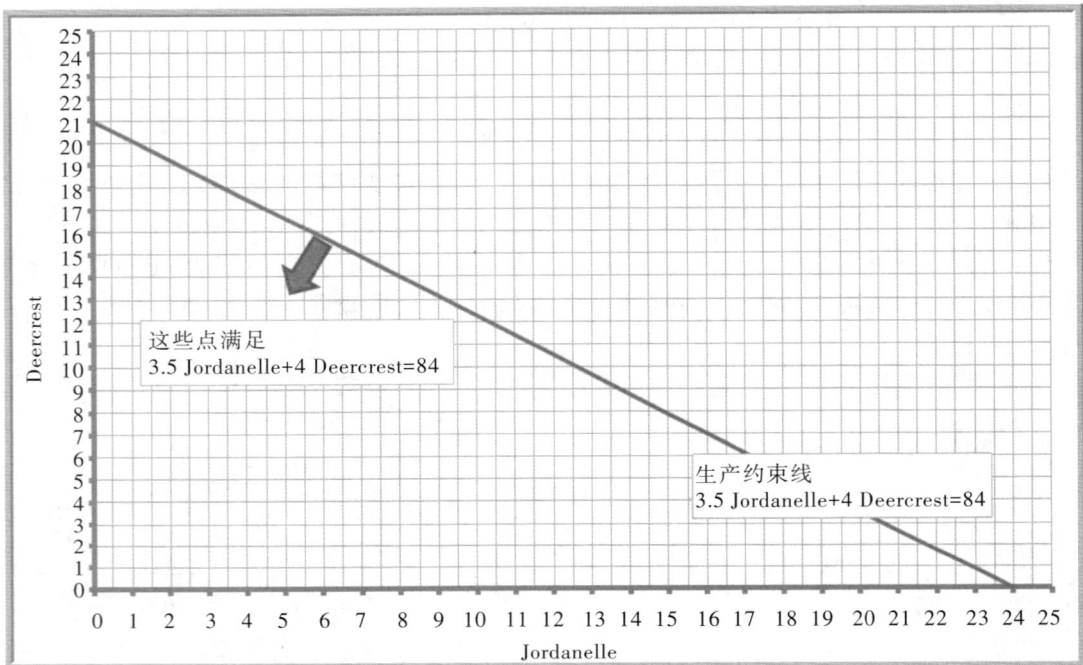

图10-7   生产约束线图

    然而，实际的约束是一个不等式，因此，直线一侧的所有点将满足该约束，但另一侧的点将不满足。要确定正确的方向，只需选择线路上任何一点，最容易选择的是原点（0，0），并确定该点是否满足约束条件。如果是，那么直线该侧的所有点均将满足约束；如果不是，那么线的另一侧的所有点必须满足约束。显然，3.5×0 + 4×0= 0，小于84；因此，约束线以下的所有点都满足不等式。用数学术语来说，直线一侧的点集称为半空间。在这个半空间中只有一个点可以作为优化模型的潜在解。

    整理约束 1 Jordanelle + 1.5 Deercrest ≤ 21，我们遵循同样的程序。设 Jordanelle = 0，求解 Deercrest = 14；设 Deercrest = 0，求解 Jordanelle = 21。再次选择原点，验证直线以下的所有点都满足不等式约束。如图10-8所示。

    第三个限制是市场混合的限制：Deercrest-2 Jordanelle ≥ 0。如果我们将方程 Deercrest - 2 Jordanelle = 0 中的每个变量设为 0，然后解出另一个变量，每次都会得到（0，0），因为直线方程通过原点。当这种情况发生时，我们需要为其中一个变量选择一个不同的值，以标识线上的第二个点。例如，如果我们设 Jordanelle = 5，那么 Deercrest = 10。现在有两个点（0，0）和（5，10），可以用它们来绘制方程（见图10-9）。但是，由于直线经过原点，我们不能用原点（（0，0）来确定正确的半空间。相反，选择任何其他点，不在线上。

例如，如果我们选择点（2，10），在线的左侧，我们看到 deercrest-2 Jordanelle = 10 - 2×2 = 6，大于 0，因此，线的左侧所有点都满足不等式约束。如果我们选择右边的一个点，比如说（5，2），会发现 Deercrest - 2 Jordanelle = 2-2×5 = -8，小于 0，不满足不等式。

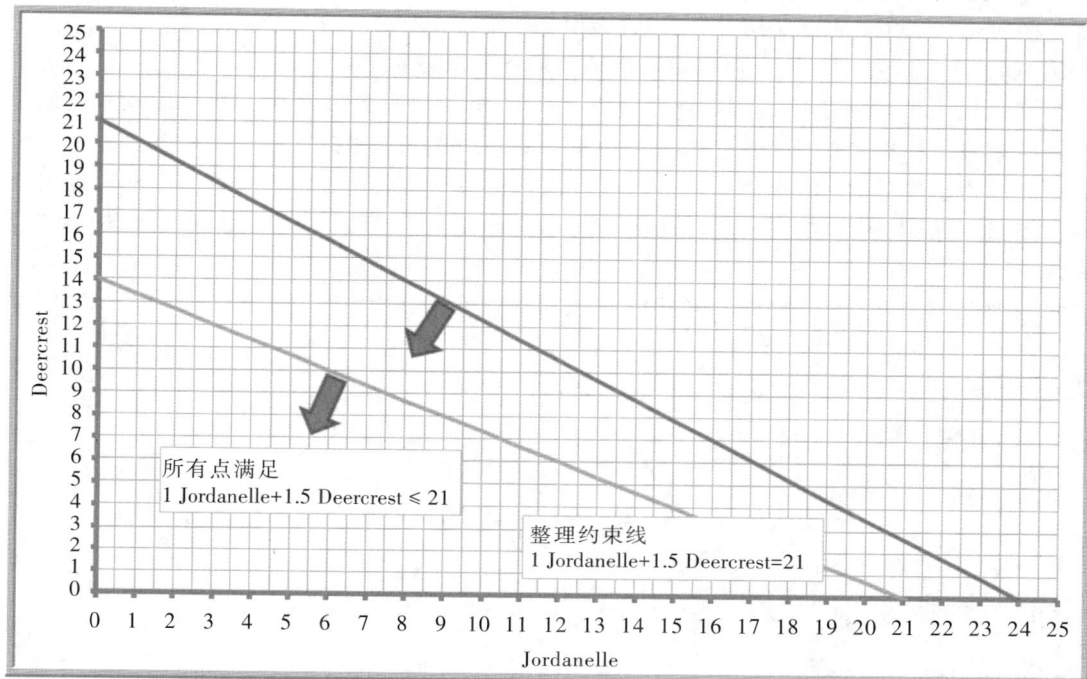

图10-8　整理约束线图

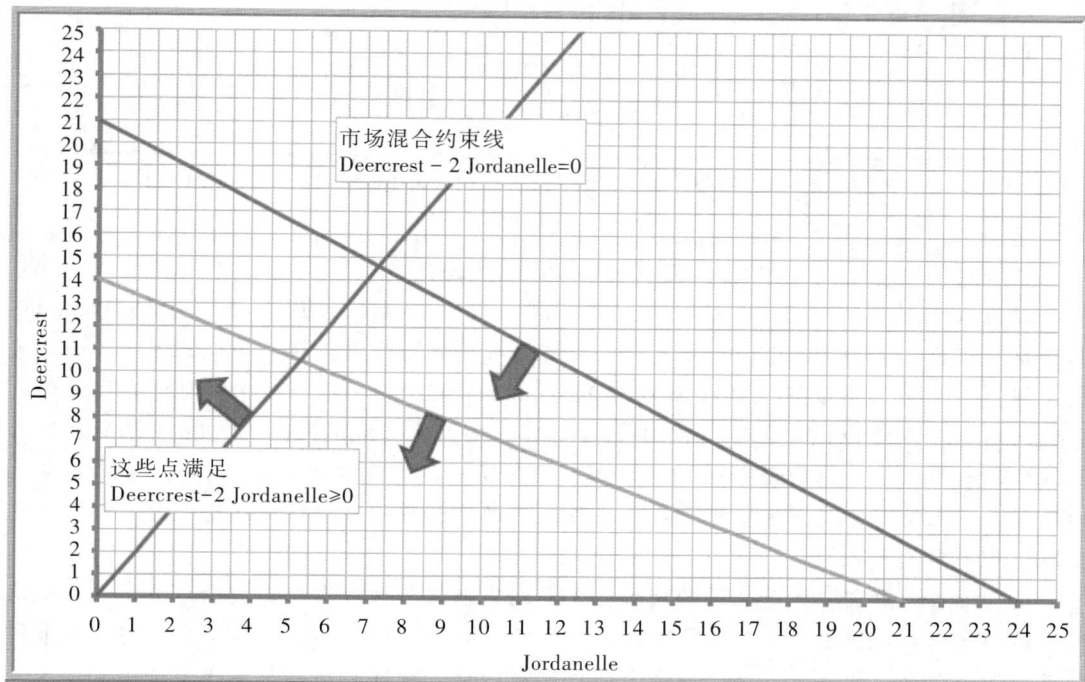

图10-9　市场混合约束线图

在绘制了每个约束线后，我们确定了可行区域。对于线性优化问题，可行域是由直线界定的几何形状。约束线沿可行域相交的点称为**角点**。线性优化模型的一个重要性质是，如果存在一个最优解，那么它将发生在一个角点。这一特性使得最优解的识别变得直观简便，同时也构成了Solver所用计算方法的理论基础。

示例10.9　　　　　　　　　**确定可行域和最优解决方案**

可行域是同时满足所有约束条件的点集合。从图10-9我们看到，可行区域必须低于生产约束线，低于整理约束线，至左侧的市场混合约束线，当然，处于由非负约束定义的第一象限内，即图10-10中的三角形区域。注意，每个满足整理约束条件的点也满足生产约束条件。在这种情况下，我们说生产约束是一个冗余约束，因为它根本不影响可行区域。

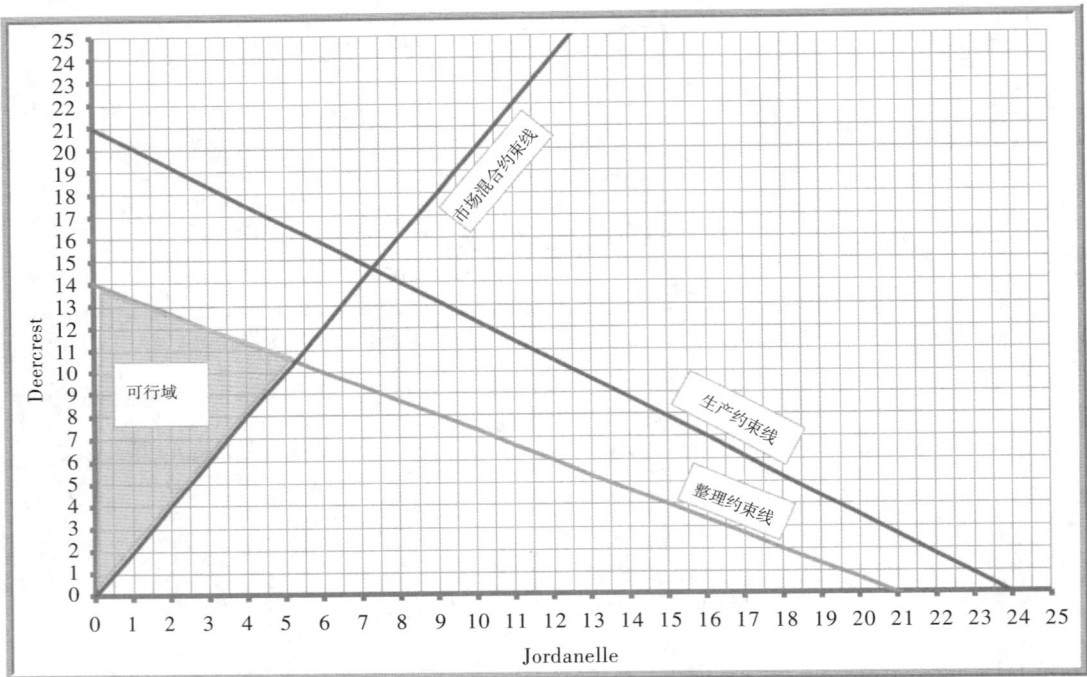

图10-10　　确定可行区域

因为我们的目标是利润最大化，所以应寻找目标函数的最大值，总利润=50 Jordanelle + 65 Deercrest。注意，如果我们将目标函数设置为任意数值，我们就定义了一条直线。例如，如果我们设置生产组合为50 Jordanelle + 65 Deercrest = 600，则该直线上任意点对应的总利润均为600美元。图10-11显示了600美元、800美元和1 000美元的利润目标函数的虚线图。注意，随着利润的增加，目标函数图向上移动。然而，对于1 000美元的利润，线上没有任何点通过可行域。根据这个数字，我们可以得出结论，最大利润一定在800~1 000美元之间。

我们还可以看到，随着利润的增加，等利润线在可行区域内最后接触的边界点为三角形右侧的角点，即图10-11中圆圈标的位置。该点必然为最优解。这个角点是整理约束线和市场混合约束线的交点。通过联立求解这两个约束方程即可获得其精确坐标值。

1 Jordanelle +1.5 Deercrest = 21

Deercrest−2 Jordanelle = 0

从第二个方程，我们有 Deercrest = 2 Jordanelle；把这个代入第一个方程，我们得到：

1 Jordanelle + 1.5×2 Jordanelle = 21

4 Jordanelle = 21

Jordanelle = 5.25

然后，Deercrest = 2 ×5.25 = 10.5。这正是 Solver 提供的解决方案。

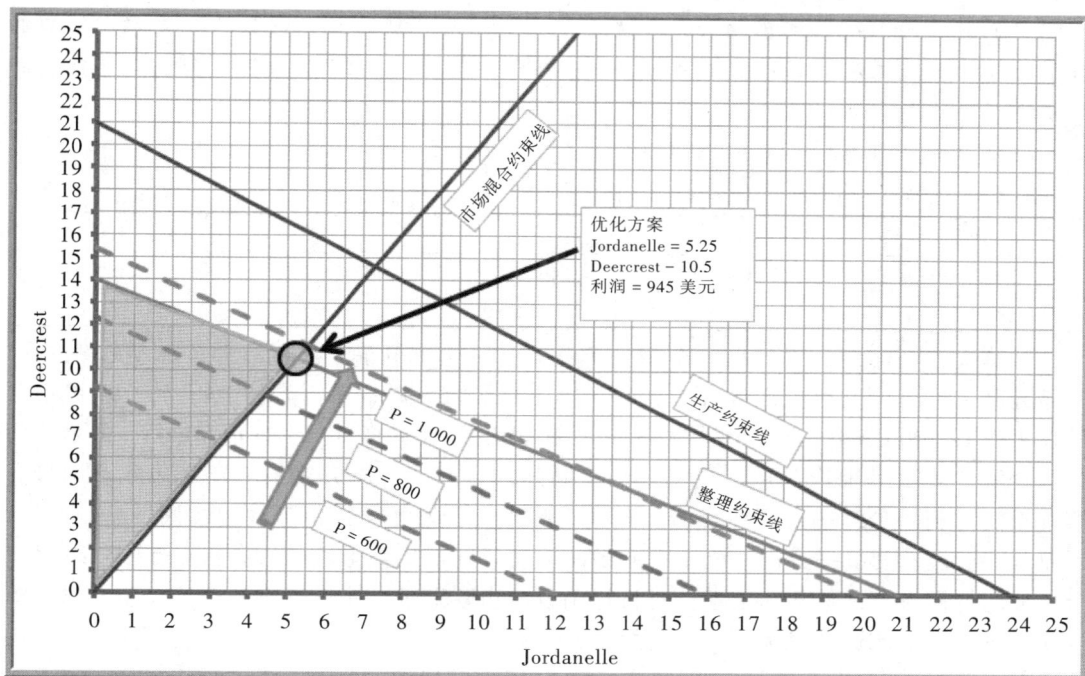

图10-11　求出最优解

将 SSC 问题解决方案的图形解析与图 10-5 中的 Solver 答案报告进行比较。注意，Solver 报告说两个整理约束和市场混合约束都是紧约束。从图表上看，这意味着这些约束在最优解处相交。然而，生产约束为非紧约束，并且因为它不与最优解相交而具有松弛的正值。松弛值可以解释为从最佳角点到非紧约束边界的距离度量。

检验你的学习成果

（1）什么是可行解？

（2）解释如何使用Solver解决电子表格上的线性优化模型。

（3）Solver 答案报告提供了什么信息？

（4）解释如何图形化可视化线性优化模型的两个变量。

10.4　如何开展工作

Solver使用了一种叫作*单纯形法*的数学算法，这种算法是由已故的乔治·丹齐格（George Dantzig）博士在1947年提出的。单纯形法通过求解线性方程组从代数上表征可行解。它系统地从一个角点移动到另一个角点，以改进目标函数，直到找到最优解（或直到问题被认为是不可行或无界的）。由于约束条件和目标函数的线性关系，保证了单纯形法在存在最优解的情况下能够快速有效地找到最优解。为了对 Solver 的逻辑获得一些直觉，考虑下面的例子。

示例 10.10　　　　　　　　**Crebo 制造公司的生产**

Crebo 制造公司生产四种结构支撑配件，即插头、导轨、铆钉和夹子，在两个数控加工中心上进行加工。加工中心的年加工能力为每年 28 万分钟。单位毛利和机加工要求见下表。为了使毛利率最大化，每种产品应该生产多少？

为了形成一个线性优化模型，设 X_1、X_2、X_3 和 X_4 分别为生产的插头、导轨、铆钉和夹子的数量。问题是：毛利最大值$=0.3X_1 + 1.3X_2 + 0.75X_3 + 1.2X_4$，则受限制的加工能力和变量的非负性影响是：

$$1X_1 + 2.5X_2 + 1.5X_3 + 2X_4 \leqslant 280\,000$$

$$X_1, \quad X_2, \quad X_3, \quad X_4 \geqslant 0$$

产品	插头	导轨	铆钉	夹子
毛利率/单位	0.30美元	1.30美元	0.75美元	1.20美元
分钟/单位	1	2.5	1.5	2

要解决这个问题，你的第一个想法可能是选择边际利润最高的变量。因为 X_2 的边际利润最高，你可以试着生产尽可能多的导轨产品。因为每条导轨需要 2.5 分钟，所以最多可以生产 112 000 条导轨（280 000/2.5），总利润为 145 600 美元（1.3×112 000）。但是，请注意每条导轨比其他产品用了更多的加工时间。最好的解决方案不一定是边际利润最高的，而是总利润最高的。因此，通过调整生产比例，增加单位边际利润较低产品的产量，反而可能实现总利润提升——这正是问题的关键所在。单纯形法的核心机制在于：针对每个决策变量，系统评估各约束条件对目标函数的边际贡献。对于只有一个约束条件的简单情况，只需简单地选择目标系数与约束系数之比最大的变量，即可得到最优（最大）解。

示例 10.11　　　　　　　　**解决 Crebo 公司生产模型**

在 Excel 文件 *Crebo Manufacturing Model* 中，如图 10-12 中第 6 行所示，计算单位产品毛利率与单位产品加工产能占用分钟数的比率。该比率可以理解为每消耗一单位资源所产生的边际利润。比例最高的是夹子。如果我们生产最多数量的夹子 140 000 个（280 000/2），总利润是 168 000 美元（1.20×140 000）。数学式变得越来越复杂，约束条件越来越多，需要多次迭代来系统地改进方案。

	A	B	C	D	E	F
1	Crebo Manufacturing Model					
2						
3	Product	Plugs (X1)	Rails (X2)	Rivets (X3)	Clips (X4)	Machine Capacity
4	Gross margin/unit	$0.30	$1.30	$0.75	$1.20	
5	Minutes/unit	1	2.5	1.5	2	280,000
6	Gross margin/minute	$0.30	$0.52	$0.50	$0.60	
7	Maximum production	280,000.00	112,000.00	186,666.67	140,000.00	
8	Profit	$84,000	$145,600	$140,000	$168,000	

图10-12　*Crebo Manufacturing Model* 分析

如果我们把类似的逻辑应用到 SSC 问题上，我们首先会想生产尽可能多的 Deercrest 滑雪板，因为它们的利润贡献最大。因此，例如，如果我们这样做，我们发现约束将我们限制在 21（84/4，来自生产约束）或 14（21/1.5，来自整理约束）的最小值。请注意，生产 14 副 Deercrest 滑雪板也满足市场混合约束条件。总利润是 910 美元（65×14）。

然而，请注意，生产 Deercrest 比 Jordanelle 多花 50% 的时间，所以 Deercrest 每个整理工时的利润贡献只有 43.33 美元（65/1.5）。相对而言，生产 Jordanelle 滑雪板更有利可图。因此，举个例子，如果我们生产 1 副 Jordanelle 滑雪板，我们可以生产 13.33 副 Deercrest 滑雪板（20/1.5），总利润为 916.67 美元（50×1+65×13.33），增加 6.67 美元。同样，如果我们生产 2 副 Jordanelle 滑雪板，我们可以生产 12.67 副 Deercrest 滑雪板，总利润 923.33 美元。如果我们继续生产更多的 Jordanelle 滑雪板，利润会继续增加，但是 Jordanelle 和 Deercrest 的比例也会变大，最终我们会违反市场混合约束条件。当生产 5.25 副以上的 Jordanelle 滑雪板时，就会发生这种情况。在这一点上，我们有最大的利润。

当然，对于涉及许多约束的问题，很难应用这样的直觉逻辑。单纯形法允许在合理的计算时间内解决许多涉及数千甚至数百万变量的实际业务问题，并且是我们在下一章中描述的涉及整数变量的高级优化算法的基础。

Solver 是如何在报告中创建名称的

电子表格模型的设计方式将直接影响 Solver 在输出报告中生成的命名规则。欠佳的表格设计可能导致答案报告及其他 Solver 报告难以解读，甚至引发理解偏差。因此，掌握规范的建模方法至关重要。

Solver 答案报告及其他 Solver 报告的可读性直接受此影响。因此，掌握正确的建模方法至关重要。Solver 通过以下规则为目标单元格、可变单元格、约束函数单元格命名，即取单元格左侧首个文本与上方首个文本的组合。例如，在图 10-1 中的 SSC 模型中，目标单元格是 D22。D22 左侧第一个包含文本的单元格是 A22 中的"利润贡献"，而 D22 上方第一个包含文本的单元格是 D21 中的"总利润"。将这些文本字符串连接起来就形成了目标单元格名称"利润贡献总利润"，该名称可以在 Solver 报告中找到。约束函数的计算位于 D15 和 D16 单元格。请注意它们在报告中的名称是"已使用的生产时间"和"已使用的整理时间"。同样地，B14 和 C14 中的可变单元格分别被命名为"Jordanelle 生产数量"和"Deercrest 生产数量"，这些名字很容易解释答案报告和敏感性报告中的信息。本书鼓励你仔细检查模型中的每个目标单元格，更改可变单元格和约束函数单元格，以便正确建立报告名称。

检验你的学习成果

（1）用 Solver 解释"单纯形法"背后的直觉思想。

（2）Solver 如何在报告中创建范围名称？

10.5　解决结果和解决方案信息

求解一个线性优化模型可以得到 4 种可能的结果：

（1）唯一的最优解

（2）多重最优解（替代最优解）

（3）无界解

（4）无可行解

10.5.1　唯一的最优解

当一个模型有**唯一的最优解**时，这意味着只有一个解会满足最大（或最小）目标。

SSC 模式的解决方案是独一无二的，除了生产 5.25 副 Jordanelle 滑雪板和 10.5 副 Deercrest 滑雪板，没有其他解决方案，这样可以获得最高 945 美元的利润。我们可以在图 10–11 中看到这个图形，因为在目标函数线上有唯一的角点，恰好落在利润的最优值处。

10.5.2 多重最优解（替代最优解）

如果一个模型有多个最优解，则通过多个决策变量的组合使目标最大化（或最小化），所有这些决策变量的目标函数值相同。Solver 不会告诉你何时存在替代解决方案，而只报告众多可能的替代最优解中的一个。但是，你可以使用敏感性报告信息来确定是否存在替代最优解。当任何可变单元格的"允许增量"或"允许减量"值为零时，即存在多重最优解，尽管 Solver 并未提供直接方法来识别这些解。

示例 10.12 **具有替代最优解的模型**

为了说明一个具有替代最优解的模型，假设我们将 SSC 模型的目标函数改为 MAX 50 Jordanelle + 75 Deercrest。图 10–13 显示了使用 Solver 获得的解决方案，0 副 Jordanelle 滑雪板和 14 副 Deercrest 滑雪板，获利 1 050 美元。然而，请注意原始的最优解也具有相同的目标函数值：利润=50 美元×5.25 + 75 美元×10.5=1 050 美元。

	A	B	C	D
1	Sklenka Skis			
2				
3	Data			
4			Product	
5	Department	Jordanelle	Deercrest	Limitation (hours)
6	Fabrication	3.5	4	84
7	Finishing	1	1.5	21
8				
9	Profit/unit	$ 50.00	$ 75.00	
10				
11				
12	Model			
13		Jordanelle	Deercrest	
14	Quantity Produced	0	14	Hours Used
15	Fabrication	0	56	56
16	Finishing	0	21	21
17				
18				Excess Deercrest
19	Market mixture			14
20				
21				Total Profit
22	Profit Contribution	$ -	$1,050.00	$ 1,050.00

图10-13 一个解决SSC问题的方案

这可以在图 10–14 中看到，新的目标函数线与整理约束线平行。因此，随着利润增加，可以观察到等利润线必定会停止于由整理约束所定义的可行域顶部边界。图中被圆圈标记的两个顶点均为最优解，连接这两个顶点的线段上的任意点也同样是最优解。因此，当存在多重最优解时，实际上会存在无限多个解；不过，要识别这些解（除了通过图示法外）需要进行一些高级分析。

10.5.3 无界解

当目标函数值可以在不违反任何约束条件的情况下无限增大（对于最大化问题趋向正无穷）或无限减小（对于最小化问题趋向负无穷）时，该解即为**无界解**。这种情况通常表明模型存在错误，往往是由于遗漏了某些关键约束条件所致。

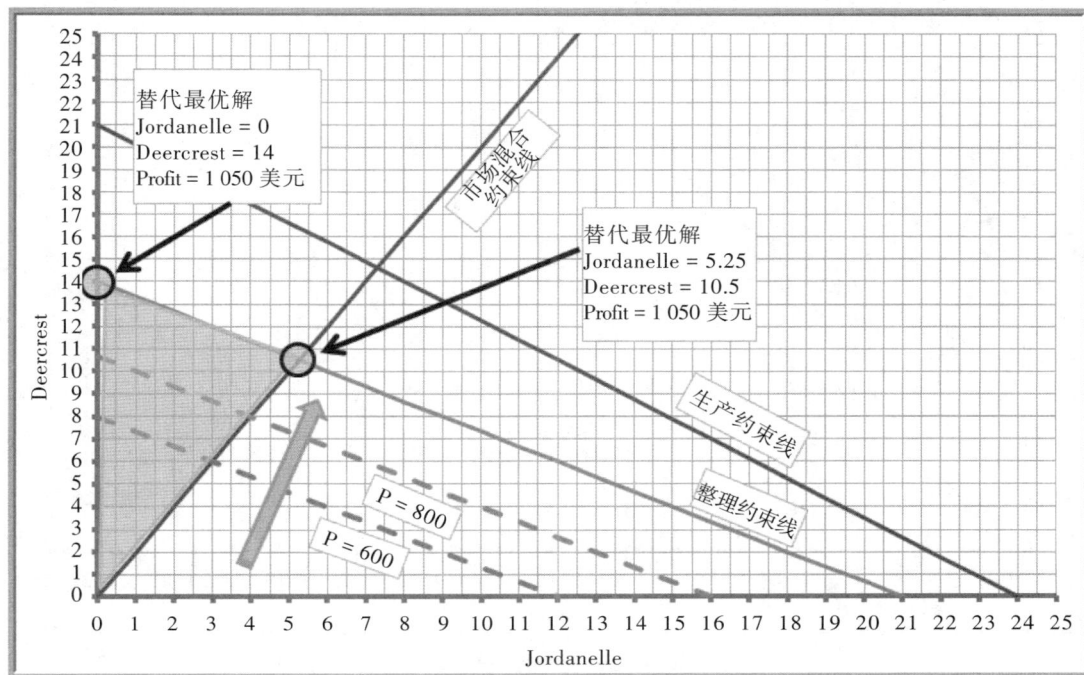

图10-14 替代最优解图

示例 10.13
一种无边界的模型

假设我们要求解 SSC 模型，没有生产和整理的约束：

总收益最大化 = 50 Jordanelle + 65 Deercrest

Deercrest − 2 Jordanelle ≥ 0

Deercrest ≥ 0

Jordanelle ≥ 0

图 10-15 显示了 *Solver Results* 对话框；消息"目标值不收敛"表明解决方案是无界的。在图 10-16 中可以很容易地看出这一点。在没有生产和整理约束的情况下，可行域在阴影三角形区域内向上延伸，没有限制。随着利润值的增加，目标函数可以不受边界线限制而无限增大。但需要强调的是，即便可行域无界，只要利润线朝向不同方向移动，该问题仍可能存在有限的最优解。

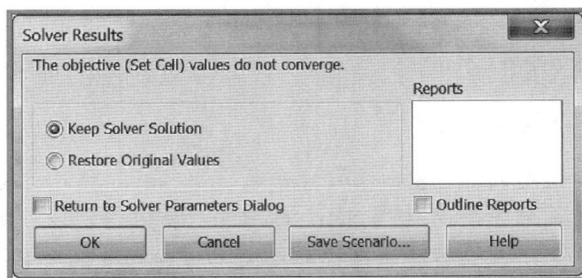

图10-15 求解无界问题的 *Solver Result* 对话框

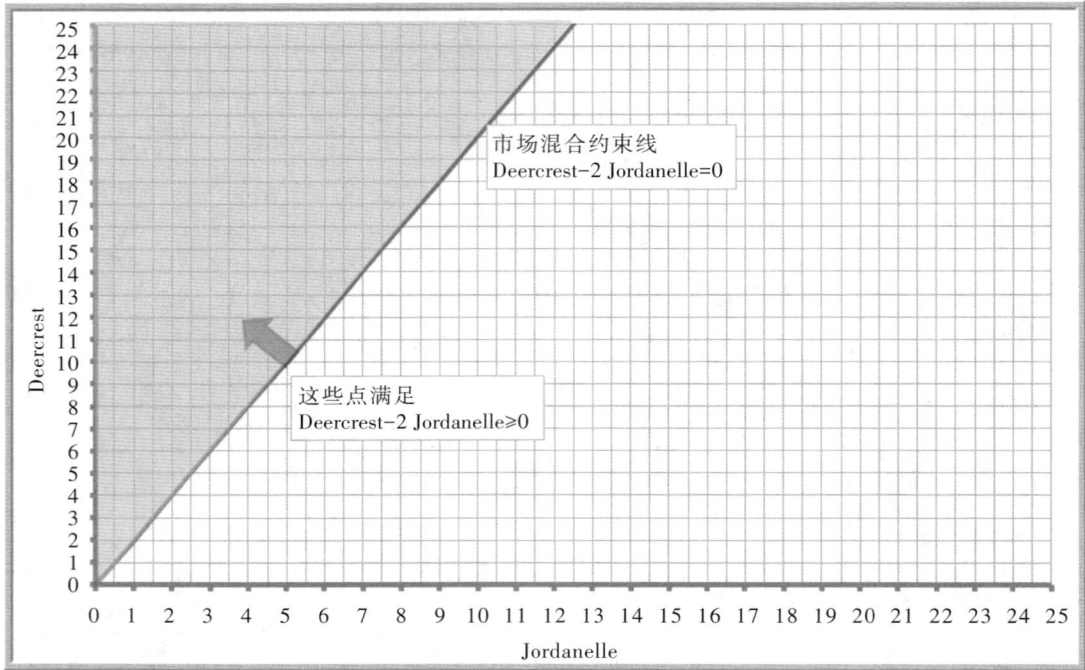

图10-16　一种无界可行域

10.5.4　无可行解

最后，**无可行解**问题是不存在可行解的问题，即没有同时满足所有约束的解的问题。当问题无可行解时，Solver会报告"Solver找不到可行解"。无可行解的问题可能会在实践中出现。例如，当问题的要求高于现有能力时，或者当不同部门的管理人员有相互冲突的要求或限制时。在这种情况下，模型必须重新检查和修改。有时候无可行解，或者出现无界解，仅仅是小数点放错了地方，一个不正确的不等号，或者模型或者电子表格运行中出现的其他错误，所以应该进行准确性检查。

示例10.14　　　　　　　　　　　　　　　**一种无可行解模型**

假设SSC问题的建模者错误地颠倒了生产约束的不等式符号：

总收益最大化 = 50 Jordanelle + 65 Deercrest

3.5 Jordanelle + 4 Deercrest ≥ 84

1 Jordanelle + 1.5 Deercrest ≤ 21

1 Deercrest − 2 Jordanelle ≥ 0

Deercrest ≥ 0

Jordanelle ≥ 0

图10-17显示了此模型的 *Solver Results* 对话框。当Solver提示"Solver找不到可行解"的消息时，我们就知道问题无可行解。图10-18显示了发生了什么。满足错误生产约束条件的点位于该约束线上方，且与符合市场混合约束和整理约束的可行点未相交。

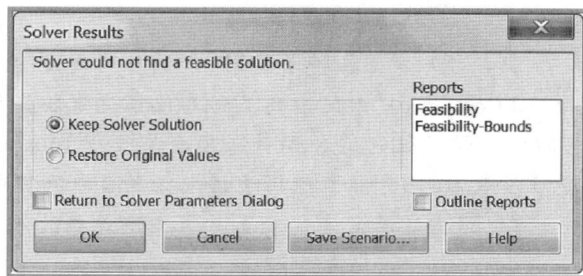

图10-17　无可行解的 *Solver Results* 对话框

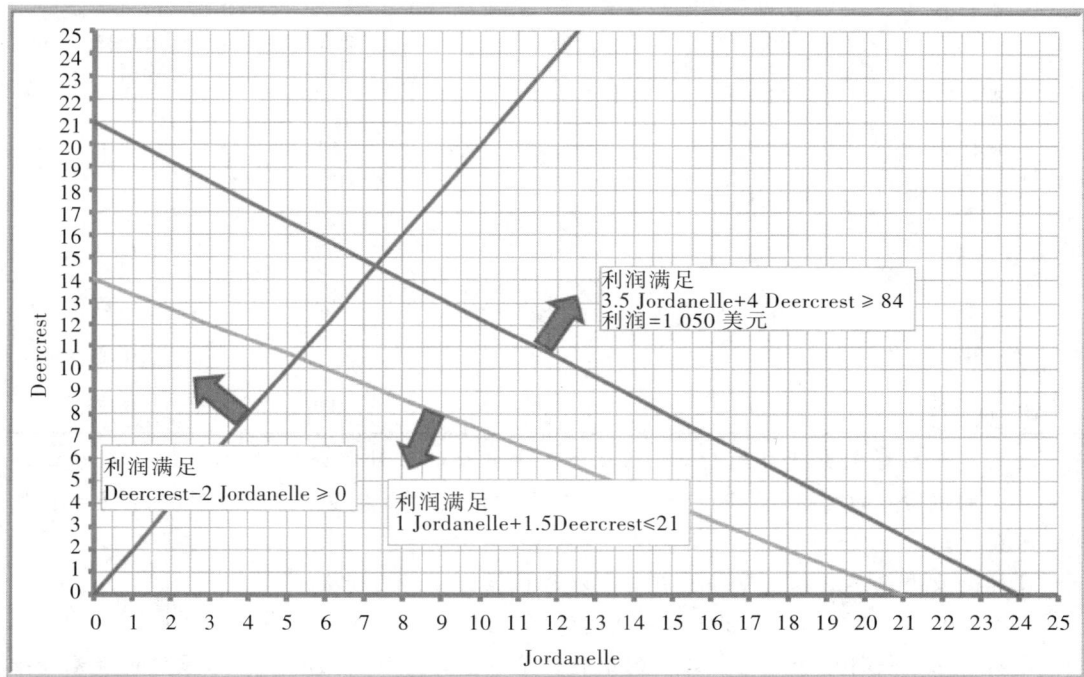

利润满足
3.5 Jordanelle+4 Deercrest ≥ 84
利润=1 050 美元

利润满足
Deercrest-2 Jordanelle ≥ 0

利润满足
1 Jordanelle+1.5Deercrest≤21

图10-18　无可行解的图示

检验你的学习成果

（1）描述在求解一个线性优化模型后可能出现的4个结果。

（2）当问题无界或无可行解时，Solver 会提供哪些提示信息？

10.6　线性优化模型的应用

建立最优模型更像是一门艺术而非科学，因为针对同一个问题往往存在多种建模方法。掌握优化模型的构建技巧不仅需要逻辑思维，还可以通过研究不同模型的案例并观察其特性来提升。在本节中，我们将展示其他类型的线性优化模型示例，并探讨在模型构建、电子表格实现以及结果解读过程中可能遇到的特殊问题。

10.6.1　混合模型

混合问题涉及将几种具有不同特性的原料混合，使产品达到一定的规格要求。饮食计划、汽油和炼油、煤和肥料生产，以及许多其他类型的大宗商品的生产涉及混合。我们通常在混合模型中看到比例约束。

示例 10.15　　　　　　　　　BG 种子公司

BG 种子公司（BG Seed Company）专门为鸟类和其他家庭宠物提供食品。在开发新型鸟类饲料配方时，公司的营养学家规定这种饲料必须含有至少 13% 的蛋白质和 15% 的脂肪以及不超过 14% 的纤维。表 10-2 列出了可用于该配方的 8 种原料中各类营养成分的百分比含量及每磅成本。如何配制出既满足既定营养要求又使成本最低的混合饲料？

表10-2　　　　　　　　　　　　鸟食营养数据

成分	蛋白质（%）	脂肪（%）	纤维（%）	成本（美元/磅）
葵花籽	16.9	26.0	29.0	0.22
白高粱米	12.0	4.1	8.3	0.19
玉米	8.5	3.8	2.7	0.10
燕麦	15.4	6.6	2.4	0.10
玉米糁	8.5	3.8	2.7	0.07
小麦	12.0	1.7	2.3	0.05
红花籽	18.0	17.9	28.8	0.26
金丝雀草籽	11.9	4.0	10.9	0.11

决策是指在给定数量（如 1 磅）的混合物中包含的每种成分的数量。设 $x_i = 1$ 磅混合物中包含的成分 1 的磅数，$i = 1，\cdots，8$。以这种方式设立变量可以使解决方案易于扩展到任何数量。

目标是最小化总成本，即每磅成本乘以每种原料使用的磅数：

最小化 $0.22X_1 + 0.19X_2 + 0.10X_3 + 0.10X_4 + 0.07X_5 + 0.05X_6 + 0.26X_7 + 0.11X_8$

为确保混合饲料中含有适当比例的配料，应注意每种配料的磅数乘以该配料（无纤维量）所含营养素的百分比，即表示所提供的营养素磅数。例如，向葵花籽含有 16.9% 的蛋白质，所以 $0.169X_1$ 代表 X_1 磅葵花籽的蛋白质含量。因此，所有成分提供的蛋白质总量为：

$$0.169X_1 + 0.12X_2 + 0.085X_3 + 0.154X_4 + 0.085X_5 + 0.12X_6 + 0.18X_7 + 0.119X_8$$

因为混合在一起的成分的总重量等于 $X_1 + X_2 + X_3 + X_4 + X_5 + X_6 + X_7 + X_8$，蛋白质在混合物中的比例是：

$$\frac{(0.169X_1 + 0.12X_2 + 0.085X_3 + 0.154X_4 + 0.085X_5 + 0.12X_6 + 0.18X_7 + 0.119X_8)}{X_1 + X_2 + X_3 + X_4 + X_5 + X_6 + X_7 + X_8}$$

这个比例必须至少是 0.13，并且可以像示例 10.4 所讨论的那样反转为线性形式。然而，我们希望确定在 1 磅混合物包含的最佳配料数量，因此，我们添加了约束条件：

$$X_1 + X_2 + X_3 + X_4 + X_5 + X_6 + X_7 + X_8 = 1$$

现在我们可以用 1 代替蛋白质比例中的分母，简化约束条件：

$$0.169X_1 + 0.12X_2 + 0.085X_3 + 0.154X_4 + 0.085X_5 + 0.12X_6 + 0.18X_7 + 0.119X_8 \geq 0.13$$

这保证了至少 13% 的混合物是蛋白质。同样，对脂肪和纤维的限制是：

$0.26X_1 + 0.041X_2 + 0.038X_3 + 0.063X_4 + 0.038X_5 + 0.017X_6 + 0.179X_7 + 0.04X_8 \geq 0.15$

$0.29X_1 + 0.083X_2 + 0.027X_3 + 0.024X_4 + 0.027X_5 + 0.023X_6 + 0.288X_7 + 0.109X_8 \leq 0.14$

最后，我们有非负的约束条件：

$X_i \geq 0$，$i = 1, 2, \cdots, 8$

完整的模型是：

最小化 $0.22X_1 + 0.19X_2 + 0.10X_3 + 0.10X_4 + 0.07X_5 + 0.05X_6 + 0.26X_7 + 0.11X_8$

混合饲料：$X_1 + X_2 + X_3 + X_4 + X_5 + X_6 + X_7 + X_8 = 1$

蛋白质：$0.169X_1 + 0.12X_2 + 0.085X_3 + 0.154X_4 + 0.085X_5 + 0.12X_6 + 0.18X_7 + 0.119X_8 \geq 0.13$

脂肪：$0.26X_1 + 0.041X_2 + 0.038X_3 + 0.063X_4 + 0.038X_5 + 0.017X_6 + 0.179X_7 + 0.04X_8 \geq 0.15$

纤维：$0.29X_1 + 0.083X_2 + 0.027X_3 + 0.024X_4 + 0.027X_5 + 0.023X_6 + 0.288X_7 + 0.109X_8 \leq 0.14$

非负性：$X_i \geq 0$，$i = 1, 2, \cdots, 8$

10.6.2　不可行的处理

图 10-19 显示了该模型在电子表格（Excel 文件 *BG Seed* 模型）上的执行，图 10-20 显示了 Solver 模型。然而，如果我们求解这个模型，我们发现这个问题是不可行的。Solver 提供了一个报告，称为**可行性报告**，可以帮助理解为什么，如图 10-21 所示。从这份报告来看，似乎在满足脂肪和纤维的限制方面存在冲突。如果你仔细观察这些数据，你会发现只有葵花籽和红花籽有足够的脂肪来满足 15% 的需求，然而，它们也有非常高的纤维含量，所以将它们包含在混合物中就不可能符合纤维限制的要求。

	A	B	C	D	E	F
1	**BG Seed Company**					
2						
3	**Data**					
4		Ingredient	Protein %	Fat %	Fiber %	Cost/lb
5		1 Sunflower seeds	16.90%	26%	29%	$ 0.22
6		2 White millet	12%	4.10%	8.30%	$ 0.19
7		3 Kibble corn	8.50%	3.80%	2.70%	$ 0.10
8		4 Oats	15.40%	6.30%	2.40%	$ 0.10
9		5 Cracked corn	8.50%	3.80%	2.70%	$ 0.07
10		6 Wheat	12%	1.70%	2.30%	$ 0.05
11		7 Safflower	18%	17.90%	28.80%	$ 0.26
12		8 Canary grass seed	11.90%	4%	10.90%	$ 0.11
13		Requirement	13%	15%		
14		Limitation			14%	
15						
16	**Model**					
17		Ingredient	Pounds			
18		1 Sunflower seeds	0			**Total**
19		2 White millet	0		**Cost/lb.**	$ -
20		3 Kibble corn	0		**Protein**	0.00%
21		4 Oats	0		**Fat**	0.00%
22		5 Cracked corn	0		**Fiber**	0.00%
23		6 Wheat	0			
24		7 Safflower	0			
25		8 Canary grass seed	0			
26		**Total**	0			

	A	B	C	D	E	F
1	BG Seed Company					
2						
3	Data					
4		Ingredient	Protein %	Fat %	Fiber %	Cost/lb
5	1	Sunflower seeds	0.169	0.26	0.29	0.22
6	2	White millet	0.12	0.041	0.083	0.19
7	3	Kibble corn	0.085	0.038	0.027	0.1
8	4	Oats	0.154	0.063	0.024	0.1
9	5	Cracked corn	0.085	0.038	0.027	0.07
10	6	Wheat	0.12	0.017	0.023	0.05
11	7	Safflower	0.18	0.179	0.288	0.26
12	8	Canary grass seed	0.119	0.04	0.109	0.11
13		Requirement	0.13	0.15		
14		Limitation			0.14	
15						
16	Model					
17		Ingredient	Pounds			
18	1	Sunflower seeds	0			Total
19	2	White millet	0		Cost/lb.	=SUMPRODUCT(F5:F12,C18:C25)
20	3	Kibble corn	0		Protein	=SUMPRODUCT(C5:C12,C18:C25)
21	4	Oats	0		Fat	=SUMPRODUCT(D5:D12,C18:C25)
22	5	Cracked corn	0		Fiber	=SUMPRODUCT(E5:E12,C18:C25)
23	6	Wheat	0			
24	7	Safflower	0			
25	8	Canary grass seed	0			
26		Total	=SUM(C18:C25)			

图10-19　*BG Seed Company* 问题的电子表格模型

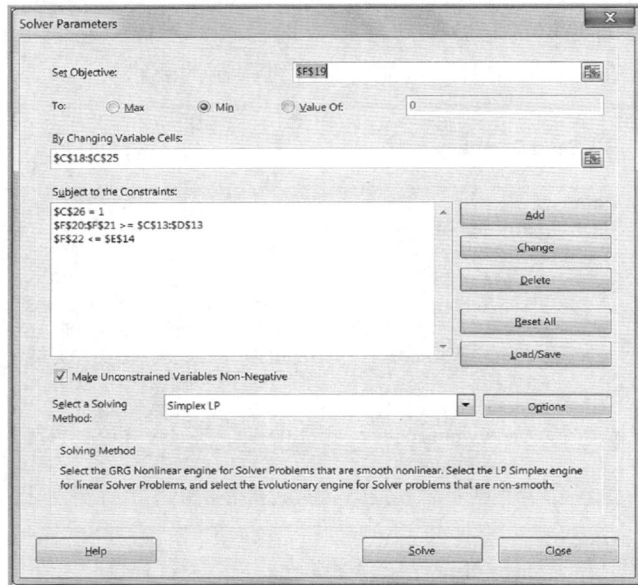

图10-20　*BG Seed Company* 问题的Solver模型

	A	B	C	D	E	F	G
5							
6		Constraints that Make the Problem Infeasible					
7		Cell	Name	Cell Value	Formula	Status	Slack
8		$C$26	Total Pounds	1	$C$26=1	Binding	0
9		$F$21	Fat Total	15.00%	$F$21>=$D$13	Binding	0
10		$F$22	Fiber Total	14.00%	$F$22<=$E$14	Binding	0

图10-21　BG 种子模型的可行性研究

那么公司的老板该怎么办？一个选择是调查混合物中其他具有不同营养特性的潜在成分，看看是否能找到可行的解决方案。第二个选择是要么降低脂肪要求，要么提高纤维限制，认识到这些并不是铁定的限制，而只是简单的营养目标，可以与公司营养学家协商修改。图10-22显示了两种假设情况下的解决方案，其中脂肪需求降低到14.5%，纤维限制提高到14.5%，其他所有数据在每种情况下保持不变。两种情况下都找到了可行解，结果差别不大。

	H	I	J	K
1				
2		Scenario	14.5% Fat	14.5% Fiber
3		Ingredient	Pounds	Pounds
4	1	Sunflower seeds	0.434	0.454
5	2	White millet	0.000	0.000
6	3	Kibble corn	0.000	0.000
7	4	Oats	0.422	0.450
8	5	Cracked corn	0.144	0.096
9	6	Wheat	0.000	0.000
10	7	Safflower	0.000	0.000
11	8	Canary grass seed	0.000	0.000
12				
13		Cost/lb.	$0.148	$ 0.152
14		Protein	15.06%	15.42%
15		Fat	14.50%	15.00%
16		Fiber	14.00%	14.50%

图10-22 BG 种子公司问题的模型场景

10.6.3 证券组合投资模型

许多类型的金融投资问题建模和解决使用线性优化模型。这种组合投资模型具有混合模型的基本特征。

示例10.16   Innis 投资公司

Innis 投资公司是一家小型家族企业，负责管理个人金融投资组合。该公司管理着6只共同基金，有一位客户从遗产中获得了50万美元。有关基金的特征载于表10-3。

表10-3   共同基金数据

基金	预期年收益	风险度量
1.英尼斯低价股票基金	8.13%	10.57
2.英尼斯跨国基金	9.02%	13.22
3.英尼斯中盘股基金	7.56%	14.02
4.英利按揭基金	3.62%	2.39
5.英力士收益股票基金	7.79%	9.30
6.英力士平衡基金	4.40%	7.61

Innis 投资公司运用其专有算法，基于投资标的的历史波动率来量化基金风险水平。波动性越大，风险就越大。该公司建议，任何个人基金的投资额不得超过20万美元，每只跨国基金和平衡基金的投资额不得少于5万美元，投资于收益股权和平衡基金的总额不得少于总投资额的40%，即20万美元。客户希望平均回报率至少为5%，但希望将风险降至最低。什么样的投资组合能达到这个目的？

设 X_1 到 X_6 分别代表投资于基金 1 到 6 的金额。总风险将以投资组合的加权风险来衡量，其中的权重是任何基金占总投资的比例（$X_j / 500\,000$）。因此，目标函数是：

$$最小化总风险 = \frac{10.57X_1 + 13.22X_2 + 14.02X_3 + 2.39X_4 + 9.30X_5 + 7.61X_6}{500\,000}$$

第一个限制确保了 50 万美元的投资：

$$X_1 + X_2 + X_3 + X_4 + X_5 + X_6 = 500\,000$$

第二个限制是确保加权回报率至少为 5%：

$$\frac{8.13X_1 + 9.02X_2 + 7.56X_3 + 3.62X_4 + 7.79X_5 + 4.40X_6}{500\,000} \geq 5.00$$

第三个限制是至少有 40% 的资金投资于收益平衡基金：

$$X_5 + X_6 \geq 0.4 \times 500\,000$$

以下限制规定，每只跨国基金和平衡基金至少投资 50 000 美元：

$$X_2 \geq 50\,000$$
$$X_6 \geq 50\,000$$

最后，我们将每笔投资限制在最多 20 万美元，包括非负值：

$$X_j \leq 200\,000 \quad j = 1, \cdots, 6$$
$$X_j \geq 0 \quad j = 1, \cdots, 6$$

图 10-23 显示了此模型的电子表格运行结果（Excel 文件 *Innis Investments*）和最优解。Solver 模型见图 10-24。所有约束条件均得到满足，此时风险指标最低值为 6.3073。

	A	B	C	D	E	F
1	Innis Investments					
2						
3	Data					
4			Expected			
5		Fund	Return	Risk Measure	Maximum	Minimum
6		1 Low Priced Stock	8.13%	10.57	$ 200,000	
7		2 Multinational	9.02%	13.22	$ 200,000	$ 50,000
8		3 Mid Cap	7.56%	14.02	$ 200,000	
9		4 Mortgage	3.62%	2.39	$ 200,000	
10		5 Income Equity	7.79%	9.3	$ 200,000	
11		6 Balanced	4.40%	7.61	$ 200,000	$ 50,000
12						
13		Investment =	$ 500,000			
14		Target return ≥	5%			
15		Inc. Eq. + Balanced ≥	$200,000			
16						
17	Model					
18						
19		Fund	Amount Invested			
20		1 Low Priced Stock	$ -			
21		2 Multinational	$ 50,000.00			
22		3 Mid Cap	$ -			
23		4 Mortgage	$ 200,000.00			
24		5 Income Equity	$ 66,371.68			
25		6 Balanced	$ 183,628.32			
26		Total	$ 500,000.00			
27						
28						
29			Total			
30		Risk	6.3073			
31		Weighted Return	5.00%			
32		Inc Eq + Balanced	$250,000			

	A	B	C	D	E	F
1	Innis Investments					
2						
3	Data					
4			Expected			
5		Fund	Return		Risk Measure	Maximum	Minimum
6	1	Low Priced Stock	0.0813	10.57	200000	
7	2	Multinational	0.0902	13.22	200000	50000
8	3	Mid Cap	0.0756	14.02	200000	
9	4	Mortgage	0.0362	2.39	200000	
10	5	Income Equity	0.0779	9.3	200000	
11	6	Balanced	0.044	7.61	200000	50000
12						
13		Investment =	500000			
14		Target return ≥	0.05			
15		Inc. Eq. + Balanced ≥	=0.4*C13			
16						
17	Model					
18						
19		Fund	Amount Invested			
20	1	Low Priced Stock	0			
21	2	Multinational	50000			
22	3	Mid Cap	0			
23	4	Mortgage	200000			
24	5	Income Equity	66371.6814159293			
25	6	Balanced	183628.318584071			
26		Total	=SUM(C20:C25)			
27						
28						
29			Total			
30		Risk	=SUMPRODUCT(D6:D11,C20:C25)/C13			
31		Weighted Return	=SUMPRODUCT(C6:C11,C20:C25)/C13			
32		Inc Eq + Balanced	=C24+C25			

图 10-23   *Innis Investment* 公司的电子表格模型

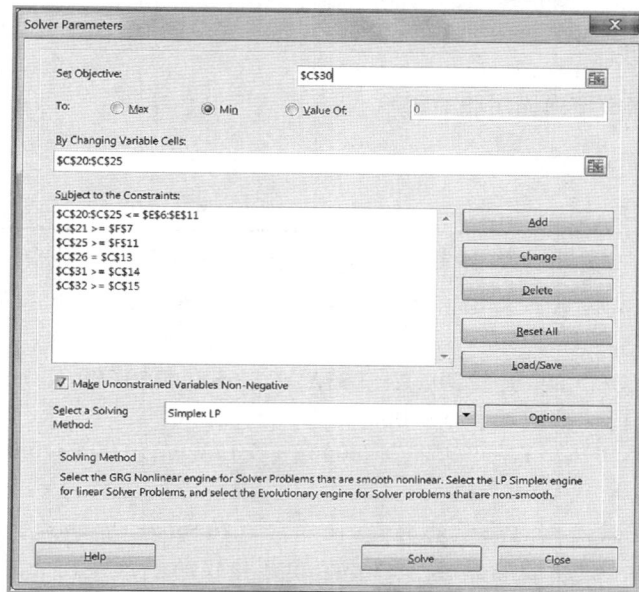

图 10-24   *Innis Investment* 公司的Solver模型

10.6.4   使用 Solver 时的缩放问题

比例失调的模型会出现目标函数值、约束条件值或中间结果之间存在数量级差异的情况。由于计算机算术运算的精度有限，当这些量级悬殊的数值（或其衍生值）在用户模型或 Solver 自身运算过程中进行加、减、比较时，结果的有效数字位数将大幅降低。因此，Solver 可能检测到或遭遇"数值不稳定性"问题。在优化模型中，缩放失调所造成的影响往往是最难识别和解决的问题之一。

该问题可能导致 Solver 引擎返回以下提示信息："未找到可行解""无法改进当前解"，甚至"不满足 Solver 引擎的线性条件要求"，抑或返回次优解等与预期严重不符的计算结果。

在 Solver 选项中，你会选中 *Use Automatic Scaling* 框。当选择这个选项时，Solver 将在内部重新调整目标函数和约束函数的值，以最小化缩放失调的影响。但这只是有助于 Solver 自己的计算——这种方法并非万全之策，因为它无法解决 Excel 公式运算过程中产生的中间值缩放失调问题。防范缩放失调的最佳实践是：审慎设定模型中的隐含计量单位，确保所有运算结果保持相近的数量级。例如，若采用百万美元作为计量单位，工作表中的实际数值范围通常可控制在 1 至 1 000 之间。

示例 10.17   **Little Investment 投资顾问公司**

Little Investment 投资顾问公司正协助客户构建债券基金的最优投资组合。该公司推荐了 6 只不同的基金，每只基金都有不同的预期回报率和风险度量指标（基于历史数据）：

债券组合	预期回报率（%）	风险度量
1. 俄亥俄国家债券组合	6.11	4.62
2. PIMCO 全球债券非对冲组合	7.61	7.22
3. 联合高收益债券组合	5.29	9.75
4. 摩根士丹利 UIF 核心增强固定收益组合	2.79	3.95
5. PIMCO 实际回报组合	7.37	6.04
6. PIMCO 总回报组合	5.65	5.17

客户拟投资 35 万美元，需制定最优投资策略：在加权风险指标不超过 5.00 的前提下，实现加权百分比收益最大化。模型很简单。设 X_1 到 X_6 是这 6 只基金中每只的投资金额。

$$(6.11X_1 + 7.61X_2 + 5.29X_3 + 2.79X_4 + 7.37X_5 + 5.65X_6)/350\ 000$$
$$X_1 + X_2 + X_3 + X_4 + X_5 + X_6 = 350\ 000$$
$$(4.62X_1 + 7.22X_2 + 9.75X_3 + 3.95X_4 + 6.04X_5 + 5.17X_6)/350\ 000 \leqslant 5.00$$
$$X_1, \cdots, X_6 \geqslant 0$$

图 10-25 显示了没有缩放变量的解。（请注意，在 *Solver Options* 选项中，未选中 *Automatic Scaling*。）Solver 没有提示消息，但是答案是错误的！这是因为目标函数（百分比）比决策变量和投资约束（以 10 万美元为单位）小几个数量级。图 10-26 显示了在 *Solver Options* 中检查 *Automatic Scaling* 后的结果。这是正确答案。如前所述，一个更好的方法是将模型中的投资金额按照千美元的比例进行调整（即用 350 千美元替换 C11 单元格）。即使没有自动缩放，也会产生最优解。所以仔细检查你的模型，看是否有可能是缩放问题！

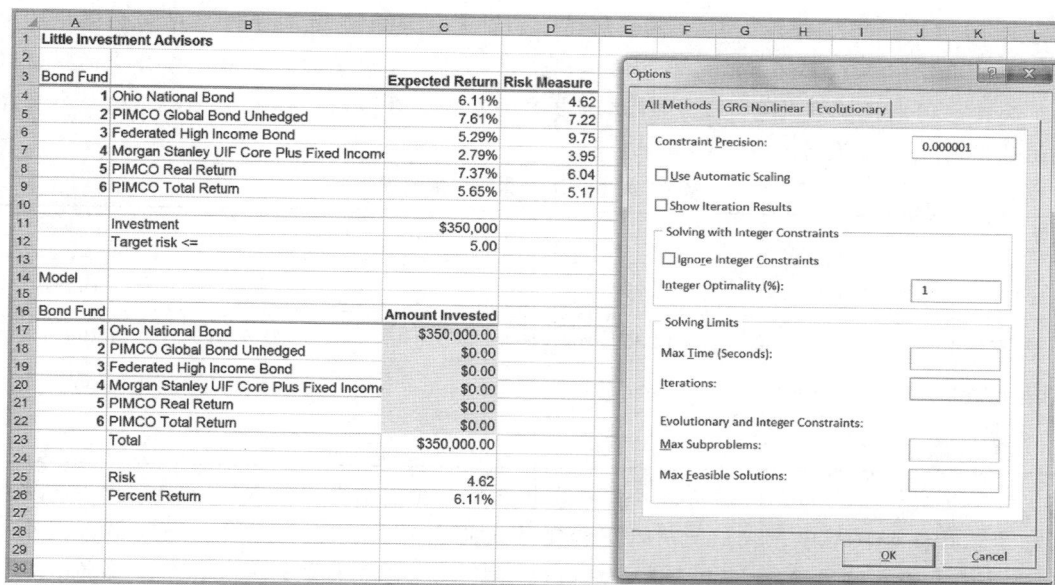

图10-25 没有缩放模型的解

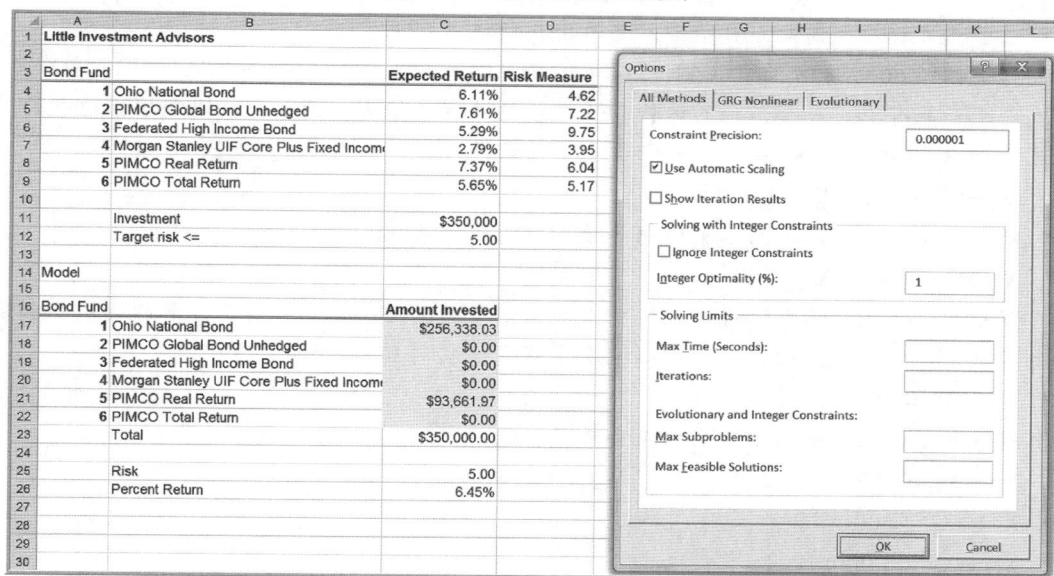

Bond Fund		Expected Return	Risk Measure
Little Investment Advisors			
Bond Fund		Expected Return	Risk Measure
1	Ohio National Bond	6.11%	4.62
2	PIMCO Global Bond Unhedged	7.61%	7.22
3	Federated High Income Bond	5.29%	9.75
4	Morgan Stanley UIF Core Plus Fixed Income	2.79%	3.95
5	PIMCO Real Return	7.37%	6.04
6	PIMCO Total Return	5.65%	5.17
	Investment	$350,000	
	Target risk <=	5.00	
Model			
Bond Fund		Amount Invested	
1	Ohio National Bond	$350,000.00	
2	PIMCO Global Bond Unhedged	$0.00	
3	Federated High Income Bond	$0.00	
4	Morgan Stanley UIF Core Plus Fixed Income	$0.00	
5	PIMCO Real Return	$0.00	
6	PIMCO Total Return	$0.00	
	Total	$350,000.00	
	Risk	4.62	
	Percent Return	6.11%	

Options — All Methods | GRG Nonlinear | Evolutionary

Constraint Precision: 0.000001
☐ Use Automatic Scaling
☐ Show Iteration Results
Solving with Integer Constraints
☐ Ignore Integer Constraints
Integer Optimality (%): 1
Solving Limits
Max Time (Seconds):
Iterations:
Evolutionary and Integer Constraints:
Max Subproblems:
Max Feasible Solutions:
OK Cancel

图10-25 没有缩放模型的解

图10-26 缩放后模型的解

Bond Fund		Expected Return	Risk Measure
Little Investment Advisors			
Bond Fund		Expected Return	Risk Measure
1	Ohio National Bond	6.11%	4.62
2	PIMCO Global Bond Unhedged	7.61%	7.22
3	Federated High Income Bond	5.29%	9.75
4	Morgan Stanley UIF Core Plus Fixed Income	2.79%	3.95
5	PIMCO Real Return	7.37%	6.04
6	PIMCO Total Return	5.65%	5.17
	Investment	$350,000	
	Target risk <=	5.00	
Model			
Bond Fund		Amount Invested	
1	Ohio National Bond	$256,338.03	
2	PIMCO Global Bond Unhedged	$0.00	
3	Federated High Income Bond	$0.00	
4	Morgan Stanley UIF Core Plus Fixed Income	$0.00	
5	PIMCO Real Return	$93,661.97	
6	PIMCO Total Return	$0.00	
	Total	$350,000.00	
	Risk	5.00	
	Percent Return	6.45%	

Options — All Methods | GRG Nonlinear | Evolutionary

Constraint Precision: 0.000001
☑ Use Automatic Scaling
☐ Show Iteration Results
Solving with Integer Constraints
☐ Ignore Integer Constraints
Integer Optimality (%): 1
Solving Limits
Max Time (Seconds):
Iterations:
Evolutionary and Integer Constraints:
Max Subproblems:
Max Feasible Solutions:
OK Cancel

图10-26 缩放后模型的解

10.6.5 供应链模型

供应链优化中的许多实用模型都源于一个基础模型——**运输问题**。该问题的核心在于：确定以最低成本从供应端（工厂、仓库等）到需求端（仓库、客户等）的最优运输量。

示例10.18 **通用电气公司**

通用电气公司（GAC）在两个工厂生产冰箱：佐治亚州的玛丽埃塔和明尼苏达州的明尼阿波利斯。该公司会把冰箱运到克利夫兰、巴尔的摩、芝加哥和凤凰城的主要配送中心。表10-4中提供了会计、生产和营销部门的信息，该表显示了任何工厂和配送中心之间的运输单位成本、下一个计划期间的工厂生产能力和配送中心的需求。该公司的供应链经理面临的问题是确定为每个工厂和配送中心运送多少台冰箱，以最小化总运输成本，不超过可用的能力，并满足客户的需求。

表10-4   GAC成本、运输量和需求数据

工厂	配送中心				运输量
	克利夫兰	巴尔的摩	芝加哥	凤凰城	
玛丽埃塔	12.60美元	14.35美元	11.52美元	17.28美元	1 200台
明尼阿波利斯	9.75美元	16.26美元	8.11美元	17.92美元	800台
需求	150台	350台	500台	1 000台	

为了建立一个线性优化模型，我们首先将决策变量定义为每个工厂和配送中心之间的运输量。在这个模型中，我们使用双下标变量来简化公式。设 X_{ij} = 从工厂 i 运到配送中心 j，当 $i=1$ 代表玛丽埃塔；$i=2$ 代表明尼阿波利斯；$j=1$ 代表克利夫兰，依此类推。使用表10-4中的单位成本数据，运输总成本等于单位成本乘以运输量，将所有工厂和配送中心的组合结果相加。因此，目标函数是最小化总成本：

最小化 $12.60X_{11} + 14.35X_{12} + 11.52X_{13} + 17.58X_{14} + 9.75X_{21} + 16.26X_{22} + 8.11X_{23} + 17.92X_{24}$

由于产能有限，每个工厂的运输量不能超过其生产能力。例如，从玛丽埃塔运来的总量是 $X_{11} + X_{12} + X_{13} + X_{14}$。因此，我们设定了约束条件：

$X_{11} + X_{12} + X_{13} + X_{14} \leqslant 1\,200$

同样，明尼阿波利斯的容量限制导致了以下限制条件：

$X_{21} + X_{22} + X_{23} + X_{24} \leqslant 800$

下一步，我们必须确保每个配送中心的需求得到满足。这意味着总数量的运输都必须满足两个工厂的配送中心需求。例如，在克利夫兰我们有：

$X_{11} + X_{21} = 150$

对于剩下的三个配送中心，约束条件是：

$X_{12} + X_{22} = 350$

$X_{13} + X_{23} = 500$

$X_{14} + X_{24} = 1\,000$

最后，我们需要数值非负，$X_{ij} \geqslant 0$，对于所有 i 和 j，完整的模型是：

最小化 $12.60X_{11} + 14.35X_{12} + 11.52X_{13} + 17.58X_{14} + 9.75X_{21} + 16.26X_{22} + 8.11X_{23} + 17.92X_{24}$

$X_{11} + X_{12} + X_{13} + X_{14} \leqslant 1\,200$
$X_{21} + X_{22} + X_{23} + X_{24} \leqslant 800$
$X_{11} + X_{21} = 150$
$X_{12} + X_{22} = 350$
$X_{13} + X_{23} = 500$
$X_{14} + X_{24} = 1\,000$
$X_{ij} \geqslant 0$，对于任意 i 和 j

图10-27显示了GAC运输问题的电子表格运行结果及最优解（Excel文档 *General Ap-*

pliance Corporation），图 10-28 显示了 Solver 模型。Excel 模型非常简单。在模型设计部分，决策变量存储在"工厂-配送中心"矩阵中。单元格 B18 中的总成本目标函数可通过以下 Excel 公式实现：

=B6*B13 + C6*C13 + D6*D13 + E6*E13 + B7*B14+ C7*C14 + D7*D14 + E7*E14

然而，SUMPRODUCT 函数对于如此大的表达式特别有用，因此将总成本表示为：

=SUMPRODUCT（B6：E7，B13：E14）

图10-27 *General Appliance Corporation* 模型电子表格的运行结果和解决方案

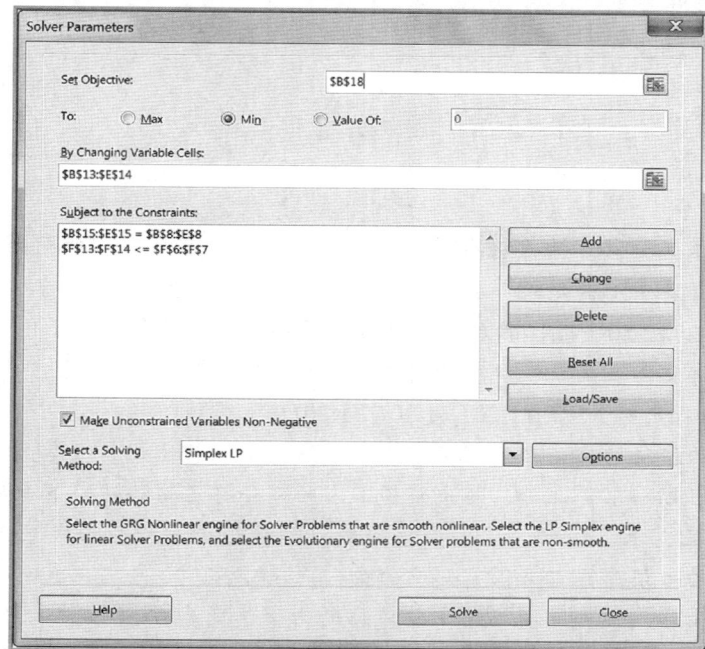

图10-28 *General Appliance Corporation* Solver模型

只要维度相同，SUMPRODUCT 函数可用于任意两个数组。在这里，该函数将 B6：E7 范围内的成本系数乘以 B13：E14 范围内的发货量，然后加上限制条件。在模型中，我们还使用了 F13 和 F14 单元格的求和函数来计算每个工厂的出货量，以及 B15 到 E15 单元格的出货量，来计算每个配送中心的出货总量。

10.6.6　多阶段生产计划模型

许多线性优化问题涉及对未来时间跨度的决策，生产计划就是典型例子。其核心在于确定每个时段的最佳产量以满足预期需求。虽然按预计销量安排生产看似直接，但在早期生产成本较低时进行超额生产（将富余产品转为库存供后期使用）往往更具优势——通过降低的生产成本来平衡库存持有成本。因此最优决策往往并非显而易见。

示例10.19　　　　　　　　　　　　　　K&L 设计公司

K&L 设计（K&L Designs）公司是一家家庭作坊式企业，专为青少年女性制作手绘珠宝盒。明年的销售预测是秋季150只，冬季400只，春季50只。普通珠宝盒是从供应商那里进货的，价格是20美元。资本成本估计为每年24%（或每季6%），因此，每件物品的持有成本为每季1.20美元（0.06×20）。公司在秋季雇用艺术专业的学生兼职设计工艺品，他们每小时赚5.5美元。由于寒假期间对兼职学生的需求量很大，冬季的劳动力价格较高，工人的工资为7美元/小时。在春天，劳动力也很难留住，业主必须支付每小时6.25美元，才能留住熟练的工人。每个首饰盒需要2小时才能完成。如何在3个季度内规划制作，以尽量减少制作和库存的综合成本？主要的决策变量是在3个季度内每个季度制作的珠宝盒数量。然而，由于我们可以选择将库存带到其他时间段，我们还必须为每个季度末的库存量设立决策变量。决策变量是：

P_A = 秋季制作总量

P_W = 冬季制作总量

P_S = 春季制作总量

I_A = 秋末存货量

I_W = 冬末存货量

I_S = 春末存货量

单位制作成本的计算方法是将劳动力成本乘以制作一只珠宝盒所需的小时数。因此，秋季的单位成本是：5.50美元×2 = 11.00美元，而冬季和春季分别是：7.00美元×2 = 14.00美元，6.25美元×2=12.50美元。目标函数是使制作和库存的总成本最小化（因为盒子本身的成本是不变的，这与我们正在解决的问题无关）。因此，目标函数是：

最小化 $11P_A+14P_W+12.50P_S+1.20I_A+1.20I_W+1.20I_S$

该模型唯一的显性约束是必须满足市场需求。需要注意的是，当季产量及上季结转库存均可用于满足当期需求。此外，超出市场需求的部分将自动结转为下季库存。唯一明确的限制是必须满足需求。因此，这些约束条件以库存平衡方程的形式呈现，其核心要义是：任一时期内的可用库存都必须有明确的去向。

当期产量 + 上季度库存 = 市场需求量 + 结转为下季度库存

这可以用图10-29直观地表示出来。对于每个季度，输入变量的和必须等于输出变量的和。绘制此类图表对任何多周期规划模型都大有裨益。这将导致约束集：

$P_A + 0 = 150 + I_A$

$P_W + I_A = 400 + I_W$

$P_S + I_W = 50 + I_S$

将所有变量移至左侧后，模型表述为：

最小化$11P_A + 14 P_W + 12.50 P_S + 1.20 I_A + 1.20 I_W + 1.20 I_S$

约束条件为：

$P_A - I_A = 150$

$P_W + I_A - I_W = 400$

$P_S + I_W - I_S = 50$

$P_i \geqslant 0$，对于任意i

$I_j \geqslant 0$，对于任意j

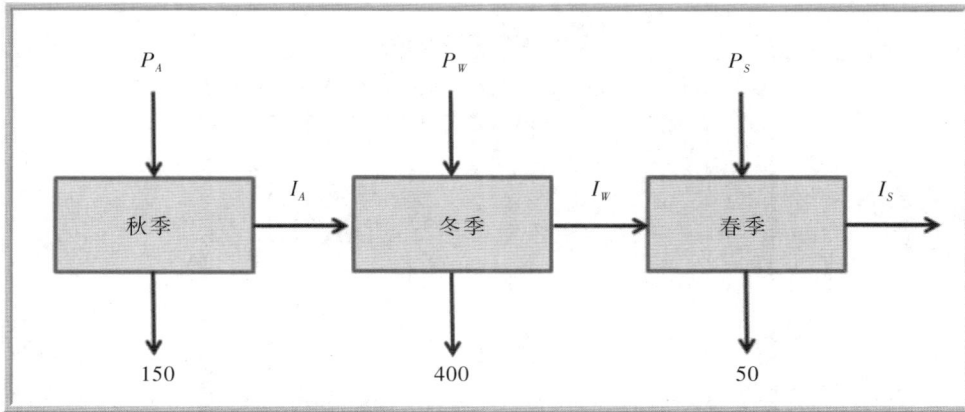

图10-29 物料平衡约束结构

图 10-30显示了 K&L 设计模型（Excel 文件 *K&L Designs*）的电子表格运行结果；图10-31显示了相关的Solver模型。为了达到最优解决方案，我们在秋季和冬季制作满足秋季和冬季珠宝盒的需求，并储存多余的库存直到冬季。这是利用了秋季较低的生产成本。然而，支付两个季度的库存保管成本来满足春季需求是不经济的。

	A	B	C	D
1	**K&L Designs**			
2				
3	**Data**			
4				
5		Autumn	Winter	Spring
6	Unit Production Cost	$ 11.00	$14.00	$12.50
7	Unit Inventory Holding Cost	$ 1.20	$ 1.20	$ 1.20
8	Demand	150	400	50
9				
10	**Model**			
11		Autumn	Winter	Spring
12	Production	550	0	50
13	Inventory	400	0	0
14				
15	Net production	150	400	50
16				
17		Cost		
18	Total	$7,155.00		

	A	B	C	D
1	K&L Designs			
2				
3	Data			
4				
5		Autumn	Winter	Spring
6	Unit Production Cost	11	14	12.5
7	Unit Inventory Holding Cost	1.2	1.2	1.2
8	Demand	150	400	50
9				
10	Model			
11		Autumn	Winter	Spring
12	Production	550	0	50
13	Inventory	400	0	0
14				
15	Net production	=B12-B13	=C12-C13+B13	=D12-D13+C13
16				
17		Cost		
18	Total	=SUMPRODUCT(B6:D7,B12:D13)		

图10-30 *K&L Designs* 公司的电子表格模型和最优解

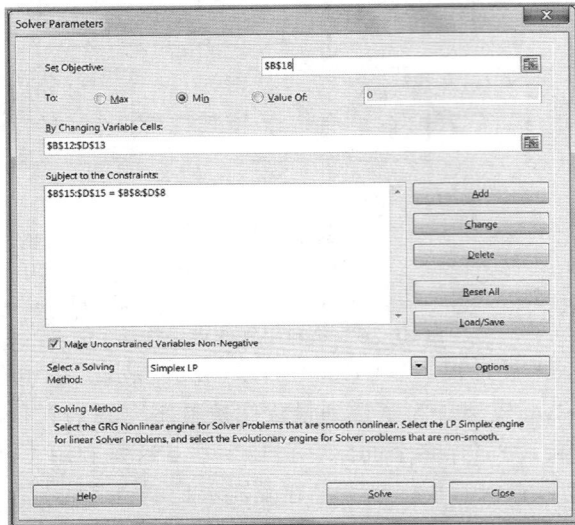

图10-31 *K&L Designs* 公司Solver模型

替代模型

正如我们已经看到的，开发模型更像是一门艺术而非科学，因此，往往有多种方法来模拟一个特定的问题。有时候，替代模型更容易理解，或者向用户提供了更有用的信息。利用 K&L 设计公司示例中的思想，我们可以建立一个只包含生产变量的替代模型。

示例 10.20　　　　　　　　　　**K&L设计公司的替代优化模型**

在 K&L 设计示例的问题上，我们只需要确保需求得到满足。我们可以通过保证每个季度的累积产量至少与累积需求量一样大来做到这一点。这表现在以下几个方面：

$P_A \geq 150$

$P_A + P_W \geq 550$

$P_A + P_W + P_S \geq 600$

$P_A, \ P_W, \ P_S \geq 0$

这些限制的左右两侧之间的差异是每个时期的期末库存量（我们需要跟踪这些数量），因此，我们使用以下目标函数：

最小化 $11P_A + 14P_W + 12.50P_S + 1.20(P_A - 150) + 1.20(P_A + P_W - 550) + 1.20(P_A + P_W + P_S - 600)$

当然，这个函数可以通过同项合并进行代数简化。虽然这两个模型看起来很不一样，但是它们在数学上是等价的，并且得到相同的解。

图 10-32 显示了这个替代模型的电子表格运行结果（可以在 *K&L Designs* 工作簿中的 *Alternate Model* 文件中找到），图 10-33 显示了 Solver 模型，具有相同的最优解。

	A	B	C	D
1	K&L Designs Alternate Model			
2				
3	Data			
4				
5		Autumn	Winter	Spring
6	Unit Production Cost	$ 11.00	$ 14.00	$ 12.50
7	Unit Inventory Holding Cost	$ 1.20	$ 1.20	$ 1.20
8	Demand	150	400	50
9	Cumulative Demand	150	550	600
10				
11	Model			
12		Autumn	Winter	Spring
13	Production	550	0	50
14	Cumulative Production	550	550	600
15	Inventory	400	0	0
16				
17		Cost		
18	Total	$ 7,155.00		

	A	B	C	D
1	K&L Designs Alternate Model			
2				
3	Data			
4				
5		Autumn	Winter	Spring
6	Unit Production Cost	11	14	12.5
7	Unit Inventory Holding Cost	1.2	1.2	1.2
8	Demand	150	400	50
9	Cumulative Demand	=B8	=B8+C8	=B8+C8+D8
10				
11	Model			
12		Autumn	Winter	Spring
13	Production	550	0	50
14	Cumulative Production	=B13	=B13+C13	=B13+C13+D13
15	Inventory	=B14-B9	=C14-C9	=D14-D9
16				
17		Cost		
18	Total	=SUMPRODUCT(B13:D13,B6:D6)+SUMPRODUCT(B15:D15,B7:D7)		

图 10-32 *K&L Designs* 公司的替代电子表格模型

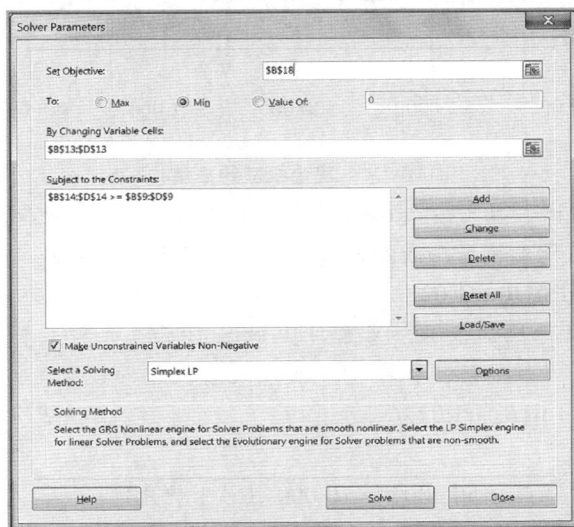

图 10-33 *K&L Designs* 公司替代模型的 Solver 模型

10.6.7　多期财务计划模型

财务规划通常是在一个很长的时间范围内进行的。财务计划模型具有类似于多周期生产计划的特点，可以构建为多周期优化模型。

示例10.21　　　　　　　　　　**D. A. Branch & Sons**

财务经理必须确保资金可用于支付公司未来的支出，但也希望最大限度地提高投资收益。未来6个月有3种短期投资选择：a.1个月期存单，到期时每月支付0.25%的收益，且可每月购买；b.3个月期存单，到期时支付1.00%的收益；c.6个月期存单，到期时支付2.3%的收益。未来6个月的净支出预计为5万美元、（1.2万美元）、2.3万美元、（2万美元）、4.1万美元和（1.3万美元）。带括号的金额表示现金净流入。公司必须在每月月底保持至少1万元的现金结余。公司现在有20万美元的现金。

在每个月的开始，经理必须决定投资多少在每一个可能的替代方案，设：

A_i = 1个月期的定期投资存款金额（美元）

B_i = 3个月期的定期投资存款金额（美元）

C_i = 6个月期的定期投资存款金额（美元）

由于这些替代方案的时间范围各不相同，因此绘制一幅图来表示每年的投资和回报是有帮助的，如图10-34所示。每个圆代表一个月的开始。箭头表示投资和现金流。例如，投资于1月初的3个月定期存款在4月初到期。我们可以合理地假设，所有可用的资金都会被用于投资。

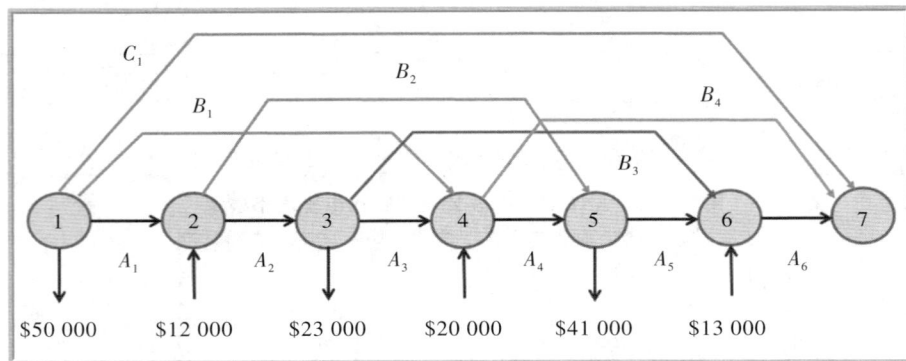

图10-34　现金余额约束结构

从图10-34可以看出，投资 A_6、B_4 和 C_1 将在6个月末到期，也就是7个月初到期。为了在规划期结束时最大限度地增加手头的现金，我们有目标函数：

最大化 $1.0025A_6 + 1.01B_4 + 1.023C_1$

该模型仅需设置最低现金余额约束条件。如图10-34所示，每月可用净现金流（现金流入减去现金流出）必须始终不低于 10 000 美元。完整的模型是：

最大化 $1.0025A_6 + 1.01B_4 + 1.023C_1$

约束条件为：

$200\,000 - (A_1 + B_1 + C_1 + 50\,000) \geqslant 10\,000$　（第1个月）

$1.0025A_1 + 12\,000 - (A_2 + B_2) \geqslant 10\,000$　（第2个月）

$1.0025A_2 - (A_3 + B_3 + 23\,000) \geqslant 10\,000$　（第3个月）

$$1.0025A_3 + 1.01B_1 + 20\,000-（A_4 + B_4）\geq 10\,000 \quad （第4个月）$$

$$1.0025A_4 + 1.01B_2-（A_5 + 41\,000）\geq 10\,000 \quad （第5个月）$$

$$1.0025A_5 + 1.01B_3 + 13\,000 - A_6\geq 10\,000 \quad （第6个月）\quad A_i，\; B_i，\; C_i\geq 0，\; 对于任意\, i$$

图 10-35 显示了此问题的电子表格模型（Excel 文件 *D. A. Branch & Sons*）；图 10-36 显示了 Solver 模型。电子表格模型可能看起来有点复杂；但是，它具有典型的财务电子表格的类似特征。建立 Solver 模型的关键是汇总部分。这里，我们根据可用现金数量（先前的余额加上任何投资回报）、净支出（请记住，负支出是现金流入）和决策变量反映的投资额来计算月度余额。这些余额实际上是对模型中每个月约束条件的实务性解释。在 Solver 模型中，这些余额只需要大于或等于每个月 10 000 美元的现金余额要求。

	A	B	C	D	E	F	G	H
1	D.A. Branch & Sons							
2								
3	Data							
4								
5		Month	1	2	3	4	5	6
6		Net expenditures	$ 50,000	$(12,000)	$23,000	$(20,000)	$41,000	$(13,000)
7		Cash balance requirement	$ 10,000	$ 10,000	$10,000	$ 10,000	$10,000	$ 10,000
8								
9		Current balance	$200,000					
10								
11	Model							
12								
13		Investment	1	2	3	4	5	6 / Rate of Return
14		A	$ 31,606	$ 22,943	$ -	$ 20,000	$ -	$ 13,000 — 0.25%
15		B	$ -	$ 20,743	$ -	$ -		— 1.00%
16		C	$108,394					— 2.30%
17		Total	$140,000	$ 43,685	$ -	$ 20,000	$ -	$ 13,000
18								
19		Returns	1	2	3	4	5	6 / 7
20		A		$ 31,685	$23,000	$ -	$20,050	$ - — $ 13,033
21		B			$ -	$20,950	$ -	— $ -
22		C						— $ 110,887
23		Total		$ 31,685	$23,000	$ -	$41,000	$ - — $ 123,919
24								
25	Summary							
26		Amount available	$200,000	$ 41,685	$33,000	$ 10,000	$51,000	$ 10,000
27		Net expenditures	$ 50,000	$(12,000)	$23,000	$(20,000)	$41,000	$(13,000)
28		Amount invested	$140,000	$ 43,685	$ -	$ 20,000	$ -	$ 13,000
29		Balance	$ 10,000	$ 10,000	$10,000	$ 10,000	$10,000	$ 10,000

	A	B	C	D	E	F	G	H
1	D.A. Branch & Sons							
2								
3	Data							
4								
5		Month 1	2	3	4	5	6	
6		Net expenditures 50000	-12000	23000	-20000	41000	-13000	
7		Cash balance requirement 10000	10000	10000	10000	10000	10000	
8								
9		Current balance 200000						
10								
11	Model							
12								
13		Investment 1	2	3	4	5	6	Rate of Return
14		A 31606.202143588	22942.6433915212	0	20000		13000	0.0025
15		B 0	20742.5742574257	0	0			0.01
16		C 108393.797856412						0.023
17		Total =SUM(B14:B16)	=SUM(C14:C16)	=SUM(D14:D16)	=SUM(E14:E16)	=SUM(F14:F16)	=SUM(G14:G16)	
18								
19		Returns 1	2	3	4	5	6	7
20		A	=(1+$H$14)*B14	=(1+$H$14)*C14	=(1+$H$14)*D14	=(1+$H$14)*E14	=(1+$H$14)*F14	=(1+$H$14)*G14
21		B		=(1+$H$15)*C15	=(1+$H$15)*D15	=(1+$H$15)*E15		
22		C						=(1+H16)*B16
23		Total	=SUM(C20:C22)	=SUM(D20:D22)	=SUM(E20:E22)	=SUM(F20:F22)	=SUM(G20:G22)	=SUM(H20:H22)
24								
25	Summary							
26		Amount available =B9	=B29+C23	=C29+D23	=D29+E23	=E29+F23	=F29+G23	
27		Net expenditures 50000	-12000	23000	-20000	41000	-13000	
28		Amount invested =B17	=C17	=D17	=E17	=F17	=G17	
29		Balance =B26-B27-B28	=C26-C27-C28	=D26-D27-D28	=E26-E27-E28	=F26-F27-F28	=G26-G27-G28	

图 10-35 *D. A. Branch & Sons* 公司的电子表格模型

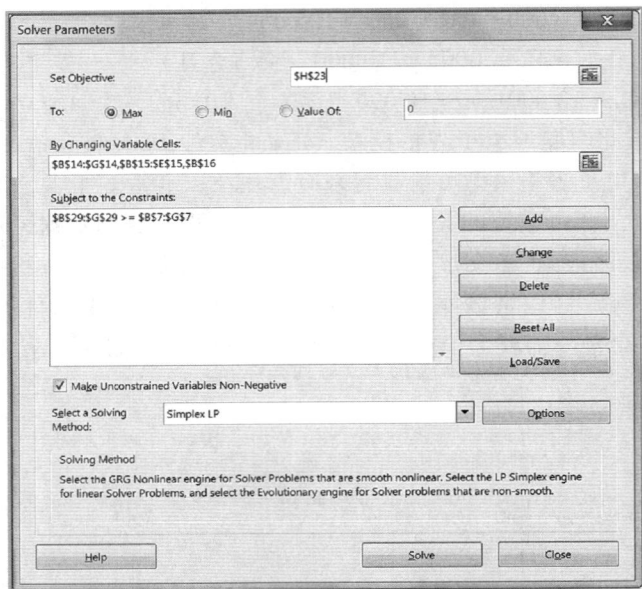

图10-36　*D. A. Branch & Sons* 公司的Solver模型

实践分析：银行财务规划中的线性优化[①]

线性优化技术在银行业的首批应用案例之一，由中央卡罗来纳银行与信托公司（Central Carolina Bank and Trust Company，简称CCB）率先开发。世界银行的管理层越来越关注协调世界银行的活动，以最大限度地利用资金来源和使用之间的利率差异。为了解决这些问题，银行成立了一个由所有高级银行官员组成的财务规划委员会。委员会负责整合以下各项功能职责：（1）利率预测；（2）银行服务需求预测；（3）流动资金管理政策；（4）资金分配。与此同时，CCB执行委员会授权开发了一个使用线性规划的保费资产负债表优化模型。

模型开发初期，财务规划委员会召开了一系列会议，以确定模型所需的复杂程度。经过对可选方案的充分讨论，团队最终确定采用包含66项资产和32项负债及权益类别的单年度周期模型。尽管单周期规划模型忽略了许多重要的时间关联因素，但委员会认为该框架输出的模型结构更易于管理层理解吸收。这些讨论的一个重要环节是让高层管理者确信，最终模型将准确反映他们对银行业环境的认知。

接下来是构建模型，并明确了其数据要求。运行该模型所需的主要数据输入变量是：
- 所有证券和贷款类别的预期收益率
- 存款和货币市场负债的预期利率
- 主要贷款和存款类别的管理和/或处理成本
- 按贷款类别划分的预期坏账率（以未偿贷款百分比计）
- 所有资产和负债类别的期限结构
- 银行服务需求预测

---

①　Based on Sheldon D. Balbirer and David Shaw，"An Application of Linear Programming to Bank Financial Planning," *Interfaces*，11，5（October 1981）.

　　该银行的财务记录作为一个有用的数据库，用于所需的输入数据。模型中的决策变量代表不同的资产类别，如现金、国库券、消费贷款和商业贷款等；其他变量代表负债和股票，如储蓄账户、货币市场存单和定期存单。目标函数是利润最大化，等于净收益和成本之间的差额。约束条件反映了各类运营、法律及政策考量，包括代表银行服务需求预测的资产或负债类别上下限；资产与负债的最低周转率；影响盈利资产资金配置或融资组合的政策限制；法律与监管要求；以及防止短期资金用于长期投资的约束——这些通过考量目标资产负债表在近期规划期外的资金流动特性，赋予模型跨周期维度。借助该模型，中央卡罗来纳银行与信托公司成功优化了资产负债结构，从而更精准地预判不同假设情境下的银行未来状况。

关键术语

替代最优解	可行解	目标函数
平衡约束	无可行解	优化
紧约束	线性整数优化模型	比例关系
约束函数	（整数规划或IP模型）	需求
约束	限制	简单界限
角点	线性优化模型	运输问题
决策变量	（线性规划，LP模型）	无界解
可行性报告	非线性优化模型	唯一的最优解
可行域	（非线性规划，NLP模型）	

第10章技术帮助

Excel 技术

Solver（示例10.6）：

从 Excel 中的 *Data* 选项卡下的 *Analysis* 组中，选择 *Solver*。使用 *Solver Parameters* 对话框来定义目标、决策变量和约束。在设定的 *Objective* 字段中定义电子表格的目标函数单元。单击适当的单选按钮，选择 *Max* 或 *Min*。通过 *Changing Variable Cells* 字段进入决策变量单元格。若要输入约束，请单击 *Add* 按钮。在 *Add Constraint* 对话框中，在 *Cell Reference* 字段中进入包含约束函数（约束的左侧）的单元格。在 *Constraint* 字段中，进入约束右侧的数值或与之对应的单元格引用。勾选所弹出对话框中的 *Make Unconstrained Variables Non-Negative*。在标记域 *Select a Solving Method* 中，选择 *Simplex LP* 作为线性优化模型。然后点击 Solver 按钮。在 *Solver Results* 对话框中，单击 *Answer Report*，然后单击 *OK*。

Analytic Solver

Analytic Solver 提供了一套预测工具。请参阅 *Using Linear Optimization in Analytic Solver*。我们建议你首先阅读 *Getting Started with Analytic Solver Basic*。该资料为教师和学生提供了关于如何注册和访问 Analytic Solver 的信息。

问题和练习

优化模型

1. 根据你的工作经验、个人兴趣（爱好等）或在商业文章中发现的信息，列举使用表10-1格式的线性优化模型的通用示例。

开发线性优化模型

2. 将以下约束条件的描述分类为紧约束、限制、要求、比例关系或平衡约束：

a. 每份辣椒酱应该含有1/4磅的牛肉

b. 在下个月顾客对谷物的需求量不会超过800箱

c. 3月份可用于投资的现金数额相当于2月份的应收账款加上2月28日到期的投资收益

d. 一罐优质坚果的脂肪含量至少是花生的2倍

e. 一个仓库有3 500件库存可以运给客户

f. 一个呼叫中心周一早上至少需要15个服务代表

g. 一家冰淇淋制造商在生产转型开始时有40打新鲜鸡蛋

3. 回顾一下本章中的投资组合分配模型。识别简单陈述中的决策变量、目标函数和约束，并用数学方法建立线性优化模型。

4. Valencia产品公司生产汽车雷达探测器，并组装两种型号：LaserStop和Speed-Buster。公司可以卖掉所有的产品。两种型号都使用相同的电子元件。其中两个只能从一个供应商处获得。在下个月，这些产品的供应限于组件A 4 000单位和组件B 3 500单位，每个产品所需组件的数量和每单位利润列于表中。

必要的组件/单位

	A	B	利润/单位
LaserStop	18	6	124美元
SpeedBuster	12	8	136美元

a. 识别决策变量、目标函数和简单陈述中的约束条件

b. 用数学方法建立一个线性优化模型

5. ColPal产品的品牌经理必须决定下个月在广播和电视广告之间分配多少时间。市场研究公司估计了在每种媒体上投放广告每分钟的受众曝光度，并希望将其最大化。每分钟的广告成本也是众所周知的，经理的预算有限，只有25 000美元。经理已经决定，由于电视广告比广播广告更有效，至少75%的时间应该分配给电视。

假设我们有以下数据：

广告类型	曝光度/分钟	成本/分钟
广播	350美元	400美元
电视	800美元	2 000美元

a. 识别决策变量、目标函数以及简单陈述中的约束

b. 用数学方法建立一个线性优化模型

6. Burger办公设备公司生产两种类型的桌子：标准型和豪华型。豪华办公桌有橡木桌

面和更昂贵的硬件，需要额外的时间来整理和抛光。标准办公桌需要 70 板英尺（board feet）[①]松木和 10 小时人工，而豪华办公桌需要 50 板英尺松木、20 平方英尺橡木和 18 小时人工。下周公司可用的资源为：5 000 板英尺松木、750 平方英尺橡木和 400 小时人工。标准办公桌的净利润为 250 美元，豪华办公桌的净利润为 350 美元。所有办公桌均可销售给史泰博（Staples）或欧迪办公（Office Depot）等全国连锁店。

　　a. 从简单的陈述中确定决策变量、目标函数和约束条件

　　b. 用数学方法建立一个线性优化模型

　　7. 一名商学院学生从暑期工作中获得了 2 500 美元 的可支配资金，并筛选出 3 只潜力股进行投资。下表列出了每只股票的每股价格以及未来两年的预期收益。

股票	A	B	C
价格（美元/股）	12	15	30
收益（美元/股）	8	7	11

　　a. 从简单的陈述中确定决策变量、目标函数和约束条件

　　b. 用数学方法建立一个线性优化模型

　　8. Bangs 休闲椅公司生产了三种广受欢迎的手工户外椅，适用于沙滩、游泳池和露台：吊椅、阿迪朗达克椅和吊床。这些产品的单位利润分别是 40 美元、100 美元和 90 美元。每种类型的椅子都需要经过切割、组装和打磨。店主已经退休，愿意每周工作 5 天，每天工作 6 小时，因此每月有 120 小时可用。他不想每个月花费超过 50 小时在任何一项活动（切割、组装和打磨）上。和他一起工作的零售商确信，他生产的所有产品都可以很容易地销售出去。吊椅由十块木板做框架，一块布做椅垫。实际切割木头需要 30 分钟。组装包括缝合椅垫、连接铆钉、拧螺丝和安装传力杆，需要 45 分钟。打磨阶段包括各部分的打磨、染色和上光，需要 1 小时。阿迪朗达克椅子的切割和组装过程都需要 2 小时，完成需要 1 小时。吊床的切割需要 0.4 小时，组装需要 3 小时，打磨也需要 1 小时。为了最大化利润，他每个月应该生产多少把椅子？

　　a. 从简单的陈述中确定决策变量、目标函数和约束条件

　　b. 用数学方法建立一个线性优化模型

　　9. Morton 供应公司专营舞蹈和体操领域的服装、鞋履及配饰生产。该公司为芭蕾舞者研发了三款用于足尖站立的芭蕾舞鞋。公司制作了三个足尖鞋的模型，芭蕾舞演员借助舞鞋来保持脚尖平衡。这种鞋由四种材料制成：卡纸、缎面、平纹布和皮革。每种型号的鞋子所使用的每种材料数量（平方英寸）、可用材料的数量，以及利润/型号如下：

材料（以平方英寸计）	型号1	型号2	型号3	可用材料
卡纸	12	10	14	1 200
缎面	24	20	15	2 000
平纹布	40	40	30	7 500
皮革	11	11	10	1 000
每个型号的利润（美元）	50	44	40	

---

　　① 板英尺（board feet）是一个专门的木材体积计量单位，1 板英尺 = 1 英尺（长）× 1 英尺（宽）× 1 英寸（厚）——编辑注。

    a. 从简单的陈述中确定决策变量、目标函数和约束条件

    b. 用数学方法建立一个线性最优模型

10. Malloy 铣削公司专业加工煅烧氧化铝至标准颗粒尺寸。该工厂可用同种原料生产两种不同规格的产品：常规铣削品和超级铣削品。常规铣削品，每小时生产 10 000 磅，每周需求 400 吨，每吨 900 美元。超级铣削品，每小时生产 6 000 磅，每周需求 200 吨，每吨 1 900 美元。为保证铁路运输新原料的存储空间，每周至少需铣削 700 吨产品，工厂全天候运营，24 小时/天，7 天/周，总工时 168 小时/周。

    a. 从简单的口头陈述中确定决策变量、目标函数和约束条件

    b. 用数学方法建立一个线性优化模型

求解线性最优模型

11. 在电子表格中运行你为问题 4 中的 Valencia 企业产品开发的线性优化模型，并使用 Solver 求最优解。解释 Solver 答案报告，识别约束条件，并通过将最优解代入模型约束条件来验证松弛变量的值。

12. 在电子表格中运行你为问题 5 中的 ColPal 产品开发的线性优化模型，并使用 Solver 求最优解。解释 Solver 答案报告，识别约束条件，并通过将最优解代入模型约束条件来验证松弛变量的值。

13. 在电子表格中运行你为问题 6 中的 Burger 办公设备公司开发的线性优化模型，并使用 Solver 求最优解。解释 Solver 答案报告，识别约束条件，并通过将最优解代入模型约束条件来验证松弛变量的值。

14. 在电子表格中运行你为问题 7 中的投资场景开发的线性优化模型，并使用 Solver 求最优解。解释 Solver 答案报告，识别约束条件，并通过将最优解代入模型约束条件来验证松弛变量的值。

15. 在电子表格中运行你为问题 8 中的休闲椅开发的线性优化模型，并使用 Solver 求最优解。

    a. 解释 Solver 答案报告，识别约束条件，并通过将最优解代入模型约束条件来验证松弛变量的值

    b. 假设 Bangs 休闲椅公司决定将阿迪朗达克椅的产量限制在最多 20 把。请修改并重新求解你的模型，以确定新的最优生产方案

    c. 假设 Bangs 希望每月在每项活动上的投入时间不超过 40 小时。请基于原始模型进行修改并重新求解，以确定新的生产方案

16. 运行你在电子表格问题 9 中为 Morton 供应公司开发的线性优化模型，并使用 Solver 来求出最优解。解释 Solver 答案报告，并识别紧约束条件。

17. 请根据第 10 题 Malloy 公司建立的线性优化模型，在电子表格中加以运行，并运用 Solver 获取最优生产方案。解释 Solver 生成的"运算结果报告"，并明确其中的紧约束条件。

Solver 是如何工作的

18. 对于问题 4 中的 Valencia 产品模型，绘制约束图并确定可行域。然后确定每个角点，并显示增加目标函数值如何识别最优解。

19. 对于问题 5 中的 ColPal 模型，绘制约束条件图形并确定可行域。随后标出所有角

点坐标，通过逐步提升目标函数值的方式演示最优解的判定过程。

20. 针对问题6中的Burger办公设备公司模型，绘制约束条件图并确定可行域。然后确定每个角点，并显示增加目标函数值如何识别最优解。

Solver结果和解决方案信息

21. 对于问题4中的Valencia产品，修改模型中的数据，以创建以下每一个问题：

a. 替代最优解

b. 无界解

c. 无可行解

22. 对于问题5中的ColPal产品，请修改模型中的数据，以创建以下每一个问题：

a. 替代最优解

b. 无界解

c. 无可行解

23. 对于问题7中的投资情况，应用文中对Crebo生产模型的相同逻辑来求最优解。将你的答案和Solver的解决方案进行比较。

24. Rosenberg土地开发公司是美国西南部公寓物业的开发商。该公司最近在亚利桑那州凤凰城外收购了一块40.625英亩的土地。根据分区规划的规定，该地块最高容积率为每英亩8个单元。项目计划开发三种公寓户型：一居室、两居室和三居室单元，其平均建造成本分别为45万美元、60万美元和75万美元，这些单元将产生10%的净利润。该项目可获得总额为1.8亿美元的股本和贷款资金。根据既往开发经验，公司高管规定：一居室单元占比不得低于15%，两居室和三居室单元占比均不得低于25%。

a. 建立一个数学模型，以确定开发商应该建造的每种类型单元的数量

b. 在电子表格上运行你的模型，然后求出最优解

25. Korey是州立大学的商科学生，她刚刚完成了一门关于决策模型的课程，包括期中考试、期末考试、个人作业以及课堂参与评分。期中考试她得了94分，期末考试86分，个人作业93分，参与度85分。这位仁慈的教授允许学生自行决定四项成绩组成部分的权重，当然会设置一些限制条件：

• 参与度权重不得超过15%。

• 期中考试权重必须至少是个人作业权重的2倍

• 期末考试权重必须至少是个人作业权重的3倍

• 每次考试的权重必须至少达到25%

• 个人作业和参与度的权重必须至少为10%

• 权重必须和为1.0并且是非负的

a. 建立一个数学模型，得出一组有效的权重，最大限度地提高Korey的得分

b. 在电子表格中运行你的模型，并使用Solver找到最优解

26. Martinez模型汽车公司基于经典量产车型，生产4款不同的无线电遥控模型车：法拉利、宝马、莲花和特斯拉。每种型号需要在5个部门生产：

	法拉利	宝马	莲花	特斯拉	可用分钟数
模具成型	5.00	3.50	1.00	3.00	600
砂纸打磨	4.00	3.20	2.00	3.65	600
表面抛光	3.50	2.00	3.00	1.00	480
喷漆涂装	3.75	3.25	1.75	2.00	480
终饰处理	4.00	1.00	2.00	3.00	480
定价（美元）	350.00	330.00	270.00	255.00	

a. 每款模型汽车应该生产多少辆才能使利润最大化

b. 如果市场营销部门要求每天至少生产40辆，那么最优的生产计划和利润是多少？在求解之前，你预计该利润结果与问题 a 选项的答案相比会有何差异

c. 如果市场营销人员要求每天至少生产50辆，会发生什么

27. International Chef公司销售3种混合的东方茶：优质茶、杜克灰茶和早餐茶。公司使用的茶叶来自印度、中国以及美国（加利福尼亚）的新茶源。

质量	茶叶（百分比）		
	印度	中国	美国
优质茶	40	20	40
杜克灰茶	30	50	20
早餐茶	40	40	20

每磅的纯利润是：优质茶0.5美元，杜克灰茶0.3美元，早餐茶0.35美元。公司每周的常规供应量是19 000磅印度茶叶、22 000磅中国茶叶、16 000磅美国（加利福尼亚）茶叶。开发并求解线性优化模型，确定最优的组合，以获取最大限度的利润。

28. Young能源公司经营着一个发电厂，其中包括一个燃煤锅炉，用蒸汽来驱动发电机。公司可以购买不同种类的煤并将其混合以满足锅炉燃烧的要求。下表列出不同煤种的特性：

种类	英热单位/磅	煤灰占比（%）	水蒸气占比（%）	成本（美元/磅）
A	11 500	13	10	2.49
B	11 800	10	8	3.04
C	12 200	12	8	2.99
D	12 100	12	8	2.61

锅炉燃烧至少要有11 900英热单位/磅，煤灰含量最高为12.2%，水蒸气含量最高为9.4%。建立并求解一个线性优化模型，寻找Young能源公司的最佳配煤方案。

29. Holcomb 蜡烛有限公司生产各种装饰品，并与一家国内零售商签订了合同，为其8 500家商店供应一套特殊的节日蜡烛。这些蜡烛包括大罐装蜡烛、小罐装蜡烛、大柱形蜡烛、小柱形蜡烛以及一包4支的还愿蜡烛包。在协商橱窗展示的合同时，生产商和零售商同意在每家商店专辟8英尺长柜台用于展示，但是至少2英尺用于专用的罐装蜡烛和大柱形蜡烛，至少1英尺用于还愿蜡烛包。至少要提供和柱形蜡烛一样多的罐装蜡烛。这个生产商已经获得了20万磅蜡、25万英尺蜡芯和10万盎司节日香氛。每种产品所需的材料数量和展示尺寸如下表所示。每种产品应该生产多少才能使利润最大化？

	大罐装	小罐装	大柱形	小柱形	还愿蜡烛包
蜡	0.5	0.25	0.5	0.25	0.3125
香氛	0.24	0.12	0.24	0.12	0.15
蜡烛芯	0.43	0.22	0.58	0.33	0.8
展示尺寸	0.48	0.24	0.23	0.23	0.26
利润（美元/单位）	0.25	0.20	0.24	0.21	0.16

30. 儿童戏剧公司是由 Shannon 董事会管理的非营利性公司。剧院在两个地方表演，Kristin Marie 大厅和 Lauren Elizabeth 剧院。在即将到来的一季中，有 7 部剧被选中。Shannon 董事会面临的难题在于如何为 7 部剧分别安排演出场次。财务部门已对各剧目的单场演出收益完成预估，同时 Shannon 根据与演员工会（Actor's Equity Association）的协议及其他市场的演出热度，为每部剧设定了最低演出场次要求。这些数据如下表所示：

演出	收入（美元）	成本（美元）	最低演出场次
1	2 217	9 968	32
2	2 330	1 568	13
3	1 993	755	23
4	3 364	1 148	34
5	2 868	1 180	35
6	3 851	1 541	16
7	1 836	1 359	21

Kristin Marie 大厅本季可以演出 60 场，而 Lauren Elizabeth 剧院可以演出 150 场。第 3 场和第 7 场必须在 Kristin Marie 大厅上演，其他演出则在两个地点上演。公司希望在最小化演出成本的同时，实现至少 55 万美元的收入。

a. 开发并求解一个线性优化模型，以确定安排剧目的最佳方式

b. 有可能达到 60 万美元的收入吗

31. Jaycee 的百货连锁店打算开一家新店。它需要决定如何将 10 万平方英尺的可用建筑面积分配给 7 个部门。以平方英尺（sf）表示的每个部门每月的预期业绩数据如下：

部门	投资额/sf	风险占投资金额的百分比	最小面积（sf）	最大面积（sf）	预期利润/sf
电子产品	100	24	6 000	30 000	12.00
家具	50	12	10 000	30 000	6.00
男士服装	30	5	2 000	5 000	2.00
服装	600	10	3 000	40 000	30.00
珠宝	900	14	1 000	10 000	20.00
图书	50	2	1 000	5 000	1.00
家电	400	3	12 000	40 000	13.00

该公司已经筹集了 2 000 万美元投资于场内股票。风险栏是根据其他商店过去的数据，对与现货投资有关的风险进行度量，并考虑过期存货、偷窃、破损等因素。例如，电子产品损失了总投资的 24%，家具损失了总投资的 12% 等。风险金额不得超过总投资额的 10%。

a. 建立一个线性优化模型来最大化利润

b. 如果连锁企业获得另外100万美元的股票投资资本，新的解决方案会是什么

32. MBA 毕业生达拉自己管理她父母为她建立的监护账户。目前，她的钱被投资于4只基金，但她已经确定了其他几只基金作为投资选项（见下表），如问题32的数据所示。她有10万美元可以投资，但有以下限制：

- 储蓄至少5 000美元。
- 向货币市场基金投资至少14%。
- 向国际基金投资至少16%。
- 将35%的基金投入当前持有的股份。
- 除货币市场和储蓄账户外，不得将超过20%的资金用于任何一项投资。
- 将至少30%的资金用于新投资。

建立线性优化模型，使净收益最大化。

	平均回报率（%）	费率（%）	
1.大盘股混合	17.2	0.93	（当前持有）
2.小盘股成长	20.4	0.56	（当前持有）
3.绿色基金	26.3	0.70	（当前持有）
4.成长与收入	15.6	0.92	（当前持有）
5.多市值增长	19.8	0.92	
6.中盘指数	22.1	0.22	
7.多资本核心	27.9	0.98	
8.小盘国际	35.0	0.54	
9.新兴国际	36.1	1.17	
10.货币市场基金	4.75	0	
11.储蓄账户	1.0	0	

33. Janette Douglas 正在主持一个非营利组织蛋糕义卖。这个组织已经获得了2 200美元的捐款。问题33的表格数据显示了每批烘烤食品所用的添加剂的数量和成本。

配料	布朗尼	纸杯蛋糕	花生酱	酥饼	成本（美元/单位）
黄油（杯）	0.67	0.33	1	0.7	1.44
面粉（杯）	1.5	1.5	1.25	2	0.09
糖（杯）	1.75	1	2	0.25	0.16
香草（茶匙）	2	0.5	0	0	0.06
鸡蛋（个）	3	2	1	0	0.12
核桃（杯）	2	0	0	0	0.31
牛奶（杯）	0.5	1	2	0	0.05
巧克力（盎司）	8	2.5	9	0	0.10
小苏打（茶匙）	2	1	0	0	0.07
糖霜（杯）	0.5	1.5	0	1	2.74
花生酱（杯）	0	0	2.5	0	2.04

　　每一批分别做成10个布朗尼蛋糕、12个纸杯蛋糕、8杯花生酱和12个酥饼。每个布朗尼蛋糕售价10美元，纸杯蛋糕售价15美元，花生酱售价12美元，酥饼售价7.5美元。

组织预计至少要制作 4 000 个烘焙食品。要达到这一数量，每种烘焙食品至少需要 25 个，但受欢迎的巧克力蛋糕则需要至少 100 个。此外，酥饼不应超过 40 个。组织如何才能最好地利用其预算，并赚取最多的钱？

34. 示例 10.17 描述了小型投资顾问问题，并举例说明了缩放问题。在回答以下问题时，要确保模型的比例适当。

a. 如果每只基金的上限为 100 000 美元，图 13-26 中的结果会发生什么变化

b. 如果，除了 a 选项的限制，客户还希望向美联储高收入债券基金投资至少 50 000 美元呢

c. 如果客户希望风险最小化，回报率至少达到 6%（没有额外限制或要求），最佳投资策略是什么

d. 如果每只基金限额为 100 000 美元，你的 c 选项结果会有什么变化

e. 如果除了 d 选项的限制，客户想要在联邦高收入债券基金中至少投资 50 000 美元呢

35. Kelly 食品有两家工厂，并给 4 个城市的客户运送蔬菜罐头。下表给出了从工厂向客户运送一箱产品的成本（单位：美元）。

工厂/客户	芝加哥	辛辛那提	印第安纳波利斯	匹兹堡
阿克伦	1.70	2.30	2.50	2.15
埃文斯维尔	1.95	2.35	1.65	2.95

阿克伦的工厂每周能生产 3 500 箱，埃文斯维尔的工厂每周能生产 4 000 箱。下周的客户订单如下：

芝加哥：1 200 箱

辛辛那提：2 000 箱

印第安纳波利斯：2 500 箱

匹兹堡：1 400 箱

求出最低运费的计划产量。

36. 液态黄金公司专门从事核电厂放射性废料运输业务，将废料转运至全国各地的处置场。每座核电厂每周期均有特定数量的待转运物料，而各处置场每周期则有处理容量限制。站点间的运输成本详见下表（部分核电厂与储存场组合禁止使用，且未提供相关数据）。请针对该问题构建并求解相应的运输模型。

工厂	废料	运到处置场的成本（美元）				处理场容量	
		S1	S2	S3	S4		
P1	20 876	105	86	—	23	S1	285 922
P2	50 870	86	58	41	—	S2	308 578
P3	38 652	93	46	65	38	S3	111 955
P4	28 951	116	27	94	—	S4	208 555
P5	87 423	88	56	82	89		
P6	76 190	111	36	72			
P7	58 237	169	65	48	—		

37. Shafer 物资公司有 4 个配送中心，分别位于亚特兰大、莱克星顿、密尔沃基和盐湖城，并有 12 家零售店，分别位于西雅图、旧金山、拉斯维加斯、图森、丹佛、夏洛特、明尼阿波利斯、费耶特维尔、伯明翰、奥兰多、克利夫兰和费城。该公司希望最小化其大

宗产品——标准复印纸箱的运输成本。从各配送中心到零售店的单位运输成本、当前库存量及各零售店的订货量如下表所示（单位：美元）：

建立并求解一个最小化总运输成本的优化模型，并回答以下问题。

a. 运输的最低成本是多少

b. 在这个解决方案中，哪个配送中心将以最大运输量运送

Shafer供应商	西雅图	旧金山	拉斯维加斯	图森	丹佛	夏洛特	明尼阿波利斯
亚特兰大	2.15	2.10	1.75	1.50	1.20	0.65	0.90
莱克星敦	1.95	2.00	1.70	1.53	1.10	0.55	0.60
密尔沃基	1.70	1.85	1.50	1.41	0.95	0.40	0.40
盐湖城	0.60	0.55	0.35	0.60	0.40	0.95	1.00
需求（箱）	5 000	16 000	4 200	3 700	4 500	7 500	3 000

Shafer供应商	费耶特维尔	伯明翰	奥兰多	克利夫兰	费城	供给（箱）
亚特兰大	0.80	0.35	0.15	0.60	0.50	40 000
莱克星敦	1.05	0.60	0.50	0.25	0.30	35 000
密尔沃基	0.95	0.70	0.70	0.35	0.40	15 000
盐湖城	1.10	1.35	1.60	1.60	1.70	16 000
需求（箱）	9 000	3 300	12 000	9 500	16 000	

38. 智利 Roberto 蜂蜜农场共生产 5 种蜂蜜：奶油蜜、过滤蜜、巴氏杀菌蜜、混合蜜（多种蜂蜜混合）以及原蜜，产品采用 1 千克和 0.5 千克玻璃罐装、1 千克和 0.75 千克塑料罐装以及散装形式销售。关键数据如下表所示：

	售价（智利比索）				
	0.75千克	1千克	0.5千克	1千克	1千克
	塑料	塑料	玻璃	玻璃	散装
奶油蜜	744	880	760	990	616
过滤蜜	635	744	678	840	521
巴氏杀菌蜜	696	821	711	930	575
混合蜜	669	787	683	890	551
原蜜	683	804	697	910	563

	最低需求			
	0.75千克	1千克	0.5千克	1千克
	塑料	塑料	玻璃	玻璃
奶油蜜	300	250	350	200
过滤蜜	250	240	300	180
巴氏杀菌蜜	230	230	350	300
混合蜜	350	300	250	350
原蜜	360	350	250	380

	最高需求			
	0.75千克	1千克	0.5千克	1千克
	塑料	塑料	玻璃	玻璃
奶油蜜	550	350	470	310
过滤蜜	400	380	440	300
巴氏杀菌蜜	360	390	490	400
混合蜜	530	410	390	430
原蜜	480	420	380	500

	包装成本（智利比索）			
	0.75 千克	1 千克	0.5 千克	1 千克
	塑料	塑料	玻璃	玻璃
	91	112	276	351

每千克产品的收益和生产成本（以智利比索为单位）如下所示：

奶油蜜：322

过滤蜜：275

巴氏杀菌蜜：320

混合蜜：300

原蜜：287

如果总共有 10 000 千克的蜂蜜，那么请建立一个线性最优模型以实现利润最大化。

39. Sanford 瓷砖公司生产陶瓷和瓷砖，供住宅和商业使用。公司生产 3 个等级的瓷砖（墙砖、住宅地砖和商业地砖），每个等级的瓷砖需要不同数量的材料和生产时间，并产生不同的利润贡献。下面的信息显示了每个等级所需材料的百分比和每平方英尺的利润。

	I 级	II 级	III 级
利润（美元/平方英尺）	2.50	4.00	5.00
黏土	50%	30%	25%
硅石	5%	15%	10%
沙子	20%	15%	15%
长石	25%	40%	50%

每周 Sanford 瓷砖接收原材料船舶和运营经理必须安排工厂有效地使用材料，以最大限度地提高利润。目前，库存包括 6 000 磅黏土、3 000 磅硅石、5 000 磅沙子、8 000 磅长石。由于不同等级的需求不同，市场估计最多应生产 8 000 平方英尺的 III 级瓷砖，而且至少需要 1 500 平方英尺的 I 级瓷砖。每平方英尺的瓷砖重约 2 磅。开发并求解线性优化模型，以确定每个等级的瓷砖应生产多少周，以最大限度地提高利润贡献。

40. 位于印度班加罗尔的 Hansel 公司专业生产塑料原料，其生产工艺包括：将原料与各类添加剂和增强材料混合后，经熔融、挤出并切割成颗粒状，最终销售给其他制造商。公司生产 4 个品级的塑料，每种产品最多可添加 4 种不同的添加剂。下表列出了每磅成品塑料中各类添加剂的含量（磅）、添加剂的周供应量，以及相关成本与利润数据。

	等级				
	1	2	3	4	可用添加剂
添加剂 A	0.40	0.37	0.34	0.90	100 000
添加剂 B	0.30	0.33	0.33		90 000
添加剂 C	0.20	0.25	0.33		40 000
添加剂 D	0.10	0.05		0.10	10 000
利润（美元/磅）	0.20	1.70	1.50	2.80	

出于市场考虑，1 级和 2 级的总产量不应超过所有生产级别总产量的 75%，而且至少 40% 的产品组合应为 4 级。每个等级应该生产多少才能使利润最大化？开发并求解线性优化模型。

41. Mirza制造公司生产4种电子产品，每种产品包括3种主要材料：磁石、电线和外壳。产品被运往北美、欧洲和亚洲的3个配送中心。营销部门规定，任何地点都不能接受超过最大需求量的服务，而且每个地点至少应该接受最小需求量。每单位的材料成本是：磁石0.59美元，电线0.29美元，外壳0.31美元。下表列出每种成品所需的每种材料的单位数量和每单位的生产成本。

产品	产品成本（美元/单位）	磁石	电线	外壳
A	0.25	4	2	2
B	0.35	3	1	3
C	0.15	2	2	1
D	0.10	8	3	2

接下来提供更多信息。

	最低需求（单位）		
产品	北美	欧洲	亚洲
A	850	900	100
B	700	200	500
C	1 100	800	600
D	1 500	3 500	2 000

	最高需求（单位）		
产品	北美	欧洲	亚洲
A	2 550	2 700	300
B	2 100	600	1 500
C	3 300	2 400	1 800
D	4 500	10 500	6 000

	包装和运输成本（美元/单位）		
产品	北美	欧洲	亚洲
A	0.20	0.25	0.35
B	0.18	0.22	0.30
C	0.18	0.22	0.30
D	0.17	0.20	0.25

	单位销售收入（美元）		
产品	北美	欧洲	亚洲
A	4.00	4.50	4.55
B	3.70	3.90	3.95
C	2.70	2.90	2.40
D	6.80	6.50	6.90

	可用的原材料
磁石	120 000
电线	50 000
外壳	40 000

开发并求解一个适当的线性优化模型，使净利润最大化。

42. Raturi 化工有限公司生产 4 种工业化学制品，每磅可变生产成本分别为 9 美元、6.75 美元、5.25 美元和 7.50 美元。由于供应商成本的增加，每种产品的可变成本将在 3 月初增加 6%。需求预测在下表中显示。目前每种产品都有 100 磅的库存，公司希望在每个月底保持每种产品 100 磅的库存。这 4 种产品有一个共同点：每天工作 8 小时，每周工作 7 天。加工要求：产品 1 每磅 0.06 小时，产品 2 每磅 0.05 小时，产品 3 每磅 0.2 小时，产品 4 每磅 0.11 小时。每个月每磅的库存成本估计为产品成本的 12%。构建一个优化模型以满足需求并实现总成本最小化（假设每月按 30 天计算）。请在电子表格中运行该模型，并求出最优解。

产品	产品需求		
	月份 1	月份 2	月份 3
1	1 000	800	1 000
2	1 000	900	500
3	600	600	500
4	0	200	500

43. Reddy & Rao（R&R）是印度的一家专为商业客户打造手工艺术座椅的小型企业。该公司目前生产 4 款椅子，各款式的单位制作工时及每把椅子成本如下表所示：

	A 款	B 款	C 款	D 款
成本（美元/把）	900.00	650.00	500.00	750.00
单位制作工时	40	22	12	34

R&R 公司雇了 4 个人。他们每人每天工作 8 小时，每周工作 5 天（假设每月工作 4 周）。未来 3 个月的需求预计如下：

需求（把）	A 款	B 款	C 款	D 款
月份 1	7	4	4	9
月份 2	7	4	5	4
月份 3	6	8	8	6

R&R 公司每月各款椅子的库存上限为 2 件，同时要求 D 款椅子的库存量必须始终至少有 1 把。当前各款库存量均为 2 把。成品椅的仓储成本为生产成本的 10%。请构建并求解优化模型，确定每月生产椅子的最佳数量和每月库存，使总成本最小化，满足预期需求。

44. 一名国际研究生将获得 28 000 美元的基金会奖学金及学费减免。她需支付：秋季、冬季和春季每季度 1 500 美元学费（分别于 9 月 1 日、12 月 1 日和 3 月 1 日到期），以及夏季学期 500 美元学费（5 月 1 日到期）。每月生活费预估为 1 500 美元（每月 1 日支付）。基金会将于 8 月 1 日支付 18 000 美元，余款于 5 月 1 日支付。为获取最大利息收益，该学生计划进行投资。她的银行提供 3 种投资方式：3 个月期存单，到期收益率为 0.75%；6 个月期存单，到期收益率为 1.9%；12 个月期存单，到期收益率为 4.2%。请为她建立线性优化模型，以确定最优投资方案并满足所有财务支付义务。

45. 杰森·赖特是个兼职商科学生，他想优化自己的财务决策。现在，他的储蓄账户里有 16 000 美元。根据对他的实得工资、预期奖金和预期退税的分析，他估算了下一年每个月的收入。同时，他还估算了每月支出——由于保险费、水电费、学费及教材费等定期支付项目的影响，这些支出存在波动，下表概括了他的估计：

月份	收入	开支
1 月	3 400	3 360
2 月	3 400	2 900
3 月	3 400	6 600
4 月	9 500	2 750
5 月	3 400	2 800
6 月	5 000	6 800
7 月	4 600	3 200
8 月	3 400	3 600
9 月	3 400	6 550
10 月	3 400	2 800
11 月	3 400	2 900
12 月	5 000	6 650

Jason Wright 已确定了几个短期投资机会：

- 3 个月期 CD 到期收益率为 0.60%
- 6 个月期 CD 到期收益率为 1.42%
- 11 个月期 CD 到期收益率为 3.08%
- 储蓄账户每月收益率为 0.0375%

为了确保有足够的现金应对紧急情况，他想在储蓄账户里至少保留 2 000 美元。杰森的目标是在年底最大化他的现金余额。建立一个线性优化模型来求解最优投资策略。

46. Pavlick 公司为美国汽车装配厂供应内饰关键部件。该部件可在中国或墨西哥生产：中国生产成本为每单位 333 美元，墨西哥为 350 美元。但每 500 单位的运输成本分别为：中国 10 000 美元，墨西哥 2 000 美元，且预计中国运输成本每月将上涨 4%，墨西哥每月上涨 1%。该部件对汽车客户的售价为每件 400 美元。根据中国供应商合同要求，每月最低产量必须达到 2 500 件。未来 12 个月的需求预估如下：

	需求（件）
1 月	14 000
2 月	16 000
3 月	14 000
4 月	14 000
5 月	16 000
6 月	10 500
7 月	14 000
8 月	20 000
9 月	20 000
10 月	16 000
11 月	14 000
12 月	10 500

这家墨西哥工厂是新建的，正在加速生产，明年其产能将增加如下：

	墨西哥工厂产能
1 月	0
2 月	2 500
3 月	5 000
4 月	7 500
5 月	10 000
6 月	12 500
7 月	15 000
8 月	15 000
9 月	15 000
10 月	15 000
11 月	15 000
12 月	15 000

该公司应如何规划生产采购方案以实现总利润最大化？

47. 米歇尔是个商科学生，打算去医学院上学。州立大学医学院的平均费用是每年 3.5 万美元，而且费用还在迅速上升。米歇尔创建了一个电子表格模型来计算每年医学院的总支出，包括教育和生活费用。她的估计是第 1 年 57 067 美元，第 2 年 56 572 美元，第 3 年 67 846 美元，第 4 年 55 662 美元。她正在考虑 3 种贷款选择：斯塔福德贷款，年利率为 6.8%，上限为 47 167 美元，在医学院期间不计利息；研究生 Plus 贷款，年利率为 7.9%，无贷款上限，在读期间正常计利息；私人银行贷款，年利率为 5.9%，贷款上限为 30 000 美元，在读期间同样会累计利息。假设每笔贷款将在毕业后 25 年内偿还。米歇尔目前从投资、家庭礼物和工作中节省了 39 500 美元，第 2 年到第 4 年，她额外获得来自祖父母的 4 500 美元赠礼。开发并解决一个优化模型，以确定从每种类型的贷款中筹集多少资金，以最大限度地减少必须支付的贷款利息。（提示：使用 Excel 函数 CUMIPMT 计算出在贷款期限内支付的总利息。例如，如果一笔 10 万美元的 30 年期贷款的利率为 9%，那么公式 =— CUMIPMT（9%，30，100 000，1，30，0）将产生 192 009 美元的累计利息。（请注意，这个函数产生一个负数值，因此包括负号。）

48. 市场营销经理可通过多种媒体渠道进行广告投放，需在有限预算内确定投放媒介、各渠道的投放频次及投放排期，以实现广告效益最大化。现假设 Kernan 服务公司有 3 种可选媒体：广播、电视和杂志。下表提供了各媒体的成本、曝光值及公司设定的投放数量限制等相关信息。其中，曝光值是通过市场调研得出的用于衡量广告触达人群数量的指标。该公司期望实现至少 60 000 次的总曝光值。

	中介成本（美元）	曝光值/广告	最低数量	最高数量
广播	500	2 000	0	15
电视	2 000	4 000	10	没有限制
杂志	200	2 700	6	12

该公司应投放各类广告多少数量，才能在满足最低总曝光要求的前提下实现成本最小化？

49. Klein 工业公司生产 3 种便携式空气压缩机：小型、中型和大型，单位利润分别为 20.5 美元、34 美元和 52 美元。预计每月销售额如下：

	小型	中型	大型
最低	14 000	6 200	2 600
最高	21 000	12 500	4 200

生产过程包括 3 项主要活动：弯曲/成形，焊接和喷漆。每个部门处理每个产品所需时间（分钟）如下：

	小型	中型	大型	所需时间（分钟）
弯曲/成形	0.4	0.7	0.8	23 400
焊接	0.6	1.0	1.2	23 400
喷漆	1.4	2.6	3.1	46 800

为了达到利润最大化，公司应该生产多少台空气压缩机？

50. 果汁公司生产 5 种不同口味的果汁：苹果汁、樱桃汁、石榴汁、橙汁和菠萝汁。每批产品需要在 3 个部门加工（调制、过滤和装瓶）。问题 50 的表格数据显示了相关数据（每批次 1 000 加仑）。构建并求解线性规划模型，以确定各口味果汁的最优生产数量。

	时间要求（分/批）					
	苹果汁	樱桃汁	石榴汁	橙汁	菠萝汁	可用时间（分钟）
调制	23	22	18	19	19	5 000
过滤	22	40	20	31	28	3 000
装瓶	10	10	10	10	10	5 000

	利润和潜在销量				
	苹果汁	樱桃汁	石榴汁	橙汁	菠萝汁
利润（美元/千加仑）	800	320	1 120	1 440	800
最高销量（千瓶）	20	30	50	50	20
最低销量（千瓶）	10	15	20	40	10

51. Worley 流体供应公司生产 3 种类型的流体处理设备：控制阀、计量泵和液压缸。这 3 种产品都需要组装和测试，然后才能运到客户手中。下面的数据提供了每种类型在组装和测试中所需的分钟数、利润和销量估计。

	控制阀	计量泵	液压缸
装配时间（分钟）	45	20	30
测试时间（分钟）	20	15	25
利润/台	372 美元	174 美元	288 美元
最高销量	20	50	45
最低销量	5	12	22

下周总共有 3 000 分钟的组装时间和 2 100 分钟的测试时间。开发并求解一个线性优化模型，以确定公司下周应该生产多少台设备以使利润贡献最大化。

52. MK 制造公司生产喷气发动机用压缩机和涡轮叶片。叶片是铝钛合金制成的。护套是组件的一部分，用于保持压缩机叶片的轻量化，并且由钢制成。除了制造之外，在质量检查期间，零件还必须通过酸浴以确定是否有任何变形。压缩机叶片使用 8 磅铝矿石、2 磅钛和 15 磅酸，利润贡献为 3 000 美元。护套需要 3 磅钢和 5 磅酸，利润为 1 500 美元。最后，涡轮叶片需要 6 磅铝、1.5 磅钛和 10 磅酸，并产生 2 000 美元的利润。仓库的存储空间有限，它最多能容纳 14 000 磅铝、7 000 磅钛、6 000 磅钢以及 25 000 磅酸。在下一个计划期间，订单要求有 1 500 个压缩机叶片、1 500 个护套和 2 000 个涡轮叶片——因此各部件至少需达到上述产量。需特别说明的是，压缩机叶片与护套需配套使用，公司必须保持这两种零件的生产数量相等。请构建并求解线性优化模型（你将发现该问题无可行解），进而确定实现可行解所需的调整方案。

案例：高性能草坪设备公司

伊丽莎白·伯克想开发一种模型以更有效地作出明年的生产计划。目前，PLE 计划每月生产 9 100 台割草机，大约相当于去年每月的平均需求量。然而，从前一年的销售数据来看，她发现对割草机的需求有季节性的波动，因此在这种"水平"生产策略下，有些月份会出现生产过剩，导致库存积累过剩，有些月份则会出现生产不足，这可能会导致需求高峰期的销量下降。

伯克女士解释说，她可以通过计划性加班或减产（即产量高于或低于平均月需求量）来调整生产速率，但此举虽可能会抵消滞销或超额库存的成本，却会产生额外费用。她相信通过优化生产计划，公司可以节省大量的资金。

伯克女士在一个会议上看到了一个类似的模型，另一家公司使用了这个模型，但是没有完全理解这个方法。幻灯片上没有详细说明，但该公司解释了模型中的变量和约束类型。她认为这个模型会对你实施优化模型有所帮助。以下是讲述的重点：

变量设定：

$X_t =$ t 时期内计划产量

$I_t =$ t 时期期末的库存量

$L_t =$ t 时期内损失的销售量

$O_t =$ 第 t 期加班生产量

$U_t =$ 第 t 期减产后的生产量

$R_t =$ 第 t 期相对第 $t-1$ 期生产率增幅

$D_t =$ 第 t 期相对第 $t-1$ 期生产率降幅

材料平衡约束条件：$X_t + I_{t-1} - I_t + L_t = t$ 月的需求

加班/减产限制：$O_t - U_t = X_t -$ 日常生产能力

生产率调整约束：$X_t - X_{t-1} = R_t - D_t$

伯克女士还提供了下一年的数据和估计：单位生产成本 = 70.00 美元；库存持有成本 = 每月 1.40 美元；缺货成本 = 每单位 200 美元；加班费 = 每单位 6.50 美元；减产成本 = 每单位 3.00 美元；生产率调整成本 = 每单位 5.00 美元（适用于相较上月生产率的任何增减变动）。最初，预计 1 月初会有 900 台存货，去年 12 月的生产率是 9 100 台。她认为，今年每月需求量较去年不会有显著变化，因此，每月需求预测应该使用 *Performance Lawn Equipment Database* 中去年的割草机数量销售数据。

你的任务是设计一个电子表格，详细记录月度生产量、库存量、缺货量及各成本项目数据，并建立线性优化模型以最小化满足下一年度需求的总成本。需将优化结果与每月固定生产 9 100 单位的均衡生产策略进行对比。解释敏感性报告，研究缺货成本参数变动对优化方案的影响，将所有分析结果汇总成报告提交给伯克女士。

第 11 章

整数和非线性优化

学习目标

在学习完本章后，你将能够：

- 识别何时在优化模型中使用整数变量。
- 在 Solver 模型中实现整数变量集成。
- 开发适用于实际场景（如人员排班、选址问题）的整数优化模型。
- 寻找整数优化模型的替代最优解。
- 建立并求解带有二元变量和逻辑约束的优化模型。
- 识别何时使用非线性优化模型。
- 开发并求解面向不同应用场景的非线性优化模型。
- 解释非线性优化的 Solver 求解报告。
- 运用实证数据与曲线拟合技术进行非线性优化。
- 识别二次规划模型特征。
- 判定非光滑优化模型及 *Evolutionary Solver* 的适用条件。
- 构建并求解排序与调度模型，需运用 Solver 的 *alldifferent* 约束条件。

在前面的章节中，我们看到线性优化模型中的变量可以取任意实数值。对于许多实际应用场景，这一假设通常不必有所顾虑。例如，在确定下月尿布最优生产箱数时，采用线性模型完全可行——因为将 5 621.63 这类数值取整对结果影响微乎其微。然而，当涉及飞机这类小批量、高价值产品的生产规划决策时，10.42 这样的最优解就毫无意义，此时一个单位的偏差（四舍五入）都可能引发重大的经济效益和生产规划问题。在这类情况下，就必须确保解决方案取整数值。同理，线性函数有时并不适合模拟某些目标函数或约束条件，此时就需要采用非线性函数来更准确地反映问题本质。构建非线性优化模型相比线性或整数模型，需要更强的创造力和专业的分析能力。

在这一章中，我们讨论如何建立并求解整数和非线性优化模型，同时举例说明其在各种实际问题中的应用。与简单的线性优化模型相比，这些类型的模型提供了很大的灵活性，可以处理更加现实和困难的情况。例如，航空公司使用整数优化来安排机组人员和航段，投资公司使用非线性优化来创建客户的投资组合。

11.1 整数线性优化模型

整数线性优化模型是简单的线性模型，在变量上添加约束，以确保它们是整数值的（即整数）。我们强制设置为整数的决策变量称为**一般整数变量**。我们可以简单地将一个普通线性规划中的任意变量指定为整数，从而将其建模为一般整数变量。例如，如果在 Sklenka 滑雪公司（SSC）的模型中（见第10章），我们希望对生产的滑雪板副数取整数，将添加以下约束条件：

Jordanelle = 整数

Deercrest = 整数

许多优化模型需要使用**二元变量**，这些变量取值仅限于0或1。数学上，二进制变量 X 只是一个一般整数变量，它的取值在0到1之间：

$$0 \leqslant x \leqslant 1 \text{ 且为整数} \tag{11.1}$$

然而，我们通常把它写成 $x = 0$ 或1。二元变量使我们能够在优化问题中建立逻辑决策模型。例如，二元变量可用于建立决策模型，诸如是否将设备放置在某个位置，是否运行生产线，或是否投资于某种股票。例如，如果我们在某个位置放置一个设备，我们可以设 $x = 1$，如果不放置设备，则设 $x = 0$。同样，如果我们运行生产线，我们将设 $x = 1$；否则，我们将设 $x = 0$。

最后，优化的任何实际应用都涉及连续变量、一般整数变量和/或二元变量的组合。这为多种复杂决策问题的建模提供了灵活性。然而，在这本书中，我们将力求简洁，而不涉及这些类型的模型。

11.1.1 具有一般整数变量的模型

如果我们求解无整数约束的线性优化模型（称为**线性规划（LP）松弛**），而所得最优解恰好均是整数值，那么该解显然也满足整数规划模型。然而，这种情况通常不会自然出现。求解整数优化模型的算法会先求解其 LP 松弛问题，随后通过系统搜索过程（需连续求解一系列修正的线性优化问题）来强制满足整数限制条件。你无须理解具体实现机制，因为 Solver 会自动处理这些算法细节。

当我们使用 Solver 时，设置一个所谓的"整数公差"（*Integer Tolerance*）的参数非常重要。此值指定 Solver 算法何时终止。在默认情况下，在 Solver 中将整数公差设置为0.05。这意味着当 Solver 找到与最优解偏差在 5% 范围内的整数解时就会停止计算。采用此默认值，你获得的可能并非绝对最优解，而是达到最优解 95% 精度的可行解。它这样做是为了提高计算效率，因为许多实际问题需要很长时间才能解决，即使使用今天的技术。（几小时甚至几天！）如果需要快速求得一个答案，管理者可能更倾向于接受一个与最优解偏差可控的近似解。为了找到真正的最优整数解，整数公差值必须设置为0。要做到这一点，请单击 *Solver Parameters* 对话框中的 *Options* 按钮，将整数最优性（%）的数值调整为0。

示例11.1　　　　　　　　　　Sklenka 滑雪板示例再现

在第10章中，我们开发了一个简单的线性优化模型，以为滑雪板制造商寻找最佳的产品组合。模型是：

最大化总利润=50 Jordanelle + 65 Deercrest

3.5 Jordanelle + 4 Deercrest $\leqslant$ 84

1 Jordanelle + 1.5 Deercrest $\leqslant$ 21

Deercrest − 2 Jordanelle $\geqslant$ 0

Deercrest ≥ 0

Jordanelle ≥ 0

我们看到最优解是生产5.25副 Jordanelle 滑雪板和10.5副 Deercrest 滑雪板。因为最优解涉及小数，所以找到决策变量为整数的最优解是有益的。要做到这一点，我们需要在模型中加上 Deercrest 和 Jordanelle 必须是整数的约束条件。图 11-1 显示了满足所有约束条件和取整数值的可行值集合（圆点）的图形。

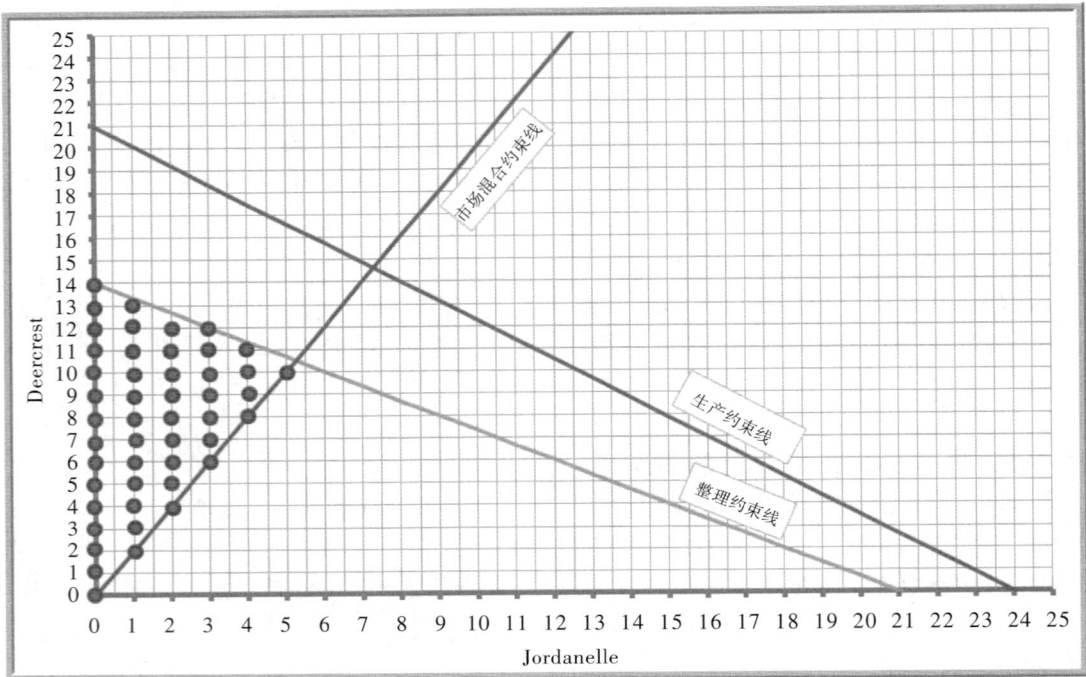

图11-1　Sklenka滑雪板问题可行整数解的图示

要使用 Solver 对变量实施取整约束，请单击 *Add* 按钮以添加约束条件。在 *Add Constraint* 对话框中，在 *Cell Reference* 字段中输入变量范围并从下拉框中选择 *Integer* 选项，如图 11-2 所示。我们还需要确保将 *Integer Tolerance* 参数设置为零，如前所述。图 11-3 显示了最终的结果。注意，整数约束模型的目标函数的最大值小于线性最优解。这是意料之中的，因为我们额外添加了一个约束（取整数）。每当你给模型添加一个约束，目标函数的值就永远不会改善，而且通常会恶化。图 11-4 形象地说明了这一点。随着利润线的上升，它通过的最后一个可行整数点是（3，12）。还要注意的是，最优整数解与直接对线性规划松弛最优解进行四舍五入得到的结果并不相同。

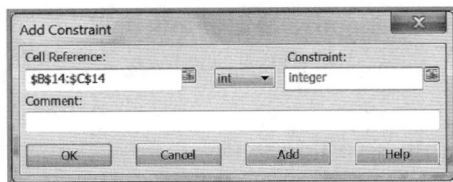

图11-2　在Solver中定义一般整数变量

	A	B	C	D
1	Sklenka Skis			
2				
3	Data			
4			Product	
5	Department	Jordanelle	Deercrest	Limitation (hours)
6	Fabrication	3.5	4	84
7	Finishing	1	1.5	21
8				
9	Profit/unit	$ 50.00	$ 65.00	
10				
11				
12	Model			
13		Jordanelle	Deercrest	
14	Quantity Produced	3	12	Hours Used
15	Fabrication	10.5	48	58.5
16	Finishing	3	18	21
17				
18				Excess Deercrest
19	Market mixture			6
20				
21				Total Profit
22	Profit Contribution	$ 150.00	$ 780.00	$ 930.00

图11-3 Sklenka滑雪板问题的最优整数解

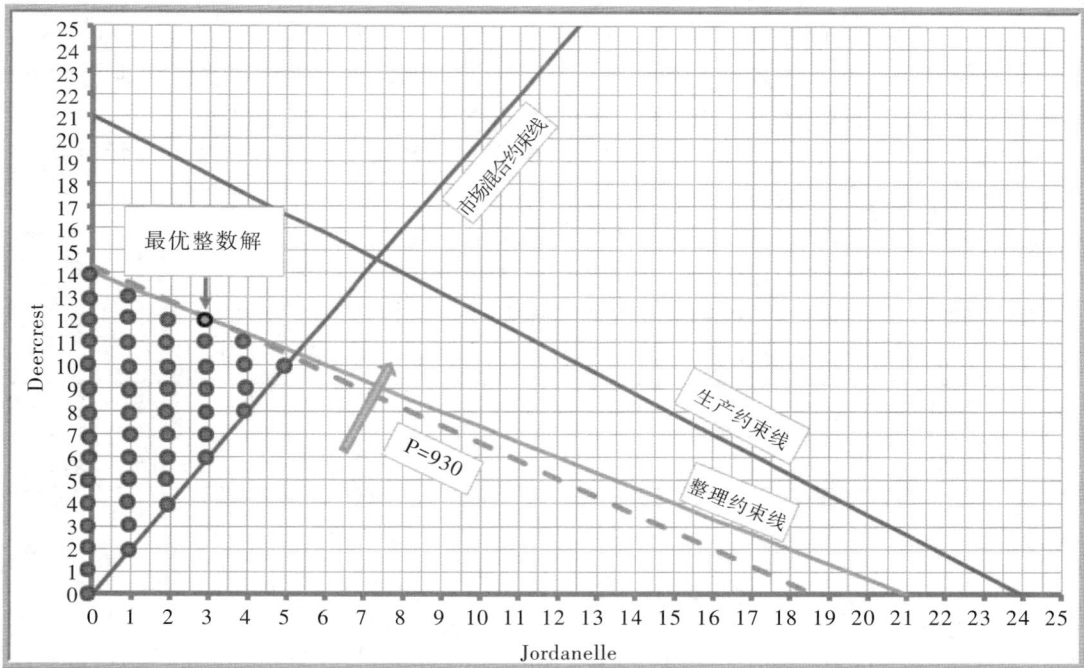

图11-4 最优整数解的图示

如果Sklenka滑雪公司是一家真正的公司，它将为世界市场生产成千上万双滑雪板。正如我们所指出的，如果它只是将线性优化模型的最优解四舍五入，可能不会有太大的区别。然而，在其他类型的模型中，执行整数限制的解决方案是至关重要的。例如，造纸业需要找到最佳的切割模式组合，以满足对各种开本的纸量的需求。用类似的方法，薄钢板生产商会从轧制的钢卷上切出不同规格的钢带。对于这些类型的问题，决策变量的分数值根本没有意义。找到这类问题的最优解需要进行整数优化。这里有一个例子。

示例11.2　　　　　　　　　　　　　一个下料问题

假设某公司生产标准宽度为110英寸的薄金属卷材，需根据客户订单要求将其切割成12英寸、15英寸和30英寸等不同规格的小卷材。这些宽度规格的需求量每周均有变化。公司有许多不同的方法将一卷110英寸的金属卷材切成12英寸、15英寸和30英寸等多个规格的小卷材。切割模式是从原材料卷材上切割出各类小卷材的数量组合。为减少昂贵的废料损耗，我们自然希望尽可能充分利用每卷原材料。例如，我们可以切割成7卷15英寸小卷材，但会产生5英寸边角料；或者切割成3卷30英寸加1卷12英寸小卷材，但将剩余8英寸废料。为大量的最终产品找到好的切割模式本身就是一个具有挑战性的问题。假设公司提出了以下的切割模式：下周的需求是500个12英寸小卷材，715个15英寸小卷材，630个30英寸小卷材。问题是要建立一个模型，确定在6种模式中，每种模式需要切割多少110英寸的卷材以满足需求，最大限度地减少废料。设X_i为切割模式i的110英寸卷材的数量，令$i = 1, \cdots, 6$。注意，X_i必须是一个整数，因为每个卷材被切割的最终成品的数量是不同的。因此，X_i将使用一般整数变量来建模。因为目标是最小化废料，所以目标函数是：

最小化 $5X_1 + 5X_2 + 8X_3 + 2X_4 + 11X_5 + 11X_6$

唯一的约束是终端产品的需求必须得到满足；也就是说，我们必须至少生产500个12英寸小卷材，715个15英寸小卷材和630个30英寸小卷材。用每种切割模式生产的最终小卷材的数量乘以使用该模式切割的110英寸卷材的数量，得到最终小卷材的数量。因此，约束条件是：

$0X_1 + 0X_2 + 1X_3 + 9X_4 + 2X_5 + 7X_6 \geqslant 500$　（12英寸小卷材）

$7X_1 + 1X_2 + 0X_3 + 0X_4 + 1X_5 + 1X_6 \geqslant 715$　（15英寸小卷材）

$0X_1 + 3X_2 + 3X_3 + 0X_4 + 2X_5 + 0X_6 \geqslant 630$　（30英寸小卷材）

最后，我们需要加入非负性和整数约束条件：$X_i \geqslant 0$且为整数。

切割模式	终端产品尺寸			
	12英寸	15英寸	30英寸	废料（英寸）
1	0	7	0	5
2	0	1	3	5
3	1	0	3	8
4	9	0	0	2
5	2	1	2	11
6	7	1	0	11

图11-5显示了在电子表格上运行下料模型（Excel文件 *Cutting-Stock Model*（下料模型））的最优解。单元格B23：D23中的产量约束函数与单元格B26中的目标函数，均为决策变量（B15：B20）与第5至10行数据的SUMPRODUCT函数。Solver模型如图11-6所示。

	A	B	C	D	E
1	**Cutting Stock Model**				
2					
3	**Data**				
4	Pattern	12-in rolls	15-in rolls	30-in rolls	Scrap
5	1	0	7	0	5
6	2	0	1	3	5
7	3	1	0	3	8
8	4	9	0	0	2
9	5	2	1	2	11
10	6	7	1	0	11
11	**Demand**	500	715	630	
12					
13	**Model**				
14		No. of rolls			
15	**Pattern 1**	73.00			
16	**Pattern 2**	210.00			
17	**Pattern 3**	0.00			
18	**Pattern 4**	56.00			
19	**Pattern 5**	0.00			
20	**Pattern 6**	0.00			
21					
22		12-in rolls	15-in rolls	30-in rolls	
23	**Number produced**	504	721	630	
24					
25		**Total**			
26	**Scrap**	1527			

图 11-5 电子表格中 *Cutting Stock Model* 的最优解图

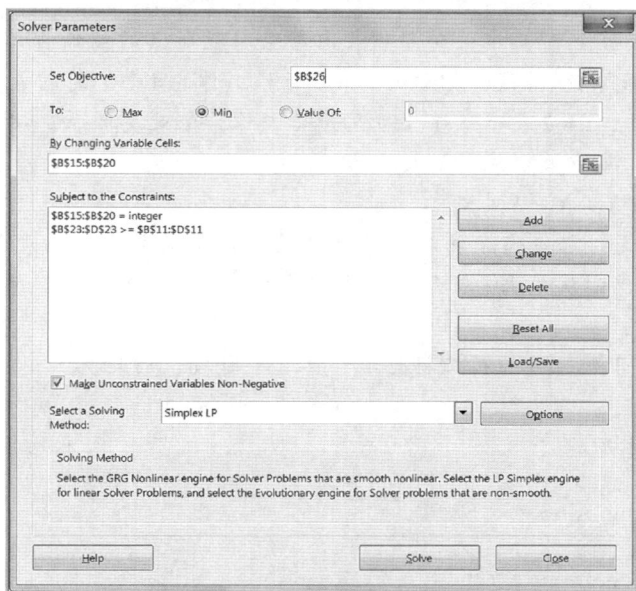

图 11-6 下料问题的 Solver 模型

11.1.2 劳动力调度模型

如何提升劳动力的效率是许多企业面临的一个实际但又高度复杂的问题。许多快餐店雇用的学生在一周内只能工作一小部分时间,从而导致大量的排班计划需要优化。在此类工作安排中,顾客需求在每周、每天以及每天中的不同时间都发生着动态的变化,这就使得将工作人员合理分配到具体时段的问题进一步复杂化。医院的护士调度、航空公司的机组人员以及许多其他服务机构人员的调度也存在类似的问题。

示例11.3　　　　　　　　　　　　　Brewer服务公司

　　Brewer服务公司与外包合作伙伴签订服务合同，由其处理各种客户服务职能。客户服务部周一到周五8点开门。通常一天的通话时间从下午3点到下午5点不等。根据对公司一位合伙人提供的通话量的研究，每天每小时最少需要的员工人数如下：

工作时段	所需要的最少员工人数
8 ~ 9	5
9 ~ 10	12
10 ~ 11	15
11 ~ 12	12
12 ~ 1	11
1 ~ 2	18
2 ~ 3	17
3 ~ 4	19
4 ~ 5	14

　　布鲁尔先生想雇用一些长期雇员，并利用兼职雇员来满足剩余的要求，这些雇员每天工作4个小时（连续4个小时，从早上8点开始，到中午12点结束）。假设布鲁尔先生有5个固定员工。

　　假设5名长期雇员全日工作，则可从表内每个时段所需的最低员工人数减去5名，以计算非全时雇员的保障额。将X_i设为从i小时开始工作的4个小时的兼职员工，$i=1$表示从早上8点开始工作，$i=2$表示从早上9点开始工作，依此类推，$i=6$表示从下午1点开始工作。目标是尽量减少兼职雇员的总人数：

最小化 $X_1 + X_2 + X_3 + X_4 + X_5 + X_6$

　　在每个时段，我们需要确保该时段工作的兼职雇员的总人数满足最低人力需求。例如，8点到9点时段仅由从早上8点开始工作的员工填补，因此，

$X_1 \geq 0$

上午8点或9点开始工作的员工将会填补第二个时段，因此，

$X_1 + X_2 \geq 7$

剩下的约束条件是：

$$X_1 + X_2 + X_3 \geq 10$$
$$X_1 + X_2 + X_3 + X_4 \geq 7$$
$$X_2 + X_3 + X_4 + X_5 \geq 6$$
$$X_3 + X_4 + X_5 + X_6 \geq 13$$
$$X_4 + X_5 + X_6 \geq 12$$
$$X_5 + X_6 \geq 14$$
$$X_6 \geq 9$$

所有的变量也必须是整数。

　　图11-7和图11-8显示了包含最优解（Excel文件 *Brewer Services*）的电子表格，以及示例11.3的Solver模型。最好的解决办法是雇24个兼职员工。

	Shift	Number of PT employees		Hour	Total part-time employees	Excess
	1	7		8-9	7	7
	2	0		9-10	7	0
	3	3		10-11	10	0
	4	0		11-noon	10	3
	5	5		noon-1	8	2
	6	9		1-2	17	4
	Total	24		2-3	14	2
				3-4	14	0
				4-5	9	0

图11-7　*Brewer Service* 公司优化模型的电子表格

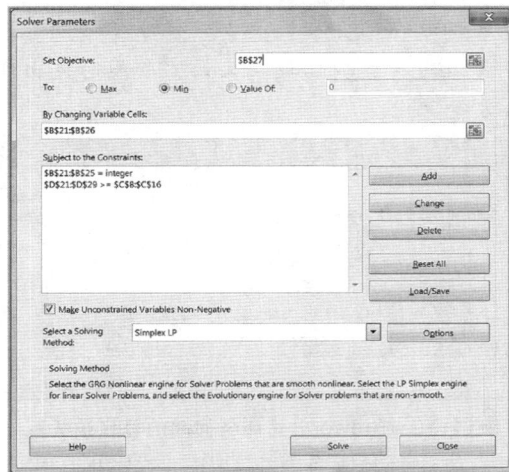

图11-8　*Brewer Service* 公司Solver模型

11.1.3 另一种最优解

在考虑解决方案时，管理者可能不满意员工的分配方案，尤其是在第一个小时内有7个多余的员工这一事实。在大多数排班优化问题中，通常存在许多替代最优解。通过灵活运用优化模型，能够有效识别这些潜在最优方案。

示例11.4　　　　　　　　寻找Brewer服务模型的替代最优解

一个简单的方法来找到一个替代最优解，减少上午8：00冗员人数是定义一个约束条件，设置目标函数等于它的最优值，然后修改目标函数，以使在第一个时段内冗员人数最少。图11-9显示了带有约束条件的修正Solver模型。

$$X_1 + X_2 + X_3 + X_4 + X_5 + X_6 = 24$$

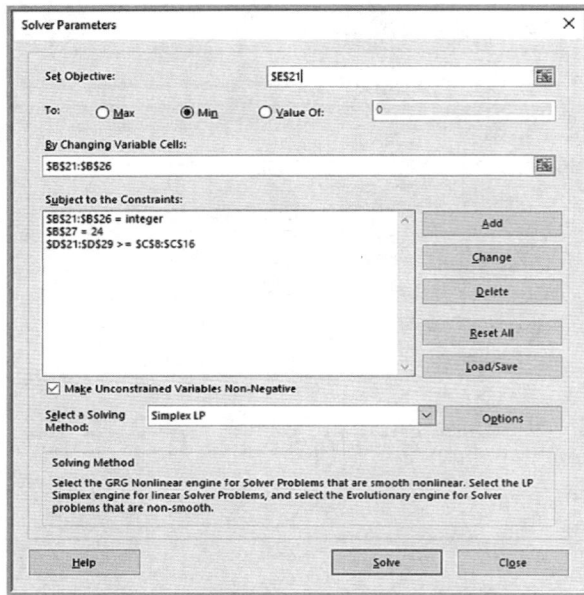

图11-9　修正Solver模型以识别最优解

新的目标函数设上午8：00的冗员人数最少，值在单元格E21。替代最优解如图11-10所示。就像"打地鼠"游戏一样，我们现在又面临午间时段出现9名冗员的新问题——这个解决方案并不比原始方案更优。

18	A	B	C	D	E
18	**Model**				
19				**Total part-time**	
20	**Shift**	**Number of PT employees**	**Hour**	**employees**	**Excess**
21	1	0	8-9	0	0
22	2	7	9-10	7	0
23	3	3	10-11	10	0
24	4	0	11-noon	10	3
25	5	5	noon-1	15	9
26	6	9	1-2	17	4
27	**Total**	24	2-3	14	2
28			3-4	14	0
29			4-5	9	0

图11-10　Brewer公司服务问题的替代最优解

一个更好的方法是定义额外的约束条件，将E21：E29范围内的冗员人数限制为小于或等于一个最大数 k，然后尝试最小化原始的目标函数。这个求解模型如图11-11所示。

如果我们这样做，我们发现得到可行解的最小值是 $k = 3$。结果见图 11-12。我们取得了更好的平衡，同时还保持了最少的兼职员工数量。

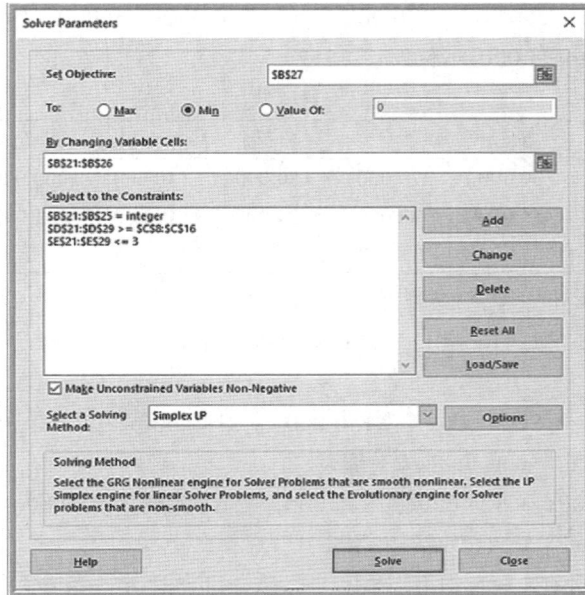

图11-11 带有冗员约束条件的Solver模型

图11-12 Brewer公司服务问题改进后的替代最优解

（1）解释一般整数变量和二元变量的区别。

（2）为了求解整数优化模型，你必须在Solver中做哪些修改？

（3）解释如何在劳动力调度模型中找到替代最优解。

11.2 带有二元变量的模型

二元变量在优化模型中提供了难以置信的灵活性。我们接下来介绍的一个常见示例是项目选择，其中潜在项目的子集必须在有限的资源约束下进行选择。金融业的资本预算问题也有类似的结构。

示例11.5　　　　　　　　　　　　　　哈恩工程

哈恩工程（Hahn Engineering）公司的研发小组已经确定了5个潜在的新工程和开发项目，但受限于现有的预算和人力资源。每个项目预计将产生特定回报（以净现值［NPV］计量），但需占用固定额度的资金和人员。由于资源有限，这5个项目不能全部都实施。

各项目不可部分实施——要么完整承接，要么完全放弃。具体数据见表11-1，若选中某项目，将产生全额预期收益，并占用表11-1所列的全部资金及人力成本。例如，如果我们选择项目1和项目3，总回报是330 000美元（180 000+150 000），这些项目需要现金总计79 000美元（55 000+24 000）和7人（5+2）。

表11-1 项目数据

	项目1	项目2	项目3	项目4	项目5	可用资源
净现值（美元）	180 000	220 000	150 000	140 000	200 000	
现金要求（美元）	55 000	83 000	24 000	49 000	61 000	150 000
人员要求（人）	5	3	2	5	3	12

为了对这种情况建模，我们将决策变量设为二元变量，分别对应于不选择或选择每个项目。如果项目 i 被选中，设 $x_i = 1$；如果没有被选中，则为0。将这些二元变量乘以预期收益，目标函数是：

最大化 $\$180\,000x_1 + \$220\,000x_2 + \$150\,000x_3 + \$140\,000x_4 + \$200\,000x_5$

由于现金和人员有限，我们有以下限制：

$\$55\,000x_1 + \$83\,000x_2 + \$24\,000x_3 + \$49\,000x_4 + \$61\,000x_5 \leq \$150\,000$（现金约束）

$5x_1 + 3x_2 + 2x_3 + 5x_4 + 3x_5 \leq 12$（人数约束）

注意，如果选择项目1和项目3，则 $x_1 = 1$，$x_3 = 1$，目标函数和约束函数相等

回报 $=180\,000\times1+220\,000\times0+150\,000\times1+140\,000\times0+200\,000\times0=330\,000$（美元）

所需的现金 $=55\,000\times1+83\,000\times0+24\,000\times1+49\,000\times0+61\,000\times0=79\,000$（美元）

所需人员 $= 5\times1+3\times0+2\times1+5\times0+3\times0=7$（人）

这个模型很容易在电子表格中运行，如图11-13所示（Excel 文件 *Hahn Engineering Project Selection*）。决策变量定义于单元格 B11：F11 区域，将其与第5至7行各项目数据相乘后，即可在第12至14行计算出所选项目的总收益、资金占用及人力占用情况。目标函数在单元格 G12 中汇总所选项目的总收益，在单元格 G13 中汇总资金总占用额，在 G14 单元格中汇总人力总占用数量。最佳解决方案是选择项目1、3和5，总回报为53万美元。

图11-13 项目选择问题的电子表格模型

Sovler模型如图11-14所示。要为变量设置二元约束条件，其操作流程与定义整数变量相同，在 *Add Constraint* 对话框的下拉框中选择 *bin* 选项。最终生成的约束条件将显示为$B11:$F11 = binary，如图中Solver模型所示。

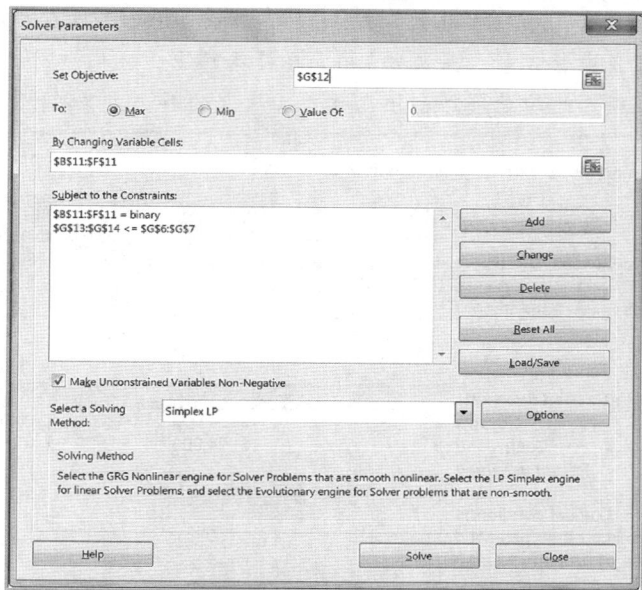

图11-14 Hahn工程项目选择问题的Solver模型

11.2.1 使用二元变量来建模的逻辑约束

二元变量允许我们针对各种各样的逻辑约束建模。例如，假设选择了项目1，那么也必须选择项目4。你的第一反应可能是在 Excel 模型中加入一个 IF 函数。然而，回想一下，我们在第10章注意到，这些函数破坏了 Excel 模型的线性特性，因此，我们需要用不同的方式表达这些约束。如果项目1被选中，那么 $x_1 = 1$，我们希望 x_4 也是1。这可以通过以下约束来实现：

$$x_4 \geq x_1$$

在数学上，如果 $x_1 = 1$，那么这个约束意味着 $x_4 \geq x_1$，因此 x_4 必须等于1。如果 $x_1 = 0$，那么 $x_4 \geq 0$，x_4 可以是0或1。表11-2总结了如何使用二元变量对逻辑条件建模的方法。

表11-2 使用二元变量对逻辑条件建模

逻辑条件	约束模型构建
如果是 A，那么 B	$B \geq A$ 或 $B-A \geq 0$
如果不是 A，则是 B	$B \geq 1-A$ 或 $A+B \geq 1$
如果是 A，则不是 B	$B \leq 1-A$ 或 $A+B \leq 1$
至少是 A 和 B 中的一个	$A+B \leq 1$
如果是 A，则 B 和 C	($B \geq A$ 且 $C \geq A$) 或 $B+C \geq 2A$
如果是 A 和 B，则 C	$C \geq A+B-1$ 或 $A+B-C \leq 1$

示例11.6 在项目选择模型中添加逻辑约束

假设在 Hahn 工程模型中，我们希望确保如果项目1被选中，那么项目4就被选中，且项目1和项目3最多可以选一个。为此，将约束条件 $x_4 \geq x_1$ 转化为 $x_4 - x_1 \geq 0$ 的形式，并通过为约束函数 $x_4 - x_1$ 设定专用单元格来实现（图11-15中的B17单元格）。同样，对于约束条件 $x_1 + x_3 \leq 1$，为 $x_1 + x_3$ 设定一个单元格（图11-15中的B18单元格）然后将这些约束添加到

Solver模型，如图11-16所示（Excel 文件 *Hahn Engineering Project Selection with Logical Conditions* （哈恩工程项目选择逻辑约束模型））。在最优解中，我们没有选择项目1，尽管项目4被选中了。加上额外的约束条件，预期收益比原来的解决方案要少。

图11-15 带逻辑条件的改进项目选择模型

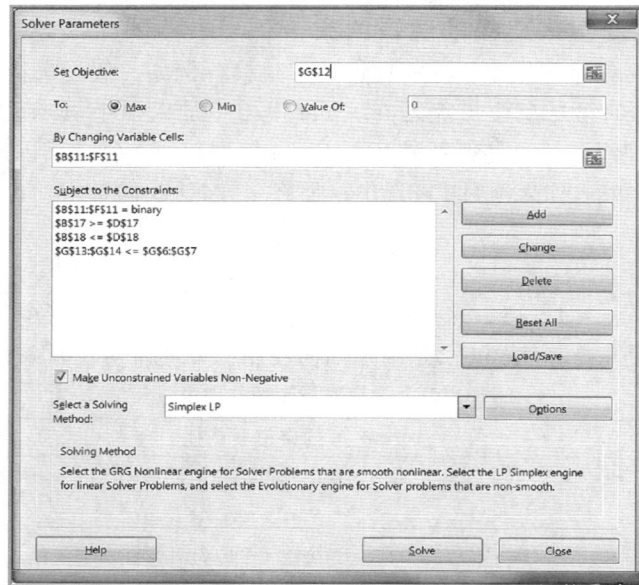

图11-16 带逻辑条件的改进Solver模型

11.2.2 在供应链优化中的应用

供应链优化是整数优化最广泛的应用领域之一，在当前严峻的经济形势下，企业为降低物流成本并提升客户服务质量，正大规模采用这项技术。

假设某公司拥有众多潜在的配送中心选址，需向大量客户运输产品，并希望通过选定固定数量的配送中心来重新设计其供应链。为了提供卓越的客户服务，一些公司实行单一采购政策——每个客户只能从一个配送中心获得供应。问题在于确定如何将客户分配到配送中心，从而使运输总成本最小化。

如果客户 j 被分配到配送中心 i，则设 $X_{ij}=1$；如果配送中心 i 是从一组潜在的位置中选择的，则设 $X_{ij}=1$；如果没有选择，则为 0；C_{ij} = 满足配送中心 j 的需求的总成本。我们希望将总成本最小化，确保每个客户被分配到一个且仅一个配送中心，并从一组潜在分配中心中选择 k 个配送中心。这可以通过以下模式来实现：

最小化 $\Sigma_i \Sigma_j C_{ij} X_{ij}$

$\Sigma_i X_{ij}=1$，对于任意 j

$\Sigma_i Y_i=k$

$X_{ij} \le Y_i$，对于任意 i 和 j

X_{ij} 和 Y_i 是二元变量

第一个约束确保每个客户被正好分配到一个配送中心。下一个约束限制选择的配送中心的数量。最后一个约束确保除非在供应链中选择了配送中心，否则客户 j 不能被分配到配送中心 i。这类似于我们在表 11-2 中描述的逻辑约束。如果 $Y_i=1$，那么任何客户都可以被分配到配送中心 i；如果 $Y_i=0$，那么对于所有客户 j，X_{ij} 被迫为 0，因为配送中心没有被选中。

示例 11.7 **Paul & Giovanni 食品公司**

Paul & Giovanni（PG）食品公司向休斯敦、拉斯维加斯、新奥尔良、芝加哥和旧金山这 5 个主要城市的餐馆分销食品。在一项供应链重构的研究中，公司确定了 4 个候选配送中心城市：洛杉矶、丹佛、彭萨科拉和辛辛那提。各候选配送中心向客户城市供货的成本如下表所示。PG 食品公司希望确定最优供应链配置方案以实现成本最小化。

采购成本	休斯敦	拉斯维加斯	新奥尔良	芝加哥	旧金山
洛山矶	40 000	11 000	75 000	70 000	60 000
丹佛	72 000	77 000	120 000	30 000	75 000
彭萨科拉	24 000	44 000	45 000	80 000	90 000
辛辛那提	32 000	55 000	90 000	20 000	105 000

如果客户城市 j 被分配给配送中心 i，则设 $X_{ij}=1$；当配送中心 i 从候选选址中被选中时，则设 $Y_i=1$，从而整数优化模型为：

最小化 $\$40\,000X_{11}+\$11\,000X_{12}+\$75\,000X_{13}+\$70\,000X_{14}+\$60\,000X_{15}+\$72\,000X_{21}+\$77\,000X_{22}+\$120\,000X_{23}+\$30\,000X_{24}+\$75\,000X_{25}+\$24\,000X_{31}+\$44\,000X_{32}+\$45\,000X_{33}+\$80\,000X_{34}+\$90\,000X_{35}+\$32\,000X_{41}+\$55\,000X_{42}+\$90\,000X_{43}+\$20\,000X_{44}+\$105\,000X_{45}$

$X_{11}+X_{21}+X_{31}+X_{41}=1$

$X_{12}+X_{22}+X_{32}+X_{42}=1$

$X_{13}+X_{23}+X_{33}+X_{43}=1$

$X_{14}+X_{24}+X_{34}+X_{44}=1$

$X_{15}+X_{25}+X_{35}+X_{45}=1$

$Y_1+Y_2+Y_3+Y_4=k$

$X_{ij} \le Y_i$，对于任意 i 和 j（如 $X_{11} \le Y_1$，$X_{21} \le Y_1$，等等）

X_{ij} 和 Y_i 是二元变量

图 11-17 显示了电子表格模型和 $k=2$ 的最优解决方案（Excel 文件 *Paul & Giovanni*

Foods）；图11-18显示了Solver模型。我们认为应该选择洛杉矶和辛辛那提的配送中心，洛杉矶服务于拉斯维加斯、新奥尔良和旧金山，辛辛那提服务于休斯敦和芝加哥。

这个模型可以很容易地用来评估不同k值下的替代方案。供应链经理可利用这些信息权衡不同数量配送中心的利弊。

图11-17　$k=2$时 *Paul & Giovanni Foods*的电子表格模型和最优解

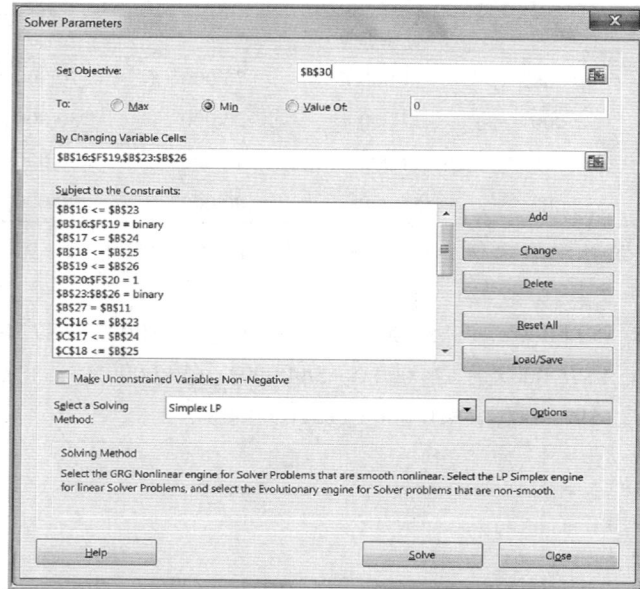

图11-18　*Paul & Giovanni Foods* 的Solver模型（注意：所有约束在约束窗口中都不可见）

检验你的学习成果

（1）为什么项目选择模型需要二元变量？

（2）举例说明如何使用二元变量建立各种逻辑约束模型。

（3）解释约束条件 $X_{ij} \leq Y_i$ 在供应链优化模型中的应用。

实践分析：宝洁公司的供应链优化

1993 年，宝洁公司（P&G）开始了一项名为"强化全球效率"（SGE）的计划，以简化工作流程，削减非增值成本，并消除冗余环节。[1]

SGE 的一个主要组成部分是北美产品供应研究，旨在重新审视并再造宝洁北美业务的产品采购和分销体系，重点推进生产基地整合。在这项研究之前，北美供应链包括数百家供应商、50 多个产品类别、60 多家工厂、15 个配送中心和 1 000 多个客户。推动生产基地整合的关键因素包括：全球化品牌战略与标准化包装的需求，以及降低生产成本、加速产品上市、避免重大资本投入和提升消费者价值的综合要求。

由于宝洁公司实行单一采购政策，其整体优化方案中的关键子模型正是本节所述的客户分销优化模型，该模型用于确定供应链中最优的配送中心选址并将客户分配至各配送中心。项目团队将客户整合为 150 个区域，并通过调整参数 k 来评估不同选址数量方案的影响。该模型需与 30 个产品类别的简易运输模型配合使用。产品战略团队借助这些模型最终确定了工厂选址与产能方案，并优化了从工厂到配送中心及客户的产品流通路径。通过这次供应链重构，宝洁公司实现了每年超过 2.5 亿美元的成本节约。

11.3　非线性优化模型

非线性优化模型是指目标函数和/或至少一个约束条件为非线性的模型。由于目标函数和约束函数可能不具备常见的线性结构，非线性模型通常比线性模型更难构建。因此，开发非线性优化模型需要基于第 9 章介绍的基础建模原则——例如通过业务逻辑识别决策变量间的函数关系，或利用经验数据和曲线拟合技术来表征非线性特征。此外，非线性优化模型的求解难度也显著高于线性或整数模型。不过，Solver 提供的求解算法能有效处理这类非线性优化问题。

11.3.1　非线性定价决策模型

在第 1 章的示例 1.6 中，我们介绍了一个简单的非线性规范性模型。在这个示例中，一项市场调查研究收集了数据，这些数据估计了不同定价水平下的预期年销售额。分析人士认为，销售额可以用以下模型来表示：

销量 = −2.9485 ×定价+3 240.92

利用总收入等于定价乘以销量的事实，我们将总收入表示为：

总收入 = 定价×销量

= 定价×（−2.9485 ×定价+3 240.92）

= −2.9485 × 定价 ^{2}+ 3 240.92 × 定价

注意，总收入函数同时包含价格的线性项与平方项，这使该模型具有非线性特征。

① Based on Jeffrey D.Camm, Thomas E. Chorman, Franz A. Dill, James R. Evans, Dennis J. Sweeney, and Glenn W. Wegryn, "Blending OR/MS, Judgment, and GIS: Restructuring P&G's Supply Chain," *Interfaces*, 27, 1 (January - February, 1997): 128 - 142.

示例 11.8   求解定价决策模型

这个问题的电子表格模型如图 11-19 所示。为了使用 Solver 求出最大收益值，我们将单元格 B13 定为目标函数，将单元格 B5 定为决策变量。模型没有约束条件。在 Solver 中，应该选择"GRG 非线性"作为求解方法。Solver 模型如图 11-20 所示。最优解价格在 549.58 美元，并实现总收入 890 574.26 美元。

	A	B
1	Pricing Decision Model	
2		
3	Data	
4		
5	Price	$549.58
6		
7	Model	
8		
9	Sales Function Slope	-2.9485
10	Sales Function Intercept	3240.9
11	Sales	1620.45001
12		
13	Total Revenue	$890,574.26

图 11-19 定价决策的最优解

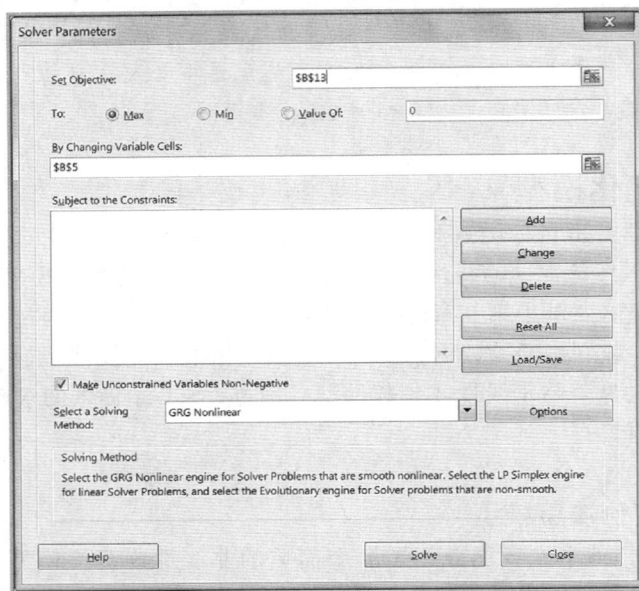

图 11-20 定价决策的 Solver 模型

示例 11.9   酒店定价模型

侯爵酒店正在考虑进行重大改造，需要确定最佳入住率和房间数量，以实现收入最大化。目前，酒店拥有 450 间客房，其历史数据如下：

房型	租金（美元）	每天平均销量	收入（美元）
标准间	85	250	21 250
金卡间	98	100	9 800
铂金间	139	50	6 950
总收入			38 000

每个细分市场都有自己的价格/需求弹性，估计数字如下：

房型	价格需求弹性
标准间	−1.5
金卡间	−2.0
铂金间	−1.0

这意味着，例如，标准间价格下降 1% ，售出的房间数量就会增加 1.5% 。同样，房价上涨 1% ，售出的房间数量就会减少 1.5% 。对于任何定价结构（以美元为单位），可以使用公式找到给定房型的预计出售房间数（我们在这个示例中允许有连续值）：

$$历史平均售出房间数 + \frac{[(弹性) \times (新房价 - 当前房价) \times (历史平均售出房间数)]}{现行价格}$$

酒店业主希望标准间的价格保持在 70～90 美元之间，金卡间在 90～110 美元之间，铂金间在 120～149 美元之间。设 S = 标准间的价格，G = 金卡间的价格，P = 铂金间的价格。那么，以标准间为例，预计房间数为 250 − [1.5× (S−85) ×250] /85 = 625 − 4.41176S 。总收入将等于每种房型的房价乘以预计售出的客数数量，再将 3 种房型的结果相加求和。

$$总收入 = S(625 - 4.41176S) + G(300 - 2.04082G) + P(100 - 0.35971P)$$
$$= 625S + 300G + 100P - 4.41176S^2 - 2.04082G^2 - 0.35971P^2$$

为了使价格保持在上述范围内，我们有下列约束条件：

$70 \leq S \leq 90$

$90 \leq G \leq 110$

$120 \leq P \leq 149$

最后，尽管这些房间可能会进行翻新，但目前并无计划突破 450 间客房容量。因此，预计出售的客房总数不能超过 450 间：

$$(625 - 4.41176S) + (300 - 2.04082G) + (100 - 0.35971P) \leq 450$$

或者，

$$1\,025 - 4.41176S - 2.04082G - 0.35971P \leq 450$$

完整的模型是：

最大化 $625S + 300G + 100P - 4.41176S^2 - 2.04082G^2 - 0.35971P^2$

$70 \leq S \leq 90$

$90 \leq G \leq 110$

$120 \leq P \leq 149$

$1\,025 - 4.41176S - 2.04082G - 0.35971P \leq 450$

图 11-21 显示了这个示例的电子表格模型（Excel 文件 *Hotel Pricing Model* ）和最优解。决策变量（即待定的新房价）位于单元格 B15：B17 区间。预计售出的客房数量通过前述公式计算得出，结果显示在单元格 E15：E17 区间。将各类房型的售出数量与新房价相乘后，即可得到各种房型的预计收入（如单元格 F15：F17 所示），而单元格 F18 中的总收入即为目标函数值。

请注意，将这个模型制作成财务电子表格比在开发时输入分析公式更容易。Sovler 模型如图 11-22 所示。优化后的房价方案预计 450 间客房将全部售出，总收入可达 39 380.65 美元。

	A	B	C	D	E	F
1	**Hotel Pricing Model**					
2						
3	**Data**					
4						
5		Current	Average		Total Room	
6	Room type	Rate	Daily Sold	Elasticity	Capacity	
7	Standard	$ 85.00	250	-1.5	450	
8	Gold	$ 98.00	100	-2		
9	Platinum	$ 139.00	50	-1		
10						
11	**Model**					
12					Projected	
13					Rooms	Projected
14	Room type	New Price	Price Range		Sold	Revenue
15	Standard	$ 76.87	$ 70.00	$ 90.00	286	$21,974.39
16	Gold	$ 90.00	$ 90.00	$ 110.00	116	$10,469.39
17	Platinum	$ 145.04	$ 120.00	$ 149.00	48	$ 6,936.87
18				Totals	450.0000004	$ 39,380.65

	A	B	C	D	E	F
1	**Hotel Pricing Model**					
2						
3	**Data**					
4						
5		Current	Average		Total Room	
6	Room type	Rate	Daily Sold	Elasticity	Capacity	
7	Standard	85	250	-1.5	450	
8	Gold	98	100	-2		
9	Platinum	139	50	-1		
10						
11	**Model**					
12					Projected	
13					Rooms	Projected
14	Room type	New Price	Price Range		Sold	Revenue
15	Standard	76.8747604586601	70	90	=C7+D7*(B15-B7)*(C7/B7)	=B15*E15
16	Gold	90	90	110	=C8+D8*(B16-B8)*(C8/B8)	=B16*E16
17	Platinum	145.041427114775	120	149	=C9+D9*(B17-B9)*(C9/B9)	=B17*E17
18				Totals	=SUM(E15:E17)	=SUM(F15:F17)

图11-21　*Hotel Pricing Model* 电子表格

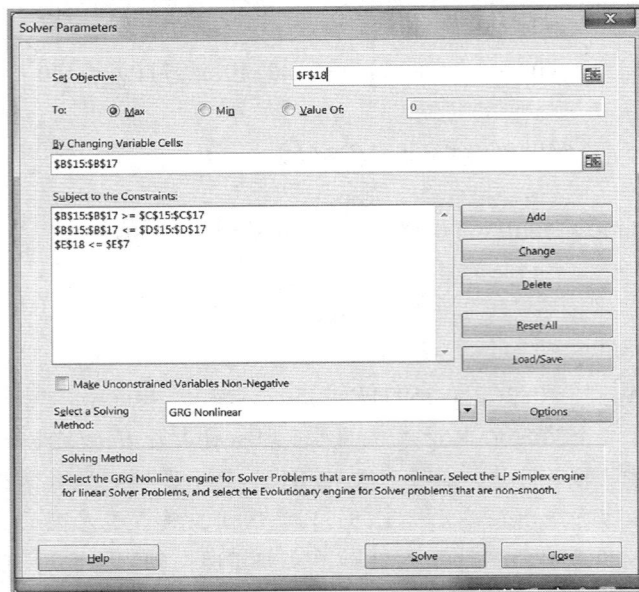

图11-22　*Hotel Pricing Model* 的Solver模型

11.3.2　二次优化

有一类特殊的非线性优化模型被称为二次优化模型，有时也称为二次规划模型。**二次**

优化模型是一个目标函数为二次函数，而所有约束条件均为线性的模型。回顾代数知识可知，二次函数是 $f(x) = ax^2 + bx + c$。换句话说，二次函数只有常数项、一次项和平方项。二次优化模型可以在Solver内用*标准线性规划/二次规划求解方法*进行求解。

马科维茨投资组合模型是金融领域的一个经典的二次优化模型，其目的是在投资组合的预期收益受到约束的情况下，使股票投资组合的风险最小化。[1]决策变量是分配给投资组合的每只股票的百分比。（你可能熟悉许多金融投资公司向客户建议的术语*资产配置模型*。例如，"保持60%的股票、30%的债券和10%的现金"。）回想一下第4章，我们可以用标准差或者等价的方差来衡量风险。在马科维茨模型中，目标函数是用方差来衡量投资组合风险最小化的。由于股票价格相互关联，投资组合的方差不仅要反映投资组合中股票的方差，还要反映股票之间的协方差。

设 X_i 为投资于股票 i 的资产比例。由 k 只股票组成的投资组合的方差等于方差和协方差的加权和：

$$投资组合方差 = \sum_{i=1}^{k} s_i^2 x_i^2 + \sum_{i=1}^{k}\sum_{j>i} 2s_{ij}x_i x_j \tag{11.2}$$

其中，$s_i^2 =$ 股票 i 收益率的样本方差；$s_{ij} =$ 股票 i 和 j 之间的样本协方差。

示例 11.10   **马科维茨模型的示例**

假设一个投资者正在考虑投资3只股票。股票1的预期回报率是10%，股票2的预期回报率是12%，股票3的预期回报率是7%，她希望预期回报率至少是10%。很明显，一个选择就是把所有的资金都投资在股票1上；然而，这可能不是一个好主意，因为风险可能太高了。研究发现，个股的方差协方差矩阵如下：

	股票 1	股票 2	股票 3
股票 1	0.025	0.015	−0.002
股票 2		0.030	0.005
股票 3			0.004

使用这些数据和公式（11.2），目标函数是：

最小方差 $= 0.025x_1^2 + 0.030x_2^2 + 0.004x_3^2 + 2\times0.015x_1x_2 + 2\times(-0.002)x_1x_3 + 2\times 0.005x_2x_3$

首先，约束条件必须确保我们100%投入预算。由于变量被定义为投资比例（各资产配置份额），因此需要满足总投资比例为1的条件，即我们必须令：

$x_1 + x_2 + x_3 = 1$

其次，投资组合的预期回报率必须至少为10%。投资组合的收益率就是投资组合中股票收益的加权和。这将导致约束条件：

$10x_1 + 12x_2 + 7x_3 \geqslant 10$

最后，我们要保证投资不能为负数：

$x_1, \ x_2, \ x_3 \geqslant 0$

完整的模型是：

最小方差 $= 0.025x_1^2 + 0.030x_2^2 + 0.004x_3^2 + 0.03x_1x_2 - 0.004x_1x_3 + 0.010x_2x_3$

---

[1]   H.M. Markowitz, *Portfolio Selection*, *Efficient Diversification of Investments* （New York：John Wiley & Sons, 1959）.

$$x_1 + x_2 + x_3 = 1$$
$$10x_1 + 12x_2 + 7x_3 \geq 10$$
$$x_1,\ x_2,\ x_3 \geq 0$$

图 11-23 显示了此示例的电子表格模型（Excel文件 *Markowitz Model*）；图 11-24 显示了 Solver模型。最优投资组合的最小方差为0.012。

	A	B	C	D	E	F	G
1	Markowitz Portfolio Model						
2							
3	Data						
4		Expected			Variance-Covariance Matrix		
5		Return			Stock 1	Stock 2	Stock 3
6	Stock 1	10%		Stock 1	0.025	0.015	-0.002
7	Stock 2	12%		Stock 2		0.03	0.005
8	Stock 3	7%		Stock 3			0.004
9	Target Return	10%					
10							
11	Model						
12					Variance Calculations		
13		Allocation			Squared Terms	Cross-Products	
14	Stock 1	0.25			0.001579256	0.003387	
15	Stock 2	0.45			0.006053362	-0.000301067	
16	Stock 3	0.30			0.000358718	0.001345191	
17	Total	1					
18							
19							
20		Return	Variance				
21	Portfolio	10.0%	0.012				

	A	B	C	D	E	F	G
1	Markowitz Portfolio Model						
2							
3	Data						
4		Expected			Variance-Covariance Matrix		
5		Return			Stock 1	Stock 2	Stock 3
6	Stock 1	0.1		Stock 1	0.025	0.015	-0.002
7	Stock 2	0.12		Stock 2		0.03	0.005
8	Stock 3	0.07		Stock 3			0.004
9	Target Return	0.1					
10							
11	Model						
12					Variance Calculations		
13		Allocation			Squared Terms	Cross-Products	
14	Stock 1	0.251336898395722			=B14^2*E6	=F6*B14*B15*2	
15	Stock 2	0.449197860962567			=B15^2*F7	=G6*B14*B16*2	
16	Stock 3	0.299465240641711			=B16^2*G8	=G7*B15*B16*2	
17	Total	=SUM(B14:B16)					
18							
19							
20		Return	Variance				
21	Portfolio	=SUMPRODUCT(B14:B16,B6:B8)	=SUM(E14:E16)+ SUM(F14:F16)				

图11-23　*Markowitz Portfolio Model* 的电子表格运行

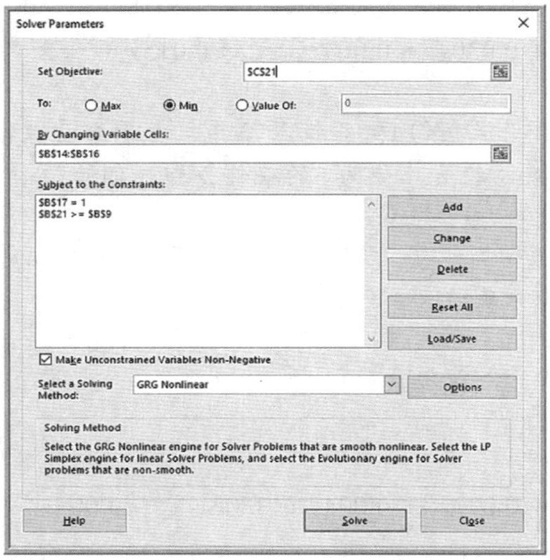

图11-24　*Markowitz Portfolio Model* 的Solver模型

11.3.3 利用Solver解决实践中的非线性优化问题

众所周知，许多非线性问题很难解决。Sovler无法保证能找到所有问题的绝对最优解（称为全局最优解）。**局部最优解**是这样一种解决方案：其他的所有解决方案都不如这个解决方案好（类似于在一座山的山顶，而最高峰在另一座山上）。找到的解决方案往往在很大程度上取决于电子表格中的初始解决方案。对于复杂的问题，明智的做法是从不同的起点运行Solver。当模型完成运行时，应该仔细查看Solver结果对话框。如果它显示"Solver已经找到了解决方案"，则满足所有约束和最优条件，至少找到了一个局部最优解。如果你得到的消息是"Solver已收敛到当前解决方案，满足所有约束"，那么你应该从当前解决方案再次运行Solver，以尝试找到更好的解决方案。

实践分析：非线性优化在普信证券公司中的应用

普信证券股份有限公司（Prudential Securities Inc.，PSI）创建了一个抵押贷款支持证券（MBS）部门专门开发用于管理复杂投资项目的模型。该部门研发了多种分析模型（包括线性、整数和非线性优化模型），以帮助评估、交易和对冲库存MBS，并构建投资组合。其中，非线性优化模型被用于根据客户投资绩效特征，在不同利率场景下结合约束条件，为客户构建最优投资组合。该模型需要客户提供以下输入参数：投资组合绩效目标、备选证券范围、分散投资限制条款以及对未来利率走势的预判。

分析师利用场景分析方法，得出一个最佳投资组合，该组合包括具有不同特征的证券，与投资者在不同利率场景下的表现相匹配，并就各种场景采用加权方案，以反映投资组合经理对未来利率走向的实际看法。投资组合经理须为每种利率场景设定预期组合绩效。通过优化技术整合不同市场场景，在考量利率波动概率的前提下，构建符合指定绩效目标的最优结构化投资组合。普信证券专业人员每日运用此类模型达数百次。

检验你的学习成果

（1）为什么非线性优化模型通常比线性优化模型更难建模？

（2）二次优化模型的特点是什么？

（3）阐述求解非线性优化模型时必须考虑的一些实际问题。

11.4 非平滑优化

正如我们在第10章中指出的，诸如 IF、ABS、MIN 和 MAX 这样的 Excel 函数，会导致**非平滑优化模型**。非平滑模型违反了 Solver 所使用的线性最优解方法所要求的线性条件。然而，使用这些 Excel 函数可以简化建模任务，特别是对于非分析专业人员。

11.4.1 进化求解器

非平滑或同时涉及非线性函数和整数变量的问题通常难以用传统方法解决。为了克服这些局限性，研究人员开发了被称为元启发式算法（metaheuristics）的新方法。这类方法包含诸多新颖的算法分支，如遗传算法、神经网络和禁忌搜索等。其核心在于运用启发式规则——系统化搜索解决方案的智能准则：算法会记忆已发现的最优解，并通过迭代修正或重组这些解来求出更优解。Solver 中的进化算法正是采用了这一方法论。

　　许多业务问题涉及固定成本，这些成本要么全部发生，要么根本不发生。我们可以使用二元变量来模拟这种情况；然而，这种方法可能很难理解，由于需要在模型约束条件中准确体现固定成本，这就要求采用高级优化逻辑。不过从电子表格建模的角度来看，使用 IF 函数来模拟固定成本非常简单。这种做法在使用进化算法时是可以接受的。

示例 11.11　　　　　　　　**将固定成本纳入 K&L 设计公司模型**

　　考虑我们在示例 10.19 中开发的 K&L 设计公司的多阶段生产—库存—计划模型。假设公司必须租用一些设备，3 个月的费用是 65 美元。设备可以每季度出租或退还，所以如果一个季度没有生产任何东西，那么租金成本就没有意义。因此，如果任何一个季度的产量为正，我们希望将租金成本包含在目标函数中；否则，我们就不这样做。我们可以通过将 IF 函数添加到原始目标函数中来实现：

$$最小化 11P_A + 14P_W + 12.50P_S + 1.20I_A + 1.20I_W + 1.20I_S + IF(P_A > 0，65，0) +$$
$$IF(P_W > 0，65，0) + IF(P_S > 0，65，0)$$

　　原材料平衡方面的约束条件保持不变：

$$P_A - I_A = 150$$
$$P_W + I_A - I_W = 400$$
$$P_S + I_W - I_S = 50$$

　　我们首先使用为 K&L 设计公司设计的这个模型来说明进化求解器，然后是其他一些应用。

示例 11.12　　　　　**使用进化求解器解决 K&L 设计公司的固定成本问题**

　　图 11-25 显示了用于 K&L 设计公司固定成本问题（Excel 文件 *K&L Designs Evolutionary Solver Model*）的更简单、改进后的电子表格。单元格 B20 中的目标函数是 = SUMPRODUCT（B6：D7，B14：D15）+ IF（B14 > 0，B9，0）+ IF（C14 > 0，C9，0）+ IF（D14 > 0，D9，0）。图 11-26 显示了 Solver 模型。进化求解器算法要求所有变量都有简单的上下界，以便将搜索空间限制在一个可管理的区域内。因此，我们设置了 600（总需求）的上界和 0 的下界。进化求解器找到了与我们在第 10 章中解决的整数优化问题基本相同的最优解，除了单元格 C14 中的一个小的舍入问题。

	A	B	C	D
1	**K&L Designs Evolutionary Solver Model**			
2				
3	**Data**			
4				
5		Cost Quarter 1	Quarter 2	Quarter 3
6	**Production**	$ 11.00	$ 14.00	$ 12.50
7	**Inventory**	$ 1.20	$ 1.20	$ 1.20
8	**Demand**	150	400	50
9	**Fixed cost**	$ 65.00	$ 65.00	$ 65.00
10				
11	**Model**			
12				
13		Quarter 1	Quarter 2	Quarter 3
14	**Production**	600	2.29E-14	0
15	**Inventory**	450	50	0
16				
17	**Net production**	150	400	50
18				
19		**Cost**		
20	**Total**	$7,330.00		

图 11-25　K&L 设计公司改进后的电子表格

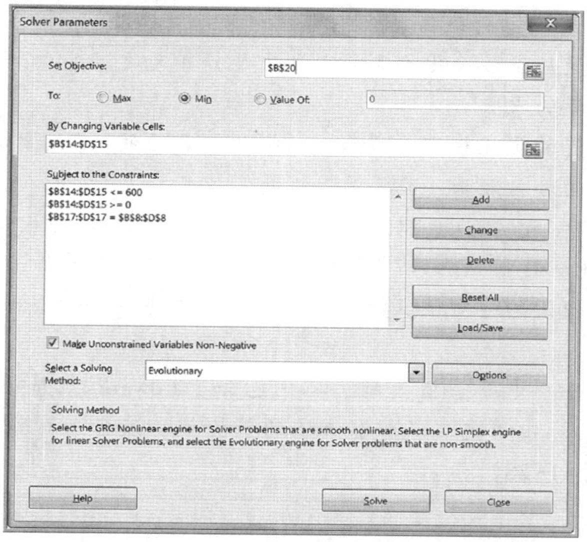

图11-26　K&L设计公司的进化求解器模型

因为进化求解器是一个搜索程序，它可能会"卡"在一个次优解甚至是不可行解上。我们建议你基于当前解多次运行该算法，直至系统提示"当前解已无法进一步优化"为止。

进化求解器算法获得的结果在很大程度上取决于决策变量的起始值和用于搜索的时间。对于简单的问题，它通常不会产生很大的差异；然而，对于复杂的模型，不同的起始值会产生不同的结果。此外，最大限度地增加搜索时间可以改善解。因此，对于复杂的问题，明智的做法是从不同的起点运行这个程序，我们建议你在这个示例和本章末尾的问题上尝试这种做法。虽然可通过对话框中的"选项"按钮调整最大搜索时间等参数，但通常仅建议高级用户进行此类设置。

一些应用程序在目标函数或约束中使用绝对值函数。绝对值函数类似于 IF 函数并导致非平滑函数，需要使用进化求解器。下面的例子利用了示例9.16中引入的中心设施选址问题，使用了欧氏（直线）距离公式（9.8）。

示例 11.13　　　　　　　　　一个直线位置模型

Edwards制造公司正在研究工厂车间里工具箱的位置。在工厂布局的矩形网格上，5个生产单元的位置用 x 和 y 坐标表示。每个生产单元对工具的日常需求（以到工具箱的次数来衡量）也是已知的。相关数据如下：

生产单元	x坐标轴	y坐标轴	需求
制造	1	4	12
喷漆	1	2	24
局部装配1	2.5	2	13
局部装配2	3	5	7
装配	4	4	17

由于工厂设备布局的性质和安全原因，工人必须沿着有标记的水平和垂直通道走到工具箱的位置。因此，从生产单元到工具箱的距离不能用直线来测量，而必须用直线距离来

测量——与坐标系轴线平行的距离。我们可以使用公式（9.8）中的直线距离来计算位置之间的距离。最佳位置应该最小化工具箱与所有生产单元之间的总加权距离，其中加权数是每天走到工具箱位置的次数。

为了建立最佳位置的优化模型，设 (x, y) 为工具箱的位置坐标。所述目标函数表示工具箱与各单元之间的加权距离：

$$最小化 \ 12(|X - 1| + |Y - 4|) + 24(|X - 1| + |Y - 2|) + 13(|X - 2.5| + |Y - 2|) +$$
$$7(|X - 3| + |Y - 5|) + 17(|X - 4| + |Y - 4|)$$

这个目标函数中使用的绝对值函数创建了一个非平滑模型。因此，进化求解器是一种适当的解决方案技术。

图 11-27 显示了一个电子表格模型，其中包含了 Edwards 制造公司示例（Excel 文件 *Edwards Manufacturing*）中用进化求解器求出的最优解。选择上界作为最大坐标值，下界为 0。Solver 模型如图 11-28 所示。

	A	B	C	D
1	**Edwards Manufacturing**			
2				
3	**Data**			
4				
5	**Cell**	**x-coordinate**	**y-coordinate**	**Demand**
6	Fabrication	1	4	12
7	Paint	1	2	24
8	Subassembly 1	2.5	2	13
9	Subassembly 2	3	5	7
10	Assembly	4	4	17
11	Maximum	4	5	
12				
13	**Model**			
14				
15	**Tool bin location**	2.499971843	2.436117169	
16				
17	**Cell**	**Weighted Distance**		
18	Fabrication	36.76625608		
19	Paint	46.4661363		
20	Subassembly 1	5.669889242		
21	Subassembly 2	21.44737691		
22	Assembly	52.08648679		
23	**Total**	162.4361453		

图 11-27　*Edwards Manufacturing* 电子表格

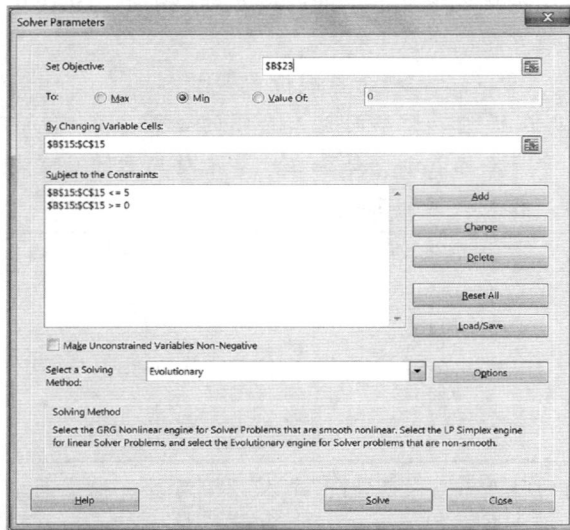

图 11-28　*Edwards Manufacturing* 进化求解器模型

11.4.2　排序和调度模型的进化求解器

Excel 建模和进化求解器的一个独特应用是解决作业排序问题，我们在第 11 章中已经介绍过了。我们将使用示例 9.17 中开发的模型来说明这一点。工作排序问题涉及找到一个最优的序列或顺序，通过这个序列来处理一组工作。

示例 11.14 　　　　　　　　　　　**查找最优工作序列**

在示例 9.17 中，我们为以下场景开发了一个电子表格模型。假设一个定制制造公司有 10 项工作等待处理。每项工作都有一个客户要求的预计处理时间（P_i）和截止日（D_i），如下表所示。

工作	1	2	3	4	5	6	7	8	9	10
P_i	8	7	6	4	10	8	10	5	9	5
D_i	26	27	39	28	23	40	25	35	29	30

决策变量范围内的任何整数序列称为**排列**。我们的目标是找到一个排列，优化选择的标准。Solver 有一个将决策变量设为排列的选项，这种约束称为全不同（alldifferent）约束。要做到这一点，打开 *Add Constraint* 对话框，选择决策变量的范围，然后从下拉框中选择 *dif*，如图 11-29 所示。最后一个模型，如图 11-30 所示，非常简单：最小化目标单元格——此处指总延误时间——并确保决策变量构成有效的作业编号排列。图 11-31 显示了 Solver 解决方案。

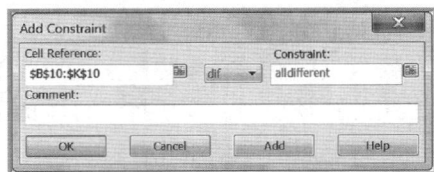

图 11-29　Solver *alldifferent* 约束条件的定义

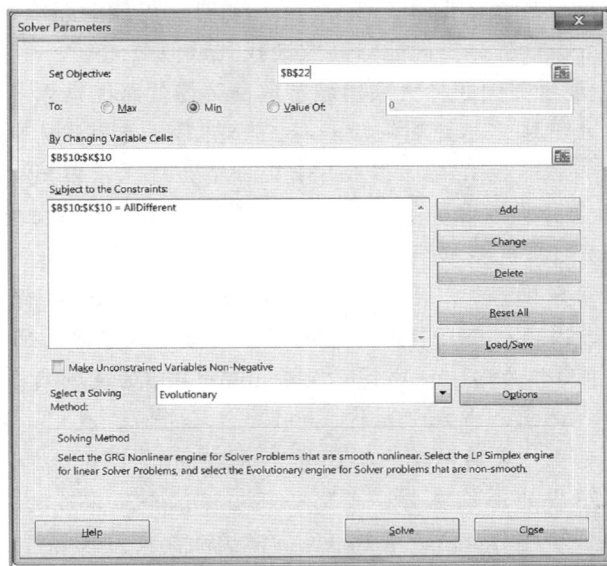

图 11-30　最小化总延误时间的作业排序 Solver 模型

	A	B	C	D	E	F	G	H	I	J	K
1	Job Sequencing Model										
2											
3	Data										
4	Job	1	2	3	4	5	6	7	8	9	10
5	Time	8	7	6	4	10	8	10	5	9	5
6	Due date	26	27	39	28	23	40	25	35	29	30
7											
8	Model										
9	Sequence	1	2	3	4	5	6	7	8	9	10
10	Job Assigned	2	5	1	4	10	8	3	6	9	7
11	Processing time	7	10	8	4	5	5	6	8	9	10
12	Completion time	7	17	25	29	34	39	45	53	62	72
13	Due Date	27	23	26	28	30	35	39	40	29	25
14	Lateness	-20	-6	-1	1	4	4	6	13	33	47
15	Tardiness	0	0	0	1	4	4	6	13	33	47
16											
17	Average Completion Time	38.3									
18	Maximum Number Tardy	7									
19	Total Lateness	81									
20	Average Lateness	8.1									
21	Variance of Lateness	331.69									
22	Total Tardiness	108									
23	Average Tardiness	10.8									
24	Variance of Tardiness	236.96									

图11-31　最小化总延误时间的进化求解器解决方案

11.4.3　旅行推销员问题

旅行推销员问题（TSP）可以描述如下。推销员需要访问 n 个不同的城市，然后以总距离最短的路线回家。一条每个城市只去一次并返回起点的路线称为**巡回路线**。许多实际问题可以表述为 TSP。例如，联邦快递（FedEx）和联合包裹（UPS）的司机需要完成客户包裹配送并返回中心站点；饮料供应商需在零售网点完成收款补货后返回仓库。其他应用场景还包括：电路板钻孔程序的路径规划、仓库拣货订单的路线优化等。这类问题的共同优化目标都是实现总耗时或总行进距离的最小化。

一般来说，对于包含 n 个城市的旅行推销员问题，其可能存在 $(n-1)!$ 条可行路线，这使得寻找最优解极具挑战性。例如，当 n 仅为 14 时，可能的路线数量就超过 60 亿条！而通过使用进化求解器等算法，我们能够高效地找到近似最优解。

示例11.15　　　　　观看美国职棒大联盟城市巡回赛最优路径规划

底特律一位狂热的棒球迷想计划一次旅行，希望到访美国棒球联赛所有 14 个棒球队的棒球场，并尽量缩短旅行总距离。图 11-32 显示了为进化求解器（Excel 文件 *American Baseball League*（美国职棒大联盟））设计的电子表格模型。数据矩阵显示每对城市之间的距离。这个模型开发起来有些棘手，需要一些详细的解释来理解。我们用 0 到 13 对城市进行编号（这对于使用 Solver 的功能之一是必要的，我们将很快进行解释）。可以选择任何一个城市作为起点，因为一个可行的序列要求球迷每个城市只访问一次并返回到起点，所以我们任意选择城市 0 作为起点。决策变量在 B23：B35 的范围内；图中显示的旅程将城市按数字顺序排列。注意，当我们到达 $(n-1)$ 个城市时，我们必须返回城市 0，因此单元格 B36 不是决策变量。我们把单元格设置为 A23 到 0。无论选择从城市 0 移动到哪个城市，都是单元格 B23 中的决策变量。我们必须确保这个城市成为下一行中的"From"城市；因此，单元格 A24 中的公式是 =B23。换句话说，我们只需将单元格 B23 的值复制到单元格 A24 中，并对列 A 中的其余单元格执行此操作。INDEX 函数用于查找从一个城市到另一个城市的距离（注意 INDEX 函数指的是行数和列数，范围是 $D$5: $Q$18，而不是我们使用的城市的编号）。最后，在 E 列和 F 列中，我们使用 VLOOKUP 函数将旅行中的城市编号转换为它们的名称。

			0	1	2	3	4	5	6	7	8	9	10	11	12	13
			SEA	OAK	CAL	TEX	KC	MIN	CHI	MIL	DET	CLE	TOR	BAL	NY	BOS
Data	0	SEA	0	678	954	1670	1489	1399	1720	1694	1932	2023	2124	2334	2421	2469
	1	OAK	678	0	337	1467	1498	1589	1846	1845	2079	2161	2286	2457	2586	2704
	2	CAL	954	337	0	1246	1363	1536	1745	1756	1979	2053	2175	2329	2475	2611
	3	TEX	1670	1467	1246	0	460	853	798	843	982	1015	1186	1209	1383	1555
	4	KC	1489	1498	1363	460	0	394	403	483	630	694	822	961	1113	1254
	5	MIN	1399	1589	1536	853	394	0	334	297	528	622	780	936	1028	1124
	6	CHI	1720	1846	1745	798	403	334	0	74	235	307	430	621	740	867
	7	MIL	1694	1845	1756	843	483	297	74	0	237	328	434	641	746	860
	8	DET	1932	2079	1979	982	630	528	235	237	0	95	206	409	509	632
	9	CLE	2023	2161	2053	1015	694	622	307	328	95	0	193	314	425	563
	10	TOR	2124	2286	2175	1186	822	780	430	434	206	193	0	384	366	463
	11	BAL	2334	2457	2329	1209	961	936	621	641	409	314	384	0	184	370
	12	NY	2421	2586	2475	1383	1113	1028	740	746	509	425	366	184	0	187
	13	BOS	2469	2704	2611	1555	1254	1124	867	860	632	563	463	370	187	0

Model

From	To	Distance		From	To
0	1	678		SEA	OAK
1	2	337		OAK	CAL
2	3	1246		CAL	TEX
3	4	460		TEX	KC
4	5	394		KC	MIN
5	6	334		MIN	CHI
6	7	74		CHI	MIL
7	8	237		MIL	DET
8	9	95		DET	CLE
9	10	193		CLE	TOR
10	11	384		TOR	BAL
11	12	184		BAL	NY
12	13	187		NY	BOS
13	0	2469		BOS	SEA
	Total	7272			

Model

From	To	Distance		From	To
0	1	=INDEX($D$5:$Q$18,A23+1,B23+1)		=VLOOKUP(A23,$B$5:$C$18,2)	=VLOOKUP(B23,$B$5:$C$18,2)
=B23	2	=INDEX($D$5:$Q$18,A24+1,B24+1)		=VLOOKUP(A24,$B$5:$C$18,2)	=VLOOKUP(B24,$B$5:$C$18,2)
=B24	3	=INDEX($D$5:$Q$18,A25+1,B25+1)		=VLOOKUP(A25,$B$5:$C$18,2)	=VLOOKUP(B25,$B$5:$C$18,2)
=B25	4	=INDEX($D$5:$Q$18,A26+1,B26+1)		=VLOOKUP(A26,$B$5:$C$18,2)	=VLOOKUP(B26,$B$5:$C$18,2)
=B26	5	=INDEX($D$5:$Q$18,A27+1,B27+1)		=VLOOKUP(A27,$B$5:$C$18,2)	=VLOOKUP(B27,$B$5:$C$18,2)
=B27	6	=INDEX($D$5:$Q$18,A28+1,B28+1)		=VLOOKUP(A28,$B$5:$C$18,2)	=VLOOKUP(B28,$B$5:$C$18,2)
=B28	7	=INDEX($D$5:$Q$18,A29+1,B29+1)		=VLOOKUP(A29,$B$5:$C$18,2)	=VLOOKUP(B29,$B$5:$C$18,2)
=B29	8	=INDEX($D$5:$Q$18,A30+1,B30+1)		=VLOOKUP(A30,$B$5:$C$18,2)	=VLOOKUP(B30,$B$5:$C$18,2)
=B30	9	=INDEX($D$5:$Q$18,A31+1,B31+1)		=VLOOKUP(A31,$B$5:$C$18,2)	=VLOOKUP(B31,$B$5:$C$18,2)
=B31	10	=INDEX($D$5:$Q$18,A32+1,B32+1)		=VLOOKUP(A32,$B$5:$C$18,2)	=VLOOKUP(B32,$B$5:$C$18,2)
=B32	11	=INDEX($D$5:$Q$18,A33+1,B33+1)		=VLOOKUP(A33,$B$5:$C$18,2)	=VLOOKUP(B33,$B$5:$C$18,2)
=B33	12	=INDEX($D$5:$Q$18,A34+1,B34+1)		=VLOOKUP(A34,$B$5:$C$18,2)	=VLOOKUP(B34,$B$5:$C$18,2)
=B34	13	=INDEX($D$5:$Q$18,A35+1,B35+1)		=VLOOKUP(A35,$B$5:$C$18,2)	=VLOOKUP(B35,$B$5:$C$18,2)
=B35	0	=INDEX($D$5:$Q$18,A36+1,B36+1)		=VLOOKUP(A36,$B$5:$C$18,2)	=VLOOKUP(B36,$B$5:$C$18,2)
	Total	=SUM(C23:C36)			

图 11-32 *American Baseball League* TSP 的电子表格模型

图 11-33 显示了 Solver 模型。目的是通过改变 B23：B35 范围内的决策变量来最小化 C37 单元格中的总旅程距离。使用进化求解器算法的关键是确保决策变量包括从 0 号城市到达的 13 个城市中的每个城市。这是通过使用所有不同的约束条件来实现的，正如我们在工作排序示例中看到的那样。因为所有不同的约束条件都适用于从 1 到 n 的一组正整数，所以我们需要将第一个城市指定为 0（否则，决策变量必须在 2 到 14 之间，我们就不能使用所有不同的约束条件）。

图 11-34 显示了进化求解器找到的解决方案。从底特律出发，从第 34 行开始，途经密尔沃基、明尼苏达、西雅图、奥克兰、加利福尼亚、得克萨斯、堪萨斯城、芝加哥、克利夫兰、巴尔的摩、纽约、波士顿、多伦多，然后返回底特律，全程 6 718 英里。当然，真正的问题应该包括比赛时间表（如果球队不在城里，谁还想去棒球场？）但这需要一个

更复杂的模型。

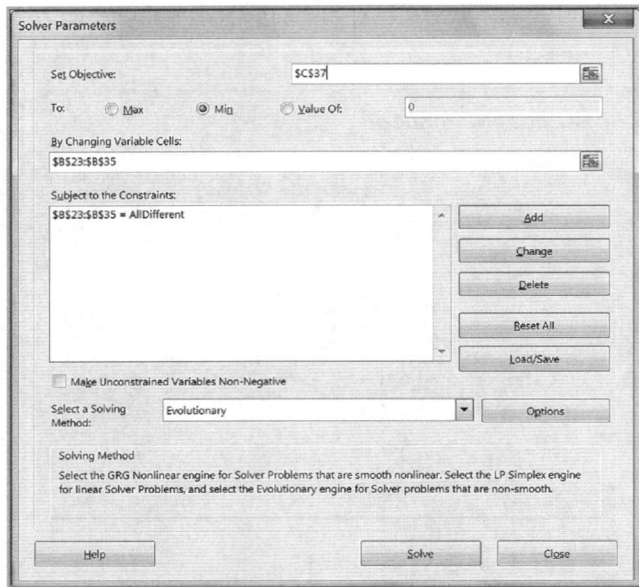

图11-33 *American Baseball League* TSP的Solver模型

图11-34 *American Baseball League* TSP的求解方案

检验你的学习成果

（1）什么类型的问题应该使用进化求解器？

（2）解释如何使用 IF 函数在电子表格上对固定成本进行建模。

（3）所有不同的约束条件在进化求解器中起什么作用？

（4）解释旅行推销员问题。你能想到其他的应用程序吗？

关键术语

二元变量	局部最优解	排列
一般整数变量	马科维茨投资组合模型	二次优化模型
整数线性优化模型	非平滑优化模型	巡回路线
线性规划（LP）松弛	非线性优化模型	旅行推销员问题（TSP）

第11章技术帮助

Excel 技巧

用于一般整数变量的Solver（示例11.1）：

使用第10章描述的方法建立Solver模型。添加新的约束条件。在*Add Constraint*对话框中，在*Cell Reference*字段中输入整数变量的变量范围，并从下拉框中选择*int*。在标注的字段中选择*Select a Solving Method*，选中*Simplex LP*，单击*Options*按钮并将*Integer Tolerance*设置为0，然后点击*Solve*按钮。

用于二元变量的Solver（示例11.5）：

使用第10章描述的方法建立Solver模型。添加新的约束条件。在*Add Constraint*对话框中，在*Cell Reference*字段中输入二元变量的变量范围，并从下拉框中选择*bin*。在标注的字段中选择*Select a Solving Method*，选中*Simplex LP*，单击*Options*按钮并将*Integer Tolerance*设置为0，然后点击*Solve*按钮。

用于非线性优化的Solver（示例11.8）：

使用第10章描述的方法建立Solver模型。在标注的字段中选择*Select a Solving Method*，选择*GRG Nonlinear*，然后单击*Solve*按钮。

进化求解器（示例11.12）：

使用第10章中描述的方法建立Solver模型。通过在变量上添加约束条件，确保所有变量都有上限和下限。在标注的字段中选择*Select a Solving Method*，选择*Evolutionary Solver*，然后点击*Solve*按钮。

Analytic Solver

Analytic Solver提供了一套Excel附带的标准解决方案更强大的优化工具。请参阅*Using Integer and Nonlinear Optimization in Analytic Solver*。我们建议你首先阅读*Getting Started with Analytic Solver Basic*。该资料为教师和学生提供了关于如何注册和访问*Analytic Solver*的信息。

问题和练习

整数线性优化模型

1.解决第10章中的问题11（Valencia产品），以确保生产的单位数是整数值。最优整数解目标函数与线性最优解目标函数之间有多大差别？舍入的连续解是否会提供最优整数解？

2.解决第10章中的问题12（ColPal制造），以确保广播和电视广告的分钟数是整数值。最优整数解目标函数与线性最优解目标函数有多大差别？舍入的连续解是否会提供最优整数解？

3.解决第10章中的问题15（休闲椅问题），以确保生产的单位数是整数值。最优整数解目标函数与线性最优解目标函数之间有多大差别？舍入的连续解是否提供最优整数解？

4.对于本章描述的Brewer服务场景，假设雇用了11名长期雇员。求解一个最优解，以最大限度地减少所需的兼职雇员人数。

5.Gardner剧院——一个社区剧院，需要为即将到来的演出确定最低成本的制作预算。

具体来说，他们必须决定哪些场景需要搭建，如果有的话，哪些布景需要以预先确定的费用从另一家当地剧院租赁。然而，在剧目进入技术彩排之前，组织只有两个星期的时间来完成布景。剧院有两名兼职木匠，每周工作 12 小时，每人每小时 10 美元。此外，剧院还有一个兼职的布景艺术家，他可以每周工作 15 个小时来设计布景和添置道具，每小时收费 15 美元。布景设计需要 20 个平台墙、悬挂的背景画布，以及三个大木桌（道具）。木工和给每件作品喷漆所需的时间如下：

	木工活	喷漆
平面墙	0.5	2.0
悬挂的背景画布	2.0	12.0
道具	3.0	4.0

平面墙、悬挂的背景画布和道具的租金分别为 75 美元、500 美元和 350 美元。每场演出应该制作多少布景，应该租赁多少个布景以使总成本最小化？

6. Van Nostrand 医院必须对护士进行排班，以便医院的病人得到充分的照顾。与此同时，面对医疗保健行业日趋激烈的竞争，我们必须认真关注如何降低成本。根据历史数据，院方可预测每日不同时段及每周各天所需的护士最低配置数量。该护士排班优化问题旨在确定满足护理需求的最少护士总数——护士需在以下四个时段（每时段 4 小时）的起始时间上岗，并连续工作 8 小时。请根据后续数据，将该单日护士排班问题构建为整数规划模型并求解。

班次	时段	需要的最少护士人数
1	12：00 a.m.—4：00 a.m.	5
2	4：00 a.m.—8：00 a.m.	10
3	8：00 a.m.—12：00 p.m.	14
4	12：00 p.m.—4：00 p.m.	8
5	4：00 p.m.—8：00 p.m.	12
6	8：00 p.m.—12：00 a.m.	10

7. 乔是一名 26 岁的健身爱好者，他一周做六天举重练习。高强度的训练计划要求他通过饮食高效快速恢复体能。作为一名研究生，他希望在满足营养需求的同时，最大限度降低日常饮食成本。乔现阶段的目标是增肌（或至少维持现有体重），因此无须控制热量摄入。根据健身教练建议，他每日需摄入：至少 300 克蛋白质、95 克脂肪、225 克碳水化合物，且钠摄入量不超过 110 克。他最喜欢的食物都是他熟悉的食物，如下表资料所示。尽管他每天最多吃一块牛排，吃不超过三份手撕猪肉三明治，至少需要吃两份西兰花和一份胡萝卜，必要时可增至两份胡萝卜。乔喜欢某种牌子的营养棒，但不超过一个（份）。其他食材若无特别说明，每类每日不超过五份。求：满足所有条件下的最优每日食材搭配方案（各食材具体份数）。

问题 7 的数据

食物	蛋白质（克）	脂肪（克）	卡路里（克）	钠（克）	成本/服务（美元）	最多份数
鸡胸肉	40	10	2	6	4.99	5
牛排	49	16	3	11	8.99	1
手撕猪肉三明治	27	16	27	19	3.99	3
三文鱼排	39	15.5	1	5	5.15	5
燕麦片	9	1	27	9	0.80	5
烤土豆	4	0	34	18	1.50	5
营养棒	19	18	17	3	3.00	1
西兰花	2	0	6	2	0.50	5
胡萝卜	1	1	7	2	0.50	2

8.Gales 产品公司专业生产热转印打印用色带，该技术通过热压复合工艺将油墨从色带转印至纸张。针对不同型号的打印机，公司生产 7 种规格的色带产品。根据市场需求预测，各规格色带的需求量如下表所示：

色带规格	预测需求量
60 mm	1 620
83 mm	520
102 mm	840
110 mm	2 640
120 mm	500
130 mm	740
165 mm	680

色带原材料卷材的标准长度为 900 毫米，边角料残值为每毫米 0.07 美元。有 10 种不同的切割模式，确保每种规格色带至少对应一个可行切割模式。基于方案数据构建优化模型，求解满足需求且最小化材料损耗的最佳切割组合。

二元变量模型

9.Hatch 金融公司在并购另一家企业后正进行裁员，需为 5 个信息系统的分析师重新安排工作地点。但现实情况是，5 个员工只能竞争 3 个空缺岗位。该员工群体的薪资水平基本一致（薪资较高者已优先获得转岗机会）。

搬迁费用将作为决定谁将被派到哪里的手段。估计的搬迁费用如下：

分析师	搬迁费用（美元）		
	噶里	盐湖城	弗雷斯诺
Arlene	8 500	6 000	5 000
Bobby	5 000	8 000	12 000
Charlene	9 500	14 000	17 000
Douglas	4 000	8 000	13 000
Emory	7 000	3 500	4 500

请针对该问题构建整数优化模型，以最小化成本为目标，确定 3 位需调任至新工作地

点的分析师人选。

10.Fuller法律服务公司需要确定分配多少时间给4种不同的服务：商业咨询、刑事工作、非营利性咨询和遗嘱/信托。Fuller先生已经确定了每小时的平均费用、最少和最多时间（咨询和刑事工作），以及他想花在每个案件（遗嘱/信托）的时间。他的服务从不缺需求。下面的表格数据显示了有关的数据。建立并求解月收入最大化的整数优化模型。

	收费/小时	最少时间	最多时间
商业咨询	200.00美元	30.00	45.00
刑事工作	50.00美元	20.00	100.00
非营利性咨询	100.00美元	35.00	70.00

遗嘱/信托	收费/委托人	最少案件数	最多案件数	小时/案件	每月工作小时数
Wills/Trusts	3 000.00 美元	2.00	6.00	17	200.00

11.Riesemberg医疗设备公司正在其各部门之间分配明年的预算。因此，研发部门需要决定资助哪些研发项目。每个项目都需要各种软硬件和咨询费用，以及内部人力资源。预算拨款1 300 000美元已经获得批准，35名工程师可以参与项目的工作。研发小组已经决定最多只能选择项目1和项目2中的一个，如果项目4被选中，那么项目2也必须被选中。开发一个模型，在预算范围内选择最好的项目。

项目	净现值（美元）	内部工程师人数	附加成本（美元）
1	600 000	9	196 000
2	580 000	4	400 000
3	550 000	7	70 000
4	400 000	12	180 000
5	650 000	8	225 000
6	725 000	10	200 000
7	340 000	8	130 000

12.Blain信息服务公司有8个可以执行的项目。每个项目需要不同数量的开发时间和测试时间。在即将到来的规划期间，根据工作人员的技能组合，可提供1 150小时的开发时间和900小时的测试时间。内部转移价格（支持部门的收入）和每个项目所需的时间见表。应该选择哪些项目来实现收入最大化？

项目	开发时间	测试时间	转移价格（美元）
1	80	67	23 520
2	248	208	72 912
3	41	180	62 054
4	10	92	32 340
5	240	202	70 560
6	195	164	57 232
7	269	226	19 184
8	110	92	32 340

13.Kelmer表演艺术中心提供由4个节目组成的系列节目，包括爵士、蓝草、民谣、

古典和喜剧。节目总监需要决定明年系列演出阵容。她给每位艺术家分配了一个"影响力"评级，这个评级反映了艺术表演如何很好地履行了该中心使命并提供了社区价值。这个等级从1到4，4是最大的影响力，1是最小的影响力。这家剧院有500个座位，平均票价为12美元。根据对潜在销售额的估计，计算每位艺术家的收入。该中心的预算为20 000美元，并希望总影响力评分至少为12，艺术家的平均影响力评分至少为3。为了避免流派的重复，艺术家2、7、9最多可以选一个，艺术家3、6最多可以选一个。最后，该中心希望使其收入最大化。数据如下：

艺术家	成本（美元）	影响力	估计票价
1	7 000.00	3	350
2	975.00	4	500
3	1 500.00	3	230
4	5 000.00	3	400
5	8 000.00	2	400
6	1 500.00	3	600
7	6 500.00	4	500
8	3 000.00	2	350
9	2 500.00	4	400

构建并求解优化模型，以确定最佳演出排期方案，实现总利润最大化。

14.Dannenfelser设计公司的业务涵盖三大类项目：建筑设计、室内设计和建筑与室内一体化设计（两者兼具）。下面的表格数据显示每个类型项目所需工时配置以及涉及不同岗位员工的工时分配。

	建筑设计	室内设计	两者兼具	小时费用（美元）
首席设计师	15	5	18	150
高级设计师	25	35	40	110
绘图员	40	30	60	75
行政人员	5	5	8	50

在即将到来的规划期间，首席设计师的时间为184小时，高级设计师的时间为414小时，绘图员的时间为588小时，行政人员的时间为72小时。每个项目的平均收入分别为：建筑设计12 900美元，室内设计11 110美元，两者兼具的项目为18 780美元。该设计公司为确保在客户群体中的业务展示度，要求每类项目至少承接一例。鉴于当前项目需求远超公司承接能力，现需确定最优项目组合方案以实现利润最大化。

15.Anya是一名兼职的商学院学生，忙碌的生活节奏使她难以保持均衡饮食。在满足基本营养需求的前提下，她希望尽可能降低饮食成本。根据一些研究，她发现一个非常活跃的女性每天应该消耗2 250卡路里。根据一位作者的指南，推荐下面的每日营养摄入量。

来源	推荐摄入量（克）
脂肪	最高70
碳水化合物	最高225
纤维	最高30
蛋白质	最低160

Anya 在问题 15 的表格数据中选择了一些食物样本，这些样本可以从城里的健康快餐店获得，她也可以从杂货店购买一些食品。她不想每天吃同样的主菜（前 6 种食物）超过一次，但为了方便，她不介意每天吃两次早餐或配菜（最后 5 种食物）和含有蛋白的饮料，每天最多吃 4 次。附加数据如下。建立一个整数线性优化模型，以求解每日饮食中每种食物的选择次数，从而使成本最小化，达到 Anya 的营养目标。

食物	成本/服务（美元）	卡路里	脂肪	碳水化合物	纤维	蛋白质
火鸡三明治	4.69	530	14	73	4	28
烤土豆汤	3.39	260	16	23	1	6
全麦鸡肉三明治	6.39	750	28	33	10	44
培根火鸡三明治	5.99	770	28	34	5	47
西南鸡肉卷	3.69	220	8	29	15	21
芝麻鸡肉卷	3.69	250	10	26	15	26
酸奶	0.75	110	2	19	0	5
脱脂牛奶葡萄干麦片	0.40	270	1	58	8	12
谷物棒	0.43	110	2	22	0	1
1 盘西兰花	0.50	25	0.3	4.6	2.6	2.6
1 盘胡萝卜	0.50	55	0.25	13	3.8	1.3
1 勺蛋白粉	1.29	120	4	5	0	17

16. Josh Steele 在一个大城市管理一个专业合唱团。他的市场营销计划侧重于促进当地人对音乐会的需求，增加门票收入，在全国范围内引起关注并提高乐团的知名度。他有 2 万美元可以花在媒体广告上。广告宣传活动的目标是在获得至少 3 000 个单位的全国曝光机会的同时，尽可能多地赢得当地的认可。他设定了总广告数的上限。附加信息显示在问题 16 的表格数据中。最后一栏设置了广告数量的限制，以确保广告市场不会饱和。通过建立和求解一个整数优化模型，找出每个类型广告的最优数量，以达到合唱团的目标。

媒体	价格（美元）	当地曝光机会	全国曝光机会	限制
调频广播电台	80.00	110	40	30
广播广告	65.00	55	20	30
城市景观广告	250.00	80	5	24
地铁周广告	225.00	65	8	24
城镇纸媒广告	500.00	400	70	10
街区纸媒广告	300.00	220	40	10
市中心杂志广告	55.00	35	0	15
合唱团杂志广告	350.00	10	75	12
专业组织杂志广告	300.00	20	65	12

17. Soapbox 是一个当地的乐队，演绎经典和当代摇滚音乐。乐队成员 3 小时的演出收费 600 美元。他们希望每年至少演出 30 场，但需要确定最好的方式来推销自己。他们最多愿意花 2 500 美元来促销。可能的促销方案如下：

- 开免费音乐会
- 制作一个 CD 小样

- 雇用一个经纪人
- 分发传单
- 创建一个网站

　　每场免费音乐会的旅费和设备费用为 250 美元，但会产生大约 3 场付费音乐会。一张高质量的录音棚 CD 小样应该可以帮助乐队接到 20 场演出的预订，但是需要花费 1 000 美元。一张用家庭录音设备制作的 CD 小样将花费 400 美元，但可能只会产生 10 个预订。一个好的经纪人会给乐队招揽 15 场演出，但是要收 1 500 美元。这个乐队可以花 400 美元创建一个网站，并期望通过这次曝光获得 6 场演出预订。他们还估计，每发出 500 份传单，他们就可以接到一次预订演出，每份成本为 0.08 美元。他们不想举办超过 10 场的免费演出，也不想发出超过 2 500 张的传单。建立并求解一个整数优化模型，找出最佳的促销策略，使其利润最大化。

　　18.Cady 工业公司为特定的客户生产定制感应电动机。每个马达可以根据不同的马力选项进行配置，包括传动轴成型工艺、十字轴部件材料、转子板工艺、轴承类型、顶帽（一个装在盒子里的通道系统，放置在电机顶部，以降低进出电机的气流速度）设计、扭矩方向和可选底座。

	成本（美元）	时间要求（天）
马力		
1 000 HP	155 000	32
5 000 HP	165 000	36
10 000 HP	180 000	42
15 000 HP	205 000	50
轴		
热轧轴	10 000	10
油淬轴	5 000	16
油锻轴	15 000	8
棒材		
铜	10 000	4
铝	2 500	8
转子板		
激光切割	12 500	5
机械冲压	7 500	12
轴承		
套筒	5 000	4
防磨擦组件	5 000	4
油槽	3 000	2
挡油环	5 000	4
顶帽		
方盒形	5 000	15
V 形	20 000	15
扭矩方向		
垂直	35 000	10
水平	40 000	6
可选底座	75 000	10

a. 开发并求解一个优化模型，以找到最低成本配置的马达

b. 开发并求解一个优化模型，以找到可以在最短时间内完成的配置

c. 客户 A 有一个新的工厂在 90 天内开业，需要一个至少 5 000 马力的发动机。客户指定安装套筒轴承以便于维护，并要求 V 形顶帽足以对气流速度加以限制。找到可以满足 90 天这一需求的最佳配置

d. 客户 B 的预算为 365 000 美元，需要一个 15 000 马力的发动机、一个热轧轴，以及可选底座。他想要最高质量的产品，这意味着他愿意在预算限制内最大化成本。找到满足这些要求的最佳配置

19. 对于示例 10.18 中讨论的通用电气公司运输模型，假设公司希望实施单一的采购约束，即每个配送中心只能由一个工厂提供服务。玛丽埃塔工厂的运输量是 1 500 台。建立并求解优化模型，确定满足最低成本方案。

20. 根据 Shafer 办公用品问题（第 10 章第 37 个问题），假设公司希望实施一个单一的采购约束，即每个零售商店只能由一个配送中心提供服务。建立并求解优化模型以求出最小费用。

21. Tunningley 服务公司正在建立一项新的业务，服务于俄亥俄州、肯塔基州和印第安纳州以及相邻的俄亥俄州辛辛那提市。该公司已确定了 15 个重要市场领域，并希望建立地区办事处，以实现能够在 60 分钟内前往所有重要市场的目标。该企业数据文件提供了两个城市之间的行程时间（以分钟为单位）：

a. 开发并求解一个优化模型，以找到满足其目标所需的最少地区办事处数量

b. 假设把目标改成 90 分钟。最好的解决办法是什么

22. Tindall 礼品行是一个主要的全国性零售连锁店，作为全国性大型零售连锁企业，其门店主要分布于各大购物中心。多年来，公司坚持向现有客户寄送圣诞商品目录的策略，该举措不仅带动了电商业务增长，同时有效提升了门店客流量。然而这一营销策略的成本效益始终未经量化评估。市场营销副总裁约翰·哈里斯（John Harris）主导的专项研究显示：圣诞目录的营销效果显著——收到目录的客户群体，其平均消费金额明显高于未接收目录的对照群体。由于供应商提供的合作补贴大幅降低了目录制作、分拣及邮递成本（降幅的具体数据需补充），最终产生的营收增长完全覆盖了相关成本支出。随着直邮作为节日商品目录投递渠道的持续受关注，哈里斯副总裁进一步研究如何有效触达新客户群体，其中一个想法是通过名单中介购买杂志订阅者的邮寄名单。为了确定哪些杂志可能是合适的，Tindall 礼品行对现有客户进行了邮寄问卷调查，以确定他们经常阅读哪些杂志。选择了 10 本杂志进行调查。这一策略背后的假设是，当前客户占比较高的杂志订阅用户，将成为 Tindall 礼品行未来销售的潜在目标客户群。问题是，在采购名单预算有限的情况下，应该采购哪种杂志名录，以最大限度地接触潜在客户。来自客户调查的数据已开始陆续传入。客户订阅的 10 种杂志的信息在返回的问卷中提供。哈里斯让你开发一个原型（prototype）模型，以后可以用来决定购买哪些名单。到目前为止，只返回了 53 份调查问卷。为了使原型模型易于管理，哈里斯已经指示你使用 53 份返回的调查问卷数据继续开发模型。这些数据如下表所示。前 10 个名单的费用已经给出，你的预算是 3 000 美元。

Tindall礼品行调查数据

名单	1	2	3	4	5	6	7	8	9	10
成本（千美元）	1	1	1	1.5	1.5	1.5	1	1.2	0.5	1.1

客户	杂志	客户	杂志	客户	杂志	客户	杂志
1	10	15	8	29	6	43	无
2	1,4	16	6	30	3,4,5,10	44	5,10
3	1	17	4,5	31	4	45	1,2
4	5,6	18	7	32	8	46	7
5	5	19	5,6	33	1,3,10	47	1,5,10
6	10	20	2,8	34	4,5	48	3
7	2,9	21	7,9	35	1,5,6	49	1,3,4
8	5,8	22	6	36	1,3	50	无
9	1,5,10	23	3,6,10	37	3,5,8	51	2,6
10	4,6,8,10	24	无	38	3	52	无
11	6	25	5,8	39	2,7	53	2,5,8,9,10
12	3	26	3,10	40	2,7		
13	5	27	2,8	41	7		
14	2,6	28	4,7	42	4,5,6		

应该选择什么样的杂志来最大化整体曝光率？（提示：设二元变量 X_j 表示客户是否采购杂志目录 j，Y_i 表示客户 i 是否被至少一种杂志覆盖。换句话说，仅当客户 i 订阅了被选中的杂志时，Y_i 方可取值为 1。）

非线性最优化模型

23.在第 9 章问题 1 中提供了以下情况：一家厨房电器制造商即将为一款新型食物搅拌机定价。经分析，产品需求预计与价格呈相关关系，其需求预测模型如下：

$D = 2\,500 - 3p$

会计部门估计总成本可以用下式表示：

$C = 5\,000 + 5D$

现要求你开发一个总利润模型。在电子表格上运行该模型，并使用非线性优化方法和Solver来求解利润最大化的价格。

24.第 9 章中的问题 4 提出了以下情况：航空旅行的需求对价格相当敏感。通常，需求和价格之间存在反比关系：当价格下降时，需求增加；反之亦然。一家大型航空公司发现，当芝加哥和洛杉矶之间的往返票价（P）为 600 美元时，需求（D）为每天 500 名乘客。当价格降到 400 美元时，每天的需求是 1 200 名乘客。现要求你开发一个合适的模型。在电子表格上运行该模型，并使用非线性优化与Solver求解使收入最大化的最优定价方案。

25.第 9 章的问题 2 提供了以下情况：现代电子产品（Modern Electronics）公司销售两款流行的无线耳机，A 款和 B 款，这些产品的销售并不是相互独立的（在经济学中，我们称其为替代产品，因为如果一种产品的价格上涨，另一种产品的销量就会增加）。该商店希望确立一个价格政策，以从这两款产品获得最大化的收入。对价格和销售数据的研究显示了每个模型的销量（N）和价格（P）之间的下列关系：

$$N_A = 20 - 0.62P_A + 0.30P_B$$
$$N_B = 29 + 0.10P_A - 0.60P_B$$

现要求你构建一个总收入模型。在电子表格中运行该模型，并使用 Solver 进行非线性优化，以找到使总收入最大化的最优价格。

26. 对于示例 11.8 中的定价决策模型，假设该公司希望将价格保持在最高 500 美元。请注意，图 11-19 中的解决方案将不再可行。修改电子表格模型，使其包含最大价格约束条件，并求解该模型。

27. 在示例 11.9 的酒店定价问题中，假设酒店正在考虑在其客房组合中增加套房。根据对当地竞争对手的分析，套房的售价为 180 美元，管理者预计每天将向商务旅行者出售20 间套房。需求的价格弹性估计为 -2.5。酒店希望套房的价格保持在 150~200 美元之间。修改电子表格以将套房列入表格，并求解总收入最大化的价格。

28. 一家墨西哥连锁餐厅的特许经营商希望确定最佳地点，以吸引来自 3 个郊区社区的顾客。3 个郊区社区的坐标如下：

社区	X轴	Y轴
Liberty	2	12
Jefferson	9	6
Adams	1	1

Adams 的人口是 Jefferson 的 4 倍，Jefferson 的人口是 Liberty 的 2 倍。餐馆在选址时要考虑人口因素。开发并求解一个模型，以找到最佳的位置，假设可以在这些位置之间使用欧氏距离。

29. 电子商务公司想要确定一个仓库的位置，这个仓库的存货将被运送到 5 个零售商店。这里给出了坐标和每年的卡车载重量。开发并求解一个模型，以找到最佳的位置，假设可以在这些位置之间使用欧氏距离。

零售商	X轴	Y轴	卡车载重量
A	18	15	12
B	3	4	18
C	20	5	24
D	3	16	12
E	10	20	18

30. 在第 7 章中，我们注意到回归模型中的最小二乘系数是通过最小化误差的平方和得到的，如方程（7.4）所示。这是一个非线性优化问题。利用 *Home Market Value* 的数据，建立电子表格模型，采用非线性优化方法求解斜率和截距值。把你的答案和示例 7.5 比较一下。

31. 许多制造情况，如大型和复杂的项目——飞机或机器的生产，表现出一种学习效应，当有更多的数量生产出来时，每个产品的生产时间缩短。这通常用幂曲线来模拟，$y = ax^{-b}$，其中 a 和 b 是常数。假设生产前 10 个产品的生产时间数据是从格拉斯哥机床公司的一个新项目中收集的：

单位	生产耗时
1	3 161
2	2 720
3	2 615
4	2 278
5	2 028
6	2 193
7	2 249
8	2 268
9	1 994
10	2 000

建立一个估计幂曲线的模型，以最小化误差的平方差之和。采用非线性优化方法求解参数。

32.DTP 公司有两大产品。市场营销分析师进行了实验，以收集有关媒体广告对利润影响的数据。这些数据可以在 DTP 公司的 Excel 文件中找到。假设广告总预算为 50 万美元，每个产品至少要花费 5 万美元。使用 Excel 中的 *Add Trendline* 功能，将盈利的对数函数作为每个产品的广告函数来拟合。然后建立并求解一个非线性优化模型，确定公司应该如何在两个产品之间分配广告预算。

33.Hal Chase 投资规划机构的业务是帮助投资者优化投资回报。Hal 经营 3 种投资媒介：一种是股票基金，一种是债券基金，还有他自己的体育和赌场投资计划（SCIP）。股票基金是一种共同基金，投资于公开交易的股票。债券基金专注于债券市场，这个市场的预期回报率更稳定，但也更低。SCIP 是一个高风险的计划，通常会导致巨大的损失，但偶尔也会带来惊人的收益。问题 33 的表格数据给出了平均回报率、方差和协方差。针对这种情况开发并求解一个投资组合优化模型，目标回报率为 12%。

问题 33 的数据

	股票	债券	SCIP
平均回报率	0.148	0.060	0.152
方差	0.014697	0.000155	0.160791
与股票的协方差		0.000468	−0.002222
与债券的协方差			−0.000227

非平滑优化

34. 汤姆森州立大学的一个 IT 支持小组有 7 个项目要完成。每个项目将花费的时间和项目的最后期限（都给出了天数）显示如下：

项目	1	2	3	4	5	6	7
时间	4	9	12	16	9	15	8
最后期限	12	24	60	28	24	36	48

a. 按项目到期时间对项目进行排序（从早到晚，最早截止日期优先），以最小化平均延迟时间

b. 按项目处理时间对项目进行排序（从短到长，最短处理时间优先），以最小化平均延迟时间

c. 将这些解决方案与第 9 章作业排序应用程序中讨论的 SPT（最短处理时间）和 EDD（最早截止时间）规则进行比较

35. 假设制药代表 Tracy Ross 在各诊疗所之间往返的距离如下：

从	至							
	1	2	3	4	5	6	7	8
1	0	19	57	51	49	4	12	92
2	19	0	51	10	53	25	80	53
3	57	51	0	49	18	30	6	47
4	51	10	49	0	50	11	91	38
5	49	53	18	50	0	68	62	9
6	4	25	30	11	68	0	48	94
7	12	80	6	91	62	48	0	9
8	92	53	47	38	9	94	9	0

使用进化求解器算法建立并求解一个旅行推销员问题。

案例：高性能草坪设备公司

高性能草坪设备公司的首席财务官布莱恩·弗格森（Brian Ferguson）计划为公司部分现金储备设计一个最小方差指数基金投资组合。下表列出了备选基金及其方差-协方差矩阵与平均收益率数据。

	债券	S&P 500	小盘股	中盘股	大盘股	新兴市场	大宗商品
债券	0.002%						
S&P 500	−0.001%	0.020%					
小盘股	−0.001%	0.027%	0.047%				
中盘股	−0.001%	0.024%	0.039%	0.033%			
大盘股	−0.001%	0.019%	0.027%	0.023%	0.027%		
新兴市场	0.000%	0.032%	0.050%	0.043%	0.041%	0.085%	
大宗商品	0.000%	0.000%	0.005%	0.005%	0.009%	0.015%	0.054%
平均每周回报率	0.044%	0.118%	0.256%	0.226%	0.242%	0.447%	0.053%

a. 公司希望达到 0.19% 的目标回报率。什么样的投资组合才能实现这一目标

b. 为了更好地实现多样化，首席财务官希望对每只基金的投资比例作出以下限制

- 债券：10% ~50%
- 指数：30% ~50%
- 小盘股：不超过20%
- 中盘股：不超过20%
- 大盘股：不超过25%
- 新兴市场：不超过10%
- 大宗商品：不超过20%

最优投资组合方案及其目标函数将如何变化？请将分析结论汇总为简要备忘录呈交弗格森先生。

优化分析

学习目标

在学习完本章后，你将能够：

- 解释线性和非线性优化模型的 Solver 敏感性报告。
- 对优化模型进行假设分析。
- 利用辅助变量建立约束模型，获得更全面的敏感性信息。
- 理解并解释有界变量模型的 Solver 敏感性报告。
- 使用 Excel 评估整数线性优化模型的方案，并获得解决方案的实用见解。使用 Excel 图表的可视化 Solver 报告。
- 确保在解释 Solver 报告时，使用敏感性信息所依据的假设成立。

在优化领域尚处萌芽时期，一位睿智的教授曾指出其真谛在于"洞见而非数字"。换句话说，除了找到最优解之外，还有许多东西需要从优化模型中收集。Solver 从其敏感性报告中提炼关于模型数据的变化和变化对最优解的影响的有用信息。此外，现代分析学提供了一个丰富的平台来进行假设分析，并提出进一步的见解，可以有助于在实践中使用优化，并可视化优化结果，以便将它们轻松地传达给非技术管理人员。

在本章中，我们将重点关注在优化中使用假设分析，解释求解敏感性报告，并可视化优化结果。我们还将讨论有界变量模型的特殊情况，并确保敏感性分析的正确使用。

12.1 优化模型的假设分析

制定和解决优化模型的主要目的不应该只是找到一个"最佳答案"；相反，该模型应该被用来提供洞见，以便作出更好的决策。因此，从预测分析的角度对优化模型进行分析至关重要，以确定当模型假设发生变化或模型所用数据存在不确定性时可能出现的情况。例如，管理人员对定价有一定的控制权，但可能无法控制供应商的成本。即使我们已经创建了一个模型，求出了一个最优解，但确定价格或成本的变化对净利润的影响仍是有益的。同样，许多约束条件表示资源受到限制或对客户作出的承诺。有限的生产能力可以通过加班调整，或重新与供应商进行合约协商。因此，管理者会想知道扩大产能或修改合同是否值得。使用 Solver，只要改变数据并重新建立求解模型，就可以很容易地找到这些问题的答案。

示例 12.1   **用 Solver 进行假设分析**

在 Sklenka 滑雪公司（SSC）模型中，经理们可能希望回答以下问题：

1. 假设 Jordanelle 滑雪板的单位利润增加了 10 美元，最优解将有什么变化？最佳的产品组合是什么?

2. 假设 Jordanelle 滑雪板的单位利润由于材料成本增加而减少了 10 美元,那么最优解将有什么变化呢?最好的产品组合是什么?

3. 假设通过加班可以多工作 10 个小时。制造计划会受到什么影响?

4. 如果由于计划中的设备维护,可用的完工时间减少了两个小时怎么办?制造计划会受到什么影响?

图 12-1 显示了重新建立求解模型后每种场景的解决方案的总结。

		Quantity Produced		Hours Used		
	Scenario	Jordanelle	Deercrest	Fabrication	Finishing	Profit
3	Base Case	5.25	10.5	60.375	21	$945.00
4	Jordanelle profit = $60	5.25	10.5	60.375	21	$997.50
5	Jordanelle profit = $40	0	14	56	21	$910.00
6	Finishing hours = 31	1.6	19.6	84	31	$1,354.00
7	Finishing hours = 19	4.75	9.5	54.625	19	$855.00

图12-1 假设场景总结

在第一种场境下,当 Jordanelle 滑雪板的单位利润增至 60 美元时,最优产品组合相较基准场境并未改变,但总利润有所提升。直觉上人们可能会认为:既然 Jordanelle 利润增加,提高该产品产量将更有利可图。然而,若增加其产量,就必须同步增加 Deercrest 滑雪板以满足市场混合约束,但这将违反工时限制。可以说,该解决方案已因约束条件而"触达上限"。尽管如此,每副 Jordanelle 滑雪板仍能多获 10 美元利润,因此我们生产的 5.25 副产品可使利润增加 52.50 美元(5.25×10),总利润升至 997.50 美元。从实务角度考量,管理者还需评估涨价后是否仍能确保所有滑雪板顺利售出——这一隐含假设在模型中至关重要。

在第二种场景下,情况就不同了。如果 Jordanelle 滑雪板的利润减少到 40 美元,那么生产任何一款滑雪板都是无利可图的。市场混合约束不再相关,并且类似于 Crebo 生产的例子,每副滑雪板整理时间单位利润更高,因此,最好只生产该型号产品。但从最佳组合中剔除一个产品可能是一个糟糕的决策,或者可以通过缩短供应链来获得优势。

在第三种场景下,我们看到我们仍然有两种产品的组合。有了额外的整理时间,我们可以生产更多的利润更高的 Deercrest 滑雪板,并利用剩余的能力生产少量的 Jordanelle 滑雪板。然而,你也会看到,我们现在已经使用了所有的生产时间以及所有的整理时间,这表明运营经理在生产方面没有松懈;任何设备故障或缺少劳动力的问题都会影响解决方案。

在最后一种场景下,由于市场混合约束条件的限制,整理能力的小幅下降会导致 Deercrest 和 Jordanelle 滑雪板的比例为 2∶1,但是整理能力的下降会减少每个产品的产量,同时也会使总利润减少 90 美元。

对于许多模型,我们通常希望进行更系统的假设分析,以检查当输入数据在一定合理范围内变化时,解决方案是如何变化的。例如,回顾 Innis 投资问题(示例 10.16)。在诸如此类的财务决策中,比较风险与回报来作出明智的决策通常是有用的,特别是因为目标回报值是主观的。我们在下面的示例中说明这一点。

示例12.2 投资组合管理中的风险与回报评价

在Innis投资问题中，我们可能有兴趣比较不同的目标回报值下回报、风险和投资组合的变化情况。图12-2显示了目标回报率在4%~7%之间的场景分析。我们看到目标回报率低于5%时，可以获得4.89%的最低风险回报率。可视化这些结果可以提供更好的洞见。右边的图表显示，随着目标收益的增加，风险也随之增加，在6%时，风险开始以更快的速度增加。随着目标回报率的提高，投资组合开始转变为低价股票的较高比例，这是一种风险较高的投资，如左图所示。一个更为保守的客户可能愿意承担小部分额外的风险，以获得6%的回报，但不会冒险超过这个价值。

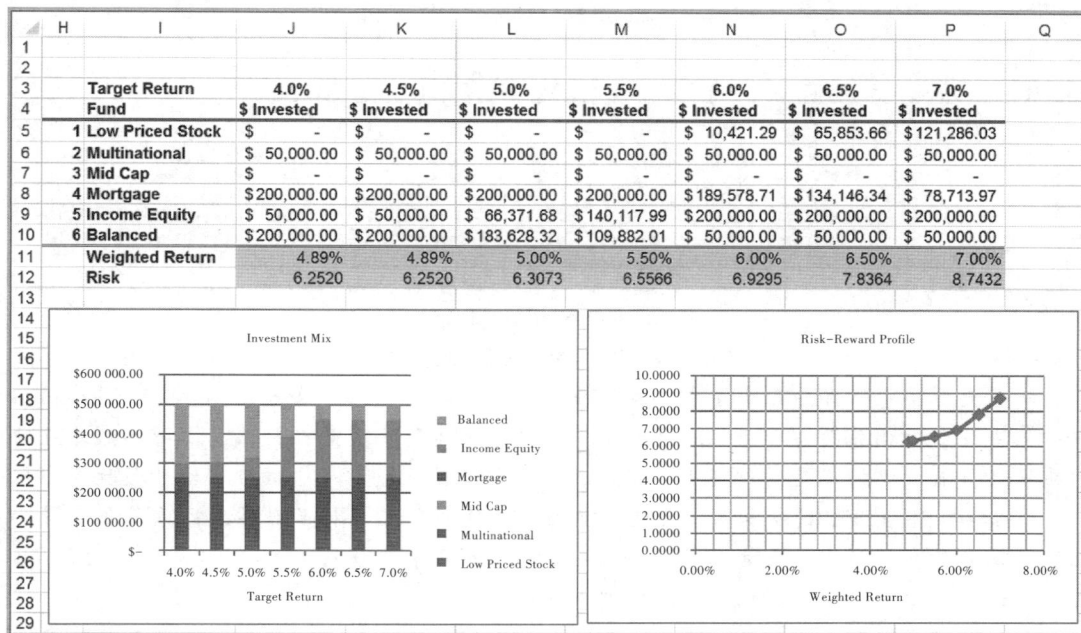

		4.0%	4.5%	5.0%	5.5%	6.0%	6.5%	7.0%
	Target Return							
	Fund	$ Invested	$ Invested	$ Invested	$ Invested	$ Invested	$ Invested	$ Invested
1	Low Priced Stock	$ -	$ -	$ -	$ -	$ 10,421.29	$ 65,853.66	$121,286.03
2	Multinational	$ 50,000.00	$ 50,000.00	$ 50,000.00	$ 50,000.00	$ 50,000.00	$ 50,000.00	$ 50,000.00
3	Mid Cap	$ -	$ -	$ -	$ -	$ -	$ -	$ -
4	Mortgage	$200,000.00	$200,000.00	$200,000.00	$200,000.00	$189,578.71	$134,146.34	$ 78,713.97
5	Income Equity	$ 50,000.00	$ 50,000.00	$ 66,371.68	$140,117.99	$200,000.00	$200,000.00	$200,000.00
6	Balanced	$200,000.00	$200,000.00	$183,628.32	$109,882.01	$ 50,000.00	$ 50,000.00	$ 50,000.00
	Weighted Return	4.89%	4.89%	5.00%	5.50%	6.00%	6.50%	7.00%
	Risk	6.2520	6.2520	6.3073	6.5566	6.9295	7.8364	8.7432

图12-2 Innis投资公司的场景分析

示例12.1中的Solver敏感性报告，我们只评估了几个不同的场景。经理们可能还想知道，如果Jordanelle型号滑雪板的利润只减少1美元、2美元或5美元等，会发生什么情况。我们可以不断更改数据，重新建立求解模型，但那会很乏味。幸运的是，我们使用敏感性报告生成的解决方案可以更容易地回答这些和其他假设问题。

Solver敏感性报告为管理层解读优化结果提供了多种实用信息。具体而言，该报告能帮助我们理解以下三类变化的影响：目标函数系数变动对最优目标值和决策变量的影响、强制改变某些决策变量产生的影响，以及约束条件资源限制或需求变化带来的影响。图12-3展示了SSC模型的敏感性报告（附有数据含义的标注说明），用户只需在求解结果对话框中选择"敏感性报告"即可生成该表格。本节案例均基于此报告展开分析。

一个重要的警告是：敏感性报告信息一次只适用于一个模型参数的变化；假定所有其他参数都保持其原始值。换句话说，如果同时改变模型中多个参数的值，则不能累积或添加敏感性信息的影响。

决策变量单元格部分提供有关决策变量和目标函数系数，以及其值的变化如何影响最优解的信息。

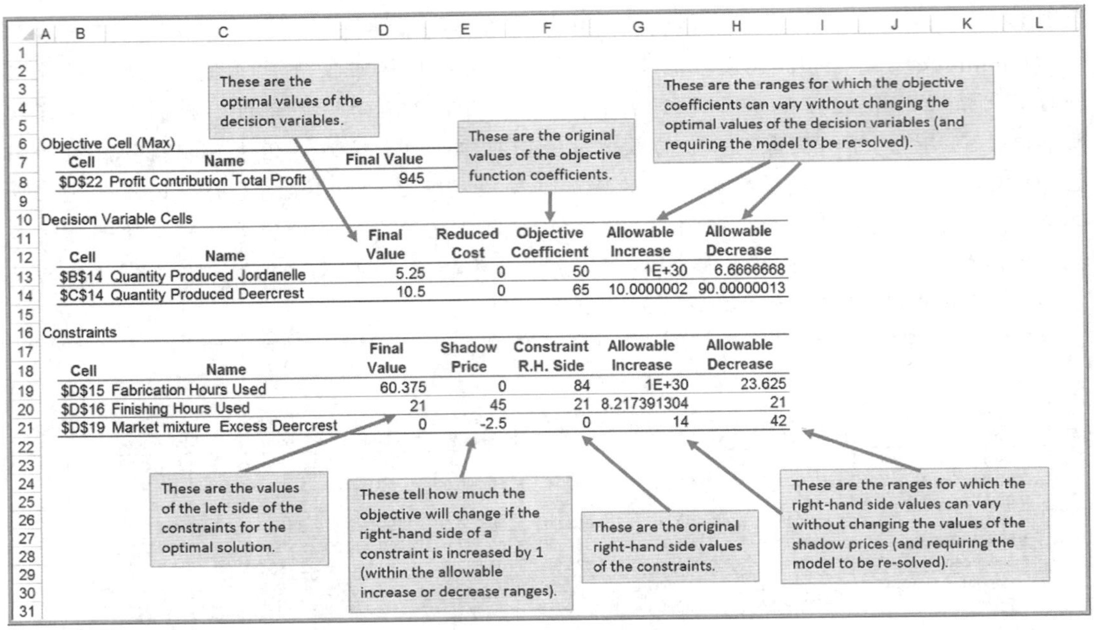

图12-3 Solver敏感性报告

示例12.3 解释决策变量的敏感性信息

决策变量单元格部分列出了各决策变量的终值，被称为缩减成本的指标值，目标函数中对应决策变量相关的系数，以及两个关键阈值——允许增量和允许减量。**缩减成本**反映了在保持当前最优解不变的前提下，目标函数系数所需调整的最小幅度。对于最优解中取值为0的非负变量，缩减成本表示要使该变量变为正数，其目标函数系数所需降低的最小值。若某变量在最优解中已为正值（如SSC案例中的两个变量），则其缩减成本恒为0。后文将通过具体示例帮助理解缩减成本的概念。

允许增（减）量表明了目标函数系数在改变多少时会导致决策变量的最优值发生变化（标注为"1E+30"的值表示无穷大）。以Deercrest滑雪板为例，其允许增量为10，允许减量为90。这意味着当Deercrest滑雪板的单位利润（65美元）增幅超过10美元或降幅超过90美元时（其他目标系数保持不变），决策变量的最优值就会改变。例如，若我们将单位利润提高11美元（至76美元）并重新求解模型，新的最优解将变为生产14副Deercrest滑雪板且不生产Jordanelle滑雪板。但若增幅小于10美元，则当前解仍保持最优。对于Jordanelle滑雪板，我们可以任意提高其单位利润而不影响当前最优解；但若利润降低至少6.66美元，则会导致最优解发生变化。

如果任何一个变量的目标系数在当前解决方案中有正值变化，但保持在允许增（减）量的范围内，最优决策变量将保持不变；然而，目标函数值将变化。例如，如果Jordanelle滑雪板的单位利润变为46美元（减少4美元，这是允许增量的范围），那么我们保证最优解仍然是生产5.25副Jordanelle和10.5副Deercrest滑雪板。但是，每生产和销售5.25副Jordanelle滑雪板，每副利润就会减少4美元，总共减少21美元（5.25×4）。因此，目标函数的新值将是924美元（945−21）。如果一个目标系数变化超过了允许增（减）量的范围，那么我们必须用新的值重新求解这个问题，以找到新的最优解和利润。

目标函数系数不会改变最优解的范围，使管理者在面对不确定性时对解的稳定性有了一定的信心。如果允许增（减）量的范围很大，那么估计系数的合理误差对最优策略没有影响（尽管它们会影响目标函数的值）。狭窄的范围表明，可能需要花费更多的精力来确保在模型中使用准确的数据或估计。

为了理解非零的缩减成本意味着什么，让我们使用示例12.1中的第二种场景。

示例12.4   **理解非零的缩减成本**

Deercrest滑雪板的缩减成本为0，因为该变量取值为正。在此最优解中我们完全不生产Jordanelle滑雪板，因为其生产无利可图。根据缩减成本的定义——要使最优解中取值为0的非负变量变为正数，其目标函数系数需要改变的幅度——我们可以看出：只有当Jordanelle滑雪板的利润降低超过−3.33美元（即利润增加超过3.33美元）时，生产该产品才具有盈利性。若将Jordanelle滑雪板的单位利润调整为43.34美元重新求解模型，将会得到与原始最优解相同的产品组合（但由于目标函数系数不同，总利润将变为910.04美元）。

A	B	C	D	E	F	G	H
4							
5	Objective Cell (Max)						
6	Cell	Name	Final Value		The profit on Jordanelle must be reduced by more than −$3.33 (increased by more than $3.33) to make it economical to produce.		
7	$D$22	Profit Contribution Total Profit	910				
8							
9	Decision Variable Cells						
10			Final	Reduced	Objective	Allowable	Allowable
11	Cell	Name	Value	Cost	Coefficient	Increase	Decrease
12	$B$14	Quantity Produced Jordanelle	0	-3.333333333	40	3.333333333	1E+30
13	$C$14	Quantity Produced Deercrest	14	0	65	1E+30	5.00000015
14							
15	Constraints						
16			Final	Shadow	Constraint	Allowable	Allowable
17	Cell	Name	Value	Price	R.H. Side	Increase	Decrease
18	$D$15	Fabrication Hours Used	56	0	84	1E+30	28
19	$D$16	Finishing Hours Used	21	43.33333333	21	10.5	21
20	$D$19	Market mixture Excess Deercrest	14	0	0	14	1E+30

图12-4   SSC目标Solver敏感性报告——最大化组合：40副Jordanelle滑雪板+65副Deercrest滑雪板

敏感性报告的"约束条件"部分列出了约束函数的终值（不等式左侧），一个称为影子价格的数字、约束条件的原始右侧值，以及允许增减量。**影子价格**表示当约束条件右侧值增加1个单位时，目标函数值的变化量。当约束条件存在正松弛量（即第10章定义的最优解下不等式左右两侧的差值）时，影子价格为零。对于涉及有限资源的约束条件，影子价格表示额外获得一单位该资源的经济价值。

示例12.5   **解释约束条件的敏感性信息**

在生产约束（见图12-3）中，我们在最优解中只使用了84个可用小时中的60.375个小时。因此，多一个小时的可用时间不会帮助我们增加利润。然而，如果一个约束是紧约束，那么右边的任何变化都会导致决策变量的最优值以及目标函数值的变化。

我们用整理约束来说明这一点，整理约束的影子价格是45美元。这意味着如果额外一个小时的整理时间是可用的，那么总利润将改变45美元。为了解决这个问题，将可用整理时间的限制改为22小时并重新求解这个问题。新的解决方案是生产5.5副Jordanelle滑雪板和11.0副Deercrest滑雪板，产生990美元的利润。我们看到总利润增加了45美元，正如预测的那样。

影子价格能够有效预测约束条件右侧值在允许增量范围内每增加1个单位时，目标函数值的变化量。因此，若整理时间增加不超过约8.2小时，利润将按每小时45美元的比率增长（但需重新求解模型才能确定决策变量的具体最优值）。同理，影子价格的负值可预测约束条件右侧值在允许减量范围内每减少1个单位时，目标函数值的变化幅度。例如，若因员工伤病导致整理时间减少至14小时，利润将减少315美元（7×45），总利润降至630美元（945-315）——这一预测成立是因为7小时的减量在允许减量21小时范围内。若超出此范围，则影子价格不再适用，必须重新求解模型。

理解影子价格的另一种方法是分解约束条件右侧值变化所产生的影响。增加的这一小时整理时间是如何被利用的？通过求解22小时整理时间下的模型，我们发现相较于原始解，能够多生产0.25副Jordanelle滑雪板和0.5副Deercrest滑雪板。因此，利润增加了45美元（0.25×50+0.5×65=12.50+32.50）。本质上，紧约束条件的微小变化会导致资源使用方式的重新分配。

解释与市场混合约束相关的影子价格有点困难。如果仔细检查约束Deercrest-2 Jordanelle ≥ 0，右侧从0增加到1会导致约束更改为：

（Deercrest-1）-2 Jordanelle ≥ 0

这意味着生产的Deercrest滑雪板数量将比"至少为Jordanelle滑雪板数量两倍"的要求少一副。若添加此约束条件重新求解模型，可得到新的最优解：生产4.875副Jordanelle滑雪板、10.75副Deercrest滑雪板，总利润为942.50美元。利润的变化量恰好等于影子价格数值，此时Jordanelle滑雪板数量的2倍为9.75副，确实比要求少一副。

影子价格对管理者很有用，它指导管理者如何重新配置资源或调整可控参数。在线性优化模型中，一些约束条件的参数是不可控的。例如，可用于生产的时间或机器产能的物理限制显然是无法控制的。其他约束代表政策决定，其本质上是主观的。虽然增加1个小时的整理时间将使利润提高45美元是正确的，但是这是否意味着公司应该增加这个数额的时间？这取决于目标函数系数中是否包含相关成本。若劳动力成本未计入目标函数的单位利润系数中，则公司为额外工时支付的费用只要低于45美元即可获益。反之，若劳动力成本已纳入利润计算，则公司应愿意支付高达45美元的额外费用，超出已包含在单位利润计算中的劳动力成本。

极限报告（见图12-5）显示了每个变量在满足所有约束和保持所有其他变量不变的情况下可以假定的下限和上限。一般来说，这份报告对决策提供的有用信息很少，可以被有效地忽略。

	Objective		
Cell	Name	Value	
$D$22	Profit Contribution Total Profit	$945.00	

	Decision Variable		Lower Objective		Upper Objective	
Cell	Name	Value	Limit	Result	Limit	Result
$B$14	Quantity Produced Jordanelle	5.25	0	$682.50	5.25	$945.00
$C$14	Quantity Produced Deercrest	10.5	10.5	$945.00	10.5	$945.00

图12-5　Solver极限报告

使用敏感性报告

我们很容易使用敏感性信息来评估不同场景的影响。下面的规则总结了如何做到这一点。

a. 如果目标函数系数的变化保持在报告决策变量单元格允许增（减）量范围内，则决策变量的最优值不变。然而，你必须使用系数的新值重新计算目标函数值。

b. 如果目标函数系数的变化超过了报告中决策变量单元格的允许增（减）量范围，那么你必须重新求解该模型以找到新的最优值。

c. 如果约束右侧的变化值保持在报告约束部分允许增增（减）量范围内，那么影子价格可以让你预测目标函数值将如何变化。用影子价格的值乘以右侧的变化值（如果增加则为正，减少则为负）。然而，你必须重新求解这个模型来找到决策变量的新值。

d. 如果约束右侧的变化值超过了报告约束部分允许增（减）量的限制，那么你就无法使用影子价格预测目标函数值将如何变化。你必须重新求解这个问题才能找到新的解决方案。

我们将使用图 12-3 中的敏感性报告来演示 SSC 假设场景（参见示例 12.1）的这些规则。

示例 12.6 <center>**使用敏感性报告来评估方案**</center>

1. 假设 Jordanelle 滑雪板的单位利润增加了 10 美元。最优解决方案将如何变化？最佳产品组合是什么？首先要做的是确定目标函数系数的增加是否在报告的决策变量单元格允许增（减）量范围内。因为 10 美元小于无穷大的允许增量，我们可以安全地得出结论，决策变量的最优值不会改变。然而，因为目标函数发生了变化，我们需要计算总利润的新值：$5.25 \times 60 + 10.5 \times 65 = 997.50$（美元）。

2. 假设 Jordanelle 滑雪板的单位利润由于材料成本的增加而减少了 10 美元，那么最优解将如何变化呢？什么是最好的产品组合？在这种情况下，单位利润的变化超过允许的减少值（6.67 美元）。我们可以得出结论，决策变量的最优值将会改变，

3. 假设通过加班可以额外多出 10 个整理工时。生产计划将受到怎样的影响？当场景涉及约束的右侧时，首先检查右侧值的变化是否在报告约束部分的允许增减量范围内。在这种情况下，额外的 10 个整理工时超过允许增量。因此，我们必须重新求解这个问题来确定新的解决方案。

4. 如果由于计划的设备维护，可用的整理时间减少了 2 小时，该怎么办？生产计划将受到怎样的影响？

在这种情况下，整理能力减少 2 小时是在允许的减少范围内。我们可以得出结论，总利润将减少影子价格的价值，每小时的整理能力下降。因此，我们可以预测总利润将下降为 90 美元（2×45），达到 855 美元。然而，我们必须重新求解这个模型，以确定决策变量的新值。

12.1.1 退化解

如果任何约束的右侧值为 0，则解为**退化解**。关于退化影响的完整讨论超出了本书的范围；然而，重要的是要知道，退化现象可能影响敏感性分析信息的解读。例如，此时缩减成本和影子价格可能不是唯一的，且可能需要将目标函数系数调整至超出原定允许增减范围，才能引发最优解的改变。因此，在解释这些信息时应该谨慎一些。如果有疑问，请咨询业务分析专家。

12.1.2 解释非线性优化模型的 Solver 报告

Solver 为非线性优化模型提供答案、敏感性和极限报告。然而，敏感性报告是非常不同的线性模型。我们使用第11章中的酒店定价示例来讨论这些差异。

示例 12.7 **酒店定价模型 Solver 报告解读**

答案报告，如图 12-6 所示，提供了与线性模型相同的基本信息。约束条件部分"单元格值"一列显示了各约束条件的左侧值，标注了约束的"紧约束/非紧约束"状态，并给出了松弛量数值。在本案例中，我们可以看到 450 间客房的容量限制以及金卡客房价格下限均为紧约束。这表明：若能扩大酒店接待容量或降低金卡客房的最低价，我们就有可能进一步提升整体收益。

	Cell	Name	Original Value	Final Value		
12	Target Cell (Max)					
13	**Cell**	**Name**	**Original Value**	**Final Value**		
14	$F$16	Totals Revenue	0	39380.65104		
15						
16						
17	Adjustable Cells					
18	**Cell**	**Name**	**Original Value**	**Final Value**		
19	$B$13	Standard New Price	$ -	$ 76.87		
20	$B$14	Gold New Price		$ 90.00		
21	$B$15	Platinum New Price	$ -	$ 145.04		
22						
23	Constraints					
24	**Cell**	**Name**	**Cell Value**	**Formula**	**Status**	**Slack**
25	$E$16	Totals Sold	450.0000004	$E$16<=$E$6	Binding	0
26	$B$13	Standard New Price	76.87	$B$13>=$C$13	Not Binding	6.874760459
27	$B$14	Gold New Price	90.00	$B$14>=$C$14	Binding	0
28	$B$15	Platinum New Price	145.04	$B$15>=$C$15	Not Binding	25.04142711
29	$B$13	Standard New Price	76.87	$B$13<=$D$13	Not Binding	13.12523954
30	$B$14	Gold New Price	90.00	$B$14<=$D$14	Not Binding	20
31	$B$15	Platinum New Price	145.04	$B$15<=$D$15	Not Binding	3.958572885

图 12-6 酒店定价示例 Solver 答案报告

在敏感性报告（见图 12-7）的可调节单元格部分中，**降低的梯度**类似于线性模型中的缩减成本。然而，关于这个问题，每个价格的目标函数系数依赖于许多参数，因此，相对于问题数据，降低的梯度更难解释。因此，我们不一定得出结论，金卡客房价格降低 42.69 美元将迫使解决方案发生变化。

	Cell	Name	Final Value	Reduced Gradient
5	Target Cell (Max)			
6	**Cell**	**Name**	**Final Value**	
7	$F$16	Totals Revenue	39380.65104	
8				
9	Adjustable Cells			
10			**Final**	**Reduced**
11	**Cell**	**Name**	**Value**	**Gradient**
12	$B$13	Standard New Price	$ 76.87	$ -
13	$B$14	Gold New Price	$ 90.00	$ (42.69)
14	$B$15	Platinum New Price	$ 145.04	$ -
15				
16	Constraints			
17			**Final**	**Lagrange**
18	**Cell**	**Name**	**Value**	**Multiplier**
19	$E$16	Totals Sold	450.0000004	12.08293216

图 12-7 酒店定价模型 Solver 敏感性报告

约束条件下的**拉格朗日乘数**与线性模型的影子价格相似。然而，对于非线性模型，当约束的右侧增加 1 个单位时，拉格朗日乘数只给出目标函数的近似变化率。因此，在这个示例中，如果可用客房的数量增加 1 到 451，总收入将增加大约 12.08 美元。（对于线性模型，正如我们所看到的，影子价格给出了在允许增减限度内的确切变化率。）因此，在解释这些价值时，你应该保持些许谨慎，需要重新求解模型，以找到变化对约束的真正影响。对于这个示例，451个客房的最佳收入是39 392.52美元，增加11.87美元（39 392.52-39 380.65），接近——但不完全准确——拉格朗日乘数值预测的数额。

检验你的学习成果

（1）为何优化模型必须进行假设分析？

（2）如何使用Solver进行优化模型的假设分析？

（3）Solver敏感性报告为线性模型提供了什么信息？

（4）说明如何理解并使用线性模型的Solver敏感性报告。非线性优化模型的敏感性报告有什么不同？

12.2 有界变量模型

Solver处理简单的下限（例如，C ≥ 500）和上限（例如，D ≤ 1 000）与敏感性报告中的普通约束有很大不同。在求解器中，下限和上限以类似于非负性约束的方式处理，这也不会显式地出现在模型的约束中。Solver这样做是为了提高求解过程的效率；对于大型模型，这可以显著节省计算机处理时间。然而，这使得解释敏感性信息变得更加困难，因为我们不再有影子价格和与这些约束相关的允许增减量。实际上，这并不完全正确；影子价格是存在的，但隐藏在缩减成本之中。幸运的是，有一种简单的方法可以为我们提供即将描述的缺失信息。

示例12.8   **J&M 制造**

假设J&M生产4种型号的煤气烧烤架：A、B、C和D，每种烧烤架必须经过5个部门：冲压、喷漆、装配、检测和包装。表12-1显示了有关数据。例如，在第二张表中，冲压部门每小时可以生产A型号烧烤架40个。（A型烧烤架使用进口零件，不需要喷漆。）J&M公司想要确定烧烤架的数量以实现月利润最大化。

为了将其表述为一个线性优化模型，令：

A、B、C和D = A、B、C和D型号产品的数量

目标函数是使总净利润最大化：

最大化$(250 - 210)A + (300 - 240)B + (400 - 300)C + (650 - 520)D$

$= 40A + 60B + 100C + 130D$

这些约束条件包括每个部门可用的生产时间的限制、最低销售要求和最大销售潜力的限制。生产率是以每小时生产的数量表示的，所以如果你把这些值乘以生产的数量，你会得到一个没有意义的表达式。因此，你必须将决策变量除以每小时生产的数量，或者等效地将这些数据转换成小时/单位，然后乘以决策变量：

$A/40 + B/30 + C/10 + D/10 \leq 320$（冲压）

$B/20 + C/10 + D/10 \leq 320$（喷漆）

$A/25 + B/15 + C/15 + D/12 \leq 320$（装配）

$A/20 + B/20 + C/25 + D/15 \leq 320$（检测）

$A/50 + B/40 + C/40 + D/30 \leq 320$（包装）

销售约束是变量的简单上下限：

$A \geqslant 0$

$B \geqslant 0$

$C \geqslant 500$

$D \geqslant 500$

$A \leqslant 4\,000$

$B \leqslant 3\,000$

$C \leqslant 2\,000$

$D \leqslant 1\,000$

非负性约束条件暗含于变量的下限中,因此不需要明确说明。

表12-1　　　　　　　　J&M制造数据（第二张表显示了单位数/小时的产品率）

烤架型号	销售价格（美元/个）	变动成本（美元/个）	每月销量最低要求	每月最大销售潜力
A	250	210	0	4 000
B	300	240	0	3 000
C	400	300	500	2 000
D	650	520	500	1 000

部门	A	B	C	D	可用工时
冲压	40	30	10	10	320
喷漆		20	10	10	320
装配	25	15	15	12	320
检测	20	20	25	15	320
包装	50	40	40	30	320

　　图12-8显示了带有最优解的电子表格运行结果（Excel文件的 *J&M Manufacturing*），图12-9显示了用于找到它的Solver模型。查看图12-10和图12-11中J&M生产模型的答案报告和敏感性报告。在答案报告中,所有约束都与它们的状态一起列出。例如,我们看到模型D的上限和模型B的下限是紧约束。但是,在敏感性报告的约束部分没有出现任何边界约束条件。

	A	B	C	D	E	F
1	J&M Manufacturing					
2						
3	Data					
4	Grill model	Selling price	Variable cost	Min Sales	Max Sales	
5	A	250	210	0	4000	
6	B	300	240	0	3000	
7	C	400	300	500	2000	
8	D	650	520	500	1000	
9						
10	Production rates (hours/unit)	A	B	C	D	Hours Available
11	Stamping	40	30	10	10	320
12	Painting	20	10	10	10	320
13	Assembly	25	15	15	12	320
14	Inspection	20	20	25	15	320
15	Packaging	50	40	40	30	320
16						
17	Model					
18	Department	A	B	C	D	Hours Used
19	Stamping	=B$25/B11	=C$25/C11	=D$25/D11	=E$25/E11	=SUM(B19:E19)
20	Painting		=C$25/C12	=D$25/D12	=E$25/E12	=SUM(B20:E20)
21	Assembly	=B$25/B13	=C$25/C13	=D$25/D13	=E$25/E13	=SUM(B21:E21)
22	Inspection	=B$25/B14	=C$25/C14	=D$25/D14	=E$25/E14	=SUM(B22:E22)
23	Packaging	=B$25/B15	=C$25/C15	=D$25/D15	=E$25/E15	=SUM(B23:E23)
24						
25	Number produced	3857.14285714286	0	1235.71428571429	1000	
26	Net profit/unit	=B5-C5	=B6-C6	=B7-C7	=B8-C8	Total Profit
27	Profit contribution	=B25*B26	=C25*C26	=D25*D26	=E25*E26	=SUM(B27:E27)

图12-8 *J&M Manufacturing* 公司电子表格运行结果

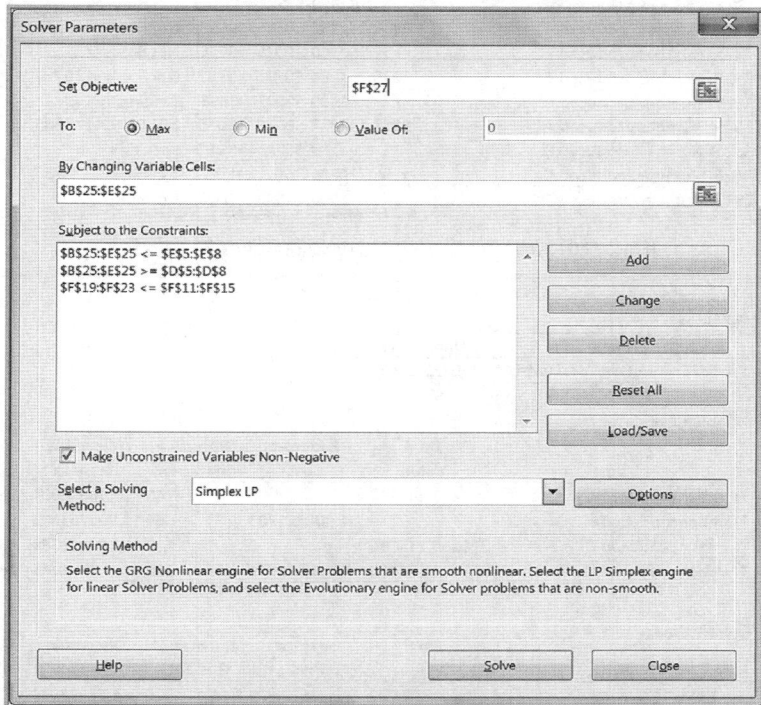

Solver Parameters

Set Objective: $F$27

To: ● Max ○ Min ○ Value Of: 0

By Changing Variable Cells:
$B$25:$E$25

Subject to the Constraints:
$B$25:$E$25 <= $E$5:$E$8
$B$25:$E$25 >= $D$5:$D$8
$F$19:$F$23 <= $F$11:$F$15

[Add] [Change] [Delete] [Reset All] [Load/Save]

☑ Make Unconstrained Variables Non-Negative

Select a Solving Method: Simplex LP [Options]

Solving Method
Select the GRG Nonlinear engine for Solver Problems that are smooth nonlinear. Select the LP Simplex engine for linear Solver Problems, and select the Evolutionary engine for Solver problems that are non-smooth.

[Help] [Solve] [Close]

图12-9 *J&M Manufacturing* 公司Solver模型

　　首先，让我们解释缩减成本的含义。回想一下，在仅包含非负性约束而无其他简单界限的普通模型中，缩减成本反映了要使某个变量在最优解中变为正值，其目标函数系数需要降低的幅度。对于产品 B，我们设定了下限约束条件 B ≥ 0。值得注意的是，最优解要求我们仅生产最低需求量。原因何在？由于产品 B 的利润贡献相对于其他产品过低，增产并不经济。若要使生产超出最低需求量的行为具有经济性，产品 B 的单位利润需要提升多少？缩减成本的数值给出了答案：产品 B 的单位利润至少需要降低–1.905 美元（即至少增加+1.905 美元）。当非零的下限约束是紧约束时，其解释原理相同——缩减成本的数值表示要使产量超过最低需求量，单位利润所需降低的幅度。

	Cell	Name	Original Value	Final Value		
12	Objective Cell (Max)					
13	Cell	Name	Original Value	Final Value		
14	$F$27	Profit contribution Total Profit	0	407857.1429		
15						
16						
17	Decision Variable Cells					
18	Cell	Name	Original Value	Final Value	Type	
19	$B$25	Number produced A	0	3857.142857	Normal	
20	$C$25	Number produced B	0	0	Normal	
21	$D$25	Number produced C	0	1235.714286	Normal	
22	$E$25	Number produced D	0	1000	Normal	
23						
24	Constraints					
25	Cell	Name	Cell Value	Formula	Status	Slack
26	$F$19	Stamping Hours Used	320.000	$F$19<=$F$11	Binding	0
27	$F$20	Painting Hours Used	223.571	$F$20<=$F$12	Not Binding	96.42857143
28	$F$21	Assembly Hours Used	320.000	$F$21<=$F$13	Binding	0
29	$F$22	Inspection Hours Used	308.952	$F$22<=$F$14	Not Binding	11.04761905
30	$F$23	Packaging Hours Used	141.369	$F$23<=$F$15	Not Binding	178.6309524
31	$B$25	Number produced A	3857.142857	$B$25<=$E$5	Not Binding	142.8571429
32	$C$25	Number produced B	0	$C$25<=$E$6	Not Binding	3000
33	$D$25	Number produced C	1235.714286	$D$25<=$E$7	Not Binding	764.2857143
34	$E$25	Number produced D	1000	$E$25<=$E$8	Binding	0
35	$B$25	Number produced A	3857.142857	$B$25>=$D$5	Not Binding	3857.142857
36	$C$25	Number produced B	0	$C$25>=$D$6	Binding	0
37	$D$25	Number produced C	1235.714286	$D$25>=$D$7	Not Binding	735.7142857
38	$E$25	Number produced D	1000	$E$25>=$D$8	Not Binding	500

图12-10　*J&M Manufacturing* 公司Solver答案报告

	Cell	Name	Final Value	Reduced Cost	Objective Coefficient	Allowable Increase	Allowable Decrease
5	Objective Cell (Max)						
6	Cell	Name	Final Value				
7	$F$27	Profit contribution Total Profit	407857.1429				
8							
9	Decision Variable Cells						
10			Final	Reduced	Objective	Allowable	Allowable
11	Cell	Name	Value	Cost	Coefficient	Increase	Decrease
12	$B$25	Number produced A	3857.142857	0	40	20.00000004	1.000000042
13	$C$25	Number produced B	0	-1.904761905	60	1.904761905	1E+30
14	$D$25	Number produced C	1235.714286	0	100	13.33333389	33.33333339
15	$E$25	Number produced D	1000	19.28571429	130	1E+30	19.28571429
16							
17	Constraints						
18			Final	Shadow	Constraint	Allowable	Allowable
19	Cell	Name	Value	Price	R.H. Side	Increase	Decrease
20	$F$19	Stamping Hours Used	320.000	571.429	320	44.58333333	5
21	$F$20	Painting Hours Used	223.571	0.000	320	1E+30	96.42857143
22	$F$21	Assembly Hours Used	320.000	642.857	320	3.333333333	71.33333333
23	$F$22	Inspection Hours Used	308.952	0.000	320	1E+30	11.04761905
24	$F$23	Packaging Hours Used	141.369	0.000	320	1E+30	178.6309524

图12-11　*J&M Manufacturing* 公司Solver敏感性报告

就产品 D 而言，缩减成本是 19.29 美元。需要注意的是，当前 D 的产量已达到上限值

1 000 单位。由于该产品能创造可观利润，我们期望尽可能多地生产。那么，要使生产达到最大产量而不再具有经济性，其单位利润需要降低多少？答案同样体现在缩减成本的数值上——19.29 美元。

现在让我们换一种方式来探讨这些问题。以产品 B 为例，若将其边界约束条件 B ≥ 0 的右端值增加 1 个单位会产生什么影响？当我们将下限约束的右端值提高 1 个单位时，实际上是在强制要求解决方案比最低需求多生产 1 个单位。这种操作会对目标函数产生怎样的影响呢？由于增产无盈利产品会导致亏损，目标函数值必然下降。具体会下降多少？答案依然在于缩减成本的数值——每增产 1 个单位的产品 B 将导致利润减少 1.905 美元。同理，若将约束条件 D≤1 000 的右端值增加 1 个单位，则利润将增加 19.29 美元。由此可见，*有界变量对应的缩减成本数值，实际上就是该边界约束的影子价格*。但需注意的是，此时我们无法获得约束值可调整的允许范围区间。（重要提示：敏感性报告中"允许增量"和"允许减量"指标针对的是目标函数系数，而非缩减成本的数值。）

边界约束条件的辅助变量

将缩减成本解释为有界变量的影子价格可能有点令人困惑。幸运的是，有一个巧妙的小技巧可以用来消除这个困惑。通过定义**辅助变量**来还原缺失的敏感性分析信息。具体操作步骤如下——针对所有带有上下限约束的决策变量，建立一组新的辅助单元格（通过引用而非复制原始可变单元格来实现）。随后在 Solver 模型中，使用这些辅助变量单元格（而非最初定义的可变单元格）来设置边界约束条件。

示例12.9　　　　　　　　　　　**使用辅助变量单元格**

图 12-12 展示了 J&M 制造模型的一部分，其中在第 29 行加入了辅助变量。例如，单元格 B29 中的公式为=B25。通过将边界约束中的决策变量单元格更改为辅助变量单元格，Solver 被修改为如图 12-13 所示。该模型的敏感性报告如图 12-14 所示。现在可以看到，在"约束条件"部分已显示出与边界约束对应的行，且其影子价格与原始敏感性报告中的缩减成本数值完全一致。更重要的是，我们现在能够获取每个影子价格对应的允许增减范围——这一关键信息在原先的分析中并不存在。因此，除非求解效率是首要考虑因素，否则我们建议你采用这种方法。

	A	B	C	D	E	F
24						
25	Number produced	0	0	0	0	
26	Net profit/unit	$ 40.00	$ 60.00	$ 100.00	$ 130.00	Total Profit
27	Profit contribution	$ -	$ -	$ -	$ -	$ -
28						
29	Auxiliary variable	0	0	0	0	

	A	B	C	D	E	F
24						
25	Number produced	0	0	0	0	
26	Net profit/unit	=B5-C5	=B6-C6	=B7-C7	=B8-C8	Total Profit
27	Profit contribution	=B25*B26	=C25*C26	=D25*D26	=E25*E26	=SUM(B27:E27)
28						
29	Auxiliary variable	=B25	=C25	=D25	=E25	

图12-12　*J&M Manufacturing* 公司辅助变量单元格

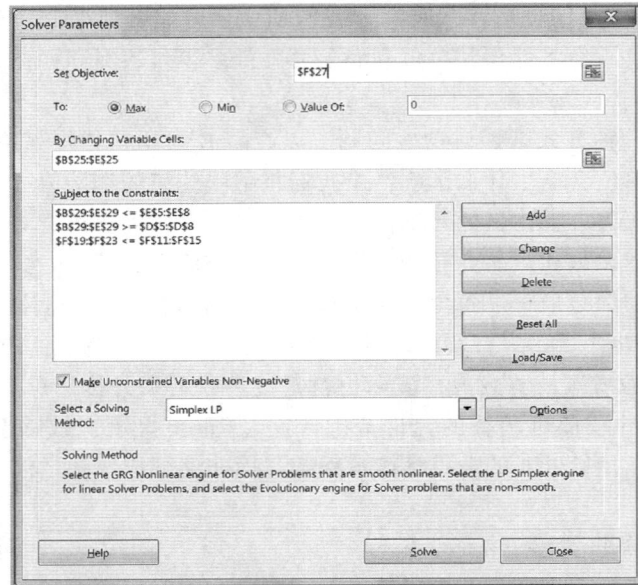

图12-13　*J&M Manufacturing* 公司带有辅助变量的Solver模型

图12-14　*J&M Manufacturing* 带有辅助变量的敏感性报告

检验你的学习成果

（1）描述在包含有界变量的 Solver模型中，敏感性报告呈现的关键差异点。

（2）在 Solver模型中如何将有界变量引入辅助变量？

（3）辅助变量在Solver敏感性报告中提供了哪些附加信息？

12.3 整数优化模型的假设分析

由于整数模型本质上是不连续的，因此不能以与线性模型相同的方式生成敏感性信息；因此，没有Solver提供的敏感性报告，只有答案报告可用。为了研究模型参数的变化，需要对模型进行重新求解。在下面的示例中，我们将展示如何使用整数优化模型来定位设施，并应用假设分析来评估不同解决方案之间的权衡取舍。这个例子通常被称为"覆盖"问题，因为我们试图选择服务的位置子集，或者覆盖服务区域中的所有位置。

示例12.10 **Anderson 村消防站**

假设 Anderson 村需要确定消防站的最佳选址方案。该村被划分为多个小型辖区（或称社区），且交通研究已估算出应急车辆在各辖区之间的响应行驶时间。村预估响应时间如下（单位：分钟）：

从＼至	1	2	3	4	5	6	7
1	0	2	10	6	12	5	8
2	2	0	6	9	11	7	10
3	10	6	0	5	5	12	6
4	6	9	5	0	9	4	3
5	12	11	5	9	0	10	8
6	5	7	12	4	10	0	6
7	8	10	6	3	8	6	0

若在辖区 j 设立消防站，则设 $X_j=1$，否则为 0。目标函数为最小化需建设的消防站数量：

最小化 $X_1+X_2+X_3+X_4+X_5+X_6+X_7$

每个辖区必须能在 8 分钟内由至少一个消防站车辆抵达。根据上表数据，以辖区 1 为例：要确保 8 分钟内的应急响应，必须在辖区 1、2、4、6 或 7 中至少设立一个消防站。因此，需要建立如下约束条件：

$X_1+X_2+X_3+X_4+X_5+X_6+X_7\geq 1$

对于其他每个辖区可建立类似的约束条件：

$X_1+X_2+X_3+X_6\geq 1$

$X_2+X_3+X_4+X_5+X_7\geq 1$

$X_1+X_3+X_4+X_6+X_7\geq 1$

$X_3+X_5+X_7\geq 1$

$X_1+X_2+X_4+X_6+X_7\geq 1$

$X_1+X_3+X_4+X_5+X_6+X_7\geq 1$

图 12-15 显示了这个问题的电子表格模型——Anderson 村消防站位置模型（Excel 文件 *Anderson Village Fire Station Location Model*（安德森村消防站位置模型））。为了开发模型中的约束条件，我们通过将所有 8 分钟内的响应时间转换为 1，将超过 8 分钟的响应时间转换为 0 来构造矩阵。然后，每个辖区的约束条件只需将决策变量与该矩阵各行进行 SUMPRODUCT（乘积求和）运算即可构建。这使得 Solver 模型（如图 12-16 所示）易于定义。例如，单元格 I20 中的公式为=SUMPRODUCT（$B$28：$H$28，B20：H20）。对于

本例，解决方案是在3区和7区设置消防站。

	A	B	C	D	E	F	G	H	I	J
1	Anderson Village Fire Station Model									
2										
3	Data									
4										
5	Response time		8 minutes							
6										
7	Response Times									
8	From/To	1	2	3	4	5	6	7		
9	1	0	2	10	6	12	5	8		
10	2	2	0	6	9	11	7	10		
11	3	10	6	0	5	5	12	6		
12	4	6	9	5	0	9	4	3		
13	5	12	11	5	9	0	10	8		
14	6	5	7	12	4	10	0	6		
15	7	8	10	6	3	8	6	0		
16										
17	Model									
18										
19	From/To	1	2	3	4	5	6	7	Covered?	Requirement
20	1	1	1	0	1	0	1	1	1	1
21	2	1	1	1	0	0	1	0	1	1
22	3	0	1	1	1	1	0	1	2	1
23	4	1	0	1	1	0	1	1	2	1
24	5	0	0	1	0	1	0	1	2	1
25	6	1	1	0	1	0	1	1	1	1
26	7	1	0	1	1	1	1	1	2	1
27									Total	
28	Location	0	0	1	0	0	0	1	2	

图12-15 *Anderson Village Fire Station Location Model* 的电子表格模型

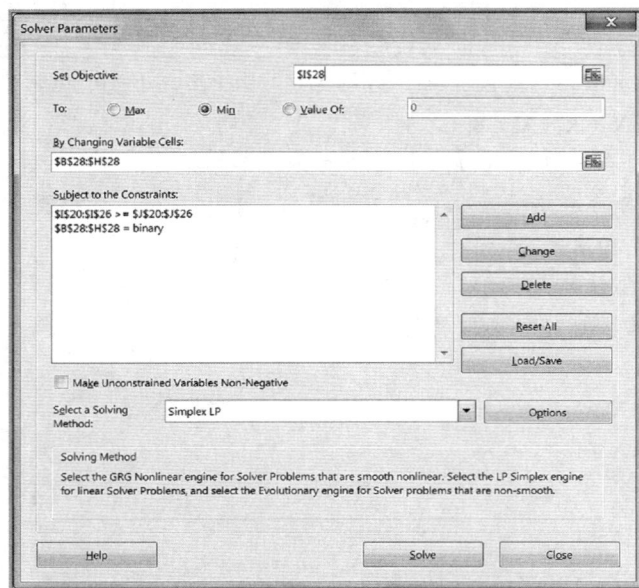

图12-16 *Anderson Village Fire Station Location Model* 的Solver模型

假设Anderson村理事会希望更好地权衡应急响应时间与所需最少消防站数量之间的关系，我们可以通过修改单元格B5中的响应时间参数值，并重新求解模型来实现这一分析需求。

示例 12.11   **响应时间的假设分析**

在 Anderson 村的示例中，我们将单元格B8中的响应时间要求改为5至10分钟，并重新求解每个值的模型。结果如图12-17所示。A列中是响应时间的值。B列中的1代表消防站的位置。这些结果表明，最大响应时间可以减少到6分钟，同时仍然只使用两个消防站（模型解决方案产生辖区1和辖区3）。这显然是一个更好的选择。另外，如果响应时间比原定目标只增加一分钟，Anderson村可以节省建造第二个设施的费用。当然，这样的决定需要仔细评估。

	A	B	C	D	E	F	G	H	I
1	Location	1	2	3	4	5	6	7	
2	Response Time								Min. Number of Sites
3	$D$5	$B$28	$C$28	$D$28	$E$28	$F$28	$G$28	$H$28	$I$28
4	5	1	0	1	1	0	0	0	3
5	6	1	0	1	0	0	0	0	2
6	7	1	0	1	0	0	0	0	2
7	8	0	0	1	0	0	0	1	2
8	9	0	0	0	1	0	0	0	1
9	10	0	0	0	1	0	0	0	1

图12-17　假设分析结果

检查你的学习成果

（1）解释为什么整数优化模型不产生Solver敏感性报告？

（2）如何对整数优化模型进行假设分析？

12.4　Solver报告的可视化

正如你所知道的，在解释Solver的输出结果时，需掌握线性优化的技术知识及相关术语，如缩减成本和影子价格。数据可视化可以帮助分析师以更容易理解的形式呈现优化结果，便于在报告或演示中向经理和客户解释。我们将通过一个工艺选择模型来展示这一方法。工艺选择模型通常涉及从不同类型的生产工艺中选择最优方案来生产产品。例如，“自制或外购”决策就是一种工艺选择模型，需要决定是在公司内部生产一种或多种产品，还是将其外包给其他企业。

示例12.12　　Camm家纺

Camm家纺旗下设有一家按订单生产的纺织厂，专门生产三种面料。该工厂实行24小时不间断生产。工厂经理面临的关键决策是：在接下来的一个季度（13周）内，如何安排各类型织机生产这三种面料，才能在满足需求的同时不超出工厂织机产能限制。工厂使用两种织机：多臂织机和普通织机。多臂织机可生产所有面料，且是唯一能编织格子布等特殊面料的设备。表12-2列出了各面料的需求量、可变成本及在不同织机上的生产率。目前工厂拥有15台普通织机和3台多臂织机。面料在织造完成后将被送至整理部门进行后期加工，最终对外销售。对于因工厂产能限制而无法自行生产的面料，将改由外部供应商采购，随后运回工厂进行整理加工，并按原定售价销售。除需决定各面料对应的生产织机类型外，工厂经理还需明确哪些面料需要采用外部采购方案。

表12-2　**面料生产数据**

织物	需求（码）	多臂织机产能（码/小时）	普通织机产能（码/小时）	工厂生产成本（美元/码）	外包成本（美元/码）
1	45 000	4.7	0.0	0.65	0.85
2	76 500	5.2	5.2	0.61	0.75
3	10 000	4.4	4.4	0.50	0.65

为了建立一个线性优化模型，设 D_i = 在多臂织机上生产的面料码数，$i = 1, 2, 3$。也就是说，D_1 = 在多臂织机上生产的面料 1 码数，D_2 = 在多臂织机上生产的面料 2 码数，D_3 = 在多臂织机上生产的面料 3 码数。以类似的方式，作如下假设：

R_i = 在普通织机上生产的面料码数，$i = 2, 3$

P_i = 从外部供应商处购买的面料码数，$i = 1, 2, 3$

请注意，我们使用下标变量来简化它们的假设，而不是假设 9 个具有独特名称的单独变量。

该模型的目标函数是最小化总成本，其计算方式为：针对每类决策变量（即各面料的生产方式选择），将基于工厂生产成本或外购成本的每码成本乘以对应面料的生产码数。具体表达式如下：

最小化 $0.65D_1 + 0.61D_2 + 0.50D_3 + 0.61R_2 + 0.50R_3 + 0.85P_1 + 0.75P_2 + 0.65P_3$

面料 1 需求：$D_1 + P_1 = 45\,000$

这个约束条件规定，多臂织机生产或外购的面料 1 的数量必须等于 45 000 码的总需求量。其他两种面料的约束条件是：

面料 2 需求：$D_2 + R_2 + P_2 = 76\,500$

面料 3 需求：$D_3 + R_3 + P_3 = 10\,000$

为了说明织布机能力的限制，我们必须将每小时的码数换算成小时/码。例如，面料 1 在多臂织机上，4.7 码/小时 = 0.213 小时/码。因此，术语 $0.213D_1$ 表示在多臂织机上生产面料 1 码数（小时/码 × 码数）所需的总小时数。多臂织机的总产能是：

24 小时/天 × 7 天/周 × 13 周 × 3 台织布机 = 6 552 小时

因此，多臂织机可用生产时间的限制是：

$0.213D_1 + 0.192D_2 + 0.227D_3 \leqslant 6\,552$

对于普通的织布机，我们有：

$0.192R_2 + 0.227R_3 \leqslant 32\,760$

最后，所有的变量必须是非负的。

完整的模型是：

最小化 $0.65D_1 + 0.61D_2 + 0.50D_3 + 0.61R_2 + 0.50R_3 + 0.85P_1 + 0.75P_2 + 0.65P_3$

面料 1 需求：$D_1 + P_1 = 45\,000$

面料 2 需求：$D_2 + R_2 + P_2 = 76\,500$

面料 3 需求：$D_3 + R_3 + P_3 = 10\,000$

多臂织机产能：

$0.213D_1 + 0.192D_2 + 0.227D_3 \leqslant 6\,552$

普通织机产能：

$0.192R_2 + 0.227R_3 \leqslant 32\,760$

非负性：所有变量 $\geqslant 0$

图 12-18 显示了示例 12.12 的最优解的电子表格运行结果（Excel 文件 *Camm Textiles*）。观察电子表格的设计，特别是在模型部分的行和列中使用标签。使用上一章讨论的原则，这个设计使得阅读和解释答案及敏感性报告变得容易。图 2-19 显示了 Solver 模型。将决策变量定义为区域 B14：D16 更为简便；但是，由于我们无法在普通织机上生产面料 1，因

此我们将单元格 C14设为零作为约束条件。

	A	B	C	D	E	F
1	Camm Textiles					
2						
3	Data					
4		Dobbie	Regular			
5	Fabric	Capacity	Capacity	Mill Cost	Outsourcing Cost	Demand
6	1	4.7	0	$ 0.65	$0.85	45000
7	2	5.2	5.2	$ 0.61	$0.75	76500
8	3	4.4	4.4	$ 0.50	$0.65	10000
9	Hours Available	6552	32760			
10						
11	Model					
12						
13		on Dobbie	on Regular	Purchased	Total Yards Produced	
14	Fabric 1	30794.4	0	14205.6	45000	
15	Fabric 2	0	76500	0	76500	
16	Fabric 3	0	10000	0	10000	
17	Hours Used	6552	16984.26573			
18						
19		Total				
20	Cost	$ 83,756.12				

	A	B	C	D	E	F
1	Camm Textiles					
2						
3	Data					
4		Dobbie		Regular		
5	Fabric	Capacity		Capacity	Mill Cost	Outsourcing Cost	Demand
6	1	4.7	0	0.65	0.85	45000
7	2	5.2	5.2	0.61	0.75	76500
8	3	4.4	4.4	0.5	0.65	10000
9	Hours Available =24*7*13*3		=24*7*13*15			
10						
11	Model					
12						
13		on Dobbie		on Regular	Purchased	Total Yards Produced	
14	Fabric 1	30794.4	0	14205.6	=SUM(B14:D14)	
15	Fabric 2	0	76500	0	=SUM(B15:D15)	
16	Fabric 3	0	10000	0	=SUM(B16:D16)	
17	Hours Used	=B14/B6+B15/B7+B16/B8	=C15/C7+C16/C8			
18						
19		Total				
20	Cost	=SUMPRODUCT(B14:B18,D6:D8)+SUMPRODUCT(C15:C16,D7:D8)+SUMPRODUCT(D14:D16,E6:E8)				

图12-18　*Camm Textiles* 的电子表格模型

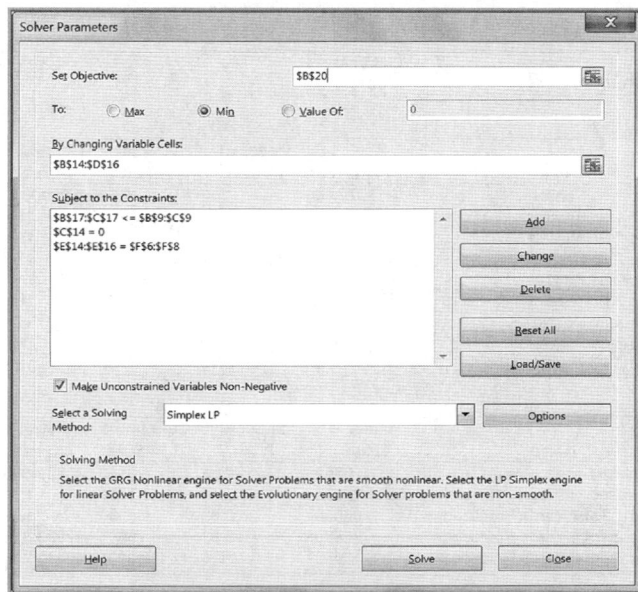

图12-19　*Camm Textiles* Solver模型

图 12-20 和图 12-21 显示了这个问题的答案报告和敏感性报告。人们可能要做的第一件事就是基于模型输出结果或运算报告中的信息，将最优决策变量和约束条件进行可视化呈现。图 12-22 显示了决策变量的柱状图，清晰呈现了各类型织机生产及外包的每种面料数量。图 12-23 显示每种织机的产能利用率。我们通过图表可直观地看出：普通织机的利用率仅达产能的一半左右，而多臂织机已完全满负荷运转——这表明在当前需求情境下，增购多臂织机可能很有必要。

	Cell	Name	Original Value	Final Value	
Objective Cell (Min)					
	$B$20	Cost Total	0	83756.12	

	Cell	Name	Original Value	Final Value	Type
Decision Variable Cells					
	$B$14	Fabric 1 on Dobbie	0	30794.4	Normal
	$C$14	Fabric 1 on Regular	0	0	Normal
	$D$14	Fabric 1 Purchased	0	14205.6	Normal
	$B$15	Fabric 2 on Dobbie	0	0	Normal
	$C$15	Fabric 2 on Regular	0	76500	Normal
	$D$15	Fabric 2 Purchased	0	0	Normal
	$B$16	Fabric 3 on Dobbie	0	0	Normal
	$C$16	Fabric 3 on Regular	0	10000	Normal
	$D$16	Fabric 3 Purchased	0	0	Normal

	Cell	Name	Cell Value	Formula	Status	Slack
Constraints						
	$B$17	Hours Used on Dobbie	6552	$B$17<=$B$9	Binding	0
	$C$17	Hours Used on Regular	16984.26573	$C$17<=$C$9	Not Binding	15775.73427
	$E$14	Fabric 1 Total Yards Produced	45000	$E$14=$F$6	Binding	0
	$E$15	Fabric 2 Total Yards Produced	76500	$E$15=$F$7	Binding	0
	$E$16	Fabric 3 Total Yards Produced	10000	$E$16=$F$8	Binding	0
	$C$14	Fabric 1 on Regular	0	$C$14=0	Binding	0

图 12-20 *Camm Textiles* 的 Solver 答案报告

	Cell	Name	Final Value				
Objective Cell (Min)							
	$B$20	Cost Total	83756.12				

	Cell	Name	Final Value	Reduced Cost	Objective Coefficient	Allowable Increase	Allowable Decrease
Decision Variable Cells							
	$B$14	Fabric 1 on Dobbie	30794.4	0	0.65	0.200000094	1E+30
	$C$14	Fabric 1 on Regular	0	-0.85	0	1E+30	1E+30
	$D$14	Fabric 1 Purchased	14205.6	0	0.85	1E+30	0.200000094
	$B$15	Fabric 2 on Dobbie	0	0.180769231	0.61	1E+30	0.180769231
	$C$15	Fabric 2 on Regular	76500	0	0.61	0.1400001	1E+30
	$D$15	Fabric 2 Purchased	0	0.14	0.75	1E+30	0.14
	$B$16	Fabric 3 on Dobbie	0	0.213636364	0.5	1E+30	0.213636364
	$C$16	Fabric 3 on Regular	10000	0	0.5	0.1500001	1E+30
	$D$16	Fabric 3 Purchased	0	0.15	0.65	1E+30	0.15

	Cell	Name	Final Value	Shadow Price	Constraint R.H. Side	Allowable Increase	Allowable Decrease
Constraints							
	$B$17	Hours Used on Dobbie	6552	-0.94	6552	3022.468085	6552
	$C$17	Hours Used on Regular	16984.26573	0	32760	1E+30	15775.73427
	$E$14	Fabric 1 Total Yards Produced	45000	0.85	45000	1E+30	14205.6
	$E$15	Fabric 2 Total Yards Produced	76500	0.61	76500	82033.81818	76500
	$E$16	Fabric 3 Total Yards Produced	10000	0.5	10000	69413.23077	10000

图 12-21 *Camm Textiles* 的 Solver 敏感性报告

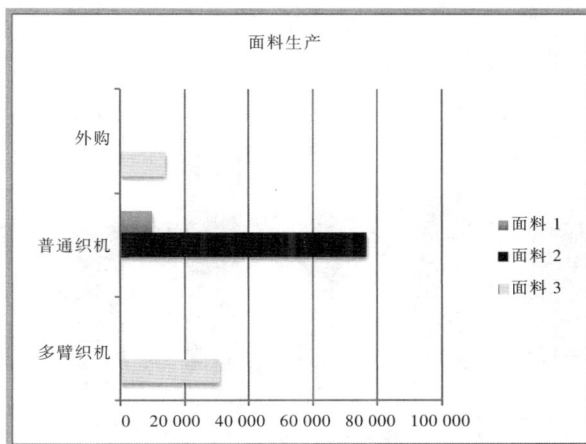

图12-22　最优解摘要

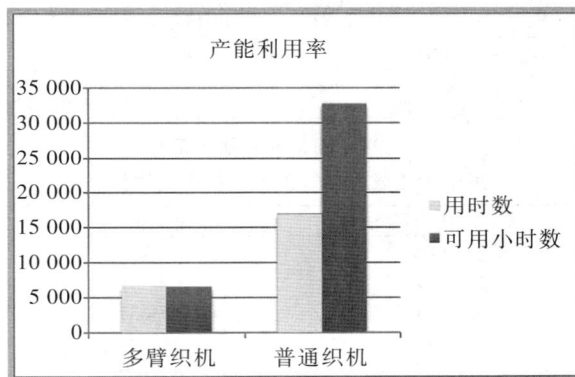

图12-23　产能利用率图表

　　敏感性报告的可视化呈现更具挑战性。缩减成本反映了要使某个变量在解中变为正值，其单位生产成本或采购成本所需改变的幅度。图 12-24 展示了缩减成本数据的可视化效果：该图表呈现了每项生产或外包决策的单位成本系数，并对当前未采用的方案，标注了使其进入最优解所需的成本变动值。需特别说明的是，由于面料 1 无法在普通织机上生产，其缩减成本值无实际意义，故未在图表中显示。

　　我们还可以通过 Excel 股价图来可视化单位成本系数的允许变化范围——在不改变决策变量最优值的前提下，各成本系数可浮动的区间。股价图通常用于显示股票每日的"最高价-最低价-收盘价"，此处我们将其创新应用于呈现单位成本系数的"最大值-最小值-当前值"。具体操作步骤如下（Windows 系统版本，Mac 菜单略有差异）：

　　（1）如表12-3所示，在工作表中创建数据表：将成本系数分别加上"允许增量"值、减去"允许减量"值。将工作表中的 1E+30 替换为 #N/A（不详）以避免显示无限值。*注意：创建股价图至少需要三行数据。*

　　（2）突出显示此表的范围，并插入一个 Excel 股价图，并将该系列命名为最大值、最小值和当前值。

　　（3）点击图表，在 *Chart Tools* 的 *Format* 选项卡中，定位到功能区左侧的 *Current Selection*，然后单击下拉框（通常是"图表区域"）。找到需要格式化的系列数据，然后单击

Format Selection。

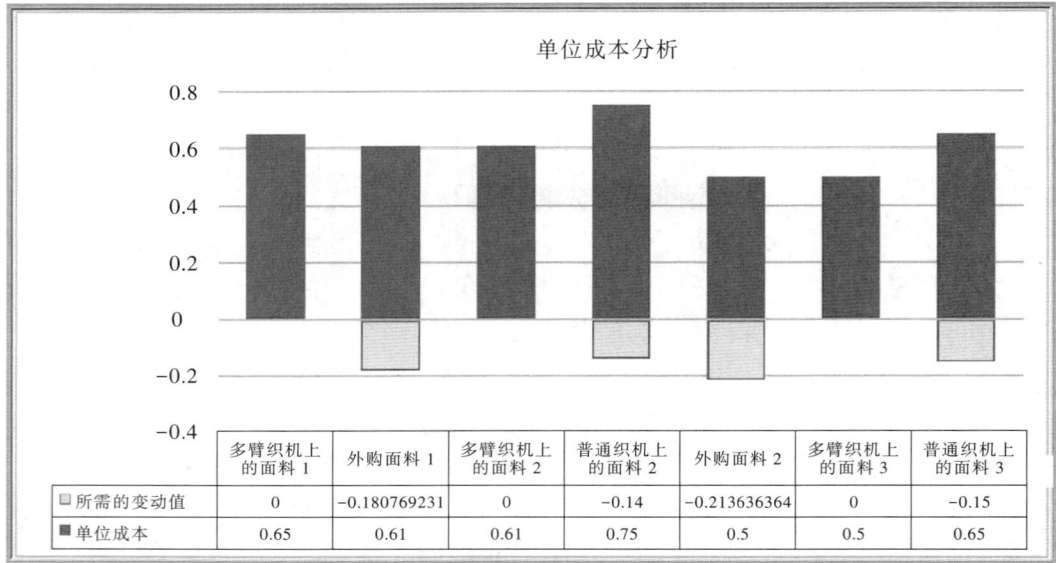

图12-24 缩减成本信息汇总

表12-3   用于构建成本系数范围股价图的数据

	最大值	最小值	当前值
多臂织机上的面料1	0.85	不详	0.65
外购面料1	不详	0.65	0.85
多臂织机上的面料2	不详	0.429231	0.61
普通织机上的面料2	0.75	不详	0.61
外购面料2	不详	0.61	0.75
多臂织机上的面料3	不详	0.286364	0.5
普通织机上的面料3	0.65	不详	0.5
外购面料3	不详	0.5	0.65

（4）在工作簿中出现的 *Format Data Series* 窗格中，单击油漆图标然后标记，确保展开 *Marker Options* 菜单。

（5）选择所需的标记类型，并增加标记的宽度以使其更加可见，见图12-25。

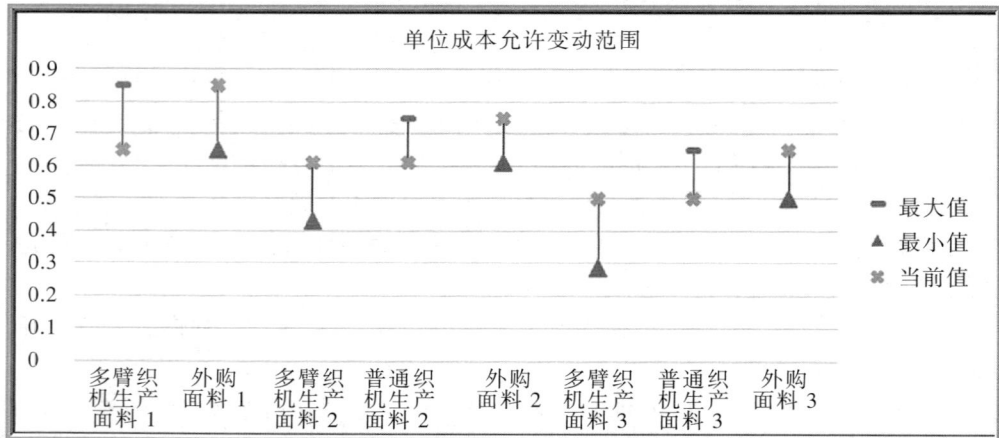

图12-25 单位成本允许变动范围图

　　通过该图表可直观呈现单位成本的允许变动范围。无上限约束的选项（如"外购面料1"对应的虚线），其单位成本可无限上涨；无下限约束的选项（如"多臂织机生产面料1"对应的三角），其单位成本可无限下降。

　　影子价格反映了约束条件右端值变化对目标函数的影响。由于该工厂实行一周 7 天24 小时不间断生产，织机产能的调整必须以"整台追加"（即增购完整织机）的方式进行，而非渐进式调整。不过，通过影子价格数据仍可便捷评估需求变动的影响。如图 12-26 和图12-27 所示，我们采用前述成本系数范围的可视化方法，对各类产品关联的影子价格及其有效范围（基于允许增减值）进行了简要汇总。

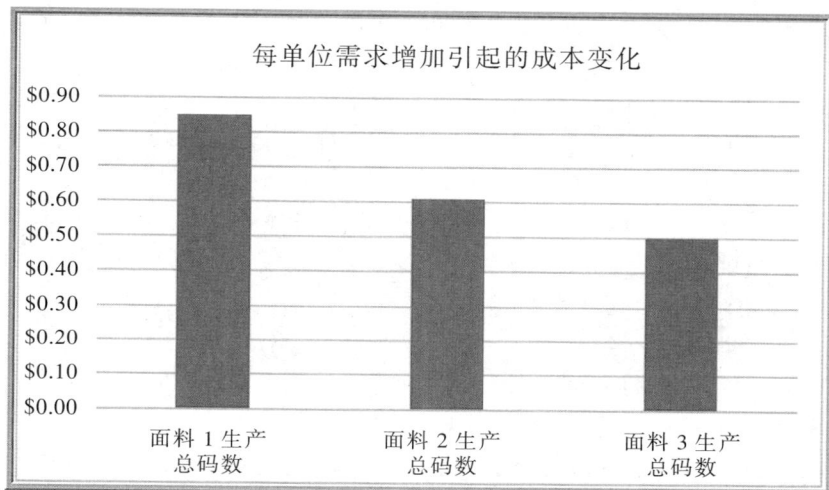

图12-26　影子价格摘要

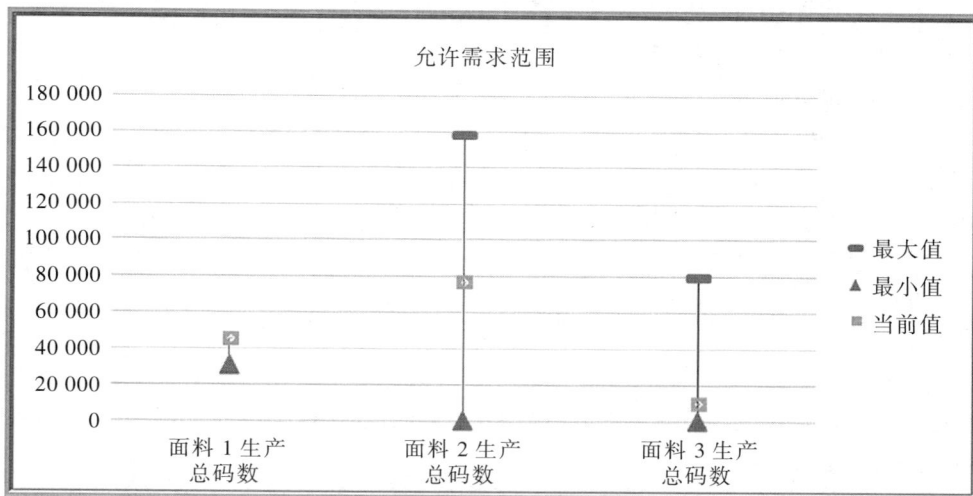

图12-27　有效影子价格的允许需求范围图

检查你的学习成果

（1）解释数据可视化在 Solver 报告中所包含的信息交流中的价值。

（2）什么信息在 Solver 报告中可以使用 Excel 图表进行可视化？什么类型的图表是有用的？

12.5 正确使用敏感信息

在解释模型参数变化的敏感性分析信息时，一个关键的假设是所有其他模型参数保持不变。人们很容易陷入忽视这一假设、盲目分析数据的陷阱。在使用电子表格模型时尤其如此。我们将使用下面的例子来说明这一点。

示例 12.13   Walker Wines 酒庄

小型酒庄 Walker Wines 从当地种植者处采购葡萄，通过混合压榨工艺生产两种葡萄酒：西拉和梅洛。生产 1 瓶西拉所需的葡萄采购成本为 1.60 美元，梅洛则为 1.40 美元。合约要求西拉在混酿中的比例不得低于 40% 且不超过 70%。市场调研显示：西拉的基础需求量为 1 000 瓶，每增加 1 美元广告投入可提升 5 瓶销量；梅洛基础需求量为 2 000 瓶，每 1 美元广告投入可增加 8 瓶销量。产量不得超过市场需求量。西拉批发价为每瓶 6.25 美元，梅洛为 5.25 美元。Walker Wines 拥有 5 万美元预算用于葡萄采购和产品广告投放，目标为最大化利润贡献。

构建这个模型，令：

S=生产西拉的瓶数

M=生产梅洛的瓶数

A_s=为西拉做广告花费的金额

A_m=为梅洛做广告花费的金额

目标是实现利润（收入减去成本）最大化：

$(\$6.25S+\$5.25M) - (\$1.60S+\$1.40M+A_s+A_m) = 4.65S+3.85M-A_s-A_m$

约束条件的定义如下：

1. 预算不能超过 50 000 美元：

$1.60S + 1.40M + A_s + A_m \leqslant 50\ 000$

2. 合约要求必须符合：

$0.4 \leqslant S/(S + M) \leqslant 0.7$

用线性公式表示为：

$0.6S - 0.4M \geqslant 0$ 且 $0.3S - 0.7M \leqslant 0$

3. 产品必须不超过需求：

$S \leqslant 1\ 000 + 5A_s$

$M \leqslant 2\ 000 + 8A_m$

4. 非负数。

图 12-28 显示了该模型的电子表格运行结果（Excel 文件 *Walker Wines*）以及最优解。图 12-29 显示了 Solver 模型。

	A	B	C	D	E
1	Walker Wines				
2					
3	Data				
4		Shiraz		Merlot	
5	Cost/bottle	$ 1.60	$	1.40	
6	Price/bottle	$ 6.25	$	5.25	
7					
8	Base demand	1,000.00		2,000.00	
9	Increase/$1 Adv.	5		8	
10	Min. percent requirement	40%			
11	Max. percent limitation	70%			
12					
13	Total Budget	$ 50,000.00			
14					
15	Model				
16					
17		Shiraz		Merlot	Total
18	Unit profit	$ 4.65	$	3.85	
19	Advertising dollars	$ 3,912.37	$	851.53	$ 4,763.90
20	Demand	20,561.86		8,812.23	29,374.09
21	Quantity produced	20,561.86		8,812.23	29,374.09
22					
23	Min. percent requirement	8812.227074		>=	0
24	Max. percent limitation	0		<=	0
25					
26				Used	Unused
27	Budget	$ 36,811.35	$	13,188.65	$ 50,000.00	$ -
28					
29		Total			
30	Profit	$ 124,775.84			

	A	B	C	D	E
1	Walker Wines				
2					
3	Data				
4		Shiraz	Merlot		
5	Cost/bottle	1.6	1.4		
6	Price/bottle	6.25	5.25		
7					
8	Base demand	1000	2000		
9	Increase/$1 Adv.	5	8		
10	Min. percent requirement	0.4			
11	Max. percent limitation	0.7			
12					
13	Total Budget	50000			
14					
15	Model				
16					
17		Shiraz	Merlot	Total	
18	Unit profit	=B6-B5	=C6-C5		
19	Advertising dollars	3912.37263464338	851.528384279476	=SUM(B19:C19)	
20	Demand	=B8+(B9*B19)	=C8+(C9*C19)	=SUM(B20:C20)	
21	Quantity produced	20561.8631732169	8812.22707423581	=SUM(B21:C21)	
22					
23	Min. percent requirement	=(1-B10)*B21-B10*C21	>=	0	
24	Max. percent limitation	=(1-B11)*B21-B11*C21	<=	0	
25					
26				Used	Unused
27	Budget	=B19+(B21*B5)	=C19+(C21*C5)	=SUM(B27:C27)	=B13-D27
28					
29		Total			
30	Profit	=(B18*B21)+(C18*C21)-B19-C19			

图12-28 *Walker Wines* 的电子表格模型

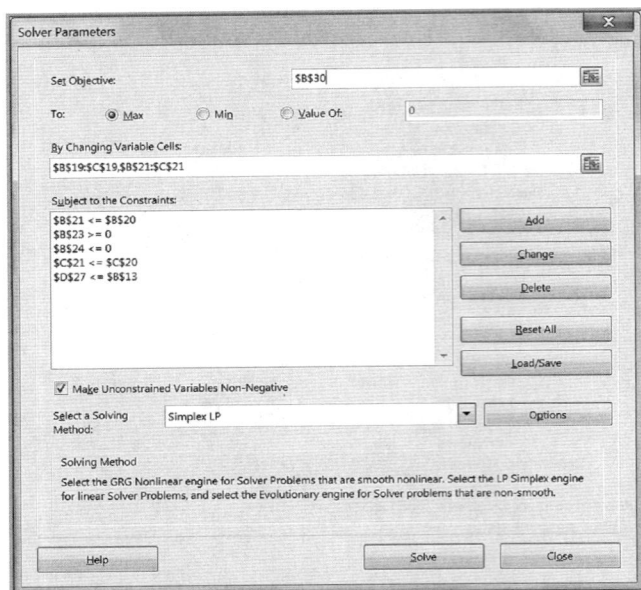

图12-29　*Walker Wines* 的Solver模型

正如我们注意到的，解释模型参数变化的敏感性分析信息假设所有其他模型参数保持不变。让我们看看这是如何适用于Walker葡萄酒的示例的。

示例12.14　　　　　　　　评估Walker葡萄酒的成本增加

图12-30显示了Solver敏感性报告。可以围绕敏感性报告提出各种各样的实际问题。例如，假设会计师在计算西拉的利润贡献时发现了一个小错误。西拉葡萄酒利润价格应该是1.65美元而不是1.60美元。这将如何影响解决方案？

A	B	C	D	E	F	G	H
6	Objective Cell (Max)						
7	Cell	Name	Final Value				
8	$B$30	Profit Total	124775.837				
9							
10	Decision Variable Cells						
11			Final	Reduced	Objective	Allowable	Allowable
12	Cell	Name	Value	Cost	Coefficient	Increase	Decrease
13	$B$19	Advertising dollars Shiraz	$ 3,912.37	$ -	-1	3.771791052	0.266394356
14	$C$19	Advertising dollars Merlot	$ 851.53	$ -	-1	0.36111235	112.8666705
15	$B$21	Quantity produced Shiraz	20,561.86	0.00	4.65	1E+30	0.053278871
16	$C$21	Quantity produced Merlot	8,812.23	0.00	3.85	0.045139044	14.10833381
17							
18	Constraints						
19			Final	Shadow	Constraint	Allowable	Allowable
20	Cell	Name	Value	Price	R.H. Side	Increase	Decrease
21	$B$21	Quantity produced Shiraz	20,561.86	0.69	1000	21297.93978	195000
22	$B$23	Min. percent requirement Shiraz	8812.227074	0	0	8812.227074	1E+30
23	$B$24	Max. percent limitation Shiraz	0	0.047307132	0	6500	9256.880734
24	$C$21	Quantity produced Merlot	8,812.23	0.43	2000	6964.285714	383971.4286
25	$D$27	Budget Used	$ 50,000.00	$ 2.46	50000	1E+30	39000

图12-30　*Walker Wines* 的Solver敏感性报告

在模型公式中，你可以看到成本每增加0.05美元，西拉的单位利润就会从4.65美元下降到4.60美元。然而，在敏感性报告中，利润系数的变化（0.05328）在允许减量范围内，因此，我们可以得出结论，最优解不会发生变化。然而，这并不是正确的解。如果使用新的成本参数对模型重新进行求解，则解会发生显著变化，如图12-31所示。

图12-31 *Walker Wines* 成本上涨后的Solver解决方案

为什么会这样？在这种情况下，单位成本也反映在约束预算线中。当我们改变成本参数时，约束条件也会改变。这违反了所有其他模型参数保持不变的假设。这种变化导致预算线变得不可行，必须调整解决方案以保持可行性。

这个示例指出了在分析敏感性信息时充分理解数学模型的重要性。为了确保敏感性分析信息在电子表格模型中得到正确解释，一个建议是使用 Excel 的公式审核功能。如果你选择西拉的成本（单元格 B5），然后从 *Formula Auditing* 菜单中应用"跟踪依赖项"命令，你会看到单位成本同时影响总利润（单元格 B30）和预算约束函数（单元格 B27）。

检验你的学习成果

（1）你应该在模型中关注什么要素来确保敏感性信息被正确解读？

（2）如何使用 Excel 功能来确保正确理解敏感性分析？

关键术语

| 辅助变量 | 拉格朗日乘数 | 降低的梯度 |
| 退化解 | 缩减成本 | 影子价格 |

第12章技术帮助

Excel 技巧

获得Solver 敏感性报告：

在求解线性或非线性优化模型后，单击 *Solver Results* 对话框中的敏感性报告，然后单击 *OK*。

在Solver模型中使用辅助变量（示例12.9）：

在电子表格模型中，为所有具有上下限约束的决策变量新建一组辅助单元格，这些单元格需引用原始可变单元格的值。随后在 Solver 模型中，使用这些辅助变量单元格来设定边界约束条件。

创建一个股价图，将敏感性报告中允许增减量可视化：

1. 通过添加允许增量值并从成本系数中减去允许减量值，在工作簿中创建一个表。将工作簿中的任何 1E + 30 值替换为 # N/A，以便不显示无限值。

2. 突出显示此表的范围，并插入一个 Excel 股价图，并将该系列数据命名为最高值、最低值和当前值。

3. 点击图表，在 *Chart Tools* 的 *Format* 选项卡中，定位到功能区左侧的 *Current Selection* 组，然后单击下拉框（通常表示 "图表区域"）。找到要格式化的系列，然后单击 *Format Selection*。

4. 在工作簿中出现的 *Format Data Series* 窗格中，单击 "绘制" 图标，然后单击 *Marker*，确保展开 *Marker Options* 菜单。

5. 选择所需的标记样式，并增大标记宽度以提升可视性。

Analytic Solver

Analytic Solver 提供了一套预测工具。请参阅 *Using Optimization Parameter Analysis in Analytic Solver*。我们建议你首先阅读 *Getting Started with Analytic Solver Basic*。该资料为教师和学生提供了关于如何注册和访问 Analytic Solver 的信息。

问题和练习

优化模型的假设分析

1. 针对 Valencia 产品案例（第 10 章中的问题 4 和问题 11），请通过修改电子表格模型参数并重新求解的方式回答下列问题。每个问题的分析均需基于原始问题独立进行。

a. 如果 SpeedBuster 的单位利润下降至 130 美元，最优解和利润将如何变化

b. 如果 LaserStop 的单位利润增至 210 美元，最优解和利润将如何变化

c. 如果有额外的 1 500 个单位的组件 A，你能预测最优解和利润将受到怎样的影响吗

d. 若供应商延迟导致组件 B 的可用量仅剩 3 000 单位，能否预测最优解和利润将受何影响？该结果可否合理解释

2. 对于 ColPal 产品制造（第 10 章中的问题 5 和问题 12），使用电子表格模型通过改变参数和重新求解模型来回答以下问题。每个问题的分析均需基于原始问题独立进行。

a. 假设电视广告的曝光量估计错误，应该是 875。最优解会受到什么影响

b. 广播收听率下降，最新市场调研显示曝光量已降至 150 次。此变化将如何影响最优解

c. 市场部经理增加了 2 000 美元的预算。这将如何影响最优解和总曝光量

3. 对于 Burger 办公设备场景（第 10 章中的问题 6 和问题 13），使用电子表格模型通过更改参数和重新求解模型来回答以下问题。每个问题的分析均需基于原始问题独立进行。

a. 若 25% 的松木被判定为表面有瑕疵，最优生产方案将如何调整

b. 车间主管建议允许工人们加班 50 个小时，加班费为每小时 18 美元。这是个好建议吗？为什么

c.如果标准办公桌的单位利润增加到280美元，最优解和总利润会受到什么影响

d.如果标准办公桌的单位利润只有190美元，最优解和总利润会受到什么影响

4.根据示例11.10中的马科维茨模型，通过重新求解模型（目标收益率在8%~12%范围内以1%为增量变化），确定最小方差及股票配置的变化情况。将结果汇总至表格，并绘制目标收益率与最优投资组合方差的关联图表。最后向投资者阐释这些结果的实际意义。

5.图12-32显示了在第10章解决 Crebo 生产问题后的 Solver 敏感性报告（示例10.10）。仅使用敏感性报告中的信息，回答以下问题。

	A B	C	D	E	F	G	H
6	Objective Cell (Max)						
7	Cell	Name	Final Value				
8	$A$13 Profit		168000				
9							
10	Decision Variable Cells						
11			Final	Reduced	Objective	Allowable	Allowable
12	Cell	Name	Value	Cost	Coefficient	Increase	Decrease
13	$B$10	Units Produced Plugs (X1)	0	-0.3	0.3	0.3	1E+30
14	$C$10	Units Produced Rails (X2)	0	-0.2	1.3	0.2	1E+30
15	$D$10	Units Produced Rivets (X3)	0	-0.15	0.75	0.15	1E+30
16	$E$10	Units Produced Clips (X4)	140000	0	1.2	1E+30	0.16000008
17							
18	Constraints						
19			Final	Shadow	Constraint	Allowable	Allowable
20	Cell	Name	Value	Price	R.H. Side	Increase	Decrease
21	$A$16	Capacity Used	280000	0.6	280000	1E+30	280000

图12-32 Crebo 生产问题的Solver敏感性报告

a.解释生产插头缩减成本（-0.3）的价值

b.如果导轨的毛利减少到1.05美元，最优解和利润会如何变化

c.假设铆钉的毛利增加到0.85美元。最优解和利润会如何变化

d.如果夹子的毛利减少到1.10美元，最优解和利润会如何变化？如果毛利减少到1美元，最优解和利润会如何变化

e.如果增加500分钟机器产能，最优解和利润将如何变化？若计划开展维护，减少300分钟产能，结果又会怎样

6.图12-33显示了第10章中问题4和问题11中 Valencia 产品的 Solver 敏感性报告。只使用敏感性报告中的信息，回答以下问题，解释你在敏感性报告中使用的信息。

	A B	C	D	E	F	G	H
6	Variable Cells						
7			Final	Reduced	Objective	Allowable	Allowable
8	Cell	Name	Value	Cost	Coefficient	Increase	Decrease
9	$B$5	Numbers Produced LaserStop	0	-80	124	80	1E+30
10	$C$5	Numbers Produced SpeedBuster	333.3333333	0	136	1E+30	53.33333333
11							
12	Constraints						
13			Final	Shadow	Constraint	Allowable	Allowable
14	Cell	Name	Value	Price	R.H. Side	Increase	Decrease
15	$D$8	Component A Used	4000	11.33333333	4000	1250	4000
16	$D$9	Component B Used	2666.666667	0	3500	1E+30	833.3333333

图12-33 Valencia 产品问题的Solver敏感性报告

a.解释为什么SpeedBuster缩减成本是0。允许减量53.33是什么意思

b. 如果 SpeedBuster 的单位利润下降到 130 美元，你能预测最优解和利润将如何变化吗

c. 如果 LaserStop 的单位利润增加到 210 美元，你能预测最优解和利润将如何变化吗

d. 如果有额外的 1 500 个单位的组件 A 可用，你能预测最优解和利润将如何受到影响吗

e. 如果一个供应商的延迟导致 500 个单位的组件 B 短缺（也就是说，只有 3 000 个可用），你能预测最优解和利润将受到怎样的影响吗

7. 图 12-34 显示了第 10 章中问题 5 和问题 12 中 ColPal 产品场景的 Solver 敏感性报告。只使用敏感性报告中的信息，回答以下问题，解释你在敏感性报告中使用的信息。

	Variable Cells						
	Cell	Name	Final Value	Reduced Cost	Objective Coefficient	Allowable Increase	Allowable Decrease
9	$B$4	Minutes Radio	3.90625	0	350	1E+30	190
10	$C$4	Minutes TV	11.71875	0	800	950	916.6666667
12	Constraints						
	Cell	Name	Final Value	Shadow Price	Constraint R.H. Side	Allowable Increase	Allowable Decrease
15	$D$7	Budget	$25,000.00	0.4296875	25000	1E+30	25000
16	$D$8	TV Requirement	0	-237.5	0	3.125	46.875

图12-34　ColPal产品问题的Solver敏感性报告

a. 假设电视广告的曝光量估计错误，应该是 875。最优解会受到什么影响

b. 广播收听率下降，最新市场调研显示曝光量已降至 150 次。此变化将如何影响最优解

c. 市场部经理增加了 2 000 美元的预算。这将如何影响最优解和总曝光量

d. 混合约束的影子价格（至少 75% 的时间应该分配给电视）是 -237.5。营销经理被告知，这意味着如果电视广告的比例提高至 76%，曝光量将下降 237.5%。解释为什么这个说法是错误的

8. 图 12-35 显示了第 10 章的问题 6 和问题 13 中 Burger 办公设备场景的 Solver 敏感性报告。只使用敏感性报告中的信息，回答以下问题，解释你在敏感性报告中使用的信息。

	Variable Cells						
	Cell	Name	Final Value	Reduced Cost	Objective Coefficient	Allowable Increase	Allowable Decrease
9	$B$4	Number Produced Standard	40	0	250	1E+30	55.55555556
10	$C$4	Number Produced Deluxe	0	-100	350	100	1E+30
12	Constraints						
	Cell	Name	Final Value	Shadow Price	Constraint R.H. Side	Allowable Increase	Allowable Decrease
15	$D$7	Pine Used	2800	0	5000	1E+30	2200
16	$D$8	Oak Used	0	0	750	1E+30	750
17	$D$9	Labor Used	400	25	400	314.2857143	400

图12-35　Burger办公设备问题的Solver敏感性报告

a. 解释与豪华办公桌相关的成本降低

b. 如果 25% 的松木被认为表面有瑕疵，那么最优解决方案将受到怎样的影响

c. 车间主管建议允许工人们加班 50 个小时，加班费为每小时 18 美元。这是个好建议吗？为什么

d. 如果标准办公桌的单位利润增加到 280 美元，最优解和总利润会受到什么影响

e. 如果标准办公桌的单位利润只有 190 美元，最优解和总利润会受到什么影响

9. 图 12-36 显示了第 10 章问题 7 和问题 14 中学生投资场景的 Solver 敏感性报告。仅依据敏感性报告中的信息回答下列问题，并说明所使用的具体数据内容。

		Final Value	Reduced Cost	Objective Coefficient	Allowable Increase	Allowable Decrease
	Variable Cells					
Cell	Name					
$B$5	Shares Purchased A	208.3333333	0	8	1E+30	2.4
$C$5	Shares Purchased B	0	-3	7	3	1E+30
$D$5	Shares Purchased C	0	-9	11	9	1E+30
	Constraints					
Cell	Name	Final Value	Shadow Price	Constraint R.H. Side	Allowable Increase	Allowable Decrease
$E$8	Investment Limit	2500	0.666666667	2500	1E+30	2500

图12-36　学生投资问题的Solver敏感性报告

a. 要使最优解实现全部投资于股票 B，该股票的收益率需要提高到多少

b. 要使股票 C 获得全额投资，其收益率需要提升多少

c. 解释总投资约束的影子价格的价值。如果一个学生可以每年 8% 的利率借 1 000 美元加入她的总投资，你有什么建议？为什么

10. 获得第 10 章讨论的 GAC 运输模型的 Solver 敏感性报告（示例 10.18）。

a. 从玛丽埃塔（而不是明尼阿波利斯）到克利夫兰，单位运费应该是多少

b. 为什么所有需求约束的允许增量都为零

c. 解释为什么克利夫兰的影子价格是合理的

d. 解释如何通过将巴尔的摩需求量改为 349 重新求解模型，并展示新分配方案如何改变总成本，从而计算巴尔的摩的影子价格。

11. 使用 Camm 家纺场景的敏感性报告（图 12-37）来回答以下问题：

a. 根据原始数据解释面料 2 的缩减成本（0.14）以及合理性

b. 解释多臂织机约束的影子价格

c. 结合原始数据说明面料约束的影子价格来源及其合理性

		Final Value	Reduced Cost	Objective Coefficient	Allowable Increase	Allowable Decrease
Objective Cell (Min)						
Cell	Name	Final Value				
$B$20	Cost Total	83756.12				
Decision Variable Cells						
Cell	Name	Final Value	Reduced Cost	Objective Coefficient	Allowable Increase	Allowable Decrease
$B$14	Fabric 1 on Dobbie	30794.4	0	0.65	0.200000094	1E+30
$C$14	Fabric 1 on Regular	0	-0.85	0.65	1E+30	1E+30
$D$14	Fabric 1 Purchased	14205.6	0	0.85	1E+30	0.200000094
$B$15	Fabric 2 on Dobbie	0	0.180769231	0.61	1E+30	0.180769231
$C$15	Fabric 2 on Regular	76500	0	0.61	0.1400001	1E+30
$D$15	Fabric 2 Purchased	0	0.14	0.75	1E+30	0.14
$B$16	Fabric 3 on Dobbie	0	0.213636364	0.5	1E+30	0.213636364
$C$16	Fabric 3 on Regular	10000	0	0.5	0.1500001	1E+30
$D$16	Fabric 3 Purchased	0	0.15	0.65	1E+30	0.15
Constraints						
Cell	Name	Final Value	Shadow Price	Constraint R.H. Side	Allowable Increase	Allowable Decrease
$B$17	Hours Used on Dobbie	6552	-0.94	6552	3022.468085	6552
$C$17	Hours Used on Regular	16984.26573	0	32760	1E+30	15775.73427
$E$14	Fabric 1 Total Yards Produced	45000	0.85	45000	1E+30	14205.6
$E$15	Fabric 2 Total Yards Produced	76500	0.61	76500	82033.81818	76500
$E$16	Fabric 3 Total Yards Produced	10000	0.5	10000	69413.23077	10000

图12-37　Camm家纺场景的Solver敏感性报告

12. K&L 设计公司工作手册包含了原始问题建模（示例10.19）和替代模型（示例10.20）的两份敏感性报告。从实际应用角度解释这两份报告中的差异。换句话说，哪种模型能够为管理者提供更有用的信息，为什么？

13. 问题 8 和问题 12 在第 10 章演示了一个 Bangs 休闲椅场景。图 12-38 显示了最优解的 Solver 敏感性报告（仅限问题 12a）。清楚地解释它所提供的信息。

	Cell	Name	Final Value	Reduced Cost	Objective Coefficient	Allowable Increase	Allowable Decrease
6	Variable Cells						
9	$B$14	Quantity Produced Sling Chairs	0	-4.758064516	40	4.758064516	1E+30
10	$C$14	Quantity Produced Adirondack	22.58064516	0	100	2.272727273	8.550724638
11	$D$14	Quantity Produced Hammocks	1.612903226	0	90	39.33333333	2

	Cell	Name	Final Value	Shadow Price	Constraint R.H. Side	Allowable Increase	Allowable Decrease
13	Constraints						
16	$E$15	Cutting Hours Used	45.80645161	0	50	1E+30	4.193548387
17	$E$16	Assembling Hours Used	50	1.612903226	50	31.81818182	2
18	$E$17	Finishing Hours Used	24.19354839	0	50	1E+30	25.80645161
19	$E$18	Total Hours Used	120	19.35483871	120	5	46.66666667

图12-38　Bangs休闲椅的Solver敏感性报告

14. 第 10 章的问题 9 和问题 16 要求你为 Morton 供应公司建模并求解一个优化模型。获取解决方案的 Solver 敏感性报告，并用生产经理能够理解的语言清楚地解释所有关键信息。

15. 第 10 章的问题 10 和问题 17 要求你建模并求解 Malloy 铣削的优化模型。使用 Solver 敏感性报告，回答下列问题，解释你在敏感性报告中使用了什么信息。

a. 改变规定的每周最少吨数（目前为 700 吨）对解决方案有什么影响

b. 如果普通铣削品每吨价格提高到 1 100 美元，对解决方案有什么影响

c. 如果因为需求低，每吨超级铣削品的价格降至 1 400 美元，解决方案将如何变化

16. 根据第 10 章问题 27 中的 International Chef 公司场景，获取 Solver 敏感性报告，并写一份简短的备忘录给总裁钟凯西（Kathy Chung），用她能理解的语言解释敏感性信息。

17. 对于达拉的投资情况（第 10 章问题 32），获取 Solver 敏感性报告并解释信息，为达拉的投资组合提供可考虑的建议。

18. 对于第 10 章问题 35（Kelly 食品），获取 Solver 敏感性报告，并写一个简短的备忘录给供应链主管并解释你的结果。

19. 对于第 10 章问题 37（Shafer 办公用品），获取 Solver 敏感性报告并回答以下问题：

a. 假设额外 500 单位的供应量可用（且该额外产能的成本为沉没成本），这批额外供应应分配给哪个配送中心？原因是什么

b. 假设从亚特兰大到伯明翰的运费增加到每单位 0.45 美元。最优解是多少

20. 对于 Hansel 公司（第 10 章问题 40），获取 Solver 敏感性报告并用它来回答以下问题：

a. 印度的工人罢工导致 20 000 单位的添加剂短缺。生产经理该怎么办

b. 管理层正在考虑将 2 级的价格提高到每磅 2 美元。这将如何影响解决方案

21. 对于示例 11.8 中的非线性定价决策模型，假设公司希望将价格保持在最高 500 美

元。请注意，图11-19中的解决方案将不再可行。修改电子表格模型以包含对最大价格的约束并求解该模型。解释Solver敏感性报告中的信息。

22. 图12-39显示了马科维茨投资组合模型的Solver敏感性报告（示例11.10）。

a.解释并说明目标投资组合回报的拉格朗日乘数

b.假设目标回报率从10%增加到11%。使用拉格朗日乘数预测最小投资组合方差会增加多少

c.以11%的目标收益率重新求解模型。最小方差实际上改变了多少

	A B	C	D	E
5	Objective Cell (Min)			
6	Cell	Name	Final Value	
7	$C$21	Portfolio Variance	0.01242246	
8				
9	Decision Variable Cells			
10			Final	Reduced
11	Cell	Name	Value	Gradient
12	$B$14	Stock 1 Allocation	0.25	0.00
13	$B$15	Stock 2 Allocation	0.45	0.00
14	$B$16	Stock 3 Allocation	0.30	0.00
15				
16	Constraints			
17			Final	Lagrange
18	Cell	Name	Value	Multiplier
19	$B$17	Total Allocation	1	-0.038363636
20	$B$21	Portfolio Return	10.0%	63.2%

图12-39 马科维茨模型敏感性报告

23. 获取 Hal Chase 投资组合优化模型的Solver敏感性报告（第11章问题33）。解释并说明约束的拉格朗日乘数。

有界变量模型

24. 市场营销经理有各种各样的媒体可供选择来做广告，必须决定使用哪种媒体，每种媒体的投放数量，以及投放的时间，以便在有限的预算内最大限度地提高广告效果。假设 Kernan 服务公司有三种媒体可选：广播、电视和杂志。下表提供了一些关于成本、曝光值和公司希望在每种媒体上允许投放的广告数量的信息。曝光值是衡量受广告影响的人数的一个指标，它来源于市场调查研究。公司希望达到至少90 000的总曝光值。

媒体	成本/广告	曝光值/广告	最低数量	最高数量
广播	500美元	2 000	0	15
电视	2 000美元	4 000	10	
杂志	200美元	2 700	6	12

应投放每种类型的广告各多少数量，才能在满足最低总曝光量要求的同时实现成本最小化？

a.使用辅助变量单元法建立和求解线性优化模型，并使用辅助变量敏感性报告向营销经理写一份简短备忘录，解释解决方案和敏感性信息

b.在没有辅助变量的情况下求解该模型，并解释缩减成本与第一部分中发现的影子价格之间的关系

25. 对于第10章问题39（Sanford 瓷砖公司），使用辅助变量技术处理Ⅰ级和Ⅲ级瓷砖

的约束条件，并获得Solver敏感性报告。回答如下问题：

a. 解释目标系数的敏感性信息。如果Ⅰ级瓷砖的利润增加0.05美元会发生什么

b. 如果另有500磅长石可用，将如何影响最优解

c. 假设发现1 000磅的黏土质量低劣，公司应该怎么做

26. 针对Klein工业公司（第10章问题49），使用辅助变量单元法建立并求解一个线性优化模型，并向生产经理写一份简短备忘录，解释敏感性信息。

27. 针对果汁场景（第10章问题50），使用辅助变量单元法建立并求解线性优化模型，并写一个简短的备忘录解释敏感性信息。

28. 针对Worley流体供应公司（第10章问题51），使用辅助变量求解模型。获取Solver敏感性报告，并回答以下问题：

a. 解释目标系数的敏感性信息。如果液压缸的利润减少10美元会发生什么

b. 由于定期维护，装配时间预计只有2 900分钟。这将如何影响解决方案

c. 检测部门的一名员工由于家庭成员去世必须休假，并且将缺勤两天（16个小时的工作时间）。这将如何影响最优解

整数优化模型的假设分析

29. Hahn工程公司（示例11.5）希望提高收益，但项目经理清楚这需要追加资金和/或人力。现对最优解进行敏感性分析：资金限额以2万美元为增量，在15万~27万美元之间浮动，人力限额在12~18人之间变动。将不同配置下的收益结果以热力图形式汇总，并标注实现各档收益所需的最低资源组合。随后向项目经理提交简要备忘录，阐明提升收益的最佳方案及需权衡的要素。

30. 针对Paul & Giovanni食品公司的场景（示例11.7），通过改变k，分配中心的数量从1到4，进行假设分析。总结你的结果，写一个简要备忘录给供应链经理，解释你的发现并提出建议。

31. 在预算和可用工程师不同的情况下，分析Riesemberg医疗设备最优解的敏感性（第11章问题11）。给经理写一份简要备忘录，概述结果并提出建议。

32. 对Tunningley服务公司进行假设分析（第11章问题21），因为旅行目标从30分钟到90分钟不等，每次增加10分钟。

Solver报告的可视化

33. 使用Excel图表对我们在第10章和本章中讨论的Sklenka滑雪板示例解决方案进行可视化呈现。使用Solver答案报告（见图10-5）和敏感性报告（见图12-3）。通过Excel文件 *Sklenka Skis* 生成这些报告并辅助分析。

34. 使用带有辅助变量的Solver敏感性报告，使用Excel图表对J&M制造问题（示例12.8）的解决方案进行可视化呈现。

35. 获取达拉投资方案的答案报告和敏感性报告（第10章问题32）。开发一套图表，使这些报告中的关键信息可视化。

正确使用敏感信息

36. Beverly Ann化妆品公司研发了两款新香水：夏日激情和海风。每瓶夏日激情所需的香精采购成本为5.25美元，每瓶海风所需的香精采购成本为4.70美元。市场部要求产品组合中夏日激情的占比至少30%但不超过70%。该产品预测月需求量为7 000瓶，预计

每投入 1 美元广告费用可增加 8 瓶销量；海风的预测需求量为 12 000 瓶，每 1 美元广告投入可增加 15 瓶销量。夏日激情售价 42.00 美元/瓶，海风售价 30.00 美元/瓶。每月有 100 000 美元预算可用于广告投入及香精采购。

a. 开发并求解一个线性优化模型，以确定每款香水应生产多少，以最大限度地实现净利润

b. 在查看 Solver 敏感性报告时，解释哪些信息是准确的，哪些信息因违反敏感性分析假设而具有误导性

案例：高性能草坪设备公司

PLE 某制造厂使用金属板材生产割草机和拖拉机的发动机外壳。每款产品的制造均包含 5 个工序：冲压、钻孔、组装、喷漆及包装发运至总装厂。下表列出了各工序的单位产品工时消耗及可用总工时：

冲压	0.03	0.07	200
钻孔	0.09	0.06	300
组装	0.15	0.10	300
喷漆	0.04	0.06	220
包装	0.02	0.04	100

此外，每台割草机外壳需消耗 1.2 平方英尺金属板材，每台拖拉机外壳需消耗 1.8 平方英尺金属板材，当前可用金属板材总量为 2 500 平方英尺。公司希望在规划期内实现外壳总产量最大化。请使用 Solver 构建并求解线性优化模型，制订生产计划。将结果可视化以便向伯克女士演示说明，同时开展你认为必要的敏感性分析（例如运行不同场景或系统性调整模型参数），最终以结构清晰的书面报告汇总分析结果。

第五部分　决策

第 13 章　决策分析

决策分析

学习目标

在学习完本章后，你将能够：

• 列出描述具有不确定后果的决定所需的三个要素。

• 为决策情境构建收益矩阵表。

• 对涉及最小化和最大化目标的问题，分别应用平均策略、激进策略、保守策略及机会损失策略。

• 在做决策时评估风险。

• 在事件的概率已知的情况下，将期望值应用于决策问题。

• 确定决策战略的风险分布。

• 计算完全信息的期望值。

• 在决策树中引入样本信息，应用贝叶斯规则计算条件概率。构造一个效用函数并用它来做决策。

• 说明不同类型效用函数的性质。

无论是在个人生活还是职业领域，人人都需要做决策。管理者时刻面临着新产品开发、供应链配置、设备采购、人员精简等诸多决策挑战。决策能力的高低，直接决定着管理者能否取得成功（并获得晋升）。在当今复杂的商业环境中，仅凭直觉远远不够——这正是分析技术大显身手之处。

在本书中，我们讨论了如何使用商务分析的方法来分析数据和模型。诸如蒙特卡罗模拟之类的预测模型可以提供对潜在决策影响的洞察力，而诸如线性优化之类的规范性模型可以提供最佳行动方案的建议。然而，这些信息的真正目的是帮助管理者作出决策。他们的决定往往会产生重大的经济或人力资源后果，而这些后果往往无法准确预测。例如，在评估风险时，我们观察到净现值不为正的概率介于 0.15~0.20 之间。那么公司应该作出什么样的决定呢？同样，在第 12 章的 Innis 投资的示例中，我们进行了一个场景分析来评估风险和收益（见图 12-2）。客户应该如何在投资组合的风险和回报之间进行权衡？

分析模型和分析为决策者提供了丰富的信息；不管怎样，人们会作出最终决策。好的决策不仅仅是简单地执行分析模型的结果，它们还需要对无形因素和风险态度进行评估。**决策分析**是研究人们如何制定决策的学科，尤其关注信息不完全或不确定情况下的决策行为，同时也包含一系列辅助决策选择的技术方法。其独特性在于：通过明确考量决策者个人偏好与风险态度，并对决策过程本身进行建模，从而区别于其他建模方法。

涉及不确定性和风险的决策已被研究多年。大量的知识已经被开发出来以有助于解释与决策有关的哲学，并提供了在决策中纳入不确定性和风险的技术。

13.1 规划决策问题

许多决策涉及从小组结果不确定的备选方案中进行选择。我们可以通过定义三件事情来规划这样的决策问题：

（1）**可供选择的决策**。

（2）作出决策后可能发生的不确定事件及其可能的**结果**。

（3）与每个决策和结果相关的后果，通常以**收益**形式表示。

与不确定事件（通常称为**自然状态**）相关的结果被定义为其中仅有一种状态会发生。它们可能是定量的，也可能是定性的。例如，在选择新工厂的规模时，未来对产品的需求将是一个不确定的事件。需求结果可以定量地用销售单位或美元来表示。同时，假设你计划去佛罗里达度春假。你可能会将天气定义为一个不确定性事件；这些结果可以定性描述为：晴朗温暖、晴朗寒冷、多雨温暖、多雨寒冷等。收益是衡量作出决策并发生特定结果的价值指标。这可能是一个基于判断的简单估计，也可能是通过复杂电子表格模型计算得出的值。收益通常总结在**收益表**中，这是一个矩阵，其行对应决策，列对应事件。决策者首先选择一个决策方案，随后不确定性事件的其中一个结果发生，从而产生收益。

示例 13.1　　　　　　　　　　　选择按揭贷款的合同

许多年轻家庭面临着选择抵押贷款工具的决定。假设 Durr 一家正在考虑购买一套新房，并愿意出资 15 万美元。有 3 种抵押贷款可供选择：低利率的 1 年期调整利率抵押贷款（ARM），稍高利率的 3 年期调整利率抵押贷款，以及最高利率的 30 年期固定利率抵押贷款。然而，前两项抵押贷款对利率变动很敏感，从而导致利率上升或下降；因此，未来利率可能发生变化是一个不确定的事件。因为这个家庭预计会在这个房子里至少住 5 年，他们想知道可能承担的总利息成本；这些代表了与他们的选择和未来利率变化相关的收益，可以很容易地用电子表格计算出来。收益表如下：

决策	结果		
	利率提高	利率稳定	利率下降
1 年期 ARM	61 134 美元	46 443 美元	40 161 美元
3 年期 ARM	56 901 美元	51 075 美元	46 721 美元
30 年期固定	54 658 美元	54 658 美元	54 658 美元

显然，对于每个可能发生的事件，没有哪个决策是最好的。例如，如果利率上升，那么 30 年期固定利率将是最佳决策。然而，如果利率保持稳定或下降，那么 1 年期 ARM 是最佳选择。当然，你无法确定地预测未来的结果，因此问题在于如何作出选择。不同的人对风险的看法不尽相同。大多数人会权衡潜在损失与潜在收益。例如，如果他们选择 1 年期 ARM 而非固定利率抵押贷款，利率上升时他们可能面临亏损；然而，如果利率保持稳定或下降，他们显然能省下不少钱。潜在的收益是否值得冒这个风险？这类问题使得决策成为一项艰难的任务。

检验你的学习成果

（1）从这个后果不确定的方案中列出决策问题必须具体说明的三件事。

（2）解释收益表的结构。

13.2 没有结果概率的决策策略

我们讨论了几种定量方法，它们对不同的风险行为进行建模，以便在无法估计结果概率的情况下作出涉及不确定性的决策。

13.2.1 最小化目标的决策策略

激进（乐观）策略。一个乐观的决策者可能会选择有望将潜在损失最小化的方案。这种类型的决策者会首先提出这样一个问题，每个决策的最佳结果是什么？然后选择对应"优中选优"的选项。对于最小化目标而言，这种策略常被称为**最小化最小策略**——在每个决策可能产生的所有结果中，选择能使最小收益最大化的方案。这类决策者在金融领域常被称为投机者，他们通过增加风险敞口来博取更高回报；虽然少数人可能侥幸成功，但多数人往往难以取得理想成效。

示例 13.2   **采用激进策略的抵押贷款决策**

对于抵押贷款选择的示例，我们发现每个决定的最佳回报（即成本最低的结果）：

决策	结果			
	利率提高	利率稳定	利率下降	最佳回报
1年期ARM	61 134 美元	46 443 美元	40 161 美元	**40 161 美元**
3年期ARM	56 901 美元	51 075 美元	46 721 美元	46 721 美元
30年期固定	54 658 美元	54 658 美元	54 658 美元	54 658 美元

因为我们的目标是最小化成本，我们会选择1年期ARM。

保守（悲观）策略。保守的决策者可能会采取更悲观的态度，问"我的决定可能导致的最坏结果是什么"，然后选择代表"最坏中的最好"的决定，这样的策略也被称为**最小化最大策略**，因为决策者旨在选择能够最小化所有可能结果中最大损失的方案。保守型决策者宁愿放弃高额回报，也要避免承受不利的亏损。这一原则通常反映了大多数理性个体的决策行为。

示例 13.3   **采用保守策略的抵押贷款决策**

对于抵押贷款决策问题，我们首先找到最低回报——每个选项的最高成本：

决策	结果			
	利率提高	利率稳定	利率下降	最佳回报
1年期ARM	61 134 美元	46 443 美元	40 161 美元	61 134 美元
3年期ARM	56 901 美元	51 075 美元	46 721 美元	56 901 美元
30年期固定	54 658 美元	54 658 美元	54 658 美元	**54 658 美元**

在这种情况下，我们希望选择风险最低的决策，或者30年期固定利率抵押贷款。因此，无论未来如何，最低成本54 658美元是有保证的。

机会损失策略。对许多人在决策时会采用第三种方法——考量决策带来的机会损失。机会损失反映了人们在作出非最优选择后常产生的"懊悔"情绪（比如"早知道当年就该买那只股票！"）。通常而言，任何决策与事件对应的机会损失，等于该特定结果下最优决策的收益与实际所做决策收益之差的绝对值。机会损失必为非负值——若计算结果为负，则必定存在计算错误。在计算出机会损失后，其决策策略与保守型策略类似：决策者会选择能够最小化各决策所有可能结果中最大机会损失的方案。因此，这种方法也被称为**最小化最大后悔策略**。

示例 13.4　　　　　　　　采用机会损失策略的抵押贷款决策

在我们的场景中，假设我们选择了30年期固定抵押贷款，然后发现利率上升了。我们不可能通过选择一个不同的决策做得更好；在这种情况下，机会损失为0。然而，如果我们选择3年期ARM，则需支付56 901美元，相比30年期固定利率贷款的54 658美元将多支出2 243美元（56 901 –54 658）。这表示与作出非最优决策相关的机会损失。同样，如果我们选择1年期的ARM，我们将会产生额外的成本（机会损失）6 476美元（61 134–54 658）。我们对另外两个结果重复这个分析，并计算机会损失，如下表所示：

决策	结果			
	利率提高	利率稳定	利率下降	最佳回报
1年期ARM	6 476美元	—	—	**6 476美元**
3年期ARM	2 243美元	4 632美元	6 560美元	6 560美元
30年期固定	—	8 215美元	14 497美元	14 497美元

然后，我们找出每个决定所带来的最大机会损失。最好的决策是机会损失最小的决策。使用这种策略，我们会选择1年期ARM。这就确保了无论结果如何我们的机会损失都不会超过6 476美元，这是我们可能付出的最小成本。

不同的标准导致不同的决策，没有"最佳"的答案。哪个标准最能反映你的个人价值观？

13.2.2　最大化目标的决策策略

当目标是收益最大化时，我们仍然可以采用激进策略、保守策略和机会损失策略，但是我们必须在分析中做一些重要的改变。

• 对于激进策略，先找出所有可能结果中的最高收益值，然后选择这些最高值中最大的那个对应方案。这种追求收益最大化的方法被称为最大化最大收益策略。

• 对于保守策略，先确定所有可能结果中的最低收益值，然后选择这些最低值中最大的那个对应方案。这种规避风险的策略被称为最大化最小收益策略。

• 对于机会损失策略，我们在计算机会损失时需要谨慎。在目标最大化的情况下，对每个特定事件，收益值最大的决策其机会损失为0。其他决策的机会损失为其收益与该最大值的绝对差额。最终决策原则与成本最小化情形一致：选择能使最大机会损失最小化的方案。

13.2.3　目标相互矛盾的决定

许多决策需要在相互冲突的目标之间进行某种权衡，比如风险与回报。例如，图12-2中的Innis投资示例，通过求解一系列线性优化模型，我们发现在追求更高投资回报水平时所需承担的最低风险变化情况。我们看到，随着回报率的上升，风险开始缓慢增加，一旦投资目标超过6%，风险就会以更快的速度增加。那么，究竟怎样的决策才是最优选择？

当需要在两个相互冲突的目标（一个有利目标和一个不利目标）之间作出最优权衡时，可以采用一个简单的决策规则——最大化有利目标与不利目标的比率（可理解为"用最小的代价获得最大的回报")。首先，将权衡关系绘制在图表上，其中 x 轴表示"有利目标"，y 轴表示"不利目标"，并确保适当调整坐标轴比例以显示原点（0，0）。然后绘制一条通过原点的权衡曲线切线。切线与曲线的接触点（代表最小斜率）即表示最佳的风险回报权衡点。

示例 13.5　　　　　　　　　　**Innis 投资的风险回报权衡决策示例**

　　在图 12-2 中，如果我们取加权收益与表中最小风险值的比率，会发现最大的比率出现在 6% 的目标收益率上。这一现象可通过风险-收益权衡曲线及过原点的切线直观呈现，如图 13-1 所示。请注意，切点恰好对应 6% 的加权收益值。我们可以从图中很容易地解释这一点，注意对于任何其他回报，风险相对较大（如果所有点都落在切线上，风险将随着回报成比例增加）。

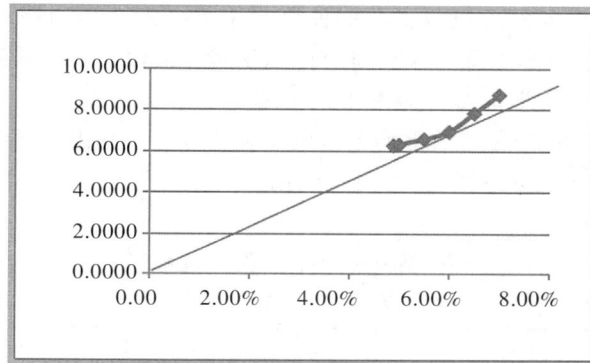

图 13-1　Innis 投资风险回报评估

　　针对更复杂的多目标决策问题，还存在其他多种分析技术。其中包括简易评分模型——该模型会对每个决策方案按各项标准进行评分（各标准可设置权重以反映其相对重要性），最终通过汇总所有标准的评分来对决策方案进行排序。此外还包括线性优化的变体方法（即目标规划），以及通过两两比较进行决策分析的*层次分析法（AHP）*等技术。

　　表 13-1 总结了最小化和最大化目标的决策规则。

表 13-1　　　　　　　　　　**不确定条件下的决策选择分析综述**

目标策略	策略	激进策略	保守策略	机会损失策略
最小化目标	选择平均收益最小的决策	在所有结果中找出每个决策的最小收益，并选择其中平均收益最小的决策（*最小化最小收益*）	在所有结果中找出每个决策的最大收益，并选择其平均收益最小的决策（*最小化最大收益*）	对于每个结果，计算每个决策的机会损失，作为其收益与该结果的最小收益之间的绝对差。找出每个决策的最大机会损失，并选择机会损失最小的决策（*最小化最大后悔*）
最大化目标	选择平均收益最大的决策	在所有结果中找出每个决策的最大收益，并选择其中平均收益最大的决策（*最大化最大收益*）	在所有结果中找到每个决策的最小收益，并选择其平均收益最大的决策（*最大化最小收益*）	对于每个结果，计算每个决策的机会损失，作为其收益与该结果的最大收益之间的绝对差。找出每个决策的最大机会损失，并选择机会损失最小的决策（*最小化最大后悔*）

检验你的学习成果

（1）说明在无法估计结果概率的情况下，可用于不确定性的决策的三种策略类型。

（2）解释这些策略在最小化和最大化收益方面的不同之处。

（3）解释如何在两个相互冲突的目标（一个是好的，另一个是坏的）之间进行最佳折中。

13.3　有结果概率的决策策略

激进型、保守型和机会损失型策略假设不知道与未来结果相关的概率。在许多情况下，我们可能会通过某种预测方法或依赖专家意见对这些概率进行一些评估。

13.3.1　平均收益策略

若能评估每个结果的发生概率，我们便可基于第 5 章介绍的期望值概念选择最优决策。对于任何决策而言，期望值等于所有可能结果对应的收益乘以其发生概率的总和。最简单的情况是假设每个结果都有可能发生；也就是说，每个结果的概率只是 $1/n$，其中 n 是可能结果的数量。这就是所谓的**平均收益策略**。这种方法是由法国数学家拉普拉斯提出的，他提出了"不充分理由原则"：若没有证据表明某个结果比其他结果更可能发生，则应将其视为同等概率事件。

示例 13.6　　　　　　　　**抵押决策与平均收益策略**

对于抵押贷款选择问题，计算平均收益的结果如下：

决策	结果			
	利率提高	利率稳定	利率下降	平均收益
1年期 ARM	61 134 美元	46 443 美元	40 161 美元	**49 246 美元**
3年期 ARM	56 901 美元	51 075 美元	46 721 美元	51 566 美元
30年期固定	54 658 美元	54 658 美元	54 658 美元	54 658 美元

基于这个标准，我们选择平均收益最小的决策，即 1 年期 ARM。

13.3.2　期望值策略

平均收益策略的一个更普遍的情况是，结果的概率并不完全相同。这就是所谓的**期望值策略**。我们可以使用第 5 章的公式（5.12）引入的期望值计算。

示例 13.7　　　　　　　**采用期望值策略的抵押贷款决策**

假设我们估计利率提高的概率为 0.6，利率稳定的概率为 0.3，利率下降的概率为 0.1。下表显示了与每个决策相关的期望收益。最小的期望收益 54 135.20 美元，发生在 3 年期 ARM，它代表了最好的期望值决策。

	结果			
概率	0.6	0.3	0.1	
决策	利率提高	利率稳定	利率下降	期望收益
1年期 ARM	61 134 美元	46 443 美元	40 161 美元	54 629.40 美元
3年期 ARM	56 901 美元	51 075 美元	46 721 美元	**54 135.20 美元**
30年期固定	54 658 美元	54 658 美元	54 658 美元	54 658.00 美元

13.3.3 评估风险

使用平均收益或期望值策略的一个隐含假设是：该决策会被重复执行多次。然而对于一次性决策而言（除收益完全相等这种特殊情况外），期望值结果实际上永远不会出现。例如，在前述案例中，尽管3年期ARM（最优决策）的期望值为54 135.20美元，但实际结果只会出现3种可能收益值之一——具体取决于抵押贷款利率变动情况：利率提高时为56 901美元，利率稳定时为51 075美元，利率下降时为46 721美元。因此对于一次性决策，我们必须审慎权衡决策伴随的风险，而非盲目选择期望值最优的方案。

示例 13.8   **评估抵押决策中的风险**

在抵押贷款选择的示例中，尽管平均收益相当相似，但注意1年期ARM在可能的结果上有更大的变化。我们可以计算出与每个决定相关的结果的标准差：

决策	标准差
1年期ARM	10 763.80美元
3年期ARM	5 107.71美元
30年期固定	—

单纯从标准差来看，30年期固定抵押贷款根本没有风险，而1年期ARM似乎风险最大。虽然只有3个数据点，但3年期ARM的分布基本围绕均值对称，而1年期ARM呈正向偏态——其围绕平均值的波动主要受上行潜力（即更低成本）驱动，而非更高成本的下行风险。尽管所有正式决策策略都未选择3年期ARM，但从这个风险视角来看可能会倾向该选择。例如，一个愿意承受适度风险的保守型决策者，可能会选择3年期ARM而非30年期固定抵押贷款，因为其下行风险相对较小（且小于1年期ARM），而上行潜力却大得多。1年期ARM更大的上行潜力甚至可能使其成为有吸引力的选择。

因此，重要的是要明白，在不确定情况下作出决定不能仅仅使用简单的规则，而是要仔细评估风险与回报。这就是高管赚大钱的原因。在评估决策风险时，还应考虑到潜在收益和损失的规模及其发生的概率（如果可以评估的话）。例如，70%的概率损失10 000美元而30%的概率获得500 000美元可能被视为一个公司可以接受的风险，但10%的概率损失250 000美元而90%的概率获得500 000美元可能不会。

检验你的学习成果

（1）平均收益策略与期望值策略有什么不同？

（2）解释在一次性决策中使用期望值策略所涉及的问题。

13.4 决策树

构造一个包含不确定性的决策问题的一个有用方法是使用一个叫作决策树的图形模型。**决策树**由一组**节点**和**分支**组成。节点是事件发生的时间点。事件可以是从几个备选方案中选出的一个决策，由**决策节点**表示，也可以是决策者无法控制的结果，即**事件节点**。事件节点通常用圆圈表示，决策节点用正方形表示。分支与决策和事件相关联。我们用一个三角形来表示决策路径的终点。许多决策者发现决策树很有用，因为随着时间的推移，决策*序列*和结果可以很容易地建模。

示例13.9   **构建决策树**

　　对于抵押贷款选择问题，我们首先创建决策节点来选择3种抵押贷款工具中的一种。如图13-2所示。虽然有些单调乏味，但是你可以使用 *Insert* 菜单中的 *Shapes* 按钮在 Excel 工作簿上创建此项。接下来，在1年期ARM的末尾添加一个事件节点，ARM有"利率提高"、"利率稳定"和"利率下降"，我们将概率值标注在上述示例13.7中各事件分支的上方，创建如图13-3所示的树。对其他两个抵押工具分支重复此过程。

　　最后，在各事件分支正下方的单元格中输入对应结果的损益值。由于这些损益值代表成本，我们以会计格式的括号形式输入负值（如（500））。将所有路径上的损益值求和，并将总和标注在终端节点旁（本例中决策分支未关联损益值，但我们将在稍后的另一个示例中看到这种情况）。最终形成的决策树如图13-4所示。

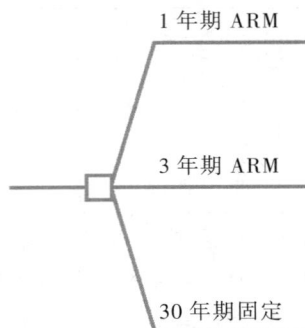

图13-2　抵押贷款选择决策树第一个分支

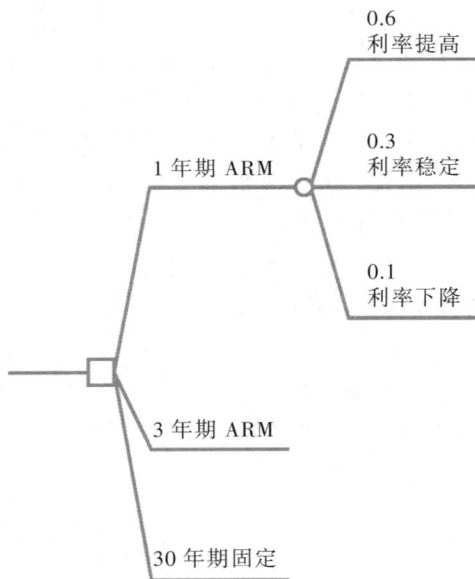

图13-3　抵押贷款选择决策树第二个分支

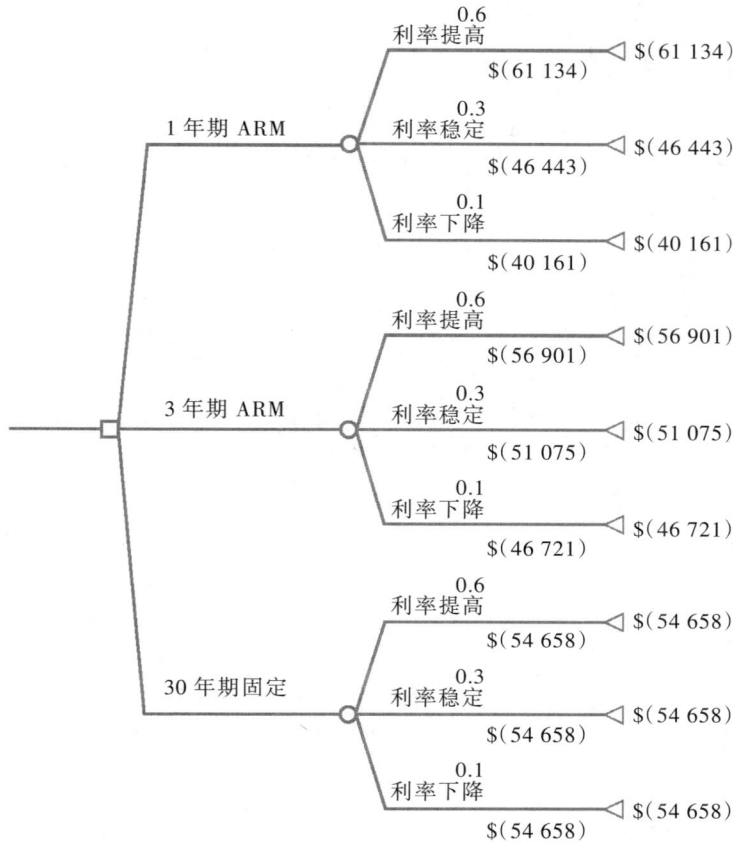

图13-4 最终的抵押选择决策树

接下来，我们需要分析决策树来确定最大化期望收益值的最佳策略。我们在示例
13.10中举例说明。

示例13.10   **分析决策树**

为了在决策树中找到最优决策策略，我们采用"回滚计算法"：先在事件节点计算期
望值，再在决策节点选择各备选方案中的最优值。例如，若选择1年期ARM，其对应机会
事件的期望值为：0.6×（−61 134）+0.3×（−46 443）+ 0.1×（−40 161）=−54 629.40。如图
13-5所示（采用会计格式），将该值标注在1年期ARM决策分支下方，并对其他事件节点
重复此计算过程。在决策节点处，从所有决策中选择期望值最大者（本例为−54 135.20美
元），并如图13-5所示标注于决策节点旁。由于该值对应第2个分支的3年期ARM方案，
我们可在决策节点的方框内标注数字2表示最优决策。因此最佳策略是选择3年期ARM，
其期望成本为54 135.20美元（该结论与示例13.7的结果一致）。

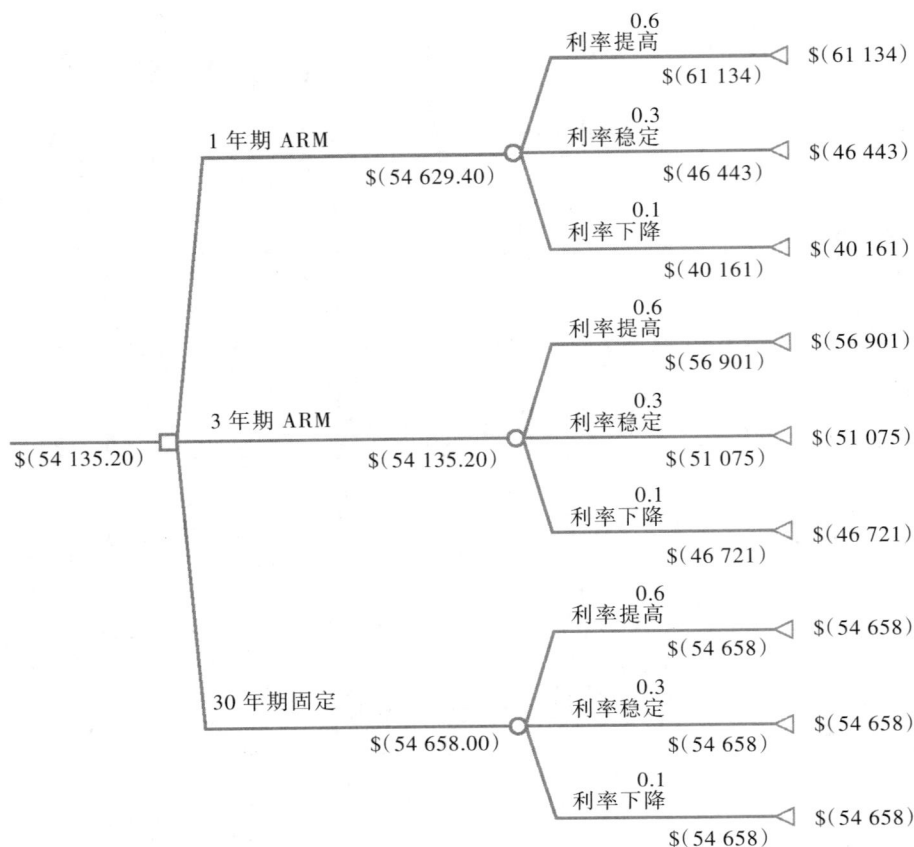

图13-5 回滚抵押贷款选择决策树

许多决策问题具有多个决策和事件序列，如下面的示例所示。决策树对于帮助管理者理解不确定性的含义以及随着时间的推移必须作出的决策具有非常宝贵的实用价值。

示例 13.11 <center>**制药研发R&D模式**</center>

我们将考虑一种新药的研发过程（你可能还记得我们在第11章中为Moore制药公司开发的基本财务模型）。假设该公司迄今已投入3亿美元作为研发费用。第一个决定是，是否进行临床试验。我们可以决定要么实施它们，要么在这个时候停止研发，这将导致已经在研究上花费的3亿美元无法收回。临床试验的费用估计为2.5亿美元，成功的概率为0.3。因此，如果我们决定进行试验，我们面临的机会事件是试验将成功或不成功。如果不成功，那么很明显这个过程在这一点上停止。如果成功，公司可能会寻求食品和药物管理局（FDA）的批准或决定停止研发过程。寻求批准的成本是2 500万美元，有60%的机会获得批准。如果该公司寻求批准，它面临的机会事件是FDA将批准或不批准该新药。最后，如果新药获得批准并投放市场，其市场潜力可分为大、中、小三种规模，具有以下特征：

	市场潜在期望收益（百万美元）	概率
大	4 500	0.6
中	2 200	0.3
小	1 500	0.1

这种情况的决策树如图 13-6 所示。当面临连续决策与事件序列时，**决策策略**就是初始决策方案加上根据已知事件结果制订的后续决策方案。我们可以从决策节点的数个分支中确定最佳策略。例如，最好的策略是进行临床试验，如果成功，寻求 FDA 的批准，获得批准后，销售该药物。预计净收入为 7 430 万美元。

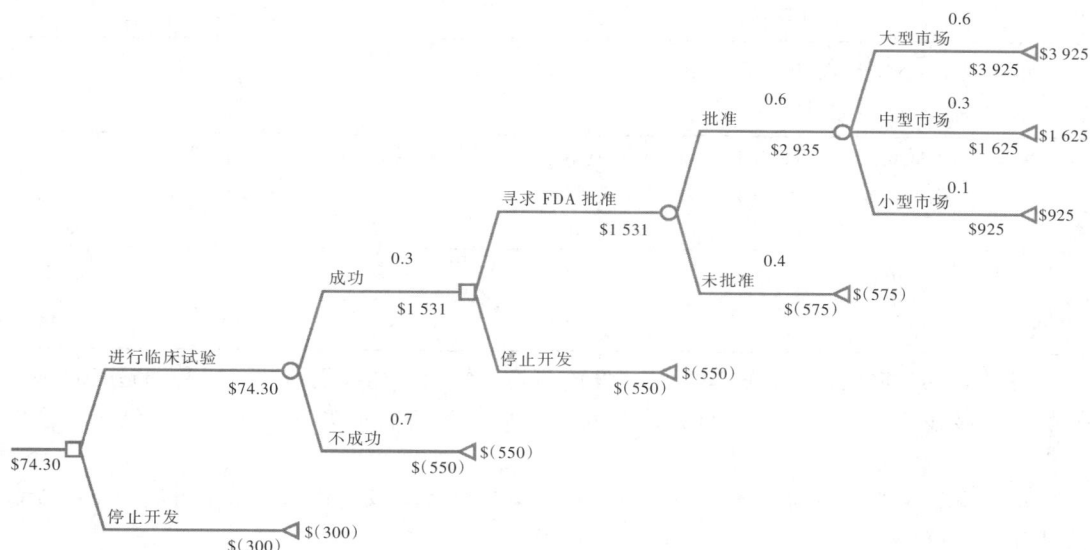

图13-6 新药开发决策树（单位：百万美元）

13.4.1 决策树与风险

决策树方法是期望值决策的一个例子。因此，在药物开发的例子中，如果公司的药物开发项目组合具有相似的特点，那么在期望值的基础上进一步开发是合理的。然而，这种方法没有明确考虑风险。

从经典的决策分析角度来看，我们可以将 Moore 制药公司的决策总结为以下收益表（百万美元）：

	不成功的临床试验	成功的临床试验未获批准	成功的临床试验并获批准；大型市场	成功的临床试验并获批准；中型市场	成功的临床试验并获批准；小型市场
开发药物	(550)	(575)	3 925	1 625	925
停止开发	(300)	(300)	(300)	(300)	(300)

如果我们对这些数据应用激进型、保守型和机会损失型决策策略（注意收益是利润而不是成本，所以使用正确的规则很重要，正如前面章节所讨论的），我们会得到以下结果（百万美元）：

激进战略（最大化最大收益）：

	最大
开发药物	3 925
停止开发	（300）

最大化最大收益的决定是开发药物。

保守策略（最大化最小收益）：

	最小
开发药物	（575）
停止开发	（300）

最大化最小收益的决定是停止开发。

机会损失策略：

	不成功的临床试验	成功的临床试验	成功的临床试验并经过批准大型市场	成功的临床试验并经过批准中型市场	成功的临床试验并经过批准小型市场	最大
开发药物	250	275	—	—	—	275
停止开发	—	—	4 225	1 925	1 225	4 225

　　将最大机会损失最小化的决策是开发该药物。然而正如我们所述，必须通过考量损益值的大小及发生概率来评估风险。激进型、保守型和机会损失准则均未考虑结果出现的概率。

　　每种决策策略都有对应的损益分布，称为**风险轮廓**。风险轮廓显示了可能发生的损益值及其对应概率。

示例 13.12 　　　　　　　　　　**构建风险轮廓**

　　在药物开发的例子中，考虑追求发展的战略。可能发生的结果及其概率如下：

最终结果	净收入（百万美元）	概率
大型市场	3 925	0.108
中型市场	1 625	0.054
小型市场	925	0.018
FDA 未批准	（575）	0.120
临床试验未成功	（550）	0.700

　　概率是通过将到达最终结果的路径上的事件分支的概率相乘来计算的。例如，到达"大市场"的概率是 $0.3 \times 0.6 \times 0.6 = 0.108$。因此，我们看到该药物不能进入市场的概率是 $1 - （0.108 + 0.054 + 0.018）= 0.82$，公司将蒙受超过 5 亿美元的损失。同时，如果公司决定不进行临床试验，损失将只有 3 亿美元，即迄今为止的研究成本。如果这是一个一次性的决定，而你是这家公司的高管，你会作出什么决定？

13.4.2 　决策树中的敏感性分析

　　我们可以使用 Excel 数据表来研究最优决策对概率或收益值变化的敏感性。我们使用在第 5 章的示例 5.26 中讨论过的航空公司收入管理场景来说明这一点。

示例 13.13 　　　　　　　　航空公司收入管理决策的敏感性分析

　　图 13-7 显示了决策树（Excel 文件 *Airline Revenue Management Decision Tree*（航空公司

收益管理决策树)),用于决定是否对机票打折,以及在飞行前更改全价票的价格对销售概率影响的假设分析。从数据表的结果我们看到,如果出售全价票的概率是 0.7 或以下,那么最好的决策是进行机票打折。

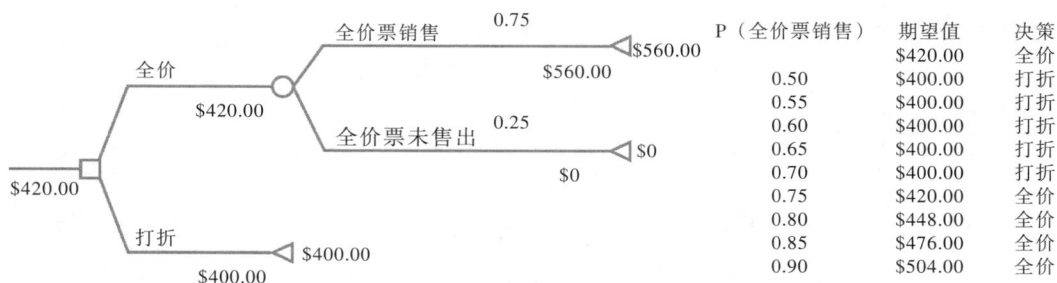

		P(全价票销售)	期望值	决策
			$420.00	全价
		0.50	$400.00	打折
		0.55	$400.00	打折
		0.60	$400.00	打折
		0.65	$400.00	打折
		0.70	$400.00	打折
		0.75	$420.00	全价
		0.80	$448.00	全价
		0.85	$476.00	全价
		0.90	$504.00	全价

图13-7 航空公司收益管理决策树及假设分析

检验你的学习成果

(1)解释决策树的结构和组成。

(2)描述"回滚"决策树的过程,寻找最佳决策路径。

(3)解释什么是风险轮廓以及如何找到它。

13.5 信息的价值

我们在面对不确定性结果时,在作出决策前尝试获取更准确的发生概率信息是符合逻辑的做法。**信息价值**体现了决策者在作出决策前如能获取关于未来事件的额外信息,所能实现的预期收益提升程度。理想情况下,我们期望获得**完全信息**——能确定性地预知未来结果的信息。虽然这永远无法实现,但了解完全信息的价值仍然具有重要意义,因为它为所有可能获取的信息价值设定了上限。**完全信息的期望值(EVPI)**等于"拥有完全信息时的期望收益(假设零成本获取)"减去"无附加信息时的期望收益",该数值本质上代表了决策者为获取完全信息所应支付的最高合理费用。

期望机会损失反映了决策者通过作出正确决策(而非错误决策)所能获得的平均额外收益。计算期望机会损失时,需先按本章前述方法构建机会损失表,然后计算每个决策的期望值。一个必然成立的规律是:具有最佳期望值的决策,其期望机会损失必定最小。而最小期望机会损失的数值,恰恰等于完全信息的期望值(EVPI)。

示例 13.14 查找用于抵押选择决策的 EVPI

下面的表格显示了每个决策的期望机会损失的计算(见示例 13.4 的机会损失矩阵的计算)。最小期望机会损失发生在 3 年期 ARM(这是最好的期望价值决策),为 3 391.40 美元。这是 EVPI 的值。

理解这一点的另一种方法是使用以下逻辑。假设我们知道利率会上升。那么我们应该选择 30 年期的固定利率抵押贷款和 54 658 美元的发生成本。如果我们知道利率将是稳定的,那么我们最好的决定就是选择 1 年期 ARM,成本为 46 443 美元。最后,如果我们知道利率会下降,我们应该选择成本为 40 161 美元的 1 年期 ARM。通过将这些数值按其相关事件发生的概率加权,在完全信息下,我们的期望成本将是:0.6 × 54 658 + 0.3 × 46 443 + 0.1 × 40 161 = 50 743.80(美元)。如果我们没有关于未来的完全信息，那么无论发生什么事情，我们都会选择3年期ARM，并且产生54 135.20美元的期望成本。如果有完全信息，我们将节省3 391.40美元（54 135.20-50 743.80）。这就是完全信息的期望价值。无论多么好，我们永远不会为任何关于未来事件的信息支付超过3 391.40美元。

| | 结果 | | | |
决策	0.6 利率提高	0.3 利率稳定	0.1 利率下降	期望机会损失
1年期ARM	6 476美元	—	—	3 885.60美元
3年期ARM	2 243美元	4 632美元	6 560美元	**3 391.40美元**
30年期固定	—	8 215美元	14 497美元	3 914.20美元

13.5.1 根据样本信息作出决策

样本信息是进行某种类型实验的结果，如市场调查研究或采访专家。样本信息总是不完全的。通常，样本信息是要付出代价的。因此，知道我们愿意为此付出多少至关重要。**样本信息的期望值**（EVSI）是带有样本信息（无成本假设）的期望值减去没有样本信息的期望值；它代表你愿意为样本信息支付的最大值。

示例 13.15　　　　　　　　**决策与示例信息**

假设一家公司正在开发一种新的触摸屏手机。从历史上看，70%的新手机导致了高消费需求，而30%导致了低消费需求。公司可以选择两种不同的型号，这两种型号有不同的特点，需要不同的投资额，也有不同的销售潜力。图13-8显示了已完成的决策树，其中所有的现金流都是以千美元为单位的。例如，模型1需要200 000千美元的开发初始投资，而模型2需要175 000千美元的投资。如果对模型1的需求很大，公司将获得500 000千美元的收入，净利润为300 000千美元；如果需求很低，公司将只获得160 000千美元，净利润为-40 000千美元。根据需求的概率，预期利润为198 000千美元。对于模型2，我们看到预期利润只有188 000千美元。因此，最好的决策是选择模型1。显然，这两种决策都存在风险，但在期望价值的基础上，模型1是最好的决策。现在假设该公司进行市场研究，以获得样本信息，并更好地理解消费者需求的性质。在引入类似产品之前，过去进行的市场调查研究分析发现，导致消费者高需求的所有产品中，90%曾取得过高调查反馈，而最终消费者需求低的所有产品中，只有20%曾取得过高调查反馈。这些概率数据表明，市场研究并不总是准确的，可能对真实市场潜力产生误判。但可以确定的是：高调查反馈将增加高需求的历史概率，而低调查反馈将增加低需求的历史概率。因此，我们需要计算条件概率：

P（高需求|高调查反馈）

P（高需求|低调查反馈）

P（低需求|高调查反馈）

P（低需求|低调查反馈）

这可以通过贝叶斯的公式（方法）来实现。

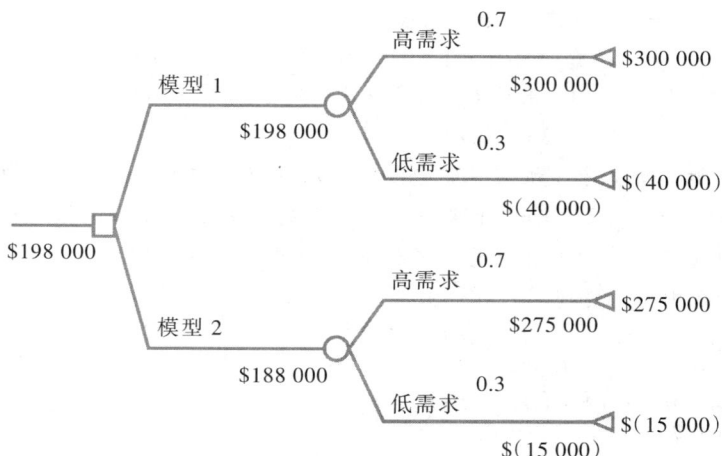

图13-8 手机决策树（单位：千美元）

13.5.2 贝叶斯规则

贝叶斯规则扩展了条件概率的概念，根据样本信息修正历史概率。假设 A_1，A_2，…，A_k 是一组相互排斥的互补事件，并且我们寻求在另一个事件 B 发生的情况下某个事件 A_i 发生的概率。贝叶斯规则如下：

$$P(A_i|B) = \frac{P(B|A_i)P(A_i)}{P(B|A_1)P(A_1) + P(B|A_2)P(A_2) + \cdots + P(B|A_k)P(A_k)} \quad (13.1)$$

示例13.16　　　　　应用贝叶斯规则计算条件概率

在这个手机示例中，定义以下事件：

A_1=高消费需求

A_2=低消费需求

B_1=高调查反馈

B_2=低调查反馈

对于任意 i 和 j，我们来计算 $P(A_i|B_j)$。使用这些定义和示例13.15中提供的信息，我们有：

$P(A_1) = 0.7$

$P(A_2) = 0.3$

$P(B_1|A_1) = 0.9$

$P(B_1|A_2) = 0.2$

仔细区分 $P(A|B)$ 和 $P(B|A)$ 是很重要的。如上所述，在所有导致高消费者需求的产品中，90% 的产品曾收到高市场调查反馈。因此，在消费者需求高的条件下获得高调查反馈的概率为0.90，而非相反情况。因为对于每个事件 A_i，概率 $P(B_1|A_i) + P(B_2|A_i)$ 之和必须等于1，我们有：

$P(B_2|A_1) = 1 - P(B_1|A_1) = 0.1$

$P(B_2|A_2) = 1 - P(B_1|A_2) = 0.8$

现在，我们可以应用贝叶斯规则来计算给定调查答复的条件需求概率：

$$P(A_1|B_1) = \frac{P(B_1|A_1)P(A_1)}{P(B_1|A_1)P(A_1) + P(B_1|A_2)P(A_2)} = \frac{0.9 \times 0.7}{0.9 \times 0.7 + 0.2 \times 0.3} = 0.913$$

因此，$P(A_2|B_1) = 1 - 0.913 = 0.087$

$$P(A_1|B_2) = \frac{P(B_2|A_1)P(A_1)}{P(B_2|A_1)P(A_1) + P(B_2|A_2)P(A_2)} = \frac{0.1 \times 0.7}{0.1 \times 0.7 + 0.8 \times 0.3} = 0.226$$

因此，$P(A_2|B_2) = 1 - 0.226 = 0.774$。

尽管历史上所有新型号手机有70%曾出现过高需求，但若已知市场报告是有利的，则这一概率增加到91.3%。反之如果市场报告是不利的，那么低需求的概率增加到77.4%。

最后，我们需要计算调查反馈为高或低的非条件（边际）概率——$P(B_1)$ 和 $P(B_2)$。这些只是贝叶斯规则中的分母：

$$\begin{aligned}
P(B_1) &= P(B_1|A_1)P(A_1) + P(B_1|A_2)P(A_2)\\
&= 0.9 \times 0.7 + 0.2 \times 0.3 = 0.69\\
P(B_2) &= P(B_2|A_1)P(A_1) + P(B_2|A_2)P(A_2)\\
&= 0.1 \times 0.7 + 0.8 \times 0.3 = 0.31
\end{aligned}$$

边际概率显示，调查反馈高需求结果的概率为69%，而反馈低需求结果的概率为31%。

图13-9显示了一个整合了市场调查信息和我们在前面的示例中计算的概率的决策树。最优决策策略是在调查反馈高（需求）的情况下选择模型1，在调查反馈低（需求）的情况下选择模型2。请注意，期望值（包括获得调查反馈的概率）为202 257千美元。与图13-8相比，我们看到样本信息将期望值提高了4 257千美元（202 257-198 000）。这是EVSI的值。所以我们进行市场调查支付的费用不应该超过4 257千美元。

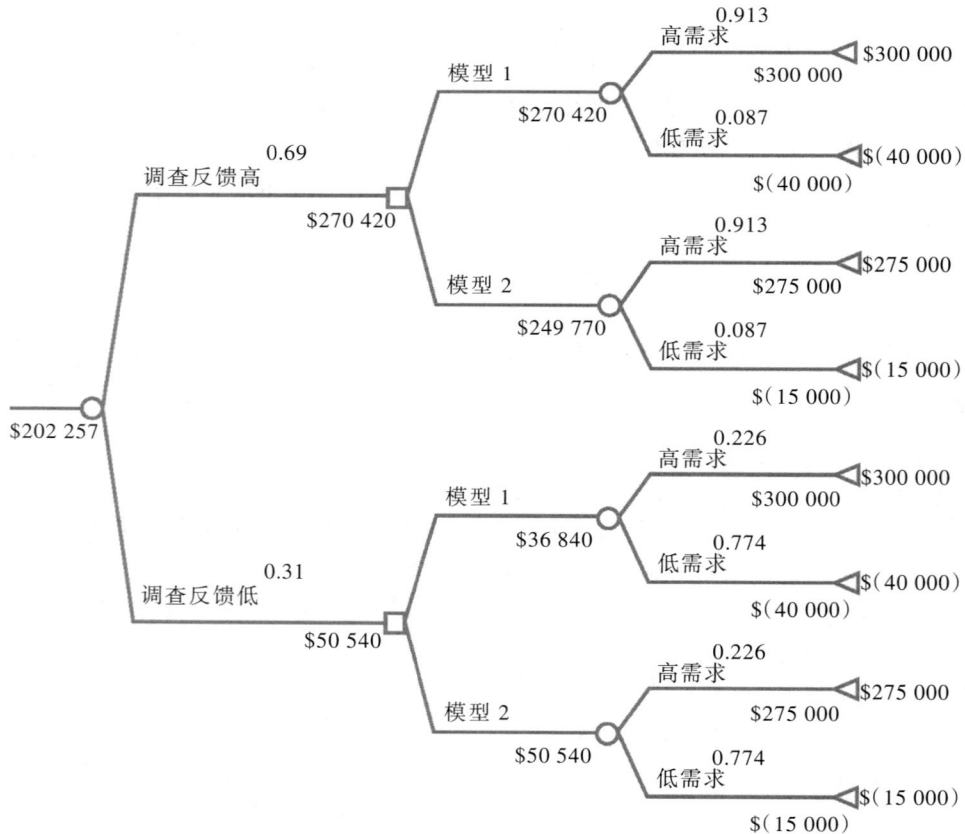

图13-9　基于样本市场调查的手机决策树（单位：千美元）

检验你的学习成果

（1）定义术语信息的价值、完全信息和完全信息的期望值。

（2）解释如何求解EVPI。

（3）什么是样本信息的期望值？

（4）解释如何在决策树中使用贝叶斯规则来寻找EVSI。

13.6　效用和决策

在第 5 章的示例 5.25 中，我们讨论了一个慈善抽奖活动，如果 50 美元/张的门票出售 1 000 张，将赢得 25 000 美元的奖金。赢得奖金的概率只有 0.001，期望收益是 -25.00 美元（-50×0.999+ 24 950×0.001）。从纯粹的经济角度来看，这将是一场糟糕的赌博。然而，许多人都想抓住这个机会，因为金融风险很低（这是为了慈善事业）。同时，如果只有 10 张票以 4 000 美元的价格出售，有机会赢得 10 万美元，即使期望值是 5 920 美元（-4 000×0.92 + 96 000×0.1），大多数人也不会冒险，因为涉及的货币风险更高。

一种定量评估风险态度的方法称为**效用理论**。这种方法量化了决策者对特定结果的相对偏好。我们可以通过提出一系列的决策场景来确定一个人的效用函数。最好用一个示例来说明；我们使用某项个人投资的示例。

示例 13.17　　　　　　　　　　个人投资决策

假设你有 10 000 美元可用于投资，并且希望在一年内买一辆新车，那么你的这笔钱只能用 12 个月。现有 3 种选择：年利率 4% 的银行大额存单、债券基金和股票基金。其中，债券基金和股票基金对利率变化都很敏感。如果未来一年利率保持稳定，那么债券基金的股价预计将保持稳定，你预计将赚到 840 美元。股票基金约有 600 美元的股息和资本收益。然而，若利率提高，考虑到债券基金份额净值下跌，预计将损失约 500 美元；同样，股票基金预计将亏损 900 美元。反之若利率下降，债券基金预期收益为 1 000 美元，股票基金净收益可达 1 700 美元。表 13-2 汇总了该决策问题的收益矩阵。最终决策可能产生从盈利 1 700 美元到亏损 900 美元不等的多种结果。

表13-2	投资回报表		单位：美元
决策/事件	利率提高	利率稳定	利率下降
银行大额存单	400	400	400
债券基金	（500）	840	1 000
股票基金	（900）	600	1 700

13.6.1　构造效用函数

确定效用函数的第一步是将收益从高到低排序。我们通常将最高收益的效用值设为 1.0，将最低收益的效用值设为 0。接下来，对于最高收益和最低收益之间的每一次收益，考虑以下情况：假设你有机会获得一个确定收益 x，或者选择以概率 p 获得最高收益或者以概率 $1-p$ 获得最低收益。（我们使用**确定性等价**这个术语来表示决策者认为与不确定赌局等效的金额。）那么需要多大的 p 值才能让你对这两个选择无动于衷？然后对每个收益重复这个过程。

示例 13.18 为个人投资决策构造效用函数

首先，将收益从高到低排序；将最高收益的效用值设为1.0，将最低收益的效用值设为0：

回报（美元），x	收益，$U(x)$
1 700	1.0
1 000	
840	
600	
400	
(500)	
(900)	0.0

让我们从 $x=1\,000$ 美元开始。该决策在图13-10的简单决策树中进行了说明。因为这是一个相对较高的值，你判定 p 必须至少为0.9才能承担这个风险。这代表1 000美元所对应的效用值，记作 U（1 000美元）。例如，对于"以0.9概率获得1 700美元或以0.1概率损失900美元"这一不确定情境，该决策者的确定性等价为1 000美元。

对于每个收益重复这个过程，假设我们得到以下效用函数：

回报（美元），x	收益，$U(x)$
1 700	1.0
1 000	0.690
840	0.85
600	0.80
400	0.75
(500)	0.35
(900)	0.0

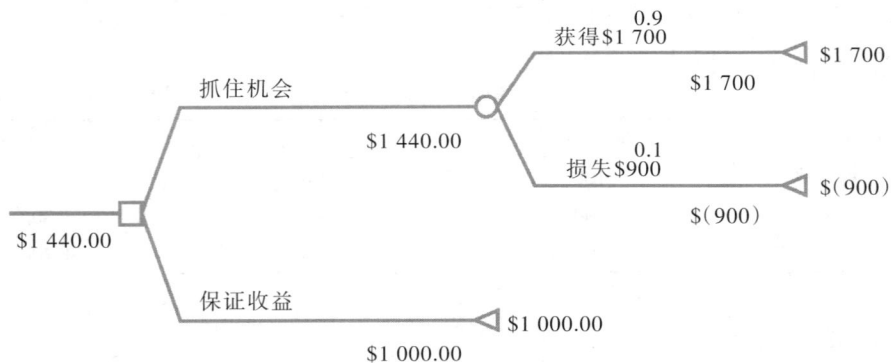

图13-10 投注1 000美元的决策树

如果针对选定的 p 值我们计算各投注的期望值，可发现其均高于对应收益。例如，对于1 000美元的收益和相应的 $p=0.9$，投注的期望值是：

$$0.9 \times 1\,700 + 0.1 \times (-900) = 1\,440 \text{（美元）}$$

这比直接接受1 000美元要好得多。我们可以解释为，你需要440美元（1 440-1 000）的风险溢价，才愿意承担可能损失900美元的风险。一般来说，**风险溢价**是个人为了规避风险而愿意放弃的金额。这表明你是一个*风险规避型投资者*，也就是说，相对保守。

另一种看待这个问题的方法是，找出收支平衡的概率，在这个概率下，你对收到保证回报和进行投注都不感兴趣。这个概率是通过解下面的方程得到的：

$$1\ 700p-900\ (1-p)=1\ 000$$

结果 $p=19/26=0.73$。因为你需要一个更高的赢得投注的概率，很明显，你不愿意承担风险。

如果我们把效用和收益画成图，就可以勾画出效用函数，如图13-11所示。这个效用函数通常是*凸形*的。这种类型的曲线是风险规避型投资者的特征。这类投资者规避风险，选择保守策略和风险回报率高的策略。因此，只有当投注的期望值高于给定确定收益时，风险规避者才会考虑接受该风险投资。

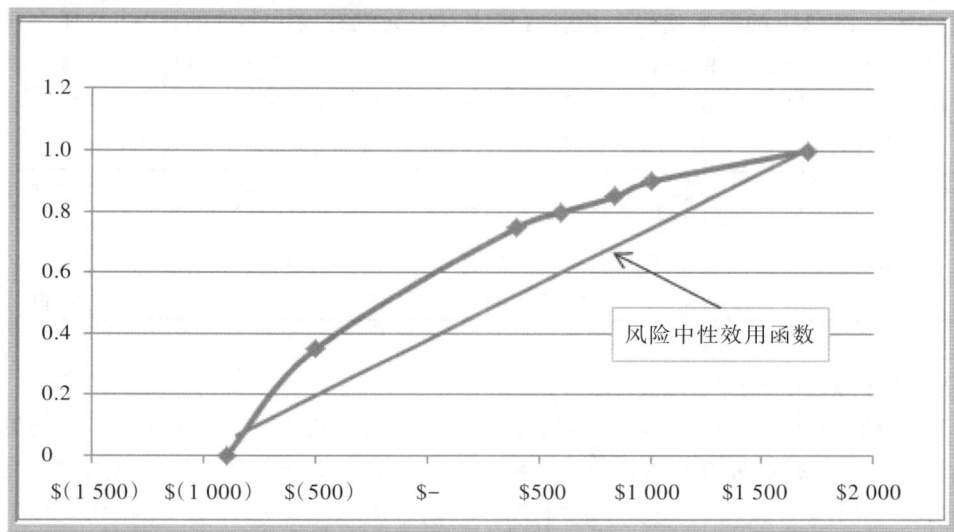

图13-11 风险规避效用函数示例

其他投资者可能属于风险偏好型。这类投资者的效用函数会呈现何种形态？正如你所推测的，其曲线将呈*向上凸*的形态。这类投资者会选择可能带来更高回报的投注，即便该投注的期望值低于某个确定收益。以下即为风险偏好型投资者在此情境下的效用函数示例：

回报（美元），x	收益，$U(x)$
1 700	1.0
1 000	0.6
840	0.55
600	0.45
400	0.40
（500）	0.1
（900）	0.0

对于1 000美元的收益，这个人认为确定获得1 000美元和以0.6的概率得到1 700美元（概率0.6）同时承担以0.4的概率损失900美元并无差异。这场投注的期望值是：

$$0.6\times1\ 700+0.4\times(-900)=660\ （美元）$$

因为这远远低于1 000美元，这个人冒着更大的风险试图获得1 700美元。风险偏好者一般倾向于激进策略。

最后，有些人是风险中性的，这类决策者既不主动追求风险也不刻意规避风险。其效用函数呈线性特征，与各投注的盈亏平衡概率精确对应。如果：

$$600 = p \times 1\,700 + (1-p) \times (-900)$$

求解 p，我们得到 $p = 15/26$，或0.58，这表示这个收益的效用。直接接受600美元还是赌一把，可以通过抛硬币来决定。这些人倾向于忽略风险度量结果，而是根据平均收益作出决策。

在决策分析中，可以用效用函数代替实际的货币收益，只需用等效的效用函数替换收益，然后计算期望值。期望效用和相应的最优决策策略反映了决策者的风险偏好。例如，如果我们对表13-2中的数据使用平均收益策略（因为没有给出事件的概率），那么最好的决策将是选择股票基金。然而，如果我们将表13-2中的收益替换为我们定义的（风险规避）公用事业，并再次使用平均收益策略，最好的决策将是选择银行大额存单而不是股票基金，如下表所示：

决策/事件	利率提高	利率稳定	利率下降	平均效用
银行大额存单	0.75	0.75	0.75	0.75
银行基金	0.35	0.85	0.9	0.70
股票基金	0	0.80	1.0	0.60

13.6.2 指数效用函数

计算效用函数是相当困难的，特别是在涉及大量收益的情况下。由于大多数决策者通常是风险规避者，我们可以使用指数效用函数来近似真实效用函数。指数效用函数是：

$$U(x) = 1 - e^{-x/R} \tag{13.2}$$

其中，e 是自然对数的底数（2.71828...），R 是一个形状参数，用来衡量风险承受能力。图13-12显示了几个不同 R 值的 $U(x)$ 的示例。注意，所有这些函数都是上凸的，随着 R 的增加，函数变得更平坦，表明更倾向于风险中性。

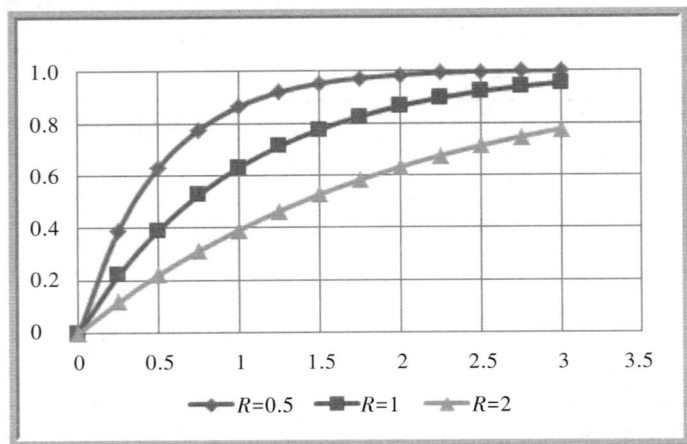

图13-12　指数效用函数的示例

估计 R 的合理值的一种方法是找到决策者愿意在赢得 R 或输掉 $R/2$ 同等机会下获得的最大收益 R。R 值越小，个人越不愿意承担风险。例如，你会参与赢 10 美元和输 5 美元的赌局吗？若是赢 1 万美元和输 5 000 美元怎么样？多数人可能会轻松接受第一个赌局，但对第二个赌局则需慎重考虑。通过测定这种风险承受的临界值，即可构建对应的效用函数。

示例 13.19 **使用指数效用函数**

对于个人投资决策的示例，假设 R =400 美元。效用函数 $U(x) = 1 - e^{-x/400}$，得到以下效用值：

回报（美元），x	收益，$U(x)$
1 700	0.9857
1 000	0.9179
840	0.8775
600	0.7769
400	0.6321
(500)	-2.4903
(900)	-8.4877

使用收益表中的效用值，我们发现银行 CD 仍然是最佳决策，如下表所示，因为它具有最高的平均效用值。

决策/事件	利率提高	利率稳定	利率下降	平均效用
银行大额存单	0.6321	0.6321	0.6321	0.6321
债券基金	-2.4903	0.8775	0.9179	-0.2316
股票基金	-8.4877	0.7769	0.9857	-2.2417

检查你的学习成果

（1）什么是效用理论，它如何帮助理解决策？

（2）解释如何构造效用函数。

（3）风险规避效用函数与风险中性效用函数有何区别？

（4）为什么我们可以使用指数效用函数？

实践分析：在药物开发中使用决策分析[①]

美国的药物开发耗时，资源密集，风险大，监管严格。平均而言，在美国研究和开发一种药物需要近 15 年的时间，1990 年的税后成本约为 2 亿美元。

1999 年 7 月，由拜耳制药公司业务部门拜耳生物制品（BP）高级管理人员组成的生物制品领导委员会成立了新的战略规划部门，负责对一种新型抗凝血药物进行商业评估。为了确保作出最佳的药物开发决策，制药公司使用了一个基于决策分析原则的结构化过程来评估其新药的技术可行性和市场潜力。此前，拜耳生物制品分析了一些供制药公司审查的企业案例。这个商业评估是拜耳生物制品的第一个决策分析项目。

不确定变量的概率分布是通过专家估计第 10 个百分位和第 90 个百分位来评估的，每

---

① Based on Jeffrey S. Stonebraker, "How Bayer Makes Decisions to Develop New Drugs," *Interfaces*, 32, 6 (November - December 2002): 77 - 90.

个专家都被要求审查结果，以确保它们准确地反映了他或她的判断。制药企业以净现值（NPV）作为决策标准。公司将新药开发决策划分为6个关键决策节点，并设定了明确的市场化指标和科研里程碑，以便高管层能够综合评估项目成功率与公司面临的风险敞口、成本投入及战略匹配度。决策节点1涉及是否启动临床前研发；通过动物试验后，决策节点2将决定是否开展人体试验；节点3和节点4均为是否继续投入临床开发的二元决策；完成全部开发后，节点5需决定是否向FDA提交生物制品许可申请；获得批准后，节点6将最终决定是否上市新药。

项目团队向医药事业部三级决策层提交了商业评估的输入假设与建议方案，最终获得临床前研发的立项批准。外部专家对数据输入和假设的验证证实了其严谨性和可辩护性。高管层可据此将候选药物评估结果与其他在研药物进行可靠比对。国际委员会赞誉该项目团队的工作达到顶尖水平，此次决策分析方法也为后续商业计划分析树立了新标准。

关键术语

平均收益策略	完全信息的期望值（EVPI）	收益表
分支	样本信息的期望值（EVSI）	完全信息
确定性等价	期望值策略	风险轮廓
可供选择的决策	最大化最大策略	样本信息
决策分析	最大化最小策略	自然状态
决策节点	最小化最大后悔策略	不确定性事件
决策策略	最小化最大策略	效用理论
决策树	节点	信息价值
事件节点	结果	
期望机会损失	收益	

第13章技术帮助

Analytic Solver

Analytic Solver提供了在Excel中构建和分析决策树的能力。参见在线补充资料 *Using Decision Trees in Analytic Solver*。我们建议你首先阅读在线补充资料 *Getting Started with Analytic Solver Basic*。该资料为教师和学生提供了关于如何注册和访问Analytic Solver的信息。

问题和练习

制定决策问题

1.使用 Excel 文件 *Outsourcing Decision Model*（外包决策模型）计算内部生产和外包的成本，以满足以下产量的需求：800、1 000、1 200和1 400。利用这些信息为决策问题建立一个收益表。

没有结果概率的决策策略

2.对于你在问题1中开发的收益表，使用激进型、保守型和机会损失型策略来作出决策。

3.Door公司是车库门的领先制造商。所有的车门都是在印第安纳州的卡梅尔（Carmel）工厂生产的，然后运到配送中心或者主要客户那里。Door公司最近收购了威斯康星州的另一家车库门制造商，并且正在考虑将其木门业务转移到威斯康星州的工厂。这个决定的主要考虑因素是两个工厂的运输、劳动力和生产成本。让事情变得复杂的是，市场预测木门的需求将会下降。该公司设想了3种场景：

　　a.需求略有下降，但对生产没有明显影响

　　b.需求和生产下降20%

　　c.需求和生产下降40%

　　下表显示了每个决策和场景下的总成本：

		20%	40%
留在卡梅尔	$1 000 000	$800 000	$840 000
搬到威斯康星州	$1 100 000	$950 000	$750 000

　　使用以下策略，Door公司应该作出什么决定？

　　a.激进策略

　　b.保守策略

　　c.机会损失策略

　　4.假设一家汽车租赁公司提供一周100美元的保险。一次轻微的车祸要花费3 500美元进行维修，而一次重大事故可能要花费16 000美元进行维修。如果没有保险，你将对任何损失承担个人责任。你该怎么办？显然，有两种选择：购买保险，或者不购买保险。不确定的后果（或者可能发生的事件）就是你不会卷入一场事故，你会卷入一场小车祸，或者你会卷入一场重大事故。为这种情况制定一个收益表。你应该使用下列策略作出什么决定？

　　a.激进策略

　　b.保守策略

　　c.机会损失策略

　　5. Slaggert 系统正在考虑获得 ISO 9000 系列质量标准认证。获得认证的成本昂贵，但如果公司的主要客户突然要求提供 ISO 认证，公司则可能会因为没有它而失去大量的业务。在一次管理务虚会上，公司的高级管理人员开发了如下的收益表（单位：美元），显示了未来5年的净现值。

	客户反应	
	对标准有要求	对标准没有要求
获得认证	575 000	525 000
保持未认证状态	450 000	675 000

　　使用以下策略，公司应该作出什么决定？

　　a.激进策略

　　b.保守策略

　　c.机会损失策略

　　6.根据问题3中的Door公司决策，计算每个决策的收益标准差。它告诉你所作决定的风险是什么？

7.根据问题4中的租车情况，计算每个决定的收益的标准差。它告诉你所作决定的风险是什么？

8.根据问题5中的 Slaggert 系统决策，计算每个决策的收益标准差。它告诉你所作定的风险是什么？

有结果概率的决策策略

9.在问题3至问题5中，使用平均回报策略将作出什么决定？

10.对于问题3中的 Door 公司决策，假设三种场景的概率分别为0.15，0.40和0.45，找到最佳期望值决策。

11.对于问题3中描述的租车情况，假设你研究了保险行业的统计数据，发现重大事故的概率是0.05%，而小车祸的概率是0.16%。什么是期望值决策？你会选择这个吗？为什么？

12.一个信息系统咨询公司正在投标一个不确定的项目。根据过去的经验，如果一切顺利（概率0.1），项目将花费120万美元来完成。如果需要适度的调试（概率0.7），项目可能花费140万美元。如果遇到重大问题（概率0.2），该项目可能耗资180万美元。假设该咨询公司竞标成功，出价220万美元的期望值为0，出价210万美元的期望值为0.1，出价200万美元的期望值为0.2，出价190万美元的期望值为0.3，出价180万美元的期望值为0.5，出价170万美元的期望值为0.8，出价160万美元的期望值几乎是肯定的。

a.计算给定投标的期望值

b.最好的投标决定是什么

决策树

13.根据问题3和问题10中的 Door 公司决策，构建一个决策树并计算回滚值以找到最佳期望值决策。

14.根据问题4和问题11中的租车决策，构造一个决策树并计算回滚值以找到最佳期望值决策。

15.Midwestern Hardware 公司必须决定为即将到来的雪季订购多少只雪铲。每只雪铲成本为15美元，售价为29.95美元。未售出的雪铲不会保留库存至下一个雪季。2月以后未售出的雪铲以10美元的折扣价出售。过去的数据表明，销售高度依赖于冬季下雪的严重程度。过去的季节被分为暖冬或寒冬，以下是常规价格需求的分布情况：

暖冬		寒冬	
雪铲数量	概率	雪铲数量	概率
250	0.5	1 500	0.2
300	0.4	2 500	0.3
350	0.1	3 000	0.5

雪铲须以200件为最小订货单位批量采购。因此，可选订单数量分别为：200、400、1 400、1 600、2 400、2 600和3 000只。构建一个决策树来说明决策模型的各项要素，如果预报说40%的机会是寒冬，求出最佳的数量。

16.迪恩·库洛夫开始了修复老房子的生意。他最近购买了一座大约1800年建成的维多利亚时代豪宅，并将其改造成一座三户人家的住宅。昨天，他的一个房客抱怨说冰箱坏了。迪恩的现金流并不宽裕，所以他对买新冰箱并不感兴趣。他正在考虑另外两种选择：购买一台旧冰箱或者修理现有的冰箱。他可以花600美元买一台新的，而且很容易就能用3年。如果他修理现在的那台旧冰箱，估计修理费用是150美元，但是他相信只有25%的机会可以维持整整3年，他最终还是要买一台新的。如果他花200美元买了一台二手冰箱，他估计有0.4的概率至少能用3年。如果坏了，他仍然可以选择花150美元修理或者买一台新的。为这种情况构建一个决策树，并确定迪恩的最优策略。

17. 许多汽车经销商为新车打广告。假设你正在考虑3种选择：

a. 直接用现金购买汽车

b. 用20%的首付和48个月的贷款购买一辆汽车

c. 租一辆汽车

选取当地报纸广告中的某款汽车租赁方案，结合当前利率水平及广告公布的租赁条款，对这些选项进行决策分析。需明确界定所有必要的假设条件。

18. 执行Midwestern Hardware的敏感性分析（问题15）。求出寒冬的概率是0.2到0.8（增量为0.2）的最优订单数量和最优预期利润。将最优预期利润作为寒冬概率的函数。

信息的价值

19. 科罗拉多州的一家滑雪器材连锁商店高山滑雪运动公司每年夏天都会从一家制造商那里购买滑雪板，为即将到来的冬季做准备。最流行的中间型号成本价150美元，售价275美元。任何冬天结束时剩下的滑雪板在商店的春季大甩卖中出售（售价100美元）。多年来销售一直相当稳定。高山滑雪运动公司从其店里收集数据，根据需求开发出以下概率分布：

需求	概率
150	0.10
175	0.30
200	0.35
225	0.20
250	0.05

制造商仅接受20的整数倍订单，因此高山滑雪运动公司正在考量以下订货量选项：160副、180副、200副、220副及240副。

a. 为高山滑雪运动公司的决策问题建立一个收益表，即需要订购多少副滑雪板

b. 计算完美信息的期望值

c. 期望需求是多少？若商店按期望需求订购，预期利润是多少？这与期望值决策相比如何

20. Bev面包店专卖酵母面包。每天清晨，Bev必须决定一天烤多少个面包。每个面包的制作成本为1.25美元，售价为3.5美元。一天结束后剩下的面包可以在第二天以1美元的价格出售。过去的数据表明，需求的分布情况如下：

面包数	概率
15	0.02
16	0.05
17	0.11
18	0.15
19	0.27
20	0.21
21	0.15
22	0.04

a. 建立一个收益表，并根据期望值确定每天早上 Bev 面包店的最优烘焙量

b. 如果第二天没有卖出去的面包被捐赠给食物赈济处，那么 Bev 面包店的最优烘焙量是多少

21. 一个病人来到急诊室说自己腹痛。急诊医生必须决定是进行手术，还是针对患者的非阑尾相关疾病进行观察治疗。如果立即进行阑尾切除术，医生就要承担患者没有患阑尾炎的风险。如果延迟，病人确实有阑尾炎，阑尾可能穿孔，导致更严重的情况和可能的并发症。不过，病人不做手术也可能康复。

a. 为医生的困境构建一个决策树

b. 如何确定收益和概率

c. 效用值是否比实际成本更适合作为收益衡量指标？若确实如此，如何从决策树各个路径推导效用值

根据样本信息作出决策

22. 石油和天然气运营商的钻井决策涉及在信息有限和高风险的环境下投入大量的资本。钻井中可能是干的（没有勘探到石油天然气）、湿的（发掘出一些）或喷涌的（发掘出大量的）。历史上，50% 的油井是干井，30% 是普通产油井，20% 是高产油井。每种井的价值（扣除钻井成本后）如下：

干井	−80 000 美元
普通产油井	120 000 美元
高产油井	200 000 美元

Wildcat 石油勘探公司通常会在认为存在油藏的区域进行地质与地球物理勘查，以评估开采前景，之后才会申请租赁和钻井许可。这类勘探通常包括：通过地震仪记录爆破冲击波数据，以及使用磁力仪测量地磁强度来探测地下岩层构造。此类勘查成本约为 15 000 美元。当然，勘探者也可凭"直觉"选择钻井位置，从而省去勘查费用。地质勘查会将区域划分为三类：无构造（NS）——不利信号；开放构造（OS）——中等信号；封闭构造（CS）——有利信号。历史数据显示，40% 的勘查结果为 NS，35% 为 OS，25% 为 CS。获得勘查结果后，公司可决定是否钻井。下表根据勘查分类显示了实际钻井结果为干井、普通产油井或高产油井的概率（需注意勘查结果并不能准确预测实际开采情况）：

	干井	普通产油井	高产油井
NS	0.73	0.22	0.05
OS	0.45	0.32	0.23
CS	0.23	0.35	0.42

a. 为这个问题构建决策树，包括是否进行地质勘查的决策

b. 当不进行试验时，在期望值下的最优决策是什么

c. 通过回滚方式寻找总体最优策略

23. Hahn工程公司计划参与某项目投标，其常需与S&A（Sweigart and Associates）及其他企业竞争。历史数据显示，S&A对同类项目的投标参与率为80%，故当前项目S&A投标概率为0.80。若S&A参与投标，Hahn的中标概率为0.30；若S&A未投标，Hahn的中标概率升至0.60。运用贝叶斯规则来确定Hahn工程公司中标的概率。如果Hahn工程公司这么做了，那么S&A出价的概率有多大？

24. MJ物流公司决定建立一个新的仓库，以支持其供应链活动。它可以选择建造大型仓库或者小型仓库。大型仓库的建设成本为800万美元，而小型仓库的建设成本为300万美元。利润（不包括建筑成本）取决于公司预期未来承包的工程量。下表总结如下（以百万美元计）：

	高工程量	低工程量
大型仓库	35	20
小型仓库	25	15

该公司认为，有60%的机会需求量将很高。

a. 构建一个决策树来确定最优选择

b. 假设公司聘请了一位经济专家，根据对经济状况的预测对工程量提出意见。历史数据显示，该专家的乐观预测准确率为75%，悲观预测准确率为90%。与公司内部评估不同，专家认为高需求概率为70%。请确定若专家预测经济将改善或恶化时的最佳策略。根据这些信息，工程量高的概率是多少

效用和决策

25. 针对汽车租赁保险场景（问题4和11所述），请采用本章所述方法建立与该项决策相关的个人效用函数。基于效用值（而非直接收益）进行决策分析，并验证最终决策结果是否与你的实际选择一致。

26. 一场大学橄榄球比赛临近尾声，主队以0：14落后。球队刚完成一次达阵得分，若能成功防守并再次得分，就有机会追平或反超比分。教练正在考虑此刻是选择追加射门（1分）还是两分转换，同时也在筹划若再次得分时的战术选择。

a. 为教练的决定构建一个决策树

b. 估计踢加分球成功或两分转换和最后一分钟得分的概率。（你可以通过集体头脑风暴或者拜访专家，比如你学校的教练或者体育记者来做这件事。）利用问题a的概率，确定最优策略

c. 为何效用理论比单纯使用得分作为决策依据更优？请提出一个效用函数并比较结果

案例：高性能草坪设备公司

　　PLE公司已针对消费市场开发出一款新型除雪机的原型机。该产品既能充分发挥公司在小型汽油发动机技术领域的专业优势，又能平衡北美与欧洲市场的季节性需求周期，从而在冬季月份创造额外的收入。最初，人们面临两种可能的决定：以850 000美元的价格在全球推广该产品，或者以200 000美元的价格在北美测试市场进行评估。如果它将产品推向全球，人们可能会发现对产品的响应率或高或低。这些事件的概率估计分别为0.6和0.4。如果响应率较高，预计总收入将达到2000 000美元；如果响应率较低，预计收入将达到450 000美元。倘若PLE首先在北美试销，可能观测到低响应或高响应的概率分别为0.3和0.7——该试销结果未必能完全反映全球市场潜力。无论如何，在进行了市场调研之后，人们接下来需要决定是只在北美销售，还是在全球市场销售，或者放弃该产品。若北美市场呈现高需求响应且PLE仅维持北美市场运营，预期收益为1 200 000美元。若选择全球推广（需追加200 000美元成本），则全球市场高需求响应的概率为0.9，对应收益达2 000 000美元（若全球响应低迷则为450 000美元）。若北美市场呈现低需求响应且公司维持北美运营，预期收益为200 000美元。若转向全球推广（需追加600 000美元成本），全球高需求响应的概率降至0.05，此时收益仍可能达2 000 000美元（全球响应低迷时为450 000美元）。

　　构建决策树，确定最优策略，并建立与最优策略相关的风险轮廓。评估最优策略对概率估计变化的敏感性。在提交给执行委员会的正式报告中总结你的所有结果，包括你的建议和理由，执行委员会将最终作出这个决定。

表 A-1

累积标准正态分布

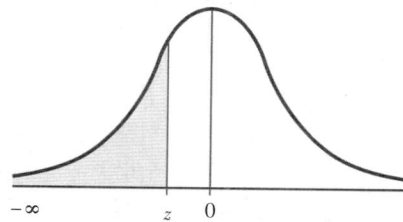

$-\infty$ z 0

z	.00	.01	.02	.03	.04	.05	.06	.07	.08	.09
−3.9	.00005	.00005	.00004	.00004	.00004	.00004	.00004	.00004	.00003	.00003
−3.8	.00007	.00007	.00007	.00006	.00006	.00006	.00006	.00005	.00005	.00005
−3.7	.00011	.00010	.00010	.00010	.00009	.00009	.00008	.00008	.00008	.00008
−3.6	.00016	.00015	.00015	.00014	.00014	.00013	.00013	.00012	.00012	.00011
−3.5	.00023	.00022	.00022	.00021	.00020	.00019	.00019	.00018	.00017	.00017
−3.4	.00034	.00032	.00031	.00030	.00029	.00028	.00027	.00026	.00025	.00024
−3.3	.00048	.00047	.00045	.00043	.00042	.00040	.00039	.00038	.00036	.00035
−3.2	.00069	.00066	.00064	.00062	.00060	.00058	.00056	.00054	.00052	.00050
−3.1	.00097	.00094	.00090	.00087	.00084	.00082	.00079	.00076	.00074	.00071
−3.0	.00135	.00131	.00126	.00122	.00118	.00114	.00111	.00107	.00103	.00100
−2.9	.0019	.0018	.0018	.0017	.0016	.0016	.0015	.0015	.0014	.0014
−2.8	.0026	.0025	.0024	.0023	.0023	.0022	.0021	.0021	.0020	.0019
−2.7	.0035	.0034	.0033	.0032	.0031	.0030	.0029	.0028	.0027	.0026
−2.6	.0047	.0045	.0044	.0043	.0041	.0040	.0039	.0038	.0037	.0036
−2.5	.0062	.0060	.0059	.0057	.0055	.0054	.0052	.0051	.0049	.0048
−2.4	.0082	.0080	.0078	.0075	.0073	.0071	.0069	.0068	.0066	.0064
−2.3	.0107	.0104	.0102	.0099	.0096	.0094	.0091	.0089	.0087	.0084
−2.2	.0139	.0136	.0132	.0129	.0125	.0122	.0119	.0116	.0113	.0110
−2.1	.0179	.0174	.0170	.0166	.0162	.0158	.0154	.0150	.0146	.0143
−2.0	.0228	.0222	.0217	.0212	.0207	.0202	.0197	.0192	.0188	.0183
−1.9	.0287	.0281	.0274	.0268	.0262	.0256	.0250	.0244	.0239	.0233
−1.8	.0359	.0351	.0344	.0336	.0329	.0322	.0314	.0307	.0301	.0294

z	.00	.01	.02	.03	.04	.05	.06	.07	.08	.09
−1.7	.0446	.0436	.0427	.0418	.0409	.0401	.0392	.0384	.0375	.0367
−1.6	.0548	.0537	.0526	.0516	.0505	.0495	.0485	.0475	.0465	.0455
−1.5	.0668	.0655	.0643	.0630	.0618	.0606	.0594	.0582	.0571	.0559
−1.4	.0808	.0793	.0778	.0764	.0749	.0735	.0721	.0708	.0694	.0681
−1.3	.0968	.0951	.0934	.0918	.0901	.0885	.0869	.0853	.0838	.0823
−1.2	.1151	.1131	.1112	.1093	.1075	.1056	.1038	.1020	.1003	.0985
−1.1	.1357	.1335	.1314	.1292	.1271	.1251	.1230	.1210	.1190	.1170
−1.0	.1587	.1562	.1539	.1515	.1492	.1469	.1446	.1423	.1401	.1379
−0.9	.1841	.1814	.1788	.1762	.1736	.1711	.1685	.1660	.1635	.1611
−0.8	.2119	.2090	.2061	.2033	.2005	.1977	.1949	.1922	.1894	.1867
−0.7	.2420	.2388	.2358	.2327	.2296	.2266	.2236	.2006	.2177	.2148
−0.6	.2743	.2709	.2676	.2643	.2611	.2578	.2546	.2514	.2482	.2451
−0.5	.3085	.3050	.3015	.2981	.2946	.2912	.2877	.2843	.2810	.2776
−0.4	.3446	.3409	.3372	.3336	.3300	.3264	.3228	.3192	.3156	.3121
−0.3	.3821	.3783	.3745	.3707	.3669	.3632	.3594	.3557	.3520	.3483
−0.2	.4207	.4168	.4129	.4090	.4052	.4013	.3974	.3936	.3897	.3859
−0.1	.4602	.4562	.4522	.4483	.4443	.4404	.4364	.4325	.4286	.4247
−0.0	.5000	.4960	.4920	.4880	.4840	.4801	.4761	.4721	.4681	.4641

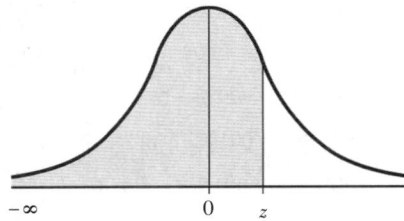

z	.00	.01	.02	.03	.04	.05	.06	.07	.08	.09
0.0	.5000	.5040	.5080	.5120	.5160	.5199	.5239	.5279	.5319	.5359
0.1	.5398	.5438	.5478	.5517	.5557	.5596	.5636	.5675	.5714	.5753
0.2	.5793	.5832	.5871	.5910	.5948	.5987	.6026	.6064	.6103	.6141
0.3	.6179	.6217	.6255	.6293	.6331	.6368	.6406	.6443	.6480	.6517
0.4	.6554	.6591	.6628	.6664	.6700	.6736	.6772	.6808	.6844	.6879
0.5	.6915	.6950	.6985	.7019	.7054	.7088	.7123	.7157	.7190	.7224
0.6	.7257	.7291	.7324	.7357	.7389	.7422	.7454	.7486	.7518	.7549
0.7	.7580	.7612	.7642	.7673	.7704	.7734	.7764	.7794	.7823	.7852
0.8	.7881	.7910	.7939	.7967	.7995	.8023	.8051	.8078	.8106	.8133

z	.00	.01	.02	.03	.04	.05	.06	.07	.08	.09
0.9	.8159	.8186	.8212	.8238	.8264	.8289	.8315	.8340	.8365	.8389
1.0	.8413	.8438	.8461	.8485	.8508	.8531	.8554	.8577	.8599	.8621
1.1	.8643	.8665	.8686	.8708	.8729	.8749	.8770	.8790	.8810	.8830
1.2	.8849	.8869	.8888	.8907	.8925	.8944	.8962	.8980	.8997	.9015
1.3	.9032	.9089	.9066	.9082	.9099	.9115	.9131	.9147	.9162	.9177
1.4	.9192	.9207	.9222	.9236	.9251	.9265	.9279	.9292	.9306	.9319
1.5	.9332	.9345	.9357	.9370	.9382	.9394	.9406	.9418	.9429	.9441
1.6	.9452	.9463	.9474	.9484	.9495	.9505	.9515	.9525	.9535	.9545
1.7	.9554	.9564	.9573	.9582	.9591	.9599	.9608	.9616	.9625	.9633
1.8	.9641	.9649	.9656	.9664	.9671	.9678	.9686	.9693	.9699	.9706
1.9	.9713	.9719	.9726	.9732	.9738	.9744	.9750	.9756	.9761	.9767
2.0	.9772	.9778	.9783	.9788	.9793	.9798	.9803	.9808	.9812	.9817
2.1	.9821	.9826	.9830	.9834	.9838	.9842	.9846	.9850	.9854	.9857
2.2	.9861	.9864	.9868	.9871	.9875	.9878	.9881	.9884	.9887	.9890
2.3	.9893	.9896	.9898	.9901	.9904	.9906	.9909	.9911	.9913	.9916
2.4	.9918	.9920	.9922	.9925	.9927	.9929	.9931	.9932	.9934	.9936
2.5	.9938	.9940	.9941	.9943	.9945	.9946	.9948	.9949	.9951	.9952
2.6	.9953	.9955	.9956	.9957	.9959	.9960	.9961	.9962	.9963	.9964
2.7	.9965	.9966	.9967	.9968	.9969	.9970	.9971	.9972	.9973	.9974
2.8	.9974	.9975	.9976	.9977	.9977	.9978	.9979	.9979	.9980	.9981
2.9	.9981	.9982	.9982	.9983	.9984	.9984	.9985	.9985	.9986	.9986
3.0	.99865	.99869	.99874	.99878	.99882	.99886	.99889	.99893	.99897	.99900
3.1	.99903	.99906	.99910	.99913	.99916	.99918	.99921	.99924	.99926	.99929
3.2	.99931	.99934	.99936	.99938	.99940	.99942	.99944	.99946	.99948	.99950
3.3	.99952	.99953	.99955	.99957	.99958	.99960	.99961	.99962	.99964	.99965
3.4	.99966	.99968	.99969	.99970	.99971	.99972	.99973	.99974	.99975	.99976
3.5	.99977	.99978	.99978	.99979	.99980	.99981	.99981	.99982	.99983	.99983
3.6	.99984	.99985	.99985	.99986	.99986	.99987	.99987	.99988	.99988	.99989
3.7	.99989	.99990	.99990	.99990	.99991	.99991	.99992	.99992	.99992	.99992
3.8	.99993	.99993	.99993	.99994	.99994	.99994	.99994	.99995	.99995	.99995
3.9	.99995	.99995	.99996	.99996	.99996	.99996	.99996	.99996	.99997	.99997

表中数字表示从 $-\infty$ 到 z 之间累积标准正态分布曲线下的面积。

表A-2

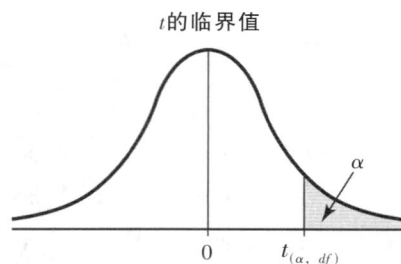

t的临界值

自由度	上尾面积					
	.25	.10	.05	.025	.01	.005
1	1.0000	3.0777	6.3138	12.7062	31.8207	63.6574
2	0.8165	1.8856	2.9200	4.3027	6.9646	9.9248
3	0.7649	1.6377	2.3534	3.1824	4.5407	5.8409
4	0.7407	1.5332	2.1318	2.7764	3.7469	4.6041
5	0.7267	1.4759	2.0150	2.5706	3.3649	4.0322
6	0.7176	1.4398	1.9432	2.4469	3.1427	3.7074
7	0.7111	1.4149	1.8946	2.3646	2.9980	3.4995
8	0.7064	1.3968	1.8595	2.3060	2.8965	3.3554
9	0.7027	1.3830	1.8331	2.2622	2.8214	3.2498
10	0.6998	1.3722	1.8125	2.2281	2.7638	3.1693
11	0.6974	1.3634	1.7959	2.2010	2.7181	3.1058
12	0.6955	1.3562	1.7823	2.1788	2.6810	3.0545
13	0.6938	1.3502	1.7709	2.1604	2.6503	3.0123
14	0.6924	1.3450	1.7613	2.1448	2.6245	2.9768
15	0.6912	1.3406	1.7531	2.1315	2.6025	2.9467
16	0.6901	1.3368	1.7459	2.1199	2.5835	2.9208
17	0.6892	1.3334	1.7396	2.1098	2.5669	2.8982
18	0.6884	1.3304	1.7341	2.1009	2.5524	2.8784
19	0.6876	1.3277	1.7291	2.0930	2.5395	2.8609
20	0.6870	1.3253	1.7247	2.0860	2.5280	2.8453
21	0.6864	1.3232	1.7207	2.0796	2.5177	2.8314
22	0.6858	1.3212	1.7171	2.0739	2.5083	2.8188
23	0.6853	1.3195	1.7139	2.0687	2.4999	2.8073
24	0.6848	1.3178	1.7109	2.0639	2.4922	2.7969
25	0.6844	1.3163	1.7081	2.0595	2.4851	2.7874
26	0.6840	1.3150	1.7056	2.0555	2.4786	2.7787
27	0.6837	1.3137	1.7033	2.0518	2.4727	2.7707
28	0.6834	1.3125	1.7011	2.0484	2.4671	2.7633
29	0.6830	1.3114	1.6991	2.0452	2.4620	2.7564
30	0.6828	1.3104	1.6973	2.0423	2.4573	2.7500
31	0.6825	1.3095	1.6955	2.0395	2.4528	2.7440
32	0.6822	1.3086	1.6939	2.0369	2.4487	2.7385

续表

自由度	上尾面积					
	.25	.10	.05	.025	.01	.005
33	0.6820	1.3077	1.6924	2.0345	2.4448	2.7333
34	0.6818	1.3070	1.6909	2.0322	2.4411	2.7284
35	0.6816	1.3062	1.6896	2.0301	2.4377	2.7238
36	0.6814	1.3055	1.6883	2.0281	2.4345	2.7195
37	0.6812	1.3049	1.6871	2.0262	2.4314	2.7154
38	0.6810	1.3042	1.6860	2.0244	2.4286	2.7116
39	0.6808	1.3036	1.6849	2.0227	2.4258	2.7079
40	0.6807	1.3031	1.6839	2.0211	2.4233	2.7045
41	0.6805	1.3025	1.6829	2.0195	2.4208	2.7012
42	0.6804	1.3020	1.6820	2.0181	2.4185	2.6981
43	0.6802	1.3016	1.6811	2.0167	2.4163	2.6951
44	0.6801	1.3011	1.6802	2.0154	2.4141	2.6923
45	0.6800	1.3006	1.6794	2.0141	2.4121	2.6896
46	0.6799	1.3002	1.6787	2.0129	2.4102	2.6870
47	0.6797	1.2998	1.6779	2.0117	2.4083	2.6846
48	0.6796	1.2994	1.6772	2.0106	2.4066	2.6822
49	0.6795	1.2991	1.6766	2.0096	2.4049	2.6800
50	0.6794	1.2987	1.6759	2.0086	2.4033	2.6778
51	0.6793	1.2984	1.6753	2.0076	2.4017	2.6757
52	0.6792	1.2980	1.6747	2.0066	2.4002	2.6737
53	0.6791	1.2977	1.6741	2.0057	2.3988	2.6718
54	0.6791	1.2974	1.6736	2.0049	2.3974	2.6700
55	0.6790	1.2971	1.6730	2.0040	2.3961	2.6682
56	0.6789	1.2969	1.6725	2.0032	2.3948	2.6665
57	0.6788	1.2966	1.6720	2.0025	2.3936	2.6649
58	0.6787	1.2963	1.6716	2.0017	2.3924	2.6633
59	0.6787	1.2961	1.6711	2.0010	2.3912	2.6618
60	0.6786	1.2958	1.6706	2.0003	2.3901	2.6603
61	0.6785	1.2956	1.6702	1.9996	2.3890	2.6589
62	0.6785	1.2954	1.6698	1.9990	2.3880	2.6575
63	0.6784	1.2951	1.6694	1.9983	2.3870	2.6561
64	0.6783	1.2949	1.6690	1.9977	2.3860	2.6549
65	0.6783	1.2947	1.6686	1.9971	2.3851	2.6536
66	0.6782	1.2945	1.6683	1.9966	2.3842	2.6524
67	0.6782	1.2943	1.6679	1.9960	2.3833	2.6512
68	0.6781	1.2941	1.6676	1.9955	2.3824	2.6501
69	0.6781	1.2939	1.6672	1.9949	2.3816	2.6490
70	0.6780	1.2938	1.6669	1.9944	2.3808	2.6479

自由度	上尾面积					
	.25	.10	.05	.025	.01	.005
71	0.6780	1.2936	1.6666	1.9939	2.3800	2.6469
72	0.6779	1.2934	1.6663	1.9935	2.3793	2.6459
73	0.6779	1.2933	1.6660	1.9930	2.3785	2.6449
74	0.6778	1.2931	1.6657	1.9925	2.3778	2.6439
75	0.6778	1.2929	1.6654	1.9921	2.3771	2.6430
76	0.6777	1.2928	1.6652	1.9917	2.3764	2.6421
77	0.6777	1.2926	1.6649	1.9913	2.3758	2.6412
78	0.6776	1.2925	1.6646	1.9908	2.3751	2.6403
79	0.6776	1.2924	1.6644	1.9905	2.3745	2.6395
80	0.6776	1.2922	1.6641	1.9901	2.3739	2.6387
81	0.6775	1.2921	1.6639	1.9897	2.3733	2.6379
82	0.6775	1.2920	1.6636	1.9893	2.3727	2.6371
83	0.6775	1.2918	1.6634	1.9890	2.3721	2.6364
84	0.6774	1.2917	1.6632	1.9886	2.3716	2.6356
85	0.6774	1.2916	1.6630	1.9883	2.3710	2.6349
86	0.6774	1.2915	1.6628	1.9879	2.3705	2.6342
87	0.6773	1.2914	1.6626	1.9876	2.3700	2.6335
88	0.6773	1.2912	1.6624	1.9873	2.3695	2.6329
89	0.6773	1.2911	1.6622	1.9870	2.3690	2.6322
90	0.6772	1.2910	1.6620	1.9867	2.3685	2.6316
91	0.6772	1.2909	1.6618	1.9864	2.3680	2.6309
92	0.6772	1.2908	1.6616	1.9861	2.3676	2.6303
93	0.6771	1.2907	1.6614	1.9858	2.3671	2.6297
94	0.6771	1.2906	1.6612	1.9855	2.3667	2.6291
95	0.6771	1.2905	1.6611	1.9853	2.3662	2.6286
96	0.6771	1.2904	1.6609	1.9850	2.3658	2.6280
97	0.6770	1.2903	1.6607	1.9847	2.3654	2.6275
98	0.6770	1.2902	1.6606	1.9845	2.3650	2.6269
99	0.6770	1.2902	1.6604	1.9842	2.3646	2.6264
100	0.6770	1.2901	1.6602	1.9840	2.3642	2.6259
110	0.6767	1.2893	1.6588	1.9818	2.3607	2.6213
120	0.6765	1.2886	1.6577	1.9799	2.3578	2.6174
∞	0.6745	1.2816	1.6449	1.9600	2.3263	2.5758

对于特定自由度，表中数字表示对应于给定上尾面积（α）的t分布临界值。

表A-3

χ^2的临界值

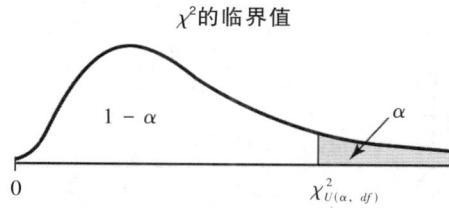

自由度	上尾面积（A）											
	.995	.99	.975	.95	.90	.75	.25	.10	.05	.025	.01	.005
1			0.001	0.004	0.016	0.102	1.323	2.706	3.841	5.024	6.635	7.879
2	0.010	0.020	0.051	0.103	0.211	0.575	2.773	4.605	5.991	7.378	9.210	10.597
3	0.072	0.115	0.216	0.352	0.584	1.213	4.108	6.251	7.815	9.348	11.345	12.838
4	0.207	0.297	0.484	0.711	1.064	1.923	5.385	7.779	9.488	11.143	13.277	14.860
5	0.412	0.554	0.831	1.145	1.610	2.675	6.626	9.236	11.071	12.833	15.086	16.750
6	0.676	0.872	1.237	1.635	2.204	3.455	7.841	10.645	12.592	14.449	16.812	18.548
7	0.989	1.239	1.690	2.167	2.833	4.255	9.037	12.017	14.067	16.013	18.475	20.278
8	1.344	1.646	2.180	2.733	3.490	5.071	10.219	13.362	15.507	17.535	20.090	21.955
9	1.735	2.088	2.700	3.325	4.168	5.899	11.389	14.684	16.919	19.023	21.666	23.589
10	2.156	2.558	3.247	3.940	4.865	6.737	12.549	15.987	18.307	20.483	23.209	25.188
11	2.603	3.053	3.816	4.575	5.578	7.584	13.701	17.275	19.675	21.920	24.725	26.757
12	3.074	3.571	4.404	5.226	6.304	8.438	14.845	18.549	21.026	23.337	26.217	28.299
13	3.565	4.107	5.009	5.892	7.042	9.299	15.984	19.812	22.362	24.736	27.688	29.819
14	4.075	4.660	5.629	6.571	7.790	10.165	17.117	21.064	23.685	26.119	29.141	31.319
15	4.601	5.229	6.262	7.261	8.547	11.037	18.245	22.307	24.996	27.488	30.578	32.801
16	5.142	5.812	6.908	7.962	9.312	11.912	19.369	23.542	26.296	28.845	32.000	34.267
17	5.697	6.408	7.564	8.672	10.085	12.792	20.489	24.769	27.587	30.191	33.409	35.718
18	6.265	7.015	8.231	9.390	10.865	13.675	21.605	25.989	28.869	31.526	34.805	37.156
19	6.844	7.633	8.907	10.117	11.651	14.562	22.718	27.204	30.144	32.852	36.191	38.582
20	7.434	8.260	9.591	10.851	12.443	15.452	23.828	28.412	31.410	34.170	37.566	39.997
21	8.034	8.897	10.283	11.591	13.240	16.344	24.935	29.615	32.671	35.479	38.932	41.401
22	8.643	9.542	10.982	12.338	14.042	17.240	26.039	30.813	33.924	36.781	40.289	42.796
23	9.260	10.196	11.689	13.091	14.848	18.137	27.141	32.007	35.172	38.076	41.638	44.181
24	9.886	10.856	12.401	13.848	15.659	19.037	28.241	33.196	36.415	39.364	42.980	45.559
25	10.520	11.524	13.120	14.611	16.473	19.939	29.339	34.382	37.652	40.646	44.314	46.928
26	11.160	12.198	13.844	15.379	17.292	20.843	30.435	35.563	38.885	41.923	45.642	48.290
27	11.808	12.879	14.573	16.151	18.114	21.749	31.528	36.741	40.113	43.194	46.963	49.645
28	12.461	13.565	15.308	16.928	18.939	22.657	32.620	37.916	41.337	44.461	48.278	50.993
29	13.121	14.257	16.047	17.708	19.768	23.567	33.711	39.087	42.557	45.722	49.588	52.336
30	13.787	14.954	16.791	18.493	20.599	24.478	34.800	40.256	43.773	46.979	50.892	53.672

对于特定自由度，表中数字表示对应于给定上尾面积（α）的χ^2的临界值。

对于较大自由度（df）表达式 $Z = \sqrt{2x^2} - \sqrt{2(df) - 1}$，上尾面积可由标准正态分布表（表 A-1）

求得。

表A-4 F分布的临界值

F分布的上临界值（分子自由度v_1，分母自由度v_2，5%显著性水平）

v_2 \\ v_1	1	2	3	4	5	6	7	8	9	10
1	161.448	199.500	215.707	224.583	230.162	233.986	236.768	238.882	240.543	241.882
2	18.513	19.000	19.164	19.247	19.296	19.330	19.353	19.371	19.385	19.396
3	10.128	9.552	9.277	9.117	9.013	8.941	8.887	8.845	8.812	8.786
4	7.709	6.944	6.591	6.388	6.256	6.163	6.094	6.041	5.999	5.964
5	6.608	5.786	5.409	5.192	5.050	4.950	4.876	4.818	4.772	4.735
6	5.987	5.143	4.757	4.534	4.387	4.284	4.207	4.147	4.099	4.060
7	5.591	4.737	4.347	4.120	3.972	3.866	3.787	3.726	3.677	3.637
8	5.318	4.459	4.066	3.838	3.687	3.581	3.500	3.438	3.388	3.347
9	5.117	4.256	3.863	3.633	3.482	3.374	3.293	3.230	3.179	3.137
10	4.965	4.103	3.708	3.478	3.326	3.217	3.135	3.072	3.020	2.978
11	4.844	3.982	3.587	3.357	3.204	3.095	3.012	2.948	2.896	2.854
12	4.747	3.885	3.490	3.259	3.106	2.996	2.913	2.849	2.796	2.753
13	4.667	3.806	3.411	3.179	3.025	2.915	2.832	2.767	2.714	2.671
14	4.600	3.739	3.344	3.112	2.958	2.848	2.764	2.699	2.646	2.602
15	4.543	3.682	3.287	3.056	2.901	2.790	2.707	2.641	2.588	2.544
16	4.494	3.634	3.239	3.007	2.852	2.741	2.657	2.591	2.538	2.494
17	4.451	3.592	3.197	2.965	2.810	2.699	2.614	2.548	2.494	2.450
18	4.414	3.555	3.160	2.928	2.773	2.661	2.577	2.510	2.456	2.412
19	4.381	3.522	3.127	2.895	2.740	2.628	2.544	2.477	2.423	2.378
20	4.351	3.493	3.098	2.866	2.711	2.599	2.514	2.447	2.393	2.348
21	4.325	3.467	3.072	2.840	2.685	2.573	2.488	2.420	2.366	2.321
22	4.301	3.443	3.049	2.817	2.661	2.549	2.464	2.397	2.342	2.297
23	4.279	3.422	3.028	2.796	2.640	2.528	2.442	2.375	2.320	2.275
24	4.260	3.403	3.009	2.776	2.621	2.508	2.423	2.355	2.300	2.255
25	4.242	3.385	2.991	2.759	2.603	2.490	2.405	2.337	2.282	2.236
26	4.225	3.369	2.975	2.743	2.587	2.474	2.388	2.321	2.265	2.220
27	4.210	3.354	2.960	2.728	2.572	2.459	2.373	2.305	2.250	2.204
28	4.196	3.340	2.947	2.714	2.558	2.445	2.359	2.291	2.236	2.190
29	4.183	3.328	2.934	2.701	2.545	2.432	2.346	2.278	2.223	2.177
30	4.171	3.316	2.922	2.690	2.534	2.421	2.334	2.266	2.211	2.165
31	4.160	3.305	2.911	2.679	2.523	2.409	2.323	2.255	2.199	2.153
32	4.149	3.295	2.901	2.668	2.512	2.399	2.313	2.244	2.189	2.142

v_2＼v_1	1	2	3	4	5	6	7	8	9	10
33	4.139	3.285	2.892	2.659	2.503	2.389	2.303	2.235	2.179	2.133
34	4.130	3.276	2.883	2.650	2.494	2.380	2.294	2.225	2.170	2.123
35	4.121	3.267	2.874	2.641	2.485	2.372	2.285	2.217	2.161	2.114
36	4.113	3.259	2.866	2.634	2.477	2.364	2.277	2.209	2.153	2.106
37	4.105	3.252	2.859	2.626	2.470	2.356	2.270	2.201	2.145	2.098
38	4.098	3.245	2.852	2.619	2.463	2.349	2.262	2.194	2.138	2.091
39	4.091	3.238	2.845	2.612	2.456	2.342	2.255	2.187	2.131	2.084
40	4.085	3.232	2.839	2.606	2.449	2.336	2.249	2.180	2.124	2.077
41	4.079	3.226	2.833	2.600	2.443	2.330	2.243	2.174	2.118	2.071
42	4.073	3.220	2.827	2.594	2.438	2.324	2.237	2.168	2.112	2.065
43	4.067	3.214	2.822	2.589	2.432	2.318	2.232	2.163	2.106	2.059
44	4.062	3.209	2.816	2.584	2.427	2.313	2.226	2.157	2.101	2.054
45	4.057	3.204	2.812	2.579	2.422	2.308	2.221	2.152	2.096	2.049
46	4.052	3.200	2.807	2.574	2.417	2.304	2.216	2.147	2.091	2.044
47	4.047	3.195	2.802	2.570	2.413	2.299	2.212	2.143	2.086	2.039
48	4.043	3.191	2.798	2.565	2.409	2.295	2.207	2.138	2.082	2.035
49	4.038	3.187	2.794	2.561	2.404	2.290	2.203	2.134	2.077	2.030
50	4.034	3.183	2.790	2.557	2.400	2.286	2.199	2.130	2.073	2.026
51	4.030	3.179	2.786	2.553	2.397	2.283	2.195	2.126	2.069	2.022
52	4.027	3.175	2.783	2.550	2.393	2.279	2.192	2.122	2.066	2.018
53	4.023	3.172	2.779	2.546	2.389	2.275	2.188	2.119	2.062	2.015
54	4.020	3.168	2.776	2.543	2.386	2.272	2.185	2.115	2.059	2.011
55	4.016	3.165	2.773	2.540	2.383	2.269	2.181	2.112	2.055	2.008
56	4.013	3.162	2.769	2.537	2.380	2.266	2.178	2.109	2.052	2.005
57	4.010	3.159	2.766	2.534	2.377	2.263	2.175	2.106	2.049	2.001
58	4.007	3.156	2.764	2.531	2.374	2.260	2.172	2.103	2.046	1.998
59	4.004	3.153	2.761	2.528	2.371	2.257	2.169	2.100	2.043	1.995
60	4.001	3.150	2.758	2.525	2.368	2.254	2.167	2.097	2.040	1.993
61	3.998	3.148	2.755	2.523	2.366	2.251	2.164	2.094	2.037	1.990
62	3.996	3.145	2.753	2.520	2.363	2.249	2.161	2.092	2.035	1.987
63	3.993	3.143	2.751	2.518	2.361	2.246	2.159	2.089	2.032	1.985
64	3.991	3.140	2.748	2.515	2.358	2.244	2.156	2.087	2.030	1.982
65	3.989	3.138	2.746	2.513	2.356	2.242	2.154	2.084	2.027	1.980
66	3.986	3.136	2.744	2.511	2.354	2.239	2.152	2.082	2.025	1.977

续表

v_2 \ v_1	1	2	3	4	5	6	7	8	9	10
67	3.984	3.134	2.742	2.509	2.352	2.237	2.150	2.080	2.023	1.975
68	3.982	3.132	2.740	2.507	2.350	2.235	2.148	2.078	2.021	1.973
69	3.980	3.130	2.737	2.505	2.348	2.233	2.145	2.076	2.019	1.971
70	3.978	3.128	2.736	2.503	2.346	2.231	2.143	2.074	2.017	1.969
71	3.976	3.126	2.734	2.501	2.344	2.229	2.142	2.072	2.015	1.967
72	3.974	3.124	2.732	2.499	2.342	2.227	2.140	2.070	2.013	1.965
73	3.972	3.122	2.730	2.497	2.340	2.226	2.138	2.068	2.011	1.963
74	3.970	3.120	2.728	2.495	2.338	2.224	2.136	2.066	2.009	1.961
75	3.968	3.119	2.727	2.494	2.337	2.222	2.134	2.064	2.007	1.959
76	3.967	3.117	2.725	2.492	2.335	2.220	2.133	2.063	2.006	1.958
77	3.965	3.115	2.723	2.490	2.333	2.219	2.131	2.061	2.004	1.956
78	3.963	3.114	2.722	2.489	2.332	2.217	2.129	2.059	2.002	1.954
79	3.962	3.112	2.720	2.487	2.330	2.216	2.128	2.058	2.001	1.953
80	3.960	3.111	2.719	2.486	2.329	2.214	2.126	2.056	1.999	1.951
81	3.959	3.109	2.717	2.484	2.327	2.213	2.125	2.055	1.998	1.950
82	3.957	3.108	2.716	2.483	2.326	2.211	2.123	2.053	1.996	1.948
83	3.956	3.107	2.715	2.482	2.324	2.210	2.122	2.052	1.995	1.947
84	3.955	3.105	2.713	2.480	2.323	2.209	2.121	2.051	1.993	1.945
85	3.953	3.104	2.712	2.479	2.322	2.207	2.119	2.049	1.992	1.944
86	3.952	3.103	2.711	2.478	2.321	2.206	2.118	2.048	1.991	1.943
87	3.951	3.101	2.709	2.476	2.319	2.205	2.117	2.047	1.989	1.941
88	3.949	3.100	2.708	2.475	2.318	2.203	2.115	2.045	1.988	1.940
89	3.948	3.099	2.707	2.474	2.317	2.202	2.114	2.044	1.987	1.939
90	3.947	3.098	2.706	2.473	2.316	2.201	2.113	2.043	1.986	1.938
91	3.946	3.097	2.705	2.472	2.315	2.200	2.112	2.042	1.984	1.936
92	3.945	3.095	2.704	2.471	2.313	2.199	2.111	2.041	1.983	1.935
93	3.943	3.094	2.703	2.470	2.312	2.198	2.110	2.040	1.982	1.934
94	3.942	3.093	2.701	2.469	2.311	2.197	2.109	2.038	1.981	1.933
95	3.941	3.092	2.700	2.467	2.310	2.196	2.108	2.037	1.980	1.932
96	3.940	3.091	2.699	2.466	2.309	2.195	2.106	2.036	1.979	1.931
97	3.939	3.090	2.698	2.465	2.308	2.194	2.105	2.035	1.978	1.930
98	3.938	3.089	2.697	2.465	2.307	2.193	2.104	2.034	1.977	1.929
99	3.937	3.088	2.696	2.464	2.306	2.192	2.103	2.033	1.976	1.928
100	3.936	3.087	2.696	2.463	2.305	2.191	2.103	2.032	1.975	1.927

v_2 \ v_1	11	12	13	14	15	16	17	18	19	20
1	242.983	243.906	244.690	245.364	245.950	246.464	246.918	247.323	247.686	248.013
2	19.405	19.413	19.419	19.424	19.429	19.433	19.437	19.440	19.443	19.446
3	8.763	8.745	8.729	8.715	8.703	8.692	8.683	8.675	8.667	8.660
4	5.936	5.912	5.891	5.873	5.858	5.844	5.832	5.821	5.811	5.803
5	4.704	4.678	4.655	4.636	4.619	4.604	4.590	4.579	4.568	4.558
6	4.027	4.000	3.976	3.956	3.938	3.922	3.908	3.896	3.884	3.874
7	3.603	3.575	3.550	3.529	3.511	3.494	3.480	3.467	3.455	3.445
8	3.313	3.284	3.259	3.237	3.218	3.202	3.187	3.173	3.161	3.150
9	3.102	3.073	3.048	3.025	3.006	2.989	2.974	2.960	2.948	2.936
10	2.943	2.913	2.887	2.865	2.845	2.828	2.812	2.798	2.785	2.774
11	2.818	2.788	2.761	2.739	2.719	2.701	2.685	2.671	2.658	2.646
12	2.717	2.687	2.660	2.637	2.617	2.599	2.583	2.568	2.555	2.544
13	2.635	2.604	2.577	2.554	2.533	2.515	2.499	2.484	2.471	2.459
14	2.565	2.534	2.507	2.484	2.463	2.445	2.428	2.413	2.400	2.388
15	2.507	2.475	2.448	2.424	2.403	2.385	2.368	2.353	2.340	2.328
16	2.456	2.425	2.397	2.373	2.352	2.333	2.317	2.302	2.288	2.276
17	2.413	2.381	2.353	2.329	2.308	2.289	2.272	2.257	2.243	2.230
18	2.374	2.342	2.314	2.290	2.269	2.250	2.233	2.217	2.203	2.191
19	2.340	2.308	2.280	2.256	2.234	2.215	2.198	2.182	2.168	2.155
20	2.310	2.278	2.250	2.225	2.203	2.184	2.167	2.151	2.137	2.124
21	2.283	2.250	2.222	2.197	2.176	2.156	2.139	2.123	2.109	2.096
22	2.259	2.226	2.198	2.173	2.151	2.131	2.114	2.098	2.084	2.071
23	2.236	2.204	2.175	2.150	2.128	2.109	2.091	2.075	2.061	2.048
24	2.216	2.183	2.155	2.130	2.108	2.088	2.070	2.054	2.040	2.027
25	2.198	2.165	2.136	2.111	2.089	2.069	2.051	2.035	2.021	2.007
26	2.181	2.148	2.119	2.094	2.072	2.052	2.034	2.018	2.003	1.990
27	2.166	2.132	2.103	2.078	2.056	2.036	2.018	2.002	1.987	1.974
28	2.151	2.118	2.089	2.064	2.041	2.021	2.003	1.987	1.972	1.959
29	2.138	2.104	2.075	2.050	2.027	2.007	1.989	1.973	1.958	1.945
30	2.126	2.092	2.063	2.037	2.015	1.995	1.976	1.960	1.945	1.932
31	2.114	2.080	2.051	2.026	2.003	1.983	1.965	1.948	1.933	1.920
32	2.103	2.070	2.040	2.015	1.992	1.972	1.953	1.937	1.922	1.908
33	2.093	2.060	2.030	2.004	1.982	1.961	1.943	1.926	1.911	1.898

v_2 \\ v_1	11	12	13	14	15	16	17	18	19	20
34	2.084	2.050	2.021	1.995	1.972	1.952	1.933	1.917	1.902	1.888
35	2.075	2.041	2.012	1.986	1.963	1.942	1.924	1.907	1.892	1.878
36	2.067	2.033	2.003	1.977	1.954	1.934	1.915	1.899	1.883	1.870
37	2.059	2.025	1.995	1.969	1.946	1.926	1.907	1.890	1.875	1.861
38	2.051	2.017	1.988	1.962	1.939	1.918	1.899	1.883	1.867	1.853
39	2.044	2.010	1.981	1.954	1.931	1.911	1.892	1.875	1.860	1.846
40	2.038	2.003	1.974	1.948	1.924	1.904	1.885	1.868	1.853	1.839
41	2.031	1.997	1.967	1.941	1.918	1.897	1.879	1.862	1.846	1.832
42	2.025	1.991	1.961	1.935	1.912	1.891	1.872	1.855	1.840	1.826
43	2.020	1.985	1.955	1.929	1.906	1.885	1.866	1.849	1.834	1.820
44	2.014	1.980	1.950	1.924	1.900	1.879	1.861	1.844	1.828	1.814
45	2.009	1.974	1.945	1.918	1.895	1.874	1.855	1.838	1.823	1.808
46	2.004	1.969	1.940	1.913	1.890	1.869	1.850	1.833	1.817	1.803
47	1.999	1.965	1.935	1.908	1.885	1.864	1.845	1.828	1.812	1.798
48	1.995	1.960	1.930	1.904	1.880	1.859	1.840	1.823	1.807	1.793
49	1.990	1.956	1.926	1.899	1.876	1.855	1.836	1.819	1.803	1.789
50	1.986	1.952	1.921	1.895	1.871	1.850	1.831	1.814	1.798	1.784
51	1.982	1.947	1.917	1.891	1.867	1.846	1.827	1.810	1.794	1.780
52	1.978	1.944	1.913	1.887	1.863	1.842	1.823	1.806	1.790	1.776
53	1.975	1.940	1.910	1.883	1.859	1.838	1.819	1.802	1.786	1.772
54	1.971	1.936	1.906	1.879	1.856	1.835	1.816	1.798	1.782	1.768
55	1.968	1.933	1.903	1.876	1.852	1.831	1.812	1.795	1.779	1.764
56	1.964	1.930	1.899	1.873	1.849	1.828	1.809	1.791	1.775	1.761
57	1.961	1.926	1.896	1.869	1.846	1.824	1.805	1.788	1.772	1.757
58	1.958	1.923	1.893	1.866	1.842	1.821	1.802	1.785	1.769	1.754
59	1.955	1.920	1.890	1.863	1.839	1.818	1.799	1.781	1.766	1.751
60	1.952	1.917	1.887	1.860	1.836	1.815	1.796	1.778	1.763	1.748
61	1.949	1.915	1.884	1.857	1.834	1.812	1.793	1.776	1.760	1.745
62	1.947	1.912	1.882	1.855	1.831	1.809	1.790	1.773	1.757	1.742
63	1.944	1.909	1.879	1.852	1.828	1.807	1.787	1.770	1.754	1.739
64	1.942	1.907	1.876	1.849	1.826	1.804	1.785	1.767	1.751	1.737
65	1.939	1.904	1.874	1.847	1.823	1.802	1.782	1.765	1.749	1.734
66	1.937	1.902	1.871	1.845	1.821	1.799	1.780	1.762	1.746	1.732
67	1.935	1.900	1.869	1.842	1.818	1.797	1.777	1.760	1.744	1.729

v_2 \ v_1	11	12	13	14	15	16	17	18	19	20
68	1.932	1.897	1.867	1.840	1.816	1.795	1.775	1.758	1.742	1.727
69	1.930	1.895	1.865	1.838	1.814	1.792	1.773	1.755	1.739	1.725
70	1.928	1.893	1.863	1.836	1.812	1.790	1.771	1.753	1.737	1.722
71	1.926	1.891	1.861	1.834	1.810	1.788	1.769	1.751	1.735	1.720
72	1.924	1.889	1.859	1.832	1.808	1.786	1.767	1.749	1.733	1.718
73	1.922	1.887	1.857	1.830	1.806	1.784	1.765	1.747	1.731	1.716
74	1.921	1.885	1.855	1.828	1.804	1.782	1.763	1.745	1.729	1.714
75	1.919	1.884	1.853	1.826	1.802	1.780	1.761	1.743	1.727	1.712
76	1.917	1.882	1.851	1.824	1.800	1.778	1.759	1.741	1.725	1.710
77	1.915	1.880	1.849	1.822	1.798	1.777	1.757	1.739	1.723	1.708
78	1.914	1.878	1.848	1.821	1.797	1.775	1.755	1.738	1.721	1.707
79	1.912	1.877	1.846	1.819	1.795	1.773	1.754	1.736	1.720	1.705
80	1.910	1.875	1.845	1.817	1.793	1.772	1.752	1.734	1.718	1.703
81	1.909	1.874	1.843	1.816	1.792	1.770	1.750	1.733	1.716	1.702
82	1.907	1.872	1.841	1.814	1.790	1.768	1.749	1.731	1.715	1.700
83	1.906	1.871	1.840	1.813	1.789	1.767	1.747	1.729	1.713	1.698
84	1.905	1.869	1.838	1.811	1.787	1.765	1.746	1.728	1.712	1.697
85	1.903	1.868	1.837	1.810	1.786	1.764	1.744	1.726	1.710	1.695
86	1.902	1.867	1.836	1.808	1.784	1.762	1.743	1.725	1.709	1.694
87	1.900	1.865	1.834	1.807	1.783	1.761	1.741	1.724	1.707	1.692
88	1.899	1.864	1.833	1.806	1.782	1.760	1.740	1.722	1.706	1.691
89	1.898	1.863	1.832	1.804	1.780	1.758	1.739	1.721	1.705	1.690
90	1.897	1.861	1.830	1.803	1.779	1.757	1.737	1.720	1.703	1.688
91	1.895	1.860	1.829	1.802	1.778	1.756	1.736	1.718	1.702	1.687
92	1.894	1.859	1.828	1.801	1.776	1.755	1.735	1.717	1.701	1.686
93	1.893	1.858	1.827	1.800	1.775	1.753	1.734	1.716	1.699	1.684
94	1.892	1.857	1.826	1.798	1.774	1.752	1.733	1.715	1.698	1.683
95	1.891	1.856	1.825	1.797	1.773	1.751	1.731	1.713	1.697	1.682
96	1.890	1.854	1.823	1.796	1.772	1.750	1.730	1.712	1.696	1.681
97	1.889	1.853	1.822	1.795	1.771	1.749	1.729	1.711	1.695	1.680
98	1.888	1.852	1.821	1.794	1.770	1.748	1.728	1.710	1.694	1.679
99	1.887	1.851	1.820	1.793	1.769	1.747	1.727	1.709	1.693	1.678
100	1.886	1.850	1.819	1.792	1.768	1.746	1.726	1.708	1.691	1.676

F分布的上临界值（分子自由度v_1，分母自由度v_2，10%显著性水平）

v_2 \ v_1	1	2	3	4	5	6	7	8	9	10
1	39.863	49.500	53.593	55.833	57.240	58.204	58.906	59.439	59.858	60.195
2	8.526	9.000	9.162	9.243	9.293	9.326	9.349	9.367	9.381	9.392
3	5.538	5.462	5.391	5.343	5.309	5.285	5.266	5.252	5.240	5.230
4	4.545	4.325	4.191	4.107	4.051	4.010	3.979	3.955	3.936	3.920
5	4.060	3.780	3.619	3.520	3.453	3.405	3.368	3.339	3.316	3.297
6	3.776	3.463	3.289	3.181	3.108	3.055	3.014	2.983	2.958	2.937
7	3.589	3.257	3.074	2.961	2.883	2.827	2.785	2.752	2.725	2.703
8	3.458	3.113	2.924	2.806	2.726	2.668	2.624	2.589	2.561	2.538
9	3.360	3.006	2.813	2.693	2.611	2.551	2.505	2.469	2.440	2.416
10	3.285	2.924	2.728	2.605	2.522	2.461	2.414	2.377	2.347	2.323
11	3.225	2.860	2.660	2.536	2.451	2.389	2.342	2.304	2.274	2.248
12	3.177	2.807	2.606	2.480	2.394	2.331	2.283	2.245	2.214	2.188
13	3.136	2.763	2.560	2.434	2.347	2.283	2.234	2.195	2.164	2.138
14	3.102	2.726	2.522	2.395	2.307	2.243	2.193	2.154	2.122	2.095
15	3.073	2.695	2.490	2.361	2.273	2.208	2.158	2.119	2.086	2.059
16	3.048	2.668	2.462	2.333	2.244	2.178	2.128	2.088	2.055	2.028
17	3.026	2.645	2.437	2.308	2.218	2.152	2.102	2.061	2.028	2.001
18	3.007	2.624	2.416	2.286	2.196	2.130	2.079	2.038	2.005	1.977
19	2.990	2.606	2.397	2.266	2.176	2.109	2.058	2.017	1.984	1.956
20	2.975	2.589	2.380	2.249	2.158	2.091	2.040	1.999	1.965	1.937
21	2.961	2.575	2.365	2.233	2.142	2.075	2.023	1.982	1.948	1.920
22	2.949	2.561	2.351	2.219	2.128	2.060	2.008	1.967	1.933	1.904
23	2.937	2.549	2.339	2.207	2.115	2.047	1.995	1.953	1.919	1.890
24	2.927	2.538	2.327	2.195	2.103	2.035	1.983	1.941	1.906	1.877
25	2.918	2.528	2.317	2.184	2.092	2.024	1.971	1.929	1.895	1.866
26	2.909	2.519	2.307	2.174	2.082	2.014	1.961	1.919	1.884	1.855
27	2.901	2.511	2.299	2.165	2.073	2.005	1.952	1.909	1.874	1.845
28	2.894	2.503	2.291	2.157	2.064	1.996	1.943	1.900	1.865	1.836
29	2.887	2.495	2.283	2.149	2.057	1.988	1.935	1.892	1.857	1.827
30	2.881	2.489	2.276	2.142	2.049	1.980	1.927	1.884	1.849	1.819
31	2.875	2.482	2.270	2.136	2.042	1.973	1.920	1.877	1.842	1.812
32	2.869	2.477	2.263	2.129	2.036	1.967	1.913	1.870	1.835	1.805
33	2.864	2.471	2.258	2.123	2.030	1.961	1.907	1.864	1.828	1.799
34	2.859	2.466	2.252	2.118	2.024	1.955	1.901	1.858	1.822	1.793

v_2 \\ v_1	1	2	3	4	5	6	7	8	9	10
35	2.855	2.461	2.247	2.113	2.019	1.950	1.896	1.852	1.817	1.787
36	2.850	2.456	2.243	2.108	2.014	1.945	1.891	1.847	1.811	1.781
37	2.846	2.452	2.238	2.103	2.009	1.940	1.886	1.842	1.806	1.776
38	2.842	2.448	2.234	2.099	2.005	1.935	1.881	1.838	1.802	1.772
39	2.839	2.444	2.230	2.095	2.001	1.931	1.877	1.833	1.797	1.767
40	2.835	2.440	2.226	2.091	1.997	1.927	1.873	1.829	1.793	1.763
41	2.832	2.437	2.222	2.087	1.993	1.923	1.869	1.825	1.789	1.759
42	2.829	2.434	2.219	2.084	1.989	1.919	1.865	1.821	1.785	1.755
43	2.826	2.430	2.216	2.080	1.986	1.916	1.861	1.817	1.781	1.751
44	2.823	2.427	2.213	2.077	1.983	1.913	1.858	1.814	1.778	1.747
45	2.820	2.425	2.210	2.074	1.980	1.909	1.855	1.811	1.774	1.744
46	2.818	2.422	2.207	2.071	1.977	1.906	1.852	1.808	1.771	1.741
47	2.815	2.419	2.204	2.068	1.974	1.903	1.849	1.805	1.768	1.738
48	2.813	2.417	2.202	2.066	1.971	1.901	1.846	1.802	1.765	1.735
49	2.811	2.414	2.199	2.063	1.968	1.898	1.843	1.799	1.763	1.732
50	2.809	2.412	2.197	2.061	1.966	1.895	1.840	1.796	1.760	1.729
51	2.807	2.410	2.194	2.058	1.964	1.893	1.838	1.794	1.757	1.727
52	2.805	2.408	2.192	2.056	1.961	1.891	1.836	1.791	1.755	1.724
53	2.803	2.406	2.190	2.054	1.959	1.888	1.833	1.789	1.752	1.722
54	2.801	2.404	2.188	2.052	1.957	1.886	1.831	1.787	1.750	1.719
55	2.799	2.402	2.186	2.050	1.955	1.884	1.829	1.785	1.748	1.717
56	2.797	2.400	2.184	2.048	1.953	1.882	1.827	1.782	1.746	1.715
57	2.796	2.398	2.182	2.046	1.951	1.880	1.825	1.780	1.744	1.713
58	2.794	2.396	2.181	2.044	1.949	1.878	1.823	1.779	1.742	1.711
59	2.793	2.395	2.179	2.043	1.947	1.876	1.821	1.777	1.740	1.709
60	2.791	2.393	2.177	2.041	1.946	1.875	1.819	1.775	1.738	1.707
61	2.790	2.392	2.176	2.039	1.944	1.873	1.818	1.773	1.736	1.705
62	2.788	2.390	2.174	2.038	1.942	1.871	1.816	1.771	1.735	1.703
63	2.787	2.389	2.173	2.036	1.941	1.870	1.814	1.770	1.733	1.702
64	2.786	2.387	2.171	2.035	1.939	1.868	1.813	1.768	1.731	1.700
65	2.784	2.386	2.170	2.033	1.938	1.867	1.811	1.767	1.730	1.699
66	2.783	2.385	2.169	2.032	1.937	1.865	1.810	1.765	1.728	1.697
67	2.782	2.384	2.167	2.031	1.935	1.864	1.808	1.764	1.727	1.696
68	2.781	2.382	2.166	2.029	1.934	1.863	1.807	1.762	1.725	1.694

续表

v_2 \ v_1	1	2	3	4	5	6	7	8	9	10
69	2.780	2.381	2.165	2.028	1.933	1.861	1.806	1.761	1.724	1.693
70	2.779	2.380	2.164	2.027	1.931	1.860	1.804	1.760	1.723	1.691
71	2.778	2.379	2.163	2.026	1.930	1.859	1.803	1.758	1.721	1.690
72	2.777	2.378	2.161	2.025	1.929	1.858	1.802	1.757	1.720	1.689
73	2.776	2.377	2.160	2.024	1.928	1.856	1.801	1.756	1.719	1.687
74	2.775	2.376	2.159	2.022	1.927	1.855	1.800	1.755	1.718	1.686
75	2.774	2.375	2.158	2.021	1.926	1.854	1.798	1.754	1.716	1.685
76	2.773	2.374	2.157	2.020	1.925	1.853	1.797	1.752	1.715	1.684
77	2.772	2.373	2.156	2.019	1.924	1.852	1.796	1.751	1.714	1.683
78	2.771	2.372	2.155	2.018	1.923	1.851	1.795	1.750	1.713	1.682
79	2.770	2.371	2.154	2.017	1.922	1.850	1.794	1.749	1.712	1.681
80	2.769	2.370	2.154	2.016	1.921	1.849	1.793	1.748	1.711	1.680
81	2.769	2.369	2.153	2.016	1.920	1.848	1.792	1.747	1.710	1.679
82	2.768	2.368	2.152	2.015	1.919	1.847	1.791	1.746	1.709	1.678
83	2.767	2.368	2.151	2.014	1.918	1.846	1.790	1.745	1.708	1.677
84	2.766	2.367	2.150	2.013	1.917	1.845	1.790	1.744	1.707	1.676
85	2.765	2.366	2.149	2.012	1.916	1.845	1.789	1.744	1.706	1.675
86	2.765	2.365	2.149	2.011	1.915	1.844	1.788	1.743	1.705	1.674
87	2.764	2.365	2.148	2.011	1.915	1.843	1.787	1.742	1.705	1.673
88	2.763	2.364	2.147	2.010	1.914	1.842	1.786	1.741	1.704	1.672
89	2.763	2.363	2.146	2.009	1.913	1.841	1.785	1.740	1.703	1.671
90	2.762	2.363	2.146	2.008	1.912	1.841	1.785	1.739	1.702	1.670
91	2.761	2.362	2.145	2.008	1.912	1.840	1.784	1.739	1.701	1.670
92	2.761	2.361	2.144	2.007	1.911	1.839	1.783	1.738	1.701	1.669
93	2.760	2.361	2.144	2.006	1.910	1.838	1.782	1.737	1.700	1.668
94	2.760	2.360	2.143	2.006	1.910	1.838	1.782	1.736	1.699	1.667
95	2.759	2.359	2.142	2.005	1.909	1.837	1.781	1.736	1.698	1.667
96	2.759	2.359	2.142	2.004	1.908	1.836	1.780	1.735	1.698	1.666
97	2.758	2.358	2.141	2.004	1.908	1.836	1.780	1.734	1.697	1.665
98	2.757	2.358	2.141	2.003	1.907	1.835	1.779	1.734	1.696	1.665
99	2.757	2.357	2.140	2.003	1.906	1.835	1.778	1.733	1.696	1.664
100	2.756	2.356	2.139	2.002	1.906	1.834	1.778	1.732	1.695	1.663

v_2 \ v_1	11	12	13	14	15	16	17	18	19	20
1	60.473	60.705	60.903	61.073	61.220	61.350	61.464	61.566	61.658	61.740
2	9.401	9.408	9.415	9.420	9.425	9.429	9.433	9.436	9.439	9.441
3	5.222	5.216	5.210	5.205	5.200	5.196	5.193	5.190	5.187	5.184
4	3.907	3.896	3.886	3.878	3.870	3.864	3.858	3.853	3.849	3.844
5	3.282	3.268	3.257	3.247	3.238	3.230	3.223	3.217	3.212	3.207
6	2.920	2.905	2.892	2.881	2.871	2.863	2.855	2.848	2.842	2.836
7	2.684	2.668	2.654	2.643	2.632	2.623	2.615	2.607	2.601	2.595
8	2.519	2.502	2.488	2.475	2.464	2.455	2.446	2.438	2.431	2.425
9	2.396	2.379	2.364	2.351	2.340	2.329	2.320	2.312	2.305	2.298
10	2.302	2.284	2.269	2.255	2.244	2.233	2.224	2.215	2.208	2.201
11	2.227	2.209	2.193	2.179	2.167	2.156	2.147	2.138	2.130	2.123
12	2.166	2.147	2.131	2.117	2.105	2.094	2.084	2.075	2.067	2.060
13	2.116	2.097	2.080	2.066	2.053	2.042	2.032	2.023	2.014	2.007
14	2.073	2.054	2.037	2.022	2.010	1.998	1.988	1.978	1.970	1.962
15	2.037	2.017	2.000	1.985	1.972	1.961	1.950	1.941	1.932	1.924
16	2.005	1.985	1.968	1.953	1.940	1.928	1.917	1.908	1.899	1.891
17	1.978	1.958	1.940	1.925	1.912	1.900	1.889	1.879	1.870	1.862
18	1.954	1.933	1.916	1.900	1.887	1.875	1.864	1.854	1.845	1.837
19	1.932	1.912	1.894	1.878	1.865	1.852	1.841	1.831	1.822	1.814
20	1.913	1.892	1.875	1.859	1.845	1.833	1.821	1.811	1.802	1.794
21	1.896	1.875	1.857	1.841	1.827	1.815	1.803	1.793	1.784	1.776
22	1.880	1.859	1.841	1.825	1.811	1.798	1.787	1.777	1.768	1.759
23	1.866	1.845	1.827	1.811	1.796	1.784	1.772	1.762	1.753	1.744
24	1.853	1.832	1.814	1.797	1.783	1.770	1.759	1.748	1.739	1.730
25	1.841	1.820	1.802	1.785	1.771	1.758	1.746	1.736	1.726	1.718
26	1.830	1.809	1.790	1.774	1.760	1.747	1.735	1.724	1.715	1.706
27	1.820	1.799	1.780	1.764	1.749	1.736	1.724	1.714	1.704	1.695
28	1.811	1.790	1.771	1.754	1.740	1.726	1.715	1.704	1.694	1.685
29	1.802	1.781	1.762	1.745	1.731	1.717	1.705	1.695	1.685	1.676
30	1.794	1.773	1.754	1.737	1.722	1.709	1.697	1.686	1.676	1.667
31	1.787	1.765	1.746	1.729	1.714	1.701	1.689	1.678	1.668	1.659
32	1.780	1.758	1.739	1.722	1.707	1.694	1.682	1.671	1.661	1.652
33	1.773	1.751	1.732	1.715	1.700	1.687	1.675	1.664	1.654	1.645
34	1.767	1.745	1.726	1.709	1.694	1.680	1.668	1.657	1.647	1.638

v_2 \ v_1	11	12	13	14	15	16	17	18	19	20
35	1.761	1.739	1.720	1.703	1.688	1.674	1.662	1.651	1.641	1.632
36	1.756	1.734	1.715	1.697	1.682	1.669	1.656	1.645	1.635	1.626
37	1.751	1.729	1.709	1.692	1.677	1.663	1.651	1.640	1.630	1.620
38	1.746	1.724	1.704	1.687	1.672	1.658	1.646	1.635	1.624	1.615
39	1.741	1.719	1.700	1.682	1.667	1.653	1.641	1.630	1.619	1.610
40	1.737	1.715	1.695	1.678	1.662	1.649	1.636	1.625	1.615	1.605
41	1.733	1.710	1.691	1.673	1.658	1.644	1.632	1.620	1.610	1.601
42	1.729	1.706	1.687	1.669	1.654	1.640	1.628	1.616	1.606	1.596
43	1.725	1.703	1.683	1.665	1.650	1.636	1.624	1.612	1.602	1.592
44	1.721	1.699	1.679	1.662	1.646	1.632	1.620	1.608	1.598	1.588
45	1.718	1.695	1.676	1.658	1.643	1.629	1.616	1.605	1.594	1.585
46	1.715	1.692	1.672	1.655	1.639	1.625	1.613	1.601	1.591	1.581
47	1.712	1.689	1.669	1.652	1.636	1.622	1.609	1.598	1.587	1.578
48	1.709	1.686	1.666	1.648	1.633	1.619	1.606	1.594	1.584	1.574
49	1.706	1.683	1.663	1.645	1.630	1.616	1.603	1.591	1.581	1.571
50	1.703	1.680	1.660	1.643	1.627	1.613	1.600	1.588	1.578	1.568
51	1.700	1.677	1.658	1.640	1.624	1.610	1.597	1.586	1.575	1.565
52	1.698	1.675	1.655	1.637	1.621	1.607	1.594	1.583	1.572	1.562
53	1.695	1.672	1.652	1.635	1.619	1.605	1.592	1.580	1.570	1.560
54	1.693	1.670	1.650	1.632	1.616	1.602	1.589	1.578	1.567	1.557
55	1.691	1.668	1.648	1.630	1.614	1.600	1.587	1.575	1.564	1.555
56	1.688	1.666	1.645	1.628	1.612	1.597	1.585	1.573	1.562	1.552
57	1.686	1.663	1.643	1.625	1.610	1.595	1.582	1.571	1.560	1.550
58	1.684	1.661	1.641	1.623	1.607	1.593	1.580	1.568	1.558	1.548
59	1.682	1.659	1.639	1.621	1.605	1.591	1.578	1.566	1.555	1.546
60	1.680	1.657	1.637	1.619	1.603	1.589	1.576	1.564	1.553	1.543
61	1.679	1.656	1.635	1.617	1.601	1.587	1.574	1.562	1.551	1.541
62	1.677	1.654	1.634	1.616	1.600	1.585	1.572	1.560	1.549	1.540
63	1.675	1.652	1.632	1.614	1.598	1.583	1.570	1.558	1.548	1.538
64	1.673	1.650	1.630	1.612	1.596	1.582	1.569	1.557	1.546	1.536
65	1.672	1.649	1.628	1.610	1.594	1.580	1.567	1.555	1.544	1.534
66	1.670	1.647	1.627	1.609	1.593	1.578	1.565	1.553	1.542	1.532
67	1.669	1.646	1.625	1.607	1.591	1.577	1.564	1.552	1.541	1.531

v_2 $\backslash$ v_1	11	12	13	14	15	16	17	18	19	20
68	1.667	1.644	1.624	1.606	1.590	1.575	1.562	1.550	1.539	1.529
69	1.666	1.643	1.622	1.604	1.588	1.574	1.560	1.548	1.538	1.527
70	1.665	1.641	1.621	1.603	1.587	1.572	1.559	1.547	1.536	1.526
71	1.663	1.640	1.619	1.601	1.585	1.571	1.557	1.545	1.535	1.524
72	1.662	1.639	1.618	1.600	1.584	1.569	1.556	1.544	1.533	1.523
73	1.661	1.637	1.617	1.599	1.583	1.568	1.555	1.543	1.532	1.522
74	1.659	1.636	1.616	1.597	1.581	1.567	1.553	1.541	1.530	1.520
75	1.658	1.635	1.614	1.596	1.580	1.565	1.552	1.540	1.529	1.519
76	1.657	1.634	1.613	1.595	1.579	1.564	1.551	1.539	1.528	1.518
77	1.656	1.632	1.612	1.594	1.578	1.563	1.550	1.538	1.527	1.516
78	1.655	1.631	1.611	1.593	1.576	1.562	1.548	1.536	1.525	1.515
79	1.654	1.630	1.610	1.592	1.575	1.561	1.547	1.535	1.524	1.514
80	1.653	1.629	1.609	1.590	1.574	1.559	1.546	1.534	1.523	1.513
81	1.652	1.628	1.608	1.589	1.573	1.558	1.545	1.533	1.522	1.512
82	1.651	1.627	1.607	1.588	1.572	1.557	1.544	1.532	1.521	1.511
83	1.650	1.626	1.606	1.587	1.571	1.556	1.543	1.531	1.520	1.509
84	1.649	1.625	1.605	1.586	1.570	1.555	1.542	1.530	1.519	1.508
85	1.648	1.624	1.604	1.585	1.569	1.554	1.541	1.529	1.518	1.507
86	1.647	1.623	1.603	1.584	1.568	1.553	1.540	1.528	1.517	1.506
87	1.646	1.622	1.602	1.583	1.567	1.552	1.539	1.527	1.516	1.505
88	1.645	1.622	1.601	1.583	1.566	1.551	1.538	1.526	1.515	1.504
89	1.644	1.621	1.600	1.582	1.565	1.550	1.537	1.525	1.514	1.503
90	1.643	1.620	1.599	1.581	1.564	1.550	1.536	1.524	1.513	1.503
91	1.643	1.619	1.598	1.580	1.564	1.549	1.535	1.523	1.512	1.502
92	1.642	1.618	1.598	1.579	1.563	1.548	1.534	1.522	1.511	1.501
93	1.641	1.617	1.597	1.578	1.562	1.547	1.534	1.521	1.510	1.500
94	1.640	1.617	1.596	1.578	1.561	1.546	1.533	1.521	1.509	1.499
95	1.640	1.616	1.595	1.577	1.560	1.545	1.532	1.520	1.509	1.498
96	1.639	1.615	1.594	1.576	1.560	1.545	1.531	1.519	1.508	1.497
97	1.638	1.614	1.594	1.575	1.559	1.544	1.530	1.518	1.507	1.497
98	1.637	1.614	1.593	1.575	1.558	1.543	1.530	1.517	1.506	1.496
99	1.637	1.613	1.592	1.574	1.557	1.542	1.529	1.517	1.505	1.495
100	1.636	1.612	1.592	1.573	1.557	1.542	1.528	1.516	1.505	1.494

F 分布的上临界值（分子自由度 v_1，分母自由度 v_2，1% 显著性水平）

v_2 \ v_1	1	2	3	4	5	6	7	8	9	10
1	4 052.19	4 999.52	5 403.34	5 624.62	5 763.65	5 858.97	5 928.33	5 981.10	6 022.50	6 055.85
2	98.502	99.000	99.166	99.249	99.300	99.333	99.356	99.374	99.388	99.399
3	34.116	30.816	29.457	28.710	28.237	27.911	27.672	27.489	27.345	27.229
4	21.198	18.000	16.694	15.977	15.522	15.207	14.976	14.799	14.659	14.546
5	16.258	13.274	12.060	11.392	10.967	10.672	10.456	10.289	10.158	10.051
6	13.745	10.925	9.780	9.148	8.746	8.466	8.260	8.102	7.976	7.874
7	12.246	9.547	8.451	7.847	7.460	7.191	6.993	6.840	6.719	6.620
8	11.259	8.649	7.591	7.006	6.632	6.371	6.178	6.029	5.911	5.814
9	10.561	8.022	6.992	6.422	6.057	5.802	5.613	5.467	5.351	5.257
10	10.044	7.559	6.552	5.994	5.636	5.386	5.200	5.057	4.942	4.849
11	9.646	7.206	6.217	5.668	5.316	5.069	4.886	4.744	4.632	4.539
12	9.330	6.927	5.953	5.412	5.064	4.821	4.640	4.499	4.388	4.296
13	9.074	6.701	5.739	5.205	4.862	4.620	4.441	4.302	4.191	4.100
14	8.862	6.515	5.564	5.035	4.695	4.456	4.278	4.140	4.030	3.939
15	8.683	6.359	5.417	4.893	4.556	4.318	4.142	4.004	3.895	3.805
16	8.531	6.226	5.292	4.773	4.437	4.202	4.026	3.890	3.780	3.691
17	8.400	6.112	5.185	4.669	4.336	4.102	3.927	3.791	3.682	3.593
18	8.285	6.013	5.092	4.579	4.248	4.015	3.841	3.705	3.597	3.508
19	8.185	5.926	5.010	4.500	4.171	3.939	3.765	3.631	3.523	3.434
20	8.096	5.849	4.938	4.431	4.103	3.871	3.699	3.564	3.457	3.368
21	8.017	5.780	4.874	4.369	4.042	3.812	3.640	3.506	3.398	3.310
22	7.945	5.719	4.817	4.313	3.988	3.758	3.587	3.453	3.346	3.258
23	7.881	5.664	4.765	4.264	3.939	3.710	3.539	3.406	3.299	3.211
24	7.823	5.614	4.718	4.218	3.895	3.667	3.496	3.363	3.256	3.168
25	7.770	5.568	4.675	4.177	3.855	3.627	3.457	3.324	3.217	3.129
26	7.721	5.526	4.637	4.140	3.818	3.591	3.421	3.288	3.182	3.094
27	7.677	5.488	4.601	4.106	3.785	3.558	3.388	3.256	3.149	3.062
28	7.636	5.453	4.568	4.074	3.754	3.528	3.358	3.226	3.120	3.032
29	7.598	5.420	4.538	4.045	3.725	3.499	3.330	3.198	3.092	3.005
30	7.562	5.390	4.510	4.018	3.699	3.473	3.305	3.173	3.067	2.979
31	7.530	5.362	4.484	3.993	3.675	3.449	3.281	3.149	3.043	2.955
32	7.499	5.336	4.459	3.969	3.652	3.427	3.258	3.127	3.021	2.934
33	7.471	5.312	4.437	3.948	3.630	3.406	3.238	3.106	3.000	2.913
34	7.444	5.289	4.416	3.927	3.611	3.386	3.218	3.087	2.981	2.894

v_2 \ v_1	1	2	3	4	5	6	7	8	9	10
35	7.419	5.268	4.396	3.908	3.592	3.368	3.200	3.069	2.963	2.876
36	7.396	5.248	4.377	3.890	3.574	3.351	3.183	3.052	2.946	2.859
37	7.373	5.229	4.360	3.873	3.558	3.334	3.167	3.036	2.930	2.843
38	7.353	5.211	4.343	3.858	3.542	3.319	3.152	3.021	2.915	2.828
39	7.333	5.194	4.327	3.843	3.528	3.305	3.137	3.006	2.901	2.814
40	7.314	5.179	4.313	3.828	3.514	3.291	3.124	2.993	2.888	2.801
41	7.296	5.163	4.299	3.815	3.501	3.278	3.111	2.980	2.875	2.788
42	7.280	5.149	4.285	3.802	3.488	3.266	3.099	2.968	2.863	2.776
43	7.264	5.136	4.273	3.790	3.476	3.254	3.087	2.957	2.851	2.764
44	7.248	5.123	4.261	3.778	3.465	3.243	3.076	2.946	2.840	2.754
45	7.234	5.110	4.249	3.767	3.454	3.232	3.066	2.935	2.830	2.743
46	7.220	5.099	4.238	3.757	3.444	3.222	3.056	2.925	2.820	2.733
47	7.207	5.087	4.228	3.747	3.434	3.213	3.046	2.916	2.811	2.724
48	7.194	5.077	4.218	3.737	3.425	3.204	3.037	2.907	2.802	2.715
49	7.182	5.066	4.208	3.728	3.416	3.195	3.028	2.898	2.793	2.706
50	7.171	5.057	4.199	3.720	3.408	3.186	3.020	2.890	2.785	2.698
51	7.159	5.047	4.191	3.711	3.400	3.178	3.012	2.882	2.777	2.690
52	7.149	5.038	4.182	3.703	3.392	3.171	3.005	2.874	2.769	2.683
53	7.139	5.030	4.174	3.695	3.384	3.163	2.997	2.867	2.762	2.675
54	7.129	5.021	4.167	3.688	3.377	3.156	2.990	2.860	2.755	2.668
55	7.119	5.013	4.159	3.681	3.370	3.149	2.983	2.853	2.748	2.662
56	7.110	5.006	4.152	3.674	3.363	3.143	2.977	2.847	2.742	2.655
57	7.102	4.998	4.145	3.667	3.357	3.136	2.971	2.841	2.736	2.649
58	7.093	4.991	4.138	3.661	3.351	3.130	2.965	2.835	2.730	2.643
59	7.085	4.984	4.132	3.655	3.345	3.124	2.959	2.829	2.724	2.637
60	7.077	4.977	4.126	3.649	3.339	3.119	2.953	2.823	2.718	2.632
61	7.070	4.971	4.120	3.643	3.333	3.113	2.948	2.818	2.713	2.626
62	7.062	4.965	4.114	3.638	3.328	3.108	2.942	2.813	2.708	2.621
63	7.055	4.959	4.109	3.632	3.323	3.103	2.937	2.808	2.703	2.616
64	7.048	4.953	4.103	3.627	3.318	3.098	2.932	2.803	2.698	2.611
65	7.042	4.947	4.098	3.622	3.313	3.093	2.928	2.798	2.693	2.607
66	7.035	4.942	4.093	3.618	3.308	3.088	2.923	2.793	2.689	2.602
67	7.029	4.937	4.088	3.613	3.304	3.084	2.919	2.789	2.684	2.598
68	7.023	4.932	4.083	3.608	3.299	3.080	2.914	2.785	2.680	2.593

v_2 \ v_1	1	2	3	4	5	6	7	8	9	10
69	7.017	4.927	4.079	3.604	3.295	3.075	2.910	2.781	2.676	2.589
70	7.011	4.922	4.074	3.600	3.291	3.071	2.906	2.777	2.672	2.585
71	7.006	4.917	4.070	3.596	3.287	3.067	2.902	2.773	2.668	2.581
72	7.001	4.913	4.066	3.591	3.283	3.063	2.898	2.769	2.664	2.578
73	6.995	4.908	4.062	3.588	3.279	3.060	2.895	2.765	2.660	2.574
74	6.990	4.904	4.058	3.584	3.275	3.056	2.891	2.762	2.657	2.570
75	6.985	4.900	4.054	3.580	3.272	3.052	2.887	2.758	2.653	2.567
76	6.981	4.896	4.050	3.577	3.268	3.049	2.884	2.755	2.650	2.563
77	6.976	4.892	4.047	3.573	3.265	3.046	2.881	2.751	2.647	2.560
78	6.971	4.888	4.043	3.570	3.261	3.042	2.877	2.748	2.644	2.557
79	6.967	4.884	4.040	3.566	3.258	3.039	2.874	2.745	2.640	2.554
80	6.963	4.881	4.036	3.563	3.255	3.036	2.871	2.742	2.637	2.551
81	6.958	4.877	4.033	3.560	3.252	3.033	2.868	2.739	2.634	2.548
82	6.954	4.874	4.030	3.557	3.249	3.030	2.865	2.736	2.632	2.545
83	6.950	4.870	4.027	3.554	3.246	3.027	2.863	2.733	2.629	2.542
84	6.947	4.867	4.024	3.551	3.243	3.025	2.860	2.731	2.626	2.539
85	6.943	4.864	4.021	3.548	3.240	3.022	2.857	2.728	2.623	2.537
86	6.939	4.861	4.018	3.545	3.238	3.019	2.854	2.725	2.621	2.534
87	6.935	4.858	4.015	3.543	3.235	3.017	2.852	2.723	2.618	2.532
88	6.932	4.855	4.012	3.540	3.233	3.014	2.849	2.720	2.616	2.529
89	6.928	4.852	4.010	3.538	3.230	3.012	2.847	2.718	2.613	2.527
90	6.925	4.849	4.007	3.535	3.228	3.009	2.845	2.715	2.611	2.524
91	6.922	4.846	4.004	3.533	3.225	3.007	2.842	2.713	2.609	2.522
92	6.919	4.844	4.002	3.530	3.223	3.004	2.840	2.711	2.606	2.520
93	6.915	4.841	3.999	3.528	3.221	3.002	2.838	2.709	2.604	2.518
94	6.912	4.838	3.997	3.525	3.218	3.000	2.835	2.706	2.602	2.515
95	6.909	4.836	3.995	3.523	3.216	2.998	2.833	2.704	2.600	2.513
96	6.906	4.833	3.992	3.521	3.214	2.996	2.831	2.702	2.598	2.511
97	6.904	4.831	3.990	3.519	3.212	2.994	2.829	2.700	2.596	2.509
98	6.901	4.829	3.988	3.517	3.210	2.992	2.827	2.698	2.594	2.507
99	6.898	4.826	3.986	3.515	3.208	2.990	2.825	2.696	2.592	2.505
100	6.895	4.824	3.984	3.513	3.206	2.988	2.823	2.694	2.590	2.503

v_2＼v_1	11	12	13	14	15	16	17	18	19	20
1	6 083.35	6 106.35	6 125.86	6 142.70	6 157.28	6 170.12	6 181.42	6 191.52	6 200.58	6 208.74
2	99.408	99.416	99.422	99.428	99.432	99.437	99.440	99.444	99.447	99.449
3	27.133	27.052	26.983	26.924	26.872	26.827	26.787	26.751	26.719	26.690
4	14.452	14.374	14.307	14.249	14.198	14.154	14.115	14.080	14.048	14.020
5	9.963	9.888	9.825	9.770	9.722	9.680	9.643	9.610	9.580	9.553
6	7.790	7.718	7.657	7.605	7.559	7.519	7.483	7.451	7.422	7.396
7	6.538	6.469	6.410	6.359	6.314	6.275	6.240	6.209	6.181	6.155
8	5.734	5.667	5.609	5.559	5.515	5.477	5.442	5.412	5.384	5.359
9	5.178	5.111	5.055	5.005	4.962	4.924	4.890	4.860	4.833	4.808
10	4.772	4.706	4.650	4.601	4.558	4.520	4.487	4.457	4.430	4.405
11	4.462	4.397	4.342	4.293	4.251	4.213	4.180	4.150	4.123	4.099
12	4.220	4.155	4.100	4.052	4.010	3.972	3.939	3.909	3.883	3.858
13	4.025	3.960	3.905	3.857	3.815	3.778	3.745	3.716	3.689	3.665
14	3.864	3.800	3.745	3.698	3.656	3.619	3.586	3.556	3.529	3.505
15	3.730	3.666	3.612	3.564	3.522	3.485	3.452	3.423	3.396	3.372
16	3.616	3.553	3.498	3.451	3.409	3.372	3.339	3.310	3.283	3.259
17	3.519	3.455	3.401	3.353	3.312	3.275	3.242	3.212	3.186	3.162
18	3.434	3.371	3.316	3.269	3.227	3.190	3.158	3.128	3.101	3.077
19	3.360	3.297	3.242	3.195	3.153	3.116	3.084	3.054	3.027	3.003
20	3.294	3.231	3.177	3.130	3.088	3.051	3.018	2.989	2.962	2.938
21	3.236	3.173	3.119	3.072	3.030	2.993	2.960	2.931	2.904	2.880
22	3.184	3.121	3.067	3.019	2.978	2.941	2.908	2.879	2.852	2.827
23	3.137	3.074	3.020	2.973	2.931	2.894	2.861	2.832	2.805	2.781
24	3.094	3.032	2.977	2.930	2.889	2.852	2.819	2.789	2.762	2.738
25	3.056	2.993	2.939	2.892	2.850	2.813	2.780	2.751	2.724	2.699
26	3.021	2.958	2.904	2.857	2.815	2.778	2.745	2.715	2.688	2.664
27	2.988	2.926	2.871	2.824	2.783	2.746	2.713	2.683	2.656	2.632
28	2.959	2.896	2.842	2.795	2.753	2.716	2.683	2.653	2.626	2.602
29	2.931	2.868	2.814	2.767	2.726	2.689	2.656	2.626	2.599	2.574
30	2.906	2.843	2.789	2.742	2.700	2.663	2.630	2.600	2.573	2.549
31	2.882	2.820	2.765	2.718	2.677	2.640	2.606	2.577	2.550	2.525
32	2.860	2.798	2.744	2.696	2.655	2.618	2.584	2.555	2.527	2.503
33	2.840	2.777	2.723	2.676	2.634	2.597	2.564	2.534	2.507	2.482
34	2.821	2.758	2.704	2.657	2.615	2.578	2.545	2.515	2.488	2.463

v_2 \\ v_1	11	12	13	14	15	16	17	18	19	20
35	2.803	2.740	2.686	2.639	2.597	2.560	2.527	2.497	2.470	2.445
36	2.786	2.723	2.669	2.622	2.580	2.543	2.510	2.480	2.453	2.428
37	2.770	2.707	2.653	2.606	2.564	2.527	2.494	2.464	2.437	2.412
38	2.755	2.692	2.638	2.591	2.549	2.512	2.479	2.449	2.421	2.397
39	2.741	2.678	2.624	2.577	2.535	2.498	2.465	2.434	2.407	2.382
40	2.727	2.665	2.611	2.563	2.522	2.484	2.451	2.421	2.394	2.369
41	2.715	2.652	2.598	2.551	2.509	2.472	2.438	2.408	2.381	2.356
42	2.703	2.640	2.586	2.539	2.497	2.460	2.426	2.396	2.369	2.344
43	2.691	2.629	2.575	2.527	2.485	2.448	2.415	2.385	2.357	2.332
44	2.680	2.618	2.564	2.516	2.475	2.437	2.404	2.374	2.346	2.321
45	2.670	2.608	2.553	2.506	2.464	2.427	2.393	2.363	2.336	2.311
46	2.660	2.598	2.544	2.496	2.454	2.417	2.384	2.353	2.326	2.301
47	2.651	2.588	2.534	2.487	2.445	2.408	2.374	2.344	2.316	2.291
48	2.642	2.579	2.525	2.478	2.436	2.399	2.365	2.335	2.307	2.282
49	2.633	2.571	2.517	2.469	2.427	2.390	2.356	2.326	2.299	2.274
50	2.625	2.562	2.508	2.461	2.419	2.382	2.348	2.318	2.290	2.265
51	2.617	2.555	2.500	2.453	2.411	2.374	2.340	2.310	2.282	2.257
52	2.610	2.547	2.493	2.445	2.403	2.366	2.333	2.302	2.275	2.250
53	2.602	2.540	2.486	2.438	2.396	2.359	2.325	2.295	2.267	2.242
54	2.595	2.533	2.479	2.431	2.389	2.352	2.318	2.288	2.260	2.235
55	2.589	2.526	2.472	2.424	2.382	2.345	2.311	2.281	2.253	2.228
56	2.582	2.520	2.465	2.418	2.376	2.339	2.305	2.275	2.247	2.222
57	2.576	2.513	2.459	2.412	2.370	2.332	2.299	2.268	2.241	2.215
58	2.570	2.507	2.453	2.406	2.364	2.326	2.293	2.262	2.235	2.209
59	2.564	2.502	2.447	2.400	2.358	2.320	2.287	2.256	2.229	2.203
60	2.559	2.496	2.442	2.394	2.352	2.315	2.281	2.251	2.223	2.198
61	2.553	2.491	2.436	2.389	2.347	2.309	2.276	2.245	2.218	2.192
62	2.548	2.486	2.431	2.384	2.342	2.304	2.270	2.240	2.212	2.187
63	2.543	2.481	2.426	2.379	2.337	2.299	2.265	2.235	2.207	2.182
64	2.538	2.476	2.421	2.374	2.332	2.294	2.260	2.230	2.202	2.177
65	2.534	2.471	2.417	2.369	2.327	2.289	2.256	2.225	2.198	2.172
66	2.529	2.466	2.412	2.365	2.322	2.285	2.251	2.221	2.193	2.168
67	2.525	2.462	2.408	2.360	2.318	2.280	2.247	2.216	2.188	2.163

v_2＼v_1	11	12	13	14	15	16	17	18	19	20
68	2.520	2.458	2.403	2.356	2.314	2.276	2.242	2.212	2.184	2.159
69	2.516	2.454	2.399	2.352	2.310	2.272	2.238	2.208	2.180	2.155
70	2.512	2.450	2.395	2.348	2.306	2.268	2.234	2.204	2.176	2.150
71	2.508	2.446	2.391	2.344	2.302	2.264	2.230	2.200	2.172	2.146
72	2.504	2.442	2.388	2.340	2.298	2.260	2.226	2.196	2.168	2.143
73	2.501	2.438	2.384	2.336	2.294	2.256	2.223	2.192	2.164	2.139
74	2.497	2.435	2.380	2.333	2.290	2.253	2.219	2.188	2.161	2.135
75	2.494	2.431	2.377	2.329	2.287	2.249	2.215	2.185	2.157	2.132
76	2.490	2.428	2.373	2.326	2.284	2.246	2.212	2.181	2.154	2.128
77	2.487	2.424	2.370	2.322	2.280	2.243	2.209	2.178	2.150	2.125
78	2.484	2.421	2.367	2.319	2.277	2.239	2.206	2.175	2.147	2.122
79	2.481	2.418	2.364	2.316	2.274	2.236	2.202	2.172	2.144	2.118
80	2.478	2.415	2.361	2.313	2.271	2.233	2.199	2.169	2.141	2.115
81	2.475	2.412	2.358	2.310	2.268	2.230	2.196	2.166	2.138	2.112
82	2.472	2.409	2.355	2.307	2.265	2.227	2.193	2.163	2.135	2.109
83	2.469	2.406	2.352	2.304	2.262	2.224	2.191	2.160	2.132	2.106
84	2.466	2.404	2.349	2.302	2.259	2.222	2.188	2.157	2.129	2.104
85	2.464	2.401	2.347	2.299	2.257	2.219	2.185	2.154	2.126	2.101
86	2.461	2.398	2.344	2.296	2.254	2.216	2.182	2.152	2.124	2.098
87	2.459	2.396	2.342	2.294	2.252	2.214	2.180	2.149	2.121	2.096
88	2.456	2.393	2.339	2.291	2.249	2.211	2.177	2.147	2.119	2.093
89	2.454	2.391	2.337	2.289	2.247	2.209	2.175	2.144	2.116	2.091
90	2.451	2.389	2.334	2.286	2.244	2.206	2.172	2.142	2.114	2.088
91	2.449	2.386	2.332	2.284	2.242	2.204	2.170	2.139	2.111	2.086
92	2.447	2.384	2.330	2.282	2.240	2.202	2.168	2.137	2.109	2.083
93	2.444	2.382	2.327	2.280	2.237	2.200	2.166	2.135	2.107	2.081
94	2.442	2.380	2.325	2.277	2.235	2.197	2.163	2.133	2.105	2.079
95	2.440	2.378	2.323	2.275	2.233	2.195	2.161	2.130	2.102	2.077
96	2.438	2.375	2.321	2.273	2.231	2.193	2.159	2.128	2.100	2.075
97	2.436	2.373	2.319	2.271	2.229	2.191	2.157	2.126	2.098	2.073
98	2.434	2.371	2.317	2.269	2.227	2.189	2.155	2.124	2.096	2.071
99	2.432	2.369	2.315	2.267	2.225	2.187	2.153	2.122	2.094	2.069
100	2.430	2.368	2.313	2.265	2.223	2.185	2.151	2.120	2.092	2.067

Source： National Institute of Standards and Technology.